So viele Luthers ...

Dorothea Wendebourg

So viele Luthers ...

Die Reformationsjubiläen des 19. und 20. Jahrhunderts

EVANGELISCHE VERLAGSANSTALT
Leipzig

Dorothea Wendebourg, Dr. theol., ist Professorin für Kirchengeschichte an der Theologischen Fakultät der Humboldt-Universität zu Berlin. Sie studierte Theologie in München, Heidelberg, London (King's College) und Rom. Frühere Professuren hatte sie in Erlangen, Göttingen und Tübingen inne.

Bibliographische Information der Deutschen Nationalbibliothek
Die Deutsche Nationalbibliothek verzeichnet diese Publikation in der Deutschen Nationalbibliographie; detaillierte bibliographische Daten sind im Internet über http://dnb.dnb.de abrufbar.

Das Buch wurde auf alterungsbeständigem Papier gedruckt.

Cover: Zacharias Bähring, Leipzig
Coverbilder: Abgebildet sind (v. l. n. r.) – Holzschnitt von Hans Baldung Grien, 1521; Büste von Ernst Rietschel, 1831; Münze zum Reformationsjubiläum 1717, von Christian Wermuth, Gotha; Briefmarke zur Luther-Ehrung 1983, von Gerhard Schmidt (nach Lucas Cranach d. Ä.); Relief im Mittelteil der ehemaligen Altarretabel, 1690, Burgstädt (Sachsen).
Satz: Andreas Stegmann, Berlin
Druck und Binden: Hubert & Co., Göttingen

ISBN 978-3-374-05197-7
www.eva-leipzig.de

Vorwort

»Es gibt so viele Luthers, als es Luther-Bücher gibt«, stellte einst Heinrich Böhmer fest, dessen eigenes Luther-Buch *Der junge Luther* von 1925 zu den großen Lutherbiographien des 20. Jahrhunderts gehört. Böhmers Satz trifft aber ebenso auf die Jubiläen zu, bei denen Martin Luthers und der Reformation gedacht wurde: Es gibt »so viele Luthers« und so viele Reformationen, wie es Reformationsjubiläen, ja, wie es Jubiläumsträger gibt. Das gilt namentlich für die Jubiläen, die seit dem frühen 19. Jahrhundert gefeiert wurden. Hatten die Feste des 17. und 18. Jahrhunderts in der Orientierung an der kirchlich-theologischen Bedeutung von Reformation und Reformator, die im Rahmen der engen Verbindung von Konfession und Staatswesen zugleich die offizielle Perspektive der Gesamtgesellschaft war, einen weitgehend gemeinsamen cantus firmus gehabt, war es im 19. damit vorbei. Die Aufklärung hatte den Blick von den theologisch-kirchlichen Belangen auf die vielfältigen »Wirkungen« gerichtet, die die Reformation über den nun als partikular empfundenen und verstandenen Raum der Kirche hinaus auf Politik und Kultur gehabt habe, und sie hatte damit eine Veränderung der Perspektive bewirkt, der ebenso breite wie langfristige, auch gegen historische Infragestellungen resistente Plausibilität beschieden war. Worin man die hervorzuhebenden Wirkungen sah, war freilich schon unter Zeitgenossen keineswegs immer gleich und wechselte erst recht im Laufe der Zeit mit den politischen und kulturellen Konjunkturen. Die traditionellen kirchenbezogenen Einschätzungen der Reformation bestanden daneben weiterhin, sie waren aber nun Teil, vielfach der geringere Teil eines größeren, pluralen Tableaus, und das umso mehr, als sie auch ihrerseits mehrstimmig auftraten. Die Entflechtung von Gesellschaft und Kirche, die sich trotz der auch nach dem Ende des Alten Reiches und der bisherigen Zuordnung von Kirche und Staat beibehaltenen Bindung der evangelischen Kirchen an die Fürsten und ihre Behörden unaufhaltsam vollzog, gab dieser Entwicklung weiteren Schub. Das Datum, in dem sie sich erstmals in einem Reformationsjubiläum niederschlug, war das Jahr 1817, die Dreihundertjahrfeier der Reformation.

Gegenstand des vorliegenden Buches sind, nach einem Überblick über die gesamte Geschichte der Reformationsjubiläen, die Feiern während des »langen 19. Jahrhunderts«, also der Zeit von der Französischen Revolution bis zum Ende des Ersten Weltkriegs, und des »kurzen 20.«, der Epoche zwischen Erstem Weltkrieg und Fall des Eisernen Vorhangs. Ihnen sind die beiden Hauptteile gewidmet. Dazu tritt ein Beitrag, der, aus der Arbeit am zweiten Hauptteil herausgewachsen, ein einzelnes, zuvor nicht bekanntes Jubiläum, das des Wormser Reichstags von 1921, genauer beleuchtet. Abgesehen von gelegentlichen kurzen Seitenblicken beschränkt sich die Darstellung auf Deutschland. Die ursprünglich einmal geplante Behandlung des Themas in internationalem Maßstab erwies sich als undurchführbar. Bevor eine solche zu leisten ist, müssen noch erheblich mehr Einzelstudien zu den Reformations- und Reformatorenjubiläen quer durch die protestantische Welt geschrieben sein, als bis heute verfügbar sind.

Drei der vorliegenden Beiträge, nämlich der erste, zweite und vierte, sind bereits früher erschienen, die beiden ersten gehen auf Vorträge zurück. Neu für diesen Band geschrieben wurde das längste Stück, das zum 20. Jahrhundert. Von ihrem unterschiedlichen Hintergrund her erklären sich die unterschiedlichen Anlagen der Beiträge. Die hier wiederabgedruckten sind, von der Erweiterung (S. 84, Anm. 265) einer Anmerkung abgesehen, bis auf formale Angleichungen und kleine Korrekturen mit den ursprünglichen Fassungen identisch. Hinzugekommen sind die Bilder. Für die Mühen der Texterstellung danke ich meinem Assistenten Andreas Stegmann. Und für vielfältige inhaltliche Ratschläge und Anregungen danke ich meinen emeritierten Kollegen Siegfried Bräuer und Rudolf Mau, die die Jubiläumsgeschichte der DDR selbst miterlebt und mitgestaltet haben.

Gewidmet sei das Ganze dem langjährigen Dreigestirn meines Berliner Lehrstuhls, PD Dr. Stegmann, Dr. Carina Brumme und Dr. Ashley Null, deren Sachverstand und Diskussionsfreude, Loyalität und Freimut nicht nur dieses Buch viel zu verdanken hat.

Berlin, Ostern 2017 Dorothea Wendebourg

Inhalt

Abb. 1
Dänische Medaille zum Reformationsjubiläum 1717

Vergangene Reformationsjubiläen
Ein Rückblick im Vorfeld von 2017

»[R]eich ist, wer außer sein eignes Leben auch das der Vergangenheit lebt. Er lebt doppelt.« Mit diesen emphatischen Sätzen begrüßte der Marburger Theologe Martin Rade in einem Leitartikel des liberalprotestantischen Blattes *Christliche Welt* die Vierhundertjahrfeier der *Confessio Augustana* 1930.[1] Er tat es am Ende eines Jahrzehnts, da man den Reichtum des »doppelten Lebens« in Gestalt von Reformationszentenaren beinahe jährlich genossen hatte – 1920, 1921, 1922, 1925, Sommer 1929, Herbst 1929, 1930, um lediglich die Feiertermine mit überregionalen Anlässen zu nennen. Mit dieser Vielzahl von Reformationsjubiläen in kurzer Zeit aber war nur die ungeheuere Verdichtung eines Brauches gegeben, den die evangelische Christenheit seit gut 300 Jahren pflegte.

Begonnen hatte der Reigen 1617. Vorbereitet durch vielfältige Formen der Reformations- und Luthermemoria schon im Jahrhundert zuvor,[2] wurde als erstes Reformationsjubiläum quer durch das evangelische Reich und darüber hinaus[3] das erste Zentenar des Thesenanschlags begangen. Damit entstand nicht nur ein neuer Brauch innerhalb des Protestantismus, sondern damit wurde eine neue kulturelle Praxis in die Welt gesetzt, die heutzutage als geradezu naturwüchsig erscheint, es aber keineswegs ist: das im Rhythmus runder Jahreszahlen begangene historische Jubiläum.[4] Erfunden an protestantischen Universitäten, die in den Jahrzehnten zuvor angefangen hatten, ihrer eigenen Gründung an runden Daten festlich zu gedenken,[5] trat diese Praxis

[1] Martin Rade, Lob der Geschichte (in: ChW 44, 1930, 561). Vgl. unten S. 94.

[2] Vgl. Hans-Jürgen Schönstädt, Antichrist, Weltheilsgeschehen und Gottes Werkzeug. Römische Kirche, Reformation und Luther im Spiegel des Reformationsjubiläums 1617, Wiesbaden 1978, 10f.; Ders., Das Reformationsjubiläum 1617 (in: ZKG 93, 1982, 5–57), 5f.; Thomas Kaufmann, Reformationsgedenken in der Frühen Neuzeit (in: ZThK 107, 2010, 285–324), 287–294.

[3] Nämlich in Dänemark und Schweden. Siehe Wolfgang Flügel, Konfession und Jubiläum. Zur Institutionalisierung der lutherischen Gedenkkultur in Sachsen 1617–1830, Leipzig 2005, 53.

[4] Zum Hintergrund des jüdischen und des römisch-katholischen Jubeljahres vgl. Winfried Müller, Das historische Jubiläum. Zur Geschichtlichkeit einer Zeitkonstruktion (in: Das historische Jubiläum. Genese, Ordnungsleistung und Inszenierungsgeschichte eines institutionellen Mechanismus, hg. v. dems., Münster 2004, 1–75), 9–15.

[5] Flügel, Konfession (s. Anm. 3), 29f.; Winfried Müller, Erinnern an die Gründung. Universitätsjubiläen, Universitätsgeschichte und die Entstehung der Jubiläumskultur in der frühen Neuzeit (in: Berichte zur Wissenschaftsgeschichte 21, 1998, 79–102), 84f.; Ders., Vom Universitätsjubiläum zur Universitätsgeschichte: Ein Gang durch die Jahrhunderte (in: Universitäten und Jubiläen, hg. v. Jens Blecher u. Gerald Wiemers, Leipzig 2004, 25–33), 28f.

1617 aus dem engen akademischen Rahmen auf die große kirchlich-politische Bühne – mit solchem Erfolg, daß nicht nur der konfessionelle Gegner alsbald den Brauch übernahm, beginnend mit dem als ausladende Gegenfeier inszenierten Jubiläum der Societas Jesu 1640,[6] sondern daß das historische Jubiläum schließlich zu dem allgegenwärtigen Faktor des Kulturlebens wurde, als das wir es kennen.

Die Initiative kam von einer Universität, die durch die Feier ihres Gründungszentenars einige Jahre zuvor bereits in der Inszenierung eines historischen Jubiläums geübt war, der Universität Wittenberg. Deren Theologen erbaten vom Oberkonsistorium Dresden, der höchsten sächsischen Kirchenbehörde, dann auch vom Landesherrn, Kurfürst Johann Georg I., die Erlaubnis, daß am 31. Oktober 1617 ein *primus Jubilaeus Christianus* gehalten werden dürfe. Wenn die Wittenberger ausgerechnet den 31. Oktober als Jubiläumsdatum wählten, war auch das originell. Hatte doch die bisherige, meist in den Zyklus des Kirchenjahres eingeordnete Reformationsmemoria sich auf die verschiedensten reformationsgeschichtlichen Ereignisse bezogen, doch nie an den Thesenanschlag angeknüpft. Andererseits war die Wahl der Wittenberger auch nicht willkürlich, denn die Erinnerung an den Tag des Beginns von Luthers Kritik am Ablaß, also an den Vorabend von Allerheiligen 1517, war als einschneidendes Datum im evangelischen Bewußtsein durchaus verankert[7] – einsetzend mit einem kleinen Umtrunk zum zehnten Jahrestag, an dem Luther selbst 1527 in kleinem Kreis auf jenes Ereignis angestoßen hatte.[8] Indem nun kraft der Wittenberger Initiative gerade der 31. Oktober 1517 zum Gegenstand des ersten und traditionsbildenden historischen Großjubiläums wurde,[9] war Luthers öffentliche Attacke auf den Ablaß als Beginn der Reformation markiert – auch dies mit durchschlagendem Erfolg: Kein anderes der später ebenfalls gefeierten Ereignisse der Reformation sollte es je mit

---

[6] Stefan Römmelt, Jubiläumskonkurrenz? Zum Verhältnis von evangelischer und katholischer Erinnerungskultur in der Frühen Neuzeit (in: GWU 54, 2003, 564–577), 573. Im selben Jahr schlug sich der neue Brauch auch bereits erstmals außerhalb des kirchlichen und des akademischen Raumes nieder, nämlich im Leipziger Buchdruckerjubiläum von 1640, mit dem die Erfindung des Buchdrucks 200 Jahre zuvor gefeiert wurde (Flügel, Konfession [s. Anm. 3], 50).

[7] Vgl. Kaufmann, Reformationsgedenken (s. Anm. 2), 295.

[8] Brief Luthers an Amsdorf vom 1. November 1527 (WABr 4, 274f.): »die Omnium Sanctorum, anno decimo Indulgentiarum concultatarum, quarum memoria hac ora bibimus utrinque consolati« (vgl. WATR 2,467,27f.30f.; WATR 3, 564, 14–16).

[9] Wenn Kaufmann (Reformationsgedenken [s. Anm. 2], 292) im Widerspruch gegen das römische Jubeljahr 1600 »eine der Wurzeln« des ersten Reformationsjubiläums sieht, dann ist das eine erwägenswerte Hypothese. Wenn er unausgeglichen gleich darauf diese Konkurrenz »das entscheidende Movens« für jenes Jubiläum nennt, dann steht das nicht nur in Gegensatz zu seinem eigenen Aufweis anderer Gründe, die in der Wittenberger Universitätsgeschichte und in der Religionspolitik der Zeit lagen und zu denen die Konkurrenz mit Rom hinzugetreten sein mag; es fragt sich auch, ob zu solcher Konkurrenz nicht spektakulärere reformationsgeschichtliche Feieranlässe wie die Bücherverbrennung vor dem Elstertor oder Luthers Auftritt auf dem Wormser Reichstag besser getaugt hätten.

dem Thesenanschlag aufnehmen können; mochte auch hier und da vermerkt werden, andere Einschnitte wie die Verbrennung der Bannbulle oder Luthers Auftritt zu Worms seien von größerem Gewicht gewesen,[10] blieb doch der 31. Oktober *das* Datum der Reformationsmemoria, das schließlich sogar zum alljährlichen Reformationstag wurde.[11]

Die professoralen Initiatoren hatten auf solche Reichweite nicht gezielt. Was ihnen vorschwebte, stand in der Tradition des kurz zuvor begangenen Universitätsgründungszentenars: ein Jubiläum, in dem sich das Initialdatum der Reformation als Ereignis der Wittenberger Universitätsgeschichte präsentierte. Mit der Feier wollte die Leucorea, von der »die Kirchenverbesserung ›durch Martinum Lutherum‹« ausgegangen sei,[12] die eigene Stellung als führende lutherische Universität unterstreichen. Ort und Träger der Veranstaltung sollte folglich sie selber sein, wobei man, den »Führungsanspruch innerhalb der lutherischen Hochschullandschaft symbolisch [untermauernd]«, zugleich andere Universitäten zur Nachahmung lud.[13] Daß mehr daraus wurde, daß das geplante Jubiläum auf die große Bühne von Kirche und Politik geriet und bis in die Gegenwart andauernde Langzeitwirkung entwickelte, dazu mußten andere Hände die Zügel ergreifen, landesherrliche Hände. Genauer, es waren zwei Landesherren, die in der Jubiläumsfrage aktiv wurden: die Kurfürsten Johann Georg von Sachsen und Friedrich von der Pfalz.

Kurfürst Johann Georg nahm den Wunsch der Wittenberger auf. Doch er befahl, in Absprache mit seinem Konsistorium, aus dem von ihnen erstrebten akademischen Jubiläum etwas anderes zu machen, eine landesweite Feier der Reformation. Ja mehr noch, er forderte fürstliche Konfessionsgenossen auf, in ihren Territorien dasselbe zu tun. Allerdings war er nicht der erste evangelische Herrscher, der auf diesen Gedanken kam: Bereits vor ihm, wenige Wochen nach dem Gesuch der Wittenberger Universität, hatte der reformierte Pfälzer Kurfürst Friedrich auf dem jährlichen Konvent der von ihm geführten protestantischen Union angeregt, die in diesem Bündnis zusammengeschlossenen Reichsstände möchten in ihren Kirchen eine öffentliche Danksagung zum 100. Jahrestag der Reformation halten lassen; dabei sollten alle innerprotestantischen Querelen zugunsten der gemeinsamen, von den Reformatoren aller Unionsterritorien vertretenen Überzeugungen zurücktreten.[14]

---

[10] Vgl. Dorothea Wendebourg, Die Reformationsjubiläen des 19. Jahrhunderts, unten S. 56. Siehe auch Dies., Das Reformationsjubiläum des Jahres 1921, unten S. 246.

[11] So erstmals 1668 in Kursachsen ein Jahr nach der 150Jahrfeier (Flügel, Konfession [s. Anm. 3], 104), hier und dort, so in Regensburg, in den folgenden Jahren, in Sachsen-Gotha und Hessen-Darmstadt nach dem Jubiläum von 1717, andernorts noch später (Paul Graff, Geschichte der Auflösung der alten gottesdienstlichen Formen in der evangelischen Kirche Deutschlands, Bd. 1: Bis zum Eintritt der Aufklärung und des Rationalismus, Göttingen [2]1937, 145).

[12] So die Begründung für das Feiergesuch im Schreiben an das Oberkonsistorium zu Dresden. Vgl. Flügel, Konfession (s. Anm. 3), 31. Ähnlich auch im Schreiben an den sächsischen Kurfürsten (ibd., Anm. 24).

[13] Flügel, Konfession (s. Anm. 3), 31.

[14] Schönfeld, Antichrist (s. Anm. 2), 13.

Friedrich hatte es eilig. Er schlug für das Jubiläum den nächstmöglichen Sonntag vor, den ersten Sonntag nach Ostern, Quasimodogeniti.[15] Die Wahl des Tages ist interessant.[16] Offensichtlich ging man auch am reformierten Kurpfälzer Hof einerseits davon aus, daß der Anfang der Reformation auf das Jahr 1517 und damit auf den Beginn von Luthers Kritik am Ablaß zu datieren sei;[17] andererseits sah man keine Notwendigkeit, hier ein bestimmtes Datum hervorzuheben. Die Verhandlungen innerhalb der Union ergaben schließlich, daß man sich doch dem 31. Oktober annäherte – möglicherweise wirkte sich hier die mittlerweile allgemein bekannte Initiative des sächsischen Kurfürsten aus, zumal ja ein Teil der Unionsglieder lutherisch war;[18] es blieb dabei, daß kein eigener Festtag, sondern ein ohnehin gefeierter Sonntag Reformationsdanktag sein sollte, doch wurde am Ende der Sonntag nach dem 31.Oktober, der 2. November, gewählt.

Es spricht alles dafür, daß Johann Georg von Friedrichs Initiative erfuhr.[19] Wenige Tage später trat sein eigener Plan eines gesamtsächsischen und von Sachsen angeregten multiterritorialen Reformationsjubiläums ans Licht, wie alle großen Kirchenfeste dreitägig zu feiern mit dem 31. Oktober als Kern. Offenbar war es die Konkurrenz mit dem Pfälzer, die den Sachsen dazu brachte, das Wittenberger Gesuch aufnehmen und zum eigenen Großprojekt umzuformen. Eine Konkurrenz, in der nicht nur zwei ehrgeizige Fürsten gegeneinander standen, sondern die den ganzen deutschen Protestantismus jener Jahre vor dem Dreißigjährigen Krieg konfessionell und politisch zerriß: Auf der einen Seite der reformierte Wittelsbacher aus Heidelberg, der mit seinem Bekenntnis einen »konsequenteren« Protestantismus verfocht und der als Anführer der Union mit anderen reformierten wie lutherischen Reichsständen in einem politisch-militärischen Bündnis gegen das von römisch-katholischen Ständen betriebene konfessionelle roll-back zusammenstand.[20] Auf der anderen Seite der lutherische Wettiner aus Dresden, der sich konfes-

---

[15] Ibd.

[16] Erstaunlicherweise geht die Literatur, die sich mit dem Jubiläum von 1617 und der Pfälzer Initiative befaßt, nie auf diesen auffälligen Terminvorschlag ein, sondern thematisiert immer nur den schließlich festgelegten 2. November.

[17] Siehe die Neujahrspredigt des Pfälzer Hoftheologen Abraham Scultetus von 1617. Vgl. dazu SCHÖNSTÄDT, Antichrist (s. Anm. 2), 12. Dasselbe gilt für andere reformierte Theologen der Zeit, etwa für den Marburger Superintendenten Daniel Angelocrator (ibd.)

[18] Bezeichnend ist, daß man auch hier, dem sächsischen Sprachgebrauch folgend, bald vom einem »Jubiläum« sprach, was Friedrich bei seiner Initiative nicht getan hatte. Vgl. dazu FLÜGEL, Konfession (s. Anm. 3), 54.

[19] Vielleicht durch den Herzog von Württemberg. So HERMANN EHMER, Das Reformationsjubiläum 1717 in den schwäbischen Reichsstädten. Evangelische Erinnerungs- und Festkultur als Ausdruck konfessioneller und städtischer Identität (in: Das Friedensfest. Augsburg und die Entwicklung einer neuzeitlichen Toleranz-, Friedens- und Festkultur, hg. v. Johannes Burkhardt u. Stephanie Haberer, Berlin 2000, 233–270), 239. Vgl. aber FLÜGEL, Konfession (s.Anm. 3), 55f.

[20] Vgl. MARTIN HECKEL, Deutschland im konfessionellen Zeitalter, Göttingen 1983, 100–113.

sionell als Führer der Anhänger der wahren, ursprünglichen Reformation verstand, repräsentiert von der strikt antireformierten Konkordienformel, und der politisch einen reichs- und kaiserorientierten Kurs verfolgte, welcher ein Bündnis wie die Union ausschloß. Beide Konkurrenten beanspruchten die Führung unter den evangelischen Ständen des Reichs, und beiden kam dabei das Reformationsgedächtnis zu Paß: Dem Pfälzer sollte die Feier dazu dienen, seine eigene reichsrechtlich umstrittene Konfession durch den Aufweis der Herkunft von den reformatorischen Ursprüngen zu legitimieren; zugleich sollte sie die Spannungen, die zwischen den in der Union verbundenen reformierten und lutherischen Ständen herrschten, im gemeinsamen liturgischen Bezug auf diese Ursprünge mildern. Der Sachse sah in dem Jubiläum eine Gelegenheit, innerhalb seines Kurfürstentums die eigene Position als rechtgläubiger, von Gott begnadeter Herrscher in der Nachfolge jener Kurfürsten darzustellen, die einst die Reformation gefördert hatten; nach außen hin sollte die von möglichst vielen anderen lutherischen Territorien übernommene Feier Johann Georgs Anspruch untermauern, daß Kursachsen die Vormacht im evangelischen Deutschland sei.

Das Jubiläum profitierte von dieser Konkurrenz. Politisch gingen zwar eher die Erwartungen des sächsischen als die des pfälzischen Kurfürsten auf; die Hoffnung des Wittelsbachers, durch das Reformationszentenar die Unionsstände theologisch zu einen, erfüllte sich nicht[21], sein gesamtprotestantischer Führungsanspruch erübrigte sich durch das mißlungene böhmische Abenteuer kurz darauf ohnehin. Doch daß das mit dem Gedächtnis des Thesenanschlags verbundene Reformationsjubiläum, ob dreitägig ab dem 31.10. selbst[22] oder am darauffolgenden Sonntag[23], von fast allen evangelischen Ständen und mehreren ausländischen Staaten 1617 festlich begangen wurde, war so erfolgreich, daß hinfort vielerorts alle hundert, ja alle fünfzig, schließlich alle fünfundzwanzig Jahre Jubiläen des Thesenanschlags und immer neuer reformationsgeschichtlicher Ereignisse gefeiert wurden: 1630 das Jubiläum der Confessio Augustana, 1655 das des Augsburger Religionsfriedens, 1667 das Anderthalbzentenar des Thesenanschlags, 1677 und 1680 die Jubiläen von Konkordienformel und Konkordienbuch, 1717 das zweite Hundertjahresfest des Thesenanschlags, 1730 das der Confessio Augustana und 1755 das des

[21] Zwar unterzeichnete eine große Zahl von Unionsständen den Konventsabschied, in dem das Gedenken am 2. November vereinbart war (Liste bei Schönstädt, Antichrist [s. Anm. 2], 15), doch statt darin einen Ausdruck theologischer Harmonisierung zu sehen, füllten die lutherischen Stände den Tag im eigenen theologischen Sinn. Eine Reichsstadt wie Nürnberg, die dazugehörte, verwies sogar auf die Jubiläumsinitiative des sächsischen Kurfürsten und stellten ihn als Schutzherrn der lutherischen Reformation dar, wie Flügel am Beispiel eines Flugblattes zeigt. Vgl. Flügel, Konfession (s. Anm. 3), 57–59, aufgenommen von Kaufmann, Reformationsgedenken (s. Anm. 2), 299f.

[22] Zu den Feiern, die dieser sächsischen Vorgabe folgten, s. Schönstädt, Antichrist (s. Anm. 2), 20–36.

[23] Zu den Feiern, die laut Unionsbeschluß am 2. November stattfanden, s. a.a.O. 36–76; unter den lutherischen Unionsständen gab es auch Mischformen, so in Straßburg (a.a.O. 14).

Religionsfriedens, um nur die wichtigsten im 17. und 18. Jahrhundert zu nennen.

Die Feier von 1617 begründete nicht nur diesen ganzen Jubiläumsreigen, sie gab auch das Muster ab, an dem sich die Gestaltung dieser Feste bis ins frühe 19. Jahrhundert hinein orientierte. Von den Landesherren angeordnet und von den Konsistorien durch vorgegebene Abkündigungen, die am Sonntag zuvor über den Ablauf des Jubiläums informierten, durch vorgeschriebene Predigttexte, z.T. auch Musterpredigten, und Dankgebete, durch Bestimmungen zu Liedern, Geläut und Kirchenschmuck festgelegt, folgten die Feiern in jedem Territorium demselben Programm.[24] Im Mittelpunkt standen Predigt und Abendmahl, nach dem Unionsmodell an dem einen vorgegebenen Jubiläumssonntag, nach dem sächsischen Modell an jedem der drei Festtage, nachdem am Vortag des Jubiläums gebeichtet worden war. An Residenzorten ging die fürstliche Familie als Beispiel rechten Christenlebens predigthörend, kommunizierend, gegebenenfalls beichtend, dem Volk voran. Für dessen Teilnahme sorgten Instruktionen, die die Jubiläumstage zu arbeitsfreien Feststagen erklärten und zugleich ungehöriges Betragen untersagten.[25] In größeren Städten trug reiche Musik zur Festlichkeit der Feiern bei, allen voran Kompositionen Heinrich Schütz', der in Dresden das Jubiläum mit »herrliche[r] musica« ausstattete.[26] Es gab feierliche Umzüge, Böllerschüsse[27], Jubiläumsflugschriften, Jubiläumsmedaillen und Geschenke für die Armen[28]. An den Universitäten wurden akademische Jubiläumsreden gehalten, Disputationen und Promotionen durchgeführt, die das Fest auf eine ganze Woche und darüber hinaus verlängern konnten.[29] Bei den mehrtägigen Feiern wurden Jubiläumsgedichte vorgetragen[30] und »Jubelkomödien« aufgeführt[31]. Im Laufe der Zeit

---

[24] Zur als »logistische Meisterleistung« bezeichneten territoriumsweiten Organisation und Durchführung des Urjubiläums von 1617 in Sachsen vgl. KAUFMANN, Reformationsgedenken (s. Anm. 2), 302f. (302 jene von Flügel übernommene Charakterisierung).

[25] FLÜGEL, Konfession (s. Anm. 3), 47f.; SCHÖNSTÄDT, Antichrist (s.Anm. 2), 38.44.52.60. 65.

[26] Oberhofprediger Matthias Hoë von Hoënegg, zitiert bei FLÜGEL, Konfession (s. Anm. 3), 48. Zur Rolle von Schütz: Christhard Mahrenholz, Heinrich Schütz und das erste Reformationsjubiläum 1617 (in: Heinrich Schütz in seiner Zeit, hg. v. Walter Blankenburg, Darmstadt 1985, 61–71); HELGA ROBINSON-HAMMERSTEIN, Sächsische Jubelfreude (in: Die lutherische Konfessionalisierung, hg. v. Hans-Christoph Rublack, Gütersloh 1992, 460–494). Doch auch andere namhafte Komponisten trugen zu dem Jubiläum bei, so Johann Hermann Schein (MARKUS RATHEY, Gaudium christianum. Michael Altenburg und das Reformationsjubiläum 1617, in: Schützjahrbuch 20, 1998, 107–122) und Michael Praetorius (SIEGFRIED VOGELSÄNGER, Michael Praetorius. Festmusiken zu zwei Ereignissen des Jahres 1617: zum Kaiserbesuch in Dresden und zur Jahrhundertfeier der Reformation, in: Mf 40, 1987, 97–109).

[27] SCHÖNSTÄDT, Antichrist (s. Anm. 2), 47; FLÜGEL, Konfession (s. Anm. 3), 49.61, Anm. 142.

[28] SCHÖNSTÄDT, Antichrist (s. Anm. 2), 47.65.

[29] A.a.O. 44.52.

[30] A.a.O. 25.

[31] A.a.O. 27.33; FLÜGEL, Konfession (s. Anm. 3), 49 mit Anm. 103.

Abb. 2
Einblattdruck, 1618

kamen Hausdekorationen und Illuminationen hinzu. Kurz, die Reformationsjubiläen waren »multimedial inszenierte[] Manifestation[en] der die gesamte Gesellschaft erfassenden und integrierenden [...] Konfessionskultur«[32], jedenfalls in den lutherischen Gebieten und hier besonders in denen, die sich am sächsischen Programm ausrichteten[33].

Was war der Inhalt der Jubiläen, wofür wurde die Reformation gefeiert? Wie die zum Jubiläum erschienenen Schriften und die Vorgaben der Konsistorien für die Gottesdienste zeigen, wurde 1617 wie auch 1630 die Reformation als Heilstat Gottes gefeiert, der durch Martin Luther, gleichsam einen zweiten Mose oder Elia,[34] die Errettung vieler Seelen aus dem Kerker der antichristlichen Papstkirche eingeleitet hatte.[35] Als Medium der Rettung galten die reine Lehre, zusammengefaßt in den Chiffren »allein durch Christus«, »allein im Glauben«, und der rechte Gottesdienst. Neben dem jubelnden Dank standen das bußfertige Bekenntnis eigenen Versagens und das Gebet um Erhaltung der wahren, evangelischen Kirche in Zeiten zunehmender gegenreformatorischer Bedrohung, bis der Jüngste Tag, den man mit Luther als ein Ereignis in naher Zukunft erwartete und ersehnte, die endgültige Errettung bringen werde.[36]

Dieser eschatologische Horizont prägte die Jubiläen vom späten 17. Jahrhundert an nicht mehr. Der Pietismus hatte die Naherwartung der lutherischen Orthodoxie zugunsten der Arbeit an einer längeren innerweltlichen Zukunft beiseitegeschoben, und so feierte man auch die Jubiläen als Ereignisse auf einer Schiene historischer Zeit. Die Tatsache, daß man mittlerweile auf eine

---

[32] Kaufmann, Reformationsgedenken (s. Anm. 2), 303, der mit diesem Satz das Jubiläum von 1617 charakterisiert. Er gilt aber ebenso, ja in gewisser Weise sogar noch mehr (vgl. unten S. 17.20) für die folgenden Jubiläen bis ins frühe 19. Jahrhundert hinein.

[33] In den reformierten Territorien, die 1617 dem Unionsbeschluß folgten und feierten (siehe die Angaben von Schönstädt, Antichrist [s. Anm. 2], 36–75), war nicht nur der Rahmen kleiner als in den lutherischen, die das sächsische Programm übernahmen – was aber für fast alle lutherischen Stände in der Union ebenso galt –, sondern hier handelte es sich auch nur um einen einmaligen Akt, der keine Jubiläumstradition begründete (Hans-Jürgen Schönstädt, Das Reformationsjubiläum 1717, in: ZKG 93, 1982, 58–118, hier: 117). Von vorneherein ablehnend waren das reformierte Bremen und wohl auch die reformierten Territorien in Nord- und Westdeutschland (Ders., Antichrist [s. Anm. 2], 83f.). Doch »auch in einigen lutherischen Territorien scheint das Jubiläum nicht begangen worden zu sein«, so in den Grafschaften Schaumburg und Oldenburg (a.a.O. 84). Antireformierte Abgrenzung gab es bei dem in seiner Wurzel ja eben gesamtprotestantischen Jubiläum von 1617 auf lutherischer Seite kaum (eine Ausnahme s. bei Schönstädt, Reformationsjubiläum 1617 [s. Anm. 2], 13, indirekt 49f.). Das gilt auch für die rein lutherischen Jubiläen des 18. Jahrhunderts.

[34] A.a.O. 45.

[35] Vgl. im Einzelnen zu diesem Themenkomplex a.a.O. und Schönstädt, Antichrist (s. Anm. 2). Veranschaulichung dieser Feierinhalte an zeitgenössischen Flugblättern bei Ruth Kastner, Geistlicher Rauffhandel. Form und Funktion illustrierter Flugblätter zum Reformationsjubiläum 1617 in ihrem historischen und publizistischen Kontext, Frankfurt a. M. 1982. Einige Flugblätter auch bei Kaufmann, Reformationsgedenken (s. Anm. 2), 304–313.

[36] Vgl. Flügel, Konfession (s. Anm. 3), 74–76.

Jubiläumsgeschichte zurückblicken konnte, daß 1717 das evangelische Urjubiläum und dann die folgenden Zentenare zum zweiten Mal begangen wurden, war Bestätigung und Ausdruck dieser Einwohnung in der Zeit.[37] Und das hieß für den Blick nach vorn: Mit den Jubiläen, die man jetzt feierte, verband sich die Erwartung dauerhaften kirchlichen Bestands. Der stabilen Verankerung in der Zeit entsprach auch eine feste soziale Verankerung der Jubiläumsfeiern. Zwar blieb es in den meisten Fällen dabei, daß Landesherren und Konsistorien die Feiern verordneten und Vorgaben für die Gestaltung machten.[38] Doch die unteren Ebenen der Kirche und die lokalen Behörden wie auch die Bürger selbst entwickelten eigene Initiativen, trugen mit Umzügen, Dekorationen ihrer Häuser und Illuminationen die Feier auf Straßen und Plätze.[39] Ja, wo die Obrigkeit kein Interesse an Reformationsjubiläen hatte wie der nun römisch-katholische Dresdner Wettiner Friedrich August II., war es der Druck von unten, der auf den Feiern bestand und sie durchsetzte.[40] Die Jubiläen wurden zu Veranstaltungen, die weniger politischen Charakter trugen, aber umso mehr die allgemeine kirchlich-gesellschaftliche Öffentlichkeit repräsentierten.[41] Was die inhaltliche Prägung betraf, so wurden mit pietistischen Jubiläumspredigten hier und da neue Töne laut, die die innerprotestantischen Spannungen der Zeit spürbar machten.[42] Im Ganzen überwog aber die Kontinuität: Im Jubiläumsprogramm der Wittenberger Universität 1717 hieß es beispielsweise, die Kirche der reinen Lehre und des rechten Gottesdienstes feiere *Anno a Christo nato MDCCXVII. Antichristo*

---

[37] 1617 hatte der sächsische Oberhofprediger Hoë von Hoënegg die Möglichkeit eines zweiten Reformationszentenars hundert Jahre später noch mit den Worten infrage gestellt: »wenn da die Welt noch ist« (FLÜGEL, Konfession [s. Anm. 3], 76).

[38] Der von einigen evangelischen Ständen aufgebrachte Plan einer gemeinsamen Aktion im Rahmen des Corpus Evangelicorum, wie sie 1617 die Union durchgeführt und der sächsische Kurfürst jedenfalls versucht hatte, scheiterte 1717 und ebenso 1730 (SCHÖNSTÄDT, Reformationsjubiläum 1717 [s. Anm. 33], 117; FLÜGEL, Konfession [s. Anm. 3] 137–141. 168f.). Ausgiebig und aufwendig wurde das Jubiläum in Dänemark und Schweden gefeiert (SCHÖNSTÄDT, Reformationsjubiläum 1717 [s. Anm. 33], 104–106).

[39] A.a.O. 156–166.209f. (hier als Beispiel die Abbildung des Wittenberger Feuerwerks zum Jubiläum des Augsburger Religionsfriedens von 1755). Siehe auch ALFRED GALLEY, Die Jahrhundertfeiern der Augsburgischen Konfession von 1630, 1730 und 1830. Ein Gedenkblatt zur 400-jährigen Augustana-Feier von 1930, Leipzig 1930, 67.

[40] So bei den sächsischen Reformationsfeiern von 1739 (zweites Zentenar der Einführung der Reformation im Herzogtum Sachsen) und 1746 (zweihundertster Todestag Martin Luthers): »Als treibende Kraft, als Träger der Gedenkfeiern erwiesen sich nun die lokalen Superintendenten bzw. die Behörden auf lokaler Ebene, die [diese] Jahrhundertfeiern gleichsam ›von unten‹ organisierten« (FLÜGEL, Konfession [s. Anm. 3], 214f.).

[41] Gegen KAUFMANN, Reformationsgedenken (s. Anm. 2), 318, der schreibt, die Jubiläen des 18. Jahrhunderts seien »immer stärker zu kirchlichen Veranstaltungen« geworden und hätten ihren »gesamtgesellschaftlichen bzw. das politische Gemeinwesen integrierenden Charakter [verloren]«. Das »bzw.« suggeriert eine Verbindung, die nicht gegeben war. Daß die Jubiläen das politische Gemeinwesen nicht mehr integrierten, trifft zumal im Falle der durch Konversion von der Mehrheitskonfession des Territoriums geschiedenen Herrscher zu. Umso mehr machte die – in Einheit gesellschaftliche und kirchliche – Öffentlichkeit die Feiern zu ihrer Sache, wie die Basisinitiativen ebenso wie die immer mehr ins Populäre gehenden Feierformen zeigen. Das gilt bis weit ins 19. Jahrhundert hinein (s.u.).

[42] Vgl. SCHÖNSTÄDT, Reformationsjubiläum 1717 (s. Anm. 33), 101.

Abb. 3
Wittenberger Disputationskatheder, 17. Jahrhundert

manifestato CC.[43] Und das landauf, landab prächtig begangene Augustana-Zentenar von 1730[44] galt ebenfalls der von den Irrtümern des Papsttums gereinigten, evangeliumsgemäßen Lehre.

Die Jubiläen des 17. und 18. Jahrhunderts waren Feste, die um Lehre und Kultus der Kirche kreisten. Gewiß waren sie dank der Einheit von Kirche und Gesellschaft, kraft des Landesherrlichen Kirchenregiments und der Einbindung kirchenbezogener Entscheidungen in die Politik der betroffenen Stände und des Reichs noch mehr als das. Aber es ging bei den Predigten, Reden, Musiken, Theateraufführungen doch in erster Linie um die Wiedergewinnung des rechten Glaubens, der wahren Lehre, des evangeliumsgemäßen Gottesdienstes, die die Reformation und namentlich Luther nach dunklen Jahrhunderten mit Gottes Hilfe geleistet habe. Das Jubiläum von 1817 bringt hier die große Zäsur. Es ist vielleicht kein Zufall, daß ihm eine Jubiläumspause vorausgeht: In der zweiten Hälfte des 18. Jahrhunderts gibt es kein größeres Fest,[45] eine Zweieinhalbjahrhundertfeier des Thesenanschlags nach dem Vorbild von 1667 wurde 1767 nicht abgehalten.[46] Die Pause läßt sich unschwer erklären: Dahinter steht die Aufklärung, die dabei ist, das Denken weiter Kreise in Gesellschaft und Kirche zu verwandeln. Die Aufklärung läßt Zurückhaltung gegen ausladende Feste geraten erscheinen – dergleichen widerspreche der ökonomischen Vernunft, weil es die Zahl der Arbeitstage vermindere und weil zu auslandendes Feiern der Konzentration des Gedenkens nicht dienlich sei.[47] Und sie muß ihre Haltung zu dem, was man feiern würde, zur Reformation und zu Martin Luther, erst finden. 1817, als Philosophie und Avantgarde der Theologie schon weitergezogen sind, aber in Gestalt der Neologie aufgeklärter Rationalismus die Breite vor allem der kirchlichen Theologie beherrscht, ist es so weit. Bei der Dreihundertjahrfeier der Reformation weiß man, was man bejubelt, und man tut es in ganz großem

[43] Zitiert nach a.a.O. 215. Andere Beispiele bei SCHÖNSTÄDT, Reformationsjubiläum 1717 (s. Anm. 33), 88–92. 100.107–116. Vgl. FLÜGEL, Konfession (s. Anm. 3), 146–154.

[44] Vgl. GALLEY, Jahrhundertfeiern (s. Anm. 39), 64–92; FLÜGEL, Konfession (s. Anm. 3) 157–159.168–172.

[45] Nur die kleineren Feste von wurden hier und da gefeiert (1746, 1748 und 1755 in Sachsen: FLÜGEL [s. Anm. 3]; 1748, 1752 [Passauer Vertrag] und 1755 in Augsburg: RÖMMELT, Jubiläumskonkurrenz [s. Anm. 6], 569).

[46] Sächsische Pastoren hatten sich um eine Feier bemüht (FLÜGEL, Konfession [s. Anm. 3], 214).

[47] A.a.O. 204–206 (vgl. RÖMMELT, Jubiläumskonkurrenz [s. Anm. 6], 569). Andererseits wurde der pädagogische Wert emotionell eindrücklicher Feiern betont und für Jubiläumsinszenierungen plädiert, die diesem Zweck dienlich waren (FLÜGEL, Konfession [s. Anm. 3], 206–209). Und man begann, einen anderen Luther zu feiern als die Festgemeinden früherer Zeiten: nicht mehr das Werkzeug Gottes, das die Kirche durch die wahre Lehre vom Antichristen befreit, sondern den Mann, der in göttlichem Auftrag Vernunft, Gewissensfreiheit und Menschlichkeit in eine Welt des Aberglaubens und der Unmündigkeit gebracht hatte (so zu dem lokal gefeierten Lutherjubiläum von 1746: a.a.O. 197f.213). Das war der Luther, der auch im Mittelpunkt des ersten, nun wieder groß gefeierten Reformationsjubiläums im 19. Jahrhunderts stehen sollte (s.u.).

Stil.[48] Erneut fordern regierende Fürsten[49], wenn auch nicht mehr als Landesherren, sondern als *summi episcopi*, zum Feiern auf[50], nach alter Tradition teils für einen, teils für mehrere Tage; erneut werden die Programme von den Konsistorien vorgegeben, wieder gibt es Armenspenden, Böllerschüsse, Musik, Theater und Münzen zum Jubiläum, schmücken und illuminieren die Menschen ihre Häuser, feiern vor und nach den Gottesdiensten auf Straßen und Plätzen – Lutheraner wie Reformierte, aber nun auch Katholiken und Juden.[51]

Daß auch sie[52] mitfeiern können, hat seinen Grund. Was nun in erster Linie gefeiert wird, was die Predigten in den Jubiläumsgottesdiensten ebenso wie die Reden und Darbietungen draußen beherrscht, ist nicht mehr die Wiederherstellung reiner kirchlicher Lehre. Was man nun an der 1517 begonnenen »Kirchenverbesserung« preist, sind ihre Wirkungen – Wirkungen, die sich zuerst innerkirchlich niedergeschlagen, aber auf die gesamte Gesellschaft, ja, die Menschheit ausgewirkt hätten. Martin Luther habe in einer Zeit der Knechtschaft, der Intoleranz und des Aberglaubens die Fackel der Freiheit angezündet, habe Gewissensfreiheit, Mündigkeit und darin begründete selbstverantwortete Sittlichkeit eröffnet; ja, wie es in restaurationskritischen Kreisen heißt, die Reformation habe den Anstoß gegeben zu dem Ruf nach »Menschenrechten, Bürgerrechten, Staatsrechten, wie unsere Zeit sie aufstellt und laut fordert.«[53] Wenn auch zu Luthers Zeit noch nicht umfassend und entschränkt zur Entfaltung gekommen, sei doch mit seinem Auftreten der Menschheit – Protestanten, Katholiken, Juden, anderen Nichtchristen – ein neues Leben eröffnet worden: »Dein Licht ging auf, und aus dem Staube hub die zertretne Menschheit sich«, wie es in einem neuen Reformationslied hieß.[54] Mit anderen Worten, mit der Reformation habe die Aufklärung begonnen, die sich somit im Jubiläum von 1817 selber feiert.

Freilich ist diese Sicht der Dinge 1817 nicht die einzige, und darin liegt eine weitere Zäsur, die das dritte Zentenar der Reformation darstellt: das Reformationsgedenken pluralisiert sich. So gewinnt die Feier von 1817 als Gründungsfest der preußischen Union zwischen Lutheranern und Reformierten auch ganz eigene Bedeutung.[55] Und konfessionelle Lutheraner feiern unter

---

[48] Zum Reformationsjubiläum von 1817: Dorothea Wendebourg, Die Reformationsjubiläen des 19. Jahrhunderts, unten S. 38–41.45.51–59.71.72–79.84–87.

[49] Und zwar lutherische ebenso wie und reformierte Fürsten.

[50] Oder sie geben, wenn sie römisch-katholisch sind, die Genehmigung dazu (Bayern, Sachsen, Österreich).

[51] Wendebourg, Die Reformationsjubiläen des 19. Jahrhunderts, unten S. 71.72–79.84–87.

[52] Das heißt nicht, alle römisch-katholischen und jüdischen Zeitgenossen hätten mitgefeiert. Von römisch-katholischer Seite gab es auch lautstarke Ablehnung (a.a.O. 74–78).

[53] A.a.O. 55.

[54] A.a.O. 53.

[55] A.a.O. 58. Freilich erscheint dieses Thema im Rückblick wichtiger, als es für die Feiernden selber war.

scharfem antirationalistischen Protest.[56] Das ebenfalls groß begangene Zentenar der Confessio Augustana 1830 wird sogar zum Schlachtfeld rabiater Auseinandersetzungen zwischen den Verfechtern der »Aufklärungsreformation« und den Konfessionellen, die in ihnen Apostaten vom Bekenntnis sehen.[57] Doch der Zug der Jubiläen geht unbeirrbar in einer Richtung weiter: Was gefeiert wird, sind die gesamtgesellschaftlichen, kulturellen, politischen Wirkungen der Reformation. Allerdings kann das, was man der Reformation als Wirkung zuschreibt, wechseln, wie das nächste große Jubiläum, der 400. Geburtstag Martin Luthers 1883, zeigt.[58] Auch dieses Fest, das erste große Personaljubiläum im Unterschied zu den bisherigen, die den Ereignissen gegolten hatten, freilich überwiegend auch schon lutherzentriert gewesen waren, preist den Reformator vor allem wegen der gesellschaftlichen Früchte seines Wirkens. Mögen die konfessionellen Lutheraner auch beteuern, sie feierten »nicht etwa bloß den Propheten der Freiheit und den Kämpfer gegen die Autorität oder die Hierarchie und den Bannerträger der Aufklärung und des Fortschritts [...], sondern den wirklichen Luther, mit seinem Zeugnis von der seligmachenden Wahrheit und der freien Gnade Gottes«[59] – sie sind eine Minderheit im Chor der Jubilanten. Für die Mehrheit steht eher Adolf Harnack, dessen Festrede »Martin Luther in seiner Bedeutung für die Geschichte der Wissenschaft und der Bildung« würdigt.[60] Bei derselben Gelegenheit wird nun erstmals noch eine andere Wirkung herausgestellt, die man dem gefeierten Reformator zuschreibt: seine erhebende Wirkung auf das gerade im Nationalstaat geeinte deutsche Volk. *Luther und die deutsche Nation* heißt denn auch die Jubiläumsrede, die Heinrich von Treitschke hält, und in der der Berliner Historiker schwärmt: »Keine andere der neueren Nationen hat je einen Mann gesehen [...], der so in Art und Unart das innerste Wesen seines Volkes verkörpert hätte.«[61] Mit dieser Kennzeichnung habe die historische Wissenschaft des 19. Jahrhunderts »wieder den ganzen, nicht nur den kirchlichen Luther erfaßt.«[62] Der »deutsche Luther« ist 1883 noch nicht das vorherrschende Motiv. Doch die Synthese zwischen Luther und Deutschtum, Protestantismus und deutscher Nation stellt das Aufsteigerthema des Jubiläums von 1883 dar.

Gut dreißig Jahre später, beim Reformationszentenar von 1917[63], hat der Aufsteiger die Bühne erobert, der »deutsche Luther« ist allgegenwärtig. Im Weltkriegswendejahr von Front- und Heimatbroschüren ebenso wie von Predigten millionenfach unter die Leute gebracht, soll er als hammerschwingen-

[56] A.a.O. 58.
[57] Vgl. a.a.O. 59–62.
[58] Dazu a.a.O. 42.48.63–66.
[59] A.a.O. 63.
[60] Ibd.
[61] A.a.O. 64.
[62] A.a.O. 66.
[63] Hierzu a.a.O. 66–70.43–45.

der »Mann aus Erz« die Soldaten an der Front und als Vorbild an »Zähigkeit« die Daheimgebliebenen stärken, als »Begründer einer neuen deutschen Kultur« ihr nationales Selbstbewußtsein nähren und als »der verkörperte Glaube« den Deutschen helfen, daß sie in schwerer Zeit »den Glauben nicht verlieren«, sondern zuversichtlich bleiben und schließlich im Kriege siegen – denn »Deutschland steht und fällt mit dem Protestantismus«. Diese Töne können sich mit rassistischen Nebentönen verbinden und offen antisemitisch werden. Daß die Linien so weit ausgezogen werden, ist zwar 1917 noch selten. Doch die Propaganda vom »deutschen Luther« öffnet ihnen die Tür.[64] Indessen gibt es in demselben Jubiläumsjahr auch noch ganz andere Töne. Gerade »im Gedächtnismonat der Reformation« fühlen sich Berliner Pfarrer verpflichtet, die Verständigungsinitiativen des Jahres zu unterstützen und als »deutsche [...] Protestanten im Bewußtsein der gemeinsamen Güter und Ziele allen Glaubensgenossen, auch in den feindlichen Staaten, die Bruderhand zu reichen«, statt weiter auf Kampf und Sieg zu setzen. Und führende Theologen aus verschiedenen Lagern stellen programmatisch fest, daß das Entscheidende an Luther nicht sein Deutschtum, sondern die Verkündigung des Evangeliums sei, daß er folglich »nicht uns«, sondern »der Menschheit an[gehöre]«. In diesem Plädoyer sind sich so unterschiedliche, später z.T. auf entgegengesetzten Wegen wandelnde Geister wie Otto Scheel, Martin Rade, Emanuel Hirsch, Ernst Troeltsch und Karl Holl einig.[65] Mit Holl trägt der führende Repräsentant der »Lutherrenaissance« zum Jubiläum bei, und er tut es unter dem programmatischen Titel: »Was verstand Luther unter Religion?«[66] Denn das sei Luthers Anliegen gewesen: »Religion«, die Beziehung zu Gott. Der Kirchenhistoriker Holl kommt zu diesem Ergebnis auf der Grundlage jüngst entdeckter Quellen zu Luthers innerer Entwicklung. Zugleich aber stellt er fest, gerade damit sei der Mann des 16. Jahrhunderts der Gegenwart ganz nahe, die in kritischer Zeit nach eben diesem Fundament schreie. Die avancierteste reformationsgeschichtliche Forschung mündet in den Aufweis unmittelbarer Gegenwartsrelevanz: »Wir halten keine Totenfeier, wenn wir an Luther gedenken [!]; wir berühren uns mit einem Lebendigen.«[67]

Luther, der Lebendige, der Halt gibt in schwerster Zeit – das ist vier Jahre später der Cantus firmus bei dem ersten großen Reformationsjubiläum in republikanischer Zeit, dem 400. Jahrestag von Luthers Auftritt zu Worms 1921.[68] In den inneren und äußeren Nöten, die Niederlage, Verlust der Monarchie und wirtschaftliche Bedrückung mit sich bringen, soll der »Held von

---

[64] A.a.O. 67f.

[65] A.a.O. 68–70.

[66] Karl Holl, Gesammelte Aufsätze zur Kirchengeschichte Bd. 1: Luther, Tübingen [6]1932, 1–110 (in der Urfassung Holls Jubiläumsrede, gehalten bei der Reformationsfeier der Berliner Universität am 31. Oktober 1917).

[67] A.a.O. 1.

[68] Dazu Wendebourg, Das Reformationsjubiläum von 1921, unten S. 245–285.

Worms« Trost spenden, das erniedrigte Selbstbewußtsein wieder aufrichten, Orientierung bieten. Anders als bei Holl ist dieser »lebendige Luther« nun aber für viele Jubiläumsredner der »deutsche Luther«, und was man von ihm erwartet, ist, daß er »seinen Deutschen« neben der religiösen Aufrichtung die alte monarchische Ordnung und Herrlichkeit wiederherstelle. Auch hier gibt es andere Töne. Insbesondere die leitenden Männer, die nun statt der Landesherrlichen Kirchenregenten die Spitze der evangelischen Kirche bilden, bestehen auf der kirchlich-theologischen Bedeutung Luthers; im Zeitalter der keimenden Ökumenischen Bewegung wird sie mit Nachdruck auch ökumenisch bestimmt.[69] Breitenwirkung aber haben diese Gedanken nicht, sie beschränken sich auf die obere, weitgehend von Männern älterer Prägung besetzte Ebene der Kirche. Die Masse der deutschen Protestanten samt vielen – insbesondere jüngeren – Pfarrern und den großen Verbänden feiert einen anderen Luther als die Riege an der Spitze.[70] Es ist eine Spaltung, die sich auch bei den vielen weiteren Reformationsjubiläen des Jahrzehnts[71] nicht auflösen wird, sofern das Kirchenvolk in größerer Breite daran beteiligt ist.

Am 10. November 1933, zum 450. Geburtstag Martin Luthers, sollte das anders werden. Die Kirchenleitungen der alten Garde waren fast überall beiseitegeschoben, die Deutschen Christen hatten die Zügel in die Hand genommen und eine Reichskirche unter ihrer Führung errichtet. Der »Deutsche Luthertag 1933«[72], wie sie das geplante Jubiläum nannten, das so schicksalskündend in dasselbe Jahr fiel wie die nationalsozialistische Machtergreifung, sollte den Reformator gleichsam zum »geistigen Schirmherrn der neuen Reichskirche«[73] machen, sollte diese als Pendant des nationalsozialistischen Staates erweisen und die Begeisterung der Massen für das neue Regime mit einer volksmissionarischen Offensive verbinden, die nichts Geringeres bringen werde als die Vollendung der Reformation im Dritten Reich. Namhafte Universitätstheologen, das »Wiedererwachen reformatorischer Frömmigkeit in der Gegenwart«[74] beschwörend, intonierten in Jubiläumsbeiträgen den Doppelklang von völkischem Aufbruch und Reformation[75], manche vereinten

[69] A.a.O. 258f.265–270 Freilich konnte auch der ökumenische Gedanke dem deutschnationalen dienstbar gemacht werden (a.a.O. 270–272).

[70] A.a.O. 263–265.

[71] Siehe oben S. 9. Zu den Jubiläen der Jahre 1920 und 1921 neben dem Zentenar des Wormser Reichstags siehe unten S. 246–248 sowie kurz S. 94f.

[72] Vgl. dazu Siegfried Bräuer, Der »Deutsche Luthertag 1933« und sein Schicksal (in: Martin Luther. Leistung und Erbe, hg. v. Horst Barthel, Gerhard Brendler, Hans Hübner u. Adolf Laube, Berlin 1986, 423–434); Klaus Scholder, Die Kirchen und das Dritte Reich. Bd. 1: Vorgeschichte und Zeit der Illusionen 1918–1934, Frankfurt a. M. 1977, 695–698.

[73] A.a.O. 695f. (dort im Nominativ).

[74] So der Titel eines 1933 gehaltenen Vortrags von Hanns Rückert, Das Wiedererwachen reformatorischer Frömmigkeit in der Gegenwart, Stuttgart 1933.

[75] Ders., Luther als Deutscher (in: Deutsche Theologie 1, 1933, 10–23). Otto Scheel, Evangelium, Kirche und Volk bei Luther, Leipzig 1934; Hermann Dörries, Luther und Deutschland, Tübingen 1934, 12–20. Heinrich Bornkamm, Luther und der deutsche Geist,

gar Luther und Hitler als Brüder im völkischen Geist[76]. Gleichwohl gebar der kreißende Berg am Ende nur eine Maus. Denn derselbe Hitler, dessen Bewegung man sich zugehörig fühlte, setzte den 10. November zum großen Propagandatag für eine Volksabstimmung über seine Politik fest, das Jubiläum seiner Anhänger kühl verdrängend.[77] Und die dann eilig auf andere Termine verschobenen Feiern verfehlten ihr Ziel einer großen Mobilisierung des protestantischen Volks, weil die publikumswirksamste Festrede, die drei Tage nach dem ursprünglichen »Deutschen Luthertag« gehalten wurde, dazu führte, daß gerade angesichts des Jubiläums vielen die Augen aufgingen.[78] Es war die berühmt-berüchtigte »Sportpalast-Rede« des Berliner Gauobmanns der Deutschen Christen Reinhold Krause, die unter dem Titel »Die völkisch Sendung Luthers« ein »artgemäßes Christentum« und die Durchführung des Arierparagraphen forderte.[79] So spielten die Festivitäten, die in den nächsten Tagen und Wochen reichsweit abgehalten wurden, sich ab, während den Deutschen Christen in Massen ihre Anhänger davonliefen.[80] Und so verhallten die Stimmen nicht ungehört, die von Luther ganz anders zu denken mahnten: Die liberale *Christliche Welt* hielt ihren Lesern vor, im Zentrum der Botschaft Luthers habe die »Rechtfertigung aus Glauben« gestanden.[81] Dietrich Bonhoeffer, Martin Niemöller und andere schärften im *Betheler Bekenntnis* ein, das zum Jubiläum erschien: »Martin Luther ist für die Kirche ein treuer Zeuge der Gnade Jesu Christi«, »[sein] Dienst nicht auf das deutsche Volk beschränkt«.[82] Und Karl Barth forderte, angesichts der vielen Reflexi-

---

Tübingen 1934. Vgl. auch Dens., Volk und Rasse bei Martin Luther (in: Ders., Volk, Staat, Kirche. Ein Lehrgang der Theologischen Fakultät, Gießen 1933, 5–19). Beide Beiträge Bornkamms erschienen nach dem Krieg überarbeitet in dem thematischen Lutherband: Ders., Luthers geistige Welt, Lüneburg 1947 (Gütersloh [4]1960); der zweite Beitrag nun unter dem Titel *Das Volk*. Vgl. dazu Hartmut Lehmann, Heinrich Bornkamm im Spiegel seiner Lutherstudien von 1933 und 1947 (in: Ders., Luthergedächtnis 1817 bis 2017, Göttingen 2012, 138–150). Zu den Jubiläumsfeiern deutscher Universitäten: Siegfried Bräuer, Das Lutherjubiläum 1933 und die deutschen Universitäten I (in: ThLZ 108, 1983, 641–662; ein zweiter Teil ist nicht erschienen).

[76] So Hans Preuss, Luther und Hitler (in: AELKZ 66, 1933, 970–973.994–999; Nachdr. Neuendettelsau 1933).

[77] Vgl. dazu Bräuer, Luthertag (s. Anm. 72) 427f.

[78] Gottfried Maron, 1883 – 1917 – 1933 – 1983: Jubiläen eines Jahrhunderts (in: Ders., Die ganze Christenheit auf Erden. Martin Luther und seine ökumenische Bedeutung, Göttingen 1993, 188–208), 194.

[79] Rede des Gauobmannes der Glaubensbewegung »Deutsche Christen« in Groß-Berlin Dr. Krause gehalten im Sportpalast am 13. November 1933 (nach doppeltem stenographischen Bericht), Berlin 1933 (vgl. Scholder, Die Kirchen [s. Anm. 23], 702–705).

[80] ChW 47, 1933, 1090.1158f.; KJ 60–71, 1933–1944, 39; Scholder, Die Kirchen (s. Anm. 72), 709ff.

[81] Programmatischer Wiederabdruck eines Artikels von Paul Drews unter diesem Titel zum Jubiläum in: ChW 47, 1933, 1009–1011.

[82] Kurt Dietrich Schmidt, Bekenntnisse und grundsätzliche Äußerungen zur Kirchenfrage des Jahres 1933, Göttingen 1934, 107f. Bonhoeffers leicht anders formulierter Entwurf in: Dietrich Bonhoeffer, Berlin 1932–1933, Dietrich Bonhoeffer Werke 12, Gütersloh 1997, 369.

onen über die kulturellen und politischen Wirkungen Luthers eher nach der »Kategorie« zu fragen, die seine »Erscheinung« wirklich zu fassen vermöge. Seine Antwort lautete: Luther sei im Entscheidenden nicht mehr und nicht weniger gewesen als ein Ausleger der Heiligen Schrift, »ein Lehrer der christlichen Kirche, den man schwerlich anders feiern kann, als indem man ihn hört oder vielmehr: indem man das hört, was er selber gehört und darum zu sagen hat.«[83]

Es verwundert nicht, daß dieser kirchlich-theologische Luther beim nächsten Reformationszentenar 1946, das man ein Dreivierteljahr nach Kriegsende im ganzen Land erstaunlich feierlich beging,[84] landauf, landab von Kanzeln und Kathedern sprach. Mit dem Ruf zum Evangelium sollte der Reformator jetzt, an seinem vierhundertsten Todestag, dem deutschen Volk, das »Gottes Wort verachtet« hatte und »nun die Pein der göttlichen Strafe [erlitt]«, »die Kraft zu neuem Anfang« geben,[85] sollte er das besiegte und demoralisierte Volk aufrichten und ihm beim Wiederaufbau helfen.[86] Daß der erste bedeutende Gedenktag in Deutschland nach der Niederlage gerade dieses Lutherjubiläum war, wurde als wegweisende Stärkung empfunden. Denn angesichts des allgemeinen Zusammenbruchs, da »alle die andern großen Gestalten der deutschen Vergangenheit« das Gemüt nicht mehr auferbauen könnten, habe es »mit der einen Gestalt, die uns an diesem Gedenktag vor die Seele tritt, eine andere Bewandtnis. Was Luther uns war, und was er uns gab,« sei »völlig unabhängig vom Wechsel der politischen Schicksale,« hieß es zum Jubiläum in Tübingen; gelte doch seine Botschaft »der Gemeinde Christi.«[87] Ähnliches hörte und las man auch andernorts. Die Parolen vom völkischen Helden aus Wittenberg hatten offensichtlich ausgedient. Stattdessen fragte man »nach dem lebendigen Luther, d.h. nach *dem* Luther, [...] der, aus *seiner* Geschichte hervortretend, selber uns von seiner Lebendigkeit überführen kann.«[88] Daß dieser »lebendige Luther« beim letzten Jubiläum keine dreizehn Jahre zuvor die Bühne gerade als völkischer Held beherrscht hatte und wie es dazu hatte kommen können, wurde kaum erörtert. Einzig im Lager Karl Barths kam

---

[83] Karl Barth, Luther (in: Ders., Lutherfeier 1933, Theologische Existenz heute 4, 1933, 8–16), 11.

[84] Vgl. hierzu Johannes Schilling, Luther 1946 (in: Reformation und Bauernkrieg. Erinnerungskultur und Geschichtspolitik im geteilten Deutschland, hg. v. Jan Scheunemann, Leipzig 2010, 183–195). Mehrere Jubiläumsbeiträge erschienen in: Zeitwende 18, 1946/47.

[85] Theodor Knolle in seinem »Hirtenbrief zum Todestag Luthers« »An die evangelische Christenheit in Deutschland«, zitiert bei Schilling, Luther (s. Anm. 84), 187.

[86] »Wir wollen nie vergessen, daß das Erbe der Reformation der Beitrag ist, den wir zum Wiederaufbau unseres Volkes zu leisten haben. [...] wir wollen [Luthers] mahnendes, weisendes und tröstendes Wort zu Gehör bringen [...]« (der Herausgeber Friedrich Langenfaß in der Einleitung zu dem in Anm. 84 genannten Band von Zeitenwende, 6).

[87] Karl Heim, Zu Luthers 400. Todestag (in: Neubau. Blätter für neues Leben aus Wort und Geist 1, 1946/47, 69–78), 69. Zitiert auch bei Hartmut Lehmann, Katastrophe und Kontinuität. Die Diskussion über Martin Luthers historische Bedeutung in den ersten Jahren nach dem Zeiten Weltkrieg (in: Ders., Perspektiven [s. Anm. 75], 189–212), 194f.

[88] Gerhard Gloege, Der lebendige Luther, Berlin 1949, 7.

diese Frage zur Sprache. Scharf wurde das Luthertum mit seinem schon vor dem Dritten Reich entstandenen nationalen Lutherbild kritisiert,[89] ja, es wurde auch erörtert, ob in Luthers eigenen Aussagen zur politischen Ethik Weichen falsch gestellt worden seien.[90] Keine Rolle in den Jubiläumsbesinnungen spielte das Versagen der Protestanten im Dritten Reich gegenüber den Juden. Das Thema sollte, jedenfalls in Deutschland, erst später auf die Tagesordnung kommen.

Es war eine andere Reformations- und Lutherkritik, die im Jubiläumsjahr 1946, von der Allgemeinheit noch unbemerkt, in die Startlöcher trat: In der sowjetischen Besatzungszone wurde Friedrich Engels' *Der deutsche Bauernkrieg* wieder aufgelegt. Und Alexander Abuschs einst berühmte Schrift *Der Irrweg einer Nation* kam in Berlin auf den Markt.[91] In der hier vorgetragenen Deutung der Umwälzungen des 16. Jahrhunderts als mittelalterlicher sozialer Revolution wurde die Reformation zur Konterrevolution und Luther zu deren wichtigstem Exponenten, dem Thomas Müntzer als Lichtgestalt gegenübertrat. Damit aber war ein Thema intoniert, das die weitere Jubiläumsgeschichte des »kurzen 20. Jahrhunderts« bis zu ihrem Ende in Atem halten sollte: das Verhältnis zwischen der marxistischen Reformationsdeutung und der kirchlich-theologischen auf der einen Seite und der westlich-bürgerlichen auf der anderen. Man sollte erwarten, daß angesichts jener negativen Sicht Luthers und der Reformation auf Seiten des ostdeutschen Staates an Reformationsjubiläen kein Interesse bestand. Doch das Gegenteil war der Fall. Staat und führende Partei engagierten sich mit Eifer bei allen Jubiläumsgelegenheiten, ja, sie setzen damit verschiedentlich sogar die Kirche unter Zugzwang. Hintergrund war eine schon bald einsetzende differenziertere Einschätzung der Reformation, die ihre Ursache in den Legitimationsproblemen der DDR hatte: Der zweite deutsche Staat mußte seinen Platz in der deutschen Geschichte definieren und bedurfte positiver historischer Anknüpfungspunkte. Er beanspruchte, wie es 1967 in der Reformationsjubiläumsrede des Stellvertretenden Staatsratsvorsitzenden Götting hieß, »Heimstatt aller positiven Überlieferungen aus der deutschen Vergangenheit« zu sein.[92] Und dazu zählte zunehmend auch die Reformation.

Das sich entwickelnde staatliche Interesse an Luther und der Reformation führte dazu, daß die kurze Geschichte der DDR durchzogen war von einer Serie von Reformationsdoppeljubiläen – Staat und Kirche feierten nebenein-

---

[89] So insbesondere von ERNST WOLF, Luthers Erbe? (in: EvTh 6, 1946/47, 82–114). Vgl. auch DERS., Peregrinatio, Bd. 2: Studien zur reformatorischen Theologie, zum Kirchenrecht und zur Sozialethik, München 1965, 52–81.

[90] So von KARL BARTH, zusammen mit gleicher Kritik an Calvin. Vgl. LEHMANN, Katastrophe (s. Anm. 87), 191.

[91] Entstanden war sie im mexikanischen Exil und dort bereits 1945 erstmals, in deutscher Sprache, gedruckt worden. Vgl. SIEGFRIED BRÄUER, Martin Luther in marxistischer Sicht von 1945 bis zum Beginn der achtziger Jahre, Berlin 1983, 5.

[92] Nämlich bei dem Jubiläum 1967 (vgl. KJ 94, 1967, 192).

ander, wenn nicht gegeneinander.[93] Das zeigte sich erstmals 1960 beim vierhundertsten Todestag Philipp Melanchthons, der mit einem großen staatlichen Festakt in Wittenberg und Halle samt Nationalhymne und Kranzniederlegungen an Melanchthondenkmal und Melanchthongrab begangen wurde.[94] Sieben Jahre später, beim 450jährigen Jubiläum der Reformation 1967[95], gab es neben einem weiteren Festakt Briefmarken und in Wittenberg Fahnen, einen historischen Festzug und einen gebratenen Ochsen.[96] Im Vorfeld von Luthers 400. Geburtstag 1983[97] saß gar der Staatsratsvorsitzende Honecker persönlich dem »Lutherkomitee der DDR« zur Planung des Jubiläums vor und schwor das Komitee auf seine Arbeit ein, indem er Luther als »einen der größten Deutschen« pries.[98] Mittlerweile hatte man in der Reformation die »Frühbürgerliche Revolution« entdeckt, wodurch Luther vom Konterrevolutionär zum Revolutionär mutiert war und die Reformation von einem mittelalterlichen Geschehen zu einem Ereignis der Neuzeit, ja, zu deren universalgeschichtlichem Beginn.[99] Sogar die theologische Seite der Reformation wurde nun zum notwendigen Medium des revolutionären Prozesses aufgewertet.[100] Diese geschichtspolitische Umorientierung erfolgte auf Kosten des ursprünglichen Revolutionshelden Thomas Müntzer. Die Jubiläumsfeier, die man Müntzer 1975 zum 400. Todestag widmete,[101] vermochte die Spannungen zwischen dem alten und dem neuen Bild des 16. Jahrhunderts noch zu ver-

---

[93] Vgl. WOLFGANG FLÜGEL, Konkurrenz um Reformation und Luther. Die Konfessionsjubiläen der Kirchen und der SED in den Jahren 1967 und 1983 (in: Spurenlese. Reformationsvergegenwärtigung als Standortbestimmung, hg. v. Klaus Tanner u. Jörg Ulrich, Leipzig 2012, 239–285).

[94] Zu diesem Jubiläum: SIEGFRIED BRÄUER, Das Melanchthonjubiläum 1960 in Halle und Wittenberg (in: Lutherjahrbuch 64, 1997, 87–126).

[95] Dazu: KJ 94, 1967, 191–211; FLÜGEL, Konkurrenz (s. Anm. 93), 245–262; SIEGFRIED BRÄUER, Der TARF. Von seiner »spontanen« Entstehung bis zum Anfang der siebziger Jahre (in: Herbergen der Christenheit 34/35, 2012, 231–255), 232–235.

[96] KJ 94, 1967, 205. Die Bedeutung, die diesem Jubiläum von seiten des Staates beigemessen wurde, zeigt sich auch darin, daß aus seinem Anlaß ein in einem umfänglichen Werk (Weltwirkung der Reformation. Internationales Symposium anläßlich der 450-Jahr-Feier der Reformation in Wittenberg vom 24. bis 26. Oktober 1967, hg. v. Max Steinmetz u. Gerhard Brendler, zwei Bände, Berlin 1969) dokumentierter Kongreß abgehalten wurde und eine Festschrift (450 Jahre Reformation, hg. v. Leo Stern u. Max Steimetz, Berlin 1967) erschien.

[97] Zu diesem Jubiläum in der DDR: RUDOLF MAU, Luthers 500. Geburtstag: Feiern ohne zu rühmen? Beobachtungen zum Lutherjubiläum 1983 in der DDR (in: ThLZ 138, 2013, 1045–1058); DERS., Der wissenschaftliche Ertrag des Lutherjahres (in: KJ 110, 1983, 163–178), 176f.; MARON, Jubiläen (s. Anm. 78), 198–201; PETER MASER, Mit Herrn Luther alles in Butter? Das Lutherjahr 1983 im geteilten Deutschland (in: SCHEUNEMANN, Reformation [s. Anm. 84], 163–179). Auch hier gehörte zu den staatlichen Jubiläumsveranstaltungen eine – anders als 1967 internationale und auch Kirchenhistoriker beteiligende – wissenschaftliche Konferenz, die dokumentiert wurde (vgl. dazu BARTEL, u.a., Martin Luther [s. Anm. 72]).

[98] MAU, Luthers 500. Geburtstag (s. Anm. 97), 1050.

[99] BRÄUER, Luther in marxistischer Sicht (s. Anm. 91), 14–17.

[100] Vgl. A.a.O. 18f.28.

[101] Dazu s. SIEGFRIED BRÄUER, »Die Gewalt soll gegeben werden dem gemeinen Volk«. Die Thomas-Müntzer-Ehrung der DDR im Jahr 1989 (in: ThLZ 137, 2012, 1023–1040); MAU, Luthers 500. Geburtstag (s. Anm. 97), 1047.

wischen; die Ehrung, zu Müntzers – vermutlichem – 500. Geburtstag 1989 war überschattet von unlösbaren historischen Kontroversen und verlor sich mit dem sozialistischen Staat.[102]

Die Reformationswürdigung der DDR lief am Ende auf ein Amalgam zweier altbekannter Reformations- und Lutherbilder hinaus, des aufklärerischen Freiheitsluthers und des nationalen, deutschen Luthers. Jubiläumswürdig erschien die Reformation wiederum ob ihrer, nun DDR-gemäßen, gesellschaftlichen Wirkungen. Die Kirche hingegen bestand darauf, daß es die theologische Botschaft der Reformation sei, um deretwillen man sich zum Fest versammle. An den Vorbereitungen der staatlichen Jubiläumsfeiern mitzuwirken, lehnte sie ab. Staatliche Einschränkungen, wie sie besonders 1967 zu erleiden waren, stand sie durch; internationale Beteiligung und reges Interesse an ihren eigenen Veranstaltungen boten ein Stück weit Entschädigung.[103] Bei den zentralen Festakten ebenso wie auf einer Vielzahl regionaler Kirchentage entwickelte das theologiezentrierte kirchliche Jubiläum seine eigene Ausstrahlungskraft. Man hatte aus einer langen Tradition entgleister Jubiläen gelernt, bei der eigenen Sache zu bleiben. So hieß das Motto des kirchlichen Jubiläums von 1983 »Gott über alle Dinge fürchten, lieben und vertrauen«, eine Luthers Kleinem Katechismus entnommene theologische Botschaft – die aber gerade als solche unüberhörbare politische Signalwirkung hatte.[104]

Was sich gleichzeitig im Westen Deutschlands abspielte, ist schwerer zu fassen. Das Jubiläum von 1967 beging man nur lokal, weil die Festivitäten in der DDR als die zentralen Feiern der – damals noch gesamtdeutschen – EKD hätten gelten sollen.[105] Das Zentenar von 1983, durch die Zahl 500 besonders geadelt, feierte man hingegen westlich der Mauer auf allen Ebenen selbst.[106] Es gab Lutherfolklore und Luthernippes ohne Zahl – nicht anders als im Osten, allerdings nicht vom Staat, sondern vom Markt geboren, hochkarätige Ausstellungen, eine Schwemme von Lutherbüchern und -artikeln, Festakte, Gottesdienste, Tagungen. Auffällig war die starke Anteilnahme von Katholiken und von Politikern. Römisch-katholische Anteilnahme hatte sich schon bei der 450Jahrfeier der Confessio Augustana drei Jahre zuvor gezeigt.[107] Jetzt hörte man, daß Luther gemeinsamer »Vater im Glauben« genannt wurde, in

---

[102] Bräuer, Thomas-Müntzer-Ehrung (s. Anm. 101), 1034–1037.

[103] Vgl. den Band, der die Vorträge ihrer eigenen Jubiläumsveranstaltungen 1967 dokumentiert: Reformation 1517–1967. Wittenberger Vorträge, hg. v. Ernst Kähler, Berlin 1968.

[104] Flügel, Konkurrenz (s. Anm. 93), 268f.; Mau, Luthers 500. Geburtstag (s. Anm. 97), 1057.

[105] Eine Rechnung, die man ohne die nur wenigen die Einreise erlaubenden DDR-Behörden gemacht hatte (vgl. KJ 94, 1967, 190).

[106] Vgl. dazu KJ 110, 1983, Lieferung 1: Bilanz des Lutherjahres; Maron, Jubiläen (s. Anm. 78), 194–198.201–204.

[107] Vgl. den aus diesem Anlaß entstandenen evangelisch-katholischen Kommentar zum Augsburger Bekenntnis: Confessio Augustana. Bekenntnis des einen Glaubens. Gemeinsame Untersuchung lutherischer und katholischer Theologen, hg. v. Harding Meyer u. Heinz Schütte, Paderborn u. Frankfurt a. M. 1980.

Rom predigte gar der Papst in der deutschen evangelischen Kirche. Ernüchternd wirkte allerdings, daß derselbe Papst im selben Jahr ein Heiliges Jahr ausrief und neuen Ablaß in Aussicht stellte, begleitet von kritischen römisch-katholischen Stimmen zur Reformation.[108] Das ökumenische Echo war also gemischt. Durchweg positiv waren die Reden und Grußworte der Politiker, vom Bundespräsidenten Carstens über Bundeskanzler Kohl, den bayrischen Ministerpräsidenten Strauß und den SPD-Vorsitzenden Brandt. Unübersehbar bemühten sie sich, Luther als Theologen zu würdigen und ihn nicht für ein politisches Programm zu vereinnahmen – sowenig sie umhinkonnten, den Reformator aus dem Blickwinkel ihrer politischen Position zu sehen und ihn so doch wenigstens indirekt für politische Ziele fruchtbar zu machen.[109] Kritische Töne kamen dagegen aus den Medien und aus der evangelischen Kirche selbst, besonders von Pfarrern. Hier wurde nun massiv der antijüdische Luther zum Thema, attackierte man auch seine Haltung zur Politik. So kam von den vielen kirchlichen Würdigungen kaum eine ohne den Vorbehalt aus, daß es neben allem, was man Luther zu verdanken habe, doch auch Seiten an ihm gebe, die wenig jubiläumstauglich seien.[110] Und wofür würdigte man ihn, warum wurde er gefeiert? Es gibt keine Antwort im Singular. Die rechtfertigungstheologischen Kernthesen kamen zu Wort, einmal mehr, einmal weniger aktualisiert, das allgemeine Priestertum, die Erneuerung des Gottesdienstes, des Schulwesens, natürlich die Bibelübersetzung und das vom Jubilar grundgelegte gottesdienstliche Lied; hier und da wurde der Blick auf die kulturellen Folgen gelenkt. Ein theologisch-historisches Potpourri – ein profiliertes Gesamtbild ergibt sich nicht. Es scheint, daß die evangelische Kirche, der die vom Zug der Zeit diktierten Bilder abhanden gekommen waren, selbst keines mehr entwerfen wollte oder konnte. Dem Willen, ein Jubiläum zu feiern, tat das keinen Abbruch.

Blicken wir mit dem zu Beginn zitierten Martin Rade zurück, so ist festzustellen, daß der Protestantismus, seit er das historische Jubiläum erfunden hatte, in der Tat keine Gelegenheit ausließ, in diesem Medium »doppelt zu leben«. Der Kranz der Reformationsjubiläen ist ungeheuer reich, ich habe hier nur eine Auswahl präsentiert. Indessen, lebten die Feiernden hier wirklich »doppelt«? Ließen sie sich auf ein anderes, von ihnen unterschiedenes Leben ein – wissend, daß es ein anderes war, daß es ihnen möglicherweise fremd und unnachvollziehbar gegenüberstand, vielleicht aber auch gerade als fremdes eine Botschaft für ihr eigenes Leben parathielt? Die Jubiläumsgeschichte führt eher zum entgegengesetzten Befund: Man lebte nicht »dop-

---

[108] Maron, Jubiläen (s. Anm. 78), 197f.

[109] Vgl. Hans Süssmuth, Luther 1983 in beiden deutschen Staaten (in: Das Luther-Erbe in Deutschland. Vermittlung zwischen Wissenschaft und Öffentlichkeit, hg. v. dems., Düsseldorf 1985, 16–40), 37–40.

[110] Maron, Jubiläen (s. Anm. 78), 203f.

pelt«, sondern die erinnerte Vergangenheit wurde zur immer neuen Projektionsfläche des gegenwärtigen Lebens mit seinen Wünschen und Werten, das sich durch sie feierlich bestätigt und erhoben fand. Nun wäre es gewiß naiv zu meinen, man könnte anderes Leben erinnern oder feiern und dabei vom eigenen Leben absehen – warum würde man Jubiläen abhalten, wenn man nicht meinte, das Erinnerte und Gefeierte habe etwas mit dem eigenen Leben zu tun! Den Anspruch, *historische* Jubiläen, und den Anspruch, *Reformations*jubiläen zu sein, verdienen sie freilich nur unter einem doppelten, einem historischen und einem theologischen Distanzvorbehalt: Kein Bild des gefeierten Ereignisses kann von den Befunden absehen, die die Geschichtswissenschaften erheben. Und kein Bild der erinnerten Reformation kann davon absehen, daß deren Programm gerade darin bestand, von den beteiligten Personen wegzusehen, eine Botschaft zu hören, die ihnen kritisch und aufbauend von außen begegnete. Das geschieht vor allem im Gottesdienst. Darum war es im höchsten Maß sachgerecht, daß die ersten Reformationsjubiläen in festlichen Feiern des gereinigten Gottesdienstes, in Predigten und Abendmahl und dem Dank für das darin Gegebene bestanden.

Und noch ein Zweites kann der Blick auf die Anfänge der Reformationsjubiläen lehren: die Weite des Blicks. Der eine Initiator der entstehenden Jubiläumstradition, der Pfälzer Kurfürst Friedrich, rief zu einem Fest auf, das der gesamten Reformation galt. Das hieß für den reformierten Fürsten noch nicht Abgrenzung von Luther – daß mit diesem alles begann, stand ihm außer Frage und spiegelte sich in der Wahl des Jubiläumsjahres. Doch ein Lutherfest wollte er nicht begründen, sondern ein gesamtprotestantisches Zentenar, das auch andere Reformatoren umfaßte und die von ihnen geprägten Zweige der Reformation einschloß. Diese gesamtprotestantische Jubiläumsperspektive fiel der erfolgreicheren sächsischen Jubiläumstradition und dem zunehmenden reformierten Abgrenzungsbedürfnis zum Opfer. 1817 kam sie noch einmal zum Zug, bevor die Reformationsjubiläen mehr und mehr zu Dubletten der immer häufigeren Lutherzentenare wurden. Es ist zu hoffen, daß nicht 2017 dasselbe geschieht. Denn damit würde die Chance verspielt, die Initialzündung Reformation in ihrer ganzen Wucht und Bedeutung zu würdigen.

Die Reformationsjubiläen des 19. Jahrhunderts

»Sey uns willkommen, *erster Tag des vierten Jahrhunderts seit dem Beginn der christlichen Kirchenverbesserung*! Sey überall willkommen, festlicher Morgen! [...] Schmücket das Fest mit Maien bis an die Hörner des Altares. Gott! du hast uns gewürdiget zu erleben die Stunde, in der das Andenken [an] die erneute, bessere Gestalt der Kirche [...] in festlicher Jubelfeier uns vor die Seele tritt; sie ist erschienen – die auch mir von meiner Jugend an ersehnte Stunde.«[1] Mit diesen hymnischen Worten begrüßte der Erlanger Theologieprofessor und Stadtpfarrer Gottlieb Philipp Christian Kaiser das Reformationsjubiläum von 1817.

Damit war er nicht allein. Und damit stand auch das Jubiläum dieses Jahres nicht allein, solche Töne sollten im 19. Jahrhundert immer wieder zu hören sein. Denn nie wurden so viele Reformationsjubiläen begangen wie im 19. Jahrhundert, nie feierte man den religiösen Umbruch des 16. Jahrhunderts und seine protestantischen Protagonisten so eifrig wie in dieser Zeit. Damit aber befanden sich die Reformationsfeste in lebhafter Gesellschaft. Denn das 19. Jahrhundert war in das Jubiläum verliebt. Jahrhundert- und Halbjahrhundertfeiern großer Ereignisse und großer Männer – vereinzelt auch Frauen – durchziehen das Saeculum. Gründungen und literarische Erscheinungen, zeitenwendende Taten und Siege, Geburts- und Sterbedaten – dies und vieles andere wurde im Abstand runder Jahresfristen festlich begangen. So feierte man runde Gedenktage von Universitätsgründungen ebenso wie solche der Erfindung des Buchdrucks, volle, halbe oder Viertelzentenare des Sieges der Germanen über die Römer im Teutoburger Wald, der Völkerschlacht bei Leipzig und der Befreiungskriege überhaupt oder der Revolution von 1848, der Geburts- oder Sterbedaten – wenn nicht beides – von Gustav Adolf und Königin Luise, von Bonifatius, Albrecht Dürer, Moses Mendelssohn und – am meisten gefeiert von allen – Friedrich Schiller.[2] Auffällig ist dabei eine

---

[1] Gottlieb Philipp Christian Kaiser, Predigt zum Reformationsjubiläum 1817 (in: Allgemeine Chronik der dritten Jubel-Feier der deutschen evangelischen Kirche. Im Jahr 1817, hg. v. Christian Schreiber, Valentin Carl Veillodter u. Wilhelm Hennings, Bd. II/1 [Jubel-Predigten], Erfurt 1819, 99–106), 99 (Hervorhebung im Original).

[2] Zu diesen Jubiläen vgl. die Beiträge in: Öffentliche Festkultur. Politische Feste in Deutschland von der Aufklärung bis zum Ersten Weltkrieg, hg. v. Dieter Düding, Peter Friedmann u. Paul Münch, Reinbek bei Hamburg 1988, sowie Stefan Laube, Konfessionelle Brüche in der nationalen Heldengalerie. Protestantische, katholische und jüdische Erinnerungsgemeinschaften im deutschen Kaiserreich (1871–1918) (in: Nation und Religion in der deutschen Geschichte, hg. v. Heinz-Gerhard Haupt u. Dieter Langewiesche, Frankfurt 2001, 293–332).

zunehmende Personalisierung der Jubiläen, die mit dem besonderen Augenmerk auf runde biographische Daten Hand in Hand geht. Sie hat ihr visuelles Gegenstück in einer anderen großen Liebe dieser Epoche, der zum historischen Denkmal. Auch in der Errichtung solcher Denkmäler kann das 19. Jahrhundert sich nicht genugtun. Und auch sie sind in ihrer weit überwiegenden Zahl Darstellungen großer Menschen, meist Männer, der Geschichte.

Dies alles gilt im Übrigen nicht nur für Deutschland, sondern für das Ausland gleichermaßen. So feierte man in der Schweiz das 500. Jubiläum des Sieges von Sempach (1886) und den 150. Geburtstag Heinrich Pestalozzis (1896), gedachte man in England der sich zum 800. Mal jährenden Schlacht bei Hastings (1866) und des 300. Geburtstags William Shakespeares (1864), beging man in Italien den 600. Geburtstag Dantes (1865) und das 600. Jubiläum der Sizilianischen Vesper (1892), um nur einige willkürliche Beispiele herauszugreifen.[3] Die Neigung zum feierlichen Rückblick auf ihre Geschichte einte die Europäer, so unterschiedlich die Ereignisse und Gestalten waren, denen er galt. Durch solchen Bezug auf allseits für bedeutend erachtete Ereignisse und Personen der Vergangenheit sich der eigenen Identität und Zusammengehörigkeit hier und heute zu vergewissern und Orientierung für die Zukunft zu gewinnen, war ein Bedürfnis weiter Kreise quer durch den Kontinent.[4] Daß man es gerade im 19. Jahrhundert stärker empfand und vielfältiger zu befriedigen suchte als in früheren Zeiten, spiegelt die tiefgehenden Verunsicherungen, die die Umbrüche an seinem Beginn gebracht hatten.[5]

Zur Fülle der Jubiläen im langen 19. Jahrhundert gehörten nun eben auch die Reformationsjubiläen. Damit knüpfte man zunächst einmal schlicht an die Jubiläumstradition an, die die vorangegangen Jahrhunderte ausgebildet hatten. So wurden auf der einen Seite nach wie vor die lokalen und regionalen

[3] Man könnte auch auf die Jubiläen in den Ländern Ostmitteleuropas hinweisen, vgl. dazu: Der Kampf um das Gedächtnis. Öffentliche Gedenktage in Mitteleuropa, hg. v. Emil Brix u. Hannes Stekl, Wien 1997.

[4] Eine ganz vereinzelte Stimme prinzipieller Infragestellung der Sinnhaftigkeit historischer Jubiläen im 19. Jahrhundert ist die des rationalistischen Ansbacher Kreisdirektors und Historikers Karl Heinrich Ritter von Lang. Neben speziellen Einwänden gegen die Reformationsjubiläen (siehe dazu Anm. 222) macht er grundsätzlich geltend: »[W]as beweist es dann am Ende, daß eine Sache zwei-, drei- oder vierhundert Jahre gedauert habe? – Die edelsten Blüten verwelken oft am frühesten. Wenn 1000jähriges Dauern gleich ist einem 1000jährigen Stillestehen [...], so liegt nicht einmal etwas Erfreuliches in der ganzen Sache« (Karl Heinrich von Lang, Votum zum Reformationsjubiläum von 1817 in Bayern, in: Karl Schornbaum, Das 3. Säkularfest der Reformation 1817 und Ritter Karl Heinrich Ritter v. Lang, in: ZBKG 12, 1937, 1–13.65–75, hier: 11).

[5] Daß dieses Bestreben nach historischer Vergewisserung bis in die Alltagswelt hineinreichte, zeigen die weit verbreiteten evangelischen Hauskalender, in denen das Gedächtnis für den Protestantismus wichtiger historischer Personen eine große Rolle spielte (vgl. Laube, Brüche [s. Anm. 2], 300, Anm. 29). Dasselbe zeigt sich an den populären *Neuruppiner Bilderbogen*, von denen etliche der Reformation, insbesondere Luther, gewidmet waren, produziert und vertrieben bevorzugt anläßlich der einschlägigen Jubiläen (vgl. Erdmute Nieke, Religiöse Bilderbogen aus Neuruppin. Eine Untersuchung zur Frömmigkeit im 19. Jahrhundert, Frankfurt a. M. 2008, 236f.).

Gedenktage gefeiert, die der Einführung der Reformation in bestimmten Städten oder Territorien galten. Von besonderer Bedeutung waren dabei die Dreihundertjahrfeiern der Reformation in Sachsen und Brandenburg 1839,[6] aber auch sonst ließ man in keiner Stadt und keinem Land die Gelegenheit verstreichen, den Beginn der Reformation auf eigenem Boden zu feiern.[7] Auf der anderen Seite standen die überregionalen, ja übernationalen Jubiläen: Vor allem hielt man natürlich weiterhin das Zentenargedächtnis des Thesenanschlags von 1517 und der Übergabe der *Confessio Augustana* 1530. Die Feiern von 1817 und 1830 wurden als glanzvolle Feste im In- und Ausland begangen, die von 1917 waren ebenfalls groß geplant, wurden aber durch den Ersten Weltkrieg zurückgestutzt; das Jubiläum von 1930 liegt schon außerhalb des hier behandelten Zeitraums. Gefeiert wurden – in kleinerem Rahmen – auch die 350. Jahrestage 1867 und 1880. In den Umkreis des Jubiläums von 1817 gehören die Feier der Verbrennung von Bannandrohungsbulle und päpstlichem Recht 1820 und die Feier des Auftritts zu Worms 1821 – beide mit Parallelen hundert Jahre später[8] –, auch wenn sie nur regionale Reichweite hatten.[9] Zu den überregional, in ganz Deutschland, ja darüber hinaus auf großem Fuß begangenen Jubiläen gehörte der 400. Geburtstag Martin Luthers 1883, während sein 300. Todestag meist lediglich lokal gefeiert worden war.[10]

---

[6] Zum ersten: MARKUS HEIN, Lutherrezeption in den Predigten und Ansprachen bei den Reformationsfeierlichkeiten in Sachsen im 19. Jahrhundert (in: Lutherinszenierung und Reformationserinnerung, hg. v. Stefan Laube u. Karl-Heinz Fix, Leipzig 2002, 145–161), 153–155. Zum zweiten: LUDWIG FREGE, Das dritte Brandenburgische Reformations-Jubiläum oder ausführliche Beschreibung aller bei Gelegenheit der 300jährigen Jubelfeier am 1.,2. und 3. November in Spandow, Berlin und mehreren Städten der Mark stattgefundenen Festlichkeiten, mit Rucksicht auf die Reformations-Jubelfeste im 17ten u. 18ten Jahrhundert zusammengestellt, 1839, sowie KLAUS DUNTZE, Der Magistrat als protestantische Obrigkeit. Am Beispiel der Berliner Säkularfeier 1839 zur Einführung der Reformation in der Mark Brandenburg (in: JBBKG 58, 1991, 156–198).

[7] Z.B. Braunschweig (1828; vgl. CARL GEORG HEINRICH LENTZ, Braunschweigs Kirchenreformation im sechzehnten Jahrhundert. Ein historischer Versuch, als Beitrag zum dritten Reformationsjubiläum der Stadt Braunschweig 1828, Wolfenbüttel 1828) oder die mittlerweile bayerischen Städte Schweinfurt (1842), Sulzbach (1842), Regensburg (1842) und Rothenburg o. d. T. (1844) (vgl. STEFAN LAUBE, Fest, Religion und Erinnerung. Konfessionelles Gedächtnis in Bayern von 1804 bis 1917, München 1999, 199f.).

[8] Vgl. HARTMANN GRISAR, Luther zu Worms und die jüngsten drei Jahrhundertfeste der Reformation, Freiburg i. Br. u. München u.a. 1921, 1f.

[9] Hierher gehört auch das Kuriosum, daß der Platz des Gutes Zöllsdorf, das Luther einst seiner Frau vererbt hatte, von dem aber außer ein paar Bäumen nichts mehr zu sehen war, als einzige Lutherstätte, die dem reduzierten Sachsen geblieben war, 1817 zum sächsischen Wallfahrtsort wurde (vgl. GEORG ARNDT, Das Reformationsjubelfest in vergangenen Jahrhunderten. Gedenkblätter aus der Geschichte der evangelischen Kirche Deutschlands, Berlin 1917, 40f.).

[10] Daß diese Gedächtnisfeier im Unterschied zum Geburtsjubiläum Luthers schon eine längere Tradition hatte, zeigen die für 1646 sparsamen, für 1746 aber reichhaltigen, Städte aus verschiedenen Territorien des Reiches betreffenden Angaben bei JOHANN CONRAD ORTMANN, Der Tod und die Todesfeier D. Martin Luthers. Eine Erinnerungsschrift zur 300jährigen Gedächtnisfeier Dr. Martin Luthers, des 18. Februars 1846, Gotha 1845, 28–51. Zum Gedenktag 1846 vgl. die Darstellung der Feier zu Eisleben in: Predigten zur 300jährigen

Als glänzendes überregionales Reformationsfest ist schließlich die Einweihung des Wormser Lutherdenkmals im Jahr 1867 zu erwähnen[11], die mit 100000, vielfach von den modernen Verkehrmitteln Dampfschiff und Eisenbahn herangeführten, Teilnehmern[12] den Höhepunkt einer ganzen Reihe solcher Denkmalseinweihungen in Deutschland bildete[13].

Die Personalisierung, die in der Jubiläumskultur des 19. Jahrhunderts überhaupt festzustellen ist, gilt also auch für die Reformationszentenare. Der Erlanger Kirchenhistoriker Theodor Kolde reflektiert diese Entwicklung anläßlich des Jubiläums von 1883 ausdrücklich und führt sie darauf zurück, daß diese Zeit das Individuum, die Persönlichkeit erst in ihrer wirklichen Bedeutung zu schätzen gelernt habe.[14] Von der Personalisierung zehrte aber nicht allein das Geburtstagsgedächtnis Luthers, dessen Dimensionen 1883 etwas ganz Neues waren, das aber in dem seit langem begangenen Todestag[15] des Reformators immerhin schon ein personenbezogenes Gegenstück hatte.[16] Ge-

---

Gedächtnisfeier Martin Luthers: gehalten am 18. Februar 1846 in Eisleben; mit einer Beschreibung der am 16., 17. und 18. Februar 1846 in Eisleben stattgefundenen Feierlichkeiten, 1846. Zu den Feiern in Berlin: Duntze (s. Anm. 6), 196. Zu den Feiern in Erlangen vgl. die Dokumentation: Gedächtnisfeier von Dr. M. Luthers Todestag an der Friedrich-Alexanders-Universität Erlangen, Erlangen 1846. Zu denen an anderen nun bayrischen Orten wie Nürnberg oder Regensburg vgl. Laube, Fest (s. Anm. 7), 200.206–209.212–214. Landesweit wurde das Jubiläum in Sachsen begangen (vgl. Wolfgang Flügel, Konfession und Jubiläum. Zur Institutionalisierung der lutherischen Gedenkkultur in Sachsen 1617–1830, Leipzig 2005, 260f.; Hein [s. Anm. 6], 155–158). In lokalen Gedenkfeiern beging man auch Luthers 350. Todestag 1896 (vgl. Laube, Fest, 305).

[11] Vgl. Wilhelm Weber, Das Luther-Denkmal in Worms (in: Der Reichstag zu Worms von 1521. Reichspolitik und Luthersache, hg. v. Fritz Reuter, Köln ^{2}1981, 490–509).

[12] Vgl. Johannes Burkhardt, Reformations- und Lutherfeiern. Die Verbürgerlichung der reformatorischen Jubiläumskultur (in: Düding u.a. [s. Anm. 2], 212–236), 222.

[13] Die Grundsteinlegung für das Lutherdenkmal in Wittenberg, das im Blick auf seine Vorbildwirkung noch wichtiger war, bildete einen Bestandteil der Jubiläumsfeierlichkeiten von 1817. Zu ihm vgl. Wilhelm Weber, Luther-Denkmäler, Frühe Projekte und Verwirklichungen (in: Denkmäler im 19. Jahrhundert. Deutung und Kritik, hg. v. Hans-Ernst Mittig u. Volker Plagemann, München 1972, 183–215), 185–200. Zu den Lutherdenkmälern insgesamt vgl. daneben Christian Tümpel, Geschichte der Lutherdenkmäler (in: Luther in der Neuzeit. Wissenschaftliches Symposion des Vereins für Reformationsgeschichte, hg. v. Bernd Moeller, Gütersloh 1983, 227–247). Die Fülle der Lutherdenkmäler registriert Otto Kammer, Reformationsdenkmäler des 19. und 20. Jahrhunderts. Eine Bestandsaufnahme im Auftrag der Stiftung Luthergedenkstätten in Sachsen-Anhalt, Leipzig 2004.

[14] Theodor Kolde, Martin Luther, der Reformator der Kirche. Akademische Festrede im Auftrage der hochwürdigen theologischen Fakultät zu Erlangen am 10. November 1883 gehalten, Erlangen 1883, 3: »[M]it einiger Sicherheit wird man wohl behaupten dürfen, daß, während man im Jahr 1617 die Reformation als solche feierte, die erste allgemeine Lutherfeier erst im Jahre 1846 zur Erinnerung an Luthers Tod stattgehabt hat. Auch an hiesiger Hochschule ist dieser Tag aufs festlichste begangen worden, ebenso der 31. Oktober 1817, während im Jahre 1783 niemand daran gedacht hat. Darin liegt ohne Zweifel ein Umschwung zur Wertschätzung des Subjektiven, Individuellen, der sehr erklärliche Rückschlag einer veränderten Geschichtsbetrachtung, die der eigenartigen Persönlichkeit, ihrem Werden und Wollen größere Bedeutung beilegt« – nicht immer ohne Gefahr eines »Heroencultus«. Koldes Angaben über das Begängnis des Todestages 1846 sind nur insofern korrekt, als es erst in jenem Jahr zu Feiern größeren Stiles kam (siehe oben, Anm. 10).

[15] S. oben, Anm. 10.

[16] Ein Jubiläum zum 300. Geburtstag Luthers 1783 gab es nicht.

Abb. 4
Lutherdenkmal in Worms

feiert wurden nun auch Jubiläen, die dem Gedächtnis Philipp Melanchthons galten: War das Jahr 1797 noch ohne Feier seines 300. Geburtstages verstrichen, wurde sein 400. ein Jahrhundert später festlich begangen,[17] und 1860 beging man vielerorts auch seinen 300. Todestag[18] – ein Jubiläum, das freilich in den Schatten gestellt wurden durch das Schillerzentenar ein Jahr zuvor.[19]

Die Begeisterung für die großen Männer der Reformation beschränkte sich nicht auf die Wittenberger.[20] Zu den Jubiläen des 19. Jahrhunderts gehörten vielmehr auch Feiern Zwinglis und Calvins. So feierte man in der Schweiz, vornehmlich in Zürich, 1819 das Gedächtnisjahr von »[d]es Dieners Christi segensreiche[r] Ankunft bey uns«, d. h. von Zwinglis Berufung an die Limmat 1519, als Reformationsjubiläum;[21] auch nichtreformierte protestantische

---

[17] Besonders prominent der Festakt der Berliner Universität, bei dem eine Reihe von theologischen Ehrendoktor- und Ehrenlicentiatentiteln verliehen wurde und Adolf Harnack die Jubiläumsrede hielt auf den »grosse[n] Lehrer, unter dessen Händen Alles didaktisch wurde, die Religion nicht weniger als die Poesie«, der nicht nur »lehrte, sondern [...] *bildete*« und mit dem verglichen »der Beruf des Gelehrten, des Professors, [nie] idealer und größer gefaßt, nie würdiger verwirklicht worden« sei (Adolf Harnack, Rede bei der Feier zum vierhundertjährigen Gedächtniss der Geburt Philipp Melanchthon's gehalten in der Aula der Königlichen Friedrich-Wilhelms-Universität in Berlin am 16. Februar 1897, Berlin 1897, 19 [Hervorhebung im Original]). Vgl. die Festreden und -predigten von vielen Orten, die im Katalog der Staatsbibliothek Berlin unter dem Stichwort »Melanchthon 1897« aufgelistet sind. Zu Feiern in Bayern s. Laube, Fest [s. Anm. 7], 280.305.342.364. – Bleibendes Zeugnis des Jubiläums ist das Melanchthonhaus in Bretten, zu dessen Errichtung es den Anstoß gab. Siehe die Urkunde der Grundsteinlegung (in: Zur Erinnerung an die Feier der Grundsteinlegung des Melanchthon-Hauses mit Gedächtnishalle und Museum in Bretten am 400jähr. Geburtstag Philipp Melanchthons 16. Februar 1897, o.O. 1897) und die »Weiherede« Nikolaus Müllers zu diesem Anlaß (Nikolaus Müller, Weiherede bei der Feier der Grundsteinlegung des Melanchthonhauses mit Gedächtnishalle und Museum in Bretten am 400jähr. Geburtstag Philipp Melanchthons, 16. Februar 1897, o.O. 1897). Vgl.: Das Melanchthonhaus in Bretten. Ein Beispiel des Reformationsgedenkens der Jahrhundertwende, hg. v. Stefan Rhein u. Georg Schwinge, Ubstadt-Weiher 1997.

[18] Vgl. die Festreden und -predigten, die im Katalog der Staatsbibliothek Berlin unter dem Stichwort »Melanchthon 1860« aufgelistet sind. Zu Bayern vgl. Laube, Fest (s. Anm. 7), 49. Aus Anlaß des Gedenktages von 1860 wurde auch der Grundstein zu dem Wittenberger Melanchthondenkmal gelegt (Otto Kammer, Melanchthondenkmäler [in: Rhein, Schwinge (s. Anm. 17), 31–46], 35).

[19] Sogar in EKZ 66, 1860 findet sich zwar ein Beitrag zum Melanchthonjubiläum (Am 300jährigen Todestage Melanchthons. Eine Gymnasialrede, a.a.O. 393–405), aber – in Rezensionsform – ein erheblich längerer zum Schillerjubiläum des vorangegangenen Jahres (Karl von Hase, [Rez. zu:] Schiller und seine Zeitgenossen. Eine Gabe für den 10. November 1859 von Julian Schmidt, Leipzig 1859 [a.a.O. 153–160.172–176.209–216.237–239]). Zum Schillerjubiläum: Rainer Noltenius, Schiller als Führer und Heiland. Das Schillerfest 1859 als nationaler Traum von der Geburt des zweiten deutschen Kaiserreiches (in: Düding u.a. [s. Anm. 2], 237–258).

[20] Was diese betrifft, wurden auch andere Vertreter wie Johannes Bugenhagen oder Justus Jonas mit Jubiläen bedacht, doch das nur lokal oder regional.

[21] So der Titel einer Broschüre, die die »Predigt am Reformationsfeste den 1sten Jäner [!] 1819« des Zürcher Antistes Johann Jakob Heß wiedergibt (Zürich 1819). Auffällig ist und bei Gelegenheit zu bedenken wäre, daß Zürcher Jubiläumsschriften das Wort »Reformation« bevorzugt mit »Glaubensreinigung« wiedergeben, während deutsche Schriften, wo sie das Wort übersetzen, nicht immer, aber vornehmlich von »Kirchenverbesserung« sprechen. Vgl. z.B.: Einige Catechisationen über das Reformationsfest 1819. In Fragen und Antworten.

Institutionen Deutschlands nahmen Anteil.[22] 1884 wurde Zwinglis 400. Geburtstages feierlich gedacht, nicht allein in der Schweiz, sondern auch in vielen reformierten Gemeinden Deutschlands.[23] So sehr man dabei »unter dem überwältigenden Eindruck der Lutherfeiern von 1883«[24] stand, waren die Ausmaße allerdings bescheiden. Anders 1909 der – von den Beteiligten ebenso vor dem Hintergrund der Feiern von 1883 gesehene, ja geplante – 400. Geburtstag Calvins.[25] Es war das erste Calvin-Jubiläum großen Stils. Bislang waren in Genf nur Jubiläen der Abschaffung der römischen Messe 1535 als des Beginns der Reformation gefeiert worden[26], so hatte man es noch im 19.

Besonders für die *Landjugend* des Cantons Zürich, o.O. 1818, wo es ausdrücklich heißt, »Glaubensreinigung oder Reformation« (a.a.O. 1; siehe auch 51 u.ö.; Hervorhebung im Original). – Das Jubiläum von 1819 wurde auch an anderen Schweizer Orten gefeiert. Außerdem gab es in den folgenden Jahren Reformationsjubiläen zum Gedächtnis der Einführung der Reformation in einzelnen Gemeinden und Regionen der Schweiz, etwa in Basel, St. Gallen oder Graubünden, doch sie hielten sich im Unterschied zu den Feiern von 1819, in denen man Zwinglis als des grundlegenden Reformators für die gesamte Deutschschweiz und der Zürcher Reformation als der Initialzündung für das ganze Land gedachte, im lokalen Rahmen. Eine Reihe der zum Zürcher und anderen Schweizer Jubiläen erschienenen Schriften sind aufgeführt bei Karl Friedrich Michahelles (Literatur der dritten Reformations-Säkularfeier oder möglichst vollständiges literarisches Verzeichnis aller Schriften welche in näherer oder fernerer Beziehung auf das im Jahr 1817 gefeierte Reformations-Jubelfest erschienen sind. Nebst einem Anhang der schweizerischen Säkular-Schriften, Nürnberg 1820, 48–52) und bei Fridericus Wilken (Index Librorum ad celebranda sacra saecularia Reformationis ecclesiasticae tertia annis MDCCCXVII et MDCCCXIX cum in Germania tum extra Germaniam vulgatorum quos Bibliotheca Regia Berolinensis ad hunc usque diem comparavit. Iussu [...] Liberi Baronis ab Altenstein editus, Berlin 1821, 41–53).

[22] So veranstaltete die Universität Königsberg 1818 einen Festakt zum Gedächtnis Zwinglis, insbesondere im Blick auf dessen »Ansicht von den moralischen Kräften des Menschengeschlechts« (de moralibus humani generis viribus sententia) (Michahelles [s. Anm. 21], 51); das Predigerinstitut der Universität Tübingen feierte das Jubiläum ebenfalls (vgl. Das Reformationsfest der Schweizer, gefeiert im Predigerinstitut zu Tübingen den 31. December 1818 und den 1. Januar 1819, o.O. 1819; als Grund werden die große Zahl Schweizer Studenten in Tübingen sowie die von jeher enge Verbindung zwischen Württemberger und Schweizer Protestantismus angegeben [vgl. a.a.O. 3]); der Dresdner Oberhofprediger von Ammon gratulierte Antistes Heß in Zürich anläßlich der dortigen dritten Säkularfeier (vgl. Michahelles, 52). – Der 1819 erschienene zweite Jahrgang des von Friedrich Keyser in Erfurt herausgegebenen »Reformations Almanachs« (dazu s. u., Anm. 32) ist besonders Zwingli gewidmet und wird vom Herausgeber ausdrücklich »Der Hohen Regierung und der Hochwürdigen Geistlichkeit des Standes Zürich ehrfurchtsvoll zugeeignet«.

[23] Vgl. Johann Friedrich Gerhard Goeters, Vorgeschichte, Entstehung und erstes Halbjahrhundert des Reformierten Bundes (in: 100 Jahre Reformierter Bund. Beiträge zur Geschichte und Gegenwart, hg. v. Joachim Gurth, Bad Bentheim 1984, 12–37), 17.

[24] Ibd.

[25] Wie einer der spiritus rectores des Jubiläums sagte, war es »wohl berechtigt, für 1909 eine der Lutherfeier 1883 wenigstens entfernt ähnliche Jubelfeier zu fordern« (zit. bei Hans-Georg Ulrichs, »Der erste Anbruch einer Neuschätzung des reformierten Bekenntnisses und Kirchenwesens«. Das Calvin-Jubiläum als Zäsur der Selbstdefinition der Reformierten Deutschlands, in: Reformierte Retrospektiven, hg. v. Harm Klueting u. Jan Rohls, Wuppertal 2001, 231–265, hier: 239). Maßstab waren also nicht die in kleinerem Format gehaltenen Zwinglifeiern von 1884.

[26] Vgl. dazu Olivier Fatio, Quelle Réformation? Les commémorations genevoises de la Réformation à travers les siècles (in: RThPh 118, 1986, 111–130).

Jahrhundert gehalten und Calvins Geburtstag 1809 ebensowenig wie 1864 seinen Todestag begangen.[27] Doch 1909 wurde der Reformator gefeiert, und das sogleich in außerordentlichen Dimensionen: mit einer zentralen internationalen Veranstaltung in Genf unter Schirmherrschaft Präsident Theodore Roosevelts, bei der auch der Grundstein für das Genfer Reformationsdenkmal gelegt wurde, und mit vielen weiteren Veranstaltungen in anderen Städten und Ländern.[28] Die deutschen Reformierten feierten aber auch ihr eigenes Jubiläum: 1863 begingen sie vielerorts das dritte Zentenar des Heidelberger Katechismus.[29]

Die meisten dieser Jubiläen sind vielfach und in verschiedenen Hinsichten behandelt worden, die Literatur dazu ist kaum zu überblicken. Wenn ich hier einen Durchgang durch die ganze Reihe der Jubiläen des 19. Jahrhunderts[30] in Deutschland mit Schwerpunkt auf den überregionalen Feiern unternehme, möchte ich das unter zwei Gesichtpunkten tun: erstens in einer Innenperspektive, das heißt mit der Frage nach Initiatoren, Trägergruppen und leitenden Ideen, und zweitens in einer doppelten Außenperspektive, nämlich mit der Frage nach der Rolle von römischen Katholiken[31] und Juden.

1. Die Innenperspektive

1.1. Initiatoren und Trägergruppen

Die Reformationsjubiläen des 17. und 18. Jahrhunderts waren von den Obrigkeiten angeordnet worden; Landesherren oder städtische Räte hatten sie als Inhaber des Kirchenregiments befohlen und – durch ihre Konsistorien oder leitenden Geistlichen – auch Gestaltung wie Dauer des Festes, Anzahl der Gottesdienste, Predigtexte usw. vorgegeben. Im 19. Jahrhundert spielten die Obrigkeiten nach wie vor eine maßgebliche Rolle bei den meisten der großen Reformationsjubiläen. So wurden die Gedenkfeiern von 1817[32] durch herr-

[27] Immerhin gab es zu letzterem Jubiläum hier und da lokales Gedenken, so in Baden (vgl. Udo Wennemuth, Luthererinnerung in Baden 1883, in: Laube, Fix [s. Anm. 6], 97–126, hier: 100).

[28] Vgl. Christoph Strohm, Calvinerinnerung am Beginn des 20. Jahrhunderts. Beobachtungen am Beispiel des Genfer Reformationsdenkmals (in: Laube, Fix [s. Anm. 6], 211–228); vgl. mit besonderer Berücksichtigung der Auswirkungen in Deutschland Ulrichs (s. Anm. 25); dazu siehe auch Stefan Laube, Calvinistische Splitter in der deutschen Reformationserinnerung zwischen Union (1817) und Calvin-Jubiläum (1909) (in: AKuG 91, 2009, 161–191), 181–184.

[29] Vgl. die zur »dreihundertjährige[n] Jubelfeier des *Heidelberger* Katechismus«, welche »ein lautes preisendes Zeugniß der unwandelbaren Treue und Güte des über der reformirten [!] Kirche waltenden und wachenden Gottes« sei, herausgegebene Hallenser Festschrift: Adolf Zahn, Mittheilungen über die Geistlichen der evangelisch-reformirten Domgemeinde zu Halle a. d .S., Halle 1863 (Zitat: a.a.O. III; Hervorhebung im Original).

[30] Des »langen« 19. Jahrhunderts bis zum Ende des Ersten Weltkrieges.

[31] Diese im Unterschied zu den Altkatholiken, deren Stellungnahmen ich hier nicht nachgehen werde. Zu Ignaz Döllinger vgl. unten S. 80.

scherliche Verfügungen angeordnet[33], oder sie wurden jedenfalls offiziell genehmigt, wie im seit Kurzem um beträchtliche protestantische Gebiete und Städte erweiterten Bayern[34] oder in Österreich, wo erstmals überhaupt ein Reformationsjubiläum begangen werden durfte[35]. Auch jetzt wurde regierungsamtlich verfügt, wie viele Tage man feiern solle oder dürfe – drei, zwei oder einen –, wurden das Geläut, die Art der Gottesdienste, die Predigttexte und die Gebete vorgeschrieben, wurde die Beteiligung der Schulen festgelegt.[36] Aber so sehr dies alles den Vorgängen der früheren Jahrhunderte glich, gab es doch einen deutlichen Unterschied: Die Landesherren trafen ihre Ver-

---

[32] Vgl. dazu: Allgemeine Chronik der Jubel-Feier der deutschen evangelischen Kirche. Im Jahr 1817. Nebst einigen Nachrichten von dieser Feier in auswärtigen Ländern, hg. v. Christian Schreiber, Valentin Carl Veillodter u. Wilhelm Hennings, Bd. I, Erfurt 1819 (der Band bietet Dokumente und Beschreibungen der Jubiläumsfeiern). Der oben genannte Bd. II/1 (s. Anm. 1) enthält die Festpredigten (zu Charakter und Defiziten dieser wichtigen Chronik, die mit Bd. II/1 abgebrochen wurde: WICHMANN VON MEDING, Kirchenverbesserung. Die deutschen Reformationspredigten des Jahres 1817, Bielefeld 1986, 20f.). Zur aus Anlaß des Jubiläums erschienenen Literatur siehe MICHAHELLES (s. Anm. 21); WILKEN (s. Anm. 21). Vgl. auch: Übersicht der bedeutendsten Schriften über Luther und seine Reformation, die durch die Jubelfeier der letzteren im Jahre 1817 veranlaßt worden sind (in: Ernst Gottlieb Bengels Archiv für die Theologie und ihre neueste Literatur 3, 1818, 464–515.666–766; 4, 1820, 167–228). Eine Frucht des Jubiläums von 1817 ist auch der von dem Erfurter Verleger Friedrich Keyser herausgegebene, wegen dessen Todes aber nur bis zum dritten Band gediehene *Reformations Almanach*, für den reformationsbezogene Beiträge aus verschiedenen Federn eingeworben wurden. Der erste, 1817 erschienene Band ist betitelt *Reformations Almanach für Luthers Verehrer auf das Jubeljahr 1817*, der zweite von 1819 gilt vornehmlich Zwingli (siehe oben Anm. 22), der dritte von 1821 setzt mit einem Bild Calvins ein, umfaßt aber Beiträge zu sehr unterschiedlichen Regionen und Aspekten der Reformation. Mit dem Almanach, der Bilder, handschriftliche Zeugnisse der Reformationszeit und Aufätze vereinigt, will Keyser nichts weniger als »ein Archiv für die Reformationsgeschichte« schaffen (Bd. I, X).

[33] Die Dokumente zu den einzelnen Gebieten bei SCHREIBER u.a., Chronik I (s. Anm. 32). Für die Großherzoglich-Oldenburgische *Anordnung des hundertjährigen Dankfestes der Reformation* vom 17. September 1817 siehe noch den Abdruck in: Kirchenverbesserung in Oldenburg. Dokumente zum Reformationsjubiläum 1817 hg. v. Wolfgang Erich Müller, Göttingen 1988, 29f.; für die Württembergische *Königliche Verordnung, die Secular-Feier des Reformationsfestes auf den 31. Oct. 1817 betreffend*: JOHANN CHRISTOPH SCHMIDT, Dritte Jubelfeyer der Reformation, in Ulm begangen 1817, Ulm o. J., 1–3.

[34] Durch königliche Bewilligung vom 30. Juli 1817 (vgl. LAUBE, Fest [s. Anm. 7], 71); vgl. Schreiber u.a., Chronik I (s. Anm. 32) 100f.; SCHORNBAUM (s. Anm. 4), 74. In Erlangen verband man das Jubiläum mit dem Loyalitätserweis gegenüber der neuen Obrigkeit, indem man eine Lutherbüste auf ein Tuch in den bayerischen Farben setzte (BURKHARDT, [s. Anm. 12], 215). Als einheitliches Reformationsfest wurde der 31.Oktober für die nun bayerischen Gebiete erst 1819 vorgeschrieben und drängte so die lokalen Gedenktage in den Hintergrund (vgl. LAUBE, Fest, 48). 1830 war man angesichts des Widerstandes gegen das Säkularjubiläum der *Confessio Augustana* am 25. Juni allerdings bereit, den 31. Oktober zugunsten dieses Tages zu streichen (vgl. a.a.O. 84, Anm. 116).

[35] *Dekret der k.k. Böhmisch-Oesterreichischen Hofkanzley* mit der kaiserlichen Genehmigung vom 26. August 1817, abgedruckt bei: JAKOB GLATZ, Nachrichten über die Feyer des dritten Jubelfestes der Reformation in den sämmtlichen kaiserl.königl. Oesterreichischen Staaten im Jahre 1817. Nebst einigen allgemeinen Bemerkungen über den gegenwärtigen kirchlichen Zustand der Protestanten in gedachten Staaten, Wien 1818, 14f.

[36] Siehe ebenfalls die für die einzelnen Staaten zitierten und referierten Angaben bei SCHREIBER u.a., Chronik I (s. Anm. 32) sowie bei GLATZ (s. Anm. 35), 14f. mit 15–18.

fügungen nicht mehr als Territorialherren. Wie jedenfalls die evangelischen Fürsten deutlich machten, nahmen sie ihre summepiskopale Funktion gegenüber den evangelischen Kirchen als kraft der politischen Rolle gegebene, doch nicht mehr mit ihr vereinte Prärogative wahr. An dieser Differenzierung war ihnen vor allem deshalb gelegen, weil die meisten von ihnen durch die politischen Verschiebungen im Gefolge von Französischer Revolution und Napoleonischen Kriegen erhebliche Gebiete mit römisch-katholischer Bevölkerung gewonnen und sich mittlerweile auf politische Parität der Konfessionen festgelegt hatten. Wenn die Jubiläumsverfügungen fast durchweg nicht nur vorschreiben, die nichtevangelischen Untertanen müßten »Achtung für das, was dem evangelischen Religionstheile wichtig« sei, erweisen und sich negativer Äußerungen enthalten, sondern zugleich anordnen, die Protestanten dürften »die angeordnete Reformations-Feier auf keine Weise zu möglicher Erbitterung und Reizung anders Denkender mißbrauchen«, ja müßten »alle mögliche Mäßigung und Bescheidenheit beweisen«, dann wird das nicht allein mit der »Humanität des Zeitalters« und »den Gesetzen der Religion« begründet, sondern auch mit »der bestehenden, politischen Verfassung«. Das Zitat stammt aus der königlichen Verfügung in Württemberg[37], doch entsprechende Passagen lassen sich in vielen anderen Verordnungen für das Reformationsjubiläum von 1817 finden. Gerade das Bemühen um konfessionelle Überparteilichkeit aber veranlaßte die Staatsoberhäupter dazu, ihre besondere Rolle gegenüber den evangelischen Kirchen mit Nachdruck auszuspielen und ihnen genaue Vorgaben für ihre Feier zu machen. Daß die neuen politischen Rahmenbedingungen die Identifikation der evangelischen Herrscher mit ihrer Kirche nicht einzuschränken brauchten, zeigt deren Präsenz beim Jubiläum: die »fromme Theilnahme« des württembergischen Königspaares am Gottesdienst, durch die es »die festliche Feier des Tages [erhöhete]«, und die »sichtbare[...] Rührung«, mit der der König »am Altare knieend« das Abendmahl empfing[38], die Anfahrt der »höchsten Angehörigen der Großherzoglichen Familie« zu Darmstadt »in glänzendem Aufzug«[39] oder der feierliche Einzug des preußischen Königs in die Wittenberger Schlosskirche, der von Orgelschall und Kanonendonner begleitet wurde[40]. Auch der in Wittenberg donnernd Begrüßte hatte, noch zu Hause in Potsdam, bei dem Jubiläum die Zugehörigkeit zu seiner Kirche öffentlich durch die Teilnahme am Abendmahl bekräftigt; zugleich hatte er mit diesem Akt gerade beim Reformationsjubiläum seinen Rang als *summus episcopus* unter Beweis gestellt, indem er durch die Kommunion gemeinsam mit Lutheranern die Kirchenunion voll-

---

[37] Schreiber u.a., Chronik I (s. Anm. 32), 512.

[38] A.a.O. 513. Die Königin kommunizierte nicht, weil sie orthodox war.

[39] A.a.O. 225. Dieser Glanz wurde sogar »noch erhöht durch die Anwesenheit und Theilnahme Ihrer Majestät der Königin Friederike und ihrer Hoheiten des Prinzen Gustav und der Prinzessin Sophie von Schweden« (ibd.).

[40] Vgl. a.a.O. 340.

zog, zu der er für den Feiertag aufgefordert und die er seiner Hof- und Garnisongemeinde befohlen hatte.[41]

Auch das *Confessio-Augustana*-Jubiläum von 1830[42] wurde von den Obrigkeiten, im allgemeinen durch die Konsistorien, angeordnet, bewilligt[43] oder hier und dort auch verboten[44]. Auffällig ist der sparsamere Zuschnitt, der für das Fest in den meisten deutschen Staaten vorgesehen ist: Während in Sachsen weiterhin prächtig und ausladend an drei Tagen gefeiert werden soll[45], ist sonst meist nur ein einziger Tag eingeräumt, ja soll das Jubiläum oft auch gar nicht mehr an seinem ursprünglichen Termin eigens begangen, sondern auf den folgenden Sonntag verlegt werden.[46] Infolgedessen sind auch weniger Gottesdienste angeordnet. Was die Bibeltexte betrifft, werden nur selten feste Perikopen vorgeschrieben, meist stehen mehrere zur Auswahl oder es wird völlige Freiheit gelassen. Obrigkeitliches Interesse und obrigkeitlicher Druck sind offensichtlich geringer als 1817. Von persönlicher Teilnahme der Herrscher wird nicht berichtet. Allein Friedrich Wilhelm III. von Preußen verband mit dem Jubiläum einen summepiskopalen Zweck, wiederum im Sinne seines großen Zieles der protestantischen Kirchenvereinigung: Nicht nur befahl er

---

[41] Vgl. Die Geschichte der Evangelischen Kirche der Union, Bd. 1: Die Anfänge der Union unter landesherrlichem Kirchenregiment (1817–1850), hg. v. Johann Friedrich Goeters u. Rudolf Mau, Leipzig 1992, 112f. Siehe auch unten S. 52.58f.

[42] Vgl. dazu: Beschreibung der Feierlichkeiten, welche am dritten Jubelfeste der Augsburgischen Confession den 25., 26. und 27. Juni 1830 im Königreich Sachsen stattgefunden haben. Nebst einigen Jubelpredigten und Angabe der zu diesem Feste in Sachsen erschienen Schriften, 1830; Friedrich Wilhelm Philipp von Ammon, Denkmal der dritten Säkularfeier der Uebergabe der Augsburger Confession in den deutschen Bundesstaaten, 1831 sowie die Berichterstattung in EKZ 7, 1830. Ein großer, von der Berliner Königlichen Bibliothek erworbener Teil der auch zu diesem Jubiläum überreich erschienenen Literatur ist verzeichnet in: Index librorum ad celebranda sacra saecularia confessionis Augustanae traditae tertia anni MDCCCXXIX, MDCCCXXX et MDCCCXXXI cum in Germania tum extra Germaniam vulgatorum quorum magnam partem Bibliotheca Regia Berolinensis comparavit, hg. v. Theodor Friedländer, 1833.

[43] So in Bayern durch König Ludwig I. am 9. Mai 1830 (vgl. Laube, Fest [s. Anm. 7], 74, Anm. 68). Die Polizei wurde angewiesen, für Sicherheit und ungestörten Verlauf des Festes zu sorgen (vgl. a.a.O. 85). In altbayerischen Städten wie München und Ingolstadt, aber auch in den Bischofsstädten Bamberg und Würzburg wurde erstmals solch ein evangelisches Jubiläum begangen (vgl. Ammon [s. Anm. 42], 97).

[44] So in Wien, wo man nur »ganz in der Stille« feiern durfte (a.a.O. 213).

[45] Das galt für das Königreich Sachsen ebenso wie für die sächsischen Herzogtümer (vgl. a.a.O. 21.43–74) – mit Ausnahme Sachsen-Weimars, wo das Jubiläum auf den folgenden Sonntag verlegt wurde (vgl. a.a.O. 74).

[46] Vgl. Alfred Galley, Die Jahrhundertfeiern der Augsburgischen Konfession von 1630, 1730 und 1830. Ein Gedenkblatt zur 400jährigen Augustana-Feier von 1930, Leipzig 1930, 103. Ein außerhalb des hier behandelten Gebietes liegender, aber wegen seiner Besonderheit erwähnenswerter Fall ist die Regelung in Schweden, wo das Fest am 28. November gefeiert wurde, weil man es zugleich mit dem Jubiläum der Christianisierung des Landes durch Ansgar 1000 Jahre und der Landung Gustav Adolfs in Deutschland 200 Jahre zuvor beging (vgl. Ammon [s. Anm. 42], IV). Die Christianisierung durch Ansgar feierte man auch in Holstein, aber vier Jahre früher (1826), und begründete mit dieser raschen Jubiläumsfolge, daß das Zentenar von 1830 nur einen Tag einnehmen sollte – so übrigens auch schon 1730 (vgl. a.a.O. 157).

all seien evangelischen Untertanen, an dem für die gesamte Monarchie als arbeitsfreier Festtag vorgeschriebenen 25. Juni die *Confessio Augustana* zu feiern, wozu sie ausführlich über das Dokument zu belehren seien. Sondern er legte ihnen auch als angemessen nahe, an das Bekenntnisfest »die weiteren Schritte zu knüpfen, durch welche das heilsame Werk der Union [...] der Vollendung näher geführt werden kann«.[47] Kurz, alle evangelischen Gemeinden sollten in festlichen Gottesdiensten durch gemeinsame Abendmahlsfeier nach einheitlichem Ritus »symbolisch« ihren Beitritt zur Union zum Ausdruck bringen.[48] Kein Anlaß konnte solche Symbolhandlung angemessener erscheinen lassen als die gemeinsame und so gemeinprotestantischen Konsens anzeigende Feier der *Confessio* von 1530, »[d]ieses herrliche[n] Bekenntniss[es]«, wie es in der vom König vorgeschriebenen Kanzelabkündigung am Sonntag vor dem Jubiläum hieß, das »nächst der heiligen Schrift die Grundlage [wurde], auf welcher sich der neue Bau der Evangelischen Kirche erhob, und [das] seit dreihundert Jahren das öffentliche Zeugnis von dem Glauben derselben geblieben« ist, zu dem »auch wir uns freudig [...] bekennen«.[49]

Ein gutes halbes Jahrhundert später wurde auch das Lutherjubiläum von 1883 in Preußen vom Monarchen selber verfügt und in seinen Einzelheiten festgelegt – das Muster, unter dessen Einfluß ein Großteil der konsistorialen Verlautbarungen für die übrigen Kirchen im mittlerweile zum Kaiserreich gewordenen Land standen[50]. Es wird nicht nur die auf zwei Tage – vom Abend des 9. bis zum 11. November[51] – angelegte Feier befohlen, sondern es werden auch Vorgaben gemacht, die die Zahl der Gottesdienste, das Geläut und das Blasen von den Türmen und vor den Kirchentüren, den Gesang von

[47] Schreiben König Friedrich Wilhelms III. vom 4. April 1830 an Minister von Altenstein (in: Annalen der preußischen innern Staatsverwaltung, Bd. XIV, hg. v. Karl Albert von Kamptz, Berlin 1830, 324).

[48] Schreiben des Königs an von Altenstein vom 30. April 1830 (a.a.O. 331): Es solle »das Brechen des Brotes, welches als der symbolische Ausdruck des Beitritts zur Union zu betrachten ist [...], in Anwendung kommen«. Aufgenommen wurde dies in den Vorschlägen zur Gestaltung des Jubiläums, die der Minister dem König nach dessen Befehl einreichte, mit dem Zusatz, daß es frei stehe, die bisherige Art des Brotes zu verwenden – allerdings werde das Ministerium »noch die Form der Oblate [mittheilen]« (a.a.O. 326; vgl. Erich Foerster, Die Entstehung der Preußischen Landeskirche, Bd. II, Tübingen 1907, 479f.). Zum Ablauf der Augustana-Gedenkgottesdienste in Preußen vgl. Geschichte der Evangelischen Kirche der Union, Bd. 1 (s. Anm. 41), 214.

[49] Zitiert nach: EKZ 7, 1830, 473, Anm. Vgl. Joachim Mehlhausen, Zur Wirkungsgeschichte der Confessio Augustana im 19. Jahrhundert. Eine theologisch-historische Skizze (in: Ders., Vestigia Verbi. Aufsätze zur Geschichte der evangelischen Theologie, Berlin 1999, 95–122), 97f.

[50] Die umfassendste Darstellung bietet: Hans Düfel, Das Lutherjubiläum 1883 (in: ZKG 95, 1984, 1–94), 27f.; vgl. auch Hartmut Lehmann, Das Lutherjubiläum 1883 (in: Ders., Protestantische Weltsichten. Transformationen seit dem 17. Jahrhundert, Göttingen 1998, 105–129).

[51] Der 11. war allerdings ein Sonntag, so daß sich seine Einbeziehung nahelegte. Doch hätte ebensogut der Weg beschritten werden können, der in etlichen anderen Landeskirchen eingeschlagen wurde, nämlich, das Fest mit dem Sonntag zusammenzulegen.

»Ein feste Burg« als Hauptlied, die Verwendung der Kollekten und den theologischen Duktus der Feiern betreffen. Die Auswahl von Predigttexten und Liturgie sei den Kirchenbehörden überlassen. Der Monarch schließt mit den Worten: »Ich flehe zu dem allmächtigen Gott, daß er die Gebete, in denen Ich Mich an den Tagen des Festes mit allen Gliedern Meiner evangelischen Kirche vereinigen werde, Erhörung finden lasse vor seinem Thron, damit die Feier Unserer theuren evangelischen Kirche zu dauerndem Segen gedeihe.«[52]

Auffällig angesichts dieser Worte ist, daß der Kaiser dann nicht an der zentralen Feier in Wittenberg teilnahm, sondern sich darauf beschränkte, Gottesdiensten in Berlin beizuwohnen.[53] Der gerade abflauende Kulturkampf ließ es nicht geraten erscheinen, daß sich das Staatsoberhaupt, Summepiskopat hin oder her, ostentativ mit seiner Kirche identifizierte. Immerhin trat der Kronprinz als Vertreter seines Vaters in Wittenberg auf; er legte einen Kranz am Grab Luthers nieder und hielt in dem aus Anlaß des Jubiläums zum Museum umgestalteten Lutherhaus eine Rede.[54]

Schließlich das Jubiläum von 1917, mitten im Ersten Weltkrieg. Zu ihm rief kein Monarch mehr auf. Der »Burgfrieden«, auf den sich alle Gruppen der Gesellschaft und so auch die Kirchen angesichts des gemeinsam zu bestehenden Krieges verpflichtet hatten, ließ, wiewohl zunehmend brüchig werdend, der Staatsspitze konfessionelle Zurückhaltung geraten erscheinen.[55] Die negative militärische Wende, die sich gerade 1917 abzeichnete, war ebenso wie die zunehmende materielle Not großen Festinitiativen nicht günstig. Und an Teilnehmer aus anderen Ländern war schon gar nicht zu denken, da die Protestanten Europas wie die Christen überhaupt in die feindlichen Lager einander bekriegender Staaten auseinandergetreten waren[56]. Zwar hatte der Deutsche Evangelische Kirchenausschuß eine internationale Feier in Wittenberg vorgesehen, in der sich der Weltprotestantismus präsentieren sollte.[57] Wegen

---

[52] Text aus dem Preußischen Generalanzeiger, zit. nach AELKZ 16, 1883, Sp. 526; vgl. Düfel (s. Anm. 50), 28.

[53] Vgl. Düfel (s. Anm. 50), 43.

[54] Vgl. a.a.O. 33–35. Zu den Jubiläumsfeierlichkeiten in anderen Ländern wie Österreich-Ungarn und den skandinavischen Königreichen vgl. AELKZ 16, 1883, Sp. 1107–1109.

[55] So wurde eine Luthermünze, die beim Reichsschatzamt beantragt worden war, nicht nur wegen Mangels an Edelmetall, sondern auch mit Rücksicht auf die Katholiken abgelehnt, »denen Geldstücke mit dem Bildnis Luthers nicht zugemutet werden könnten«. Das Königreich Sachsen allerdings prägte ein Dreimarkstück zum Reformationsgedächtnis (vgl. Gottfried Maron, Luther 1917. Beobachtungen zur Literatur des 400. Reformationsjubiläums, in: ZKG 93, 1982, 177–221, hier: 179f.).

[56] Immerhin ließen 100 Schweizer reformierte Pfarrer und Professoren eine Kundgebung »An die Protestanten Deutschlands« ausgehen, in der sie diesen, bekümmert über den Krieg zwischen dem »Geburtsland der Reformation« und den »als Bannerträgern des Protestantismus uns gleichfalls teuern angelsächsischen Völkern«, doch eingedenk der »vierhundertjährigen gemeinsamen Entwicklung unserer lieben evangelischen Kirche« in »innigster Geistesgemeinschaft über die Grenze die treue protestantische Bruderhand« reichten (in: CCW 27, 1917, 362f.; vgl. Maron [s. Anm. 55], 177). Die nordischen Länder hielten eigene Reformationsfeiern ab (vgl. CCW 27, 1917, 427–429).

[57] Vgl. Laube, Fest (s. Anm. 7), 397, Anm. 118; Maron (s. Anm. 55), 177.

Abb. 5
Aufführung des Jubiläumsfestspiels *Luther*, Leipzig 1907

des Krieges stufte er das Format des Festes aber auf eine zentrale gesamtdeutsche Veranstaltung unter Beteiligung von Kaiser, Königen und anderen Fürsten zurück.[58] Doch auch diese wurde zugunsten dezentraler Feiern abgesagt, sie sollte nach der erhofften Friedensfeier nachgeholt werden.[59] Erwogen wurde auch, stattdessen im Jahr 1921 das vierte Zentenar von Luthers Auftritt auf dem Wormser Reichstag als großes Reformationsjubiläum zu begehen.[60] Als dieses Jahr gekommen war, gab es in Deutschland keine Fürsten mehr.

Solange es aber fürstliche *summepiscopi* gab und sie für die Jubiläen Anweisungen erteilten, wurden ihre und ihrer Konsistorien Vorschriften befolgt, ob sie Zahl und Charakter der Festtage, gottesdienstliche Elemente, schulische Aktivitäten oder Begleitriten wie Geläut und Kanonenschüsse betrafen.[61] Doch es wäre ein Irrtum anzunehmen, daß man nur feierte, weil es befohlen war. Offensichtlich feierten große Teile der protestantischen – und, wie wir sehen werden, auch Teile der nichtprotestantischen – Bevölkerung die Reformationsjubiläen aus vollem Herzen und mit Begeisterung. So tat man denn auch erheblich mehr, als obrigkeitlich geboten war. Es gab Initiativen der unteren kirchlichen Ebenen, von Pfarrern und Gemeinden, um das Jubiläum am eigenen Ort festlich zu begehen.[62] Ja, vielfach waren es die bürgerlichen Gemeinden mit ihren Bürgermeistern und Stadträten, Vereinen und Societäten, die auf lebendige, prächtige Ausgestaltung der Feiern unter Beteiligung möglichst weiter Kreise der Bevölkerung drangen. Lange Prozessionen zogen vom Rathaus zur Kirche, in denen Bürgermeister, Magistrate, Stadtverordnete, Vertreter der Behörden, Repräsentanten der Wissenschaft, der Kaufmannschaft und des Handwerks zusammen mit der Pfarrerschaft gingen[63] – wenn man sie hatte, gern auch noch mit Nachkommen der Lutherfamilie[64]. Es gab Schülerfestzüge, bei dem Lutherjubiläum von 1883 allein in Berlin 53[65], im selben Jahr, in dem man auch begann, in den Städten, die biographisch mit Luther verbunden waren, Umzüge in historischen Kostümen zu veranstalten[66]. Straßen wurden illuminiert, Häuser geschmückt, Plakate mit Luther-

[58] Die Verfügung des Berliner EOKR dazu in: CCW 27, 1917, 129–131; vgl. LAUBE, Fest (s. Anm. 7), 400, Anm. 140.

[59] Vgl. die entsprechende Mitteilung des Deutschen Evangelischen Kirchenausschusses in: CCW 27, 1917, 361f. (siehe auch a.a.O. 303). Stattdessen hielt der Evangelische Bund in Wittenberg eine Reformationsgedächtnisfeier ab (vgl. LAUBE, Fest [s. Anm. 7], 400, Anm. 140).

[60] So das Plädoyer des badischen Oberkirchenrats bereits 1916 (vgl. a.a.O. 397, Anm. 115).

[61] Zu den Ausnahmen 1839 und 1846 siehe unten S. 45–49.

[62] In manchen Fällen sogar gegen den Willen der Obrigkeit (siehe unten S. 46–48).

[63] Vgl. z.B. ARNDT (s. Anm. 9), 34f., zum Jubiläum von 1817; BURKHARDT (s. Anm. 12), 221, und DUNTZE (s. Anm. 6), 162.167, zum Brandenburgischen Reformationsjubiläum von 1839; a.a.O. 197 zum Lutherjubiläum von 1883; DÜFEL (s. Anm. 50), 40.41, zum Jubiläum von 1883.

[64] Vgl. BURKHARDT (s. Anm. 12), 230; DÜFEL (s. Anm. 50), 33. Vgl. unten, Anm. 79 zur Berliner Sammlung für verarmte Kindeskinder aus der Familie des Reformators.

[65] Vgl. DÜFEL (s. Anm. 50), 43.

[66] Vgl. BURKHARDT (s. Anm. 12), 230.

konterfei und reformatorischen Parolen aus den Fenstern gehängt[67], »lebende Bilder« und Reformationsschauspiele dargeboten[68]. Denkmäler, die mit finanzieller Beteiligung weiter Kreise errichtet waren, wurden in öffentlichen Festakten enthüllt[69], Luthereichen, -buchen und ganze -haine gepflanzt[70]. 1830 gab es auf der Wiese Braten und Wein, Kaffee und Kuchen für die Kinder, bei der Einweihung des Wormser Reformationsdenkmals 1867 ein großes kaltes Buffet, auf das sich die Erwachsenen stürzten.[71] Kurz, die Jubiläen spielten sich nicht nur in den Kirchen, sondern auch auf Märkten und Straßen ab, es waren Volksfeste, festlicher Spiegel einer kirchlich-bürgerlichen Einheitswelt, die an den Rändern bald splittern sollte, aber doch für die große Mitte der Gesellschaft nach wie vor gegeben war. Und was für das Bürgertum in seiner Breite galt, traf auch auf die gebildete Elite zu: An den Universitäten kam die gesamte Professorenschaft zu feierlichen Sitzungen zusammen, in deren Mittelpunkt Reformationsfestvorträge standen – gehalten nicht nur von Theologen, sondern auch von so illustren Vertretern anderer Fakultäten wie dem Philosophen Hegel.

Wie wenig sich die Reformationsjubiläen auf den Gehorsam gegen obrigkeitliche Vorgaben reduzieren lassen, wird dort besonders deutlich, wo ohne oder sogar gegen solche Vorgaben gefeiert wurde. Die erste Jubiläumsfeier des Jahrhunderts, das Wartburgfest, das einige Hundert vor allem nord- und mitteldeutsche Studenten unter lebhafter Beteiligung auch anderer Personen unmittelbar vor den angeordneten Zentenarfeiern am 18. und 19. Oktober 1817 veranstalteten, um das Jubiläum der Reformation zusammen mit dem vierten Jahrestag der Völkerschlacht bei Leipzig zu feiern, ging ganz auf Anregungen der akademischen Basis zurück; immerhin ließ der Landesherr zu Weimar die Veranstalter gewähren, erst anschließend hagelte es Verurteilungen aus dem revolutionsverschreckten Deutschen Bund.[72] Von vornherein widersetzlich trat man 1830 in Leipzig auf: Studenten und Bürgern der sächsischen Messestadt war die gewünschte öffentliche Feier des Jubiläums der *Confessio Augustana* untersagt worden, was in der durch den konfessionellen Dualismus zwischen lutherischer Bevölkerungsmehrheit und römisch-katholischem Königshof gereizten Atmosphäre für Empörung sorgte. Als eine Protestdemonstration von der Polizei zerstreut wurde, gab es Verletzte und einen Toten. Sich verschärfende Unruhen in den folgenden Monaten unter dem Einfluß der

---

[67] Vgl. a.a.O. 220; GALLEY (s. Anm. 46), 106f.; FLÜGEL, Konfession (s. Anm. 10), 242.259; LAUBE, Fest (s. Anm. 7), 327; DÜFEL (s. Anm. 50), 41.

[68] Vgl. LAUBE, Fest (s. Anm. 7), 327.

[69] Z. B. 1883 das Luther und Melanchthon darstellende Denkmal vor der Leipziger Johanneskirche; vgl. DÜFEL (s. Anm. 50), 41.

[70] Vgl. BURKHARDT (s. Anm. 12), 225; LAUBE, Fest (s. Anm. 7), 327; MARON (s. Anm. 55), 180.

[71] Vgl. BURKHARDT (s. Anm. 12), 217f.

[72] Vgl. dazu PETER BRANDT, Das studentische Wartburgfest vom 18./19. Oktober 1817 (in: DÜDING u.a. [s. Anm. 2], 89–112).

französischen Julirevolution erzwangen nicht nur politische Veränderungen, sondern auch die Kapitulation der Obrigkeit an der Jubiläumsfront: Das Bekenntnisfest wurde ein halbes Jahr später, am 31. Oktober, als großes Kirchen-, Universitäts- und Bürgerfest nachgeholt.[73] Von besonderem Interesse ist das Verhalten des Magistrats der Stadt Berlin beim Jubiläum der Einführung der Reformation in der Mark Brandenburg 1839.[74] Das Zentenar war als eintägiges Fest vom König angeordnet worden. Die Stadt Berlin beschloss, daraus ein zweitägiges zu machen, an dem nicht nur der Übergang des Hofes, sondern auch der der Bürger zur Reformation mit eigenem Datum gefeiert werden sollte,[75] und sie entwarf ein reichhaltiges Programm, in dem sie sich als eigenständiges protestantisches Gemeinwesen darstellte. Dieses Programm, das Gottesdienste mit großem Festzug vom Rathaus her[76] und Teilnahmepflicht für alle städtischen Beamten[77], Aktivitäten für die Stärkung des Bewußtseins von den »Segnungen der Reformation«[78] und sozialdiakonische

[73] Vgl. Wolfgang Flügel, Reformationsgedenken im Vormärz – Die Konflikte um das Confessio-Augustana-Jubiläum in Leipzig 1830 (in: Laube, Fix [Hgg.], Lutherinszenierung [s. Anm. 6], 2002, 127–143); Ders., Konfession (s. Anm. 10), 245–259.

[74] Dazu Duntze (s. Anm. 6).

[75] Indem man nicht nur, wie vom König angeordnet, am 1., sondern auch noch am 2. November feierte, wies man auf das erste evangelische Abendmahl am 2. November 1539 in Berlin hin und hob es von dem entsprechenden Schritt des damaligen Landesherrn Joachim II. ab, der am Vortag in Spandau stattgefunden hatte (vgl. a.a.O. 161). Die Stadt Berlin ließ bis ins 20. Jahrhundert hinein an ihren Schulen den 2. November als Reformationsgedächtnistag begehen (vgl. a.a.O. 197).

[76] »Der Zug gliederte sich in drei Blöcke, die jeweils von Marschällen und einem Schülerchor mit Posaunen angeführt wurden. Der erste Block setzte sich aus der Geistlichkeit und den Schul- und Universitätslehrern zusammen. Er wurde von dem Propst von St. Nikolai, Bischof Dr. Roß, und dem Generalsuperintendenten von Pommern, Dr. Ritschl, angeführt. Dem Senat der Universität wurden von den Pedellen zwei Szepter vorangetragen, auf deren eines, das von der 1816 aufgelassenen Universität Erfurt stammte, Martin Luther seinen Doktoreid abgelegt hatte. Getrennt durch zwei Marschälle, folgten noch im ersten Block die Delegationen der Staatsbehörden und die Militärs [...]. Im nächsten Block, ebenfalls angeführt von Großmarschällen und einem Schülerchor, gingen die Vertreter der Stadt, angeführt von einem Stadtältesten, gefolgt vom Magistrat, den Stadtverordneten, den Bürgerdeputierten und Delegationen aller Einrichtungen der kommunalen Selbstverwaltung, den Vertretern der Kaufmannschaft, außerdem allen im Bereich der St.-Nikolai-Parochie tätigen städtischen Beamten. Auch drei katholische und ein jüdischer Stadtverordneter gingen mit und nahmen am Gottesdienst, jedoch nicht am Abendmahl teil. Den Schlußblock bildeten die Altmeister der 58 Berliner Gewerke sowie der dritte Schülerchor. Die Schüler sangen, von Posaunen begleitet, *Ein feste Burg ist unser Gott*, die Staatsbeamten und Militärs waren in Gala erschienen, die Geistlichen und Professoren im Ornat, die Stadtverordneten und die Mitglieder des Magistrats in Schwarz mit weißen Halstüchern und Glacé-Handschuhen« (a.a.O. 169f.). An den Straßen und Fenstern drängten sich die Zuschauer, die von einem Teilnehmer auf 100000 Personen geschätzt wurden (vgl. Frege [s. Anm. 6], 90).

[77] Sie hatten in den vor dem zentralen Festgottesdienst in St. Nicolai stattfindenden Gottesdiensten in ihren Parochien zur Kirche zu gehen (vgl. Duntze [s. Anm. 6], 162). Auch die Schüler waren zum Gottesdienstbesuch verpflichtet, und zwar am Nachmittag (vgl. ibd.).

[78] Dazu gehörten nach dem Bericht des zuständigen Stadtrates Ansprachen, die Bürger und Gewerbetreibende in ihrer Eigenschaft als Schulvorstände an Schulkinder richteten (zit. a.a.O. 174). In feierlichen Veranstaltungen an allen Berliner Schulen wurden solche An-

Elemente[79] verband, mußte zum Teil gegen die Regierung durchgesetzt werden, der die städtische Selbstdarstellung nicht behagte[80].

Ohne königlich-konsistoriale Initiative, ja zum Teil gegen den Willen der Staatsspitze begingen Städte und Gemeinden in Preußen[81], Bayern[82] und anderen Ländern des Deutschen Bundes den dreihundertsten Todestag Luthers im Jahre 1846. Zu den Melanchthonjubiläen kamen die Anstöße meist ebenfalls von der unteren Ebene, von Städten, Kirchengemeinden, Schulen und Universitäten.[83] Und auch 1883 konnte die Begeisterung der Basis Ausmaße annehmen, die der Regierung nicht genehm waren: Als man in der – damals noch selbständigen – Stadt Charlottenburg mit großen Plakaten und Straßentheater die Verbindung des Reiches und der Reformation feiern wollte, wurde von höchster Stelle das Programm radikal beschnitten;[84] wo es im Land zu Jubiläumsaufzügen kam, wurde Staatsdienern die Teilnahme untersagt[85] – angesichts des gerade abebbenden Kulturkampfes sollte jede Möglichkeit eines Anstoßes für die römisch-katholischen Bürger vermieden werden. Gleichwohl ließ es sich eine Stadt wie Berlin nicht nehmen, wiederum einen Festzug vom Rathaus zur Kirche abzuhalten und eine eigene Festschrift zum Jubiläum herauszugeben;[86] eine solche gab es auch 1917 trotz des Krieges noch einmal.[87]

---

sprachen von Lehrern und anderen Personen gehalten und Bücher zur Reformationsgeschichte verteilt (vgl. a.a.O. 162f.171–174).

[79] Nämlich eine Speisung für Invaliden, Arme aller Konfessionen und Religionen, Insassen der evangelischen Hospitäler, Waisen- und Erziehungshäuser, die Einweihung eines neuen Hospitals für »verarmte, würdige« Berliner Bürger, ein Stipendium für einen verheißungsvollen theologischen Nachwuchswissenschaftler und eines für fünf verwaiste Nachkommen der Familie Luthers in Erfurt sowie eine Amnestie (vgl. a.a.O. 163f.). Es gab noch weitere Aktivitäten wie die Prägung einer Gedenkmünze (vgl. a.a.O. 163.164–166) und die Aufführung von Händels *Messias* in der Garnisonkirche, deren Erlös ebenfalls dem Theologenstipendium zufloß (vgl. a.a.O. 162). Dies alles ließ sich die Stadt eine erhebliche Summe Geldes kosten.

[80] Vgl. a.a.O. 167f.

[81] So in Berlin, wo die Initiative vom Magistrat in seiner Eigenschaft als Kirchenpatron ausging, aber auch Gemeinden außerhalb seines Patronats feierten (vgl. a.a.O. 196). Im Königreich Sachsen erzwangen die Bürger, daß das Gedächtnis zu Luthers Todestag 1846 nicht, wie von der Obrigkeit vorgesehen, auf den nächstliegenden Sonntag verlegt, sondern eigens begangen wurde (s. Flügel, Konfession [s. Anm. 10] 260; Hein [s. Anm. 6], 155–158).

[82] Der 300. Todestag Luthers sollte im Königreich Bayern aus konfessionspolitischen Gründen nicht begangen werden. Daraufhin rang in Nürnberg nicht nur »eine vom Magistrat unterstützte ›Anzahl Bürger‹ per Eilstafette dem königlichen Konsistorium die Erlaubnis zu einem Festgottesdienst am Werktag ab«, sondern man schloß auch kurzerhand »ohne Genehmigung die Geschäfte und veranstaltete eine von 2000 Personen besuchte ›Privatfeier‹« (Burkhardt [s. Anm. 12], 216).

[83] Siehe oben Anm. 17 und 18. Man könnte auch auf die Errichtung des Melanchthonhauses in Bretten hinweisen, die auf Initiative und auf Kosten der Brettener Bürgerschaft, gegen Bedenken der Kirchenleitung zustandekam (vgl. Hans-Joachim Reiber, Der Melanchthonverein in Bretten 1896–1887 [in: Rhein, Schwinge (s. Anm. 17)], 10).

[84] Vgl. Laube, Brüche (s. Anm. 2), 323f.

[85] Vgl. Düfel (s. Anm. 50), 28, Anm. 98.

[86] Max Lenz, Martin Luther. Festschrift der Stadt Berlin für ihre Schulen zum 10. No-

In diesem Jahr machte der Ausfall fürstlicher Initiative das Reformationsjubiläum vollends zu einer Angelegenheit, die von den Konsistorien in eigener Regie oder von Kommunen und Kirchengemeinden, Schulen und Universitäten selbständig geplant und durchgeführt wurde – und das, trotz des Krieges, wo möglich auch jetzt mit großer Festlichkeit.[88]

Keine Art von Veranstaltung aber stellte sich so vollständig als »organisierte Bürgerinitative«[89] dar wie die Einweihung der oft aus Anlaß von Jubiläen errichteten Reformationsdenkmäler. Meist von bürgerlichen Denkmalsvereinen geplant und überwiegend von Bürgern bezahlt, wurden diese Monumente im Rahmen großer Bürgerfeste eingeweiht, bei denen den Monarchen, wenn sie teilnahmen, nur noch die Rolle zukam, die Feier durch ihre Anwesenheit zu »verherrlichen«. Das 1868 im Beisein des preußischen Königs und anderer Monarchen unter dem »Ein feste Burg«-Gesang Zehntausender eingeweihte Wormser Lutherdenkmal[90] machte die den Herrschern zugedachte Rolle auch bildlich klar: Während die Fürsten der Reformationszeit im kaiserlichen Berliner Dom von 1905 auf einer Ebene mit den Reformatoren stehen, haben sie am Wormser Denkmal als kleine Figuren weit unter der monumentalen Gestalt des Reformators ihren Platz. Mit dem Reformator verbanden die feiernden Bürger ihre eigenen Ideale.

Indessen ist dies glänzende Panorama lebhafter Bürgerbeteiligung nicht das ganze Bild. Ein ehemaliger Redakteur des *Vorwärts* monierte 1883, Karl Liebknecht dürfe keine Jubiläumsrede halten.[91] Ob Liebknecht tatsächlich nicht reden durfte oder nicht wollte, steht dahin, er tat es jedenfalls nicht. Darin spiegele sich, wie der Autor fortfuhr, daß ihm und der von ihm vertretenen Arbeiterschaft die Reformation nichts bedeute; wohl könne »der Muth, mit dem [Luther] für die Sache *seiner* Überzeugung eintrat«, die Arbeiter noch beeindrucken, »[d]ie Sache selbst hat für uns keine Bedeutung

vember 1883, Berlin 1883.

[87] Adolf von Harnack, Martin Luther und die Grundlegung der Reformation. Festschrift der Stadt Berlin zum 31. Oktober 1917, Berlin 1917

[88] Insbesondere in Sachsen ließ man sich öffentliche Feierveranstaltungen nicht nehmen (vgl. Laube, Fest [s. Anm. 7], 403, Anm. 160). In den evangelischen Zentren Bayerns gab es ebenfalls öffentliche Festaktivitäten, in der Diaspora hielt man sich hingegen zurück (vgl. a.a.O. 397–409). Einen Überblick über die in die Massen hineinwirkenden populären Feierformen wie die Verteilung von Plaketten, Medaillen und Broschen, den Vertrieb von Bildern, Postkarten und Abreißkalendern, die Pflanzung von Bäumen und mehrere Ausstellungen zum Jubiläum von 1917 quer durch Deutschland sowie über den Boom von Broschüren und anderen populären Presseerzeugnissen in riesigen Auflagen und die Fülle der Luther und der Reformation gewidmeten Trivialliteratur in Prosa und Reim einschließlich einer großen Zahl von Theaterstücken, deren etliche in Gemeinden und Schulen, aber auch in Schauspielhäusern aufgeführt wurden, bietet Maron (s. Anm. 55), 180.181–183.187–190.

[89] Burkhardt (s. Anm. 12), 216.

[90] Vgl. a.a.O. 216.219f. (siehe oben Abb. 4, S. 35).

[91] Vgl. Samuel Kokovsky, Zur Lutherfeier (in: Luther gestern und heute, hg. v. Hermann Glaser u. Karl-Heinz Stahl, Frankfurt a. M. 1993, 240–247), 240. Vgl. Burkhardt (s. Anm. 12), 224.

mehr«.[92] Die Hunderttausende von Männern und Frauen, die nach Berlin und in die anderen entstehenden Industriemetropolen strömten, kirchlich kaum oder gar nicht versorgt, hatten an den Feiern denn auch keinen Anteil. Ihre Kinder bekamen in der Schule die festspezifischen Reformationsvorträge zu hören und nahmen wohl an den Schülerfestzügen[93] teil, doch das gehörte zum Pflichtprogramm. So hat es vielleicht tiefere Ursachen, daß in Eisenach, einst gefeierter und feiernder Hauptort von Reformationsjubiläen, nun Standort zahlreicher Fabriken mit starker Arbeiterschaft, 1917 die geplante zentrale Reformationsfeier nicht zustandekam – Grund war möglicherweise nicht allein der Krieg, sondern auch mangelndes Interesse der Stadt an solch einem Fest.[94] Und vor dem Jubiläum von 1917 befürchtete die Pfarrerschaft im mittlerweile zur erfolgreichen Industriestadt gewordenen Reformationszentrum Nürnberg, daß die Feier eine große Blamage werde – eine Sorge, die sich angesichts lebhafter Festbeteiligung breiter Kreise schließlich als unbegründet erwies: »Nürnberg ist doch noch eine protestantische Stadt.«[95] Mit den sich in diesen Indizien äußernden Verschiebungen hängt ein Wandel zusammen, der sich an den Jubiläen des späten 19. Jahrhunderts ablesen läßt: Sie werden zunehmend Veranstaltungen des Bildungsbürgertums. So bleibt es 1883 zwar dabei, daß nicht allein in den Kirchenräumen, sondern auch draußen gefeiert wird. Es gibt auch weiterhin vielfältige Festlichkeiten auf der Straße.[96] Doch andere Orte der Öffentlichkeit werden nun immer wichtiger: der Vortrags- und der Konzertsaal. Hierhin strömen die Menschen, um große Theologen und Historiker, um Bach, Händel, Mendelssohn oder auch zum Jubiläum neu komponierte Werke zu hören. Aber es strömen eben Menschen, für die der Vortrag und das Konzert Teil ihres Lebens sind. Und so ist es wohl nicht allein dem Krieg geschuldet, daß 1917 »nicht die Feiern, sondern die literarische Produktion [...] das eigentliche Charakteristikum« des Jubiläums ist.[97]

1.2. Die leitenden Vorstellungen und Ideen

Wofür wurden Reformation und Reformatoren im 19. Jahrhundert gefeiert?

---

[92] Kokovsky, a.a.O. 246; s. auch 244: »Was soll das deutsche Volk feiern am Geburtstage Luthers? [...] Niemand wird es den *Theologen* protestantischer Richtung verdenken, wenn sie am 10. November den Gründer ihrer Konfession verherrlichen; sie mögen aber *das Volk* in Ruhe lassen, denn es hat andere Gedanken und andere Interessen.«

[93] Dazu siehe oben S. 45.

[94] Darauf weist Laube, Brüche (s. Anm. 2), 329, Anm. 139 hin. Zehn Jahre zuvor war ausdrücklich abgelehnt worden, ein Kostümfest zum konfessionsübergreifenden Elisabeth- und Sängerkriegsjubiläum abzuhalten – die Begründung lautete, man habe dafür kein Geld, aber offenbar war der Festgegenstand für die nun in Eisenach vorherrschenden Schichten ohne Interesse (vgl. a.a.O. 329). Das Schillerjubiläum 1905 hatte man hingegen mit großem Aufwand begangen (vgl. ibd., Anm. 139).

[95] So das erleichterte Fazit des Nürnberger Dekans nach den Feiern, zitiert bei Laube, Fest (s. Anm. 7), 406, Anm. 179.

[96] Siehe oben S. 45. Das gilt selbst 1917 noch (s. oben, S. 48f.).

[97] Maron, Luther 1917 [s. Anm. 55], 179.

Grob gesagt, für alles Große und Gute, oder genauer, für alles, was in den Augen umfangreicherer Gruppen im deutschen Protestantismus groß und gut war. In dieser Vielstimmigkeit, die in ihrer Fülle kaum einzufangen ist, spiegelt sich die Vielzahl von Positionen in der evangelischen Kirche und Theologie der Zeit. Ein Stichwort ertönt dabei am häufigsten und lautesten, das Stichwort »Freiheit«. Damit wird eine Parole aufgenommen, die in der Tat für die Reformation zentral und, bei aller rechtfertigungstheologischen Verankerung, schon damals vieldimensional war – die allerdings nun vielfach, und nicht unwidersprochen, auf ganz neue Anliegen hin ausgelegt wird.

Bevor wir die wichtigsten Linien verfolgen, eine generelle Bemerkung: Die Reformationsjubiläen des 19. Jahrhunderts fallen in die Zeit, in der die Geschichtswissenschaft einen bis dahin nicht gekannten Aufschwung nimmt, ja zur anerkannten Leitwissenschaft wird. Viele Indizien sprechen dafür, daß auch die Zentenare der Reformation in diesen Zusammenhang gehören: die Fixierung auf biographische Daten und Orte, das Sammeln von Überresten aus der Reformationszeit, die Einrichtung historischer Museen wie der Lutherstube auf der Wartburg seit 1817[98], der Lutherhalle in Wittenberg 1883[99] und des Melanchthonhauses in Bretten, dessen Grundstein 1897 gelegt wurde[100], die aus Anlaß der Jubiläen in Angriff genommenen Neueditionen reformatorischer Schriften bis hin zur 1883 begonnenen historisch-kritischen Weimarer Lutherausgabe, die im selben Jahr erfolgte Gründung des Vereins für Reformationsgeschichte etc. Gleichwohl ist festzustellen, daß der Hauptantrieb bei all diesen Aktivitäten nicht das Interesse an der Vergangenheit war, das Hauptinteresse der Feiernden galt vielmehr der Gegenwart. Es ging darum, mit dem Blick auf die Ursprünge die überragende Bedeutung zu würdigen, die Reformation und Reformatoren, insbesondere der meist auf Kosten der ganzen Breite der Reformation zu *dem* Repräsentanten dieses Geschehens stilisierte Luther, für die eigene Zeit hätten. Das Zeitalter des Historismus hat Luther und die Reformation kaum historisiert.

»Auf das Gedeihen der Glaubens- und Geistes-Freyheit, dieses edelsten Kleinods, welches uns durch die Reformation erstritten worden ist. Mögen endlich alle Versuche, den Geist in Fesseln zu schlagen, von der Erde verschwinden und alle Herrscher sich mehr und mehr von dem Frevelhaften dieses fruchtlosen Beginnens überzeugen. Heil der Glaubens- und Gewis-

---

[98] Vgl. MARTIN STEFFENS, Die Lutherstube auf der Wartburg (in: LAUBE, FIX [s. Anm. 6], 316–342); DERS., Luthergedenkstätten im 19. Jahrhundert. Memoria – Repräsentation – Denkmalpflege, Regensburg 2008, 161–236 (Kap. 5).

[99] Vgl. KARL-HEINZ FIX, Lutherhaus – Reformationshalle – Lutherhalle (in: LAUBE, FIX [s. Anm. 6], 241–263]), 256f. Zu nennen wären auch die musealen Umgestaltungen von Geburts- und Sterbehaus Luthers in Eisleben, wo eine sehr viel ältere – im Falle des Sterbehauses bis 1546 zurückreichende – Memorialtradition bestand als in Wittenberg. Für das Geburtshaus bot auch hier ein Jubiläum, das von 1817, entscheidende Anstöße zur Umgestaltung (STEFFENS, Luthergedenkstätten [s. Anm. 98], 59–144 [Kap. 3 und 4]).

[100] S. hierzu RHEIN, SCHWINGE (s. Anm. 17).

sens-Freyheit. Heil!« So der Toast auf die Reformation, den der Prorektor der Göttinger Universität, ein Glas in der Hand, beim Jubiläum von 1817 ausbrachte.[101] »O [...] lasset uns mit Wehmuth und Beschämung gestehn, sie habe sich unter uns nachtheilig verändert, die ursprünglich edle Gestalt der Kirche, deren Jubelfest wir heute feiern,« rief der königlich sächsische Hofprediger Johann Georg August Hacker in seiner Jubiläumspredigt aus.[102] Ich »wünsche ein Gott wohlgefälliges Werk [...] in Meinen Staaten zu Stande gebracht und bei der bevorstehenden Säcular-Feyer der Reformation, damit den Anfang gemacht zu sehen«, nämlich eine »wahrhaft religiöse Vereinigung der beiden, nur noch durch äußere Unterschiede getrennten protestantischen Kirchen.« So der preußische König Friedrich Wilhelm III.[103]

Drei Stimmen aus einer unübersehbaren Zahl von Aufrufen, Reden, Predigten des Jubiläumsjahres 1817. Die repräsentativste ist der Toast des Prorektors aus Göttingen. Denn was er an der Reformation preist, ist das schon berührte Festmotiv, das bei den Feiern von 1817 – und, wie wir sehen werden, noch weit darüber hinaus – am häufigsten und in vielerlei Spielarten begegnet: die Reformation, insbesondere das Wirken Luthers, als Ereignis, das der Menschheit Glaubens- und Gewissensfreiheit brachte. Unverkennbar schlägt sich hier die Sicht der Aufklärung nieder mit ihrem Verständnis der Reformation als Wende von der Dunkelheit zum Licht, vom Autoritätsglauben zur selbstverantworteten Erkenntnis, von der Knechtschaft zur Freiheit.[104] Aber es ist nicht nur die inhaltliche Charakterisierung der Reformation, die den Einfluß der Aufklärung zeigt. Das gilt auch für die Einschätzung ihrer Dimensionen: Hatte doch die Aufklärung die Reformation erstmals nicht nur als Ereignis der Kirchengeschichte, sondern der Geistes-, ja, der allgemeinen Menschheitsgeschichte betrachtet.[105] In dieser Einschätzung folgte ihr das 19. Jahrhundert,[106] und wo sie durchklang, verlieh sie den Jubiläen

---

[101] Zitiert bei MEDING, Kirchenverbesserung (Anm. 32), 102.

[102] Abgedruckt in: SCHREIBER, Chronik II/1 (s. Anm. 1), 84–90, Zitat: 86.

[103] Abgedruckt in: Geschichte der Evangelischen Kirche der Union, Bd. 1 (s. Anm. 41), 91 f. Vgl. dazu KLAUS WAPPLER, Reformationsjubiläum und Kirchenunion (1817) (a.a.O. 93–114).

[104] Vgl. ALBRECHT BEUTEL, Aufklärung in Deutschland, Göttingen 2006, 206–210 (§ 12). Vor dem Hintergrund der Lichtmetaphorik für die Reformation, die nicht erst die Aufklärung aufbrachte, aber doch besonders gern und häufig verwandte, gewinnt auch die Vorliebe der Jubiläen für Illuminationen eine besondere Bedeutung (vgl. BURKHARDT [s. Anm. 12], 223 f.).

[105] So z.B. Friedrich II. von Preußen: »Die Reformation war ein Segen für die Welt und besonders für den Fortschritt des menschlichen Geistes« (Die Werke Friedrichs des Großen, Bd. 1: Denkwürdigkeiten des Hauses Brandenburg, in dt. Übers. hg. v. Gustav Berthold Volz, 1913, 197). Vgl. die zusammenfassende Feststellung bei HEINRICH BORNKAMM, Luther im Spiegel der deutschen Geistesgeschichte, Göttingen [2]1970, 18: »Erst in der Aufklärung erwacht ein allgemeines Gefühl dafür, daß Luther nicht nur eine Epoche in der Geschichte des Reiches Gottes auf Erden, sondern eine neue Welt – religiös, geistig und politisch – heraufgeführt habe. Er wird damit erst zum Gegenstand der Geistesgeschichte und das Lutherbild der Aufklärung zum Anlaß immer neuer Auseinandersetzungen um seine Gestalt und seine geschichtliche Wirkung.«

den ganz großen Ton: »Leicht überzeugt ihr euch nun, m[eine] Z[uhörer], daß die Reformation unaussprechlich wohlthätig *für die Menschheit überhaupt* war,« lautete die Botschaft in einer Jubiläumspredigt 1817 in Bayreuth[107], und so sollte noch hundert Jahre später kein Geringerer als Adolf von Harnack sprechen.[108] »Dein Licht ging auf, und aus dem Staube hub die zertret'ne Menschheit sich«[109], sang man in einem neuen Reformationsfestlied. Und mit ähnlichen Worten ruft auf dem Festplakat der Universität Halle der dortige Prorektor die Studenten zur Teilnahme am akademischen Festzug auf: »Ich lade Sie ein, heute von 1–3 Uhr in meinem Auditorio Ihre Namen zu unterzeichnen zur würdigen Teilnahme an der Feier eines Festes der Wahrheit, der Menschheit.«[110] Dieses Fest der Wahrheit und der Menschheit feierte man als Tag, der »der Religion [gilt]«[111], als »Fest des Heils«[112]. Denn »es [war] von jeher die Religion [...], welche (1) den Menschen über alles Irdische erhob, die (2) seinen Geist frei machte und mit höherem Mut erfüllte, die aber (3) auch stets belebend und heiligend eingewirkt hat auf alle des Menschen würdige Bestrebungen und Thätigkeiten«. Die »siegende Kraft der Religion und des Glaubens« aber habe die Reformation den Menschen wieder »ebenso klar als gewiß« gemacht[113]. Darum könnten alle, denen »die Würde der Menschheit,

[106] Wenn der Tübinger Historiker Ernst Walter Zeeden (Martin Luther und die Reformation im Urteil des deutschen Luthertums, Bd. 1: Darstellung, Freiburg i. Br. 1950, 372) schreibt, 1817 sei die Reformation, anders als bei den Jubiläen der Jahrhunderte zuvor, »nicht theologisch, sondern historisch« interpretiert und gefeiert worden, und damit meint, daß man die Reformation damals nicht so sehr als spezifisches Ereignis im Leben der Kirche wie als Meilenstein der allgemeinen Menschheitsgeschichte auf ihrem Weg zu Freiheit und Wahrhaftigkeit gefeiert habe, dann trifft dies Letztere in der Tat zu, und das nicht nur auf das Jubiläum von 1817, sondern, wie sich zeigen wird, auch auf einen Großteil der weiteren Jubiläumsfeiern des 19. Jahrhunderts. Allerdings hätten die Teilnehmer dieser Feiern Zeedens Alternative »historisch, nicht theologisch« kaum akzeptiert. Vielmehr stellen die Worte, die zu den Jubiläen erklingen, in ihrer übergroßen Mehrheit heraus, daß jener Weg der Menschheit religiös begründet, und betonen die Theologen, daß er selber theologisch zu verstehen sei – nicht umsonst sind es Gottesdienst und Predigt, die an allen Orten die Konstante der Feiern bilden.

[107] Johann Gottlieb Reuter, Fünf Predigten zu und bei der Secularfeier der Kirchenreformation 1817 gehalten, Bayreuth 1817, 23 (Hervorhebung im Original).

[108] »[W]er von [Luthers] Gedanken einmal erfaßt worden ist, der kann ihn niemals wieder fahren lassen, weil er auf eine höhere Stufe des Menschentums getreten ist« (Adolf von Harnack, Die Reformation, in: Internationale Monatsschrift für Wissenschaft, Kunst und Technik, 11, 1917, Sp. 1281–1364, hier: 1363f.). Vgl. unten, Anm. 176.

[109] Gesänge auf das Reformationsfest von 1817, hg. v. Gottfried Jakob Schaller, Pfaffenhofen 1817, 6.

[110] Abgedruckt bei Friedrich Loofs, Die Jahrhundertfeier der Reformation an den Universitäten Wittenberg und Halle, 1617, 1717 und 1817 (in: Zeitschrift des Vereins für Kirchengeschichte der Provinz Sachsen, 14, 1917, 1–69), 60.

[111] Ibd.

[112] So in einem von A. H. Niemeyer für den akademischen Festgottesdienst gedichteten Choral, der nach der Melodie von »Wachet auf, ruft uns die Stimme« zu singen war: »Freuet hoch euch, all ihr Frommen! / Das Fest des Heils, es ist gekommen, / Weiht euch! es bricht sein Morgen an« (zit. a.a.O. 62).

[113] So die Predigt A. H. Niemeyers im akademischen Gottesdienst (a.a.O. 64).

die Freiheit der Geister und Gewissen nicht leere Worte ohne Bedeutung sind«, mitfeiern[114], könnten die akademischen Mitbürger als solche »Christen« genannt werden[115], könnten sie mit in die Kirche einziehen, auch wenn sie sonst keinen Fuß über deren Schwelle setzen[116]. Die wohltätige Wende, die die Reformation gebracht habe und um deretwillen sie nun zu feiern sei, sehen Akademiker wie Prediger im Ausgang aus Irrtum und Aberglauben, Unfreiheit und Unsittlichkeit; für die Gegenwart komme alles darauf an, das Leben in diesem Sinne zu führen und zu immer größerer Vollkommenheit zu bringen.

Auch die gerade geborene Universität Berlin veranstaltete ein großes akademisches Reformationsjubiläumsfest. Hier war es Schleiermacher, der die – lateinische – Festrede[117] hielt, als reformierter Zelebrant des wittenbergischen Datums persönliche Verkörperung der in denselben Tagen eingeleiteten Union.[118] Die Anwesenheit der Kollegenschaft, der Pfarrer Berlins, des Oberbürgermeisters sowie von Ministern und Präsidenten zeigt an, daß das Jubiläum einem Gegenstand galt, der auch hier für die gesamte Gesellschaft von Bedeutung war. Doch der Festredner verfährt genau umgekehrt wie der seiner ehemaligen Universität an der Saale. Er will die Bedeutung der religiösen Befreiung durch die Reformation nicht daraus erweisen, daß sie die nun auf allen Gebieten des Lebens zur Herrschaft gekommene Aufklärung aus sich herausgesetzt habe. Sondern er stellt den Wert des religiösen Lebens selbst als Errungenschaft der reformatorischen Befreiung heraus, die die Gegenwart

---

[114] So heißt es auf dem Hallenser Plakat als Begründung für die Aufforderung, am Festaufzug teilzunehmen: »Je heiliger einem Jeden, dem die Würde der Menschheit, die Freiheit der Geister und Gewissen nicht leere Worte ohne Bedeutung sind, die Erinnerungen des Tages seyn werden, an welchem ein freies Geistesleben wiederbegann, desto überzeugter dürfen wir uns halten, daß besonders den studirenden Jünglingen dieser Tag heylig sein wird« (a.a.O. 64).

[115] Auf den oben zitierten Satz über die Teilnahme an der »Feier eines Festes der Wahrheit, der Menschheit« folgt: »Jener Tag gilt der Religion, und ich fordere meine akademischen Mitbürger *als Christen* dazu [zur Theilname] auf« (ibd.; Hervorhebung im Original).

[116] So berichtet das *Hallische Patriotische Wochenblatt* von dem Fest, daß »[e]ine große Anzahl solcher, die sonst nie die Kirche besuchen, [...] sie bey diesem Anlaß wieder gesehen« hat (zit. a.a.O. 61, Anm. 3). Eine offizielle Teilnahme der Universität an einem der von der Kirche veranstalteten Jubiläumsgottesdienste des 31. Oktober war nicht vorgesehen; der akademische Festzug mündete in einen eigenen, von der Universität getragenen Gottesdienst für die »akademischen Mitbürger als Christen« (s. Anm. 115) am 1. November (vgl. a.a.O. 61).

[117] Friedrich Daniel Ernst Schleiermacher, Oratio in sollemnibus ecclesiae per Lutherum emendatae saecularibus tertiis in Universitate litterarum Berolinensi die III. Novembris A. MDCCCXVII habita (in: Ders., Theologisch-dogmatische Abhandlungen und Gelegenheitsschriften, KGA I,10, hg. v. Hans-Friedrich Traulsen u. Martin Ohst, Berlin u. New York 1990, 1–15). In der Einleitung zu dieser Rede wird, auf der Grundlage einer anonymen Beschreibung des Berliner Festakts in der den Erstdruck der *Oratio* bietenden Broschüre (derselbe Titel, o. J.), der Ablauf der ganzen akademischen Feier skizziert (a.a.O. VII-IX).

[118] Diesen Punkt spricht der Redner, »Zwinglii magis quam Lutheri, a quo tamen hic dies nomen et honorem adeptus est, doctrinae [...] addictus«, gleich zu Beginn an (a.a.O. 3,1–4,20; Zitat: 3,4–6).

wiedergewonnen habe, wie es in deutlicher Kritik an der Aufklärung heißt.[119] Damit solch religiöses Leben weiterhin blühe, müsse freilich ein anderes Anliegen der Reformation respektiert werden, »die Freiheit der Lehre und des Lernens (docendi discendique libertas), die die höchste Zierde und das wertvollste Eigentum der in den evangelischen Gebieten blühenden Universitäten ist«.[120] Im Namen dieser Freiheit sei die Reformation zu feiern, die Verpflichtung auf diese Freiheit solle Gegenstand des Jubiläums sein,[121] wie der Redner mit unüberhörbarer Kritik an den kulturpolitischen Restriktionen des zuständigen Ministeriums seinen Zuhörern einschärft.[122]

Dies zweite Anliegen trägt mit starken Worten auch der zitierte Prorektor der Universität Göttingen vor: Wenn er seinen Toast auf die Reformation gegen »alle Versuche« ausbringt, »den Geist in Fesseln zu schlagen«, und gegen alle Herrscher, die solches ebenso frevelhaft wie fruchtlos beginnen, dann spiegelt sich darin die Erfahrung der einsetzenden Restaurationszeit.[123] Explizit politisch werden andere Festredner, wenn sie den Kampf »um bürgerliche und politische Freiheit in unserem Zeitalter mit dem Kampfe um religiöse und kirchliche Freiheit im Zeitalter der Reformation« parallelisieren und den ersten im zweiten begründet sehen[124] oder wenn sie den Einfluß der Reformation auf die »*bürgerliche Verfassung* unserer Zeit« herausstellen, auf den Ruf nach »Anerkennung der Menschenrechte, der Bürgerrechte, der Staatenrechte, wie unsere Zeit sie aufstellt und laut fordert«.[125] Ähnliche Töne sind auf dem Wartburgfest der Burschenschaften kurz vorher zu hören.[126]

---

[119] Vgl. a.a.O. 10,23–11,5. Dem Verfall in der Aufklärung sei der Verfall im Zeitalter der die Religion mit der Lehre erstickenden altprotestantischen Orthodoxie vorausgegangen (vgl. a.a.O. 10,11–23). Dieser Akzent auf dem religiösen Leben findet sich auch in dem anläßlich des Jubiläums von 1817 verfaßten Fragment des 22jährigen Studenten Leopold (von) Ranke, mit dem dessen lebenslange Beschäftigung mit der Reformation beginnt: »Nicht die Form der Religion ist es, welche Luther restauriert hat; er hat nicht ein Luthertum gründen wollen, das da seine Ansicht im eigentümlichen Dogma bewahren und darstellen sollte; auf die Religion selbst, das geheime freie Leben des Geistes ist sein Streben gegangen. [...] [S]eine Rede traf verwandte Herzen, faßte Wurzel in den Gemütern, denn sie gründete sich auf das Göttliche im Menschen, weil auf das erschienene Wort Gottes. Wie die Saite über und über bebt, die du nur in einem Punkt berührst, so verbreitete sich von diesem einen Punkte aus eine Erschütterung über ganz Europa« (Fragment vom 31. Oktober 1817, abgedruckt bei BORNKAMM [s. Anm. 105], 249–261, Zitate am Anfang und am Ende dieses Textes).

[120] SCHLEIERMACHER, Oratio (s. Anm. 117), 11,8–10: »docendi discendique liberta[s], quae universitatum litterariarum per terras evangelicas florentium summum est decus peculiumque preciosissimum«.

[121] Vgl. a.a.O. 13,2–4: »hoc [...] monere meum est, ut et ipso huius libertatis nomine ecclesiae reformationem nobiscum celebretis, utque hoc die gravissimo sanctissimoque vos religiosissime obligetis, vos ea libertate uti velle«.

[122] Nicht weniger deutlich war seine Kritik an den der von Luther verfochtenen Freiheit der Kirche widersprechenden Eingriffen des Königs in das kirchliche Leben, namentlich in Fragen des Gottesdienstes (vgl. a.a.O. 7,25–30), denen die Gewährung eigener synodaler Organe positiv gegenüberstehe (vgl. a.a.O. 8,5–12).

[123] Zu den besonderen konfessionspolitischen Verhältnissen im Königtum Hannover vgl. MEDING, Kirchenverbesserung (s. Anm. 32), 59–61.

[124] So der Leipziger Professor für sächsische Geschichte Karl Heinrich Ludwig Pölitz (in: KEYSER, Reformations-Almanach [s. Anm. 32], Bd. 2, 1819, 123).

Auffällig an dem Strang der hier skizzierten Argumente ist, wie wenig man an einer genaueren Betrachtung und Würdigung der reformatorischen Theologie interessiert war. Von der aufklärerischen Erbschaft her standen bestimmte Motive fest, für die man die Reformation in Anspruch nahm, Motive, die eben um die Güter Gewissensfreiheit, Mündigkeit, selbstverantwortete Sittlichkeit kreisten. Diese Erbschaft verband sich mit dem Interesse am Auftreten Luthers, in ihm feierte man die Verkörperung jener Anliegen selbst. So verwundert es nicht, daß gelegentlich, unter anderem bei Schleiermacher, die Frage gestellt wurde, ob das Jahr 1817 dann eigentlich das richtige Zentenar sei und nicht eher die Verbrennung von päpstlicher Bulle und päpstlichem Recht vor dem Elstertor gefeiert werden solle; diese Tat und nicht der Thesenanschlag sei doch der Akt gewesen, der die Welt verändert habe.[127]

Aber natürlich gab es auch Prediger, und nicht einmal wenige, denen an der Reformation oder »Kirchenverbesserung«, wie man gern sagte, nicht so sehr der welthistorische Rang wie die Bedeutung für die Kirche selber wichtig war. Auch sie feierten die Reformation, doch mit dem Ziel, der gegenwärtigen Kirche einen Spiegel vorzuhalten und ihren Zustand kritisch zu prüfen und zu »bessern«. Weit entfernt, das Ergebnis einer Erfolgsgeschichte mit der Verheißung weiterer Fortschritte zu sein[128], biete die gegenwärtige Kirche vielmehr Anlaß zu Trauer und Scham. Die solche Scham herbeiführende Diagnose sieht freilich je nach Prägung der Klagenden anders aus: Die reforma-

---

[125] Festpredigt des Erlanger Theologieprofessors und Stadtpfarrers Gottlieb Philipp Christan Kaiser (in: Schreiber u.a., Chronik II/1 [s. Anm. 1], 107–113, hier: 109; Hervorhebung im Original).

[126] Z. B. in der Rede Jacob Friedrich Fries': »[W]ohin Luthers siegender Ruf erscholl, da erwachte freyes Geistesleben im Dienste der Wahrheit und Gerechtigkeit! Der Verkünder, der ihn trieb, trieb durch ihn alle Volkskraft der letzten Jahrhunderte zu deutscher Geistesbildung und zu aller Entfesselung des Gedankens, aller Ausgleichung der Bürgerrechte, von dem an, was in den Niederlanden geschah bis zu den Freistaaten in Nordamerika!« (Jakob Friedrich Fries, Rede an die deutschen Burschen, in: Das Wartburgfest am 18. Oktober 1817. Mit einem Anhang: Die Feier des dritten evangelischen Jubelfestes auf der Wartburg. Zeitgenössische Darstellungen, archivalische Akten und Urkunden gesammelt von Hugo Kühn, Weimar 1913, 50–55, hier: 51). Vgl. Lutz Winckler, Martin Luther als Bürger und Patriot. Das Reformationsjubiläum von 1817 und der politische Protestantismus des Wartburgfestes, Lübeck 1969, 66–72 (dort auch andere Stimmen dieser Art); siehe auch Brandt (s. Anm. 72), 101. Vgl. aber auch Wichmann von Meding, Das Wartburgfest im Rahmen des Reformationsjubiläums 1817 (in: ZKG 97, 1986, 205–236), der gegenüber der späteren überwiegend politischen Deutung den primär religiösen Charakter der Feier herausstellt.

[127] Vgl. Schleiermacher, Oratio (s. Anm. 117), 5,7–13: »Potius ille mihi dies eligendus fuisse videtur, quo decretalia et bullam condemnatoriam crematurus una cum magistris iuvenibusque Vitebergensibus exiit [...]; hoc enim facto neque Romani de pace amplius cogitare potuerunt, et ipse se in eadem qua Episcopus Romanus ecclesia versari nolle expressis verbis declaravit.« Andere Stimmen für diesen Vorschlag sind aufgeführt bei Meding, Kirchenverbesserung (s. Anm. 32), 24f. Originell ist der Einwand des Gunzenhausener Dekans Stephani, daß der Beginn der Reformation erst auf den Abschluß des Trienter Konzils 1563 zu datieren und die Feier eines früheren Datums deshalb unsinnig sei (vgl. Laube, Fest [s. Anm. 7], 80, Anm. 95).

[128] Ja, dann und wann wird sogar die Frage gestellt, ob die Reformation überhaupt eine Besserung der Kirche gebracht habe; vgl. Meding, Kirchenverbesserung (s. Anm. 32), 195.

Abb. 6
Paul Thumann: *Luther verbrennt die Bannbulle*, 1872/1880

torischen Ideale seien nur noch für wenige Evangelische wirklich lebensbestimmend, sei es, daß man sich nicht um die nach den Reformatoren mit dem Glauben unverzichtbar verbundene persönliche Einsicht bemühe, sei es, daß der Glaube zugunsten bloßer Vernunfterkenntnis beiseitegeschoben werde – so die Klage der Aufklärer.[129] »Man macht sich einen Glauben nach eignem Gefallen, [...] ein Christenthum ohne Christus, eine Religion ohne Bibel [...] eine Unsterblichkeit ohne Bewußtseyn, ohne Heimath und Heil. Man verläßt ganz die schriftgemäße Bahn der Reformatoren« – so das Urteil derer, die beginnen, den rechten Weg der Kirche in der Rückbesinnung auf das konfessionelle Christentum zu sehen.[130] Niemand bringt ihre Kritik so scharf und so folgenreich auf den Punkt wie Claus Harms, wenn er feststellt, die ganze aufklärerische »Idee einer fortschreitenden Reformation« führe zum Ende nicht nur des Luthertums, sondern des Christentums.[131] Freilich sind die kritischen Töne – der einen oder anderen Art – in den Predigten und Reden des Jubiläums von 1817 in der Minderzahl.

Mit dem Namen Harms kommt auch das dritte Feiermotiv von 1817 in den Blick, das der lutherisch-reformierten Union. Es hat sich mit dem Bild des dritten Reformationszentenars so fest verbunden, daß es leicht als das wichtigste Motiv dieses Festes erscheint. Doch dieser Eindruck trügt. Die Union war aufs Ganze gesehen ein marginales Thema bei den Jubiläumsfeiern.[132] Nur in Nassau, wo die Union ja 1817 auch vollzogen wurde, war sie das beherrschende Thema des Festes.[133] Selbst in Preußen galt das nicht, so

---

[129] Z.B. die schon zitierte (vgl. oben, bei Anm. 102) Jubiläumspredigt des sächsischen Hofpredigers Hacker (in: SCHREIBER u.a., Chronik II/1 [s. Anm. 1], 86): »Sind wir Kinder des Lichts? Daß es noch immer nicht an Gliedern unserer Kirche fehlt, die der Geist des Lichts und der Wahrheit leitet, wer wollte dieß läugnen? Aber wenn ich behaupte, daß die Zahl dieser Erleuchteten sehr klein ist; wenn ich behaupte, daß es Unzählige giebt, die sich evangelische Christen nennen, ohne jemals ernstlich darnach geforscht zu haben, ob das, was sie vom Evangelio wissen und glauben, Irrthum oder Wahrheit, in den klaren Aussprüchen Jesu und seiner Apostel gegründet sey oder nicht; wenn ich behaupte, daß es Unzählige giebt, die über das, was man ihnen in ihrer Kindheit als christliche Lehre vorgetragen hat, nie weiter nachgedacht haben [...]; wenn ich behaupte, daß es Unzählige giebt, denen es ganz an religiösem Wahrheitssinne gebricht [...], so berufe ich mich auf die Erfahrung, so wende ich mich an mein eignes Gewissen. Und wie Viele auf der andern Seite treten aus den Schranken des bescheidnen Forschens heraus, verwerfen alles, worauf ihre Vernunft sie nicht von selbst führt, und verschmähen ein höheres Licht, weil ihr blödes Auge dasselbe nicht ertragen kann! Wie viele Andere ziehen ein mystisches Dunkel der Klarheit vor, und kehren [...] in die alte Nacht zurück!« Mit der letzten Gruppe sind offensichtlich die zeitgenössischen Konvertiten zur römisch-katholischen Kirche gemeint.

[130] So der lutherische Konsistorialpräsident Johann Reisig in Stollberg bei Aachen (zitiert bei MEDING, Kirchenverbesserung [s. Anm. 32], 189).

[131] CLAUS HARMS, 95 Thesen (abgedruckt in: Claus Harms, Ein Kirchenvater des 19. Jahrhunderts. Auswahl aus seinen Schriften, hg. v. Johann Schmidt, Gütersloh 1976, 60).

[132] Das kann Meding an einem Durchgang durch die wichtigsten Jubiläumsberichte und aufgrund der Analyse von etwa 300 Festpredigten aus allen Teilen Deutschlands zeigen, von denen nicht einmal 50 an der Unionsfrage interessiert sind (vgl. MEDING, Kirchenverbesserung [s. Anm. 32], 119; vgl. auch 113–120).

[133] Ansonsten war man von solcher Bestrebung am ehesten in der weiteren Rheingegend bewegt (vgl. a.a.O. 115f.).

nachdrücklich der König zur Union aufgerufen hatte.[134] Wenn Lutheraner und Reformierte gleichwohl vielerorts zusammen feierten, dann war das, was ihnen am Herzen lag und was sie in gemeinsamen Festakten bis hin zum gemeinsamen Abendmahl an vielen Orten einfach vollzogen, eine Zusammengehörigkeit, die man als bereits gegeben betrachtete. Beide sahen sich als Erben der Reformation, deren Jubiläum man beging; die dogmatischen Gegensätze, die die Erben entzweit hatten, waren für weite Kreise[135] »im Herzen [der] aufgeklärten Bekenner«[136] überholt. Eine förmliche Union erschien da wenig dringlich.

Die *Confessio Augustana* ist »der Grundstein der lutherischen Kirche. [...] Wollte Gott, es würde an diesem Jubelfest überall in der lutherischen Kirche eine Rede geführt, die keiner, der als Lehrer von unserem Glaubensbekenntnis in Kirchen und Schulen abweicht, vor Gott und vor Menschen und vor seinem eigenen Gewissen vertragen könnte!«, ruft Claus Harms in seiner Kieler Festpredigt zum Jubiläum von 1830.[137] »Weit entfernt, dem herrlichen Bekenntnis ein bindendes Ansehen beizulegen, treten wir ihm in seinem wesentlichen Inhalte bei« als Menschen, »die jede Art von Verfinsterung und das fanatische Wesen bekämpfen sollen«, rief der Erste königliche Hof- und Domprediger zu Berlin Friedrich Ehrenberg in seiner Festpredigt König, Hof und Professorenschaft zu.[138]

Zwei Stimmen zum 300jährigen Jubiläum des Augsburgischen Bekenntnisses, an denen zweierlei auffällt: ihre Konzentration auf die Kirche und ihre polemische Ausrichtung.

Zunächst zum ersten Punkt: Auch 1830 preist man die Reformation als Ausgang aus dem Dunkel ins Licht, aus der Knechtschaft in die Freiheit. Doch verschiebt sich der Akzent: Das Jubelinteresse verkirchlicht sich. Das hat zum einen mit dem spezifischen Gegenstand dieses Zentenars zu tun, dem Augsburgischen Bekenntnis. Es liegt aber auch im Zug der Zeit, der im Gefolge der Verkirchlichung der Erweckungsbewegung die Kirche als konfessionell bestimmte Institution wieder zunehmend wichtig wird. Die Deutung als welthistorisches Wendegeschehen ist, ohne zurückgenommen zu werden, den Feiernden kein vordringliches Anliegen: Als die Kirche im Dunkel von

[134] Vgl. a.a.O. 114: »Wie wenig Gewicht für das Reformationsjubiläum man [den Unionen in Potsdam, Berlin und anderen preußischen Städten] sogar dort zumaß, zeigt der offizielle Bericht aus Potsdam: in 3,5 Zeilen berichtet er vom Königlichen Abendmahl in der Hofkirche, um sich 23 Zeilen lang über die Schulfeiern zu verbreiten [...]. Das Reformationsjubiläum wurde zwar in Nassau, aber nicht in Preußen, nicht einmal in Brandenburg und schon gar nicht in den Provinzen Sachsen oder Schlesien durch die Union bestimmt.«

[135] Diese Kreise umfaßten nach den Predigtanalysen Medings etwa die Hälfte der Feiernden, die sich dazu äußerten (vgl. a.a.O. 119).

[136] So ein Augsburger Prediger (zit. a.a.O. 115).

[137] Claus Harms, Ausgewählte Reden und Predigten, hg. v. Peter Meinhold, Bd. 2, Flensburg 1955, 329.334.

[138] Zit. bei Galley (s. Anm. 46), 114.

Irrlehren und Mißbräuchen saß, »sprach Gott durch seinen Knecht Martin Luther: ›Es werde Licht!‹ Und es ward Licht! Von Wittenberg gingen dessen Strahlen aus«.[139] Diese hymnische Beschreibung der Reformation in der Ankündigung des Jubiläums durch das Konsistorium zu Anhalt ist deutlich anders gestimmt als jene Predigten und Reden von 1817, für die das Licht der Reformation über der »zertret'nen Menschheit« aufgegangen war. Es ist wohl kein Zufall, daß an der säkularen, welthistorischen Dimension der Reformation 1830[140] am stärksten ein Nichttheologe interessiert ist, Georg Wilhelm Hegel. Thema seiner – lateinisch gehaltenen – Festrede vor der Berliner Universität[141] ist die Freiheit (libertas) in ihrer religiösen wie bürgerlichen Dimension, ja, in der Bindung der zweiten an die erste, für die die *Confessio Augustana* stehe. Denn bürgerliche Freiheit und bürgerliches Recht seien Frucht »einzig und allein der Freiheit vor Gott«, die durch die Reformation »wieder errungen« worden sei.[142] 1530 ist nach Hegel dafür ein grundlegendes Datum, weil das Augsburger Bekenntnis auf dem Reichstag von den – nichtklerikalen – evangelischen Ständen vorgebracht wurde; so wurde die religiöse Mündigkeit der bisher als Laien Eingestuften in Anspruch genommen.[143] kraft deren er, Hegel, als »Laie, der ich bin« (homo laicus, qui sim)[144] die Jubiläumsrede halte[145]. Und damit wurde das Fundament für die Ausbildung jener Freiheit gelegt, die nach Hegel die protestantischen Länder auszeichnet.[146]

Hegels Jubiläumsrede zeigt sich an Akt und Akteuren der Übergabe, nicht an den Inhalten der *Confessio Augustana* interessiert. Dieser Akzent findet sich auch in vielen Festreden und -predigten,[147] denen nicht an den politi-

---

[139] Ankündigung des Jubiläums durch das Konsistorium zu Anhalt (in: AMMON [s. Anm. 42], 145).

[140] Gelegentlich sind allerdings auch 1830 Rufe nach politischer Freiheit in reformatorischem Geist zu hören – nicht umsonst sind es die Monate der französischen Julirevolution, die auch in Deutschland ihr Echo hat. Das gilt besonders für das Königreich Sachsen, vgl. oben, S. 46f.

[141] GEORG WILHELM FRIEDRICH HEGEL, Rede bei der dritten Säkular-Feier der Uebergabe der augsburgischen Konfession (Den 25. Juni 1830) (in: DERS., Vermischte Schriften aus der Berliner Zeit, Sämtliche Werke, hg. v. Hermann Glockner, Bd. 20, Stuttgart [4]1968, 532–544).

[142] »Divinae libertatis recuperatae eiusque solius fructus est libertas et iustitia civilis« (a.a.O. 542).

[143] »Sed vis ejus diei haec praecipua fuit, quod principes civitatum urbiumque imperii consules doctrinam evangelicam [...] restauratem, jam perfectam esse, [...] rem divinam a se susceptam esse, declaraverunt. Qua re [die Übergabe der CA] laicis, qui antea fuerant, licere de religione sentire edixerunt, nobisque eandem libertatem inaestimabilem vindicarunt« (a.a.O. 533f.).

[144] A.a.O. 533.

[145] »Quam ob rem de hac ipsa libertate ceteris, qui theologi non simus, comparata mihi dicendum esse putavi« (ibd.).

[146] Vgl. a.a.O. 542–544.

[147] In einem anderen literarischen Genus, nämlich in seiner aus Anlaß des Jubiläums verfaßten *Geschichte der teutschen Reformation* auch bei Philipp Marheineke: »Ein neues Gefühl belebte und durchdrang sie [sc. die protestantischen Stände in Augsburg] von diesem großen Augenblick an. Durch das feste Band eines gemeinsamen Glaubens fühlten sie sich

schen, sondern an den kirchlichen Folgen gelegen ist.[148] Programmatisch verfocht Schleiermacher diesen Zugang zu dem Dokument von 1530: »Die Feier [sc. der Confessio Augustana] gilt ja überhaupt nicht der Urkunde, daß sie verfaßt worden und daß sie gerade so verfaßt worden ist, sondern ihrer Übergabe; nicht das Werk wird gefeiert, sondern die That.«[149] In seinen zehn »Predigten in Bezug auf die Feier der Übergabe der Augsburgischen Konfession 1830«[150] sieht er sich folglich frei, kritisch mit den Aussagen des Bekenntnisses umzugehen und »einiges von dem mangelhaften und unvollkommnen« abzulehnen, »das jenem Werke anhängt«, wie etwa die Verwerfungsurteile und die Vorstellung von einem zornigen Gott.[151]

Daß die *Confessio Augustana* keinesfalls als inhaltlich bindend angesehen werden könne, ist das Anliegen einer ganzen Phalanx von Festspredigten und -reden im Jubiläumsjahr – eine davon wurde zu Beginn des Abschnitts zitiert.[152] Im Unterschied zu Schleiermacher bringen viele von ihnen ihr Anliegen mit polemischer Schärfe vor – die Abwehr eines Verständnisses der *Confessio Augustana* als inhaltlich bindenden Dokuments ist nichts Geringeres als ein Kampf gegen »Finsterlinge« und Fanatiker; das Bekenntnis so hoch einzuschätzen ist ein Rückfall in die von der Reformation überwundene Pfaffenherrschaft[153]. Und so gibt gerade die Feier der Übergabe der *Confessio Augustana* zu der Aufforderung Anlaß, über das Bekenntnis hinauszuschreiten. Denn wir sind »seit drei Jahrhunderten weiter gekommen und stehen

---

mehr denn je zuvor innig verbunden [...]. Vor Kaiser und Reich, ja vor der ganzen christlichen Welt standen sie [...], ihre Rechtfertigung darstellend in ihrem Bekenntniß, in vollkommenster Einigkeit mit allen wahrhaft gläubigen und christlichen Gemüthern in der ganzen Welt [...].« (Philipp Konrad Marheineke, Geschichte der teutschen Reformation, 2. Teil, Berlin ²1831, 511; vgl. Mehlhausen [s. Anm. 49], 111f.). Im Übrigen kann das Interesse an dieser Dimension auch 1830 zu der Frage führen, ob man denn das richtige Jubiläum begehe, ob es nicht eher angebracht erscheine, die Protestation von Speyer zu feiern (vgl. a.a.O. 107).

[148] Auch die Feststellung, daß mit der Übergabe der *Confessio Augustana* gerade die Freiheit und Mündigkeit des Laien zur Geltung gekommen sei, findet sich hier und da bei anderen, so in einer der Jubiläumspredigten von Carl Immanuel Nitzsch (vgl. Mehlhausen [s. Anm. 49], 112).

[149] So im Rückblick auf das Jubiläum 1831 in: Friedrich Daniel Ernst Schleiermacher, An die Herren D.D.D. von Cölln und D. Schulz (in: Ders., Kleine Schriften und Predigten, Bd. 2: Schriften zur Kirchen- und Bekenntnisfrage, bearb. v. Hayo Gerdes, Berlin 1969, 225–253), 230.

[150] In: Fridrich Daniel Ernst Schleiermacher, Kleine Schriften und Predigten, Bd. 3: Dogmatische Predigten der Reifezeit, ausgew. und erl. v. Emanuel Hirsch, Berlin 1969, 13–154.

[151] A.a.O. 108, dargelegt in den Predigten VIII und IX (a.a.O. 108–135); vgl. Martin Ohst, Schleiermacher und die Bekenntnisschriften, Tübingen 1989, bes. 109–129 (Teil II A und B).

[152] Vgl. auch die Festpredigt eines Pastors in Lünen: Weit entfernt, dem Bekenntnis irgendeine Autorität beizulegen, »[besteht] unsere evangelische Glaubensfreiheit [...] gerade darin, daß wir vermöge derselben aus der heiligen Schrift unsere Glaubenswahrheiten selbst herleiten dürfen« (zit. bei Galley [s. Anm. 46], 114).

[153] Vgl. a.a.O. 114. 123.

unfehlbar höher und sehen weiter, als die Reformatoren und Verfasser der symbolischen Bücher unserer Kirche«.[154] Es ist nur konsequent, daß aus dem Kreis derer, die so argumentieren, zum Jubiläum eine neue *Confessio* hervorgeht, ein »Glaubensbekenntniß denkgläubiger Christen«, welches dem von Augsburg Artikel für Artikel zeitgemäße Aussagen entgegenstellt.[155]

Wenn die Feiern von 1830 zum Ort solch heftiger Zurückweisung jeder Bekenntnisverpflichtung wurden, war das nicht zuletzt ein Echo auf ebenso heftige Töne in entgegengesetzter Richtung: auf das konfessionelle Luthertum, das sich das Jubiläum zunutze machte, die Kirche in die Bindung an das Bekenntnis zurückzurufen: »Wir feiern nicht freudig, weil Tausende abgefallen sind vom Bekenntnis«, lautet die Diagnose Heinrich Leonhard Heubners in Wittenberg. Aber »das Andenken an die Bekenner von Augsburg [...] soll uns zum Glauben und Bekennen erwecken«.[156] Was das für die gegenwärtige Kirche bedeuten sollte, brachte Claus Harms in seiner schon zitierten Kieler Jubiläumspredigt zum Ausdruck: »[Z]u unsrer Zeit dient uns wirklich die Konfession weniger, ist uns weniger not wider die päpstliche Kirche, als dazu, daß wir uns von denen rein erhalten, die unter uns leben als Lutheraner und schreiben Bücher [...], haben Lehrstühle inne [...], stehen auf der Kanzel« – und tun doch das alles der *Confessio Augustana* ganz entgegen. Da muß man das Bekenntnis im eigenen Haus gebrauchen, »als eine Wurfschaufel [...], um die Tennen der lutherischen Kirche zu reinigen«.[157] Der Streit um das Bekenntnis als eine Facette des Rationalismusstreits, der das Jubiläum ebenso anheizte wie von ihm angeheizt wurde. Dabei konnte Harms, während er 1817 noch eine einsame Stimme gewesen war, nun dreizehn Jahre später eine große Schar Gleichgesinnter an seiner Seite wissen.

---

[154] So Jonathan Schuderoff, zit. in: Kritische Prediger-Bibliothek, hg. v. Johann Friedrich Röhr, 11, Neustadt a. d. Orla 1830, 91. Schuderoff hatte schon zum Jubiläum von 1817 »die Abschaffung der bindenden und verpflichtenden Bekenntnisschriften gefordert« (Mehlhausen [s. Anm. 49], 107). Vgl. auch die Jubiläumspredigt eines Pastors aus Hameln: »Immer weiter! Das ist unser Wahlspruch! Gegen alle Finsterlinge!« (Galley [s. Anm. 46], 114).

[155] Der ganze Titel der 1830 unter dem Pseudonym Aleithozetetes in Neustadt an der Orla erschienenen Schrift lautet: »Glaubensbekenntniß denkgläubiger Christen, welches im Jahre 1830 als am 300jährigen Jubelfeste, wegen Übergabe der Augsburgischen Confession der Mitwelt vorgelegt werden sollte, zur Vergleichung, Prüfung und Beherzigung. Eine Lesefrucht ohne Noten und Zitate« (vgl. Mehlhausen [s. Anm. 49], 109; in Auszügen in: EKZ 7, 1830, 473–480). Besonders pointiert und polemisch kommen solche Töne aus dem Lager des theologischen Rationalismus (Paulus, Röhr usw.; vgl. Mehlhausen, 103–110). Aber sie kommen eben nicht nur aus dieser Richtung. Neben dem zitierten Schleiermacher wäre auch Hegel zu nennen, der bei aller Hochschätzung des Bekenntnisaktes von Augsburg und auch wesentlicher Aussagen des Bekenntnisses selbst feststellt, die *Confessio* könne gerade ihrem eigenen Geist gemäß nicht als »Fessel« (catena) angesehen werden, die die freie Forschung verhindere und den Einzelnen davon dispensiere, »von sich aus« (sua sponte) zu erheben, was »gerecht, wahr und göttlich« (quod justum, quod verum, quod divinum) sei (Hegel, Rede [s. Anm. 141], 537f.).

[156] Galley (s. Anm. 46), 111.

[157] Harms, Ausgewählte Reden (s. Anm. 137), 332f.

Harms' Polemik richtete sich nicht nur gegen die aufklärerisch-rationalistische Deutung von Reformation und Augsburgischem Bekenntnis, sondern – wie könnte es bei dem Verfasser der Thesen von 1817 anders sein! – auch gegen die Deutung, die von den Verfechtern der lutherisch-reformierten Union vertreten wurde. Hatte König Friedrich-Wilhelm III. bei seinem Jubelaufruf von 1830 festgestellt, gerade das Gedächtnis der *Confessio Augustana* sei der angemessene Rahmen für den Vollzug der Union im gemeinsamen Abendmahl, führten Prediger und Festredner diesen Gedanken aus. So verkündigte der Pfarrer der Leipziger Nikolaikirche, die »rechte Jubelfreude der Augsburgischen Konfessionsverwandten« wäre die Freude an der hoffentlich auch in Sachsen bald verwirklichten Union. Denn der Geist »der CA und des Evangeliums« sei der Geist »der Duldsamkeit gegen alle, die in ihrem Glauben von dem unsrigen abwichen«.[158] Doch nicht nur lutherische Theologen sahen im Augsburgischen Bekenntnis den Anstoß für das Streben nach der Union. Das galt ebenso für reformierte Prediger. Der reformierte Pfarrer von Dresden, Friedrich Christlieb Girardet, sah sich berufen, das Jubiläumsfest mitzubegehen, und stellte in seiner Predigt fest: In erster Linie handele es sich zwar um ein Fest der Lutheraner. Doch »dies Ereignis blieb auch nicht ohne segensreiche Folgen für die reformierte Kirche«. Denn wohl seien die Reformierten einst in Augsburg auch von der Gemeinschaft mit den Lutheranern ausgeschlossen gewesen, so daß sie sich genötigt gesehen hätten, »für ihre Glaubensgemeinschaft den Namen und die Rechte einer selbständigen Kirchengemeinschaft geltend zu machen«. Doch jetzt sei die Zeit gekommen, »ein gemeinschaftliches Jubelfest« zu feiern und einander, wie schon 1817 eingeleitet, tatsächlich »die Bruderhand zu reichen«.[159]

Wir feiern »nicht etwa bloß den Propheten der Freiheit und den Kämpfer gegen die Autorität oder die Hierarchie und den Bannerträger der Aufklärung und des Fortschritts [...], und wie diese Namen alle heißen mögen, mit denen ein moderner Protestantismus ihn schmückt und zu ehren meint [...]. Wir feiern nicht jenen erdichteten, sondern den wirklichen Luther, mit seinem Zeugnis von der seligmachenden Wahrheit und der freien Gnade Gottes, das er verkündigt und bis zum Tode bekannt hat«. So lautete der Aufruf der *Allgemeinen Lutherischen Konferenz* zum Lutherjubiläum 1883.[160] Gleichzeitig äußerte sich Adolf Harnack in seiner Festrede »Martin Luther in seiner Bedeutung für die Geschichte der Wissenschaft und der Bildung« vor der Gießener Universität: »[N]och heute zehren wir Deutschen, so verschieden wir sind, allzumal von den Gütern, die uns Luther gebracht hat.« Wohl sei Luthers Bedeutung für die moderne Wissenschaft »nur eine indirekte«. Doch

[158] Galley (s. Anm. 46), 116 (dort eingeklammertes Ausrufezeichen nach »alle«).

[159] Ibd. Das sei umso angemessener, als »das Festhalten am Buchstaben im Widerspruch mit unseren [!] Bekenntnissen selbst steht« (ibd.).

[160] AELKZ 16, 1883, Sp. 1010; zitiert bei Düfel (s. Anm. 50), 80.

wüßten wir, mit Goethe gesprochen, »›gar nicht, was wir Luther und der Reformation im allgemeinen alles zu verdanken haben. Wir sind frei geworden von den Fesseln geistiger Borniertheit, wir sind infolge unserer fortwachsenden Kultur fähig geworden, zur Quelle zurückzukehren und das Christentum in Reinheit zu fassen. Wir haben wieder den Mut, mit festen Füßen auf Gottes Erde zu stehen und uns in unserer gottbegabten Menschennatur zu fühlen‹« – was nicht zuletzt für den modernen Wissenschaftler gelte. Das alles aber entspringe einem einzigen Mittelpunkt: »Freunde und Gegner haben ihn zum Nationalhelden, zum Politiker, zum Theologen, zum Stifter einer neuen Kirche machen wollen. Er ist das alles nicht gewesen [...]. Die Frage nach dem Zweck und Ziel des menschlichen Lebens, nach dem Frieden und der Seligkeit des Gewissens – sie war das einzig Treibende in seinem Leben.«[161] Und am selben Tag führte der Berliner Historiker Heinrich von Treitschke in seinem Jubiläumsvortrag »Luther und die deutsche Nation«[162] aus: »Keine andere der neueren Nationen hat je einen Mann gesehen [...], der so in Art und Unart das innerste Wesen seines Volkes verkörpert hätte. [...] Wir Deutschen finden in Alledem kein Räthsel, wir sagen einfach: das ist Blut von unserem Blute. Aus den tiefen Augen dieses urwüchsigen deutschen Bauernsohnes blitzte der alte Heldenmut der Germanen, der die Welt nicht flieht, sondern sie zu beherrschen sucht durch die Macht des sittlichen Willens«.[163]

---

[161] Adolf Harnack, Martin Luther in seiner Bedeutung für die Wissenschaft und die Bildung (1883; in: Ders., Reden und Aufsätze, Bd. 1, Gießen 1904, 141–169), 143.146.163f. 146. Vgl. Ders., Lehrbuch der Dogmengeschichte, Bd. 3: Die Entwickelung des kirchlichen Dogmas, Tübingen ^{4}1910 (^{1}1890): »Es ist eine ganz einseitige, ja sträflich abstracte Betrachtung Luthers, die in ihm den Mann der neuen Zeit, den Helden eines heraufziehenden Zeitalters oder den Schöpfer des modernen Geistes feiert.« Solche Helden seien viel eher Denck, Franck, Servet oder Giordano Bruno gewesen (a.a.O. 810f.). Luther »war nur in Einem groß und gewaltig, hinreißend und unwiderstehlich, der Herr seines Zeitalters, siegreich hinwegschreitend über die Geschichte eines Jahrtausends, um seine Zeit aus den Bahnen zu werfen und in neue Bahnen zu zwingen – er war nur groß in der am Evangelium, d.h. an Jesus Christus wieder entdeckten Erkenntnis Gottes. [...] der lebendige Glaube an den Gott, der in Christus der armen Seele zuruft : ›salus tua ego sum‹, die gewisse Zuversicht, Gott sei das Wesen, auf das man sich verlassen kann – das war die Botschaft Luthers an die Christenheit« (a.a.O. 812). Das »bedeutete nichts Anderes als die Wiederentdeckung der Religion: Gott suchen und Gott finden« (a.a.O. 824). Damit war das bisherige dogmatische Christentum trotz vieler alter »noch unüberwundene[r] Elemente in Luthers Theologie« (a.a.O. 863) im Kern »abgethan« (a.a.O. 861) – »der Ausgang der Dogmengeschichte« (a.a.O. 862). Und nicht nur das: Auch »[d]ie Wirkungen waren unermessliche; denn es war nun mit einem Schlage die Religion aus der Verkuppelung mit allem ihr Fremden befreit und zugleich das selbständige Recht der natürlichen Lebensgebiete anerkannt« (a.a.O. 832; bei einigen Zitaten Hervorhebungen im Text).

[162] Heinrich von Treitschke, Luther und die deutsche Nation (1883; in: Ders., Historische und politische Aufsätze, Bd. 4: Biographische und historische Abhandlungen, vornehmlich aus der neueren deutschen Geschichte, Leipzig 1897, 377–396).

[163] A.a.O. 393f. Siehe auch 386: »Den Romanen fehlte die Kraft, ihre eigenen Gedanken in vollem Ernst zu nehmen, sie brachten es über sich, ihr Gewissen zu theilen und einer Kirche, die sie verspotteten, zu gehorchen. Die Deutschen wagten das Leben nach der

Drei Jubiläumsbeiträge wiederum aus einer unübersehbaren Fülle von Aufrufen, Reden, Predigten. Die beiden theologischen sind geleitet von dem Anliegen, das religiöse Zentrum im Wirken des Reformators hervorzuheben. Der erste Beitrag tut das von konfessionell lutherischer Warte aus; ihm ließen sich viele weitere derselben Art an die Seite stellen, oft verbunden mit Attacken auf die Union, die den Anliegen des gefeierten Reformators stracks zuwiderlaufe.[164] Die Rede des Kirchenhistorikers zieht die Linien der aufgeklärten Reformationsdeutung aus, wobei er einerseits, darin Schleiermacher verwandt, die religiöse Dimension erheblich stärker hervorhebt, als das bei vielen früheren Stimmen aus dem aufgeklärten Lager der Fall gewesen war, und andererseits den historischen Abstand zu dem Gefeierten unterstreicht. Schließlich der »deutsche Luther« Treitschkes. Dieser Gedanke ist durchaus nicht alles, was der nationalliberale Historiker über Luther zu sagen weiß.[165] Und er ist bei dem Jubiläum von 1883 auch nicht der vorherrschende, sondern steht hinter den zuvor genannten deutlich zurück. Doch die Synthese zwischen Luther und Deutschtum, Protestantismus und deutscher Nation, die, vom Wartburgfest der Burschenschaften 1817 abgesehen[166], bei den bisherigen Reformationsjubiläen keine Rolle gespielt hatte, stellte das Aufsteigerthema der Feiern von 1883 dar. Und was der Historiker Treitschke hier

erkannten Wahrheit zu gestalten, und weil die historische Welt die Welt des Willens ist, weil nicht der Gedanke, sondern die That das Schicksal der Völker bestimmt, deshalb beginnt die Geschichte der modernen Menschheit nicht mit Petrarca, nicht mit den Künstlern des Quattrocento, sondern mit Martin Luther.«

[164] Vgl. Düfel (s. Anm. 50), 78.

[165] Siehe etwa die Bemerkung, die sich ebenfalls in dem Jubiläumsvortrag findet: »Wir danken der Reformation das lebendige Nebeneinander der Glaubensbekenntnisse, worauf die heutige deutsche Gesittung beruht [...]; denn so gewiß kein Sohn des sechszehnten Jahrhunderts, auch Luther nicht, verstanden hätte, was wir heute Toleranz nennen, ebenso gewiß ist diese Duldung nur möglich geworden auf dem Boden des Protestantismus, der den hochmüthgen Wahn einer alleinseligmachenden Kirche grundsätzlich verwirft« (Treitschke [s. Anm. 162], 385).

[166] Was dieses Fest betrifft, muß allerdings gesehen werden, daß es hier nicht nur die auf Deutschland zentrierte, sondern auch eine an allgemeinen Grundrechten im Geist der französischen Revolution orientierte Linie gab (siehe oben S. 55; vgl. Winckler [s. Anm. 126], 71f.: »In den patriotischen Vorstellungen des Wartburgfestes vereinigten und ergänzten sich zwei geistige Strömungen: eine deutschtümelnde [...] und eine liberale, vom Gedanken der Grundrechte und des Konstitutionalismus bestimmte Strömung«, deren jede die Reformation in ihrem Sinne in Anspruch nahm). Zu den Grenzen einer politischen Deutung des Festes vgl. Meding, Wartburgfest (s. Anm. 126), der im Übrigen feststellt, daß »[f]ür den kirchlichen Protestantismus [...] das Wartburgfest von marginaler Bedeutung« war (a.a.O. 217; s. auch Kurt Nowak, Geschichte des Christentums in Deutschland. Religion, Politik und Gesellschaft vom Ende der Aufklärung bis zur Mitte des 20. Jahrhunderts, München 1995, 113). Angesichts der Marginalität des nationalen Themas für das Jubiläum von 1817 geht es an der Sache vorbei, wenn der frühere Beauftragte des Rates der EKD für die Reformationsdekade eine Distanzierung von diesem Jubiläum wie von dem 100 Jahre später mit der Begründung forderte, es sei »deutschnational eingefärbt« gewesen (Stephan Dorgerloh, Zehn Jahre sind keine lange Zeit ..., in: Luther 2017 – 500 Jahre Reformation. Jahrbuch, hg. v. der Stiftung Luthergedenkstätten in Sachsen-Anhalt, Lutherstadt Wittenberg 2008, 5).

vorbrachte, mit dem Anspruch, »[e]rst die historische Wissenschaft« des 19. Jahrhunderts habe mit diesem Gedanken wieder den ganzen, nicht nur kirchlichen Luther erfaßt[167], das tönte auch aus Ansprachen und Predigten von Theologen. Noch beim 350. Reformationsjubiläum 1867 in theologischen Kreisen äußerst distanziert betrachtet[168], fand der »deutsche Luther« nun auch bei ihnen, zuerst bei den Liberalen, dann auch bei den Konservativen, mehr und mehr Anklang. Das neue Kaiserreich erhielt seine ideelle Überhöhung – das Reich des »deutschen und evangelischen« Kaisers, der »dem reformationsfeindlichen römischen Kaiser« zur Zeit Luthers gegenüberstehe, wie es der Berliner Hofprediger Bernhard Rogge bei der Jubiläumsfeier zu Erfurt verkündigte[169]. Und so mußte es als Ausdruck »de[s] innigsten geschichtlichen Zusammenhang[es]« erscheinen, daß im selben Jahr 1883 »das hehre Standbild der Germania« auf dem Niederwald enthüllt wurde, ja, daß diese Nationalfeier »von den Lutherfesten in Wittenberg, Erfurt und Eisleben umrahmt gewesen« sei.[170]

»›Deutschland, Deutschland über alles, über alles in der Welt.‹ Hei, wie singen unsere Jungen und Alten draußen vor dem Feinde und drinnen im Lande mit heiliger Begeisterung das alte vaterländische Bekenntnislied.« Der deutsche Kampf geht nicht um die »Weltherrschaft [...], aber [wir kämpfen] für die starke und sichere Stellung, die uns nach Größe und Bedeutung unseres Volkes zukommt. Es wird unser heißester Wunsch sein müssen, daß wir dabei wie Luther gesinnt bleiben und nicht die Seele der Dinge aus dem Auge verlieren und die innere Kraft des Volkes einbüßen«. Diese Sätze stehen an Beginn und Ende der »Volksschrift zur Reformationsfeier« 1917 des bekannten Reformationshistorikers Hans von Schubert, die den Titel *Luther und seine lieben Deutschen* trägt.[171] »Luther gehört nicht nur uns, er gehört der Menschheit an«, heißt es hingegen in der bahnbrechenden Jubiläumsrede Karl Holls vor der Berliner Universität *Was verstand Luther unter Religion?*[172],

---

[167] Treitschke (s. Anm. 162), 381.

[168] Vgl. Nowak (s. Anm. 166), 145.

[169] Bernhard Rogge, Aus sieben Jahrzehnten. Erinnerungen aus meinem Leben, Bd. 2: Von 1862 bis 1899, Hannover 1899, 369 (vgl. Düfel [s. Anm. 50], 43).

[170] Rogge (s. Anm. 169), 380 (vgl. Düfel [s. Anm. 50], 44). So wird in diesem Jahr auch bereits die Linie von Luther zu Bismarck gezogen, werden »Worms und Sadowa, Melanchthon und Moltke, Augsburg und Sedan, Wartburg und Varzin« parallelisiert – eine Konstruktion, die nicht nur in Treitschkes Kreisen als »kurios« kritisiert (PrJ 52, 1883, 496, Anm.**), sondern auch von konservativen Theologen als »abstoßende Verirrung« und »taktlose[r] und religiös unwürdige[r] Byzantinismus« zurückgewiesen wird; »von solcher Glorifizierung Luthers wie Bismarcks« wolle man »ganz und gar nichts wissen« (AELKZ 16, 1883, Sp. 947.949; vgl. Düfel [s. Anm. 50], 76). Kurios ist im Übrigen auch eine von Düfel, ibd. präsentierte anonyme Schweizer Schrift mit dem Titel: »Die Entwälschung der deutschen Sprache als zu hoffende Folge der 400jährigen Gedenkfeier M. Luthers, des großen kirchlichen Reformators und Begründers einer würdigen deutschen Sprache« (Bern 1883).

[171] Hans von Schubert, Luther und seine lieben Deutschen. Eine Volksschrift zur Reformationsfeier, Stuttgart 1917, 1.178f.

ähnlich auch[173] in Ernst Troeltschs »Ernste[n] Gedanken zum Reformations-Jubiläum«: Das Deutsche an Luther »war nicht die Hauptsache. Die Hauptsache war sein Evangelium, seine religiöse Predigt in ihrer Bedeutung für die Seele überhaupt und für die Gemeinschaft der Seelen, wo immer in aller Welt sie im Glauben und Aufblick zu dem Herrn der Kirche sich treffen«.[174]

Das vierte Zentenar der Reformation ist vom Krieg geprägt; findet es doch mitten im Krieg statt, zudem im Kriegswendejahr 1917, dem »Entscheidungsjahr der deutschen Geschichte«.[175] In diesem Kontext wird der »deutsche Luther«, anders als 1883, zur allgegenwärtigen Figur[176], wird er den Menschen »draußen vor dem Feinde und drinnen im Lande« mit einer in die Millionen gehenden Zahl von Schriften unterschiedlichster Formate und Niveaus nahegebracht.[177] Er soll sie als hammerschwingender »Mann aus Erz«[178] an der Front und als Vorbild an »Zähigkeit«[179] in den Nöten zu Hause stär-

---

[172] Karl Holl, Was verstand Luther unter Religion? (stark erweiterte Druckfassung in: Ders., Gesammelte Aufsätze zur Kirchengeschichte, Bd. 1: Luther, Tübingen ^{6}1932, 1–110), 110. Zu Holls weiterem Weg von dieser »dezidierte[n] Absage an den deutschen Luther« aus vgl. Johannes Wallmann, Karl Holl und seine Schule (in: ZThK Beih. 4, 1978, 1–33), 32.

[173] Auf diese Ähnlichkeit weist Maron (s. Anm. 55), 202 hin: »1917 jedenfalls sind Holl und Troeltsch in dem entscheidenden Punkte noch nicht allzu weit voneinander getrennt.« Der entscheidende Punkt ist hier wie dort der »Protest gegen die Verkürzung und Verfälschung Luthers zum ›Deutschen‹ und das Bekenntnis zu Luther dem Theologen und dem Christen.«

[174] Ernst Troeltsch, Ernste Gedanken zum Reformations-Jubiläum (Deutscher Wille / Der Kunstwart 31/1, 1917, 87–91), 88.

[175] Nowak (s. Anm. 166), 201.

[176] Vgl. die – über seine Ausführungen von 1883 (siehe oben S. 63f.) hinausgehende – Bemerkung selbst Adolf von Harnacks in seiner von der Stadt Berlin zum Jubiläum 1917 herausgegebenen Festschrift: »Erst Luther hat den deutschen Geist erweckt« (Harnack, Grundlegung [s. Anm. 87], 51), und seine Kennzeichnung des Reformators als »Vater« und »Urbild« der Deutschen (a.a.O. 53). Im selben Jahr äußerte sich von Harnack aber in einem stärker auf ein intellektuelles Publikum ausgerichteten Jubiläumsartikel (Harnack, Reformation [s. Anm. 108]) auf der oben skizzierten Linie Holls: So sehr Luther »ein deutscher Mann« gewesen sei, den »in der Totalität seines Wesens niemand aus der Zahl der nichtgermanischen Völker jemals begriffen« habe (a.a.O. 1357), war »das, was den Kern seines Wesens bildet, [...] etwas Universales, das nachzuerleben auch ein Nichtdeutscher befähigt« sei, das »den internationalen Humanisten Melanchthon« ebenso erfaßte wie den Franzosen Calvin, welcher »im Hauptstück seiner Religion Lutheraner« gewesen sei, so daß man Luther auch im Blick auf die entscheidend durch den Calvinismus geprägte »westeuropäische Geschichte« »an die Spitze der Neuzeit« stellen müsse (a.a.O. 1358; zum Teil hervorgehoben). Als er »die Kirche, aus der er stammte, hat [...] verlassen müssen, weil sie das Reich Christi [...] und das Reich des Rechts und der Macht zugleich sein wollte«, und »[d]iese Verbindung [...] als eine unerträgliche für sich und die Glaubensgenossen, die er erweckte, gesprengt« hat, hat er »eben durch diese Sprengung eine neue Zeit begründet«. Trotz aller Schwierigkeiten hielt er an der Überzeugung fest, daß »die Wahrheit und Reinheit in der Betrachtung und Ordnung der Dinge und in der Führung der Seelen auf seiner Seite standen«. »Noch [habe] ihm der Gang der Geschichte nicht völlig recht gegeben«. Doch – so von Harnacks abschließender, den Rang der Reformation zusammenfassender Satz – »wer von seinem Gedanken einmal erfaßt worden ist, der kann ihn niemals wieder fahren lassen, weil er auf eine höhere Stufe des Menschentums getreten ist« (a.a.O. 1363f.).

[177] Vgl. den Überblick bei Maron (s. Anm. 55).

[178] A.a.O. 189.

[179] A.a.O. 192.

ken, soll als »Begründer einer neuen deutschen Kultur«[180] ihr nationales Selbstbewußtsein nähren, soll mit seinem »innigen, frommen, deutschen Gemüt«[181] ihre Herzen vor Verzagtheit bewahren und als »der verkörperte Glaube« »in dieser schweren Zeit« den Deutschen helfen, daß sie den Glauben nicht verlieren[182], sondern zuversichtlich bleiben, damit sie schließlich im Kriege siegen – denn »Deutschland steht und fällt mit dem Protestantismus«[183]. Diese Töne können sich in dem zum Jubiläum erschienenen, der »Lehre Luthers« gewidmeten Band von Reinhold Seebergs *Dogmengeschichte* zu der These steigern, die Reformation sei das nach langer Entwicklung im Germanentum inkulturierte Christentum, das heißt: »das Christentum im Verständnis des germanischen Geistes«.[184] Sie können in neuen *95 Leitsätze[n] zum Reformationsfest 1917* in die Forderung münden, die Reformation durch wirkliche »Verdeutschung des Christentums« zu vollenden.[185] Und sie können sich mit »rassistische[n] Nebentönen[n]«[186] verbinden, einschließlich der expliziten Ablehnung des Judentums und des Alten Testaments.[187] Daß die Linien so weit ausgezogen werden, ist 1917 selten. Doch die Propaganda vom »deutschen Luther« öffnet ihnen die Tür.

In demselben Jubiläumsjahr gibt es aber eben auch ganz andere Töne. Da fühlen sich gerade »im Gedächtnismonat der Reformation« Berliner Pfarrer verpflichtet, als »deutsche[...] Protestanten [...] im Bewußtsein der gemeinsamen Güter und Ziele allen Glaubensgenossen, auch in den feindlichen Staaten, von Herzen die Bruderhand zu reichen« und für Verständigung, nicht weiteren Kampf und Sieg, zu plädieren.[188] Und vor allem ist der zitierte programmatische Ruf zu hören, daß »Luther nicht nur uns«, sondern »der Menschheit an[gehört]«, daß das Entscheidende an ihm nicht sein Deutschtum, sondern die Verkündigung des Evangeliums sei. Neben den Genannten, Holl und Troeltsch, ließen sich viele andere nennen, etwa Martin Rade mit

---

[180] Schubert (s. Anm. 171), 127.

[181] Maron (s. Anm. 55), 192.

[182] Ibd.

[183] So in seinem Jubiläumsgrußwort an die Mitglieder des Protestantenvereins dessen Vorsitzender Paul Kirmss; zitiert in: Gottfried Mehnert, Evangelische Kirche und Politik 1917–1919. Die politischen Strömungen im deutschen Protestantismus von der Julikrise 1917 bis zum Herbst 1919, Düsseldorf 1959, 50.

[184] Reinhold Seeberg, Lehrbuch der Dogmengeschichte, Bd. 4: Die Entstehung des protestantischen Lehrbegriffs, Abt. 1: Die Lehre Luthers, Leipzig ^{2}1917, 7 (dort hervorgehoben). Dieser germanische Typus des Christentums steht neben den ebenso durch Inkulturation herausgebildeten Typen des griechischen und lateinischen Christentums (vgl. ibd.).

[185] Maron (s. Anm. 55), 195 (a.a.O. 194–196: Referat der ganzen Schrift).

[186] A.a.O. 196.

[187] Vgl. a.a.O. 195f.

[188] Abdruck in: CCW 27, 1917, 349f.; auch bei Mehnert (s. Anm. 183), 51 (dort 54f. andere ähnliche Voten). Hintergrund der Erklärung sind die Friedensinitiativen des Jahres aus dem neutralen Ausland und die Debatten darüber im Reich samt der Friedensresolution im Reichstag im Juli 1917. Zu den scharfen Protesten gegen die Erklärung s. Mehnert, 51–54.

Abb. 7
Postkarte *Deutsche Eichen*, 1917

mehreren Beiträgen zum Jubiläum[189] oder auch Emanuel Hirsch, der in einem zum Jubiläum vorgelegten *Luther-Brevier* mahnt, das Eigentliche am Reformator in seinem Rechtfertigungsglauben zu sehen.[190] Karl Holl bringt diesen Ruf zur Rückkehr ins Zentrum der Theologie Luthers und »den Protest gegen die Verkürzung und Verfälschung Luthers zum ›Deutschen‹«[191] mit demselben Weltkrieg in Verbindung, der der Verfälschung ihre Jubiläumskonjunktur verschafft hatte: »[...] es wäre ein Jammer, es wäre ein unwiederbringlicher Schade, wenn das Gedächtnisjahr der Reformation uns nicht mehr eintrüge, als eine laute, rasch wieder verfliegende Begeisterung für Luther als den Freiheitskämpfer oder als den echt deutschen Mann. [...] man möchte hoffen, daß der Weltkrieg gerade für die Seiten von Luthers Glauben ein neues Verständnis eröffnet hätte, die der Mensch des 20. Jahrhunderts unter der Nachwirkung der Aufklärung meint ablehnen zu müssen, für seine Auffassung von Sünde, Buße und Gnade.«[192] Doch auf die Breite des Jubiläumsjahres gesehen ging dieser Wunsch nicht in Erfüllung.

2. Die Reformationsjubiläen und die anderen

»Sr. Hochwürden, Herr Superintendent Prof. Dr. *Großmann*, hatte [...] es so geordnet, daß die Vertreter der verschiedenen Religionsbekenntnisse nach der Folge deren geschichtlicher Entstehung auf einander folgten, und so walleten in brüderlichem, geistigem Frieden Alle dahin: zwei *Rabbi* der *Israeliten* mit der aufgeschlagenen *Thorah* voran, ihnen folgten der *Archimandrit* der *griechischen* und die *Patres* der hiesigen *katholischen* Kirche; sodann kamen die Geistlichen der *evangelisch-protestantischen* Kirche, voran der Diakonus an der Nikolaikirche, Herr Dr. *Rüdel*; mit dem, auf einem kostbaren weißseidenen Kissen stehenden goldenen Kelche, – und die Pastoren der *reformirten* Kirche.« Diesen erstaunlichen Bericht interkonfessioneller und interreligiöser

---

[189] Rade, der schon 1883 eine auf ein breites Publikum zielende dreibändige Monographie über Luther herausgebracht hatte, veröffentlichte 1917 das Buch *Luther in Worten aus seinen Werken* (Klassiker der Religion 10/11), das der Perspektive folgt, die Rade in einer Rezension zu der oben genannten, im Ganzen sehr positiv bewerteten, Schrift von Schuberts (s. Anm. 171) geltend gemacht hatte: »Luthers Schwerpunkt [lag] eben nicht in seiner deutschen Art und in seinem deutschen Empfinden oder gar Handeln [...], sondern schlechterdings in seinem Glauben, in seinem Christentum« (in: ChW 31, 1917, 753). Ähnlich im selben Jubiläumsjahr: Otto Scheel, Martin Luther. Vom Katholizismus zur Reformation, Bd. 2: Im Kloster, Tübingen 1917, der betonte, daß die Reformation »keine nationalen Schranken kennt und das Evangelium des Apostels der Heiden allen Völkern erkämpft hat« (a.a.O. VI); nicht umsonst wurde Scheels Darstellung von Rade enthusiastisch begrüßt, ebenso wie dieser Rades Ausführungen würdigte; vgl. Maron (s. Anm. 55), 202f.204f.

[190] Emanuel Hirsch (Hg.), Luther-Brevier. Von Gottesfurcht und Gottvertrauen. Betrachtungen Martin Luthers, Göttingen 1917.

[191] Maron (s. Anm. 55), 202. Maron sieht in diesem Protest einen entscheidenden Anstoß für die »Lutherrenaissance« (vgl. a.a.O. 201f.).

[192] So Holl in der Anzeige von Hirschs *Luther-Brevier* (DE 8, 1917, 224).

Feiereintracht gibt ein Zeitgenosse vom Reformationsjubiläum des Jahres 1830 in Leipzig.[193]

Der Leipziger Vorgang ist in seiner Form wohl singulär. Doch daß Juden und Katholiken 1830 mitfeierten, wird auch aus vielen anderen Städten berichtet.[194] Und das gilt nicht nur für das Jubiläum von 1830, sondern auch für das von 1817[195] und ebenso für die brandenburgischen und sächsischen Reformationszentenare von 1839.[196] Katholiken und Juden beteiligten sich an Festzügen, Hausdekorationen[197] und Illuminationen[198], katholische Kirchen ließen gemeinsam mit evangelischen läuten[199], Katholiken und Juden nahmen an Jubiläumsgottesdiensten teil[200], Katholiken und Juden machten bei Jubiläumskollekten für die Armen mit[201]. Von den Feiern der zweiten Jahrhunderthälfte allerdings haben wir solche Berichte nicht mehr. Das hängt auch mit der Veränderung der verfassungsmäßigen Stellung der Kirchen zusammen. Die Trennung von Kirche und Staat im Gefolge der Revolution von 1848 führte dazu, daß die korporative Teilnahme staatlicher und städtischer Repräsentanten, die sich in der Einbeziehung auch nichtevangelischer Bürger in die offiziellen Festakte niederschlug, überholt war. Aber sowenig sich die Beteiligung von Katholiken und Juden in der ersten Jahrhunderthälfte auf

---

[193] [JOHANN FRIEDRICH GLÜCK], Beschreibung der Feierlichkeiten, welche am dritten Jubelfeste der Augsburger Confession den 25., 26. und 27. Juni 1830 im Königreich Sachsen stattgefunden haben, Leipzig 1830, 466f. (Hervorhebungen im Original). Vgl. GALLEY (s. Anm. 46), 105.

[194] Vgl. a.a.O. 104–107; GLÜCK (s. Anm. 193), 77.81.93.244.583f.630.663 u.ö.; GEORG MAY, Interkonfessionalismus in der ersten Hälfte des 19. Jahrhunderts, Paderborn 1969, 26.

[195] Vgl. SCHREIBER u.a., Chronik I (s. Anm. 32), 3f.365; GALLEY (s. Anm. 46), 98; MARTIN TREU, »... ihr steht auf heiliger Erde.« Lutherverehrung im Mansfelder Land im 19. Jahrhundert (in: LAUBE, FIX [s. Anm. 6], 85–96), 95; RAINER FUHRMANN, Das Reformationsjubiläum 1817. Martin Luther und die Reformation im Urteil der protestantischen Festpredigt des Jahres 1817, Diss. Tübingen 1973, 24; MAY (s. Anm. 194), 24–26; ALFRED ADAM, Die Nassauische Union von 1817 (in: JHKGV 1, 1949, 35–408), 317.321.326; MEDING, Kirchenverbesserung (s. Anm. 32), 53.127.229; HANS WOLTER, Das Reformations-Jubiläum von 1817 in der Freien Stadt Frankfurt am Main (in: ZKG 93, 1982, 161–176), 164.

[196] Zum brandenburgischen Jubiläum vgl. DUNTZE (s. Anm. 6), 170; zu den sächsischen Feierlichkeiten in Leipzig und Dresden die Berichte in AKZ 18, 1839, 872.1008 sowie MAY (s. Anm. 194), 26. In Leipzig konnte ein Katholik nur mit Mühe davon abgebracht werden, ein beleuchtetes Transparent mit der Aufschrift »Luther, der aufgeklärteste Katholik seiner Zeit!« anzubringen (vgl. AKZ 18, 1839, 1008), ein römisch-katholischer Hauptmann der Dresdner Communalgarde fühlte sich »mit frommer Rührung und Dankbarkeit gegen den Allmächtigen erfüllt [...], daß er auf Luther's Felsenmuth und Kraft den Thron geistiger Freiheit erbaute« (ibd.). Dasselbe Bild jedenfalls evangelisch-katholischer Gemeinsamkeit ergibt sich bei anderen regionalen Jubiläen, etwa denen der Friedens- und Gnadenkirchen in Schlesien (vgl. MAY, 24).

[197] GALLEY (s. Anm. 46), 106f.; MAY (s. Anm. 194), 26.

[198] ARNDT (s. Anm. 9), 38; AKZ 18, 1839, 872.1008; MAY (s. Anm. 194), 26.

[199] GALLEY (s. Anm. 46), 98; MEDING, Kirchenverbesserung (s. Anm. 32), 53.127; MAY (s. Anm. 194), 25.

[200] WICHMANN VON MEDING, Jubel ohne Glauben? Das Reformationsjubiläum 1817 in Württemberg (in: ZKG 93, 1982, 119–160), 132.134; DERS., Kirchenverbesserung (s. Anm. 32), 82.127; MAY (s. Anm. 194), 24–26; ADAM (s. Anm. 195), 317.320f.

[201] MEDING, Kirchenverbesserung (s. Anm. 32), 127; GALLEY (s. Anm. 46), 98.

diese korporative Ordnung reduzieren läßt, so wenig ist ihre Abwesenheit danach auf die politisch-rechtlichen Veränderungen allein zurückzuführen. Außerdem gilt auch für die Feste der ersten Jahrhunderthälfte, daß die Berichte von römisch-katholischer und jüdischer Teilnahme nicht das ganze Bild bieten. So ist es angebracht, genauer nach der Rolle von Katholiken und von Juden bei den Reformationsjubiläen zu fragen.

2.1. Die römisch-katholischen Mitbürger

Johann Wolfgang von Goethe, der für das Reformationsjubiläum von 1817 zusammen mit dem Komponisten Carl Friedrich Zelter eine Reformationskantate schaffen wollte, die die Ablösung des gesetzlichen »Du sollst!« durch das evangelische »Du wirst!« und damit die Überwindung des »heidnischen Judentums« der Papstkirche darstellen sollte[202], und der eine Jubelmünze für sein Herzogtum entwarf[203], auf der außer der Sonne des Evangeliums zwei »Nebensonnen« für »abweichende Religionsparteien« vorgesehen waren[204], schrieb zugleich: »Dieses Fest wäre so zu begehen, daß es jeder wohlmeinende Katholik mitfeierte.«[205] Tatsächlich feierten unzählige Katholiken mit.[206] Und »in Predigten, Ansprachen und Verlautbarungen [wurde] gegenüber der Trennung in der Vergangenheit die Gemeinschaft in Gegenwart und Zukunft gepriesen«.[207] Ja, wie Reformierte und Lutheraner sich nun vielerorts vereinigten, so schien es manchen und wurde von die innerprotestantische Union begeistert mitfeiernden Katholiken[208] auch ausgesprochen, daß auch sie »früher oder später« darin einbezogen würden.[209]

Die Gründe für diese Vorgänge sind schnell genannt[210]: Es ist zum einen die Aufklärung, die auch im Katholizismus Fuß gefaßt hatte und die es Ka-

---

[202] Ausgeführt in: Johann Wolfgang von Goethe, Werke, Weimarer Ausgabe, Abt. IV: Goethes Briefe, Bd. 27: Mai 1816–Februar 1817, (1893) Nachdr. Frankfurt a. M. 1999, 232–237. Vgl. dazu Rudolf Hermann, Goethes und Zelters Plan einer Reformations-Kantate (in: ZSTh 18, 1941, 123–223); Martin Tetz, »Mischmasch von Irrtum und Gewalt«. Zu Goethes Vers auf die Kirchengeschichte (in: ZThK 88, 1991, 339–363), 359–361.

[203] Er skizzierte auch ein Reformationsmonument: Bernhard Suphan, Goethe und das Jubelfest der Reformation 1817 (in: Goethe-Jahrbuch 16, 1895, 3–12), 10.

[204] So auf der Rückseite, wo die große Sonne auf die Bundeslade scheinen sollte. Auf der Vorderseite sollte stehen: »Den Evangelischen ins Vierte Jahrhundert segensreiche Wirkung. Weimar MDCCCXVII« (Goethe, Werke IV [s. Anm. 202], Bd. 28: März-December 1917, [1903] Nachdr. Frankfurt a. M. 1999, 168–175; vgl. Tetz [s. Anm. 202], 362f.).

[205] Goethe, Werke IV, 27 (s. Anm. 202), 237,17f.

[206] Siehe neben den oben angegebenen Stellen den – vom Verfasser kritisch kommentierten – Überblick bei May (s. Anm. 194), 24–26.

[207] Andreas Lindt, Das Reformationsjubiläum 1817 und das Ende des »Tauwetters« zwischen Protestanten und Katholiken im frühen 19. Jahrhundert (in: Traditio – Krisis – Renovatio aus theologischer Sicht, FS Winfried Zeller, hg. v. Bernd Jaspert u. Rudolf Mohr, Marburg 1976, 347–356), 348.

[208] So in Nassau (s. May [s. Anm. 194], 25).

[209] So ein römisch-katholischer Teilnehmer an der Feier im nassauischen Dörscheid (vgl. Adam [s. Anm. 195], 326; ähnliche Aussagen auch a.a.O. 317.321).

[210] Vgl. den Überblick bei Lindt (s. Anm. 207), 348–350.

tholiken erlaubte, Luther und der Reformation den Einfluß vernunftgemäßer Läuterung auch auf ihre Kirche zuzugestehen.[211] Ein Reformationsjubiläum, das weitgehend im Geist der Aufklärung gefeiert wurde, brachte folglich gemeinsame Saiten zum Schwingen – »[i]n den wesentlichen Praktischen Grundsätzen der Religion stimmen Katholiken und Protestanten einträchtig mit einander überein«.[212] Sodann hatten die Befreiungskriege, die man gemeinsam durchgestanden hatte, und die politischen Hoffnungen, die man gemeinsam hegte, ein Verbundenheitsgefühl geweckt, das den konfessionellen Gegensatz zurücktreten ließ.[213] Schließlich hatte die frühe Erweckungsbewegung samt der frühen Romantik die Vision eines überkonfessionellen Christentums hervorgebracht und in manchen Kreisen auch ein Stück weit Wirklichkeit werden lassen. Die Relativierung theologischer Gegensätze, die von diesen Faktoren ausging, konnte nicht nur im Verhältnis der evangelischen Konfessionen das Jubiläum von 1817 zum Anlaß für den letzten Schritt werden lassen, die Union. Sondern sie näherte auch Protestanten und Katholiken einander an.[214] »Der Namen des Papstes erregt itzt unter unserem Volke keinen Schrecken mehr, und der catholische Laie fühlt keinen Schauer mehr beim Anblick eines lutherischen Ketzers.«[215]

---

[211] Vgl. Bornkamm (s. Anm. 106), 19. Eine Kritik an solchen Stimmen aus römisch-katholischer Feder anläßlich des Jubiläums von 1817 liegt vor in: Luthers katholisches Monument oder Kritische Betrachtung verschiedener Urtheile katholischer oder unter Katholiken gerechneter Schriftsteller über Luther und seine Reformation von einem Wahrheitsfreunde [= Johann Lorenz Doller], 1817.

[212] Schreiber u.a., Chronik II/1 (s. Anm. 1), 128.

[213] Vgl. Fuhrmann (s. Anm. 195), 123.

[214] Ein Prediger, der im nahe dem Eichsfeld gelegenen Lauterberg wirkte, empfahl anläßlich des Jubiläums sogar die Union mit den Katholiken (vgl. Meding, Kirchenverbesserung [s. Anm. 32], 60f.).

[215] Zit. aus der Einleitung zu Schreiber u.a., Chronik I (s. Anm. 32), XV. Dazu habe auch die Säkularisation mit ihrer Minderung der Macht der Papstkirche beigetragen (vgl. ibd.). – Aufschlußreich sind ein weiteres Ereignis und dessen Deutung: Die Chronik berichtet von der Feier an der Lutherbuche und am Lutherbrunnen bei Bad Liebenstein im Rahmen des Jubiläums. Aus dem Brunnen dürfe »ein braver deutscher Mann, gleichwohl ob protestantischer oder katholischer Christ«, schöpfen und in »Frieden mit der ganzen heiligen christlichen Gemeinde wahrer Christen aller Confessionen (denn Alle haben durch den Sturz des alten Drachens, Aberglaube und Pfaffenthum genannt, unaussprechlich gewonnen)« trinken (a.a.O. 3). So hätten denn auch Katholiken an der Feier teilgenommen (a.a.O. 4). Diese Notiz wird mit dem Rückblick auf das 1811 veranstaltete Jubiläum des Bonifatius verbunden, der in derselben Gegend gewirkt und ihr das Licht des Evangeliums gebracht habe (a.a.O. 5) – Anlaß für die bei der Feier von 1817 geäußerte Hoffnung, daß »sich dereinst auch die Römisch-Katholische Kirche der alten Christusreligion wieder näher[n]« werde (a.a.O. 6). Dem Bericht folgt eine ganz der Bonifatiusfeier gewidmete Anlage (a.a.O. 6–10). Auch bei dieser Feier hätten die Konfessionen in bemerkenswerter Weise zusammengewirkt: Der lutherische Generalsuperintendent, ein römisch-katholischer Prälat und ein reformierter Diakonus seien, begleitet von sämtlichen Geistlichen der Gegend, gemeinsam aufgetreten und hätten durch diese Vereinigung »in brüderlicher Liebe« gezeigt, daß die Zeiten des »Fanatismus« vorbei seien (a.a.O. 9). So erscheint dieses Ereignis den Herausgebern als eine »Vorfeier des evangelischen Jubelfestes« von 1817 (a.a.O. 7).

Doch zugleich gab es gegenläufige Vorgänge. So wurden von römisch-katholischen Pfarrern auch antireformatorische Predigten gehalten[216] – als »Gegengift« gegen die protestantische Feier, wie die »Literaturzeitung für katholische Religionslehrer« es formulierte[217] – und erschienen antireformatorische Schriften auf dem Markt.[218] In dem Bodenseestädtchen Friedrichshafen kam es anläßlich des Jubiläums zu so massiven Drohungen römisch-katholischer Bürger gegen den evangelischen Pfarrer, daß er um Versetzung bat;[219] in Braunschweig konnte nur mit Mühe eine Schlägerei während des Festgottesdienstes verhindert werden.[220] Und an verschiedenen Orten wurden die Feiern behindert[221] oder Anstrengungen unternommen, das protestantische Jubiläum ganz zu unterbinden.[222] Die Mahnungen der Obrigkeiten zu konfessionellem Frieden[223] waren offensichtlich nicht gegenstandslos.

---

[216] Meding, Kirchenverbesserung (s. Anm. 32), 52.59.154.

[217] Bezogen auf die Predigten von Weinzierl (s. unten, Anm. 236); vgl. a.a.O. 131.

[218] Z.B. a.a.O. 154; siehe auch unten S. 77f.

[219] Vgl. den Brief des Pfarrers (in: Meding, Jubel [s. Anm. 200], 147–149).

[220] Vgl. Meding, Kirchenverbesserung (s. Anm. 32), 76. 229f.

[221] A.a.O. 52.127f.

[222] A.a.O. 127; Laube, Fest (s. Anm. 7), 82. Bemerkenswert ist das Votum, das der – evangelische – Ansbacher Kreisdirektor Ritter von Lang gegen das Jubiläum von 1817 (aufgenommen auch noch einmal gegen das von 1830; s. Laube, ibd., Anm. 109) abgab (abgedruckt bei Schornbaum [s. Anm. 4], 8–12): Abgesehen von seinen prinzipiellen Zweifeln am Sinn historischer Jubiläen (s. oben, Anm. 4) wendet von Lang auf der Grundlage langer geschichtlicher Darlegungen ein, daß mit dem Thesenanschlag von 1517 die Reformation noch längst nicht gegeben gewesen sei – ja, »noch im Jahre 1518 u. 1519 ist ganz Teutschland ungestört katholisch gewesen« (a.a.O. 9). Das erste Reformationszentenar 1617 sei nur durch die Erneuerung der Militärbündnisse Union und Liga im Vorfeld des Dreißigjährigen Krieges veranlaßt worden, weshalb man die Gemüter der Evangelischen mit diesem Fest »erhitzt und bearbeitet« habe, um in den Krieg zu ziehen (a.a.O. 10). Kurz, es sei nicht zu erwarten, daß »sich bei einer solchen Feier der katholische Beamte einer in ihrer Mehrheit katholischen Regierung mit Anstand und Unbefangenheit benehmen« könne (a.a.O. 10). Vor allem aber wendet von Lang ein, daß dem umstrittenen Jubelfest der Protestanten die Katholiken die Forderung nach noch viel mehr derartigen Festen entgegensetzen könnten – »wodurch wir notwendig wieder in die Zeit der alten Controverspredigten zurückversetzt werden«. Die Feier des Ablaßstreites durch die Protestanten sei ebenso unpassend, wie »wenn am 29. Oktober der Katholik die *Prager Schlacht*« feiern wollte – oder gar die Juden, wenn sie einmal Rechtsgleichheit mit den Christen erreicht hätten, »im Jahr 1833 ein öffentliches Jubelfest darüber [...] begehen [wollten], daß es ihnen vor 1800 Jahren gelungen sei, den Herrn Christus zu kreuzigen« (a.a.O. 11). Im Übrigen seien beide Kirchen in solch schlechtem Zustand, daß sie nichts zu feiern hätten, sondern eher noch zu erwarten wäre, aus dieser beiderseitigen Misere »möchte [...] am Ende noch eine Vereinigung oder beträchtliche Annäherung hervorgehen« (ibd.). Langs eigentliches Anliegen, die »nationale« Einheit des neuen Königreiches Bayern, schlägt sich in seinem kuriosen Vorschlag nieder, man solle doch den »Nürnberger Anstand« (1532) als eine »baierische Nationalbegebenheit« und »Erneuerung brüderlichen Bundes zwischen Katholiken und Protestanten« feiern, denn dabei möge sich »der katholische Baier berühmen, daß bei der Feier der Protestanten ihm der erste Platz gebühre« (a.a.O. 12). Überhaupt müsse betont werden, daß »aus baierischer Erde die schönsten Blüten der Reformation hervorgegangen« seien, so neben dem Nürnberger Anstand der Augsburger Reichtag von 1530, das Schwabacher Bekenntnis von 1529, der Passauer Vertrag und der Augsburger Religionsfriede (ibd.). – Das auf Langs Votum antwortende Gutachten Oberkirchenrat Niethammers ist abgedruckt a.a.O. 65–71.

Wenn es neben den Fällen interkonfessioneller Festgemeinsamkeit auch diese entgegengesetzten gibt, dann ist festzustellen, daß sie jedenfalls nach dem Bild, das uns die gedruckten Zeugnisse bieten, bei weitem weniger ins Gewicht fallen.[224] Fragt man nach den Gründen dafür, daß es sie gleichwohl gibt, ist zu bedenken, daß die katholische Aufklärung keineswegs überall verbreitet und daß auch die romantisch-erweckliche Religiosität eine auf einzelne Zentren beschränkte Erscheinung war. Ein Faktor, der demgegenüber besonders stark für konfessionelle Reibungen sorgte, war die Auflösung homogen einkonfessioneller oder von einer Konfession bestimmter Territorien durch die Neuordnung der politischen Landkarte nach dem Ende des Alten Reiches; was die Regierenden als Machtzuwachs begrüßten und mittels konfessionsneutraler Verfassungen zu bewältigen suchten, führte an der Basis der bislang herrschenden oder sogar einzigen Kirche, ob sie die größte geblieben oder nun zur Minderheit geworden war, zum Eindruck der Überfremdung und nicht selten zur Abwehr der Anderskonfessionellen, mit denen man neuerdings dasselbe Haus zu bewohnen hatte.[225] Nicht zuletzt auf diesem Hintergrund erklärt sich wohl, daß das Bild römisch-katholischer Reaktionen auf das Reformationsjubiläum von 1817 – und auch noch auf die der 1830er Jahre – zwischen Regionen und Orten stark variiert.[226]

---

[223] Beispiele bei FUHRMANN (s. Anm. 195), 122f.; MEDING, Jubel (s. Anm. 200), 121; LAUBE, Fest (s. Anm. 7), 81. Siehe auch oben S. 40.

[224] Insofern trifft die vielzitierte Behauptung von FRANZ SCHNABEL (Deutsche Geschichte im neunzehnten Jahrhundert, Bd. 4: Die religiösen Kräfte, 1937, 362) nicht zu, daß das Jubiläum von 1817 im Protestantismus »den konfessionellen Geist des 16. Jahrhunderts wieder emporgerufen« habe. Das gilt auch für das Jubiläum von 1830 noch nicht, für das Schnabel dieselbe Feststellung trifft. Auch die Rede vom »Ende des ›Tauwetters‹«, das mit dem Jubiläum von 1817 gegeben gewesen sei (LINDT [s. Anm. 207]), verzeichnet die Proportionen. So zurecht auch BURKHARDT (s. Anm. 12), 234, Anm. 37, der feststellt, Schnabels zitierte Aussage »verfehlt das in den Quellen Typische«.

[225] So hatten viele Württemberger den Eindruck, »daß das evangelische Württemberg kein evangelisches Land mehr« sei (MEDING, Jubel [s. Anm. 200], 138). Andererseits stand im Hintergrund der schweren Auseinandersetzungen in dem zuvor einheitlich römisch-katholischen, nun zum Reich eines evangelischen Königs gehörigen und erstmals mit einer evangelischen Gemeinde in der eigenen Mitte konfrontierten Friedrichshafen das umgekehrte Gefühl (vgl. a.a.O. 129). In den an Bayern gefallenen evangelischen Gebieten Frankens sahen sich die Evangelischen dadurch bedrückt, daß sie nun plötzlich zu Rücksichten gezwungen waren, die ihre frühere Feierfreiheit einschränkten, und überdies durch das im Jahr des Jubiläums unterzeichnete Konkordat, das die konfessionelle Parität zu ihren Ungunsten gefährdete. So konzentrierten sich hier die besorgten Gedanken 1817 immer mehr auf die Frage, ob man das Reformationsjubiläum »wie 100 Jahre vorher feiern können oder [...] in Bayern hinter den anderen evang. Gebieten diesmal zurückstehen müssen« werde (SCHORNBAUM [s. Anm. 4], 1). Klagen über Einschränkung der früher üblichen Jubiläumsfeiern aus obrigkeitlich verordneter Rücksicht auf die nun dazugekommenen Katholiken wurden auch bei Protestanten in Hannover laut (vgl. MEDING, Kirchenverbesserung [s. Anm. 32], 59–61). Bemerkenswert ist, daß es auch protestantische Kritik an dem Jubiläum gab, weil das Fest katholisierenden Charakter und damit »die Tendenz habe, die evangelische Christenheit wieder in den Schooß der römisch-katholischen Kirche zurückzuführen« (Bericht des Dekans von Backnang an das königliche Oberkonsistorium in Stuttgart; zitiert bei MEDING, Jubel [s. Anm. 200], 138).

Was, wo es zu Spannungen kam, Katholiken besonders empörte, war die Sicht ihrer Kirche, der gerade aufklärerische Jubiläumsbeiträge Ausdruck gaben. Darin erschien diese »römisch-papistische«[227] Kirche, im Unterschied zu ihren »wohlmeinenden« Anhängern, mit denen man sich verbunden fühlte[228], als rückständiges Institut der Finsternis und Knechtschaft[229], wogegen sich in der Gegenwart allmählich Licht und Freiheit durchsetzten.[230] Wohl gab es Katholiken, die diese Meinung teilten[231], doch andere fanden sie »ärgerlich

---

[226] Das zeigen LAUBE, Fest (s. Anm. 7), für Bayern und MEDING, Jubel (s. Anm. 200), für die verschiedenen Regionen und Städte, die das neue Königreich Württemberg bildeten.

[227] SCHREIBER u.a. II/1 (s. Anm. 1), 155. Besonders das Papsttum war Zielscheibe scharfer Kritik, und hier sah man sich in einer Linie mit der Papstkritik Luthers (vgl. FUHRMANN [s. Anm. 195], 127f.).

[228] Siehe das Goethezitat oben bei Anm. 205.

[229] Beispiele bei MEDING, Kirchenverbesserung (s. Anm. 32), 53; DERS., Jubel (s. Anm. 200), 140. Bestätigt sah man sich in dieser Sicht durch das vom Papst kürzlich erlassene Verbot eigenständiger Bibellektüre der Laien und der Bibelgesellschaften (ibd.; FUHRMANN [s. Anm. 195], 128). – Daß sich dies Urteil über die Institution auf ihre Glieder ausweiten konnte, zeigt z.B. ein Gebet aus einem Festgottesdienst: »Gott, welche Vorzüge hast Du uns vor Andern, selbst vor Manchen unserer Mitchristen gewährt! wie viel haben wir durch die Wiederherstellung des reinern und lauterern Christentums gewonnen! für die Aufklärung unsers Verstandes, für die Bildung unsers Herzens, für die Freiheit unsers Gewissens, für den Frieden unserer Seele, für die Ruhe und Wohlfahrt unsers häuslichen und bürgerlichen Lebens!« (zit. bei MEDING, Kirchenverbesserung [s. Anm. 32], 76). Vgl. auch aus einer Predigt zum Jubiläum die Aufforderung an die evangelischen Hörer: »treibet nicht euere Freude so weit, daß ihr im Gefühle eurer Vorzüge [...] eure minder glücklichen Hausgenossen, die sich zur katholischen Kirche bekennen, verachtet und verspottet« (zit. ibd.). In diesen Zusammenhang gehören auch Hinweise auf den sozialen und bildungsmäßigen Rückstand römisch-katholischer gegenüber evangelischen Regionen (vgl. KEYSER, Reformations Almanach 1817 [s. Anm. 32], 174.184).

[230] Es gab freilich auch Stimmen, die von einem prinzipiellen, unüberwindlichen Gegensatz ausgingen, so der Gothaer Generalsuperintendent Karl Gottlieb Bretschneider, in dessen zum Jubiläum herausgebrachten Buch es heißt: »Da das Grundprincip der protestantischen und der römischen Kirche sich geradezu entgegengesetzt ist, so ist keine Vereinigung zwischen beiden möglich, es würden denn die Römisch-katholischen protestantisch, oder die Protestantischen römisch-katholisch.« Denn die einen folgten Papst und Tradition, die anderen Vernunft und Heiliger Schrift. Das habe der gegenwärtige Papst mit seinem Protest gegen die Religionsfreiheit der Protestanten anläßlich des Wiener Kongresses erneut bewiesen. »Nur wenn die katholische Kirche keine *römische* mehr wäre, d. h. *keinen Papst mehr hätte*, könnte man vernünftiger Weise an eine Vereinigung beider Theile denken« (KARL GOTTLIEB BRETSCHNEIDER, Luther an unsere Zeit, oder Worte Luthers, welche von unserm Zeitalter besonders beherzigt zu werden verdienen. Aus dessen sämmtlichen Werken zusammengestellt, Erfurt 1817, 151, Anm.*, Hervorhebung im Original). Dagegen bietet der anonyme Verfasser der Schrift *Mahnung der Zeit an die protestantische Kirche bei der Wiederkehr ihres Jubelfestes. Nebst einer Nachschrift an die katholische Kirche und deren Oberhaupt. Für Kleriker und Laien von einem Laien* [= W. Franz Krug], Germanien 1817, dem amtierenden Papst angesichts des bevorstehenden Jubiläums die Hand zur Versöhnung und fordert ihn auf, eingedenk eigener früher geäußerter Sympathien für die bürgerlichen Freiheiten mit den Protestanten in den »heiligen Bund« aller christlichen Völker in ihren konfessionellen Unterschieden einzutreten. Dann seien diese bereit, ihn »als einen christlichen Hirten der christlichen Gemeine« anzuerkennen (Nachschrift).

[231] Vgl. den Ausruf eines Katholiken im Jahr 1816: »Wie sehr hat sich unsere Theologie seit 1564 [dem Jahr nach dem Tridentinum] gereinigt!« (in: JThKR VI/2, 1830, 265; zit. bei MAY [s. Anm. 194], 12). Vgl. auch die Zeugnisse aus Sachsen (siehe oben Anm. 196).

und beleidigend«[232] und reagierten mit entsprechenden Urteilen, wie ein Kaplan in Friedrichshafen, für den das »Christentum keiner Reformation [bedurfte]« und der bestritt, daß »Luther ein Christ geblieben« sei, andernfalls hätte man Katholiken nicht »in der Sclaverey Schmachtende und Irrende genannt«[233].

In dieser Reaktion klingt schon die grundsätzliche Absage an, die hier und da in römisch-katholischen Stellungnahmen zum Jubelfest auch zu lesen und vermutlich zu hören war, wohl nicht zufällig besonders in Bayern mit seiner alten antiprotestantischen Tradition. Darin wurde die Berechtigung des ganzen Jubiläums infrage gestellt, weil es nichts zu feiern gebe: »Diese Ereigniß dürfte wohl eher zu einem Trauerfeste, als zu einem Jubelfeste geeignet seyn«, schreibt der anonyme Verfasser eines 1817 kurz vor dem Fest erschienenen Traktats und setzt darüber das Motto: »Noli laetari Israel, noli exultare.«[234] Denn die Reformation sei ein einziges Unglück gewesen, sie habe den idealen Zustand der einen Christenheit zerstört: »Millionen Menschen waren durch die Reformation an Herz und Gesinnungen von einander getrennt, welche durch das schöne, ehevor glückliche Band des nämlichen Glaubens und der Liebe brüderlich vereiniget waren.« So habe die evangelische Kirche, die sich nun zu feiern anschicke, auch gar keine Existenzberechtigung, denn was sie von Luther gelernt habe, sei reine Ketzerei. Kurz, statt Feierfreude steigt im »redliche[n] Menschenfreund mit einer Thräne im Auge« eher der Wunsch auf: »O! daß doch nie ein Luther gelebt hätte«![235] Positiv gewendet, aber nicht

---

[232] So der Bericht des oben S. 74 genannten Friedrichshafener Pfarrers (MEDING, Jubel [s. Anm. 200] 147, dort substantivisch: »Ärgerliches und Beleidigendes«).

[233] Aus derselben Quelle, zitiert a.a.O. 148. Zum Kontext, der aufgeheizten Stimmung in Friedrichshafen, vgl. a.a.O. 129–132.

[234] Einige Ansichten der künftigen Jubelfeyer der Protestanten von einem Katholiken, Deutschland 1817 (d.h., die Schrift erscheint – bezeichnend für die Lage angesichts obrigkeitlicher Verpflichtung auf Konfessionsfrieden – nicht nur ohne Verfassernamen, sondern auch ohne genaueren Druckort; nach MICHAHELLES [s. Anm. 21], 30 ist es Straubing nahe Regensburg). Einen Trauer- statt eines Jubeltages empfiehlt auch ein als hessischer Dorfpfarrer auftretender Katholik (Was denken bescheidene Katholiken über das Säkularfest der Reformation. Beantwortet von einem Dorfpfarrer, im September 1817, Frankfurt a. Main, Gedruckt mit Andreäischen Schriften, 4 [zum Verfasser vgl. WOLTER (s. Anm. 195), 173f.]). In einer anderen, wohl aus derselben Feder stammenden, Schrift wird sogar ein regelrechtes Buß- und Trauerprogramm für das Jubiläum entworfen (LOTHAR FRANZ PHILIPP MARX, Vertraute Briefe zweier Katholiken über den Ablaßstreit Dr. Martin Luthers wider Dr. Johann Tetzel bei der dritten Jubelfeier der Lutherischen Reformation geschrieben, Frankfurt a. M. 1817; vgl. WOLTER, 173).

[235] Einige Ansichten (s. Anm. 234), 9.7.27. Es erschienen zwei Gegenschriften aus der Feder zweier evangelischer Regensburger, eines Pfarrers und eines Historikers. Nur Letztere scheint erhalten. Darin führt der Verfasser aus und verweist dazu auch auf römisch-katholische Historiker, daß die Zustände vor der Reformation keineswegs ideal gewesen seien, vielmehr hätten sie zutiefst der Reformation bedurft. Und er gibt die – kaum erfüllbare – Voraussetzung an, unter der allein die Evangelischen mit der Papstkirche eins werden könnten: daß nämlich der Papst eines Tages auch »erleuchtet« sein und ein »rationelles Christenthum« vertreten werde (CARL THEODOR GEMEINER, Einige besondere Umstände aus der Reformationsgeschichte, welche zur Berichtigung der zu Regensburg von einem

weniger dramatisch muntert ein römisch-katholischer Prediger[236] seine Gemeinde angesichts des protestantischen Jubelfestes auf: »O wie so wohl muß es uns thun, so unfehlbar zu wissen, daß unser Weg gewiß der wahre zum Himmel ist«![237] Und der spätere Kölner Erzbischof Droste zu Vischering erwog gar die Möglichkeit eines Gegenfestes der Katholiken, um die eigene 1800jährige Treue zur Lehre der Apostel zu feiern und für die Rückkehr »der getrennten Brüder und Schwestern in den Schooß der liebenden Mutter« zu beten.[238]

Katholiken unter dem Motto: Noli laetari Israel, noli exultare erschienenen, zum wenigsten verbreiteten Ansichten der künftigen Jubelfeyer der Protestanten dienen können, gesammelt und mit eigenen Ansichten erleuchtet, Regensburg 1817). Der Anonymus schrieb eine Erwiderung (Ein paar wichtige und nothwendige Worte zur Berichtigung der Freymüthigen Untersuchung eines Protestanten über die Ansichten der Jubelfeyer der Protestanten von einem Katholiken, zur Bestättigung der gegebene Ansichten. Von ihrem Verfasser, Regensburg 1817), auf die der Historiker wiederum antwortete (Carl Theodor Gemeiner, Geschichtliche Rechtfertigung der am neulichen Jubelfeste von der evangelisch-lutherischen Kirche öffentlich zu Tag gelegten Freude, mit Berücksichtigung der von dem ungenannten Katholiken zu Regensburg neuerdings gesprochenen, und durch den Druck verbreiteten paar wichtigen und nothwendigen Worte. Nebst einer eingestreuten kurzen Erörterung des einzigen ausführbaren, von Luthern selbst vorgeschlagenen Mittels zu einer Religionsvereinigung, Regensburg 1817). Vgl. zum Ganzen Meding, Kirchenverbesserung (s. Anm. 32), 129f. Weitere Schriften gegen das Jubiläum aus anderen Regionen sind genannt bei Wolter (s. Anm. 195), 174, Anm. 31. Nur kurz kann darauf hingewiesen werden, daß es einen entsprechenden literarischen Schlagabtausch zwischen Protestanten und Katholiken auch anläßlich des Reformationsjubiläums 1818 in der Schweiz gab: Sendschreiben an unsre Katholischen Mitbrüder von einem Reformirten, o.O. 1818; Sendschreiben an unsre Protestantischen Mitbrüder von einem Katholiken, als Rückantwort auf das Sendschreiben [...] von einem Reformirten. Bei Anlaß der Reformationsfeier, o.O. 1818 (s. Michahelles [s. Anm. 21], 52). Der auf den ersten Blick antiprotestantische Jubiläumsbeitrag *Wahrhaftiger Bericht vom Zauber-Sabbathe der St. Walpurgis-Nacht des dritten Reformations-Jubel-Jahres, enthaltend: Satan's Reden an die auf dem Blocksberge versammelten Unholde Teutschlands, nebst vielen Parallel-Stellen von Dr. Martin Luther. Brockenhaus 1817* ist vielmehr ein satirisches Plädoyer für ein einiges, freiheitliches Deutschland und für das konfessionelle Luthertum. Denn der Satan, den die Schrift in der Walpurgisnacht 1817 auf dem Blocksberg auftreten läßt, jubelt, daß er vor einem doppelten Sieg stehe: Nachdem die Freiheitskriege eine ihm höchst unliebe Entwicklung Deutschlands in den Bahnen von Einheit und freiheitlicher Verfassung in Aussicht gestellt hätten, habe die Installation des Deutschen Bundes das alles vereitelt. Und nachdem er Luther nicht habe bezwingen können und die ihm »höchst gefährlich[e]« Reformation ebenso wie die dem Reformator treue Orthodoxie habe dulden müssen, bringe das Überhandnehmen der Aufklärung nun auch die protestantische Kirche zur Strecke, was für die römisch-katholische zu seiner Befriedigung längst gelte.

[236] Cölestin Weinzierl, Drey Predigten in der obern Stadtpfarr-Kirche zu St. Emmeran den 1., 2. und 3. Nov. als am Allerheiligen Feste, am 23sten Sonntage nach Pfingsten, und am Allerseelen-Tage gehalten, Regensburg 1817.

[237] A.a.O. 9. Im Druck beschließt den Satz versehentlich ein Fragezeichen, worin Meding wenig überzeugend nicht einen Druckfehler, sondern einen höheren geistlichen Sinn zu sehen anregt (Meding, Kirchenverbesserung [s. Anm. 32], 131). Der Tendenz zur Stärkung des eigenen Selbstbewußtseins entspricht es, daß Weinzierl im Unterschied zu dem Regensburger Anonymus nicht ansteht, die Reformbedürftigkeit der Kirche des 16. Jahrhunderts zuzugeben – doch die Kirche habe in der Tugend ihrer Heiligen auch in dieser Zeit fortbestanden (Weinzierl [s. Anm. 236], 8).

[238] Clemens August Freiherr Droste zu Vischering, Über die Religionsfreyheit der Katholiken bey Gelegenheit der von den Protestanten in dem laufenden Jahre zu begehen-

Ein gemischter Befund also 1817, und ebenso steht es im Jubiläumsjahr 1830[239]: einerseits an vielen Orten rege Festbeteiligung von Katholiken, wie sie das aus diesem Jahr stammende Zitat vom Beginn dieses Abschnitts zeigt, andererseits hier und da massive Ablehnung[240]. Ganz anders aber 1883: Zu diesem Jubiläum lesen wir nichts von einer Beteiligung römisch-katholischer Bürger am Fest – sie standen vielmehr »theilnahmslos oder grollend abseits«, wie Heinrich von Treitschke in seinem Jubiläumsvortrag bemerkt.[241] Das Fest und sein Gegenstand wurden rundherum abgelehnt,[242] allenthalben waren Stimmen zu hören, die den Protestanten statt des Jubiläums einen »Tag des Schmerzes« oder »der Trauer«, ja, einen »Sühnetag« empfahlen; sie sollten »feierliche[...] Abbitte all jener Frevel« leisten, welche infolge der Reformation seither »dem Heilande in seiner Lehre, in seinem Opfer, in seinem Sakramente, in seinem Priestertum, in seiner Kirche, in seinem Statthalter, dem römischen Papste, angetan« würden,[243] und »zur ernstesten Revision des ganzen Reformationswerkes« schreiten.[244] Katholiken könnten in dem »Abfall von der Kirche«, den die Reformation darstelle, nichts Positives, sondern nur eine »*Zulassung* Gottes« und »Strafruthe« sehen.[245] Kam eine Teilnahme an den Jubiläumsfeiern unter diesen Umständen für sie keinesfalls in Frage,[246] so sollten sie nach einem Vorschlag des Bonifatiusvereins das Festdatum als einen »Tag allgemeiner großartiger Fürbitte für die irrenden Brüder, die Pro-

---

den Jubelfeier. Im Oktober 1817, Münster 1817, 1f.: »[W]as wäre natürlicher, als daß auch wir Katholiken bey dieser Gelegenheit ein allgemeines Fest hielten, jubelnd und Gott dankend, daß wir in diesem Jahre 1817 noch glauben, was jene glaubten, welche im Jahre 33 einhellig in der Lehre der Apostel verharrten, und den göttlichen Stifter der Kirche mit Sehnsucht der Liebe bittend, die von unserer Kirche getrennten Brüder und Schwestern in den Schooß der liebenden Mutter zurückführen!« (vgl. unten, Anm. 259).

[239] Das gilt im Übrigen auch für die regionalen Reformationsjubiläen von 1839.

[240] So mußte man sich wieder, insbesondere in Bayern, mit dem Argument auseinandersetzen, das Jubiläum sei illegitim (vgl. LAUBE, Fest [s. Anm. 7], 82f.).

[241] TREITSCHKE (s. Anm. 162), 378.

[242] In der römisch-katholischen Presse gab es auch die Forderung, die Jubiläumsfeiern, wenn sie denn schon stattfänden, innerhalb der Kirchenmauern und nicht als öffentliche Feste abzuhalten – was die AELKZ mit der Bemerkung kommentierte, das sei ein »eigenthümliches Verlangen von jener Kirche, die so gern [...] ihre Gottesdienste auf die Straßen trägt« (AELKZ 16, 1883, 1124). Solche Forderungen gab es auch in der liberalen Presse, um nach den Erfahrungen des Kulturkampfes den gesellschaftlichen Frieden nicht durch der katholischen Seite anstößige öffentliche Feiern erneut zu gefährden – so der Bericht der AELKZ im Blick auf die »Schlesische Zeitung« (a.a.O. 459) –, was mit dem Argument zurückgewiesen wurde, daß die evangelische Kirche, wenn sie aus Rücksicht auf die katholischen Mitbürger nicht öffentlich feiern dürfte, »ihnen zu Gefallen« auch auf andere »öffentliche Lebenszeichen unseres evangelischen Christenthums« wie Glocken und kirchliche Schulen verzichten müßte (vgl. a.a.O. Sp. 459f.).

[243] Vgl. die Zusammenstellung solcher Stimmen in AELKZ 16, 1883, Sp. 1090; weitere Beispiele bei LAUBE, Fest (s. Anm. 7), 343.

[244] So ANTON WESTERMAYER, Luthers Werk im Jahre 1883 oder Der heutige Protestantismus in seinem Verhältnis zum Katholicismus und Christenthum. Ein Wort zur Selbstprüfung bei der Feier des 400jährigen Geburtstages Martin Luthers, Mainz 1883, 41.

[245] A.a.O. 12 (Hervorhebung im Original).

[246] So ausdrücklich ibd.

testanten«, begehen, die »in Gefahr schwebten, Glauben und Tugend, Heil und Seligkeit zu verlieren«.[247] Nicht freundlicher war die Stimmung beim nächsten Jubiläum dreizehn Jahre später, beim 350. Todestag Luthers 1896, wo sich dieselbe Ablehnung Luft machte: »Die katholische Tagespresse hetzte gegen seine Kirchenlehre, seine Person wurde verunglimpft, die historisch falsche These vom Selbstmord Luthers wieder kolportiert.«[248]

Wenn die Katholiken »theilnahmslos oder grollend abseits« standen, dann war das nicht erstaunlich. Der Kulturkampf, der 1883 noch nicht endgültig beigelegt war, gab, so schien es, denen Recht, die schon immer auf unüberbrückbare Gegensätze zwischen den Konfessionen hingewiesen hatten. Die protestantische Überhöhung des neuen, nationalen Kaiserreiches im Zeichen des »deutschen Luther«, die von weiten Kreisen des Bürgertums und der wissenschaftlichen Elite, darunter Treitschke, betrieben wurde,[249] drängte die Katholiken ins Abseits.[250] Bei dem einen oder anderen unter ihnen kam freilich doch die Frage auf, »ob auch außer der evangelischen Kirchengemeinschaft stehende deutsche Mitbürger unbefangen und unbeschadet ihres Gewissens sich an einer volkstümlichen Feier des Luthertages beteiligen könnten«.[251] Diese Frage wurde an Ignaz Döllinger gerichtet, und der Münchner Kirchenhistoriker antwortete, ganz abgesehen von der Reformation seien »Luthers Leistungen für Sprache, Literatur, Gesang, Schulwesen und anderes groß und bleibend genug, um alle Deutschen zu unsterblichem Dank gegen ihn zu verpflichten«, so daß man auch unabhängig von der Kirchenzugehörigkeit »sehr wohl an einer seinem Geburtstag zu widmenden Ehrenbezeigung sich beteiligen« könne.[252] Diese Einschätzung des – seit Jahren exkom-

[247] AELKZ 16, 1883, 1090.

[248] Laube, Brüche (s. Anm. 2), 326f. (hier irrtümlich »hetzten«). Ähnlich heftige Auseinandersetzungen hatte es 1894 auch über das Gustav-Adolf-Jubiläum gegeben (vgl. a.a.O. 326; Ders., Fest [s. Anm. 7], 369f.).

[249] Die Regierung verhielt sich aus Rücksicht auf die römisch-katholischen Bürger dieser Überhöhung gegenüber eher zurückhaltend, wenn nicht sogar bremsend. Vgl. Laube, Brüche (s. Anm. 2), 324: »Der preußische Staat, der nach dem gerade mühsam befriedeten Kulturkampf auf die Katholiken besondere Rücksicht nehmen wollte, war stets darauf bedacht, die Identifikation mit dem Luthertum nicht zu übertreiben.« S. auch oben S. 42f.

[250] Diese Gefahr sieht ein Theologe wie der Breslauer Professor Schmidt dadurch gebannt, daß »wir hoffen dürfen, daß eine Mehrzahl deutscher Katholiken die Nothwendigkeit und die Heilsamkeit der Reformation auch für ihre eigene Kirche erkannt [!] und die Lutherfeier verständlich findet«. Andernfalls wäre tatsächlich »der konfessionelle Friede unhaltbar« (AELKZ 16, 1883, 460). Schmidt hätte – wie gezeigt – in der ersten Hälfte des Jahrhunderts etliche Beispiele für diese Einschätzung der Reformation durch Katholiken anführen können, und er nennt auch eines aus dem Jahr 1830, nämlich die Teilnahme der Tübinger Katholisch-Theologischen Fakultät, die damals »in corpore [...] im evangelisch-theologischen Seminar erschien« und die evangelischen Kollegen »mit einem eigenen Programm begrüßte« (ibd.). Doch für seine Zeit hätte er wohl kaum Belege finden können.

[251] So eine Anfrage aus Bremen an Ignaz Döllinger, die die »Weser-Zeitung« vom 3.11. 1883 samt der Antwort Döllingers referiert (aufgenommen in AELKZ 16, 1883, Sp. 1090, zit. bei Düfel [s. Anm. 50], 77).

[252] Vgl. Döllingers im Vorfeld des Jubiläums 1882 vor der Bayrischen Akademie der Wis-

munizierten – Theologen fand jedenfalls zu seiner Zeit im deutschen Katholizismus keinen Widerhall. Hier war es Bonifatius oder, wie man jetzt gern sagte, Winfried, der zur historischen Nationalfigur aufgebaut wurde und den Katholiken die Identifikation mit dem Reich erlaubte, in dem sie lebten – ein »Mann von echter deutscher Art«, »rein, treu, gerade und wahr« und Deutschland liebend wie kein Zweiter, wie es 1905 bei seinem 1150. Jubiläum hieß.[253]

Im Jubiläumsjahr 1917 haben die Katholiken »eine würdige Zurückhaltung beobachtet« und »ohne Gegenschriften über Luther im Interesse des Friedens zur Kriegszeit geschwiegen«, stellte rückblickend der als kritischer Lutherforscher bekanntgewordene Jesuit Hartmann Grisar fest.[254] Der Satz trifft zu,[255] und er bringt zugleich zum Ausdruck, daß man unter anderen Umständen sehr wohl gesprochen oder geschrieben hätte und vor allem den »angehäuften Lutherschriften«, durch die »die Jubelfeier [...] den Damm zwischen den getrennten Brüdern und uns gewaltig erhöht« habe,[256] entgegen-

---

senschaften gehaltene Rede, worin er feststellt, daß es für ihn selbst ein langer Weg gewesen sei, zu dieser Einschätzung Luthers zu kommen: »Für mich, ich muß es bekennen, ist eine lange Zeit meines Lebens hindurch das, was in Deutschland von 1517 bis 1552 sich begeben, ein unverstandenes Rätsel gewesen, und zugleich ein Gegentand der Trauer und des Schmerzes; ich sah nur das Ergebnis der Trennung [...]. Seit ich die Geschichte Roms und Deutschlands im Mittelalter genauer erforscht und betrachtet habe, und seit die Ereignisse der letzten Jahre das Ergebniß meines Forschens so eindrücklich mir bestätigt haben, glaube ich auch das, was mir vorher rätselhaft war, zu verstehen, und bete die Wege der Vorsehung an, in deren allwaltender Hand die deutsche Nation ein Werkzeug, ein Gefäß im Hause Gottes, und kein unedles geworden ist« (Ignaz von Döllinger, Die Beziehungen der Stadt Rom zu Deuschland im Mittelalter, in: Ders., Akademische Vorträge, Bd. 1, München 1888, 56–77, hier: 76f.). Zu Döllingers hier anklingender früherer Einschätzung der Reformation vgl. Stefan Leonhardt, »Zwei schlechthin unausgleichbare Auffassungen des Mittelpunktes der christlichen Religion«. Ignaz Döllingers Auseinandersetzung mit der Reformation, ihrer Lehre und deren Folgen in seiner ersten Schaffensperiode, Göttingen 2004.

[253] Laube, Brüche (s. Anm. 2), 308f. Bonifatius' Grab galt als »nationales Heiligtum des deutschen Volkes« (a.a.O. 309). Zur Konkurrenz, die bis in die Wortwahl hinein zwischen den beiden nationalen Identifikationsfiguren aufgemacht wurde, siehe aus demselben Jahr Oskar Schäfer, Bonifatius und Luther. Ein zeitgenössischer Vergleich, Leipzig 1905. Vgl. damit die Perspektive zu Beginn des 19. Jahrhunderts (siehe oben Anm. 215). – Der nationalen Deutung des »Apostels der Deutschen« korrespondierte die Stilisierung Gustav Adolfs, des Namensgebers des Gustav-Adolf-Vereins, der Konkurrenzorganisation des Bonifatiusvereins, zum Inbegriff des deutsche Interessen verratenden Ausländers, der auf Kosten Deutschlands mit den Franzosen paktiert habe – womit der Schwarze Peter der nationalen Illoyalität bei den den schwedischen König verehrenden Protestanten saß (vgl. Laube, Brüche [s. Anm. 2], 309f.; Ders., Fest [s. Anm. 7], 355). Neben Bonifatius wurde auch der heilige Ulrich zur nationalen Identifikationsfigur aufgebaut (a.a.O. 355).

[254] Hartmann Grisar, Die Literatur des Lutherjubiläums 1917, ein Bild des heutigen Protestantismus (in: ZKTh 42, 1918, 591–628.785–814), 810. Zu Grisar vgl. Jos Vercruysse, Katholische Lutherforschung im 20. Jahrhundert (in: Lutherforschung im 20. Jahrhundert. Rückblick – Bilanz – Ausblick, hg. v. Rainer Vinke, Göttingen 2004, 191–212), 195–200.

[255] Eine Schrift wie ein aus römisch-katholischer Feder stammendes, im Heer verteiltes und beschlagnahmtes Pamphlet, das »unter anderem den Weltkrieg auf das Schuldkonto der Lutherischen Reformation setzen« wollte, war die Ausnahme (in: CCW 27, 1917, 364).

[256] Grisar, Literatur (s. Anm. 254), 627. Grisar stellte dazu mit einiger Erbitterung fest,

getreten wäre – Grisar selbst holte das nach dem Krieg in ausgiebigen Attacken nach, die zeigen, daß man sich während des Jubiläums insbesondere an dem »deutschen Luther« stieß[257] und andere evangelische Stimmen kaum zur Kenntnis nahm.[258] Freundlicher im Ton, aber umso schärfer in der Sache nahm die Linzer *Theologisch-Praktische Quartalschrift* die Erwägung einer eigenen Gegenfeier auf, die Droste-Vischering 1817 angestellt hatte.[259] Dennoch war die Stimmung eine andere als 1883 und 1896. Es wird nun wieder, wenn auch nicht so häufig wie in der ersten Hälfte des 19. Jahrhunderts, von der Anwesenheit von Katholiken bei den evangelischen Feiern berichtet.[260]

---

wieviel Papier für diese Literatur trotz der angespannten Kriegslage zur Verfügung gestanden habe, und beklagte sich über die Verbreitung von Jubiläumsschriften an der Front, von der auch »unsere katholischen Leute« nicht verschont blieben (a.a.O. 808).

[257] Zu diesem Punkt gab es hier und da auch schon zum Jubiläum selbst Protest, so in der *Kölnischen Volkszeitung*, die im Beitrag *Das Reformationsjubiläum und das deutsche Volk* »nicht herausfordernd, nicht verletzend und schmähend«, aber entschieden feststellte, »daß die Begriffe Deutschtum und Protestantismus einander nicht decken« (zit. bei Maron [s. Anm. 55], 212).

[258] Neben dem oben genannten, noch während des Krieges verfaßten Artikel (s. Anm. 254) siehe vor allem die Schriften: Grisar, Luther zu Worms (s. Anm. 8); Ders., Der deutsche Luther im Weltkrieg und in der Gegenwart, Augsburg 1924. Zu Grisars Kritik, die ebenso scharfsichtig fragwürdige Aussagen und Phänomene benannte wie einseitig andere Stimmen nicht zur Kenntnis nahm, vgl. Maron (s. Anm. 55), 210–212.

[259] Berichtet in CCW 27, 1917, 303: »Die Linzer ›Theologisch-praktische Quartalschrift‹ S. 618 u. 619 macht nach Mitteilung der Wiener ›Reichspost‹ vom 18. Juli folgenden Vorschlag für eine *katholische Lutherfeier*: Am 31. Oktober 1917 sind es 400 Jahre, daß Luther durch seinen Thesenanschlag den nächsten Anlaß zur Glaubensspaltung in Deutschland gegeben hat. Daß dieser Tag von den Anhängern Luthers gefeiert werden wird, steht zu erwarten. Es dürfte sich auch für die Katholiken deutscher Zunge eine Feier dieses Tages empfehlen. Wie das geschehen könnte, möge derjenige sagen, dem die deutsche Kirche an erster Stelle den Aufschwung verdankt, den sie im 19. Jahrhundert genommen hat, der Bekenner-Erzbischof von Köln, Clemens August zu Droste-Vischering. ›Was wäre natürlicher‹ sagt er in einer 1817 herausgegebenen Schrift ›als daß auch wir Katholiken ... ein allgemeines Fest hielten, daß wir im Jahre 1817 – jetzt 1917 – noch glauben was jene glaubten‹ [...]« (weiter wie oben, Anm. 238; Hervorhebung entsprechend dem Original).

[260] Vgl. Maron (s. Anm. 55), 212. Ein nobles Zeugnis freundschaftlicher Gesinnung einerseits und klarer Grenzziehung andererseits ist der Beitrag, den der römisch-katholische Pfarrer, Schriftsteller und Literaturkritiker Johannes Mumbauer auf Bitten des Herausgebers zu dem ganz dem Zentenar gewidmeten Jubiläumsheft der Zeitschrift *Deutscher Wille / Kunstwart* beisteuerte (Johannes Mumbauer, Ein Katholik an die Protestanten, in: Deutscher Wille / Kunstwart 31, 1917, 100–104). Mumbauer schreibt, er tue hiermit etwas, »was nicht viele unter meinen Konfessionsgenossen tun würden«, denn es handle sich um einen »delikaten, viele Wunden berührenden Gegenstand«. Dann unterscheidet er zwischen seiner Haltung zur Reformation als historischem Ereignis und der zu den gegenwärtigen Protestanten. Für erstere gelte, daß »jeder wirklich katholisch[e]« Katholik sagen müsse: »Wir *können* uns der Reformation nicht freuen«, auch wenn mancher Nutzen auch für die römisch-katholische Kirche nicht abzustreiten und Luthers »religiöses Genie« anzuerkennen sei (a.a.O. 100). Die Ablehnung sei »unser objektives Urteil«, und deshalb solle man es den Katholiken nicht übelnehmen, daß sie nicht mitfeierten. »Die Dinge, die sind, *sind* eben« (a.a.O. 101). Was die Haltung zu den gegenwärtigen Protestanten betreffe, sehe sie ganz anders aus. Hier gelte: Wir »schulden [...] uns [...] Liebe«. Die Verbesserung der Beziehungen zeige sich, bei aller Unüberbrückbarkeit der theologischen Gegensätze, in der »viel vorurteilsfreier, verträglicher, viel liebevoller« gewordenen wechselseitigen Einschätzung

Und ein römisch-katholischer Beobachter zog für das Jubiläum das erstaunliche, im Gegensatz zu Grisars Diagnose stehende Fazit: »Das vierte Reformationsjubiläum bringt [...] eine gewaltige Entspannung des Kampfes, soweit der Gegensatz zur katholischen Kirche in Betracht kommt.«[261] Dieser Beobachter war Franz Xaver Kiefl, der mit seinem berühmten Jubiläumsaufsatz *Martin Luthers religiöse Psyche*[262] in demselben Jahr, in dem auf evangelischer Seite gegen alle sachfremden Übermalungen der theologische Charakter von Luthers Wirken und der Reformation mit Nachdruck geltend gemacht wurde, auch auf römisch-katholischer eine solche Sicht anbahnte: die Wahrnehmung, daß das Religiöse bei Luther »den unzweideutigen Primat« hat[263]. Von hier aus konnte Kiefl, wiewohl Luther gegenüber durchaus kritisch, dem Reformator eine providentielle Rolle für die römisch-katholische Kirche zugestehen: Er sei »das mächtige Werkzeug« der Vorsehung bei der Reinigung dieser Kirche gewesen.[264]

---

von Protestanten und Katholiken. Dafür ist nach Mumbauer der beste Beleg, daß »das ganze katholische Deutschland der Reformationsfeier ohne Nervosität und Verärgerung zusieht.« »Wenn so viele unserer Volksgenossen in dem Reformationswerk hohe und teure Güter erblicken, dann müssen wir dieser geschichtlichen Gegebenheit Rechnung tragen und wünschen, daß sie dabei ihre religiöse Befriedigung und ihr inneres Glück finden.« Auch den einen oder anderen »gewagten Ausdruck«, der aus dem Feierüberschwang hervorgehe, werde man nicht übel nehmen – man finde »ja auch auf katholischer Seite Entgleisungen, und der Takt hat an sich mit der Konfession nichts zu tun« (a.a.O. 101). Allerdings gibt es eine Grenze, die Mumbauer mit großer Bestimmtheit zieht, und das ist die Ablehnung der Identifikation von Protestantismus und Deutschtum: »Man unterlasse es endlich [...], Luther als *die* Verkörperung des deutschen Wesens hinzustellen, die ›Güter der Reformation‹ als *die* Errungenschaften des Deutschtums zu bezeichnen, das Bekenntnis zur Reformation ›*die* deutsche Religion‹ zu nennen.« Denn damit werde ein großer Teil der Deutschen »nicht als integrierendes Element des Gesamt-Deutschtums [anerkannt]« – eine Einschätzung, deren Absurdität sich spätestens im Weltkrieg erwiesen habe (a.a.O. 102; Hervorhebungen im Original). – Zu demselben Heft trägt auch Peter Rosegger einen kurzen Artikel *Kirchlicher Friede!* bei (a.a.O. 104f.). Mit dem terminologischen Rückgriff auf eine Institution des Mittelalters stellt er fest, der Krieg habe den »Gottesfrieden zwischen unseren Kirchen« gebracht, wie man im Feld und in der Heimat sehen könne. Und er schließt die beschwörende Frage an: »Nicht wahr, das wird so bleiben auch im künftigen Frieden?« (a.a.O. 104).

261 Franz Xaver Kiefl, Martin Luthers religiöse Psyche. Zum 400jährigen Reformationsjubiläum (in: Hochland 15, 1917/18, Heft 1, 7–28), 25. Kiefl gibt als Gründe einmal den gemeinsam geführten Krieg und zum anderen die innertheologische Entwicklung im Protestantismus an, die zwar einerseits zu krisenhaften Phänomenen, andererseits aber zu gerechteren historischen wie theologischen Urteilen gegenüber dem Katholizismus geführt habe, denen auf römisch-katholischer Seite neuerdings eine gerechtere Betrachtung Luthers entspreche (vgl. a.a.O. 25f.). Dies im Gegensatz zu dem Fazit seines Konfessionsgenossen Grisar, der schrieb: »Die Jubelfeier hat durch die aufgehäuften Lutherschriften den Damm zwischen den getrennten Brüdern und uns gewaltig erhöht« (s. oben bei Anm. 256).

262 S. Anm. 261. Zu Kiefl vgl. Bornkamm (s. Anm. 105), 183–185, mit dem zusammenfassenden Urteil: »Kiefls vornehmer Aufsatz war der Entwurf zu dem neuen Lutherbilde, das einige Zeit später in der deutschen katholischen Theologie gezeichnet wurde« (a.a.O. 184).

263 Maron (s. Anm. 55), 213.

264 »[D]ie Vorsehung [hat] durch ihn die Kirche in ihrem innersten Wesen gereinigt von den verführerischen Reizen der Renaissancekultur und hat durch diese bittere Arznei neues, junges Leben im ganzen Organismus der Kirche entzündet. Luther war das mächtige Werkzeug in diesem Reinigungswerke« (Kiefl [s. Anm. 261], 9).

2.2. *Die jüdischen Mitbürger*

»Auch dir, ehemals verfolgter Jude – half Luthers Reformation; – sie kam der ganzen Welt zugute – zum Segen *jeder* Religion.« So dichtete ein thüringischer Jude anläßlich des Jubiläums von 1830 oder 1817, allerdings in hebräischer Sprache, und fügte eine kräftige Gabe zur Festkollekte bei.[265] Sein Vers nennt das Motiv, das Juden 1817, 1830 und ebenso 1839 zu einer bewussten Beteiligung an den Feiern der Reformationsjubiläen bewog: die Überzeugung, daß mit Luther, mit der Reformation die Aufklärung begonnen habe, von der man Toleranz, Gleichberechtigung und Emanzipation auch für die eigene Religion erwartete. Engagierter Verfechter dieser Sicht war der Berliner Buchhändler und Publizist Saul Ascher (1767–1822).[266] Der jüdische Kantianer und Wegbereiter des Reformjudentums, der nichts geringeres anstrebte als eine »Reformation« des Judentums,[267] verteidigte, indem er Luther und die durch ihn ausgelöste christliche Reformation pries, zugleich sein Plädoyer für eine Befreiung und Erneuerung der eigenen Religion. Dem entsprach, wo Ascher den Protestantismus, der für seine emanzipatorischen Anliegen stand, repräsentiert sah: in der »schönen Richtung« der »christliche[n] Religiosität«, die von Leuten wie Spalding und Teller vertreten werde.[268]

Daß Ascher gerade zum Jubiläum von 1817 Luther als Wegbereiter von Aufklärung und Emanzipation herausstellte, war veranlaßt durch das burschenschaftliche Wartburgfest dieses Jahres, genauer, durch die am Ende des Festes veranstaltete Bücherverbrennung. In den Flammen ging auch eine Schrift aus seiner Feder auf, die *Germanomanie*.[269] In dieser Schrift hatte er

---

[265] Galley (s. Anm. 46), 98 (Hervorhebung entsprechend der Vorlage, hier auf 1830 datiert); Arndt (s. Anm. 9), 29 datiert den Vorfall auf 1817. – Unter den unzähligen Kleinschriften zum Jubiläum von 1817, die die Berliner Staatsbibliothek besitzt, findet sich ein in Breslau gedrucktes hebräisches Reformationsgedicht eines nur mit dem Kürzel F. ausgewiesenen Autors samt deutscher Übersetzung (Signatur Cn 21023–11), das von Friedrich Wilken als »Hebräische Ode auf das Reformationsjubiläum von 1817 von H. J. Friedländer« bezeichnet wird (Index librorum [s. Anm. 21], 12): Dem Reformations-Jubelfeste geweiht. Breslau den 31. October 1817 (siehe S. 86). Während dieses Gedicht auf den ersten Blick in den hier behandelten Zusammenhang der Beteiligung von Juden an den Reformationsjubiläen zu gehören scheint, führt die genauere Betrachtung zu dem Schluß, daß es sich um das Gedicht eines Konvertiten handelt (siehe auch: Dorothea Wendebourg: Jüdisches Luthergedenken, in: Mazel tov – Studien zum Verhältnis von Christentum und Judentum. Festschrift anläßlich des 50. Geburtstages des Instituts Kirche und Judentum, hg. von Tanja Pilger u. Markus Witte, Leipzig 2012, 195–213). Dafür sprechen der viertletzte Satz mit seiner Rede vom Messias sowie die inhaltliche Kennzeichnung der Reformation in der ersten Hälfte des Gedichtes. Juden, die die Reformation würdigten, pflegten solche kirchengeschichtlichen Punkte nicht anzuführen, sondern die Bedeutung der Reformation und zumal Luthers für die Gewissensfreiheit, die Ausbildung der Aufklärung u.ä., daneben allenfalls Luthers Bibelübersetzung hervorzuheben.

[266] Zu ihm vgl. Christoph Schulte, Die jüdische Aufklärung. Philosophie, Religion, Geschichte, München 2002, 184–198 (Kap. VIII).

[267] Saul Ascher, Leviathan, oder Ueber Religion in Rücksicht des Judenthums, Berlin 1792, 212f.219.228f.241.

[268] Saul Ascher, Die Germanomanie. Skizze zu einem Zeitgemälde, Berlin 1815, 18.

[269] S. Anm. 268.

ליום מועד יובל השלישי	*Dem Reformations-Jubelfeste geweiht.*
תחדש בו רוח נכונה	*Breslau den 31. October 1817.*
הן ישמך ולזכרך	*Angenehm ist, o Luther, Johannes'*
תאוה נפש בן	*Sohn! das Angedenken Deiner*
לוטאר בן יוחנן!	*und Deines Namens.*
גדל יתר מאר יום זה	*Groß und ausgezeichnet ist dieser Tag.*
בו גלית לעם תעי דרך	*An diesem zeig[t]est du,*
	wohlerwägend und einsichtsvoll
את תורת האדם כמגלת ספר	*die bessere Lehre in einem*
במעצות ודעת	*öffentlichen Blatte, den Menschen an.*
הרעים הזרים כרה דברו טפלו שקר	*Die übermüthigen Hirten gaben*
	Abfall an,
מהבילי העם ההלכים בחשך	*erdichteten Lügen, verführten das*
האמרים במחיר ככף כי ישעלו	*unwissende Volk durch Aberglauben.*
	Versprachen ihm, den
	Sünden belasteten,
כפר לנפש לעם כבד עון	*für Geld Vergebung.*
הזאת משפט הרעים את עדרו	*Ist dieses der Hirten Weise*
	mit ihren Heerden; konnte
הירצה אלהים?	*dies Gott gefällig seyn?*
ראה חכם יודע ספר	*Der Weise, der Schriftgelehrte,*
איש מהיר במלאכתו	*einzig in seinem Unternehmen,*
כי ברע היא	*sah diesen übeln Zustand wohl ein.*
שם על לב נלאה נשא	*Er nahm sich dessen an,*
	er war ihm länger unerträglich.
אז לבשה רוח את איש תמים	*Dieser fromme Mann,*
תורת אלהיו בלבו	*dessen Sinn für die*
דרך בעקבות משיחו לשובב אליו	*göttliche Lehre war,*
את עם תעי דרך	*trat in die Fußstapfen des Messias,*
להבת המדורה חרב הוחדה	*zu ihm das verirrte Volk*
	wieder zurück zu führen.
לא כהו רוחו	*Kein Scheiterhaufen,*
מערכי לבו ניבו שפתיו	*kein geschärftes Beil,*
על נכון היום	*vermochte seinen Muth*
	wankend zu machen.
לפני מלכים פחות אבירי הרעים	*Stellte sich vor Könige, Fürsten*
	und Geistliche
התיצב בל עצב עמו לחות דעת	*unerschrocken hin,*
	seine Einsicht anzugeben.
אשרך! בצעת מלאכתך ותוכל	*Seine Lippen sprachen da,*
	am anberaumten Tage
ויש שכר לפעולתך.	*die Fülle seines Herzens aus.*

»Hebräische Ode auf das Reformationsjubiläum von 1817 von H. J. Friedländer [?]« (s. Anm. 265).

sich leidenschaftlich mit der Deutschtumsideologie auseinandergesetzt, die von Männern wie Fichte, Ernst Moritz Arndt und Turnvater Jahn[270] während französischer Besetzung und Befreiungskriegen vorgetragen und mit kräftigen antijüdischen Invektiven verbunden worden war.[271] Seinen besonderen Spott hatte die religiöse Verbrämung herausgefordert, in der hier protestantisches »Christentum und Deutschtum [...] in eines verschmolzen« waren.[272] Ein solches »deutsches Christentum« sei nichts Geringeres als die Abkehr des Protestantismus von seinem eigenen Geist[273].

Die Nachricht von der Verbrennung der *Germanomanie* gab Ascher Anlaß, diese Gedanken 1818 in einer neuen Schrift mit dem Titel »Die Wartburgs-Feier. Mit Hinsicht auf Deutschlands religiöse und politische Stimmung« zu vertiefen und zur Deutung Luthers und der Reformation zuzuspitzen.[274] Der ganze Traktat ist darauf gerichtet, den Anspruch der Wartburgfeier zu widerlegen, eine Feier des Reformators zu sein. »Nicht *Luthers* [...] Geist schwebt über diese seine Verehrer [...]. *Luthers* Name ward bloß bei der Einladungskarte zu diesem Feste gebraucht.«[275] Auch das »Autodafé«[276] am Ende der Feier lege zu Unrecht die Erinnerung an die Verbrennung der päpstlichen Bulle vor dem Wittenberger Elstertor nahe, »eine der bedeutendsten Scenen aus dem Leben des großen Reformators«. Denn: »[W]as opferte *Luther* dem Scheiterhaufen und was sie?« Die Wartburgfestgemeinde habe die »Germanomanie« ins Feuer geworfen, weil darin behauptet wird, »daß das Christenthum keine deutsche Religion sei«.[277] Damit hat sie in Aschers Augen aus dieser Religion eine irrationale Partikularideologie gemacht. Luther hingegen habe, ein Dokument verbrennend, das dazu diente, »Vernunft und Freiheit unter dem Drucke der Hierarchie schmachten zu lassen«, »die Morgenröthe eines freien Glaubens hervorbrechen« lassen, die allen Menschen gilt.[278] Weil Luther »mit Aufopferung seines zeitlichen Heils«[279] einen solchen allgemeinen, freien und vernunftgemäßen Glauben vertreten habe und die neue Idee eines »deutschen Christenthums« oder »christlichen Deutschthums«[280]

---

[270] Ascher, Germanomanie (s. Anm. 268), 16.19.25. Daneben nennt Ascher auch Schelling, Friedrich Schlegel und Tieck (vgl. a.a.O. 4) und meint die gesamte Romantik (vgl. Peter Hacks, Ascher gegen Jahn. Ein Freiheitskrieg, Berlin 1991, 36–43).

[271] Zu dieser Auseinandersetzung: Marco Puschner, Antisemitismus im Kontext der Politischen Romantik. Konstruktionen des »Deutschen« und des »Jüdischen« bei Arnim, Brentano und Saul Ascher, Tübingen 2008.

[272] Ascher, Germanomanie (s. Anm. 268), 13.

[273] A.a.O. 18.

[274] Saul Ascher, Die Wartburgs-Feier. Mit Hinsicht auf Deutschlands religiöse und politische Stimmung, Leipzig 1818.

[275] A.a.O. 33 (Hervorhebungen hier – und in den folgenden Ascher-Zitaten – entsprechend dem Original).

[276] A.a.O. 31.

[277] A.a.O. 33f.

[278] A.a.O. 34.

[279] A.a.O. 5.

[280] A.a.O. 25. S. auch 18. Kehrseite dieser ganz unreformatorischen Deutschtumsideologie

ihm völlig fremd gewesen sei, deshalb gilt nach Ascher: »Luther war ein großer Mann!«[281]

Luther als Symbol und Ausgangspunkt geistiger Freiheit, damit zugleich als Wegbereiter der Judenemanzipation, begegnet bei Juden auch der nächsten Generationen immer wieder.[282] Diese Wahrnehmung des Reformators, die ihn mit Lessing und Moses Mendelssohn zusammenstellt, wird auch das Motiv jüdischer Beteiligung an den Reformationsjubiläen von 1830 und 1839 gewesen sein.[283] Daß Luther, wie Kopernikus, Entdecker und Lehrer zeitenwendender, wenngleich nicht sofort sich umfassend auswirkender Wahrheiten gewesen sei[284], heißt es etwa bei Leopold Zunz, Mitbegründer des *Vereins für Cultur und Wissenschaft der Juden* (1819) und Herausgeber der »Zeitschrift für die Wissenschaft des Judentums« (1823).[285] Als Verfechter von »Humanität und Denkfreiheit« kennzeichnet Sigismund Stern die Reformatoren.[286]

---

sei der Antijudaismus (a.a.O. 25). Dabei wendet sich Ascher, wie bereits in der *Germanomanie*, gegen die ideologische Hervorhebung jedes Volkes einschließlich des jüdischen: »Sie [sc. die Germanomanen] werden mit den Fichten, Arndten, Müllern etc. in der Hoheit und Vortrefflichkeit ihres Volkes vor jedem ändern [!] ihren Anspruch begründen [...], aber Gründe werden sie ebensowenig für ihre Ansprüche vorbringen können, ebensowenig wie die Franzosen, als sie sich die *große* Nation nannten, und die Juden, wenn sie sich für das auserwählte Volk Gottes achten« (ASCHER, Germanomanie [s. Anm. 268], 6).

[281] ASCHER, Wartburgs-Feier (s. Anm. 274), 4: Oft höre er Menschen im Rückblick auf das vergangene Reformationsjubiläum »begeistert ausrufen: *Luther war ein großer Mann*! – Das war er freilich, denk' ich. Aber verkannt wird jetzt seine wahre Größe, füge ich mir oft selbst hinzu, oder verkannt wird das wahre Mittel, das seine Größe zur Menschenbildung abgeben könnte im protestantischen Deutschland. So war es nicht vormals.« S. auch a.a.O. 5: »Luther war ein großer Mann! denn er wagte es in dem Zeitalter der Hierarchie, mit Aufopferung seines zeitlichen Heils, für die Rechte der Vernunft und die Freiheit des Glaubens den ersten Keim zu verpflanzen in den Geist und das Herz eines bedeutenden Kreises der Menschheit.«

[282] Allerdings nicht ausschließlich, es gab auch lutherkritische Stimmen wie die des – als er dies schrieb, bereits getauften – Ludwig Börne. Zu ihm und anderen Kritikern vgl. CHRISTIAN WIESE, Jüdische Lutherdeutung von der Aufklärung bis zur Schoah (in: Luther zwischen den Kulturen. Zeitgenossenschaft – Weltwirkung, hg. v. Hans Medick u. Peer Schmidt, Göttingen 2004, 215–259), 219–222.236.

[283] Siehe oben Anm. 193–201.

[284] »Das sog. Mittelalter war vergangen, das wirkliche dauerte fort. Die von Luther und Kopernikus entdeckten und gelehrten Wahrheiten waren, als ihre Urheber starben, noch zu jung, um sofort den Unterdrückten helfen zu können.« (LEOPOLD ZUNZ, Die synagogale Poesie des Mittelalters, Bd. 1 [1855], Berlin 1920, 334).

[285] Vgl. auch den ursprünglich mit Zunz im *Verein für Cultur und Wissenschaft der Juden* verbundenen – als er dies sagte, allerdings schon getauften – Heinrich Heine, der seinen Kampf für Meinungsfreiheit in eine Linie mit dem Luthers stellte, »de[s] hochtheuren Manne[s] [...], der uns die Denkfreiheit in religiösen Dingen erkämpft hat« (HEINRICH HEINE, An die hohe Bundesversammlung. 1836, in: DERS., Werke 4: Schriften über Deutschland, hg. v. Helmut Schanze, Frankfurt a. M. 1968, 299f.] 299).

[286] SIGISMUND STERN, Geschichte des Judenthums von Mendelssohn bis auf die Gegenwart, nebst einer einleitenden Überschau der älteren Religions- und Kulturgeschichte, Frankfurt a. M. 1857, 50. Zu Stern, einem der Wegbereiter der Berliner Reformgemeinde und führenden jüdischen Pädagogen in Berlin und Frankfurt am Main: ARTUR GALLINER, Sigismund Stern, der Reformator und Pädagoge, Frankfurt a. M. 1930, sowie MICHAEL A. MEYER, MARIE-THERESE PITNER, Antwort auf die Moderne. Geschichte der Reformbewegung im Judentum, Wien 2000, 187–195.

Dabei galten Aufmerksamkeit und Lobpreis, wie bei den christlichen Aufklärern und Liberalen, zunächst einmal Luthers Auftreten, seiner »That« oder seinem die Freiheit gegenüber knechtenden Autoritäten ins Recht setzenden »Verfahren«, wie Ascher formuliert.[287] Bestimmte theologische Aussagen des Reformators waren für dies Urteil nicht von Interesse.[288] Ebensowenig waren es konkrete Schriften aus seiner Feder, auf die man sich berufen hätte. Auch Luthers Schriften über die Juden spielten in diesem Zusammenhang keine Rolle, so erstaunlich das auf dem Hintergrund unserer Kenntnis späterer Zeiten erscheint; die, die Luther den Befreier priesen, führten weder die frühe Schrift von 1523 zugunsten ihres positiven Lutherbildes an, noch machten sie grundsätzliche Einschränkungen aufgrund seiner späten Schriften von 1543[289]. In den ersten Jahrzehnten des 19. Jahrhunderts galt für die Juden wie für ihre christlichen Zeitgenossen, daß jedenfalls Luthers späte Judenschriften kaum bekannt waren;[290] erst nach dem seit langer Zeit erstmaligen Nachdruck in der

[287] ASCHER, Wartburgs-Feier (s. Anm. 274), 6f.4.

[288] Das ist besonders auffällig bei einem Autor wie SALOMON LUDWIG STEINHEIM (Die Offenbarung nach dem Lehrbegriffe der Synagoge, Theil 3: Die Polemik. Der Kampf der Offenbarung mit dem Heidenthume, ihre Synthese und Analyse, [1863], Nachdr. Hildesheim 1986), der sich mit Luthers theologischen Schriften befaßt hat und darin schwere Irrtümer findet (a.a.O. 232.239), der feststellt, daß die Reformatoren leider »nicht so ernste Denker wie Charaktere« gewesen seien und deshalb an dem unsinnigen altkirchlichen Glaubensbekenntnis festgehalten hätten (a.a.O. 243) – und der dann angesichts von Luthers Kampf gegen die kirchlichen Autoritäten in einen Lobpreis des Reformators ausbricht (a.a.O. 246): Nichts stehe einer guten religiösen Zukunft mehr entgegen, seitdem »die Vernunft von demselben Heros, der sie schmähete und in den Schlamm trat, nichts destoweniger wieder in ihr altes Recht eingesetzt und auf ihren bis dahin verwaisten Richterstuhl erhoben und wieder eingesetzt worden. Ehre dem Helden des sechzehnten Jahrhunderts, dem großen, herrlichen Deutschen, der das Panier der Denkfreiheit in der höchsten und reinsten Region des menschlichen Denkens, des Denkens von und über Gott, aus dem Seelenkerker der Inquisition mit starkem Arme befreit und es der Menschheit zu Ehren, wieder hoch auf der Warte des Geistes entfaltet hat! Gesegnet sei das Andenken *Luthers* trotz allem und allem, was er in Wort und That geirrt und gefehlt haben mag! Auch uns sei sein Andenken heilig!« Ähnlich auch SIGISMUND STERN, Die Aufgabe des Judenthums und des Juden in der Gegenwart, Berlin ²1853, 64, und, trotz sehr kritischer Worte über Luther, auch ABRAHAM GEIGER, Das Judenthum und seine Geschichte von dem Anfange des dreizehnten bis zum Ende des sechzehnten Jh.s. In zehn Vorlesungen. Nebst einem Anhange: Das Verhalten der Kirche gegen das Judenthum in der neueren Zeit. Ein zweites Wort an den evangelischen Ober-Kirchenrath, Breslau 1871, 140. Geiger zufolge wird »[d]er Mann, der mit dem Hammer seines Geistes die alte Form zertrümmert, die geistliche Bevormundung beseitigt hat, [...] seinen Platz in der Ehrenhalle des deutschen Volkes und der Menschheit auch dann noch einnehmen wenn auch sein religiöser Standtpunkt längst überschritten sein wird«. Vgl. auch die Fortsetzung a.a.O. 140–144.

[289] Wenn Schriften Luthers zu seinen Ungunsten angeführt wurden, waren es eher die zum Bauernkrieg (vgl. WIESE, Lutherdeutung [s. Anm. 282], 222f.), so wie überhaupt der Hinweis auf seine Stellung zur Obrigkeit unter den kritischen Argumenten an vorderer Stelle steht (a.a.O. 236).

[290] JOHANNES WALLMANN, The Reception of Luther's Writings on the Jews from the Reformation to the End of the 19th Century (in: Lutheran Quarterly 1, 1987, 71–97; zum 19. Jahrhundert: 86–89.95f.). Wallmann zeigt, daß von einer kontinuierlichen Rezeptionsgeschichte dieser Schriften vom 16. bis zum 20. Jahrhundert keine Rede sein kann. Das bestätigen die hier angeführten Schriften aus der ersten Hälfte des 19. Jahrhunderts, zum Teil noch darüber hinaus; vgl. auch WENDEBOURG (s. Anm. 265), Anm. 43.

Erlanger Luther-Gesamtausgabe[291] nahmen akademisch gebildete Kreise in gewissem Maß davon Notiz,[292] offensichtlich auch jüdische Kreise. Doch diese neue Kenntnis verhinderte nicht, daß Vertreter des Judentums weiterhin die Reformation als epochales Ereignis mit einer im Ganzen positiven Bilanz betrachteten.[293]

Dieser Befund hat Folgen für die Einschätzung der jüdischen Rolle beim Lutherjubiläum von 1883: Anders als bei den Feiern von 1817, 1830 und 1839 hören wir nichts von einer Beteiligung von Juden. Es gibt keine Belege dafür, daß das in einer grundsätzlich veränderten Haltung gegenüber Luther und der Reformation begründet gewesen sei. Vielmehr ist anzunehmen, daß die Ursache in dem Jubiläum und seiner Zeit selber lag. Zum einen spielte der »Aufklärungsluther« 1883 keine so große Rolle mehr wie in der ersten Jahrhunderthälfte. Die anderen Lutherdeutungen aber, die sich auf seine Kosten

---

[291] Sie erschienen 1832 im 32. Band.

[292] Auch in den Jahren und Jahrzehnten danach war das Echo nicht groß. Bei den christlichen Theologen und Kirchenmännern, die im 19. Jahrhundert von diesen Schriften Notiz nahmen, stießen sie ganz überwiegend auf Kritik (WALLMANN [s. Anm. 290], 87–89).

[293] Vgl. das oben, Anm. 288 angeführte Zitat von Steinheim aus dem Jahr 1864, das vielleicht auch auf die späten Judenschriften anspielt: »Gesegnet sei das Andenken *Luthers* trotz allem und allem, was er in Wort und That geirrt und gefehlt haben mag!« Anzuführen wäre auch STERN, Geschichte (s. Anm. 286), der Luthers späte Judenschriften offensichtlich kennt, wie aus den Worten hervorgeht, daß »Luther [...] in der Zeit, da seine Anhänger noch eine schwache Schaar bildeten, gegen die Hasser des Judenthums manch schönes Wort gesprochen [hat], auf das freilich in seiner späteren Zeit ebenso heftige Angriffe folgten« – und ihn dennoch für den Akt der »Losreißung von der Fessel des Glaubenszwangs«, für das Programm der »Denkfreiheit und Duldung« preist (a.a.O. 50). Wenig Interesse bringt den Judenschriften Luthers die Geschichtsdarstellung Geigers entgegen: Geiger stellt zwar kurz fest, im Vergleich zu dem Autor der freundlichen Schrift von 1523 sei »derselbe Luther [...] ein anderer geworden in der späteren Zeit«, und verweist auf die Schrift »Von den Juden und ihren Lügen« (GEIGER [s. Anm. 288], 144). Doch für ihn liegen die Defizite des Reformators, denen seine Aufmerksamkeit gilt, in dessen Theologie, die der jüdischen weit unterlegen sei. – Stark hervorgehoben werden Luthers Judenschriften von dem Geiger wie dem Reformjudentum überhaupt entgegentretenden Heinrich Graetz, der in seiner epochalen »Geschichte der Juden von der Verbannung der Juden von der ältesten Zeit bis auf die Gegenwart« die Reformation als eine Wende im Gefolge des Reuchlinstreites betrachtet (vgl. HEINRICH GRAETZ, Geschichte der Juden von der Verbannung der Juden von der ältesten Zeit bis auf die Gegenwart, Bd. 9: Geschichte der Juden von der Verbannung der Juden aus Spanien und Portugal [1494] bis zur dauernden Ansiedelung der Marranen in Holland [1618], Leipzig 1866, 200.204: Reuchlin als Luthers Elia; s. auch 228). Luther, »unstreitig der frommste und gläubigste seiner Zeit innerhalb des Christenthums, auch von einem flecklosen Wandel und wahrhafter Demuth« (a.a.O. 201), allerdings monastisch beschränkt (vgl. a.a.O. 334) und nicht sonderlich intelligent (vgl. a.a.O. 333), habe nach seiner ersten Judenschrift, die ein »Wort, wie es die Juden seit einem Jahrtausend nicht gehört hatten« (a.a.O. 189, siehe auch 300) und »in ihrer missionarischen Absicht aus dem Christusideal« dieses frommen Mannes ganz verständlich gewesen sei (a.a.O. 221), später verbittert und einer theologischen Offensive der Juden nicht gewachsen, seine überaus gehässigen Schriften verfaßt (vgl. a.a.O. 334–337), angesichts derer und weiterer solcher Ausführungen aus dem gegenreformatorischen Lager (Eck) das Überleben des Judentums ein Wunder sei (vgl. a.a.O. 329). Leider hätten Luthers Anhänger vergessen, was er einst zugunsten der Juden gesagt, und erinnerten sich nur dessen, »was er in seiner Verbitterung Gehässiges gg. sie vorgebracht hatte« (a.a.O. 494).

vorgeschoben hatten, der kirchliche Luther und der im Sinne der Einheit von – protestantischem – Christentum und Kaiserreich verstandene deutsche Luther, waren für Juden ohne Interesse, ja, letztere war für sie gefährlich. Und das umso mehr, als – zum anderen – jene Jahre eine Welle verschärfter Judenfeindschaft und das Aufkommen des modernen Rasseantisemitismus sahen, wozu mit dem Berliner Hofprediger Adolf Stoecker auch ein prominenter Vertreter des Protestantismus seinen Beitrag leistete. Daß auf diesem Hintergrund jüdische Bürger den Feiern fernblieben, erstaunt nicht.

1917 gab es hingegen erneut reges jüdisches Interesse am Reformationsjubiläum. Nicht daß Juden nun wieder in Umzügen mitgingen und öffentliche Unternehmungen mittrugen. Aber sie suchten die akademische Debatte.[294] Und sie nahmen an den Aktivitäten teil, die das Jubiläum von 1917 ohnehin weit mehr als öffentliche Feiern kennzeichneten: an der regen literarischen Beschäftigung mit Luther und der Reformation. Hier äußerten sich jüdische Vertreter ebenso engagiert wie kritisch – mit am Ende gleichwohl positiver Bilanz. Auf der einen Seite steht Hermann Cohen mit einem Jubiläumsbeitrag unter dem Titel »Zu Martin Luthers Gedächtnis.[295] Darin wird der »deutsche Luther« mit dem »Aufklärer Luther« in eigener Weise verbunden – nämlich so, daß er zum eigentlich jüdischen Luther wird. Gleich zu Beginn stellt Cohen fest, daß er hier »[n]icht als Deutscher« über Luther schreiben wolle, auch nicht als Philosoph, sondern »lediglich als deutscher Jude, der, als Bekenner des Judentums, sich der Pietät bewußt ist, die ihn auch für seine Religion, nicht nur für seine Kultur, mit dem Deutschtum verknüpft«. Zu den »gewaltigsten Schöpfern des Deutschtums« gehöre nun einmal Luther, der »die providentielle Richtung des deutschen Geistes in diejenigen Bahnen gelenkt hat, welche die späteren deutschen Klassiker zum Ziele des deutschen Humanismus geführt haben«.[296] Um das näher auszuführen, hält der Marburger Philosoph sich nicht mit historischen Einzelheiten auf, sondern er konzentriert sich auf drei Punkte, Luthers Bibelübersetzung, seine Rechtfertigungslehre und seine Anschauung vom Staat. Der Skopus seiner Ausführungen zu allen drei Punkten aber ist, daß Luther, »dieser deutsche Geistesheld«, Erbe des Judentums gewesen und deshalb den Juden besonders nahe sei: »[A]ls religiöser Genius, als deutscher Dichter und als Stilist« ist er »an unserer Bibel, an der Übersetzung der Propheten und der Psalmen zu seiner Höhe emporgewachsen«;[297] und indem er die Bibel »dem gemeinen Mann« in die Hand gab und so die schöpferischen Geisteskräfte im Volk, ja in

[294] So weist WIESE, Lutherdeutung (s. Anm. 282), 252, Anm. 116, darauf hin, daß »es ein ausgeprägtes jüdisches Interesse an Luthers Theologie und an der Reformation gab, das anläßlich des Reformationsjubiläums im Jahre 1917 auch zur Begegnung jüdischer und nichtjüdischer Forscher führte«.

[295] HERMANN COHEN, Zu Martin Luthers Gedächtnis (Neue Jüdische Monatshefte 2, 1917/18, 45–49).

[296] A.a.O. 45.

[297] Ibd.

allen Völkern Europas belebte, ließ er des deutschen Juden »eigene[n] ewige[n] Lebensgrund, seine Bibel zum Lebensbaum« werden »für alles moderne Geistesleben, zur Wurzel, aus der alle Kräfte der neueren Völker entsprossen und genährt worden sind«.[298] Sein »Grundgedanke«, seine Auffassung von Glaube, Gnade und Vergebung und der damit verbundenen selbstverantworteten Sittlichkeit »hängt innigst zusammen mit dem Grundgedanken der jüdischen Religion«,[299] im Glauben an den gnädigen Gott »fühlen wir uns mit Luthers Glauben verbunden«.[300] Schließlich der Begriff des säkularen, gegenüber der Kirche sittlich souveränen Staates, »der der eigentliche Befreier des modernen Judentums geworden ist« – auch und besonders unter diesem Gesichtspunkt hat der Jude Martin Luther »zu feiern und eine unvergängliche innige Dankbarkeit seinem Andenken zu weihen«, weil er der »Urheber« dieses modernen Staatsgedankens gewesen ist.[301] Das »Urmotiv« auch dieses Gedankens verdankt sich allerdings dem Judentum, es liegt in dem von Mose proklamierten allgemeinen Priestertum, das die Sittlichkeit zur Grundlage des Staates erhoben und das Luther dann für die Entwicklung des modernen, von der Kirche freien Staates fruchtbar gemacht hat.[302]

---

[298] A.a.O. 46. Das gilt für das Judentum auch in der speziellen Hinsicht, daß Moses Mendelssohn mit seiner Übersetzung von Pentateuch und Psalter, mit der er »unser modernes religiöses Leben von Deutschland aus für alle Juden aller Länder verjüngt und neu befestigt hat«, eine »Fortsetzung des Lutherwerkes« geboten habe (a.a.O. 46).

[299] Ibd.

[300] A.a.O. 47. Vgl. den ganzen Abschnitt, in den das letzte Zitat gehört: »So können wir aus unserem jüdischen Versöhnungsbewußtsein heraus Luthers Glaubensbegriff lebendig und klar verstehen. Der Glaube an den gnadigen Gott ist der Geist Gottes, der die ganze Bibel durchweht. Und in diesem Glauben fühlen wir uns mit Luthers Glauben verbunden; erkennen wir auch die Lösung des historischen Rätsels, welches uns die moderne Entwicklung des Judentums aufgegeben hat. *Grätz* hat in der Programmschrift zu seinem Lebenswerk den denkwürdigen Ausspruch formuliert: Das Judentum ist schon in seinem Ursprung Protestantismus« (a.a.O. 47; Hervorhebung im Original).

[301] A.a.O. 49: »Der moderne Staatsbegriff, der dem Staat die sittliche Souveränität gegenüber der Kirche verliehen hat, ist der eigentliche Befreier des modernen Judentums geworden. Auch als deutsche [!] Staatsbürger, und für das hauptsächliche Interesse, das der moderne Jude mit Recht an seiner politischen Gleichberechtigung nimmt, hat er Martin Luther als Urheber des modernen Staatsgedankens zu feiern und eine unvergängliche innige Dankbarkeit seinem Andenken zu weihen.« Demgegenüber habe der »Irrwahn« der Rede von einem »christlichen Staat« nichts mit der Reformation zu tun, sondern verdanke sich »dem Konvertiten Stahl« (a.a.O. 48). – Die Durchschlagskraft der von Luther begründeten, im modernen Staat durchgesetzten säkularen Prinzipien erweist sich nach Cohen sogar in dem Rassenwahn, der sich neuerdings gegen die Juden erhebt, weil er zeigt, daß religiöse Argumente gegen sie ausgespielt haben: »Es gibt zu denken, daß der moderne Judenhaß sich nicht mehr zu berufen wagt auf die Differenz des Glaubens, sondern daß er seine Zuflucht nehmen muß zu dem Rassenwahn, den er mit der nationalen Maske verlarvt. Daß wir jedoch einen minderwertigen Glauben hätten, dieser Vorwand des Judenhasses ist nahezu verschwunden« (a.a.O. 49).

[302] A.a.O. 48. Dieselbe Verwandtschaft gilt für die durch Luther von der Kirche befreite, der Obrigkeit übertragene Schule, die für die Bildung aller zu sorgen hat – »[a]uch in der allgemeinen Schulpflicht sind wir immer Protestanten gewesen« (a.a.O. 48).

Der Aufsatz *Zu Martin Luthers Gedächtnis* ist ein Zeugnis für das Selbstbewußtsein des Judentums, das vor allem in der *Wissenschaft vom Judentum* während der Jahrzehnte vor dem Weltkrieg entwickelt wurde, das Selbstbewußtsein der jüdischen als der ursprünglichen und überlegenen Religion, die im richtig verstandenen Christentum ihre Früchte sieht und ihm die Hand ausstreckt, sich ihm darin zu verbinden[303] – zu dieser Sicht in Spannung stehende Elemente wie die Christologie oder »Schwierigkeiten« der Lutherschen Rechtfertigungslehre läßt Cohen gegenüber dem »Eigentlichen« beiseite und überantwortet sie der »geschichtliche[n] Fortentwicklung« der evangelischen Theologie.[304] Aus seinem Beitrag zum Reformationsjubiläum spricht die Stimme derer, die schon »immer Protestanten gewesen«,[305] ja, die eigentlichen Protestanten sind und die die sich so nennenden Mitbürger auf dem Wege zu ihren älteren Brüdern sehen.

Ganz anders der Jubiläumsbeitrag des Wiener Historikers Samuel Krauss aus der Zeitschrift *Der Jude*.[306] Krauss' Artikel, der den Titel *Luther und die Juden* trägt, ist nicht an der Theologie Luthers und ihrem »Grundgedanken« interessiert, er stellt die Geschichte von Luthers Judenfeindschaft dar. Warum er das tut, begründet er zu Beginn: Luther sei »zu mächtig« gewesen, »zu sehr [habe] er das Rad der Geschichte ins Rollen gebracht«, als daß die Juden, die jede geschichtliche Veränderung immer sofort zu spüren bekamen, nicht dadurch berührt worden wären. Ja, sie hätten in der »neuen Religionsgestaltung«, die durch die Reformation entstand, sogar »eine Hauptrolle« gespielt. Deshalb werde »[a]uch jetzt, wo ganz Deutschland die vierhundertste Jahreswende des Auftretens des großen Reformators festlich begeht«, der Juden gedacht.[307] Inwiefern die Juden in der reformatorischen »Religionsgestaltung eine Hauptrolle« spielten, führt Krauss nicht aus, er weist nur auf die großen Erwartungen hin, die zeitgenössische Juden mit seinem Auftreten verban-

[303] Vgl. Christian Wiese, Counterhistory, the »Religion of the Future« and the Emancipation of Jewish Studies: The Conflict between the *Wissenschaft des Judentums* and Liberal Protestantism 1900 to 1933 (in: JSQ 7, 2000, 367–398), bes. 377f.; David N. Myers, Hermann Cohen and the Quest for Protestant Judaism (in: Leo Baeck Insitute Yearbook 46, 2001, 195–214); Risto Saarinen, Wandlungen des Lutherbildes zwischen Liberalismus und Antisemitismus. Zum Verhältnis von Judentum und Luthertum bei Hermann Cohen und Erich Vogelsang (in: Religionsunterricht zwischen Judentum und Christentum, hg. v. Reijo Heinonen, Åbo u.a. 1988, 27–43).

[304] Cohen (s. Anm. 295), 46: »Wir gehen hier nicht auf die Schwierigkeiten ein, mit denen dieser neue theologische Begriff [sc. Luthers Glaubensbegriff] verstrickt sein mußte [...]. Wir fragen nun wiederum auch nicht: Wenn Gott allein in seiner Gnade und kraft seiner Gnade den Sünder erlösen kann, welche Bedeutung, welche Befugnis kann dabei noch Christus haben? [...] Diese Frage gehört in das Innere der evangelischen Theologie und in ihre geschichtliche Fortentwicklung.«

[305] Siehe die Zitate in Anm. 300 und 302. Vgl. auch a.a.O. 47 die sich auf das Ende des äußerlichen zugunsten des innerlichen Opfers beziehende Formulierung, »wie der Talmud reformatorisch es ausdrückt«.

[306] Samuel Krauss, Luther und die Juden (in: Der Jude. Eine Monatsschrift, Jg. 1917/18, H. 8, 544–547).

[307] A.a.O. 544.

den.[308] Doch vorrangig geht es ihm um die Rolle, die die Juden in Luthers Vorstellungen gespielt hätten, und diese sei von Anfang an negativ gewesen.[309] Allerdings habe der Judenhaß des Reformators – anders als der der modernen Antisemiten – ein religiöses Motiv gehabt; insofern sei er »groß« gewesen im Unterschied zu diesen Leuten, die, »von niedrigen, eigennützigen Instinkten geleitet«, sich auch ihren Luther entsprechend deuteten.[310] Das religiöse Motiv sieht Krauss in der Enttäuschung Luthers über die mangelnde Bekehrungsbereitschaft der Juden[311] – einer Enttäuschung, die auf völlig illusionäre Erwartungen,[312] auf eine zwar »tiefe religiöse«, aber schwärmerische Überzeugung »von der Kraft seiner Schriftauslegung, seiner Evangelien und seiner Predigten« zurückgegangen sei.[313] Nur »ein schöner Zug« sei dabei an Luther festzustellen, daß er nämlich geistigen und körperlichen Glaubenszwang abgelehnt habe.[314] Doch schließlich habe sein Haß auf die Unbelehrbaren ihn dazu gebracht, in den beiden Judenschriften von 1543 »das ärgste« von sich zu geben, »was jemals von feindlicher Seite gegen die Juden gesagt oder geschrieben wurde«.[315] Krauss schließt seine Anklagenserie mit dem Vorwurf, Luther habe seine Informationen über Juden vornehmlich Konvertiten entnommen, statt Schriften von Juden zu lesen, und er fragt, ob der Reformator, wer weiß, »vielleicht am Ende noch das Alte Testament verstoßen« hätte – »[s]eine Jünger, die es nach vierhundert Jahren tun und taten, waren und sind so inkonsequent nicht«.[316]

Ein Beitrag zum Jubiläum, wie er düsterer nicht sein könnte. Aber Krauss fügt noch eine Coda an, die unvermittelt alles Gesagte in eine positive Klammer setzt: »Und dennoch: die Grundsätze, die [Luther] zu Beginn seiner Laufbahn in alle Welt eingeführt hat, [...] Grundsätze der Aufklärung und der freien Entfaltung des menschlichen Geistes«, darunter auch die Ablehnung gegen Juden gerichteten geistigen oder leiblichen Glaubenszwangs, »erwiesen sich als gewaltige Faktoren der Folgezeit, die selbst durch Luthers eigene Fehler nicht mehr zu bannen waren.«[317] Trotz und unter allem das Bild von dem Befreier und Aufklärer Luther, und der feste Wille, sich die Berufung auf ihn um keinen Preis nehmen zu lassen.

---

[308] Vgl. a.a.O. 545.

[309] So wird Luthers Judenschrift von 1523 im Unterschied zu den späteren gar nicht genannt, sie klingt nur an in der Rede von seinen »krampfhaft fortgesetzten Bemühungen, die Juden zum neuen Glauben zu bekehren« (a.a.O. 545f.) – der allgemein verbreiteten Interpretation seiner ersten Judenschrift – wie in dem Hinweis auf Luthers Ratschlag, Juden gegenüber nicht sofort die Gottessohnschaft Jesu zu verkündigen (a.a.O. 545).

[310] Ibd.

[311] Das andere Motiv sei die »Wahnvorstellung« gewesen, Juden trachteten ihm nach dem Leben – beide Motive hätten auch Mohammed zum Judenfeind gemacht (vgl. a.a.O. 544).

[312] Ibd.

[313] A.a.O. 546.

[314] A.a.O. 545.

[315] A.a.O. 547.

[316] Ibd.

[317] Ibd.

Die Reformationsjubiläen des 20. Jahrhunderts

1. Die Jubiläen in der Zeit der Weimarer Republik

Es »feiert unser Geschlecht ein Erinnerungsfest nach dem andern. In der protestantischen Welt insbesondre seit 1917 fast ununterbrochen.« So schrieb, zustimmend und freudig, der Marburger Theologe Martin Rade in einem Leitartikel der *Christlichen Welt*, der unter dem Titel *Lob der Geschichte* anläßlich der Vierhundertjahrfeier des Augsburgischen Bekenntnisses 1930 erschien.[1] In der Tat waren Reformationsjubiläen niemals so dicht gesät wie im dritten Jahrzehnt des 20. Jahrhunderts. Kaum ein Jahr zwischen 1920 und 1930 verging, ohne daß in großem oder weniger großem Rahmen gefeiert worden wäre. Das verwundert nicht. War doch das dritte Jahrzehnt des 16. Jahrhunderts die Zeit des stürmischen Aufbruchs und der ersten Konsolidierung der Reformation, da die neualte Botschaft überwältigende Eroberungen machte, tiefgreifende institutionelle Veränderungen brachte, erste Binnenkonflikte auslöste und zu Lehrdokumenten von bleibender Bedeutung gerann. Schlag auf Schlag, fast in jedem Jahr geschah Bemerkenswertes, und das hieß vierhundert Jahre später, fast in jedem Jahr war Anlaß für eine Zentenarfeier, oft gab es gar mehrere Anlässe. So wurde im Dezember 1920 das Gedächtnis der Verbrennung von Bannandrohungsbulle und Kanonischem Recht am Wittenberger Elstertor gefeiert, ab April 1921[2] mehrfach Luthers Auftritt vor

[1] Martin Rade, Lob der Geschichte (in: ChW 44, 1930, 561 f.), 561. Seine Zustimmung begründet er mit dem Satz, daß »reich [...] [sei], wer außer sein eignes Leben auch das der Vergangenheit lebt. Er lebt doppelt.« Was Rade mit dem Satz vom »doppelt leben« meinte – einem Satz, den er in lateinischer Sprache (*Vita posse priore frui bis vivere dico*) auf dem Titelblatt von Georg Loesche, Geschichte des Protestantismus im vormaligen und im neuen Österreich, Wien ³1930, gelesen hatte und als Untertitel über seinen Artikel setzte –, zeigt die Fortsetzung: »Glücklich der Forscher, der unter den Menschen von damals [sc. in der Reformationszeit] sich bewegt, als wäre er ihr Zeitgenosse. Aber noch fließen die Ströme der Überlieferung von damals so reich, noch ist diese Vergangenheit uns so nahe (wiewohl sie täglich ferner rückt), daß auch der des Mittlers bedürftige Laie selber etwas schmecken kann von ihrem Geist. Will er sich diese Gedenkfeiern dazu helfen lassen, gesegnet sollen sie sein. Will uns die Gegenwart leer und arm dünken: ja so Gott will und wir empfänglich dafür sind, redet die Vergangenheit zu uns, als wäre sie Gegenwart. ›Was hast du, das du nicht empfangen hast.‹ Wir sind Erben. Erwirb dein Erbe, um es zu besitzen!« (a.a.O. 562). – In auffälligem Kontrast zu dem zitierten Satz steht die resignierte Aussage, die derselbe Rade wenige Wochen und wenige Hefte später nach dem Erlebnis des Augustana-Jubiläums und des damit verbundenen Nürnberger Kirchentags (vgl. unten S. 131) niederschrieb: »Mit dem frohen Glauben an die Zukunft meines Volkes und meiner Kirche verträgt sich in mir ein wachsender Zorn und Abscheu gegen die Feste und Feiern, in denen wir unsern Geist verpuffen« (a.a.O. 695).

dem Wormser Reichstag und im Mai seine Unterbringung auf der Wartburg, im März 1922 seine Rückkehr nach Wittenberg mit den Invokavitpredigten, später im Jahr das Erscheinen des Septembertestaments. 1923 herrschte Festpause, die allerdings mit dem Ersten Lutherischen Weltkonvent, der unterhalb der Wartburg in Eisenach stattfand und damit auch Züge eines Reformationsgedenkens erhielt, spektakulär gefüllt wurde,[3] bevor man 1924 den Geburtstag des evangelischen Gesangbuches beging und mit Feiern in Magdeburg, Weimar und Nürnberg[4] die Reihe der städtischen Jubiläen begann, bei denen nun praktisch Jahr für Jahr des Anfangs oder der Einführung der Reformation an einzelnen Orten festlich gedacht wurde. Der Mai 1925 brachte das vierhundertjährige Gedächtnis des Bauernkrieges und Thomas Müntzers,[5] einen Monat darauf wurde der vierhundertste Jahrestag der Eheschließung Luthers mit Katharina von Bora und »400. Geburtstag des evangelischen Pfarrhauses«[6] begangen, und 1926 folgte das Jubiläum der Einführung der *Deutschen Messe*, das gut in die Liturgische Bewegung der Zeit paßte.[7] Nach mehreren Jahren mit Jubiläen der lokalen und regionalen Reformationsgeschichte[8] bescherte das Jahr 1929 gleich drei überregionale Vierzentenare: im Januar die Feier der Publikation von Luthers *Kleinem Katechismus*, an Pfingsten das Jubiläum der Fürstenprotestation auf dem Zweiten Speyerer Reichstag und im September das des Marburger Religionsgesprächs. Mehrere gewichtige Feieranlässe gab es auch im folgenden Jahr 1930 mit der Vierhundertjahrfeier der Übergabe der *Confessio Augustana* im Juni und der Vorlage der *Apologie* im September, von wo aus sich der Blick dann schon auf das nächste große Datum, den 350. Luthergeburtstag von 1933, richtete.

---

[2] Nach einem Fest von Universität, Bürgerschaft und Kirche der Stadt Erfurt am 6. und 7. April, auf dem mit Gottesdienst, Festzug, Festspiel (*Luther in Erfurt*) und Abendveranstaltungen mit Vorträgen – darunter von Friedrich Loofs über *Luthers Bedeutung für die Wissenschaft der Vergangenheit und Gegenwart* – das Vierzentenar von Luthers Aufenthalt ebendort auf dem Weg nach Worms gefeiert worden war (Luther 3, 1921, 45f.).

[3] Lutherischer Weltkonvent zu Eisenach vom 19.–24. August 1923. Denkschrift, hg. im Auftrage des Ausschusses, Leipzig 1925. So kam denn auch kaum ein Redebeitrag ohne Hinweis auf die reformationsgeschichtlichen Ereignisse aus, deren man in jenen Jahren gedachte, und den Höhepunkt bildete eine Feier auf der Wartburg »mit öffentlichem Bekenntnisakt im Wartburghof« (s. die Tagesordnung a.a.O., ohne Seitenzahl).

[4] KJ 51, 1924, 454; KJ 52, 1925, 549. Außerhalb des Reiches – in Riga – wurde das Vierzentenar der Reformation schon 1922 begangen (Vierhundertjahr-Feier der Einführung der Reformation in Riga. Programm zu Burkard Waldis' Parabel vom verlorenen Sohn, Riga 1922).

[5] Siehe zu diesem Jubiläum und seinen Trägerkreisen unten S. 184–187.

[6] So im Erlaß des Preußischen Oberkirchenrates zum Jubiläum, siehe unten Anm. 11.

[7] Vgl. Peer Pasternack, 177 Jahre. Zwischen Universitätsschließung und Gründung der Stiftung Leucorea: Wissenschaft und Höhere Bildung in Wittenberg 1817–1994, Themata Leucoreana. Vorträge und Abhandlungen der Stiftung LEUCOREA an der Martin-Luther-Universität Halle-Wittenberg, Wittenberg 2002, 40.

[8] So feierten 1926 Erfurt und Schwäbisch Hall sowie die Landeskirchen Waldeck und Hessen die Einführung der Reformation (KJ 53, 1926, 575f.; KJ 54, 1927, 519f.), 1928 taten Bayreuth, St. Goar und Guben (KJ 56, 1929, 347), 1929 Göttingen, Hof, Mansfeld und Hamburg (KJ 56, 1929, 348; KJ 57, 1930, 460f.; Aus Hamburgs Kirche 1529–1929. Festbuch zum Reformations-Jubiläum, hg. v. Theodor Knolle, Hamburg 1929) dasselbe.

Fürwahr »ein Erinnerungsfest nach dem andern«. Zu viele, sie hier alle zu behandeln. Darum sollen, von gelegentlichen Seitenblicken abgesehen, die städtischen und regionalen Zentenare beiseite bleiben und auch von den Jubiläen der überregionalen Reformationsgeschichte die, die ausschließlich auf der Ebene der Gemeinden gefeiert wurden, nur im Überblick zu Organisation und Teilnehmerschaft zur Sprache kommen.[9] Die darauf folgenden Ausführungen zu einzelnen Feiern sollen sich auf jene konzentrieren, die auf gesamtprotestantische oder gesamtlutherische Repräsentanz ausgerichtete waren.

Fragen wir zunächst, wer diese Jubiläen veranstaltete und wer daran teilnahm. Was die erste Frage betrifft, so wurden in den meisten Fällen kirchenleitende Stellen tätig. Das heißt, wie in früheren Zeiten, allerdings seit 1918 ohne landesherrliche Stütze auf sich gestellt, riefen die Kirchenleitungen die Gemeinden zu Jubiläumsfeiern auf, lieferten zum Teil sogar Vorgaben dafür. Mehrfach setzten sie aber auch selbst große, repräsentative Jubiläumsveranstaltungen in Szene. In erster Linie waren es die Spitzen der Landeskirchen, die die Jubiläumsinitiative ergriffen. So brachte 1921 die Kirche von Hessen-Darmstadt, zusammen mit der Gemeinde von Worms, das erste große Fest der Weimarer Zeit, die mehrtätige Vierhundertjahrfeier von Luthers Auftritt auf dem Wormser Reichstag im April 1921, auf die Bahn – wobei sie freilich die Rolle als Veranstalterin gern an den Deutschen Evangelischen Kirchenausschuß (DEKA) als das höchste gesamtprotestantische Gremium des Reiches abgegeben hätte, der sich aber wegen der französischen Besatzung im linksrheinischen Gebiet verweigerte und im Herbst in Stuttgart seinen eigenen Festakt veranstaltete.[10] Zum Gedächtnis der Eheschließung Luthers 1525[11] und zum vierhundertsten Jahrestag der Veröffentlichung des *Kleinen Katechismus*[12] gab es nur landeskirchliche Aufforderungen an die Gemeinden, diese Jubiläen zu begehen. Der Protestation auf dem Zweiten Speyerer Reichstag 1929 wurde darüber hinaus wieder eine zentrale Feier gewidmet, die die Kirche der Pfalz am Ort des Geschehens, in Speyer, veranstaltete. Das Gedächt-

---

[9] Im Blick auf die städtischen und regionalen Jubiläen würde es sich lohnen, einmal die lokalen Kirchenblätter und Zeitungen auszuwerten.

[10] Vgl. zu diesem Jubiläum den Beitrag in diesem Band (S. 245–285).

[11] Nach dem Erlaß des Oberkirchenrates der APU sollten im Mittelpunkt des Festes die Dankbarkeit für die »Geschichte reichen Segens«, die die Geschichte des evangelischen Pfarrhauses gewesen sei, sowie der Wunsch stehen, daß die Pfarrhäuser »immer mehr Stätten des Glaubens, [...], der Liebe, Stätten der Berufstreue, der Schlichtheit und der Freude werden mögen« (KJ 52, 1925, 550).

[12] Der Erlaß des Oberkirchenrates der APU forderte die Gemeinden auf, in Gottesdiensten am 20. Januar »dieses kostbaren Dauerbesitzes dankbar« zu gedenken; die Leitungen der lutherischen Landeskirchen gaben die Anweisung, in allen Schulen, in denen der Kleine Katechismus in Gebrauch sei, solle seiner Einführung »in würdiger Form gedacht werde[n]« (KJ 56, 1929, 346f.). Das Jubiläum des *Kleinen Katechismus* beging auch der Lutherische Weltkonvent, der 1929 in Kopenhagen tagte (Lutherischer Weltkonvent zu Kopenhagen vom 26. Juni bis 4. Juli 1929. Denkschrift, hg. im Auftrage des Ausschusses, Leipzig 1929, 18–40, vgl. 9–12).

nis des Marburger Religionsgesprächs im selben Herbst, das sich auf eine internationale Festveranstaltung in Marburg beschränkte, ging auf eine Initiative zurück, die die Leitung der Landeskirche von Hessen-Kassel zusammen mit der Stadt Marburg und der dortigen Theologischen Fakultät ergriffen hatte. Für den 400. Jahrestag der Übergabe der *Confessio Augustana* 1930 wurde neben den einzelnen lutherischen und unierten Landeskirchen erstmals der DEKA von sich aus tätig. Hatte er 1921 nur notgedrungen auf den hessischen Anstoß reagiert, so rief er diesmal nicht nur von sich aus alle Gemeinden auf, das Jubiläum zu begehen, sondern er veranstaltete auch aus eigenem Antrieb eine große Feier in Augsburg für die gesamte Kirche. Freilich war der DEKA nicht der einzige überlandeskirchliche Akteur in Deutschland, der große Jubiläumsfeiern veranstaltete; das tat auch die Allgemeine Evangelisch-Lutherische Konferenz, ab 1927 ›Lutherisches Einigungswerk‹ genannt. Dieses Gremium, dem nur Theologen aus lutherischen Landes- und Freikirchen angehörten, hielt 1921 eine eigene Feier des Jubiläums von Luthers Reichstagsauftritt ab.[13] Und während es das Jubiläum des Zweiten Speyerer Reichstags ganz der Pfälzer Kirche überließ und am Zentenar des Marburger Religionsgesprächs nichts zu feiern fand,[14] stellte es im Jubiläumsjahr des *Augsburger Bekenntnisses* der gesamtprotestantischen Feier wieder eine rein lutherische an die Seite, die sie mit dem Zentenar der *Apologie* verband.[15]

Doch es wäre ein falscher Eindruck, wollte man meinen, die vielen Jubiläumsfeiern des Jahrzehnts seien ausschließlich auf kirchenamtliche Initiative zurückgegangen. Größten Eifer legten die evangelischen Verbände an den Tag. Der Evangelische Bund, der mitgliederstärkste protestantische Verband, für den die Pflege der Reformationsmemoria zu den Vereinszwecken gehörte, war bei allen Jubiläen aktiv. Verschiedentlich war er hinter der Bühne an den kirchenamtlichen Festivitäten beteiligt und verband damit auch eigene Feiern – so im April 1921 in Worms,[16] ja trat er sogar als einziger Träger auf, der gleichwohl alle übrigen kirchlichen Kräfte dazulud – so beim Zentenar von Luthers Verbringung auf die Wartburg im Mai 1921;[17] vor allem aber und mit der größten Wirksamkeit betätigte er sich bei jeder Gelegenheit überall im Land auf Gemeindeebene.[18] Rührig war auch die noch junge Luthergesellschaft. Sie gehörte zusammen mit der Stadt Wittenberg zu den Veranstaltern des Bannbullenverbrennungszentenars 1920 und mit dem Evangelischen Bund zu den Veranstaltern des Wartburgjubiläums vom Mai 1921. Im März 1922 trug sie mit der Lutherhalle die Invokavitfeier in Wittenberg.[19] An Pla-

[13] Siehe unten S. 275–277.
[14] KJ 57, 1930, 461.
[15] KJ 56, 1929, 344f.; KJ 57, 1930, 466.
[16] Siehe unten S. 253–265.
[17] Siehe unten S. 247f.
[18] Vgl. unten S. 141.247 (Anm. 16).
[19] Die Invokavitfeier in Wittenberg, Wittenberg 1922; KJ 49, 1922, 436–438.

nung und Durchführung der Vierhundertjahrfeier des Marburger Religionsgesprächs 1929 aktiv beteiligt war naturgemäß die Theologische Fakultät der hessischen Universitätsstadt. Auch andere Reformationsjubiläen wurden von Theologischen Fakultäten oder sogar von ganzen Universitäten begangen, insbesondere das der *Confessio Augustana* 1930 erlebte neben den kirchlichen Feiern auf allen Ebenen eine Vielzahl akademischer Festakte.

Neben den kirchlichen Initiativen auf dieser oder jener Ebene gab es freilich auch Anstöße aus dem politischen Raum. Verschiedentlich wurden Städte zusammen mit einem evangelischen Verband oder einem kirchlichen Träger tätig, so etwa Wittenberg beim Zentenar der Bannbullenverbrennung zusammen mit der Luthergesellschaft,[20] Eisenach beim Jubiläum der Ankunft Luthers auf der Wartburg zusammen mit dem Evangelischen Bund[21] oder Marburg zusammen mit der Landeskirche und der Theologischen Fakultät beim Jubiläum des Marburger Religionsgesprächs.[22] Ganz von politischer Seite und ostentativ gegenkirchlich veranstaltete Jubiläen waren die Gedächtnisfeiern für Thomas Müntzer und den Bauernkrieg, die 1925 in Thüringen und Eisleben stattfanden. Träger waren teils die KPD und verwandte Organisationen, teils die SPD.[23]

In fast allen Fällen[24] wird von reger Gemeindebeteiligung berichtet. Von Feiern quer durch das ganze Reich mit Festgottesdiensten, Vorträgen, Musik u.ä. ist insbesondere bei den Jubiläen von Luthers Auftritt in Worms, seiner Hochzeit und der Übergabe des *Augsburger Bekenntnisses* zu lesen,[25] ganz zu schweigen von den jeweiligen lokalen Reformationszentenaren, denen man sich wie in früheren Jahrhunderten oft mit erhöhter Pracht, mit Umzügen, Theateraufführungen und Illuminationen widmete.[26] Selbstverständlich waren

---

[20] Siehe unten S. 247.

[21] Ibd.

[22] Siehe unten S. 116.

[23] Siehe unten S. 184–187.

[24] In gewisser Weise Ausnahmen waren die dritte und letzte Jubiläumsfeier des Wormser Reichstags im September 1921 in Stuttgart, insofern sie als kirchenamtlicher Festakt gestaltet war, an dem allerdings die Gemeinden der Stadt sich rege beteiligten (vgl. unten S. 265f., siehe auch S. 105), und das Vierzentenar des Marburger Religionsgesprächs, das »nicht eigentlich als Volksfest gedacht [war], sondern dem Anlaß entsprechend als theologische Aussprache« (KJ 57, 1930, 461), zu dem dann aber doch viele Kirchenglieder aus Marburg und Umgebung strömten (siehe unten S. 116–118).

[25] Dieses Jubiläum beging neben den einzelnen Gemeinden und den gesamtkirchlichen Gremien (siehe unten) auch die Provinz Sachsen als das »engere Heimatland des Reformators« zusammen mit den Lutherstädten Wittenberg, Erfurt, Eisleben und Mansfeld und der Universität Halle-Wittenberg mit einer eigenen Feier in der Marktkirche zu Halle (KJ 57, 1930, 457).

[26] Vgl. z.B. das Jubiläum der Einführung der Reformation in Schmalkalden: Festschrift zur 400-Jahr-Feier der Einführung der Reformation in Schmalkalden 8.–10. August 1925, hg. vom Festausschuß, Schmalkalden 1925; das in Winsen an der Luhe: Wie die Kirchengemeinde Winsen a. L. vom 31. Oktober bis 11. November 1928 ihr vierhundertjähriges Reformationsjubiläum feierte, Winsen (Luhe) 1928. Damit selbst in Dörfern mit ihren begrenzten Möglichkeiten gefeiert werden konnte, wurde leicht umsetzbares Material geliefert,

die Gemeinden an den Orten zentraler Feiern wie Wittenberg, Worms, Eisenach, Speyer oder Augsburg in herausragendem Maße eingebunden und ließen es sich nicht nehmen, den festlichen Aufwand zu steigern.[27] In Worms 1921 und in Speyer 1929 war, mit Sonderzügen herbeigebracht, in großer Menge das protestantische Umland dabei,[28] und zu dem mehrtätigen Fest der *Confessio Augustana* 1930 in Augsburg strömten evangelische Gemeindeglieder »aus allen Gauen Bayerns und der Nachbarländer«, auch aus Mittel- und Nordwestdeutschland sowie aus Österreich in die einstige Reichsstadt.[29] Diese Feiern mit ihren Gottesdiensten, Kundgebungen, Gemeindeabenden, mit Konzerten, Theaterspielen und historischen Festzügen wurden als große protestantische Volksfeste inszeniert, in der tatsächlich massenhaften Beteiligung schien die Distanz zwischen kirchlicher Institution und Basis, zwischen Amtskirche und Kirchenvolk aufgehoben, schien die Vision einer »rechte[n] Volkskirche« Wirklichkeit zu gewinnen.[30]

Aber auch das Aufgebot offizieller Repräsentanten war bei den zentralen Feiern groß: Der DEKA und viele, wenn nicht alle Landeskirchen, manchmal auch Freikirchen waren vertreten, ferner Verbände und Theologische Fakultäten; Abgesandte von Regierungen und staatlichen Behörden nahmen teil. Und in fast allen Fällen konnte man auch ausländische Gäste begrüßen. Nur bei den ausschließlich in den Gemeinden begangenen Jubiläen der Hochzeit Luthers und des *Kleinen Katechismus* blieben die Deutschen unter sich, sonst feierte man international, wobei Schweden besonders häufig und zahlreich vertreten war.[31] Das Augustanajubiläum im Juni 1930, das Abgesandte unterschiedlichster reformatorischer Kirchen aus vielen Ländern bis hin zu einem Vertreter des Erzbischofs von Canterbury in Augsburg versammelte, wurde geradezu zu einer »Feier des Weltprotestantismus«.[32] Doch die Listen der

---

so in den *Schriften zur Dorfkirche* (Heft 11): Kirchliches Festspiel zur Luther- und Reformationsfeier. Berlin s.a. Der »Rote Müntzertag« spiegelte die kirchliche Feierpraxis, indem er sich derselben die Basis beteiligenden Festelemente bediente und sie mit eigenem Programm füllte (Nickel, Welker [s. Anm. 512], 6–9).

[27] Siehe etwa die Eisenacher Feier der Ankunft Luthers auf der Wartburg 1921 (unten S. 248).

[28] Zu Worms: vgl. a.a.O. 325; zu Speyer: KJ 56, 1929, 345 und Friedrich Niebergall, Speyer (in: ChW 43, 1929, 555f.): 100000–180000 (!).

[29] Vgl. die Beschreibung in KJ 57, 1930, 462–466.

[30] So Friedrich Niebergall in seinem Bericht über das Speyrer Jubiläum von 1929 (Niebergall [s. Anm. 28], 556). Ähnlich der Jubel über den Volksfestcharakter des Wormser Jubiläums von 1921 im Bericht von Hermelink (siehe unten S. 255 mit Anm. 58).

[31] Insbesondere Erzbischof Nathan Söderblom ließ es sich nicht nehmen, immer wieder dabeizusein und dann auch das Wort zu ergreifen (siehe unten S. 272f.; Die Invokavitfeier [s. Anm. 19], 2–4.22).

[32] KJ 57, 1930, 466 (zitierte Wörter hier hervorgehoben); vertreten waren neben der anglikanischen Kirche die Kirchen von Schweden, Finnland, Schottland, englische Freikirchen und Kirchen der USA, der Schweiz, Frankreichs, Ungarns, Belgiens (ibd.). Beim Augustanajubiläum der konfessionellen Lutheraner am Vierhundertjahrestag der Apologie drei Monate später kam mit Teilnehmern von mehreren Kontinenten »das Luthertum der Welt« zusammen (KJ 57, 1930, 467).

ausländischen Gäste bei den Reformationszentenaren des vorangegangenen Jahrzehnts waren kaum weniger lang.[33] Diese bereits 1920 einsetzende internationale Beteiligung an den Reformationsjubiläen trug den deutschen Protestanten in einem ausländischen Kirchenblatt geradezu den Vorwurf ein, sie jagten ständig nach Gedenktagen und lüden Gäste aus anderen Ländern dazu, um aus ihrer Isolierung nach dem Ersten Weltkrieg herauszukommen.[34]

Was aber war Gegenstand dieser vielen Jubiläen, wofür feierte man die Reformation? Gewiß hatte jedes Zentenar seine Färbung durch das spezielle reformationsgeschichtliche Ereignis, dem das festliche Gedenken galt. Doch damit verbanden sich aktuelle Leitthemen, auf die hin man das damalige Geschehen bedachte und feierte. Das eine Thema war die Frage nach der Relevanz reformatorischen Christentums in Deutschland angesichts der Erschütterungen und Veränderungen, die die Niederlage von 1918 in Politik, Kultur und Kirche hervorgerufen oder befördert hatte. Sie war vor allem in den frühen 1520er Jahren dringlich. Das andere Thema war das Streben nach kirchlicher Einheit. Es stand in der zweiten Hälfte des Jahrzehnts und 1530 im Vordergrund. Mit diesen beiden Themen verbunden, aber sie in besonderer Weise akzentuierend kam die lutherisch-konfessionelle Selbstbesinnung als eigenes Feiermotiv hinzu.

1.1. Die Jubiläen von Worms und Wittenberg 1921 und 1922

Gleich das erste große Jubiläum nach dem Ende des Krieges bot diesen Feierthemen die Bühne, das Vierhundertjahresfest von Luthers Auftritt vor dem Reichstag zu Worms im Jahr 1921. Genauer, es bot ihnen mit drei überregionalen Großfesten jeweils eine eigene Bühne, eine eigene Feier, bei der eines jener Themen oder Motive im Mittelpunkt stand: die Feier um den und am eigentlichen Jubiläumstag am eigentlichen Jubiläumsort, nämlich am 17.–19. April in Worms, den offiziellen Festakt der obersten Kirchenbehörde der deutschen evangelischen Kirchen, des Deutschen Evangelischen Kirchenaus-

---

[33] So bei der Bullenverbrennungsfeier 1920 (siehe unten S. 246f.), bei der Wormser Feier 1921 (siehe unten S. 247), bei der Eisenacher Feier von Luthers Ankunft auf der Wartburg 1921 (siehe unten S. 248), bei dem Stuttgarter Gedenkakt des DEKA für Luthers Auftritt in Worms (siehe unten S. 265.269f.), bei der Invokavitfeier in Wittenberg 1922 (Teilnehmer aus den USA [kein offizieller Abgesandter], Dänemark, Estland, Finnland, Holland, Norwegen, Österreich, Schweden, Tschechoslowakei, Ukraine, Ungarn, aufgelistet in: Die Invokavitfeier [s. Anm. 19], 23), bei dem Jubiläum des Marburger Religionsgesprächs 1929 (Schweiz, Niederlande, Ungarn, Frankreich, Schottland, Waldenser, Böhmische Brüder, Reformierter Weltbund, Konferenz für Glauben und Kirchenverfassung; KJ 57, 1930, 461). Bei der dreitägigen Feier des Jubiläums von Luthers Auftritt auf dem Wormser Reichstag in Worms im April 1921 gab es zwar eine ganze Reihe ausländischer Teilnehmer, aber sie durften wegen der Zugehörigkeit der Stadt zum linksrheinischen Besatzungsgebiet nicht das Wort erheben, was dann durch umso stärkere Mitwirkung ausländischer Delegierter bei der gerade genannten Wormsfeier des DEKA im September desselben Jahres ausgeglichen wurde. Siehe dazu unten.

[34] Berichtet von Wilhelm von Pechmann in seinem Grußwort bei dem Invokavitjubiläum 1922 (Die Invokavitfeier [s. Anm. 19], 8f.).

schusses, im September in Stuttgart, und dazwischen im August die Jubiläumsfeier der Allgemeinen Evangelisch-Lutherischen Konferenz in Greiz. Daneben gab es im April Hunderte von Feiern in den Landeskirchen und Gemeinden, zu denen der DEKA und die Leitungen der Landeskirchen aufgerufen hatten.[35]

Den bei weitem größten Zulauf und ein ungeheures, reichsweites Echo in der Presse fand die dreitätige Feier in Worms. Dabei stand sie unter keinem guten Stern. Da Worms zu dem seit der Niederlage französisch besetzten linksrheinischen Reichsgebiet gehörte, größere Veranstaltungen nur mit Erlaubnis und Auflagen der Besatzungsmacht durchgeführt werden konnten und die Stadt nach Meinung der deutschen Kirchenbehörden folglich für eine offizielle Jubiläumsfeier nicht in Frage kam, zeichneten lediglich die Ortskirche von Worms und die zuständige hessische Landeskirche für das Fest verantwortlich, kräftig unterstützt vom Evangelischen Bund.[36] Gerade der Mangel an kirchenoffiziellem Rang sollte sich nun aber als die Stärke der Wormser Feier erweisen. Denn so wurde dieses massenhaft besuchte und mit Festgottesdiensten und Kundgebungen im Freien, Musik und Theater trotz der widrigen Umstände durchaus glanzvolle Jubiläum zu einer Sache der kirchlichen Basis, von Gemeinden und Pfarrern. Und das hieß, es wurde bestimmt von dem, was die Basis bewegte – bestimmt vom »Verlangen des Volks«, wie Martin Rade formulierte.[37] Des Volkes Verlangen aber hatte *ein* Ziel: Es wollte Halt und Gewißheit finden in der erschütterten deutschen Nachkriegswelt. Eben deshalb kam man nach Worms. Denn es war Martin Luther, der am 400. Jahrestag seines Auftritts vor Kaiser und Reich der großen Festgemeinde Halt und Gewißheit geben sollte. Er sollte in verzweiflungsvoller Zeit der Retter der Deutschen sein.

Wenn man gerade von dem Reformator die Rettung erwartete, dann deshalb, weil man die Not der Nachkriegsjahre nicht nur, ja nicht einmal in erster Linie in den äußeren politischen und wirtschaftlichen Verhältnissen sah. Die eigentliche Not sitze tiefer, den Menschen seien Halt und Orientierung des Lebens selbst verlorengegangen. Das geschlagene Land halle wider von dem »Schrei nach einem Etwas, das uns bleibt, wenn alles andere uns zerbricht, nach einer letzten Gewißheit, die uns trägt durch alle Wirrsale und Stürme der Zeit«.[38] Dieser Schrei sei nichts weniger als »die *moderne Reformationsfrage*«.[39] Die »moderne Reformationsfrage« – damit wird einerseits

[35] Vgl. zu dem ganzen Komplex siehe unten S. 245–248. Dort Einzelheiten und Quellenbelege zu den hier nur in großen Strichen zu zeichnenden Vorgängen.

[36] Dieser bestritt den dritten Tag des Festes sogar ganz in eigenem Namen.

[37] ChW 35, 1921, 311 (Kleine Mitteilungen).

[38] Bericht über die Wormser Lutherfeier am 17. bis 19. April 1921 zum Gedächtnis der 400jährigen Wiederkehr des Tages, an dem Luther in Worms vor dem Reichstag stand. Beschreibung der Gedenkfeier mit ausführlicher Wiedergabe der Reden und Kundgebungen, einer geschichtlichen Einleitung und bildlichen Darstellungen, Worms 1921, 47.

[39] Ibd. (Hervorhebung im Original).

eingeräumt, daß sich diese Frage inmitten anderer Erfahrungen und in anderer Sprache stelle als im 16. Jahrhundert. Damit wird andererseits aber auch gesagt, die gegenwärtige Frage sei im Kern identisch mit den Problemen, die die Menschen damals bewegten. Als das Gemeinsame damals wie heute wird die verzweifelte Suche nach existentieller Gewißheit identifiziert. Und weil die existentielle Not dieselbe ist, ist es auch derselbe Mann, von dem heute wie damals die Wiedergewinnung der rettenden Gewißheit zu erwarten ist: Martin Luther, der »Held von Worms«, der im eigenen Gewissen diese Gewißheit gefunden, sie vor aller Welt in größter Gefahr bewährt und so für alle Zeit den Weg gewiesen hat. Er ist keine Größe der Vergangenheit, sondern »Luther lebt!«[40], er »redet zu uns«[41]. Alle historische Distanz überwindend, wird er den Feiernden gegenwärtig, und die Feiernden begegnen ihm so, wie man Gegenwärtigem begegnet: im unmittelbaren Erleben. »Wir haben Luther erlebt«, so faßt ein Wormser Pfarrer die Erinnerung an die Jubiläumstage zusammen.[42] Die Rede vom »Erlebnis« ist die Kategorie, die vor allem charakterisierte, worauf das »Verlangen des Volkes« ging und was es nach dem Urteil vieler Teilnehmer und Kommentatoren in Worms auch fand. Sie steht für eine keiner weiteren Reflexion bedürftige und durch keine Reflexion zu gefährdende unmittelbare Evidenz, für eine im tiefsten Gefühl verankerte existentielle Sicherheit, kurz, für die so sehnlich begehrte unbedingte Gewißheit: »Erleben heißt: zur Gewißheit kommen.«[43] Zur Gewißheit Gottes[44], zur Gewißheit Christi[45]. Diese Gewißheit, in der der Schrei der Zeit zur Ruhe kommt, repräsentiert der Luther von Worms, der sich allein auf sein in Gott gegründetes Gewissen beruft, der Luther, dessen »Persönlichkeit«, dessen »Ich« ganz mit Christus verbunden ist.[46] Deshalb gewinnt, wer sich ihm zuwendet, an seiner in Worms bewährten Gewißheit Anteil, an der Gewißheit, daß »Christus lebt!«.[47]

---

[40] A.a.O. 34. Vgl. auch die emphatische Feststellung eines Redners: »Luther in Worms, das heißt, Luther mitten unter uns, das ist ein Klang, der Gegenwartsleben, Gegenwartsgeist in sich schließt« (a.a.O. 45).

[41] A.a.O. 30.

[42] A.a.O. 79. Von der Hauptfeier in der Dreifaltigkeitskirche schreibt der Herausgeber des *Berichts über die Wormser Lutherfeier*, sie habe die Teilnehmer »auf die Höhe religiösen Erlebens [geführt]« (a.a.O. 71).

[43] A.a.O. 80.

[44] A.a.O. 101.

[45] A.a.O. 80 (s. Anm. 47).

[46] A.a.O. 91: »[d]ie Persönlichkeit, die ihres Gottes ganz gewiß ist«; vgl. auch 46: Luther als »*religiöse* Persönlichkeit«; darin, nicht in den diversen anderen Zügen, die sonst vielfach an ihm herausgestellt würden – Luther der Kirchenmann, der Freiheitsapostel, der Neuerer, der Theologe, der Prophet, der »deutsche Volksmann«, der Nationalheld –, liege das Entscheidende und wirklich Feierwürdige an ihm. Die Rede von Luthers »Ich« siehe die nächste Anm.

[47] »Erleben heißt: zur Gewißheit kommen. So denke ich, haben wir auch etwas von dem Wormser Luther erlebt. Luther, und daneben stand ein anderer: Christus. Durch manche Rede klang es hindurch: Christus vivit. Es ist uns in dieser Stunde auf die Höhe begrifflicher

Die Beschwörung der Lutherunmittelbarkeit, die Charakterisierung des lutherschen Christentums als Religion des »Gewissens« und der »Persönlichkeit«, die Kategorie des »Erlebnisses« – all diese Töne, die die Wormser Feier beherrschten und nach den Berichten auch großes Echo bei den Teilnehmern fanden, waren keine Eigentümlichkeit des Jubiläums. Karl Holl hatte, eine spezifische religiöse Zeitgenossenschaft zur reformatorischen Entdeckung Luthers reklamierend, schon bei dem Lutherjubiläum von 1917 seinen Hörern zugerufen und schärfte seit dem Erscheinen seiner bahnbrechenden Lutherstudien 1921 einer tausendfachen Leserschaft ein: Im Gedenken an den Reformator »berühren [wir] uns mit einem Lebendigen«.[48] Auch er hatte das Gewissen für den Ort erklärt, an dem es wie bei Luther und mit Luther zur Gottesgewißheit komme. Die starke, nur ihrem Gewissen verpflichtete »Persönlichkeit« gehörte längst zu den Leitidealen des liberalen Bildungsprotestantismus.[49] Und die Rede vom »Erlebnis« war, mit besonderer Evidenz versehen durch das »Kriegserlebnis« im Ersten Weltkrieg,[50] innerhalb und außerhalb von Theologie und Kirche allgegenwärtig.[51] Gerade wegen der weiten Verbreitung aber waren jene Begriffe und Wendungen inhaltlich diffus, und so lassen sie sich auch in den Beiträgen der Wormser Jubiläumsredner nicht auf eine bestimmte theologische Füllung festlegen, waren vielmehr im Einzelnen mit unterschiedlichen Vorstellungen verbunden.[52] Was sich durchweg feststellen läßt, ist die Verortung des rettenden Luthererlebens in der geistig-existentiellen Krise des unter dem Schock der Niederlage und ihrer Folgen stehenden deutschen Volkes. Von dort aber war es nur ein kleiner Schritt, Luthers Auftreten und die Reformation als Geschehnisse zu feiern, die spezifisch das deutsche Volk gemeint und ausgezeichnet hätten.

Klarheit gehoben worden: das ›Ich‹ Luthers in Verbindung mit dem lebendigen Christus. Christus lebt!« (a.a.O. 80). Vgl. auch a.a.O. 47: Die Frage nach einer letzten Gewißheit, die die »moderne Reformationsfrage« ist, findet, wiewohl »andersartig als [...] in Luthers Seele«, ihre Antwort in demselben Erlebnis, bei demselben »Einen, bei dem Luther sie gefunden: Christus ist hie!«.

[48] So in seinem Jubiläumsvortrag vor der Berliner Universität *Was verstand Luther unter Religion?* (in: Karl Holl, Gesammelte Aufsätze zur Kirchengeschichte. Bd. 1: Luther, Tübingen ^{6}1932, 1–110), 1 (vgl. oben S. 22).

[49] Friedrich Wilhelm Graf, Protestantische Theologie in der Gesellschaft des Kaiserreichs (in: Profile des neuzeitlichen Protestantismus 2/1, hg. v. dems., Gütersloh 1992, 12–117), 17. Graf erklärt die autonome Persönlichkeit geradezu zum »höchste[n] kulturelle[n] Leitwert im Denken der liberalen Bildungsprotestanten« zur Zeit des Kaiserreiches.

[50] Vgl. Martin Rade, Gottes Wille im Krieg (in: ChW 28, 1914, 769f.), 769. Zur Bedeutung dieser Kategorie im Ersten Weltkrieg siehe auch Wilhelm Pressel, Die Kriegspredigt 1914–1918 in der evangelischen Kirche Deutschlands, Göttingen 1967, 12–19 und passim.

[51] Vgl. Georg Pfleiderer, Zum Lebensbegriff in der protestantischen Theologie um den Ersten Weltkrieg (in: Das Leben. Historisch-systematische Studien zur Geschichte eines Begriffs, hg. v. Stephan Schaede, Gerald Hartung u. Tom Kleffmann, Tübingen 2012, 185–219).

[52] Vgl. die Skizze einzelner Festreden unten S. 262–265.

Und in der Tat gab es kaum eine Rede in Worms, in der solche Töne fehlten. Ja, der »deutsche Luther«, der 1917 die Jubiläumsbühne als Helfer im Krieg beherrscht hatte, wurde nun zum »Held[en], der dich führen muß in dieser argen Zeit, deutsches Volk«.[53] So sprachen keineswegs alle Jubiläumsredner. Aber vor allem in den Worten der Pfarrer und vollends derer aus dem Evangelischen Bund brach der deutsche Luther sich ungehemmt Bahn.[54] Als Verkörperung der »Kraft deutsch-evangelischen Wesens«[55] wurde er zur Projektion der Sehnsucht des geschlagenen Volkes nach Halt. Für manch einen Redner zielte diese Führung auf die Wiederherstellung der politischen Vorkriegsherrlichkeit. Doch die Sehnsüchte, die sich auf den »Helden von Worms« richteten, waren umfassender und unbestimmter, in einem undefinierten Sinn religiöser – nicht umsonst ging die Rede vom »Erleben« Luthers bruchlos über in die vom Erleben Gottes oder Christi. Was mit diesen Worten gemeint ist, bleibt vage, womit die Wormser Feier von 1921 eine Entwicklung fortführt, die bereits an den Jubiläen des 19. Jahrhunderts festzustellen war: die inhaltliche Entleerung dessen, wofür der gefeierte Luther oder die gefeierte Reformation stand. Gerade so aber zog Martin Luther 1921 die Massen an, erlaubte er, daß das »Verlangen des Volkes« in ihm den Retter sah.

Ein tiefes »Verlangen«, das die Zeitgenossen in dieser »harte[n] schwere[n] Zeit« bewege und das letztlich ein Verlangen nach Gott, nach Jesus Christus sei, diagnostizierten auch die Veranstalter der zweiten Großveranstaltung zum Jubiläum,[56] der Wormsfeier, die die *Allgemeine Evangelisch-Lutherische Konferenz* Anfang August kurz und konzentriert in Form eines Gottesdienstes mit Festpredigt und Festvortrag im thüringischen Greiz veranstaltete.[57] Doch die konfessionellen Lutheraner warfen dem Fest am Rhein vor, es sei die Erfüllung dieses Verlangens schuldig geblieben. Denn dort habe man nichts als nationale »Lutherhuldigung« betrieben und damit Luther und die Reformation völlig verfehlt.[58] Wie man das Wormsjubiläum in den Augen der Konfessionellen sachgerecht beging, machte ihre eigene Feier klar: mit dem »Bekenntnis zum Luthertum«. Nur mit solchem um den Zeitgeist unbekümmerten, furchtlosen Bekenntnis entspreche »die Kirche des reinen Wortes und des lauteren Sakraments« (CA VII) jenem Bekenntnis, das der Reformator in Worms abgegeben habe. Und damit gebe sie den Menschen das, was allein ihnen in ihrer Not helfen könne: die Botschaft vom »Gottesgnadentum des gerechtfertigten Sünders«.[59]

---

[53] Bericht über die Wormser Lutherfeier (s. Anm. 38), 91.

[54] Vgl. unten S. 263–265.

[55] Bericht über die Wormser Lutherfeier (s. Anm. 38), 31.92.

[56] So die Jubiläumsbotschaft der Allgemeinen Evangelisch-Lutherischen Konferenz am 14. April 1921 (AELKZ 54, 1921, 225f.).

[57] Das Datum erklärt sich daraus, daß die Feier anläßlich der jährlichen Haupttagung der Konferenz vom 1. bis zum 4. August 1921 stattfand. Ausführlicher zu der Feier unten S. 274–277.

[58] A.a.O. 349f.

Die offizielle Wormsfeier, die schließlich der Deutsche Evangelische Kirchenausschuß am 15. und 16. September in Stuttgart ausrichtete,[60] kreiste um ein anderes Anliegen als die Feste in der Reichstagsstadt am Rhein und in Greiz. Dabei hatte der DEKA im Frühjahr ähnliche Töne wie die Feier in Worms angeschlagen, als er in einer an alle evangelischen Gemeinden des Reiches zur Kanzelverlesung am Jubiläumssonntag (18. April) verschickten Ansprache formulierte, die Deutschen könnten sich an dem »großen deutschen Glaubenshelden« auch in der gegenwärtigen Not und Haltlosigkeit »aufrichten«;[61] ganz frei von solchen Sätzen war auch seine eigene offizielle Feier nicht. Doch bei dieser Feier, die man wegen der Besetzung des Rheinlandes zu einem anderen Zeitpunkt und an anderem Ort abhielt als das Wormser Fest und die kein Volksfest, sondern ein feierlicher Festakt war, stand im Mittelpunkt nicht die Bedeutung des Wormser Luther für das nach Gewißheit schreiende deutsche Volk, sondern für die – protestantische – Ökumene. Hintergrund war zum einen, daß die Jubiläumsfeier unmittelbar auf den in Stuttgart veranstalteten Evangelischen Kirchentag des Jahres folgte. Auf diesem Kirchentag aber war beschlossen worden, daß die deutschen Landeskirchen sich im nächsten Jahr über Konfessionsgrenzen hinweg zum Deutschen Evangelischen Kirchenbund (DEKB) zusammenschließen würden.[62] Zum anderen schlugen sich in der Stuttgarter Feierperspektive die Anfänge der internationalen Ökumenischen Bewegung nieder, die in jene Jahre fielen;[63] in Gestalt vieler ausländischer Kirchenvertreter bei dem Festakt, an ihrer Spitze des ökumenischen Gründervaters Söderblom, war diese neue Bewegung sogar sichtbar präsent. Die Berufung auf den Wormser Luther sollte dem gerade eingeleiteten Zusammenschluß des deutschen Protestantismus den »Geist« verleihen, mit dem die neue »Form« zu erfüllen sei.[64] Und sie

[59] A.a.O. 351f. Entgegen der Kritik der konfessionellen Lutheraner am »nationalen Luther« bei der Wormser Feier ist allerdings auch die Festrede in Greiz von solchen Tönen nicht frei, siehe a.a.O. 351.

[60] Wormser Erinnerungsfeier Stuttgart 1921. Im Anschluß an den Zweiten Deutschen Evangelischen Kirchentag veranstaltet vom Deutschen Evangelischen Kirchenausschuß. Heft 1: Vorfeier in der Liederhalle und Hospitalkirche Donnerstag, 15. September 1921 Heft 2: Gedenkfeier in der Markuskirche Freitag, den 16. September 1921, Wittenberg 1921.

[61] *Ansprache des Deutschen Evangelischen Kirchenausschusses an die Gemeinden zur Feier des Tages zu Worms* (abgedruckt in: Allgemeines Kirchenblatt für das Evangelische Deutschland 70, 1921, 131f.; Auszug in: KJ 48, 1921, 354). Gemeint ist der vom DEKA diagnostizierte kulturelle Zerfall der Nachkriegsgesellschaft, dem die deutschen Protestanten mit einem angesichts der Wormser »Bekenntnistat« Luthers wieder neu mit Gottes Wort verbundenen und so geschärften Gewissen entgegentreten sollen. Vgl. unten S. 255f.

[62] Zum Stuttgarter Kirchentag vgl.: Verhandlungen des 2. Deutschen Evangelischen Kirchentages 1921. Stuttgart, 11.–15.IX.1921, hg. vom DEKA, Berlin o.J. [1922].

[63] In jene Zeit fielen die internationalen Tagungen auf dem Weg zu den ersten Weltkonferenzen für Praktisches Christentum (Life and Work, 1925) und für Glauben und Kirchenverfassung (Faith and Order, 1927). Zu den Vorbehalten, die wegen des Versailler Vertrages und insbesondere wegen der sog. Kriegsschuldlüge im deutschen Protestantismus zunächst gegen die internationale ökumenische Bewegung bestanden und die auch bei der Stuttgarter Feier Ausdruck fanden, vgl. unten S.269–271.

[64] So Kirchentagspräsident Wilhelm von Pechmann, a.a.O. 268.

sollte dem sich formierenden Weltprotestantismus seine gemeinsamen, der Reformation zu verdankenden »geistigen Güter« vor Augen führen,[65] ja, wie Erzbischof Söderblom in seiner Festansprache mit dem Titel *Martin Luthers universale Bedeutung* sagte, die ökumenischen, sogar interreligiösen Potentiale der »religiösen Sendung« des Reformators deutlich machen.[66] Das waren große Worte. Freilich spiegelten sie ein Programm der oberen Ebene kirchlicher Funktionsträger.[67] Mit dem »Verlangen des Volkes« hatte der Stuttgarter Festakt wenig zu tun.

Bei dem nächsten Jubiläum – ein halbes Jahr später – trat nicht »die Ökumenizität« des Protestantismus, sondern die »des Luthertums [...] wuchtig in die Erscheinung«,[68] nämlich bei der Vierhundertjahrfeier von Luthers Rückkehr von der Wartburg und seiner anschließend gehaltenen Invokavitpredigten am 4.–6. März 1922.[69] Diese von Luthergesellschaft und Lutherhalle in Wittenberg ausgerichtete dreitägige Feier war eine akademisch-kirchliche Veranstaltung,[70] kein Volksfest, doch zog sie mit Festzug und Kranzniederlegungen, Gottesdiensten und Ministeradresse, Musik und Reden so viele Menschen aus Deutschland an, daß Parallelfeiern an verschiedenen Orten abgehalten werden mußten. Ja, sie versammelte auch in großer Zahl Vertreter lutherischer Kirchen von der Ukraine bis nach Nordamerika.[71] An erster Stelle standen wieder die Skandinavier, die die kircheneinigende Kraft des »durch Luther den Völkern neugeschenkten Gotteswortes« priesen[72] und für den Zusammenschluß aller evangelischen Kirchen warben, der, so der unermüdliche Söderblom,[73] nur im Zeichen der Wittenberger Reformation geschehen könne.[74] An solchen ökumenischen Überlegungen zeigte sich der Festvortrag

[65] So der Gruß, den eine Delegation der Zürcher Kirche der Festversammlung entbot (a.a.O. 269 mit Anm. 141).

[66] A.a.O. 272f.

[67] Nicht ausdrücklich gegen die Stuttgarter Feier, die noch in der Zukunft lag, aber gegen eine kirchliche Vereinnahmung des Wormser Luther wandte sich der Jubiläumsaufruf des radikalliberalen Protestantenvereins. Im Widerspruch zu allem »Klerikalismus«, der sich in der evangelischen Kirche Deutschlands nach der Trennung vom Staat immer mehr auszubreiten scheine, müsse man den vor dem Reichstag aufgetretenen Reformator als Verfechter einer »Religion des Geistes und der Freiheit« feiern (Tägliche Rundschau 20.4.1921, Nr. 181, Beilage).

[68] KJ 49, 1922, 436.

[69] S. dazu die Dokumentation: Die Invokavitfeier (s. Anm. 19); Zusammenfassung in KJ 49, 1922, 436–438.

[70] Es kamen Vertreter aller Landeskirchen und der Präsident des DEKA, aber auch der Präsident des Breslauer Oberkirchenkollegiums der Altlutherischen Kirche (a.a.O. 2).

[71] Vgl. oben Anm. 33.

[72] So der finnische Bischof Gummerus in seiner Festpredigt in der Stadtkirche (KJ 49, 1922, 437).

[73] Er legte am Grab Luthers einen Kranz nieder, auf dessen Schleife zu lesen stand: »De propheta Wittebergensi, quo major post Paulum ecclesiae catholicae et apostolicae non est missus, aeterno cum gaudio Deum laudant in Suecia fideles« (Die Invokavitfeier [s. Anm. 19], 3).

[74] KJ 49, 1922, 438.

Luther und die Schwärmer, den der gerade durch sein Lutherbuch berühmt gewordene Karl Holl auf der Jubiläumssitzung der Luthergesellschaft hielt, wenig interessiert.[75] Der Berliner Professor nahm vielmehr gerade laufende akademische Debatten auf und nutzte Luthers in der Invokavitwoche 1522 beginnende Auseinandersetzung mit dem linken Flügel der Reformation zum Anlaß für eine doppelte Attacke: Zum einen wandte er sich gegen Ernst Troeltsch, der im Schwärmertum, nicht in Luther den wahren Träger religiösen und gesellschaftlichen Fortschritts sehe,[76] zum anderen wies er die neuerdings aufgetretene Dialektische Theologie zurück, deren Gott wie der der Schwärmer nur verneinende, nicht aufbauende Macht sei.[77] Mit dem beiden Adressaten der Attacke entgegengehaltenen Plädoyer für den positiven »Staatsbegriff«, den Luther den Schwärmern gegenüber entwickelt habe und der nicht am Ideal schrankenloser Freiheit, sondern am Ideal der Gemeinschaft ausgerichtet sei, war Holls Jubiläumsbeitrag zugleich ein kritischer Kommentar zur politischen Neuordnung Deutschlands in jener Zeit.[78] Und die Aktualisierung des Invokavitgeschehens mündete, ganz im Sinn der Rede vom »lebendigen Luther« in der Jubiläumsrede fünf Jahre zuvor, in die Schlußworte: »Deshalb stehen wir zu Luther und grüßen wir den, der am heutigen Tage von der Wartburg herbeieilte, um sein Werk an Stelle des im schwärmerischen Geist Begonnenen aufzurichten.«[79]

1.2. Die Jubiläen von Speyer und Marburg 1929

War das Invokavitjubiläum bei all seinen festlichen Elemente und allem Zulauf eine Veranstaltung vornehmlich für Kirchenvertreter und Akademiker gewesen, so wurde das nächste Jubiläum ein Volksfest, wie es das Jahrhundert noch nicht gesehen hatte: das an Pfingsten 1929 begangene Jubiläum der Protestation auf dem Zweiten Speyerer Reichstag (1529). Dieses am Ort des damaligen Geschehens selbst, in Speyer, gefeierte Fest war in vieler Hinsicht dem Wormser Reichstagsjubiläum vom April 1921 verwandt, so wie die beiden Orte des Geschehens durch monumentale Reformationssymbole im Geist des 19. Jahrhunderts, das Wormser Lutherdenkmal und die Speyrer Protestationsgedächtniskirche,[80] verbunden waren. Daß in Speyer wie einst in

[75] Karl Holl, Luther und die Schwärmer (in: Ders., Gesammelte Aufsätze [s. Anm. 48], 420–467).

[76] A.a.O. 466; siehe auch 424, Anm. 1.

[77] A.a.O. 463. Vgl. Eduard Thurneysens Reaktion auf diese Kritik in einem nach Erscheinen der gedruckten Fassung geschriebenen Brief an Karl Barth (30.10.1923): »Es geht ein böser Wind um gegen uns: hast du gesehen, was *Holl* in der neuesten 2. und 3. Auflage seines ›Luther‹ (1923) gegen dich zu bemerken hat?« (Karl Barth – Eduard Thurneysen, Briefwechsel. Bd. 2: 1921–1930, bearb. u. hg. v. Eduard Thurneysen, Karl Barth Gesamtausgabe V, Zürich 1974, 195).

[78] Holl, Luther und die Schwärmer (s. Anm. 75), 467.

[79] Ibd.

[80] Zu diesem 1904 fertiggestellten Denkmal in Kirchengestalt, das nicht nur Schauplatz eines Großteils der Jubiläumsfestlichkeiten war, sondern auch immer wieder in Predigten

Worms, ja in noch viel größerer Zahl die kirchliche Basis feierte, hatte vielleicht auch, wie ein Beobachter feststellte, mit der »Festfreudigkeit« dieser Gegend zu tun.[81] Ausschlagend war aber wohl, wer es veranstaltete: Wie es in Worms neben der Gemeinde die hessische Landeskirche gewesen war, so trug das Speyrer Fest die Landeskirche der Pfalz. Diese mittlere, regionale Ebene war offensichtlich am besten geeignet, ein großes Fest auszurichten, nah genug an den Gemeinden, die Christen dort zu begeistern, zugleich institutionell stark genug, die notwendige übergemeindliche Infrastruktur zu schaffen. Unterstützend kam, wie 1921 der Evangelische Bund, so nun der in der Pfalz besonders starke Protestantenverein hinzu. Ein ganzes Jahr lang hatte man in den Gemeinden für das dreitägige Jubiläum geworben.[82] Über die Presse waren auch die angrenzenden Regionen einbezogen worden. Und so strömte es in Massen in die alte Reichstagsstadt – die Schätzungen bewegen sich zwischen 100000 und 180000 Teilnehmern,[83] überwiegend aus der Pfalz, aus Baden, Hessen, Württemberg und dem Rheinland.[84] Die meisten kamen mit der Bahn, wie bei der Wormser Feier vielfach mit Sonderzügen;[85] hinter einem Schild, das den Namen ihrer Gemeinde trug, marschierten die Menschen singend in Gruppen mit ihrem Pfarrer vom Bahnhof in die Stadt. Straßen und Häuser waren mit Girlanden, Fahnen und Wimpeln geschmückt, Bläserklang tönte von den Türmen, auf Plätzen und Krankenhaushöfen. Die

und Ansprachen angeführt wurde (z.B. Speyerer Protestationsgedächtnisfeier [s. Anm. 82], 18.21.58.129f.), vgl.: Erbe und Auftrag – Die Gedächtniskirche zu Speyer im Strom protestantischer Erinnerungskultur (Begleitheft zur Ausstellung »Die Gedächtniskirche zu Speyer – Ein Denkmal protestantischer Erinnerungskultur«), hg. vom Landeskirchenrat der Evangelischen Kirche der Pfalz (Protestantische Landeskirche), Heidelberg u.a. 2004.

[81] Niebergall (s. Anm. 28), 555. Niebergall sieht einen weiteren Grund in der lange schwierigen Lage des Protestantismus im Südwesten Deutschlands und in der Erfahrung der Besatzung, die zu einer besonderen Identifikation der evangelischen Bevölkerung mit ihrer Kirche geführt hätten, sowie in der basisorientierten, milieuübergreifenden Arbeit des Protestantenvereins (a.a.O. 555f.).

[82] Die Pfälzer Kirche hatte auch eine Festschrift herausgegeben (Heinrich Drescher, Die Protestation und Appellation der Evangelischen Stände auf dem Reichstag zu Speyer 1529. Zum Gedenkjahr 1929, Speyer 1929) und eine neue wissenschaftliche Monographie über den Reichstag von 1529 veranlaßt (Johannes Kühn, Die Geschichte des Speyrer Reichstags 1529, Leipzig 1929). Für die christlichen Familien war ein vom Pfälzer Protestantenverein zum Jubiläum herausgegebenes Andachtsbuch gedacht (An der Quelle des Lebens. Ein christliches Hausbuch, hg. vom Protestantenverein der Pfalz zur 400Jahr-Feier der Protestation von 1529, Heidelberg 1929), das allerdings nirgends vom Speyerer Reichstag handelt, sondern sich ganz auf Auslegungen von Bibelstellen für jeden Tag beschränkt. Hingewiesen sei auch auf die in »Zehntausenden von Stücken« verbreiteten Festabzeichen und Gedenkblätter sowie auf die besonders gestalteten Konfirmationsurkunden dieses Jahres, die die Pfälzer Kirche hatte herstellen lassen (Die Speyerer Protestationsgedächtnisfeier 1529–1929 an den Pfingsttagen des Jahres 1929. Festbericht nebst Predigten, Vorträgen, Reden und Ansprachen, hg. vom Speyerer Festausschuß, Speyer 1929, 2).

[83] Ibd.

[84] A.a.O. 3. Hier der »Festbericht« mit Einzelheiten des Ereignisses (1–4). Kurzer Bericht in KJ 56, 1929, 345f. und in Niebergall (s. Anm. 28).

[85] Nach dem Bericht im KJ waren es »nicht weniger als 76 Sonderzüge« (KJ 56, 1929, 345f.).

Jubiläumsgottesdienste in den Kirchen und im Freien waren überfüllt, man sang in Massen, nicht zuletzt und immer wieder *Ein feste Burg*. Bei einer Großkundgebung auf dem Festplatz am Rhein waren ›lebende Bilder‹ zu sehen, die den Thesenanschlag, Luthers Auftritt in Worms und die Speyrer Protestation als reformationsgeschichtliche Schlüsselszenen präsentierten,[86] und es gab einen aufwendigen historischen Festzug, der die protestierenden Fürsten und Städtevertreter von 1529 hoch zu Roß vorbeireiten ließ; daß die Darsteller Bewohner der Stadt und der umliegenden Dörfer mit ihren eigenen Pferden waren, »jedes Dorf eine Begleitmannschaft«,[87] erhöhte das Gefühl, selbst an der Geschichte beteiligt zu sein, und die allgemeine Begeisterung gebar sogar die Idee, einen Film zum Fest zu drehen – gewiß eine Premiere in der Geschichte der Reformationsjubiläen![88]

Für den Berichterstatter der *Christlichen Welt*[89] hatte der Volksfestcharakter der zigtausendköpfigen Speyrer Feier nichts weniger als ekklesiale Bedeutung: Hier habe sich, neben der auch anwesenden »offiziellen Kirche«,[90] eine »andere Kirche« sehen lassen: eine evangelische »Volkskirche«. Es habe sich gezeigt, daß es möglich sei, »an das evangelische Volk heranzukommen«, und das milieuübergreifend, auch bei Bauern und Arbeitern. Und so gab das Jubiläum dem Berichterstatter zu der Hoffnung Anlaß, die nach dem Ende des Landesherrlichen Kirchenregiments viele hegten, daß sich nämlich die Distanz zwischen der vor allem als Institution wahrgenommenen Kirche und dem Volk schließe und sich »aus der Amtskirche eine rechte Volkskirche [...] gestalten« lasse. Ob das Speyrer Fest tatsächlich zu solch weitgehender Hoffnung berechtigte und nicht eher ein einmaliges »Event« war, mag dahingestellt sein. Jedenfalls begeisterte es, wie und noch mehr als »Worms« acht Jahre zuvor, schichtenübergreifend solch große Menschenmassen, daß sich sogar die zeitgenössische Presse erstaunt zeigte, wie »das religiöse Moment trotz allem noch so stark im Volk verwurzelt sei«.[91] Der Vergleich mit dem Fest von Worms zeigt nun aber auch, daß sich die Stimmung gewandelt hatte. In Speyer war es nicht der »Schrei nach Gewißheit«, der die Menschen zum

---

[86] Es gab auch ein Theaterstück, und zwar unter dem Titel *Glaube und Gewissen*, außerdem eine Ausstellung zum Speyerer Reichstag von 1529 im Historischen Museum (Speyerer Protestationsgedächtnisfeier [s. Anm. 82], 3).

[87] NIEBERGALL (s. Anm. 28), 555.

[88] Reste des Films sind noch auf YouTube zu betrachten (www.youtube.com/watch?v=xvwv516bMW4k, www.youtube.com/watch?v=ag1B6qr-fE [Abruf: 27.4.2017]). Daß ein Teil der Jubiläumsfeiern vom Rundfunk übertragen wurde (Speyerer Protestationsgedächtnisfeier [s. Anm. 82], 4), war demgegenüber schon geradezu konventionell.

[89] NIEBERGALL (s. Anm. 28).

[90] Über sie erlaubt sich der Berichterstatter die bis heute aktuelle Bemerkung, daß die durch Titel und Amtskleidung herausgestellte Würde der hohen »Geistlichkeit« »wie stets bei solchen Gelegenheiten stark gefährdet [wurde] durch das wie es scheint unausrottbare Schwatzen im Angesicht der festlichen Gemeinde bis in den Beginn des Gottesdienstes hinein und zwischen den Gesängen und gleich wieder nach der Predigt« (a.a.O. 555).

[91] KJ 56, 1929, 345, hier als Beispiel die Vossische Zeitung.

Jubiläum trieb, suchten nicht Verzweifelte in Luther, in der Reformation verlorenen Halt. Diese Zeiten waren, elf Jahre nach Krieg und Niederlage und angesichts mittlerweile erreichter relativer Stabilität, vorbei[92] – daß sich schon wenige Monate später mit der Weltwirtschaftskrise das Blatt wiederum radikal wenden würde, ahnte niemand. Und so feierte man in Speyer, obwohl in dieselben Wochen der zehnte Jahrestag des Versailler Vertrages fiel, den der DEKA als Trauertag zu begehen empfahl,[93] ein Eckdatum der eigenen religiösen Geschichte mit fröhlicher Selbstverständlichkeit.[94]

Der Wandel zeigt sich nicht nur an der Berichterstattung, sondern auch an den Predigten, Reden und Vorträgen, die Kirchenvertreter und Professoren in Speyer hielten. Denn neben dem »Volk« waren selbstverständlich auch sie dabei. Die Leiter fast aller deutschen Landeskirchen, an der Spitze der Präsident des DEKA, Hermann Kapler, nahmen teil, Abgesandte ausländischer Kirchen, wenn auch deutlich weniger an Zahl und ranghohen Würdenträgern als bei den Jubiläumsfeiern in Stuttgart und Wittenberg, waren gekommen,[95] ferner Professoren mehrerer Theologischer Fakultäten, die im Rahmen des Festes auch Ehrenpromotionen veranstalteten.[96] Was an ihren Beiträgen gegenüber den Reden beim Wormser Fest auffällt, ist das Zurücktreten des Vergegenwärtigungspathos und des nationalen Pathos. Beides hatte auch damit zu tun, daß das Speyrer Fest kein Lutherjubiläum war, denn an Luther hatten sich die Rede von dem »lebendigen«, zu »erlebenden« und die von dem »deutschen« Reformator vornehmlich festgemacht. Doch vor allem war mit dem politischen Schock und dem existentiellen Vakuum der Nachkriegsjahre auch das Bedürfnis nach jenen Aktualisierungen geringer geworden.[97] Statt

---

[92] Zur relativen politischen und wirtschaftlichen Konsolidierung seit Mitte der 1925er Jahre, bevor mit der Weltwirtschaftskrise im Herbst 1929 neue schwere Probleme aufkamen, vgl. Gordon A. Craig, Deutsche Geschichte 1866–1945, München 1980, 409.436–463.

[93] Nämlich den 28. Juni (KJ 56, 1929, 349).

[94] Dieser Wandel ist wohl auch der Grund dafür, daß das Presseecho mit dem auf die Wormser Feier von 1921 nicht im entferntesten zu vergleichen war. Eine Veranstaltung, auf die die Nöte und Sehnsüchte großer Teile der Gesellschaft projiziert wurden und auf die sich folglich tagelang auch die Aufmerksamkeit der Medien richtete, war das Jubiläum vom Mai 1929 nicht mehr, sollten auch die Feiern von 1930 nicht mehr sein. Die überregionale Presse berichtete, wenn überhaupt, kurz und knapp über die Jubiläen dieser Jahre als Großveranstaltungen von kirchlicher Relevanz.

[95] Nämlich Bischöfe aus Ungarn, Österreich, Lettland, Kirchenvertreter aus der Schweiz und Schweden (Speyerer Protestationsgedächtnisfeier [s. Anm. 82], 10.31.132.136). Außerdem gingen Telegramme aus vielen ausländischen Kirchen unterschiedlicher protestantischer Konfession ein, in größter Zahl aus der Schweiz (a.a.O. 105f.).

[96] An der Spitze die Pfälzer Universität Heidelberg (Dekan Georg Beer), daneben Erlangen als Fakultät der Bayrischen Landeskirche (Dekan Werner Elert), Göttingen (Dekan Emanuel Hirsch) und Gießen (Dekan Heinrich Bornkamm) (a.a.O. 120–124). Ehrenpromotionen hatten auch im Rahmen des Wormser Jubiläums 1921 stattgefunden, doch nur von seiten der Gießener Fakultät, andere Fakultäten hatten das Jubiläum genutzt, zu Hause Ehrendoktorwürden zu verleihen (vgl. unten S. 253).

[97] Das zeigt sich auch dort, wo man sich nicht allgemein protestantisch verstand, sondern spezifisch auf Luther berief: bei den Tagungen des lutherischen Weltkonventes. Auf der

nach lebendiger Gegenwart der Akteure von 1529[98] fragte man nach den »gegenwärtigen Lebenswerten«, die ihnen trotz ihrer historischen Ferne zu verdanken seien.[99] Und nicht weniger als die deutsche[100] beschäftigte viele Redner die weltweite Dimension des Protestantismus.[101]

Eisenacher Tagung 1923 (siehe oben S. 95) wurde den deutschen Vertretern immer wieder vorgehalten, daß Luther kein deutscher Reformator, sondern ein Reformator der universalen Kirche gewesen sei und daß man fragen müsse, ob nicht in anderen Ländern, namentlich den skandinavischen mit ihren das ganze Volk umfassenden lutherischen Kirchen, das Erbe des Wittenberger Reformators sehr viel besser bewahrt worden sei als im nur eingeschränkt lutherischen, mehrkonfessionellen Deutschland (Lutherischer Weltkonvent 1923 [s. Anm. 3], 62–65.93). Auf der nächsten Tagung, die im Speyrer Jubiläumsjahr in Kopenhagen stattfand, war der »deutsche Luther« überhaupt kein Thema mehr, alle Seiten, die deutschen Lutheraner ebenso wie die Vertreter anderer europäischer und überseeischer lutherischer Kirchen, gingen von dem weltweiten, gemeinsamen Luthertum mit seinen Stärken und Problemen aus (Lutherischer Weltkonvent 1929 [s. Anm. 12]).

[98] Am ehesten wird in Speyer, nicht zuletzt der homiletischen Rhetorik geschuldet, in manchen Predigten so gesprochen, z.B. in Speyerer Protestationsgedächtnisfeier (s. Anm. 82), 37: Es gelte, »den Menschen von 1529 fest ins Auge zu schauen, bis der Funke ihres [...] Lebens in uns überspringt«.

[99] So der Königsberger Kirchenhistoriker Leopold Zscharnack in seinem Festvortrag *Die Protestation von Speyer in ihrer geschichtlichen Bedeutung* (a.a.O. 107–120, hier: 107.118f.). Vgl. zu diesem Vortrag unten S. 112.

[100] In vielen Beträgen waren gar keine nationalen Töne zu hören, und die entfesselten nationalprotestantischen Ausbrüche von Worms fehlten in Speyer ganz. Das heißt nicht, die nationale Karte sei in Speyer nicht gespielt worden. Verschiedentlich war vom in der Reformation geprägten »deutschen Gewissen« (besonders pathetisch und theologisch überhöht bei dem Berliner Domprediger Richter: Speyerer Protestationsgedächtnisfeier [s. Anm. 82], 26), vom Bekenntnis der protestierenden Stände als dem »Bekenntnis des deutschen Volkes« die Rede (z.B. a.a.O. 42). Und die umjubelten ›lebenden Bilder‹ von Thesenanschlag, Luthers Wormser Auftritt und Speyrer Protestation standen sogar unter den Überschriften *Das Erwachen*, *Der Kampf* und *Der Sieg des deutschen Gewissens*, wobei allerdings von den deutenden Rednern nur der des Evangelischen Bundes den nationalen Akzent aufnahm: Beim Thesenanschlag, der an und für sich nichts Besonderes, sondern nur die übliche Art der Bekanntmachung akademischer Angelegenheiten gewesen sei, sei in dem »deutschen Propheten« Luther das »deutsch-evangelische Gewissen erwacht[]«, jenes Gewissen, dessen es besonders bedürfe in einer Zeit, »da man so leicht vergißt, [...] was dieses Deutschland geleistet hat in seinem Heldenkampf gegen eine Welt von Feinden« (a.a.O. 76). Ansonsten war der Doppelklang »deutsch« und »protestantisch« am stärksten in der Antwort des pfälzischen Kirchenpräsidenten auf das Grußtelegramm, das Reichspräsident von Hindenburg zum Speyrer Fest geschickt hatte. Hier gelobte man »dem großen Führer in des Vaterlandes Not [...] im Bewußsein innerster Verbundenheit unentwegte Gefolgschaft treuester Pflichterfüllung in der Kraft des evangelischen Glaubens und der Zucht protestantischen Gewissens« (a.a.O. 73). Der Gruß des Reichspräsidenten selbst, der bei der Großveranstaltung auf dem Festplatz verlesen und mit dem Gesang des Deutschlandliedes beantwortet wurde (a.a.O. 4), war demgegenüber zurückhaltend und rein kirchenbezogen. Er nannte die bei dem Jubiläum gefeierte Speyrer Protestation ein »für die deutsche evangelische Kirche bedeutsames Ereignis« und wünschte, daß das Fest »zur Erhaltung und Festigung des evangelischen Geistes und der inneren Verbundenheit« aller Angehörigen der evangelischen Kirche beitragen werde (ibd.). Der Vertreter der bayerischen Staatsregierung bezog hingegen das kirchliche Geschehen auf den Staat, soweit es die neuen Rechtsverhältnisse zuließen, indem er feststellte, die Regierung nehme Anteil am Fest der Protestanten, weil sie die »Segenskräfte« schätze, die aus dem religiösen Leben der auf bayrischem Boden vertretenen religiösen Bekenntnisse »auf alle Gebiete staatlicher Betätigung überströmen« (a.a.O. 128). Das Grußwort der Reichsregierung schließlich pries die Speyrer Protestation, von der religiösen Dimension absehend, als Ausgangspunkt der »Ideen von Glaubens- und Gewissens-

Wovon also handeln die Festredner in Speyer, der »Wiege des Protestantismus«?[102] Dem Königsberger Kirchenhistoriker Leopold Zscharnack, der den Festvortrag über *Die Protestation von Speyer in ihrer geschichtlichen Bedeutung*[103] hält, geht es um »protestantische Selbstbesinnung« in historischem Gewand. Denn der 1529 erhobene »Gewissensprotest« ist für ihn bei aller zeitlichen Distanz »*eine bleibend konstitutive Urkunde des Protestantismus*«, weil darin die »Idee des *Gewissens* und des *nur seinem Gott verantwortlichen protestantischen Menschen*« zur Wirkung kam.[104] Gegenüber Rufen nach Autorität, Tradition, Institution, wie sie in der Gegenwart vor allem von römisch-katholischer Seite verstärkt zu hören seien,[105] und gegenüber dem Sog zur Vermassung, den die moderne »Maschinenwelt« erzeuge,[106] gelte es »den evangelischen religiösen Individualismus«, die »persönliche Glaubensreligion« mit ihrer »Innerlichkeit«, »Geistigkeit«, »Selbstverantwortlichkeit«, ihrer »wahren Freiheit« als Spezifikum des Protestantismus zu unterstreichen.[107] Das sind ähnliche Töne, wie sie 1921 im Blick auf Luthers Auftritt in Worms lautgeworden waren. Und so wird denn auch die Brücke zu diesem Ereignis immer wieder geschlagen. Zugleich wird der Unterschied betont, daß sich 1521 in Worms ein Einziger mit Berufung auf sein Gewissen gegen das gesamte Reich gestellt, bei dem nun gefeierten Ereignis von 1529 hingegen eine ganze Gruppe gegen die politische Mehrheit die Unverfügbarkeit der Gewissensbindung beschworen habe.[108] Damit steht »Speyer« für den nicht nur individualistischen, sondern auch ekklesialen Charakter des Protestantismus, denn hier habe sich eine »Gemeinde von Bekennern« gebildet und das Wormser Bekenntnis »zu einem kirchlichen Akt gemacht«.[109] Und damit steht »Speyer« zugleich für die überkonfessionelle Gemeinsamkeit des Protestan-

---

freiheit« und des »Rechts der Minderheiten auf kulturelle Selbstbestimmung« sowie der »reinlichen Scheidung« von Politik und Religion, die in der Weimarer Reichsverfassung festgeschrieben seien (a.a.O. 126f.). Einen erwartbar deutlichen Akzent trug im Übrigen die Verbindung von evangelischem Glauben und »Deutschtum«, wo Auslandsdeutsche sprachen (a.a.O. 132: Bischof Poelchau aus Riga) oder angeredet wurden (a.a.O. 121: Dekan Reichart aus Kronstadt). Im Ganzen ist die Differenz zur Wormser Feier von 1921 aber unübersehbar.

[101] Vgl. z.B. a.a.O. 15 (Rendtorff); 100 (Althaus); 122 (Heidelberger Dekan Beer); 124 (Pfälzer Kirchenpräsident Fleischer).

[102] So die Herausgeber der Dokumentation: Speyerer Protestationsgedächtnisfeier (s. Anm. 82), 1.

[103] A.a.O. 107–120, erschienen auch gesondert in: Leopold Zscharnack, Die Protestation von Speyer in ihrer geschichtlichen Bedeutung (ProtSt 1929, Heft 17), Berlin 1929.

[104] A.a.O. 119 (Hervorhebung im Original). Freilich betont Zscharnack, daß das damals erst »in Zeitgrenzen« der Fall gewesen sei.

[105] Ibd.

[106] A.a.O. 44f. Zur Veranschaulichung wird der zwei Jahre zuvor herausgekommene Film »Metropolis« genannt (44).

[107] A.a.O. 119.45.

[108] A.a.O. 50.129.

[109] A.a.O. 15; siehe auch 129: »Hinter den [...] in Worms alleinstehenden Bekenner des evangelischen Glaubens und Gewissens tritt 1529 in Speyer die Kirche der Bekenner«.

tismus, denn unter den damaligen Bekennern seien ebenso Anhänger Luthers wie Zwinglis gewesen.[110] So soll die Feier den Evangelischen helfen, die noch vorhandene innerprotestantische Trennung zu überwinden, und sie daran erinnern, daß sie im Entscheidenden verbunden seien[111] – eine Verbundenheit, die im vor einigen Jahren gegründeten Deutschen Evangelischen Kirchenbund[112] bereits institutionelle Gestalt gefunden hat[113] und die in der gastgebenden Pfälzer Kirche – einer programmatisch unierten Kirche – umfassend verwirklicht ist.[114]

Wichtiger als die Reflexion über die innerprotestantische Konfessionsdifferenz ist den Rednern des Speyrer Festes aber eine andere: die Erörterung der Attribute »protestantisch« und »evangelisch«. Denn mit ihr wird die Spannung zwischen dem kritischen Impuls und der inhaltlichen Bestimmtheit des Protestantismus zum Thema. So tritt neben den Lobpreis des tapfer gegen politisch-kirchlichen Druck aufgetretenen freien evangelischen Gewissens, für das der Ehrentitel »protestantisch« stehe, immer wieder die Mahnung, daß diesem protestierenden »Nein« das »Ja« an die Seite gestellt werden müsse, das dem Gewissen allererst seine konkrete Bestimmung gebe: die Bindung an Christus, der Glaube. Für dieses »Ja« stehe das Attribut »evangelisch«.[115] »Protestantisches Gewissen« und »evangelischer Glaube« seien zwei Seiten einer Medaille,[116] Evangelische also zugleich protestantisch, Protestanten zugleich evangelisch.[117] Gegenstand eines eigenen Vortrags, der ausdrücklich »Evangelisch und protestantisch« überschrieben ist, wird das Verhältnis beider Bestimmungen bei dem Erlanger Dogmatiker Paul Althaus, der in Speyer als Vorsitzender der Luthergesellschaft spricht[118] und darauf hinweist, daß das Jubiläumsjahr des Zweiten Speyerer Reichstages zugleich das von Luthers Kleinem Katechismus sei und schon darin der »Zusammenklang« beider Attribute zum Ausdruck komme.[119] Im Unterschied zu den anderen Rednern, die die Polarität jener beiden Bestimmungen bedenken, weitet Althaus die theologische Reflexion zu einer politischen Aktualisierung im Kontext des Weimarer Staates aus. »Protestantisch« stehe für die kämpferische, freiheitli-

---

110 A.a.O. 20.23. Im Verhältnis zum Katholizismus brach anläßlich des Jubiläums hingegen heftige wechselseitige Polemik aus (THOMAS FANDEL, Konfession und Nationalsozialismus. Evangelische und katholische Pfarrer in der Pfalz 1930–1939, Paderborn u.a. 1997, 95).

111 A.a.O. 23.

112 Vgl. oben S. 105 und unten S. 123.

113 Speyerer Protestationsgedächtnisfeier (s. Anm. 82), 82.130.

114 A.a.O. 24.129. Diesen Gedanken hält der Erlanger Dekan Werner Elert in feiner Abstufung die Differenz zwischen dem »gleichen reformatorischen Bekenntnis« der Lutheraner einerseits und den der Pfälzer Kirche und den Lutheranern »gemeinsamen reformatorischen Fundamenten« andererseits entgegen (a.a.O. 122).

115 A.a.O. 16.18f.64.72.

116 A.a.O. 16.25.

117 A.a.O. 51.93.

118 A.a.O. 93–100.

119 A.a.O. 93.

che, aufgeklärte, fortschrittliche, antikatholische, über den Raum der Kirche hinausreichende, aber auch leicht sich ins Bindungs- und Kirchenlose verlierende Seite der von der Reformation herkommenden Bewegung;[120] »evangelisch« hingegen stehe für die Bindung an Christus, das Überwundensein vom Evangelium, die den Evangelischen mit den Katholiken prinzipiell gemeinsame inhaltliche Bestimmtheit ihrer Religiosität, womit freilich immer die Gefahr verbunden sei, zur bloßen Anhänglichkeit an Tradition zu werden.[121] Beide »Pol[e] reformatorischer Haltung« gehörten untrennbar zusammen.[122] Aktuell sei dem besonders im politischen Raum Rechnung zu tragen. Das Protestantischsein, gemäß seinem Ursprungskontext Reichstag wurzelhaft politisch, fordere unter gegenwärtigen Bedingungen die bewußte politische Mitwirkung »in unserer demokratischen Welt«.[123] Das bedeute in der Situation der zwanziger Jahre, daß hier eine »protestantische Front« aufgebaut werden müsse, die sich, wie Althaus im Ton des kulturkritischen protestantischen *mainstreams* der Zeit schreibt,[124] gegen »die Mächte des Unglaubens und der Zersetzung« wehre[125] und die dazu »evangelische *Politik*« betreibe,[126] auch politische Bündnisse mit anderen nicht scheuend.[127] »Evangelisch« werde dabei aber die bleibende Sorge sein, den Glauben nicht den politischen Zielen unterzuordnen und also »sich selbst und die Einfalt des Evangelischen« nicht an die Politik zu verlieren – es gelte, »politisch [zu sein], als wäre [man] es nicht.«[128] Kurz, im Nebeneinander der beiden Worte »evangelisch« und »protestantisch« »ist alle Verantwortung, Pflicht, Gefahr, Bewegung unserer Kirche beschlossen: Das Heiligtum und der Staub der Straße [...], das Hin und Her kirchlichen Ringens in Staat und Gesellschaft«.[129]

Wie in Speyer, so ging es auch bei dem Jubiläum des Marburger Religionsgesprächs von 1529, das vier Monate später in der hessischen Universitätsstadt stattfand (12.–14. September 1929),[130] um den konfessionsübergreifen-

---

[120] »Es lähmt das nicht-katholische Deutschland seit langem schlimm, daß seine Gebildeten wohl noch Protestanten sein wollen, aber weithin nicht mehr Evangelische sind« (a.a.O. 96).

[121] Ibd.

[122] A.a.O. 94.

[123] A.a.O. 99.

[124] Vgl. Kurt Nowak, Geschichte des Christentums in Deutschland. Religion, Politik und Gesellschaft vom Ende der Aufklärung bis zur Mitte des 20. Jahrhunderts, München 1995, 233f.

[125] Speyerer Protestationsgedächtnisfeier (s. Anm. 82), 98.

[126] A.a.O. 99 (»Politik« im Text hervorgehoben).

[127] A.a.O. 99. Althaus sieht auch die Gefahr, die in solchen Bündnissen liegt, und fordert, »die Freiheit [zu] hüten gegenüber allen Mächten, in allen Bündnissen« (ibd.).

[128] A.a.O. 99. Luther sei aus solcher – an sich verständlicher – Sorge heraus »ein schlechter Protestant« gewesen, dem Althaus – Gerhard Ritter zitierend und auf Karl Holl verweisend – kritisch bescheinigt, er habe der Politik der Lutheraner seiner Zeit das gute Gewissen genommen und sie gelähmt (a.a.O. 96).

[129] A.a.O. 99f.

[130] Siehe dazu die Dokumentation: Das Marburger Religionsgespräch 1529–1929. Zum

den, ja multidenominationellen Protestantismus. Doch anders als das Fest am Rhein galt die Veranstaltung an der Lahn, wie der als Mitveranstalter beteiligte Martin Rade schrieb, einer »umstrittenen Begebenheit«[131]: dem gescheiterten Einigungsversuch Luthers und Zwinglis mit der dadurch zementierten und beförderten Aufteilung des Protestantismus in verschiedene Konfessionen, zunächst in die später sog. »lutherische« und die »reformierte«, dann in eine immer größere Zahl. Wie sollte man dieses Ereignis bewerten und dementsprechend das Jubiläum gestalten? Handelte es sich um ein »furchtbares Datum«, wie Rade weiter schrieb, ein Datum »von einer verhängnisvollen, die Welt noch immer mitgestaltenden Realität«?[132] So sah es nicht nur der Marburger Theologieprofessor. Eingeladene deutsche Lutheraner empfanden den »Druck der Historie und [... der] Treue gegenüber ihrer Geschichte« so stark, daß sie der Veranstaltung fernblieben.[133] Auf der anderen Seite gab es die Einschätzung, das Marburger Religionsgespräch habe eine Geschichte des Reichtums, der Mannigfaltigkeit und der Freiheit eingeleitet und sei deshalb weniger als ein Datum des Scheiterns zu beklagen denn als positives kirchenhistorisches Ereignis zu würdigen.[134] Die Einladung nach Marburg spiegelt die Entscheidung für einen mittleren Weg:[135] Sie ruft zum »Geburtstag der Konfessionen«, an dem der Versuch einer Einigung zwischen den »in Deutschland und in der Schweiz selbständig gewachsenen Gruppen des Protestantismus« mißlungen sei, der nach Aufweis der »neuere[n] Forschung« neben der Uneinigkeit in der Abendmahlsfrage aber auch »ein weitgehendes Einverständnis der führenden Männer der Reformation [...] fast auf allen Gebieten der reformatorischen Glaubenserkenntnis« erwiesen habe.[136] So gebe

---

vierhundertjährigen Gedächtnis. Predigten – Reden – Ansprachen. Im Auftrag der Kirchenregierung der Evangelischen Landeskirchen Hessen-Kassel, hg. v. Heinrich Hermelink, Gotha 1930.

[131] So in seinem Jubiläumsbericht (Martin Rade, Von den Marburger Tagen [in: ChW 43, 1929, 929–932], 929).

[132] A.a.O. 930 (im Original substantivische Formulierung: »Furchtbarkeit des Datums«) und 929.

[133] Marburger Religionsgespräch (s. Anm. 130), 21.

[134] So Hermelink in seinem unten (siehe S. 118) referierten Vortrag.

[135] So auch einer der profiliertesten ausländischen Teilnehmer, der Genfer Pfarrer Adolf Keller (vgl. Anm. 167 und 169), in seinem Bericht über die Marburger Veranstaltung in der ChW (Vom Weltprotestantismus der Gegenwart. Das Marburger Religionsgespräch in schweizerischer Beleuchtung, in: ChW 43, 1929, 1008–1010): Das Marburger Religionsgespräch von 1529 sei »die Geburtsstunde des protestantischen Konfessionalismus und zugleich der evangelischen Einigungsbewegungen« gewesen. Der Konfessionalismus habe sich »fruchtbar und furchtbar« ausgewirkt, »als Entfaltung mannigfachen evangelischen Lebens und zugleich als Hemmung einer gemeinsamen protestantischen Politik oder doch wenigstens einer Arbeitsgemeinschaft« (1008f.). Seit dem 19. Jahrhundert habe sein Einigungspotential immer reichere Früchte getragen, nämlich in Gestalt lutherisch-reformierter Unionen in Deutschland und in Gestalt internationaler Zusammenarbeit protestantisch-kirchlicher Organisationen, wie sie besonders in der Schweiz betrieben werde, und schließlich in Form vor allem von der Schweiz geleisteter praktischer Hilfe für protestantische Kirchen jeder Art (1009f.).

die Gedenkveranstaltung Anlaß, sich beiden Seiten der Marburger Erbschaft zu stellen, das heißt, sich »über Wesen und Einheit des Protestantismus sowie über Recht und Grenze seiner konfessionellen Gliederung bewußt zu werden und die Aufgaben gemeinsamer Arbeit, die sich heute daraus für den Protestantismus ergeben, zu erkennen«.[137]

Die Einladenden, die dieses Programm verschickten, waren die Landeskirche von Hessen-Kassel, die Marburger Theologische Fakultät und der Magistrat der Stadt Marburg. Die wichtigste Rolle bei Planung und Durchführung spielte die Marburger Fakultät, aus ihr kamen auch zwei der drei Hauptvorträge.[138] Zentraler Ort der Veranstaltung sollte die Aula der Universität sein. Um der dem besonderen Charakter des Jubiläumsereignisses entspringenden Aufgabe gerechtzuwerden, plante die Fakultät »kein Massenfest«,[139] wie es in Speyer und zu anderen Gelegenheiten gefeiert worden war. Insbesondere Rade hoffte, daß es stattdessen »ein ernsthaftes Zusammenkommen« geben werde, bei dem Lutheraner und Reformierte ohne größere Öffentlichkeit über die zwischen ihnen strittigen Fragen beraten und dann auch beschließen würden.[140] Eine solche Agenda erforderte die Anwesenheit offizieller Delegierte beider Seiten. In der Tat lud man offizielle Repräsentanten ein, nämlich »Vertreter der Kirchen und Kirchenbünde, der Theologischen Fakultäten, der konfessionellen Verbände und der Arbeitsvereinigungen des Protestantismus«.[141] Und zwar nicht nur aus den Kirchen Deutschlands, sondern aus allen zugänglichen protestantischen Denominationen Europas und Nordamerikas[142] – Lutheraner, Schweizer Reformierte, Presbyterianer, Kongregationalisten, Unierte, Baptisten, Herrnhuter, Waldenser, Methodisten[143] –, die vielfach tatsächlich als offizielle Abgesandte ihrer Kirchen kamen, dazu erstmals auch Delegierte des Reformierten Weltbundes und der jungen Bewegung für »Glauben und Kirchenverfassung«.[144] Das war eine konfessionelle

---

[136] Einladungsschreiben (Marburger Religionsgespräch [s. Anm. 130], 1). Die »neuere Forschung«, auf die man sich hier beruft, ist die Arbeit von Walter Köhler, die im Vorfeld des Jubiläums erschienen war: Walther Köhler, Das Marburger Religionsgespräch 1529. Versuch einer Rekonstruktion, Leipzig 1929. Köhler hielt auch selbst den ersten Hauptvortrag über *Anlaß, Verlauf und Folgen des Marburger Religionsgesprächs* (Marburger Religionsgespräch [s. Anm. 130], 4, hier nicht abgedruckt, stattdessen Verweis auf separaten Druck mit demselben Titel, Tübingen 1929).

[137] Marburger Religionsgespräch (s. Anm. 130), 1.

[138] Nämlich von Henrich Hermelink (siehe unten S. 118f.) und von Rudolf Otto (siehe unten S. 119f.). Voraus ging der historische Vortrag des Heidelberger Ordinarius Walther Köhler (s. Anm. 136).

[139] Vgl. die Ankündigung in ChW 43, 1929, 248 (Kleine Mitteilungen).

[140] Rade, Marburger Tage (s. Anm. 131), 929.

[141] Marburger Religionsgespräch (s. Anm. 130), 1.

[142] Was in der langen multikonfessionellen und multinationalen Liste von Kirchenmännern und Professoren noch fehlte, waren Vertreter aus Lateinamerika, Afrika und Asien. Die dortigen »Jungen Kirchen« wurden, außer im Kontext der Mission, noch nicht als Teil des gesamtprotestantischen Panoramas wahrgenommen.

[143] A.a.O. V-VII.XIf.

[144] KJ 57, 1930, 463.

und geographische Weite,[145] in der sich, wenige Jahre nach den ersten Weltkirchenkonferenzen für Praktisches Christentum (Life and Work, 1925) und für Glauben und Kirchenverfassung (Faith and Order, 1927), die Erfahrungen der aufblühenden Ökumenischen Bewegung niederschlugen.[146] Doch die Vorstellung einer lutherisch-reformierten Beratungskonferenz, gegebenenfalls sogar mit bindenden Absprachen, war bei solcher Vielfalt von vorneherein illusorisch. Daß sie illusorisch war, zeigte sich erst recht, als die Teilnehmer eingetroffen waren. Wer fast völlig fehlte, waren die lutherischen Kirchen Deutschlands; mit Ausnahme Württembergs und Hamburgs war keine von ihnen mit führenden Repräsentanten noch mit führenden Theologen vertreten – eine deutliche Distanzierung vom Programm überkonfessioneller protestantischer Zusammengehörigkeit.[147] Diese Haltung wurde von den skandinavischen Kirchen zwar nicht geteilt,[148] doch die geringe Präsenz des Lu-

[145] Das gilt auch für die Listen der Teilnehmer und Redner: Marburger Religionsgespräch (s. Anm. 130), VII-XII (Teilnehmer), Vf. (Redner). Die Liste der Teilnehmer ist nicht vollständig (a.a.O. VII).

[146] Diesem Zusammenhang verdankte man Informationen und Kontakte. So orientierte man sich bei den Einladungen an der Teilnehmerliste der Stockholmer Weltkirchenkonferenz für Praktisches Christentum von 1925. Unklar ist, ob auch anglikanische Institutionen angeschrieben wurden (a.a.O. VII). Wenn es heißt, man habe sich auch an die »bekannteren theologischen Colleges und Seminarien Englands und Nordamerikas« gewandt (ibd.), müßten sie eingeschlossen sein. Die Teilnehmer- und die Rednerliste weisen aber keine Anglikaner auf.

[147] Vgl. Werner Elert, der wenige Wochen zuvor auf dem Lutherischen Weltkonvent in Kopenhagen in einem Referat *Glaube und Bekenntnis der Kirche im Lichte von Marburg und Augsburg* (Lutherischer Weltkonvent 1929 [s. Anm. 12], 41–53) die fundamentale Bedeutung eines – für den Gesamtprotestantismus ja nicht gegebenen – gemeinsamen Bekenntnisses für die kirchliche Gemeinschaft herausgestellt hatte. Dieser Bedeutung sei Luther gerade mit seinem – die Gemeinschaft verweigernden – Widerspruch gegen Zwingli gerechtgeworden (vgl. Anm. 114). Welche Gratwanderung hier namentlich im Blick auf die deutsche Situation zu gehen war, zeigt die Begrüßungsansprache Hermann Kaplers, des Präsidenten des DEKA und des Geschäftsführenden Ausschusses der Stockholmer Weltkirchenkonferenz (Marburger Religionsgespräch [s. Anm. 130], 19–21). Als oberster Repräsentant des konfessionell prekären DEKB, »der sämtliche deutsche evangelische Landeskirchen unter gewissenhafter, verfassungsmäßig verbürgter Achtung ihres verschiedenen Bekenntnisstandes umschließ[e]«, würdigte Kapler das, was 400 Jahre zuvor »auf dem von der Geschichte geweihten Boden von Marburg« geschehen war, als Ereignis »tragischer Größe«, mit dem einerseits die »Zerklüftung« des Protestantismus begonnen, andererseits aber auch der durch die Reibung der Konfessionen erzeugte geistige Reichtum seinen Ausgangspunkt genommen habe. Mittlerweile sei, ohne daß die Gegensätze sich aufgelöst hätten, das Gemeinsame darunter zutage getreten und der »gesamtprotestantische[] Gedanke« immer stärker geworden. Dafür stehe in Deutschland der neue Kirchenbund, stehe aber vor allem die ökumenische Bewegung, die im Protestantismus einen »Hauptträger« habe. Und so schließt Kaplers Begrüßung mit dem Wunsch, das Jubiläum möge darin fruchtbar sein, daß »dieses doppelte Geschenk, [...] die Klarheit über Wesen und Wert der eigenen Konfession und die Verbundenheit mit dem [!] Konfessionsverwandten«, worunter Kapler den Gesamtprotestantismus versteht, »gehütet und gemehrt werde«.

[148] Aus Dänemark war der Bischof von Roskilde anwesend, der schwedische Erzbischof Söderblom war als Redner vorgesehen (ChW 43, 1929, 248, Kleine Mitteilungen), dann aber durch Krankheit verhindert und grüßte schriftlich (Marburger Religionsgespräch [s. Anm. 130], 25). Ansonsten nahmen Professoren und Pastoren aus Finnland, Island und Schweden teil.

thertums entzog Hoffnungen wie denen Rades jede Basis. Und schließlich wurde das Marburger Programm ohnehin Opfer seines eigenen Erfolgs. Neben den geladenen Gästen kamen so viele Interessenten aus der näheren und ferneren Umgebung der Jubiläumsstadt, daß man entschied, alle zuzulassen und nicht in der Aula, die eine mehr oder weniger geschlossene Veranstaltung erlaubt hätte, sondern in den Marburger Kirchen zu tagen.[149] Ergebnis dieser Vorgeschichte war, daß die »Marburger Tage«[150] zwar kein Volksfest wurden, aber auch keine Beratungskonferenz, sondern eine Abfolge von Gottesdiensten, Vorträgen und Ansprachen, wie man sie auch von anderen kirchlichen Zusammenkünften kannte, aufgelockert durch eine szenische Darstellung des Marburger Religionsgesprächs durch Theologiestudenten im Rittersaal des Landgrafenschlosses.[151]

Von welcher Einschätzung der »umstrittenen Begebenheit«[152] des Marburger Religionsgesprächs das Jubiläum beherrscht wurde, zeigt der Vortrag des Marburger Kirchenhistoriker Heinrich Hermelink über *Das Wesen des Protestantismus und seine konfessionelle Ausprägung*.[153] Statt die lange Reihe der inneren Aufspaltungen des Protestantismus bis hinein ins 19. Jahrhundert, für die das Religionsgespräch stehe, als Übel zu betrachten, will Hermelink diese Entwicklung als eine mit Gottes Willen vor sich gegangene Geschichte des Reichtums und der Mannigfaltigkeit und als Voraussetzung für die Entfaltung der Gewissensfreiheit bejaht sehen – hätte man sich in Marburg geeinigt, wäre ein geschlossenes »Glaubens- und Kirchensystem des Protestantismus« entstanden, das dem »römischen Zwangssystem« geglichen hätte.[154] Andererseits sei in der nun rasant international werdenden Welt nicht nur die Ökumene überhaupt, sondern vor allem auch die Gemeinschaft aller protestantischen Kirchen, die sie bei der Teilnahme an den bisherigen ökumenischen Versamm-

---

[149] Marburger Religionsgespräch (s. Anm. 130), VII.

[150] Vgl. Rade (s. Anm. 131).

[151] Grundlage der szenischen Darstellung war die Rekonstruktion von Walther Köhler (s. Anm. 136). In Marburger Religionsgespräch (s. Anm. 130), 72–74, ist der Bericht darüber aus der *Frankfurter Zeitung* abgedruckt, in Ausschnitten auch in Rade, Marburger Tage (s. Anm. 131), 932. Wie aus diesem Bericht hervorgeht, machte die szenische Darstellung großen Eindruck, sie führte den Berichterstatter zu dem Ausruf: »Warum macht man dergleichen nur in Marburg? Tatsächlich: hier *lebte* Luther selbst.« Angesichts solcher Erfahrung komme der Mensch über die Unverbindlichkeit hinaus »zu einem persönlichen Ja oder Nein, zu einer Gestaltung des Schuttes der Geschichte, zur gegenwärtigen Aktivität« (ibd.). Rade kommentierte diese »bemerkenswerten« Zeilen mit den Worten: »So hat einer vom jungen Geschlecht das empfunden« (ibd.). Vgl. auch unten Anm. 171.

[152] Siehe oben S. 115.

[153] Marburger Religionsgespräch (s. Anm. 130), 21–34. Aus dem weiten gesamtprotestantischen Horizont wie dem großen Engagement dieses Vortrags spricht nicht zuletzt die Herkunft des in Indien geborenen Missionarssohns aus der überkonfessionellen Basler Mission.

[154] A.a.O. 24. Statt über die vielen Denominationen »das Ketzergericht zu eröffnen [...] [–] Überlassen wir das Rom!« –, solle Dankbarkeit herrschen »gegen die eigene Kirche und die Konfession, die jeden einzelnen von uns zu Gott geführt und als Christen erzogen hat« (ibd.).

lungen schon dankbar erfahren hätten, das Gebot der Stunde – es gelte, eine »einheitliche Linie anzugeben«.[155] Und das sei auch durchaus möglich, weil der Protestantismus trotz aller inneren Differenzen von den Lutheranern über die verschiedenen Spielarten des Calvinismus, die sog. vorreformatorischen Kirchen, die Methodisten und die Baptisten bis zu den Quäkern eine Gemeinschaft »protestantische[r] Brüder im Evangelium, in der Einheit des Geistes und des Glaubens« sei,[156] geeint im Protest gegen die Bindung des Gottesgeistes an bestimmte Amtsträger und Strukturen, im Grundsatz des *sola scriptura*, einer gemeindezentrierten Ekklesiologie, der Betonung des Priestertums aller Gläubigen und vor allem in der zentralen Botschaft des *sola fide*.[157] Diese Einheit, die sämtliche protestantische Konfessionen, bei aller angemessenen Treue zu ihrer jeweiligen Eigentümlichkeit, als »Brüder von einem Stamme« ausweise, sieht Hermelink in den von allen Teilnehmern des Marburger Religionsgesprächs bejahten rechtfertigungstheologischen Aussagen der *Marburger Artikel* grundgelegt.[158] Den im selben Dokument ausgedrückten Dissens über das Abendmahl verschweigt er nicht, hält ihn aber für weniger gewichtig und sieht darin keinen Hinderungsgrund für die skizzierte gesamtprotestantische Einheit, was er mit der Empfehlung christlicher Liebe und des Gebets um tiefere Einsicht zum Ausdruck bringt – einer Empfehlung, die von Luther seinerzeit, freilich aus entgegengesetzten Gründen, im fünfzehnten Marburger Artikel formuliert worden ist.[159]

Wenn Hermelink fordert, eine gesamtprotestantische »einheitliche Linie anzugeben«, stellt sein Fakultätskollege, der Religionswissenschaftler Rudolf Otto, dem internationalen Publikum vor Augen, wie diese Forderung umzusetzen sei. Sein Vortrag mit dem Titel *Gemeinsame Aufgaben des Protestantismus und die Form ihrer Erfüllung*[160] lauft auf die Anregung hinaus, eine

[155] A.a.O. 26.

[156] A.a.O. 33. Eine Sonderstellung nehme die Anglikanische Kirche ein, die einerseits in der Reformation verwurzelt sei, deren besondere Geschichte es ihr andererseits aber »schwer oder unmöglich macht, den protestantischen Charakter ihres Kirchentums in besonderem Sinn öffentlich zu betonen«, die vielmehr »ihren eigenen Kampf zwischen Katholizismus und reformatorischem Evangelium in ihrer eigenen Mitte durchführe[]«, was man nur »[i]n taktvoller Zurückhaltung, aber voll brennender Anteilnahme aus der Ferne« betrachten könne (ibd.).

[157] A.a.O. 26–32.

[158] Ähnlich der reformierte Prediger im Abschlußgottesdienst der Feier, der Zürcher Pfarrer Karl Fueter, der die versammelte internationale und multikonfessionelle Gemeinde mit dem Gruß »Liebe Söhne und Töchter der Reformation, liebe evangelische Glaubensgenossen aus verschiedenen Kirchen und Völkern!« anredet (a.a.O. 81) und feststellt, sie alle, Lutheraner, Reformierte, Methodisten, Baptisten usf. (86), stünden »gleicherweise auf dem Boden der Reformation, des einfältigen schlichten Evangeliums von der Rechtfertigung durch den Glauben aus Gnaden allein« (85). Auffällig ist, daß Fueter die vollkommene Verwirklichung dieser Einheit in der gemeinsamen Zugehörigkeit zu Christus, im gemeinsamen Glaubensbekenntnis und in der Gemeinsamkeit der Taufe samt der darin implizierten Form und Ordnung der Kirche sieht, vom Abendmahl aber nicht spricht (87).

[159] A.a.O. 34.

[160] A.a.O. 52–64 (hiernach zitiert). Separat gedruckt als Beilage zu desselben Aufsatzband

neue kirchliche Organisation zu gründen. Was der hessische Landgraf Philipp schon 1529 angestrebt habe, gelte es nun nach 400 Jahren unter modernen, globalen Bedingungen zu schaffen: einen »praktischen Zusammenschluß[] des Protestantismus«, ein gemeinsames »Organ«.[161] Denn der Protestantismus, der sich am Jubiläumsort in etwa »fünfzig verschiedene[n] Gruppen und Formen des Protestantismus« aus Europa und Nordamerika präsentiere, die im Reichtum ihrer Verschiedenheit zugleich »als die *eine* große ungetrennte Gemeinschaft derer, die ›*gratia sola per fidem sola*‹ leben und sterben wollen, trauend auf Gottes Wort und Werk in Christo, sonder alles Menschenwerk und alle Menschensatzung«, eine Einheit seien,[162] stehe vor einer Reihe von »*Kollektivaufgaben*«[163], für die diese Einheit sich in einer organisatorischen Form niederschlagen müsse. Otto beeilt sich hinzuzufügen, dabei gehe es nicht um eine »protestantische[] ›Gesamtkirche‹, mit einheitlichem ›faith and order‹«, wie er mit Seitenhieb auf die unter diesem Wortpaar firmierende Bewegung bemerkt.[164] Ziel müsse vielmehr ein das »freie Spiel der Kräfte« aller Beteiligten[165] respektierender »Allgemeiner Evangelischer Weltrat zur Wahrung protestantischer Gesamtinteressen« sein,[166] der neben die Fülle gerade entstehender anderer Bünde, nicht zuletzt die neuen konfessionellen Zusammenschlüsse treten würde.[167] Wenn die Schaffung eines solchen gesamtprotestantischen Organs gelänge, dann hätte, wie Otto den »Brüder[n] im lauteren Evangelium« und »Kinder[n] *eines* Hauses« zuruft, das Marburger Jubiläum seinen Sinn erfüllt.[168]

Das Echo der Marburger Versammlung auf Ottos Vorschlag war, auch wenn in der Überzeugung von der Notwendigkeit gesamtprotestantischer

---

Sünde und Urschuld (Gotha 1927). Ausschnitt in ChW 43, 1929, 885–887 (Aus R. Ottos Vortrag. »Die gemeinsamen Aufgaben des Protestantismus in der Gegenwart«. Marburg, den 14. September).

[161] Marburger Religionsgespräch (s. Anm. 130), 54.

[162] A.a.O. 52f. (Hervorhebungen entsprechend dem Original; das gilt für alle Zitate aus diesem Vortrag, die folgen).

[163] A.a.O. 54. Damit meint Otto die Formulierung gemeinsamer Erklärungen, die Abwehr antiprotestantischer Invektiven aus Rom, die Entwicklung gemeinsamer Stellungnahmen zu globalen ethischen und kulturellen Problemen, die Unterstützung bedrängter protestantischer Minderheiten und das gemeinsame Auftreten in der Ökumenischen Bewegung (a.a.O. 56–63). Was den letzten Punkt betrifft, so fordert der Marburger Theologe, die Ökumenische Bewegung müsse auf den »drei Pfeiler[n]« der »östlichen Gemeinschaft«, der »anglikanischen Gemeinschaft« und des »Gesamt-Protestantismus« ruhen und werde nur auf solch »solide[m] Unterbau« eine solide »Kuppel« sein (a.a.O. 62f.).

[164] A.a.O. 55.

[165] A.a.O. 55.

[166] A.a.O. 56.63. Das sei dann ein »*Verband[] zu gemeinsamen praktischen Zwecken*« in »ganz undogmatische[r] Form« (a.a.O. 56).

[167] A.a.O. 63. Im Genfer *Bureau central Européen pour l'entr'aide des Eglises* besteht nach Otto sogar bereits eine Institution, die dem von ihm geforderten neuen Weltrat sehr nahekomme und an die er gut anknüpfen könnte, ja, das er zur Vollendung führen würde, so daß es nicht einmal einer eigentlichen Neugründung bedürfte (a.a.O. 63f.).

[168] A.a.O. 64.

Zusammenarbeit alle übereinstimmten, zurückhaltend.[169] Martin Rade hielt ihn für geradezu deplaziert. Angesichts der Debatte über organisatorische Fragen kamen bei ihm die zwiespältigen Gefühle, die er bei der Feier der »umstrittenen Begebenheit« empfand, vollends zum Ausdruck. Denn er legte den Finger auf einen erstaunlichen Befund, der auch dem Leser der damaligen Reden sogleich ins Auge springt: daß man um das mit dem Marburger Religionsgespräch eigentlich aufgegebene und nach wie vor nicht gelöste Problem, die Trennung am Abendmahlstisch, wie die Katze um den heißen Brei herumschlich – man habe diese Frage, so Rade, umgangen »wie ein Nolimetangere«. Nur in historischen Ausführungen, aber weder in den systematischen Vorträgen noch in den Predigten und Diskussionsbeiträgen sei vom Abendmahl die Rede gewesen – ein geradezu »unnatürlich[er]« Befund.[170] »[W]elchen Eindruck hätte es gemacht, wenn nun *Otto* statt über die Organisation des Weltprotestantismus seine Rede über das Sakrament gehalten hätte!« Und »wie schön wäre das gewesen, wenn wir danach noch alle miteinander gemeinsam das heilige Abendmahl gefeiert hätten!«[171]

---

[169] Vereinzelt gibt es Zustimmung (a.a.O. 70.78), die meisten Teilnehmer, die noch das Wort ergreifen, äußern sich aber nicht klar zu Ottos Anregung. Dagegen wird eingewandt, internationale kirchliche Organisationen gebe es schon genug (a.a.O. 65–68 der Leiter des Genfer »Bureau central«, Adolf Keller, der mit Nachdruck darauf hinweist, daß seine Organisation schon tue, was Otto fordere, für Unterstützung durch die Marburger Versammlung aber dankbar sei [siehe auch 76]). Von einigen Teilnehmern wird auf die trotz allem noch bestehenden konfessionellen Differenzen als Hinderungsgrund hingewiesen (70.69). Als Ergebnis des Jubiläums kommt der Beschluß zustande, der DEKA sowie der Bund Evangelischer Freikirchen in Deutschland und die Evangelische Zentralstelle in Genf (vgl. Anm. 167) möchten für »geeignete Maßnahmen« sorgen (a.a.O. 80 im Schlußvotum von Hermelink; vgl. auch 75).

[170] Rade, Marburger Tage (s. Anm. 131), 931. Rade, der sich seit dem Lutherjahr 1883, beginnend mit einer schließlich dreibändigen Biographie des Reformators, immer wieder intensiv mit Luther beschäftigt hatte, glich diesen Mangel ein Stück weit aus, indem er in seiner *Christlichen Welt* einen mehrteiligen Artikel über das Marburger Jubiläum aus eigener Feder veröffentlichte, der ganz der Abendmahlsfrage gewidmet und von dem Bemühen geprägt war, die systematisch-theologische Relevanz des zwischen Zwingli und Luther bestehenden Abendmahlsdissenses herauszustellen (Martin Rade, Zum Verständnis des Marburger Religionsgesprächs [in: ChW 43, 1929, 493–495.531–535.578f.628–630.746–748.784–787.824–828]): »Übersehen wir das alles – und haben doch nur die eine Seite aufgerollt – wie sollen sie in Marburg sich verstehn und vertragen können?« (828). Da Rade hier erkennbar als Lutheraner sprach, druckte er auch zwei Beiträge von Peter Barth über Calvin mit breiten Ausschnitten aus dessen *Petit Traicté de la Saincte Cène* ab (Calvin zum Abendmahlsstreit. Aus dem Abendmahlstraktat von 1541 [a.a.O. 817–823]; Calvins Stellung zum Abendmahlsstreit [a.a.O. 922–929]).

[171] Rade, Marburger Tage (s. Anm. 131), 931. Freilich räumte Rade ein, daß er nicht gewagt hätte, einen solchen Vorschlag zu machen, weil angesichts der noch bestehenden innerprotestantischen Schwierigkeiten Grund bestanden habe, auch nur den Anschein unionistischer Tendenz zu vermeiden – was bei der Fünfhundertjahrfeier wohl anders sein werde (ibd.). Zugleich räumt er ein, daß der Gegensatz in der Abendmahlsfrage auch inhaltlich noch nicht ausgestanden sei; bei der szenischen Darstellung des Religionsgesprächs sei kein Zuschauer umhingekommen, sich »für Zwingli oder für Luther« zu entscheiden (a.a.O. 929; vgl. oben Anm. 151).

Während Rade diese Vorbehalte zwar bereits während des Jubiläums empfand, aber öffentlich erst im nachträglichen Bericht äußerte, scheute sich ein anderer Teilnehmer nicht, seiner Kritik bereits bei der Marburger Veranstaltung selbst freien Lauf zu lassen: der Zürcher Dogmatiker Emil Brunner. In einem ausführlichen, den Geist der Dialektischen Theologie atmenden Votum,[172] das zusammen mit dem Jubiläum die gesamte Theologie und kirchliche Aktivität der Zeit geißelte, stellte Brunner fest, für die Reformatoren sei – auf allen Seiten – die Wahrheit wichtiger als die Einheit gewesen, und die Theologen der Gegenwart kämen nur deshalb so leicht überein, weil sie sich, in vermeintlichem Fortschritt, von den Einsichten der Reformatoren weit entfernt hätten.[173] Diese Einsichten hätten um das Wort Gottes als Grund und Maßstab der Einheit der Kirche gekreist, die gegenwärtigen zwischenprotestantischen Bemühungen hingegen konzentrierten sich auf abgeleitete Faktoren wie »empirische[] Kirchenkörper« und »gemeinsames Fühlen, freundschaftliche Zusammenarbeit«.[174] Die Distanz, die er hier zwischen der gegenwärtigen und der reformatorischen Theologie diagnostizierte, war in Brunners Augen so groß, daß verglichen damit die Reformatoren bei allen Differenzen allerdings »als Einheit« zu sehen seien.[175] Für die Gegenwart komme alles darauf an, die »reformatorische[] Erkenntnis« zurückzugewinnen, Lösungsversuche an ihr vorbei »taugen nichts, sondern führen zu nur noch größerer Verwirrung«. »[E]ine Einheit der Kirchen [...] an den Reformatoren vorbei oder über sie hinweg« dürfe es nicht geben, »sondern nur auf ihrem Grund«.[176] Was er in Marburg erlebte, war für Brunner offensichtlich eine Unternehmung »an den Reformatoren vorbei«. Freilich fand der Schweizer mit dieser Einschätzung keinen Widerhall.

1.3. Das Jubiläum von Augsburg 1930

Hatten die Jubiläen in Speyer und Marburg die – begrüßte oder beklagte – konfessionelle und institutionelle Vielfalt des Protestantismus im Blick, so ging es bei den Feiern des Augustana-Jubiläums von 1930 um die entgegengesetzte Frage: um die innerhalb des Protestantismus gegebene oder mögliche Zusammengehörigkeit als Kirche. Verkirchlichung des Protestantismus – dafür schien das vierhundert Jahre zuvor dem Kaiser überreichte Bekenntnis, mit dem die Unterzeichner sich nach ausweisbaren Kriterien zu Vertretern der wahren Kirche erklärt hatten, wie kein anderes Dokument der Reformation zu stehen. So fügte sich das Jubiläum des Augsburgischen Bekennt-

---

[172] Marburger Religionsgespräch (s. Anm. 130), 38–44.

[173] Das »heutige Geschlecht [ist] im ganzen von der Sache der Reformatoren so weit weg [...], daß die Gegensätze überhaupt kaum in Sicht kommen. Unsere jetzige Einheit ist vorderhand eine Folge unserer Sachferne, während der reformatorische Dissensus eine Folge ihrer Sachnähe war« (a.a.O. 41).

[174] A.a.O. 40.

[175] A.a.O. 42.

[176] A.a.O. 44.

nisses in eine Tendenz, die nach dem Ersten Weltkrieg im deutschen, aber auch im weltweiten Protestantismus zunehmend an Raum gewann. International hatte sich der Zug zur theologischen und institutionellen Verkirchlichung des Protestantismus in dessen tragender Beteiligung an der jungen Ökumenischen Bewegung niedergeschlagen, mit der ersten Weltkirchenkonferenz für Glauben und Kirchenverfassung (Faith and Order) 1927 bereits spektakuläre Frucht gebracht und in deren Benennung festgeklopft, daß für solches Kirchesein in irgendeiner Weise Lehre und Kirchenordnung fundamental seien. In Deutschland hatte der Zug zur Verkirchlichung im Umbau der Landeskirchen ohne Verbindung mit dem Staat und ihrer Verbindung zum Deutschen Evangelischen Kirchenbund (DEKB) organisatorischen Ausdruck gefunden und war in selbstbewußten inhaltlichen Entwürfen – an der Spitze Otto Dibelius' Bestseller *Das Jahrhundert der Kirche* – programmatisch zur Geltung gekommen. Und so schien nun die Feier eines Bekenntnisses, das nicht nur wie das in Worms und Speyer verfochtene *sola fide solo Christo* eine prinzipielle Überzeugung zum Ausdruck brachte, sondern die Gestalt ausformulierter kirchlicher Lehre trug, besonders geeignet, den nach innen und außen verfochtenen Kirchencharakter des deutschen Protestantismus zu signalisieren. Mit anderen Worten, das Vierhundertjahresfest der *Confessio Augustana* bildete die Krönung am Ende des ersten Jahrzehnts seines neuen, selbständigen, institutionell-kirchlichen Lebens.[177] Dieses kirchliche

[177] Diese Funktion des Augustana-Jubiläums war nicht nur denen bewußt, die den Verkirchlichungsprozeß der vergangenen Jahre bejahten und trugen, sondern auch den Gegnern. Noch vor den Jubiläumsfeiern erschien ein flammendes Pamphlet, das aus demselben Grunde vor dem Jubiläum warnte: *Der deutsche Protestantismus auf dem Wege nach Rom 1530–1930* (Berlin 1930), verfaßt von dem seit dem Ersten Weltkrieg der Kirche entfremdeten und mittlerweile nationalbolschewistischen Ideen anhängenden ehemaligen Pastor Otto Petras. Den Ton der kleinen Schrift gibt das doppelte Motto an, das Petras an den Anfang setzt: Papst Benedikts XV. triumphalistische Diagnose »Es ist Luther, der den Krieg verloren hat« und Nathan Söderbloms ökumenisches Urteil »Die Kirche kann nur, wie der Heiland, allgemein, katholisch sein«. In diesen Zitaten sei auf den Punkt gebracht, was die seit dem Krieg ablaufende Verkirchlichung des deutschen Protestantismus bedeute: die Umwandlung in eine lehrgesetzliche, klerikale, hierarchische und internationale Institution, die, angefangen mit der Institutionalisierung innerhalb Deutschlands und fortscheitend in der sich formierenden weltweiten Ökumene, schließlich auf die Romanisierung und damit auf das Ende des reformatorischen Impulses hinauslaufe, wie sie der Titel des Pamphlets weissagt. Grundgelegt aber sei dieser ganze verhängnisvolle Prozeß in der *Confessio Augustana*, die nach langem Schattendasein am Rande des Protestantismus neuerdings wieder aus der Versenkung hervorgeholt werde. Petras bezeichnet das Bekenntnis programmatisch als Produkt Philipp Melanchthons, dessen Name bei den Augustana-Feiern sonst kaum genannt wird (s.o.). Das Machwerk dieses »Fälschers« von Augsburg (26.27) sei im Grunde genommen gar kein Bekenntnis, sondern die kirchenpolitische Selbstverleugnung der Protestanten von 1530 gewesen sei (7.24f.) und stelle nichts weniger als den Sündenfall des Protestantismus dar, den Verrat an Martin Luther und der Reformation. Denn hier habe Melanchthon den erlebnishaften Glauben, wie ihn Luther vertreten habe, dem ererbten römischen Dogmatismus geopfert, der schon damals wahrem religiösen Leben feind gewesen und nach den Erkenntnissen der neueren Dogmengeschichtsforschung erst recht nicht mehr zu halten sei; so werde er auch von keinem modernen Protestanten ohne notvolle innere Verrenkung mehr

Leben aber sollte seinerseits als Frucht des gefeierten Bekenntnisses von Augsburg verstanden sein: Aus Anlaß des Bekenntnisjubiläums seien alle Glieder der deutschen evangelischen Kirchen aufgerufen »zu rechter Kirchlichkeit«, hieß es in der *Kundgebung zur Kirchenfrage*, die der mit der Jubiläumsfeier des DEKB verknüpfte Dritte Evangelische Kirchentag zu Nürnberg ausgehen ließ.[178]

Anders als 1921 nahm darum der DEKA selbst von Anfang an[179] die Zügel in die Hand und lud zum Bekenntnisfest am Jubiläumsdatum (24./25. Juni) und am Jubiläumsort.[180] Und er stellte in den Mittelpunkt des Festes einen Akt, in dem sich die dem Jubiläum zugeschriebene kirchliche Bedeutung geradezu handgreiflich verdichtete: die Übergabe der im Auftrag des Kirchenausschusses neu edierten lutherischen Bekenntnisschriften.[181] Am 25. Juni,

geteilt (27–30), ja faktisch überall durch Irreligiosität ersetzt, deren Gott das Geld sei (42f.). Lebendiger, erlebnishafter Glaube wachse demgegenüber »organisch, ungezwungen und unbevormundet aus freien Seelen« hervor (37). Das aber könne nur im eigenen Lebensraum geschehen, das heißt für Petras, im Kontext des eigenen, deutschen Volkes, das in seinem Glauben »seelisch zu sich selbst komm[en]« müsse (6). Leider habe Melanchthon diese freie deutsche Prägung des protestantischen Glaubens aufgegeben und an deren Stelle einen blutleeren, lehrhaften und institutionellen Internationalismus gesetzt, wie ihn die Ökumenische Bewegung und in konsequenter Form die römische Kirche verkörpere. Aus der skizzierten Diagnose ist nach Petras für das bevorstehende Jubiläum um der Treue zur Reformation, aber auch um der Zukunftsfähigkeit des Protestantismus willen nur eine Folgerung zu ziehen: das »geistige[] Petrefakt« *Confessio Augustana* nicht zu feiern, sondern es »dort ruhen zu lassen, wo [...] [es] hingehört: im geschichtlichen Vergessen« (20). Als Beispiel für die in seinen Augen verheerenden Folgen der herrschenden Verkirchlichungstendenz im Protestantismus nennt Petras Ludendorff, der keineswegs aus Gleichgültigkeit, sondern im Protest gegen die kirchliche Lehrgesetzlichkeit »um seines Glaubens willen« aus der evangelischen Kirche ausgetreten sei (41f.). Petras selbst spielte wenig später eine Rolle bei der Gründung der Deutschen Glaubensbewegung und trat damit in offenen Streit nicht nur mit der Kirche, sondern auch mit der religionspolitischen Linie des Nationalsozialismus (vgl. Martin Finkenberger, Der völkische Antisemit Johann von Leers, in: Die völkisch-religiöse Bewegung im Nationalsozialismus. Eine Beziehungs- und Konfliktgeschichte, Göttingen 2012, hg. v. Uwe Puchner u. Clemens Vollnhals, 375–398, hier: 395f.).

[178] Verhandlungen des dritten Deutschen Evangelischen Kirchentages 1930. Nürnberg 26. bis 30. Juni 1930, hg. vom DEKA, Berlin 1930, 313. Der Vizepräsident des Kirchentages, Wolff, hatte in seinem der Kundgebung vorausgehenden Referat *Recht und Kraft der deutschen Reformation zur Kirchenbildung* ausdrücklich gesagt, es gehe »eine gerade Linie ununterbrochen von dem Bekenntnis in Augsburg 1530 bis zu diesem Deutschen Evangelischen Kirchentag 1930 in Nürnberg«, der dem Kirchesein des deutschen Protestantismus gewidmet sei (a.a.O. 223). Die Kundgebung auch in KJ 57, 1930, 445 und in Johannes Kübel, Der Kirchentag in Nürnberg (in: ChW 44, 1930, 688–695), 691f.

[179] Vgl. Anm. 238.

[180] Ablauf und Beiträge sind wiedergegeben in: Vierhundertjahrfeier der Augsburgischen Konfession. Augsburg 20.–26. Juni 1930. Festbericht hg. von der Luther-Gesellschaft, München 1931. Zusammenfassung in: KJ 57, 1930, 462–464.

[181] Bekenntnisschriften der evangelisch-lutherischen Kirche, herausgegeben im Gedenkjahr der Augsburgischen Konfession 1930, Göttingen 1930. Im selben Jahr war im Auftrag der bayrischen Landeskirche herausgegeben worden: Die fränkischen Bekenntnisse. Eine Vorstufe der Augsburgischen Konfession. Erster Teil: Untersuchungen (bearb. v. W. F. Schmidt); Zweiter Teil: Texte (bearb. v. K. Schornbaum), hg. vom Landeskirchenrat der Evangelisch-Lutherischen Kirche in Bayern rechts des Rheins, München 1930. Außerdem

jenem Tag, da vierhundert Jahre zuvor die *Confessio Augustana* dem Kaiser überreicht worden war, wurde sie nun, eingebunden in das ganze Konkordienbuch, in der Augsburger Barfüßerkirche dem Präsidenten des DEKA in die Hände gelegt.[182] Wie 1530 kam das Bekenntnis, wenngleich nur in schmaler Auswahl[183], auch jetzt zur Verlesung[184]. In der Festgemeinde, die stehend zuhörte und dann mit dem Choral »Ein feste Burg« respondierte, huldigte mit den Vertretern des DEKB und Repräsentanten der politischen Welt, prominenten Gestalten des kulturellen Lebens wie dem Dirigenten Wilhelm Furtwängler[185] und einer großen Zahl evangelischer Christen ohne Rang und Namen der ganze deutsche Protestantismus dem Augsburger Bekenntnis, ja, in den geladenen Gästen vieler ausländischer Kirchen auch ein Teil der – durch die Reformation gegangenen – ökumenischen Welt.[186]

Indessen, so weihevoll der Kirchenbund das Jubiläum des Augsburgischen Bekenntnisses beging, so handgreiflich sich der deutsche Protestantismus dadurch seiner Kirchlichkeit versichern wollte – das ganze Unternehmen stand in auffälligem Kontrast zu der Tatsache, daß die in dem Bund versammelten Gliedkirchen unterschiedlichen Bekenntnisses waren, daß nur ein Teil von ihnen sich auf die *Confessio Augustana* berief und in den die Mehrzahl ausmachenden unierten Kirchen die konfessionelle Lage unübersichtlich war. Wenn sie alle dem Augsburgischen Bekenntnis huldigten, dann war das nur so möglich, daß dieses Dokument entgegen der Rolle, die in seiner solennen

---

gab es noch weitere Ausgaben der *Confessio Augustana*, teils mit wissenschaftlichem Anspruch, teils populärer Natur, z.B.: Die Augsburgische Konfession in ihrer ersten Gestalt als gemeinsames Bekenntnis deutscher Reichsstände, zum 25. Juni 1930 hg. von der Gesellschaft der Freunde der Universität Halle-Wittenberg, Halle 1930.

[182] Übergeben wurde das Werk, dessen wissenschaftliche Solidität es zur Standardedition für achteinhalb Jahrzehnte machte, durch den offiziellen Hauptherausgeber, den Berliner Kirchenhistoriker Hans Lietzmann. Die eigentliche Editionsarbeit hatten Heinrich Bornkamm, Hans Volz, Ernst Wolf und Theodor Hoppe geleistet, nach Lietzmanns kurzer Ansprache bei der Übergabe Vertreter »der jüngsten theologischen Forschergeneration«, die damit nach dem Vorbild Martin Luthers ihre wissenschaftlich-theologische »Lebensarbeit der Kirche des Evangeliums [geweiht]« und so »ein Bekenntnis der theologischen Jugend zur freudigen Mitarbeit an den großen Aufgaben der Kirche in der Gegenwart« abgelegt hätten. Die Ansprache Lietzmanns in: Vierhundertjahrfeier (s. Anm. 180), 131f.

[183] Vorgelesen wurden nur Artikel des ersten Teils, und sie mit aufschlußreichen Umstellungen und Auslassungen: Art. 1.3.2.4.5.7.14.9.10.13.11.12.15.16.21 (s. Vierhundertjahrfeier [s. Anm. 180], 132–137).

[184] Nämlich durch den Berliner Oberdomprediger Burghart.

[185] Frankfurter Zeitung vom 26. Juni 1930, 1. Morgenblatt (Jg. 74, Nr. 469), 1.

[186] Geladen waren Vertreter ausländischer lutherischer, reformierter, unierter Kirchen und der Kirche von England sowie Vertreter der Waldenserkirche und der Tschechoslowakischen Kirche. Vgl. die Liste der ausländischen Eingeladenen in: Vierhundertjahrfeier (s. Anm. 180), 3f. Wenn die Einladung des Kirchenbundes zu der Augsburger Feier davon spricht, daß die *Confessio Augustana* »ein wahrhaft ökumenisches und reformatorisches Bekenntnis zugleich« sei (a.a.O. 1), dann ist damit offensichtlich die Ökumene der durch die Reformation gegangenen und der diesen angeschlossenen vorreformatorischen Kirchen gemeint, nicht die weitere Ökumene, die sich in jenen Jahren zu formieren begann. Jedenfalls war aus diesen weiteren Kreisen niemand geladen, lassen auch die Akten nicht erkennen, daß überlegt worden wäre, aus ihnen jemanden zu laden. Dazu war es offensichtlich noch zu früh.

Verlesung zum Ausdruck kam, nicht in seinem positiven Lehrgehalt gefeiert wurde. Das sah niemand deutlicher als die Altlutheraner, die die Einladung zur Teilnahme zurückwiesen, für sich feierten[187], dem Kirchenbund jede Legitimation zu einer Augustana-Feier absprachen und unter den Landeskirchen allein die in der Evangelisch-Lutherischen Konferenz (Einigungswerk) zusammengeschlossenen lutherischen für jubiläumsberechtigt erklärten.[188] Die lutherischen Landeskirchen hielten einige Monate später in der Tat auch ihre eigene Jubiläumsfeier ab,[189] sahen sich aber dadurch nicht gehindert, die des Kirchenbundes mitzutragen,[190] ja, diese als die am historischen Tag statt-

---

[187] Nämlich am Jubiläumstag in Breslau (EZA 1/1089, Bl. 141–151 und 1092, Schreiben Mordhorsts an Kapler, ohne Paginierung). Politisch geschickt die konfessionelle Loyalität der landeskirchlichen Lutheraner gegen ihre Zugehörigkeit zum Kirchenbund ausspielend, luden die Altlutheraner zu ihrer Breslauer Feier auch einen landeskirchlich-lutherischen Bischof, den Holsteiner Adolf Mordhorst, ein, worauf dieser zunächst positiv antwortete, nach den Vorwürfen der Altlutheraner gegen den Kirchenbund aber schließlich doch absagte und sich nach Augsburg begab (EZA 1/1092).

[188] So am 20. März 1930 der altlutherische Kirchenrat Nagel (KJ 58, 1931, 34): »Die Augsburgische Konfession ist das Bekenntnis der lutherischen Kirche, während die der reformierten Kirche eigentümlichen Lehren von eben diesem Bekenntnis auf das nachdrücklichste als Irrlehren auf Grund des Wortes Gottes bekämpft und verworfen werden. Um deswillen scheint es uns sachlich unrichtig zu sein, wenn andere als lutherische Kirchen zu einer gemeinsamen kirchlichen Feier der Augsburgischen Konfession zusammentreten.« Veranstaltet von einem Gebilde wie dem Kirchenbund konnte das Jubiläum in den Augen der Altlutheraner nur Ausdruck unionistischer Bekenntnisverwischung und damit Bestätigung einer ohnehin sichtbaren fatalen Entwicklung sein: »Mit steigender Beunruhigung glauben wir zu sehen, daß man seitens des Evangelischen Kirchenbundes den charakteristischen Unterschied zwischen lutherischen, reformierten und unierten Kirchen verwischt. Dafür scheint uns die Veranstaltung der Feier der Augsburgischen Konfession durch den Evangelischen Kirchenbund unter Vorantritt der Evangelischen Kirche altpreußischer Union ein beredter Beweis zu sein« (ibd.). Der Präsident des DEKA bedauerte die Absage (Schreiben vom 5. Juni 1931, KJ 58, 1931, 34f.) und wies den Vorwurf eines unionistischen Kurses unter Berufung auf die Kirchenbundesverfassung nachdrücklich zurück: Im Kirchenbund seien selbständige, verschiedenkonfessionelle und ihr jeweiliges Bekenntnis pflegende Kirchen verbunden, und seine gesamte Arbeit geschehe unter dieser Voraussetzung (der Antwort des Präsidenten beigefügtes Schreiben des Oberkirchenrates der APU vom 6. Mai 1930, a.a.O. 35f.). Im Übrigen waren die Altlutheraner nicht die einzigen Kritiker dieser Art. Die Legitimität einer Augustana-Feier durch den DEKB wurde auch von anderen Gruppen des konfessionellen Luthertums wie der Hamburger Anschargemeinde bestritten (EZA 1/1089, Bl. 12.17.152f.161–167). Keinerlei Vorbehalte sind andererseits, entgegen der Behauptung der Altlutheraner, daß es einen dem ihren verwandten Protest auch bei Reformierten und Unierten gab (AELKZ 63, 1930, 397), in den Akten zur langen Vorbereitungsphase im EZA (EZA 1/1086–1093) von dieser Seite belegt. Für sie war offensichtlich von vorneherein jene überkonfessionelle Deutung des Bekenntnisbezuges klar, die Kapler dann in seiner Eröffnungsansprache vorbrachte (siehe unten). Und für sie galt wohl ohnehin, was der Genfer Theologe Adolf Keller, der in Augsburg als Gast zugegen gewesen war, feststellte: daß der reformierte Protestantismus eher willig sei, »den allgemein-protestantischen dem konfessionellen Gesichtspunkt beizuordnen« (Vom Weltprotestantismus der Gegenwart. Der Protestantismus an den kirchlichen Weltkonferenzen, in: ChW 44, 1930, 991–995, hier: 992).

[189] Nämlich im Rahmen des Lutherischen Einigungswerkes (siehe unten S. 135–137).

[190] Die altlutherische Kritik wurde von ihrer Seite scharf zurückgewiesen, nämlich durch das bayrische Mitglied des DEKA, von Pechmann, das auch im Vorstand der Evangelisch-

findende Hauptfeier des Augsburgischen Bekenntnisses zu begehen – jubiläumspraktischer Ausdruck jener Doppelloyalität, die die Lage der lutherischen Landeskirchen seit der Gründung von DEKA und DEKB kennzeichnete.[191]

In welchem Sinn die *Confessio Augustana* hier gefeiert wurde, machte der Präsident des DEKA, Kapler, in seiner Eröffnungsansprache klar. Hatte die Einladung zum Fest[192] erklärt, das Jubiläum sei »für die gesamte evangelische Christenheit ein Festtag von hoher kirchengeschichtlicher Bedeutung«, so präzisierte Kapler, die *Confessio Augustana* habe die »evangelische Bekenntnisgemeinschaft« begründet. Gemeint war damit nicht eine gemeinsame Lehre oder eine gemeinsame äußere Organisation – hierin weise der Protestantismus vielmehr »Reichtum« und »Mannigfaltigkeit« auf. Sondern gemeint war der Akt des Bekennens, das unter Einsatz des Lebens abgelegte Zeugnis des an Gottes Wort gebundenen Gewissens – dieses sei für den gesamten Protestantismus grundlegend in der »Glaubenstat« Luthers und dann erneut in Augsburg abgelegt worden, habe in der *Confessio Augustana* seine »erste lehrhafte und amtliche Ausprägung« gefunden und werde in der Gegenwart immer wieder als aktuelles Bekenntnis zu Christus laut.[193] Es waren Töne des Wormser Jubiläums von 1921 mit seinem Lobpreis des Gewissenshelden Martin Luther, die sich hier wieder hören ließen. Wohl nicht zufällig spielte Melanchthon als Hauptverfasser des Bekenntnisses bei der Jubiläumsfeier keine Rolle, erschien es nicht nur durchweg als lutherisches, sondern zum Teil geradezu als luthersches Dokument in einem personalisierten Sinn.[194]

Mit Kapler ganz einig in der Überzeugung, daß das Bekenntnis seinem Wesen nach ein aktueller Vollzug sei, war der Erlanger Systematiker Paul

---

Lutherischen Konferenz saß und sich keinerlei unionistischer Sympathien verdächtigen ließ, zugleich aber den Kritikern vorwarf, sie seien blind für »Wind und Wetter«, denen sich die Reformationskirchen in Deutschland und weltweit ausgesetzt sähen und die neben der Besinnung auf die Bekenntnisse auch die Pflege des Gemeinsamen nötig machten, wofür der von den Kritikern in Frage gestellte Kirchenbund grundsätzlich und auch mit seiner Augustana-Feier stehe (a.a.O. 520f.). Nachträgliche Schützenhilfe erhielt die konfessionelle Kritik am Augsburger Jubiläum vom Publicity Bureau des National Lutheran Council der USA, das feststellte, bei der Feier habe sich eine »promiscuous fellowship« eingefunden (EZA 1/1099, Schreiben vom 11.12.1930, ohne Blattnummerierung).

[191] Zu dieser doppelten Loyalität, ihren Gründen und den Irritationen, die sie nicht nur bei den deutschen Altlutheranern, sondern auch im Weltluthertum auslösten (siehe etwa die vorige Anm.), vgl. Kurt Schmidt-Clausen, Vom Lutherischen Weltkonvent zum Lutherischen Weltbund. Geschichte des lutherischen Weltkonventes (1923–1947), Gütersloh 1976, 33f.

[192] Vierhundertjahrfeier (s. Anm. 181), 1.

[193] A.a.O. 92f. Um diese überkonfessionelle Handhabbarkeit der *Confessio Augustana* sicherzustellen, ließ man bei der Verlesung des Bekenntnisses mit den meisten Verwerfungen des Bekenntnisses auch die in CA 10 ausgesprochene Abgrenzung von der Schweizer und oberdeutschen Abendmahlslehre weg (a.a.O. 135f.).

[194] Anders der in Anm. 177 angeführte Artikel von Petras und die unten behandelte Festrede von Hirsch, in deren Augen die melanchthonische Prägung aber gerade der wurzelhafte Makel des Bekenntnisses war.

Althaus. Schon der Titel seines öffentlichen Vortrags, in den die Jubiläumsfeier des DEKA mündete, war Programm: *Das lebendige Bekenntnis.*[195] Althaus stellte fest, bei der Vierhundertjahrfeier des Bekenntnisses von 1530 vom »lebendigen Bekenntnis« zu sprechen, heiße festzustellen, daß die »Bekenntnisbildung nie stillestehen« könne.[196] Es sei ungesund, bei der Rede vom Bekenntnis immer nur in die Vergangenheit zu schauen. Denn Bekenntnis sei eigentlich das Zeugnis von Jesus Christus in einer aktuellen Situation, abgelegt angesichts gegenwärtiger Herausforderungen und Fronten. Das aber könne die *Confessio Augustana* im Jahr 1930 schlicht nicht mehr sein.[197] Zwar habe sie bleibende Gültigkeit, insofern sie die Glaubenswahrheit enthalte, die die Evangelischen an einem Ort und zu einer Zeit mit den Glaubensbrüdern aller Zeiten und Orte verbinde.[198] Von der Notwendigkeit, diese Wahrheit immer wieder neu und aktuell zu bekennen und damit in unterschiedlichen Kontexten zur Geltung zu bringen, dispensiere sie aber nicht. Die Gegenwart biete so viele neue Fronten und Fragen, daß es eigentlich fällig sei, »daß die Stimme der bekennenden und entscheidenden Kirche sich wieder hören lasse in klaren Aussagen, in eindeutigen Absagen«.[199] Doch derzeit erlaube die »zerfahrene Lage unserer Theologie« dergleichen nicht; die vollmächtige Eindeutigkeit, die ein solcher Schritt erfordere, könne nur »in der Schwere wirklichen Kampfes« von Gott selbst gegeben werden[200] – in einem Kairos, der in den Augen des Erlanger Theologen offenbar noch nicht gegeben war. Althaus schloß mit den Worten: »Vielleicht daß gar bald Tage kommen, da neuer Ernst des Bekennens von der Kirche Christi gefordert wird. Gott allein weiß es. Wir wollen ihn anrufen [...], daß er uns für solche Stunde bereit mache, daß er uns rüste mit seinem heiligen Geiste«.[201] Worte, die wie eine Vorahnung dessen

---

[195] A.a.O. 149–164.

[196] A.a.O. 162. Ebenso hatte Althaus schon in seinem Grußwort als Dekan seiner Fakultät am Vorabend gesprochen und es als Eigentümlichkeit der Erlanger Theologie herausgestellt, die »alte Wahrheit in neuer Weise zu lehren« und so »Treue und Freiheit« zusammenzuhalten (a.a.O. 73).

[197] A.a.O. 159f.

[198] A.a.O. 153f.

[199] A.a.O. 161. Konkret zählt Althaus die Herausforderung durch die Anthroposophie, vor allem aber die Fragen nach der »politische[n] Aufgabe der Kirche und Gemeinde« und nach der Rolle der übermächtigen Wirtschaft ebenso wie aktuelle Rechtsprobleme auf (a.a.O. 160f.).

[200] A.a.O. 162f.

[201] A.a.O. 163. Ganz anders Erich Stange, der Reichswart der Evangelischen Jungmännerbünde (später CVJM), der gleichzeitig an anderem Ort einen Vortrag mit demselben Titel hielt (a.a.O. 184–200), welchen man anberaumt hatte, weil sich absehen ließ, daß der Andrang für eine einzige Stätte zu groß sein würde. Nach Stange war die CA »*eine[] Sache unerhörter Aktualität*« (186), fiel das Jubiläum in die Zeit einer »*Erneuerung reformatorischer Erfahrung zunächst auf dem Boden der alten Reformationskirchen Mitteleuropas*«, dann aber auch weit darüber hinaus (186f.). Jedenfalls im Blick auf die jüngere Generation könne man geradezu von einer »Gleichzeitigkeit« mit der CA, von ihrer lebendigen »Gegenwart« sprechen, weil die Erfahrungen der Jüngeren dieselben seien wie die Martin Luthers (191). Wenn Stange diese »Erneuerung reformatorischer Erfahrung« als Neuentde-

klingen, was vier Jahr später in Barmen geschehen würde – wenn auch anders, als der Erlanger Theologe es für richtig hielt.

Einer der Redner hingegen gab jetzt schon die Richtung an, die das aktuelle Bekennen zu nehmen habe, der Leipziger Theologieprofessor Franz Rendtorff, der die Festrede hielt. Auch deren Titel war Programm: *Die Botschaft der deutschen Reformation.*[202] Denn um die *deutsche* Reformation sollte es bei dem Jubiläum recht eigentlich gehen, die »ein Hauptstück [... der] deutschen Weltgeschichte«[203] und »von der das Augsburger Bekenntnis ein grundlegendes Zeugnis« sei.[204] Wesentlich und bleibend an ihr sei nicht die Theologie Luthers und der Reformation, die die Gegenwart gar nicht mehr teile.[205] Vielmehr sei es die reformatorische Frömmigkeit, der Glaube als »rein geistige[s], sittlich-religiöse[s] Erleben[]«.[206] Von dem »Held[en ...] der deutschen Reformation« Martin Luther[207] verkörpert und im Augsburgischen Bekenntnis erneut zum Ausdruck gebracht, präge dieser Glaube alle Evangelischen und mache so alle deutschen Protestanten zu einer, zu »der Kirche der deutschen Reformation«[208] – mochten sie sich theologisch auch von Anfang an gestritten und nie zu einem Kirchenkörper zusammengefunden haben, was gerade nach dem Kirchenverständnis der *Confessio Augustana* ja auch ganz unnötig sei.[209] Der Festredner schloß, indem er die im Augsburger Bekenntnis lautgewordene Botschaft der deutschen Reformation selbst anredete: Sie möge von der Jubiläumsfeier wieder »in alle Lande [ausgehen]«. Sie solle die evangelischen Kirchen mahnen, sich »keine neue gottlose Lehre [...] einflechte[n zu lassen]«. Die Deutschen aber solle sie fragen: »Kannst du je vergessen, deutsches Volk, daß die deutsche Reformation ein Hauptstück ist deiner deutschen Weltgeschichte [?]«, und sie mahnen, sich wieder zu besinnen auf das »Erbe, das dir als Volk die Reformation vermacht hat, die gewissensmächtige und glaubensstarke, freie und tapfere Seele, die Martin Luther unserm Volk eingestiftet hat«.[210] Das waren Sätze, die nicht nur zur Anwesenheit der vielen ausländischen Gäste in schreiendem Gegensatz standen, sondern auch zu vielen ihrer Grußworte, welche die übernationale, ökumenische Bedeutung des Augsburgischen Bekenntnisses hervorhoben.[211]

---

ckung der Botschaft von der Rechtfertigung des Sünders identifiziert und sie um das Jahr 1910 beginnen und in den Jahrzehnten seither gewaltig gewachsen sein läßt (187–189), ist darin unschwer die Lutherrenaissance zu erkennen, die er als Student der Berliner Theologischen Fakultät dort persönlich kennengelernt haben dürfte.

[202] A.a.O. 94–111.

[203] A.a.O. 109.

[204] A.a.O. 95.

[205] A.a.O. 103.

[206] A.a.O. 104.

[207] A.a.O. 96: »Luther, der Held und die Verkörperung der deutschen Reformation«.

[208] A.a.O. 96.

[209] A.a.O. 98–101.

[210] A.a.O. 109f.

[211] Vgl. z.B. die Grußworte des Sekretärs des Schweizerischen Kirchenbundes a.a.O. 77,

Doch auch die politischen Größen, die an der Feier des DEKB teilnahmen oder Grüße sandten, vom Reichspräsidenten über die Reichsregierung bis zur Regierung des Landes Bayern und dem Bürgermeister von Augsburg, auf deren Boden man sich traf, teilten das nationalprotestantische Pathos des Festredners nicht – schon deshalb, weil sie römisch-katholisch waren oder sich als Repräsentanten auch der nichtprotestantischen Bürger des Landes sahen. Freilich beschworen sie alle die unverzichtbare Bedeutung, die ein starkes Christentum, ungeachtet der mittlerweile durchgeführten Trennung von Staat und Kirche, für Kultur und Werterhalt in der deutschen Gesellschaft zumal der schwierigen Nachkriegszeit habe.[212] DEKA-Präsident Kapler bestätigte diese Sicht, indem er die Teilnahme staatlicher Instanzen als »Unterpfand« dafür würdigte, »daß auch Reich und Staat die fortdauernde überragende Bedeutung der christlichen Kirchen und der von ihnen verwalteten religiösen Güter für die Volksgemeinschaft anerkennen und zu würdigen wissen«. Speziell den Anspruch der evangelischen Kirchen auf Teilhabe an dieser Rolle des Christentums unterstrich der Präsident, indem er betonte, daß sie sich trotz der verfassungsmäßigen Trennung von Staat und Kirche weiterhin als »Volkskirchen« verstünden, die »mit der in Reich und Staat verfaßten Volksgemeinschaft innig verbunden und zum Dienst an ihr berufen« seien, wofür nach Kapler die *Vaterländische Kundgebung* des Zweiten Kirchentags zu Königsberg 1927 stand.[213] Zugleich pochte Kapler darauf, daß die deutschen evangelischen Kirchen gegenüber dem Staat selbständig seien und daß das Jubiläum eine kirchliche Feier und primär für kirchliche Teilnehmer ausgerichtet sei.[214]

---

des Vertreters des Erzbischofs von Canterbury a.a.O. 84, des Vertreters der schwedischen Kirche (a.a.O. 113) oder des Vertreters der Fédération Protestante de France (a.a.O. 121).

[212] Siehe etwa Reichsinnenminister Wirth, der in seinem vom Reichsjustizminister überbrachten Grußschreiben feststellte: Die »kulturelle Krise der Gegenwart [könne] nur dann überwunden werden [...], wenn über allem Trennenden [!] hinweg die religiösen Ewigkeitswerte wieder zu dominierendem Einfluß gelang[t]en« (a.a.O. 62). Justizminister Bredt selbst betonte, daß der »gesamte deutsche Protestantismus [...] in deutschen Landen ein deutscher Faktor sein und bleiben [müsse], der kulturell und politisch seine große Macht in die Waagschale werfen kann«, wofür seine Einheit auf dem Boden eines »festen Bekenntnisses«, und zwar nicht der *CA Invariata*, sondern der weitere Kreise zusammenschließenden *Variata*, nötig sei (a.a.O. 66). Reichspräsident von Hindenburg wünschte, daß die Erinnerung an das Augsburger Bekenntnis »dazu beitragen [möge], christliche Gesinnung im deutschen Volk zu erhalten und zu stärken« (a.a.O. 61). Der Bayrische Kultusminister forderte, nicht ohne auf ökumenische Verträglichkeit zu dringen, daß die »im Augsburger Bekenntnisse beschlossen liegen[den]« »schöpferischen Kräfte« »mit zur Verfügung [...] [gestellt würden] für den Wiederaufbau unseres Vaterlandes« (a.a.O. 68). – im Übrigen grüßten auch der frühere bayrische Kronprinz Rupprecht (a.a.O. 85) und der abgedankte Kaiser Wilhelm II., letzterer mit der Versicherung, er »fühle [...] [sich] nach dem Vorbild [...] [seiner] in Gott ruhenden Vorfahren innig verbunden mit den Grundwahrheiten des protestantischen Glaubens«, und mit der Aufforderung an die evangelischen Christen, »als wahre Gottesstreiter im Kampfe gegen den Unglauben und seine Folgeerscheinungen mannhaft in vorderster Linie [zu] stehen« (a.a.O. 85).

[213] A.a.O. 62f.

[214] A.a.O. 62.60.

Die Festivität des DEKB umfaßte zwei Abende und einen Tag (24./25. Juni), bevor die kirchenleitenden Persönlichkeiten zum Kirchentag nach Nürnberg weiterzogen. Doch man hatte in Augsburg schon vier Tage vorher zu feiern begonnen.[215] Es war viel Musik geboten worden, dazu zwei reformationsgeschichtliche »Festspiele«[216] und ein historischer Festzug zur evangelischen Geschichte Augsburgs über die auch von römisch-katholischen Bürgern beflaggten[217] Straßen und Plätze der Stadt. Außerdem hatte es auf dem Augsburger Maximiliansplatz eine aus Liedern und Ansprachen bestehende »Große Evangelische Kundgebung« gegeben,[218] auf der angesichts einer Entwicklung, die wirtschaftlich, politisch, religiös und sittlich »wirklich dem Abgrund zutreibt«, im Gefolge der kleinen Schar von 1530 ein mutiges Bekenntnis zum Glauben und zur evangelischen Kirche samt ethischen Konsequenzen gefordert worden war;[219] damit traten hier gegenüber der eher kirchenzentrierten Feier des DEKB die Nöte und Bedrohungen in den Blick, die die Feiernden im Alltag erlebten, massive antichristliche Propaganda, wie sie in der Ausrufung eines Antikirchentags durch die Kommunistische Internationale im selben Jahr geballt zum Ausdruck kam,[220] und die Weltwirt-

[215] Alles aufgeführt im Festbericht zur Vierhundertjahrfeier (s. Anm. 180). Aus Anlaß des Jubiläums hielten auch verschiedene Vereine und Gremien Festsitzungen in Augsburg ab, so das *Internationale Exekutiv-Komitee der Europäischen Zentralstelle für kirchliche Hilfsaktionen (Sitz Genf)* (a.a.O. 37), der *Verein für christliche Kunst in der evangelischen Kirche Bayerns* (a.a.O. 37) und der *Verein für bayerische Kirchengeschichte*, vor dem Werner Elert einen Vortrag über *Die Bedeutung der Augsburgischen Konfession im theologischen Denken und in der geistesgeschichtlichen Entwicklung* hielt (a.a.O. 38).

[216] Das eine, verfaßt von Seminardirektor Schieder und aufgeführt im Ludwigsbau im Stadtgarten, trug den Titel *Das Bekenntnis zu Augsburg* (a.a.O. 20.27), das andere, verfaßt von Ernst Lissauer und aufgeführt im Schauspielhaus, hieß *Luther und Thomas Münzer* (!) (36).

[217] A.a.O. 56. Damit stand das Verhalten der durch eine lange bikonfessionelle Stadtgeschichte ökumenisch geübten Augsburger Katholiken in deutlichem Kontrast zu Stimmen, wie sie etwa in der *Kölnischen Volkszeitung* laut wurden, wo es hieß: »Uns Katholiken ist der 25. Juni 1530 [...] kein Anlaß zur Freude«. Denn – so die nicht ganz ausgeglichenen Begründungen – jener Tag habe nur die Unüberbrückbarkeit der Gegensätze gezeigt, zudem fühle sich in der Gegenwart ohnehin kein Protestant mehr an das Augsburger Bekenntnis gebunden, das im Übrigen ein schwaches, kompromißlerisches Dokument sei (Nr. 319, Abendausgabe vom 25.6.1930, S. 5, Artikel *Das Augsburger Bekenntnis*).

[218] Vierhundertjahrfeier (s. Anm. 181), 31–36. Mit Stolz stellt der Herausgeber fest, daß die Ansprachen mittels modernsten technischen Geräts, nämlich »durch einen Siemens-Großlautsprecher«, in alle Richtungen übertragen wurden (a.a.O. 36).

[219] A.a.O. 33 (Kirchenpräsident Wurm). National zugespitzt bei dem Erlanger Theologieprofessor Bachmann, der sich von dem »Leben unseres Volkes bewegt und erschüttert« sieht; anders als die übrigen Redner redet Bachmann seine Zuhörer auch nicht nur als Glaubens-, sondern auch als »Volksgenossen« an (a.a.O. 31f.). Der dritte Redner der Kundgebung, der Augsburger Stadtpfarrer Anthes, hob dagegen im Geist der Dialektischen Theologie hervor, daß es im Christentum nicht um die Wohlfahrt – sei es des Einzelnen, sei es eines Volkes – gehe, sondern um Gott, und daß die Bekenner von Augsburg für eine Kirche des Kreuzes gestanden hätten (a.a.O. 34–36).

[220] Adolf Keller, Vom Weltprotestantismus der Gegenwart (in: ChW 44, 1930, 399–402), 402 (zum tatsächlichen Ablauf W. V., Vom Antikirchentag der Kommunisten, in: ChW 44, 1930, 501f.); AELKZ 44, 1930, 381; KJ 57, 1930, 458f. mit der Reaktion von Otto

schaftskrise, die die gerade erreichte Stabilisierung der ökonomischen Verhältnisse wieder zunichtemachte. Vor allem aber gab es eine große Zahl von Gottesdiensten, die in Kirchen, Hallen und im Freien stattfanden und wegen des Andrangs z.T. kurzfristig parallel mehrfach anberaumt werden mußten, unter ihnen eine Reihe spezieller Jugendgottesdienste.[221] Damit war Augsburg nur die Spitze des Eisbergs. Landauf, landab wurde am 25. Juni oder am folgenden Sonntag in den Kirchen der Übergabe der *Confessio Augustana* gedacht, fanden Gemeindeabende statt, die die Basis über das Bekenntnis, seinen reformationsgeschichtlichen Ort und seine Bedeutung unterrichten sollten.[222]

Schließlich sind noch die Jubiläumsbeiträge zu nennen, die die akademische Welt leistete. Von dem wichtigsten war bereits die Rede, der neuen Edition der lutherischen Bekenntnisschriften. Die Bücher und Aufsätze, die ansonsten zur *Confessio Augustana* und zum Augsburger Reichstag von 1530 erschienen, hielten sich nach Zahl und Bedeutung in Grenzen.[223] An den Uni-

---

Dibelius (aus: Das Evangelische Deutschland 7, 1930, Nr. 13), der diesen offenen Affront und das Thema des Augustanajubiläums, den Ruf zur Kirche, verknüpfte, indem er den Antikirchentag als Herausforderung verstand, »daß die evangelische Christenheit endlich sieht, was der Feind längst gesehen hat: daß sie in ihrer evangelischen Kirche ein Instrument hat, das gepflegt, geschärft und geachtet sein will!« (zu den konkreten Maßnahmen des kurmärkischen Generalsuperintendenten gegen die überschätzte und in Wirklichkeit klägliche antikirchliche Veranstaltung im Rahmen seines Kampfes gegen die Gottlosenbewegung, welcher ein wichtiges Movens der anfänglichen Sympathie für den angeblich auf der anderen Seite stehenden Nationalsozialismus war [vgl. u. Anm. 260], siehe Hartmut Fritz, Otto Dibelius. Ein Kirchenmann in der Zeit zwischen Monarchie und Diktatur, Göttingen 1998, 466–468). Dieselbe Frontstellung, noch verstärkt durch die Nachrichten über die Christenverfolgungen im bolschewistischen Rußland, wo Botschaften wie die des Antikirchentags brutal in praktische Politik umgesetzt schienen, prägte die Predigt, die der bayrische Kirchenpräsident Friedrich Veit im Eröffnungsgottesdienst der Jubiläumsfeier des DEKB in Augsburg hielt, führte hier aber noch zu einem anderen Akzent als bei Dibelius und den Rednern der Augsburger Kundgebung: Die steigende Evangeliumsfeindlichkeit der Gegenwart auch im eigenen Umfeld könne, wie der Blick auf das Schicksal der Christen in Osteuropa zeige, bedeuten: »Der Tag des Leidens kommt vielleicht« (Vierhundertjahrfeier [s. Anm. 181], 47) – eine Perspektive, angesichts derer das Jubiläum die Glaubenskräfte stärken solle.

[221] A.a.O. I-IV.23–27.38–58.90–92.

[222] Vgl. etwa AELKZ 63, 1930, 573f.712f. mit 698–702 (Württemberg); 658–661 (Bayern), siehe ansonsten die regionalen und lokalen Blätter. Besonders hervorzuheben ist Coburg, das sich als Stätte von Luthers Aufenthalt während des Augsburger Reichstages selbst als Jubiläumszentrum betrachtete und über die allerorten abgehaltenen kirchlichen Augustana-Feiern hinaus mehrmonatige Jubiläumsveranstaltungen durchführte, zu denen man auch die Teilnehmer an der Feier des DEKB einlud (EZA 1/1086, Bl. 1086; 1/1088, Bl. 78.80; 1/1090 passim).

[223] Einen Ausschnitt bietet Heinrich Bornkamm, Die Literatur des Augustana-Gedächtnisjahres (ZKG 50, 1931, 207–218). Das Lutherjahrbuch 12, 1930, enthält Beiträge zum Thema von Johannes von Walter, Erich Vogelsang, Hans von Schubert und Rudolf Hermann. Darüber hinaus nennenswert ist der für den Schulunterricht gedachte Aufsatz von Hermann Mulert, Das Augsburgische Bekenntnis (ZEvRU 41, 1930, 105–111). Aus Anlaß des Jubiläums erschien auch die historische Studie: Alfred Galley, Die Jahrhundertfeiern der Augsburgischen Konfession von 1630, 1730 und 1830, Leipzig 1930; in viele Teile aufgeteilt ebenfalls in AELKZ 63, 1930.

versitäten mit Evangelisch-Theologischen Fakultäten trugen namhafte Vertreter aus deren Reihen Festreden vor großem Publikum aus Kollegenschaft, Studentenschaft und dem gebildeten Bürgertum vor. Aus ihrer langen Reihe seien hier nur zwei prominente Beispiele angeführt.[224] In der Aula der Berliner Friedrich-Wilhelms-Universität hielt Erich Seeberg am 25. Juni die *Festrede zum Gedächtnis der 400jährigen Übergabe des Augsburgischen Bekenntnisses*,[225] in der er die *Confessio Augustana* zum Beginn einer »neue[n] Epoche in der Kirchengeschichte« erklärte, des »Zeitalters der Konfessionskirchen«.[226] Für den Protestantismus liegt nach den Worten Seebergs der Sinn seiner Konfession in dieses Wortes doppelter Bedeutung darin, daß hier das »paradoxe Grunderlebnis Luthers, das im Negativen das Positive, in der Not das Leben gefunden« habe, kurz, die so zu bestimmende Rechtfertigungslehre, lehrhaft ausformuliert worden sei.[227] Durch die Entdeckung des »Rechtfertigungsgedankens« unterscheide sich die Gegenwart von der geschichtsphilosophischen Sicht Hegels, der in seiner 100 Jahre zuvor am selben Ort gehaltenen Jubiläumsrede als das in Augsburg offenbar gewordene Eigentliche des Protestantismus »Durchbruch und Verwirklichung der Freiheit« gepriesen habe.[228] Angesichts der mittlerweile erfahrenen Geschichte trete diese Sicht zurück, leuchte der »Rechtfertigungsgedanke« weit stärker ein. Freilich soll der »Rechtfertigungsgedanke« nach Seeberg nicht nur auf den Einzelnen bezogen werden; daß wir »aus Gnade allein« »im Nein das Ja, in der Not die Erlösung, im Tod das Leben [...] haben«, gelte ebenso für das deutsche Volk – nur von dieser Wahrheit her lasse sich auch in seinem schweren Schicksal der »ewige[] Sinn [...] schauen.« Und so ruft der Berliner Professor sein Publikum auf, von den Abstraktionen der Geschichte, zu denen für ihn auch die *Confessio Au-*

---

[224] Daneben zu nennen wären etwa JOHANNES FICKER, Die Eigenart des Augsburgischen Bekenntnisses. Eine geschichtliche Betrachtung. Rede gehalten bei der am 3. Juli 1930 von der Stadt Halle und der Universität Halle-Wittenberg veranstalteten Vierhundertjahrfeier des Augsburgischen Bekenntnisses (Hallische Universitätsreden 47), Halle 1930; HERMANN WOLFGANG BEYER, Bekenntnis und Geschichte. Rede bei der Feier der Universität Greifswald am 400. Gedenktag der Überreichung der »Confessio Augustana«, dem 25. Juni 1930, Greifswald 1930; HEINRICH BORNKAMM, Der protestantische Mensch nach dem Augsburgischen Bekenntnis. Rede bei dem Festakt der Theologischen Fakultät Gießen am 29. Juni 1930 zum Vierhundertjahr-Gedächtnis der Übergabe der Confessio Augustana, Gießen 1930; FRIEDRICH TRAUB, Kirchliches Bekenntnis und Theologie. Vortrag bei der Augustanafeier der Tübinger Fakultät (in: ZThK 11, 1930, 437–448); WERNER ELERT, Die Augustana und der Gedanke der christlichen Solidarität. Rede, gehalten bei der Augustana-Feier der Theologischen Fakultät am 29. Juni 1930 in der Neustädter Kirche zu Erlangen (Erlanger Universitätsreden 10), Erlangen 1931.

[225] ERICH SEEBERG, Festrede zum Gedächtnis der 400jährigen Übergabe des Augsburgischen Bekenntnisses, Berlin 1930 (von der Universität veröffentlichter Separatdruck).

[226] A.a.O. 5. Denn durch das *Augsburgische Bekenntnis* sei »der evangelische Glaube [...] Konfession; die protestantischen Kirchen [...] Konfessionskirchen; aus den Protestierenden [...] der Protestantismus« geworden, und diese Entwicklung zur Konfession habe auch die römisch-katholische Kirche erfaßt.

[227] A.a.O. 10.

[228] Vgl. oben S. 60.

gustana in ihrer lehrhaften Gestalt gehört, »zu den konkreten Wirklichkeiten, zum Blut des Lebens« zurückzukehren und daraus »die Gedanken trinken« zu lassen. Worin er diese konkrete Wirklichkeit sieht, führt Seeberg nicht aus. Doch wenn solche Rückkehr gelinge, so können die Hörer schließen, sei die Zukunft wieder hell. »Denn das Geheimnis im Leben des Einzelnen und im Leben der Völker heißt Wiedergeburt.«[229]

Emanuel Hirsch widmete seine Festrede in der Aula der Georg-August-Universität zu Göttingen *Fichtes, Schleiermachers und Hegels Verhältnis zur Reformation*.[230] Anders als Seeberg fand er freilich an der *Confessio Augustana* selber nichts zu feiern. Sie sei ein typisch melanchthonisches Zeugnis der »Dissimulation« und insofern eher »ein schmerzlicher Schatten über dem hellen großen Tage des 25. Juni 1530«, dessen Jubiläum man nun begehe.[231] Wahrhaft zu feiern sei vielmehr »die geschichtliche Tat«, die gewesen sei, »was die Confessio Augustana an ihr selbst nicht ist: ein offenes Bekenntnis zum Evangelium und zur Kirchenreformation«. Dieses Bekenntnisaktes habe man zu gedenken, »nicht etwa der Schrift, die durch ihn zu einer unverdienten Ehre gekommen und von unserer Kirche durch andere Bekenntnisse, vor allem durch Luthers gewaltige schmalkaldische Artikel, mit Recht ergänzt worden ist.« Damit aber sei das eigentliche Thema der Feier die Besinnung auf die Reformation selbst, und zwar auf die Reformation als eine »geistige Macht« mit ihren Auswirkungen auf das öffentliche Leben der Deutschen wie der Menschheit überhaupt.[232] Solche Besinnung will Hirsch mit kritischen Ausführungen über das Verhältnis des »idealistisch-romantischen Denkens« zur Reformation leisten, eines Denkens, das sich selbst programmatisch auf die Reformation bezogen und bemüht habe, reformatorische Motive in allgemeine Vernunfteinsicht zu überführen. Wie Seeberg, allerdings in einer weniger populären und umso reflektierteren Form[233] grenzt Hirsch sich gegen diese Versuche ab. Die eigentliche, für die Gegenwart allein hilfreiche Einsicht der Reformation sei im Rechtfertigungsglauben, in der Erfahrung des göttlichen Ja im Nein, im Gottesvertrauen aus der Anfechtung heraus zu finden.[234] Anders als der Berliner Kollege legt Hirsch diese Gedanken allein im Blick auf das Leben des Einzelnen dar, eine Übertragung auf die Ebene des »Volkes«, wie sie Seeberg bietet, nimmt er nicht vor.

---

[229] Seeberg, Festrede 1930 (s. Anm. 226), 15.

[230] Emanuel Hirsch, Fichtes, Schleiermachers und Hegels Verhältnis zur Reformation, Göttingen 1930.

[231] A.a.O. 5.

[232] A.a.O. 6.

[233] Dabei ist außer dem unterschiedlichen Zuschnitt der beiden Autoren freilich auch zu bedenken, daß Hirschs Jubiläumsbeitrag in Gestalt der Niederschrift vorliegt, die er vor dem Vortrag ausgearbeitet hatte und deren Inhalt er dann mündlich vorbrachte (siehe das Vorwort).

[234] A.a.O. 48f.

Während die Augustana-Feiern Ende Juni über die Bühne gingen, rückte bereits das nächste große Jubiläumsfest in Augsburg heran, das des internationalen lutherischen »Einigungswerks«, der »Allgemeinen Evangelisch-Lutherischen Konferenz«. Angeblich hatten die zu ihr gehörigen Lutheraner geplant gehabt, selbst am 25. Juni in Augsburg zu feiern, ja, war das auch vom Weltluthertum erwartet worden, das sich gerade im Zeichen des Augsburgischen Bekenntnisses formiert hatte.[235] Durch die vom DEKB geschaffenen Tatsachen sei die Lutherische Konferenz schlicht verdrängt und gezwungen worden, auf einen anderen Termin auszuweichen.[236] Daß diese Behauptung zutrifft, ist unwahrscheinlich. Frühzeitige energische Planung des Jubiläums ist jedenfalls nur auf seiten des Kirchenbundes belegt[237] – so wie ja auch der Kirchenbund und keine spezifisch lutherische Organisation die Neuausgabe der lutherischen Bekenntnisschriften auf den Weg gebracht hatte. Aber wie auch immer, die Lutherische Konferenz lud zur eigenen Feier der *Confessio Augustana* nach Augsburg zu einem anderen Termin, dem der versuchten Übergabe der *Apologie* (22. September), mit dem sie, wie schon im Fall des Jubiläums von 1921,[238] ihre regelmäßige Haupttagung verband (22.–25. September).[239] Und diese eigene Feier sollte die eigentliche Augustana-Feier sein, das Fest jener, die das Augsburgische Bekenntnis als ihr eigenes hochhielten und die kraft dieses Bekenntnisses wirklich Kirche, die lutherische Kirche

---

[235] Vgl. dazu SCHMIDT-CLAUSEN (s. Anm. 192), Teil II-IV.

[236] So das Organ der Konfessionellen, die AELKZ (Deutscher Evangelischer Kirchenausschuß und Augustanajubiläum, in: AELKZ 63, 1930, 396–400, hier: 397, ungezeichneter Artikel). Diese Behauptung löste heftigen Protest eines zum Kirchenausschuß gehörigen bayrischen Lutheraners aus (WILHELM VON PECHMANN, »Deutscher Evangelischer Kirchenausschuß und Augustanajubiläum«, in: a.a.O. 519–521), worauf die Redaktion der AELKZ zurückruderte (Nachwort der Schriftleitung, in: a.a.O. 521) und dem Augustanajubiläum Gottes Segen wünschte – nicht ohne hinzuzufügen, man wünsche ihm zudem die »Frucht einer neu erwachenden Treue zum Bekenntnis der Väter, im [!] Geist und Kraft dieser Väter, einer neu erwachenden lutherischen Kirche« (a.a.O. 521).

[237] Die einschlägigen Akten des DEKA belegen schon für 1928 genaue Planungen und konkrete Schritte bis hin zu einer Reise des DEKA-Präsidenten Kapler nach Augsburg zu Absprachen mit örtlichen Kirchenvertretern (Akte EZA 1/1086 und 1/1090). Geplant worden war die Feier des DEKA von vorneherein in Verbindung mit dem Kirchentag, der 1930 in Bayern, genauer, wie dann beschlossen wurde, in Nürnberg stattfinden sollte und dem die Jubiläumsfeier in Augsburg vorgeschaltet wurde, bevor die Vertreter des DEKB dann in die andere mittlerweile bayrische Stadt ziehen sollten. Vgl. zum Nürnberger Kirchentag: Verhandlungen des dritten Deutschen Evangelischen Kirchentages (s. Anm. 178).

[238] Siehe oben S. 104 und unten S. 275f.

[239] Das Programm ist mehrfach abgedruckt in der AELKZ 63, 1930, so erstmals in der Einladung am 24. Januar 1930 (Sp. 73–76), zum letzten Mal kurz vor der Veranstaltung am 5. September (Sp. 841–844); im tatsächlichen Verlauf der Feier ergaben sich dann einige Veränderungen. Die gehaltenen Predigten und Vorträge sind ebenfalls in diesem Band der AELKZ abgedruckt, allerdings nicht fortlaufend, sondern nach und nach eingesprengt zwischen andere Artikel. Eine ausführliche kritische Zusammenfassung bietet ERNST BIZER, Die Augustana-Feier des Lutherischen Einigungswerks in Augsburg (in: ChW 44, 1930, 1014–1019); empörter Widerspruch eines Teilnehmers mit Stellungnahme des Herausgebers in: ChW 45, 1931, 76f. (ROBERT JELKE, Zur Lutherischen Tagung in Augsburg, mit Kommentar von Martin Rade).

waren.[240] Und die, anders als der DEKB, weltweite Kirche waren – so weltweit international, daß, wie man stolz vermeldete, allein für die angemeldeten Lutheraner aus den USA eine eigene Fahrt der Hamburg-Amerika-Linie organisiert werden mußte.[241]

So hochgestimmt aber der theologisch-ekklesiale Anspruch war – von der Feier selbst wurde er kaum eingelöst. Nicht zu Unrecht stellte ein kritischer Teilnehmer die rhetorische Frage: »Weiß nun jemand, was sich das Lutherische Einigungswerk unter der ökumenischen Bedeutung der Augustana vorstellt, und worin sie besteht?«[242] Zwar relativierte niemand das Bekenntnis als positive Lehre der Kirche zugunsten aktuellen Bekennens, wie es bei der Feier des Kirchenbundes geschehen war. Aber als solche Lehre tatsächlich dargelegt wurde es allenfalls in dem Vortrag des schwedischen Bischofs und Kultusministers Stadener über *Die Bedeutung des Augsburger Bekenntnisses für die Eintracht des Glaubens*, der die wichtigsten Artikel durchging, hier und da auch leicht aktualisierte.[243] Und auch nur Stadeners Vortrag bemühte sich jedenfalls, in knappen Hinweisen auf Gemeinsamkeiten einzelner Aussagen der *Confessio Augustana* mit Anliegen anderer Kirchen den Anspruch auszubuchstabieren, daß sie ein Bekenntnis mit weltumspannender Reichweite sei, weltumspannend im Blick auf das gesamte Luthertum, im Blick auf den gesamten Protestantismus, aber auch im Blick auf die gesamte Christenheit – sie zu einen sei das Potential dieses Bekenntnisses, das Gottes Werk sei und »nicht Menschenwerk«.[244]

Auf die Worte des schwedischen Bischofs folgte ein Koreferat – und ein stärkerer Gegensatz ließ sich nicht denken als der, der den Hörern hier präsentiert wurde.[245] Redner war der Erlanger Kirchenhistoriker Hans Preuß. Und Preuß stellte, in einer Weise, wie es kein Redner der Augustana-Feier des DEKB im Juni, auch Rendtorff nicht getan hatte, das Augsburgische Bekenntnis als Inbegriff des deutschen Wesens, der im Luthertum verkörperten »germanisch-deutschen Form des Christentum[]« dar.[246] Deshalb liege die öku-

---

[240] So das Organ der Lutherischen Konferenz, die AELKZ, in seinem Bericht von der Feier: Wilhelm Laible, Die Augustanafeier der Allgemeinen Evangelisch-Lutherischen Konferenz in Augsburg (in: AELKZ 63, 1930, 964–969.987–992.1018–1023.1035–1043.1065–1069.1086–1090.1112–1118.1139–1141.1156–1162), 964.

[241] AELKZ 63, 1930, 115.

[242] So Bizer in seinem Bericht in der ChW: Bizer, Augustanafeier (s. Anm. 240), 1016.

[243] Nils Samuel Stadener, Die Bedeutung des Augsburger Bekenntnisses für die Eintracht des Glaubens (in: AELKZ 63, 1930, 939–945), von einem anderen Teilnehmer verlesen, da Stadener kurzfristig verhindert war (Laible, Augustanafeier [s. Anm. 240], 989). Der Münsteraner Generalsuperintendent Wilhelm Zoellner, der über *Die ökumenische Bedeutung des Augsburger Bekenntnisses für das Luthertum der Welt* referierte, sprach nur über die in CA 4 bekannte Rechtfertigung allein aus Gnade allein im Glauben als mittlerweile von allen anerkanntes Zentrum des Bekenntnisses (in: AELKZ 63, 1930, 1012–1018, Zusammenfassung bei Laible, Augustanafeier [s. Anm. 241], 988).

[244] Stadener, Bedeutung (s. Anm. 244), 945.

[245] Laible, Augustanafeier (s. Anm. 241), 989–991.

[246] Preuß sieht dies im *Augsburgischen Bekenntnis* religiös »auseinandergefaltete« Ger-

menische Bedeutung der *Confessio Augustana* darin, daß mit der lutherischen Mission in ihren Bahnen immer »ein Tropfen deutschen Wesens [...] mit[ge]geben« werde – zum Segen für die Empfänger, weil Gott – »eine kirchengeschichtliche Tatsache für jeden, der Luthers Glauben besitzt« – das deutsche Volk »zum Segen gesetzt« habe.[247] Preuß' Vortrag erntete scharfen, »das Übernationale am Luthertum und der Augsburgischen Konfession« unterstreichenden Widerspruch,[248] der Erlanger Kirchenhistoriker stand mit seinen Tiraden auf der Jubiläumsfeier allein. Doch derselbe September 1930, in dem Preuß das »zum Segen gesetzte« deutsche Volk pries, sah die »Erdrutschwahl«, mit der die NSDAP zur zweitstärksten Partei im Reichstag wurde.

2. Das Reformationsjubiläum von 1933

In seinem Rückblick auf die Feiern des Jahres 1930 schrieb der Herausgeber des Kirchlichen Jahrbuches Hermann Sasse, der eigentliche Sinn aller Reformationsjubiläen der letzten Jahre sei die Besinnung auf die übernationale Kirche gewesen, nicht der Gedanke der Nation.[249] In der Tat hatten ekklesiologische Fragen jedenfalls die großen Veranstaltungen von 1929 und 1930 beherrscht. Das lag an den Ereignissen und Dokumenten, derer hier gedacht wurde. Sie alle nötigten in der einen oder anderen Weise zur Besinnung auf die theologischen Überzeugungen, die die Evangelischen einten und als Kirchen auftreten ließen. Ganz anders 1933. Hier trat nun das nationale Thema mit Macht auf die Jubiläumsbühne.[250] Freilich nicht derart, daß es das Thema »Kirche« verdrängte, vielmehr so, daß es vielfach mit diesem verschmolz. Grund ist zum einen der Feiergegenstand des Jubiläums von 1933 – hier ging es nicht um ein Ereignis der Reformation, sondern um Martin Luther, dessen

---

manisch-Deutsche im Vertrauen, der Treue, der Wahrhaftigkeit, wovon sich die Eigentümlichkeiten der ersten, aus dem Judentum kommenden Christen und die der slawischen, romanischen und angelsächsischen Christen unterschieden (a.a.O. 989).

[247] A.a.O. 990. Vgl. die reflektiertere Variante dieses Gedankens in den Ausführungen über die Reformation als die durch den germanischen Geist bestimmte Form des Christentums bei Reinhold Seeberg, Lehrbuch der Dogmengeschichte. Bd. IV/1: Die Entstehung des protestantischen Lehrbegriffs, Darmstadt [5]1953 (erstmals erschienen 1917), 51–53.

[248] Dies Übernationale sei »das allen Menschen giltige [!] sola fide und das aller Welt geltende Bekenntnis zu Christus als dem ›Herrn‹«. Aus diesem und keinem anderen Grund sei das Luthertum »als der Mittelpunkt aller Konfessionen anzusprechen.« In diesem Sinne wandten sich gegen Preuß u.a. Carl Stange, Wilhelm Zöllner, Ernst Sommerlath und – am schärfsten – Werner Elert (Laible, Augustanafeier [s. Anm. 240], 991; s.a. die Zusammenfassung des Referats und der Diskussion bei Bizer, Augustanafeier [s. Anm. 239], 1015).

[249] KJ 58, 1931, 2.

[250] Anders als zu den bislang behandelten Jubiläen von 1921, 1929 und 1930 gibt es zu dem von 1933 schon eine ganze Reihe von Beiträgen, insbesondere die quellengesättigten Aufsätze von Siegfried Bräuer, auf die sich sämtliche folgenden Veröffentlichungen, auch die vorliegende, immer wieder stützen. Von einem umfassenden, alle Ebenen und wichtigen Akteure einbeziehenden Überblick sind wir freilich auch damit noch entfernt, und er wird auch hier nicht geboten.

450. Geburtstag man beging. Grund ist zum anderen die neue politische Lage dieses Jahres, der Regierungsantritt der Nationalsozialisten. Daß beides auf dasselbe Jahr fiel, erschien nicht wenigen Zeitgenossen als eine geradezu schicksalhafte, ja, gottgegebene Koinzidenz.[251] Eine einheitliche Jubiläumsvision oder ein einheitliches Lutherbild im Zeichen der neuen Zeit gab es gleichwohl nicht. Denn zum einen hatten die Planungen bereits vor dem politischen Umsturz begonnen, zum anderen waren zu viele unterschiedliche Akteure an Planung und Durchführung des Jubiläums beteiligt.

2.1. Planungen und Vorbereitungen

Der erste Anstoß scheint von Eisleben ausgegangen zu sein, jener Stadt also, die als Ort von Geburt und Tod Luthers ohnehin eine einschlägige Feiertradition besaß und 1925 ihren besonderen Rang durch die Aufnahme der Bezeichnung »Lutherstadt« in ihren Ortsnamen hervorzuheben versucht hatte.[252] Treibende Kraft war der Magistrat, der aber in enger Abstimmung mit der lokalen Kirche handelte. Dem Beispiel Eislebens folgten schnell auch andere mit Luther besonders verbundene Städte wie Wittenberg, Eisenach und Coburg mit eigenen Planungen.[253] Während auf regionaler und lokaler Ebene

---

[251] Z.B. dem Tübinger Kirchenhistoriker Hanns Rückert, der in seiner Rede beim Lutherjubiläum der eigenen Fakultät emphatisch feststellte, »[d]ie evangelische Kirche [...] [könne und wolle] es nicht für zufällig halten, daß sie ihrer eigenen Entstehung, die mit dem Anbruch einer neuen Epoche in der deutschen Geschichte zusammenfällt, in einem Augenblick gedenken darf, der wiederum eine Wende des deutschen Schicksals bedeutet« (Hanns Rückert, Luther als Deutscher, in: Deutsche Theologie, Luthersonderheft Nov. 1933, 10–23, hier: 10). Oder dem Oberhofer Pfarrer Lothar Thomas, für den »ein Werk Gottes [...] damit [geschah], daß er in das neuerwachte völkische Leben [...] uns die Gestalt Luthers als Wegweisung stellt« (zitiert in: Siegfried Bräuer, »Martin Luther und Adolf Hitler – die Träger des deutschen Schicksals« [Kurt Thieme], in: Altenburger Geschichts- und Hauskalender 6, 1997, 79–85, hier: 82). Vgl. auch den Berliner Kirchenhistoriker Erich Seeberg in seiner öffentlichen Jubiläumsrede: »Es ist von symbolischer Kraft, daß das erste Jahr im neuen Deutschland ein Lutherjahr ist« (Warum sind wir Protestanten? Vortrag zum Gedächtnis des 450. Geburtstages Luthers in der Philharmonie zu Berlin, in: Ders., Menschwerdung und Geschichte. Aufsätze, Stuttgart 1938, 214–226, hier: 225, alles hervorgehoben). Sein patristischer Fakultätskollege Hans Lietzmann stimmte zu, indem er schrieb: »Es soll kein Zufall sein, daß jetzt im Jahre der Deutschen Revolution auch der Luthertag festliche begangen wird« (Luther, in: Deutsche Allgemeine Zeitung 10.11.1933, Nr. 498). Demgegenüber sah der Marburger Neutestamentler Hans von Soden in seinem Jubiläumsvortrag *Luthers Gottesbotschaft an das deutsche Volk. Ein Vortrag für die evangelische Gemeinde am Luthertag 1933* (Marburg 1934, 3) die als »Fügung« erscheinende Koinzidenz darin, daß das Jubiläum in eine Zeit der Sorge um die Kirche falle: Es »fordert gerade das geschichtliche Zusammentreffen schwerer Sorge um Volk und Kirche und höchster Verantwortung für die über sie zu treffenden Entscheidungen in unseren Lebenstagen mit dem Gedächtnis an Luthers Tage unsere wache Aufmerksamkeit.« Vgl. zu von Sodens Beitrag unten S. 165f.

[252] Siehe dazu Siegfried Bräuer, Die Lutherfestwoche vom 19. bis 27. August in Eisleben. Ein Fallbeispiel en détail (in: Lutherinszenierung und Reformationserinnerung, hg. v. Stefan Laube u. Karl-Heinz Fix, Leipzig 2002, 391–451), 392f., wo auch auf Einschränkungen und Gegenaktionen in dieser mittlerweile stark durch die Probleme und Traditionen der Arbeiterschaft geprägten Region hingewiesen wird (vgl. unten Anm. 425).

[253] Zu diesen ebenfalls im Jahr 1932 einsetzenden Planungen der mitteldeutschen Luther-

also rege Aktivitäten zu verzeichnen waren, hielt sich die Kirchenspitze heraus. Auf eine Anfrage des Eislebener Superintendenten im September 1932 bei der obersten landeskirchlichen Behörde, dem Evangelischen Oberkirchenrat (EOK) in Berlin, ob dort etwas geplant sei,[254] erteilte der umgehend eingeschaltete überraschte DEKA die Auskunft, eine zentrale Veranstaltung sei nicht vorgesehen, sondern man wolle es bei örtlichen Feiern belassen. Es habe in jüngster Zeit genug Jubiläen gegeben – hatte der DEKB doch keine drei Jahre zuvor die große Augustana-Feier veranstaltet –, und 1983 werde man ohnehin Luthers 500. Geburtstag ganz groß begehen; überdies rufe die allgemeine Lage nicht nach Festlichkeiten – die Weltwirtschaftskrise hatte das Land im Griff. Selbst auf eine offizielle Teilnahme an den Eislebener Feiern konnte man sich bis weit in das Jahr 1933 nicht einigen, ebensowenig darauf, den Jubiläumstag, den 10. November, zum kirchlichen Feiertag zu erklären.[255] Der DEKA war offensichtlich nicht nur feiermüde, sondern betrachtete das bevorstehenden Jubiläum auch nicht als ein Datum, dem zentralkirchliche Aufmerksamkeit gelten mußte. Die Dynamik, die dieses Ereignis schließlich entwickeln würde, sah man nicht voraus, ebensowenig fühlte man sich herausgefordert, ihm einen eigenen theologischen und kirchenpolitischen Stempel aufzudrücken.

Die lokalen Akteure focht das Zögern an der Spitze wenig an, sie stellten im Spätsommer und Herbst 1933 große Festwochen auf die Beine, die allesamt reiche Programme mit traditionellen Jubiläumselementen wie Gottesdiensten, historischen Umzügen, Kirchenmusiken, Festreden, Theateraufführungen und Ausstellungen, erstmals aber auch einem Lutherfilm präsentierten und die Zehntausende aus der näheren und weiteren Umgebung anzogen.[256] Eisleben machte im August (20.–27.8.) den Anfang. Mittlerweile lebte man in einer neuen politischen Zeit, und die Eislebener säumten nicht, Reichskanzler Hitler einzuladen, der, wie man glücklich mitteilte, sein Kommen »in Aussicht gestellt« habe.[257] Doch es hatte nicht nur das staatliche Regime gewechselt, sondern auch in der evangelischen Kirche wehte ein neuer Wind. Während die Männer im DEKA noch abwiegelten und zauderten, hatten die von

städte, die nicht zuletzt wirtschaftlich-touristischen Interessen entsprangen, vgl. Siegfried Bräuer, Der urdeutsche und tief christliche Reformator. Zur Planung und Vorbereitung der Wittenberger Luther-Festtage 1933 (in: 700 Jahre Wittenberg. Stadt – Universität – Reformation hg. v. Stefan Oehmig, Weimar 1995, 545–563), 546f. Schon damals galt, daß »alle mehr oder minder etwas verkehrtechnisch aus diesem Jubiläum herausholen« wollten, wie der Direktor der Wittenberger Lutherhalle, Oskar Thulin, feststellte (zitiert a.a.O. 548).

[254] Schreiben des Superintendenten von Eisleben an den EOK vom 12. September 1932, EZA 1/704. Dazu und zu den im Folgenden skizzierten Vorgängen vgl. Siegfried Bräuer, Der »Deutsche Luthertag 1933« und sein Schicksal (in: Martin Luther. Leistung und Erbe, hg. v. Horst Bartel u.a., Berlin 1986, 423–434).

[255] A.a.O. 424.

[256] Vgl. dazu Björn Küllmer, Die Inszenierung der protestantischen Volksgemeinschaft. Lutherbilder im Lutherjahr 1933, Berlin 2012, 57–66.

[257] EPD 3.5.1933, Nr. 18.

der politischen Wende profitierenden Deutschen Christen (DC) die Jubiläumsplanung bereits von der lokalen auf die Bühne des Reiches gehoben: Es genüge nicht, das Lutherfest der Initiative und den Vorstellungen einzelner Kirchen und Städte zu überlassen; vielmehr solle der 10. November zu einem zentral geplanten und reichsweit begangenen Ereignis, zum »Deutschen Luthertag« werden, einem Festtag von solchem »bis ins kleinste Dorf« reichenden Mobilisierungsgrad und solchem »Ausmaß [...], wie es die Welt seit Luther um den Namen dieses Reformators noch nie erlebt habe«.[258] Was die Deutschen Christen mit ihrer Initiative unternahmen, war nicht nur ein Wechsel von dem Reformationsgedenken traditioneller Art, wie es die Lutherstädte planten, zu einer anderen Form der Inszenierung. Der »Deutsche Luthertag« sollte vielmehr zum Mittel jenes Anliegens werden, das diese Bewegung jenseits von Machtstreben und politischem Opportunismus und unterhalb ihrer verschiedenen Strömungen antrieb, zum Mittel der Volksmission. Angesichts einer seit Generationen wachsenden Distanz zwischen weiten Teilen der deutschen Bevölkerung und dem Christentum schienen der neue nationalsozialistische Staat, der sich mit dem Bekenntnis seines Führers zum »positiven Christentum« so eindrücklich von dem Weimarer Staat »ohne Gott« abzuheben schien,[259] und die Neuordnung der evangelischen Kirche, die er auf die Bahn gebracht hatte, die Chance zu bieten, mit der christlichen, genauer, der protestantisch-christlichen Botschaft wieder die Breite der Bevölkerung zu erreichen, die Kirche wieder zu einer wahrhaften »Volkskirche« zu machen, kurz, Volk und Kirche wieder zur Deckung zu bringen.[260] Diese Vorstellung wurde keineswegs erst und keineswegs allein von den Deutschen

[258] Bräuer, Luthertag (s. Anm. 254), 424f. Das letzte Zitat aus einer in der Kölnischen Zeitung (Nr. 166, 22.6.1933) veröffentlichten Pressemitteilung aus einem Gremium der DC.

[259] Vgl. Emanuel Hirsch: »Zum ersten Male seit der Auflösung der alten kirchlich gebundenen deutschen Kultur hat der deutsche politische Wille die innere Einigung des deutschen Volkes in der Zucht einer auf den Gottesglauben sich gründenden deutschen Weltanschauung von selbstverständlicher Gültigkeit sich zum Ziele gesetzt« (Die Lage der Theologie, in: Ders., Der Weg der Theologie, Stuttgart 1937, 21–59, hier: 23). Otto Dibelius: Nun »sind Macht und Masse wieder bei denen, die die Kirchen bejahen und zu denen sich die treuen Besucher der Kirche in ihrer erdrückenden Mehrheit politisch bekennen« (Rundbrief am 8.3.1933 an die Amtsbrüder in der Kurmark, zitiert bei Fritz [s. Anm. 220], 386). Und im Rückblick nach den Desillusionierungen des Herbstes 1933 der keineswegs zu den Deutschen Christen gehörige Stuttgarter Dekan Richard Lempp: Es schien »im Frühjahr dieses Jahres [1933] [...], als sollte unserer Kirche sozusagen ohne Kampf der Sieg zufallen und Deutschland mit einem Schlag wieder christlich werden« (Dekanatsbericht Ende 1933, abgedruckt im Evangelischen Gemeindeblatt für Stuttgart 29, 1933, Ausgabe vom 26. November 1933, zitiert nach Siegfried Hermle, Zum Aufstieg der Deutschen Christen. Das »Zauberwort« Volksmission im Jahre 1933, in: ZKG 108, 1997, 309–341, hier: 316). Vgl. auch das Zitat von Georg Buchwald unten Anm. 308.

[260] Vgl. Klaus Scholder, Die Kirchen und das Dritte Reich. Band 1: Vorgeschichte und Zeit der Illusionen 1918–1934, Frankfurt a. M. u. Berlin 1977, 695: »Hier [bei dem Gedanken der Volksmission aller evangelischen Deutschen] schlug zweifellos das Herz der Deutschen Christen; hier sahen sie ihr Aufgabe, ihre Hoffnung und ihre Zukunft.« Dieser Aspekt wird zu Recht auch herausgestellt von Hermle, Aufstieg (s. Anm. 259).

Christen vertreten.[261] Doch sie begriffen das Jubiläum als große missionarische Gelegenheit, und deshalb nahmen sie die Planung entschlossen in die Hand.

Allerdings waren die Deutschen Christen nicht die einzigen, die eine große Jubiläumsfeier planten. Denselben Entschluß faßte zur selben Zeit auch jene Organisation, zu deren Programm seit ihrer Gründung das Wachhalten des Luthergedächtnisses als Mittel der Identitätssicherung des deutschen Protestantismus gehörte, der Evangelische Bund. Wie diese Massenorganisation schon bei den Jubiläen in der Weimarer Zeit eine, wenn nicht die führende Rolle gespielt hatte, so wollte sie es sich nicht nehmen lassen, auch diesmal reichsweite Jubiläumsfeiern auf den Weg zu bringen und inhaltlich zu gestalten. Wiederholt wies die Bundesleitung auf die Bedeutung hin, »die das Jahr 1933 durch die *450. Geburtstagsfeier von Luthers Geburtstag*« habe, und forderte im Mai die Landesvereine auf, Programme für das Jubiläum zu erstellen.[262] Leicht hätte aus diesem Nebeneinander Konkurrenz werden können. Doch der Evangelische Bund, dann auch noch weitere evangelische Organisationen wie der Evangelische Presseverband, das Gustav-Adolf-Werk und die Innere Mission taten sich mit den Deutschen Christen zusammen, machten sich deren Ziel, am 10. November einen reichsweiten »Luthertag« zu feiern, zueigen und bildeten mit ihnen einen gemeinsamen Arbeitsausschuß, den »Reichslutherausschuß«.[263] So war eine »evangelische Einheitsfront für den Luthertag [...] hergestellt«.[264]

Von der Berliner Kirchenzentrale ließ sich auch angesichts dieser vielfältigen Aktivitäten nichts hören. Grund war nicht allein das ursprüngliche Desinteresse an dem Jubiläum. Vielmehr liefen, während Deutsche Christen und Evangelischer Bund an der Festplanung saßen, die dramatischen Entwicklungen ab, die die deutsche evangelische Kirche von Grund auf erschütterten und umgestalteten: die Ablösung der alten Kirchenführer, die Errichtung der Reichskirche (DEK) und der Höhenflug der Deutschen Christen. Als aber

---

[261] Vgl. Hermle, Aufstieg (s. Anm. 259), 316.319–321. Vgl. auch Otto Dibelius, Das Wiedererwachen des Glaubens in der Gegenwart, Berlin 1933: So unklar der Nationalsozialismus vorderhand sei und so viel an ihm kritisch gesehen werden müsse – auf jeden Fall werde er im Gegensatz zu anderen zeitgenössischen Strömungen »eine positive Glaubenshaltung« zur Folge haben und wird »sich auch bewußtes evangelisches Glaubensleben innerhalb der nationalsozialistischen Bewegung [...] entfalten können« (42; vgl. unten Anm. 303).

[262] Nicola Willenberg, »Mit Luther und Hitler für Glauben und Volkstum«. Der Luthertag 1933 in Dresden (in: Spurenlese. Reformationsvergegenwärtigung als Standortbestimmung, hg. v. Klaus Tanner u. Jörg Ulrich, Leipzig 2012, 195–237), 200, dort das archivalische Zitat, Hervorhebung im Original.

[263] Den Vorsitz hatte der Bundesdirektor des Evangelischen Bundes, Wilhelm Fahrenhorst, ein Zugeständnis der DC, das den Eindruck uneigennütziger Bereitschaft zu gesamtevangelischer Einheit erzeugte. Die anderen Mitglieder, die die verschiedenen an der Vorbereitung zum »Luthertag« beteiligten Organisationen vertraten, siehe bei Bräuer, Luthertag (s. Anm. 254), 432, Anm. 13.

[264] Pressemitteilung in der Kölnischen Zeitung wie Anm. 258.

schließlich im Sommer 1933 der Umbau der Kirche weitgehend gediehen war und die – mehrheitlich deutschchristliche – »Einstweilige Leitung der Deutschen Evangelischen Kirche« amtierte, nahm diese auch das Jubiläum in die eigenen, kirchenamtlichen Hände:[265] Der Luthertag solle, wenngleich unter Beteiligung der schon bisher tätigen Organisationen, »von der Dt. Ev. Kirche aus« veranstaltet werden, die damit zugleich in ihrer neuen reichskirchlichen Gestalt auftreten und Luther als ihren Schirmherren feiern würde. Die Landeskirchen wurden entsprechend informiert. Dabei wurde betont, es müsse auf allen Ebenen sichergestellt werden, daß es sich bei dem Luthertag um »eine *kirchliche* Feier unter Beteiligung der öffentlichen Behörden« handele und nicht umgekehrt.[266] Dieser kirchliche Charakter des geplanten Festes wurde immer wieder eingeschärft und der Arbeitsausschuß um amtskirchliche Mitglieder erweitert,[267] jetzt kam auch die Erhebung des 10. November zum kirchlichen Feiertag, der – nun sprach auch die Kirchenleitung das »Zauberwort«[268] aus – »ein großer Volksmissionstag werden« sollte.[269] Zugleich wurde die geplante Feier auf die ganz große politische und gesellschaftliche Bühne gehoben: Die Schirmherrschaft übernahmen Reichspräsident Hindenburg und der mittlerweile gekürte preußische Landesbischof Ludwig Müller, mehrere protestantische Minister bildeten das »Ehrenpräsidium«, und es wurde ein »Ehrenausschuß« von schließlich 157 klingenden Namen aus Politik, Wissenschaft und Künsten zusammengestellt, die von Robert Ley bis zu Max Planck und Albert Schweitzer reichten.[270] Der Arbeitsausschuß selber arbeitete in der Tat, sorgte für Festabzeichen, Festpostkarten, Plakate und ein in millionenfacher Auflage verbreitetes, als Pflichtlektüre im Schulunterricht verordnetes Lutherheft.[271] Ihn ergänzende Fachausschüsse, nicht weniger als zehn, kümmerten sich um Material, das für Veranstaltungen abgerufen wer-

---

[265] Entsprechendes ist im Bereich der Theologischen Fakultäten zu sehen: Im Sommer 1933 ergriff der Dekan der Berliner Fakultät, Angehöriger der DC und Mitglied der NSDAP, Erich Seeberg, die Initiative zur Anregung einer Feier des Lutherjubiläums durch alle Theologischen Fakultäten – eine Initiative, die ebenso scheiterte wie die Aktivitäten für den reichsweiten »Luthertag«. Akademische Jubiläumsfeiern, zwischen dem 31. Oktober und dem 22. November abgehalten, sind von zehn Fakultäten bekannt (SIEGFRIED BRÄUER, Das Lutherjubiläum 1933 und die deutschen Universitäten I, in: ThLZ 108, 1983, 641–662, hier: 643f.).

[266] Beschluß vom 8. August sowie Schreiben an die Landeskirchen vom 23. August, angeführt bei BRÄUER, Luthertag (s. Anm. 254), 425, Hervorhebung im Original.

[267] Die Liste a.a.O. 432, Anm. 19; sie zeigt, daß unter den neuen kirchlichen Mitgliedern Vertreter der verschiedenen kirchlichen Gruppen jener Monate waren, auch der den Deutschen Christen entgegenstehenden Gruppe »Evangelium und Kirche«. Neben den Kirchenrepräsentanten kamen ein Vertreter des Martin-Luther-Bundes und der Leiter der Wittenberger Lutherhalle, Oskar Thulin, hinzu.

[268] Vgl. den Titel des Beitrags von HERMLE (s. Anm. 259).

[269] Drittes Rundschreiben der Reichsgeschäftsstelle für die Vorbereitung des Luthertags, zitiert bei BRÄUER, Luthertag (s. Anm. 254), 426.

[270] A.a.O. 426.

[271] OTTO LERCHE, Martin Luther, deutscher Kämpfer. Bilder aus seiner Zeit und seiner Welt, Berlin 1933, siehe unten Anm. 312.

den konnte: Musik, Filme, Theaterstücke, Vorträge und anderes mehr.[272] Vom Reichspostministerium erwartete man zwei Serien Sonderbriefmarken,[273] und man machte sich Hoffnung, daß der Jubiläumstag zum staatlichen Feiertag werde.

Aus den Briefmarken wurde nichts,[274] aus dem staatlichen Feiertag ebensowenig.[275] Und schließlich erlitt der ganze »Luthertag« Schiffbruch. Das Regime setzte für den 12. November, also zwei Tage nach dem vorgesehenen Festtag, eine Volksabstimmung über den am 14. Oktober vollzogenen Austritt Deutschlands aus Völkerbund und internationaler Abrüstungskonferenz und eine zur Legitimierung dieses Schrittes angesetzte Neuwahl des kurzerhand aufgelösten Reichstages an.[276] Alle Veranstaltungen, die anderen Anliegen als der Propaganda für diese Zwecke gelten sollten, wurden untersagt, und das namentlich am 10. November selbst, an dem der Reichskanzler eine programmatische Rede halten wollte.[277] Die telegraphisch im Namen der DEK »mit vierzigmillionen protestanten [!]« ausgesprochene dringende Bitte des mittlerweile zum Reichsbischof gewordenen Müller, das schon so weitgehend geplante, auch für das gesamte deutsch-evangelische Ausland wichtige Fest doch zuzulassen und den Tag von politischen Veranstaltungen freizuhalten,[278] wurde kühl abgeschlagen. Das Jubiläum mußte auf den 19. Novem-

[272] Bräuer, Luthertag (s. Anm. 254), 426.

[273] EZA 1/2921, Nr. 31.36. Die eine Serie sollte Lutherstädte zeigen, die andere Ereignisse aus Luthers Leben nach berühmten Gemälden.

[274] EZA 1/2921, Nr. 144: Absage des Postministers, vor allem, weil eine Luthermarke den Vertrieb der Wohlfahrtsmarken für das Winterhilfswerk beeinträchtigen würde. Zugesagt – und tatsächlich angeboten – wurde nur eine Postkarte mit einem Lutherportrait neben dem Adressenfeld (27.9.). Erfolgreich war dagegen das Komitee für die Vorbereitung der Eislebener Lutherfestwoche gewesen, das beim Reichsministerium für Finanzen die Prägung einer Luthergedenkmünze beantragt hatte – eine solche wurde für zwei und fünf Reichsmark je 100000fach in Umlauf gebracht (Küllmer [s. Anm. 256], 63).

[275] Es wurde nur Dienstbefreiung für evangelische Arbeitnehmer in staatlichen Behörden und in überwiegend evangelischen Gebieten nach Möglichkeit »Ausfall des gesamten Behördendienstes« verfügt (Schreiben des Reichsinnen- und des Reichsverkehrsministers vom 3. und 10. Oktober, abgedruckt in: Dokumente zur Kirchenpolitik des Dritten Reiches. Band I: Das Jahr 1933, hg. v. Georg Kretschmar, bearb. v. Carsten Nicolaisen, München 1971, Nr. 46/33, I und II, 140f.). Der Einspruch des Nuntius, die Lutherfeier gelte einem katholizismusfeindlichen Akt und sei geeignet, die Beziehungen zwischen Berlin und dem Vatikan zu trüben, wurde vom Außenminister mit der Bemerkung zurückgewiesen, die römisch-katholische Kirche begehe auch Feiern, die »keineswegs immer von einem friedlichen Geist gegenüber der Protestantischen Kirche erfüllt seien« (7. September, a.a.O. 140, Anm. 2).

[276] Ganz neu war die Überlagerung eines kirchlichen Festtages durch politische Aktivitäten freilich nicht. Schon 1932 hatte es in der evangelischen Kirche Empörung darüber gegeben, daß am auf den 6. November, das 300. Jubiläum der Schlacht von Lützen und des Todes Gustav Adolfs, gelegten Reformationsfesttag eine Reichstagswahl stattfinden sollte (EZA 1/704).

[277] Außerdem sollten außenpolitische Kundgebungen abgehalten werden (Bräuer, Luthertag [s. Anm. 255], 428).

[278] Telegramm vom 20. Oktober, abgedruckt in: Dokumente (s. Anm. 275), Nr. 46/33, IV, 142.

ber verschoben werden.[279] Doch auch mit diesem Termin ging es der Kirche nicht gut, denn der 19.11. wurde zum Werbetag der Hitlerjugend für das Winterhilfswerk erklärt, was die Möglichkeiten öffentlicher Entfaltung[280] ebenso wie die Beteiligung der Jugend erheblich einschränkte. Nun erhob sich vielstimmiger, auch nicht ganz erfolgloser Protest.[281] Die Usurpation des 10. November hatte man dagegen als Opfer im Dienst an der als richtig angesehenen politischen Sache hingenommen.[282] Ja, Luther wurde hier sogar, nicht zuletzt vom Reichsbischof, als Wahlhelfer für den 12. November bemüht. In einer *Kundgebung des Reichsbischofs zum 450. Geburtstag Dr. Martin Luthers* rief Müller die Gemeindeglieder zur Abstimmung als »ihrer vaterländischen Pflicht« auf[283] und pries »die Errettung unseres Volkes durch unseren Führer Adolf Hitler als ein Geschenk aus Gottes Hand«.[284] Dabei

[279] Erklärung der Reichkirchenregierung vom 26.10., zitiert bei WILLENBERG (s. Anm. 262), 211. In Sachsen verschob man die Jubiläumsfeier – zum Verdruß der Reichskirchenregierung, der an einem einheitlichen Auftreten der neuen Reichskirche gelegen war – noch weiter, nämlich auf den 10. Dezember, um sie mit der Einführung des nationalsozialistischen Landesbischofs Coch zu verbinden und so den unter dem Slogan »Mit Luther und Hitler für Glauben und Volkstum« stehenden besonderen sächsischen Kirchenkurs zu markieren (s. dazu a.a.O. 213–220.223–234). Auch diese Festlichkeit wurde durch eine staatliche Parallelaktion eingeschränkt, so daß sie am Ende nicht viel mehr war »als der festliche Rahmen für die Einweisung des neuen sächsischen Landesbischofs« (a.a.O. 227), auch wenn stärkere selbständige öffentliche Bürgerbeteiligung zu verzeichnen war als erwartet (a.a.O. 229). Vgl. in diesem Zusammenhang: SIEGFRIED BRÄUER, »Wir erheben aufs Tiefste entrüstet Einspruch«. Die Luther-Ehrung der Deutschen Christen 1933 in Sachsen und der Protest von Dresdner Schülerinnen (Neues Archiv für sächsische Geschichte 64, 1993, 151–174). Zum Kontext vgl. DERS., Die Dresdner Frauenkirche und die Anfänge des Kirchenkampfes (in: Die Dresdner Frauenkirche. Jahrbuch zu ihrer Geschichte und zu ihrem archäologischen Wiederaufbau 6, 2000, 173–194; 7, 2001, 137–183).

[280] Am 31. Oktober schrieb der DC-Gau Groß-Berlin an den Reichsbischof, für den 19.11. seien in Berlin keinerlei Säle zu bekommen, alle seien durch die Aktion für das Winterhilfswerk belegt (EZA 1/2922, keine Blattzählung).

[281] Siehe die vielen Protestschreiben in EZA 1/2922, eine Auswahl genannt bei BRÄUER, Luthertag (s. Anm. 254), 429. Immerhin erklärten der Reichsjugendführer Baldur von Schirach und das Reichsinnenministerium, die Hitlerjugend werde nur bis 17 Uhr beansprucht sein (a.a.O. 429f.).

[282] Es gab allerdings auch Städte und Gemeinden, die sich um die Verschiebung nicht kümmerten, sondern trotz der offiziellen Parolen am 10. November festhielten, etwa Erfurt. Vielfach hielt man zusätzlich zu den Feiern am 19.11. am 10.11. Jugendgottesdienste und Gedenkstunden ab. In Berlin ließen es sich Vertreter evangelischer Verbände nicht nehmen, an diesem Tag Kränze am Lutherdenkmal niederzulegen. Manche Gemeinden erweiterten kurzerhand den 31. Oktober zum großen Jubiläum, so in Magdeburg und in Chemnitz (KÜLLMER [s. Anm. 256], 101f.).

[283] Was das konkret hieß, war in der deutschchristlichen Kirchenzeitung Evangelium im Dritten Reich 2, Nr. 46 (12.11.1933), 1, zu lesen: »Glaubens- und Volksgenossen! Der erste Weg am heutigen Sonntag führt zur Wahlurne, dann zum Gottesdienst! Jeder stimmt mit ›Ja‹ [sc. zum Austritt] und jeder wählt die NSDAP!« Hinzugefügt wird der Marschbefehl für den nächsten Tag: »Am Montag abend treffen sich alle Mitglieder der Glaubensbewegung Deutsche Christen im [Berliner] Sportpalast [...] bei der Generalmitgliederversammlung des Gaues Groß-Berlin!« (hierzu unten S. 155).

[284] KJ 60–71, 1933–1944, 28. Ähnlich der Thüringer Oberkirchenrat, der die Gemeindeglieder aufforderte, sich bei der Abstimmung am 12. November »vor der Welt zu bekennen,

verriet der Umgang dieses Führers mit dem so lange und prächtig geplanten Lutherjubiläum, wie unwichtig ihm die evangelische Kirche, kaum saß er fest im Sattel und hatte er sie in seinem Sinne umgestaltet, geworden war.[285]

2.2. *Die Feiern*

Das Hauptthema des Jubiläums von 1933 stellte der Jenenser Kirchenhistoriker Karl Heussi in seinem Festvortrag, der nicht umsonst den Titel *Luthers deutsche Sendung*[286] trug, seinem Publikum mit den Worten vor Augen: »[I]n diesem Jahr kann es für uns nur *eine* Art von Lutherthemen geben. Denkbar ist heute nur ein Thema, das den großen Problemkreis des Verhältnisses zwischen dem Religiösen und dem Nationalen von irgendeinem Punkte her erhellt.«[287] Luther und »das Nationale«, genauer das deutsche Nationale – das war das Vorzeichen, das vor den allermeisten Feiern, Reden und schriftlichen Beiträge zum Jubiläum stand. In der Durchführung gab es freilich durchaus Unterschiede, was sich in Heussis Schwanken zwischen dem Plural »Themen« und dem Singular »Thema« ebenso andeutet wie in der Formulierung, jenes Thema sei »von irgendeinem Punkte aus« zu behandeln.

---

als ein geschlossenes Volk, wie einst Luther auf dem Reichstag zu Worms: Hier stehe ich ...« (zitiert bei Bräuer, »Martin Luther« [s. Anm. 251], 83). Dementsprechend verglich nach der Abstimmung der thüringische Landesbischof bei der Lutherfeier der Landesregierung auf der Wartburg am 19. November Hitlers Sieg mit dem Ruf Luthers nach dem Wormser Verhör »Ich bin hindurch!« (a.a.O. 83). Andere deutschchristliche Stimmen zugunsten der Abstimmung bei Günther van Norden, Der deutsche Protestantismus im Jahr der nationalsozialistischen Machtergreifung, Gütersloh 1979, 203–210. Freilich kam auch aus den Kreisen, die sich zur Bekennenden Kirche formieren sollten, emphatische Zustimmung (a.a.O. 299–302).

285 Wenn er dabei auch die Desavouierung der DC in Kauf nahm, entsprach das seiner beim Übergang von der revolutionären Phase, in der man sie gebraucht hatte, zur Konsolidierung der Machtverhältnisse veränderten kirchenpolitischen Strategie, wie er sie Anfang August entwickelt, Rosenberg sie am 16.8. durch einen Artikel im *Völkischen Beobachter* auch öffentlich gemacht hatte (s. Dokumente [s. Anm. 275], Nr. 37/33, 124f.) und Hitlers Stellvertreter Heß sie am 31.10. in einer Verfügung unterstrich (a.a.O. 47/33, III, 145, siehe auch I und II, 143–145): daß die Partei sich fortan aus innerkirchlichen Auseinandersetzungen heraushalten und keine Kirchenpartei mehr unterstützen werde. Im Zusammenhang der Jubiläen schlug sich, für die Beteiligten damals nicht durchsichtig, der neue Kurs in den Absagen nieder, die der inständig zu den Lutherfestwochen in Eisleben und Wittenberg eingeladene Hitler den Organisatoren schickte. Zu seinem Kurswechsel, der ebenso die Gewißheit, daß mit der Etablierung der Reichskirche und der Vorherrschaft der DC in ihr und in den meisten Landeskirchen der Protestantismus für den NS gesichert sei, wie die Rücksicht auf Spannungen innerhalb der Partei spiegelt: Kurt Meier, Die Deutschen Christen, Halle 1964, 29–31; Leonore Siegele-Wenschkewitz, Nationalsozialismus und Kirche. Religionspolitik von Partei und Staat bis 1935, Düsseldorf 1974, 127–131.

286 Karl Heussi, Luthers deutsche Sendung, Jena 1934. Zu Heussis Beitrag und seinem Kontext: Peter Gemeinhardt, Karl Heussi, der Nationalsozialismus und das Jahr 1933 (in: ZThK 104, 2007, 287–319).

287 Heussi, Luthers deutsche Sendung (s. Anm. 286), 4. Die diesem Satz unmittelbar vorausgehende Kennzeichnung des Jahres Jahr 1933, in dem jene Themenstellung unausweichlich sei, siehe unten S. 158.

Dabei war die Koppelung von Luthermemoria und nationalem Gedanken ja nicht neu. Hatte man doch den Wittenberger Reformator seit der Zeit des Kaiserreichs, in der 1883 das erste große biographische Lutherjubiläum begangen wurde, in Kirche und Gesellschaft zunehmend in einer Rolle präsentiert und gepriesen: als den »großen Deutschen«, ja, als Verkörperung des Deutschtums selbst, die so für die Angehörigen seines Volkes eine, wenn nicht die maßgebliche Rolle spielte.[288] Bei dem Jubiläum von 1917 war dieser »nationale Luther« vielstimmig an der und hinter der Front in Stellung gebracht worden.[289] Und beim Wormszentenar 1921 hatte er das nach dem verlorenen Krieg orientierungslos darniederliegende deutsche Volk aufrichten sollen.[290] Allerdings hatte er hier nur einen Teil der Feiern beherrscht, hatte der offizielle Jubiläumsakt des DEKA kirchlichen Themen gegolten, und bei den drei Jubiläen von 1929 und 1930 war es dann, wie Sasse zu Recht bemerkt, um die Kirche gegangen, während der »nationale Luther« gar nicht oder nur marginal zu Worte kam. Im allgemeinen kirchlichen und gesellschaftlichen Leben war dieser Luther dafür umso stärker präsent gewesen wäre. Die Suche der durch Niederlage und Ende der Monarchie Entwurzelten nach Orientierung bei dem »deutschen Luther«, die auf dem Wormser Fest in hochemotionellen Reden Ausdruck gefunden hatte, durchzieht den deutschen Protestantismus der 1920er und frühen 1930er Jahre. So ist es kein Zufall, daß die historische Buchreihe *Die Deutschen Führer*, die 1925 eröffnet wurde, mit einer Biographie Martin Luthers begann;[291] an diesem Volkshelden sollten, wie der Herausgeber der Reihe schrieb, die »niedergebeugt[en]« Deutschen sich aufrichten.[292]

Auf diesem Hintergrund war es geradezu unvermeidlich, den »Aufbruch« des deutschen Volkes, der 1933 gekommen schien und quer durch alle Schichten einen Taumel erleichterter Begeisterung auslöste,[293] mit dem Lutherjubi-

[288] Vgl. oben S. 63–66.

[289] A.a.O. 66–68.

[290] Siehe oben S. 101–104 und unten S. 253–265.

[291] Nämlich mit HEINRICH BOEHMER, Der junge Luther (Die Deutschen Führer 1), Gotha 1925. Darauf weist in diesem Zusammenhang BRÄUER, Luthertag (s. Anm. 254), 423, hin.

[292] Und das, wie der bezeichnende Zusatz lautete, solange keine »helltönende Stimme« zu vernehmen sei, die in der Gegenwart »die großen Ideale« vertrete (Herausgeber Erich Brandenburg in BOEHMER [s. Anm. 291], 9). Als weitere »Führer«, denen man dergleichen zutrauen könne, sollten in weiteren Büchern der Große Kurfürst, Friedrich II., Maria Theresia, der Freiherr vom Stein und Bismarck folgen (10). Vgl. HANS PREUSS, Martin Luther. Der Prophet, Gütersloh 1933, 257: »Wie man [...] Superlative von Schrecknissen und Irrationalitäten erlebt hatte, so sah man sich auch nach Superlativen von Rettern um. Dabei schaute man auch in die Geschichte, und da erschien Martin Luther«.

[293] Vgl. z.B. HANNS RÜCKERT, Der völkische Beruf des Theologen. Ein theologisches Kolleg, gehalten in Tübingen zu Beginn des Sommersemesters 3. Mai 1933, Tübingen 1933, 4: Wir sind »bis zum Wirbel untergetaucht in der hinreißenden Bewegung des eigenen Volks, das seine letzte – meine Damen und Herren, vergessen wir es keinen Augenblick: ganz bestimmt seine allerletzte große Möglichkeit erkannt hat«.

läum zu verbinden. Allerdings geschah das, auch wenn kaum einer der Feiernden gegen diese Begeisterung immun war und sich versagte, das Jubiläum mit dem Aufbruch in Verbindung zu bringen, in unterschiedlicher Weise und Intensität. Die »Konturen für das Lutherbild« waren im Jubiläumsjahr und bei den Jubiläumsfeiern »weniger fest umrissen, als vermutet werden könnte«.[294] Darin spiegelt sich theologische Unklarheit, aber auch die kirchenpolitische Situation jener Monate, in denen die später offensichtlichen Fronten den meisten noch nicht vor Augen lagen. So saßen in den lokalen und regionalen Ausschüssen zur Vorbereitung des Jubiläums, die in herkömmlicher Weise Repräsentanten von Kirche, Kultur und Politik vereinten, denn auch traditionelle Vertreter der Amtskirche, amtskirchliche und andere Deutsche Christen unterschiedlicher Radikalität und Parteigenossen zusammen;[295] und so beging man im Spätsommer die regionalen Festwochen unter einträchtig an den Kirchtürmen flatternden Christenkreuz- und Hakenkreuzfahnen in einem Gefühl der »Einheit von nationalem Aufbruch, Nationalsozialismus, evangelischer Kirche und Lutherverständnis«,[296] das von der großen Mehrheit der Veranstalter und der Beteiligten geteilt wurde. Auf der nationalen Ebene, bei der schließlich in Angriff genommenen gesamtkirchlichen Vorbereitung des »Luthertages« waren ebenfalls Vertreter unterschiedlicher theologischer und kirchenpolitischer Richtungen gemeinsam tätig,[297] schloß der »Ehrenausschuß« auch hochrangige Vertreter des neuen Regimes ein[298] – obwohl Hitler seiner Partei bereits den Kurs kirchenpolitischer Neutralität verordnet hatte[299] und das Fest selbst dann unter die politischen Räder kam.

Daß bei den vielen, die das Lutherjubiläum mit der Begeisterung über den politischen Neueinsatz des Jahres 1933 verbanden, gleichwohl unterschiedliche Deutungen des Reformators vertreten waren, kann also nicht erstaunen. So war bei denen, die das Jubiläum im Jahr der nationalsozialistischen Machtergreifung auf »das Nationale« bezogen, damit nicht unbedingt ein neues Lutherbild verbunden; zum Teil nahm man schlicht das traditionelle Bild des nationalen oder »deutschen Luther« mit in die neue Zeit und trug zugleich Sorge, daß die theologischen oder anderen geistigen Gesichtspunkte nicht

---

[294] BRÄUER, Der urdeutsche Reformator (s. Anm. 253), 554; Bräuer spricht von einer »relativen Offenheit« des Lutherbildes (ibd.). Er zeigt das am Jubiläums-Sonderheft der *Illustrierten Zeitung* mit den verschiedenen hier versammelten Beiträgen, es gilt aber für die Jubiläumsfeiern – mit Ausnahme der Veranstaltung im Berliner Sportpalast (siehe unten) – durchweg.

[295] Das zeigt BRÄUER für die Lutherwochen in Eisleben (Lutherfestwoche [s. Anm. 252], 444f.) und Wittenberg (Der urdeutsche Reformator [s. Anm. 253], 556).

[296] So a.a.O. 562, im Blick auf die Wittenberger Festwoche, dasselbe gilt aber auch für die vorangegangene in Eisleben.

[297] Siehe oben Anm. 265 und 269.

[298] Siehe oben zu Anm. 271; so saßen die Politiker in dem Ausschuß denn auch nicht als Vertreter der Partei, sondern des Staates – was aber, da sie Parteimitglieder waren, nicht auffiel.

[299] Siehe oben Anm. 285.

überlagert wurden.[300] Bei einem Großteil derer, die schriftliche und mündliche Beiträge zum Jubiläum boten, verhielt es sich freilich anders. Hier hatte sich der »deutsche Luther« im Laufe der vorangegangenen Jahre mit einer Kategorie verbunden oder tat es jetzt, die ihm eine neue Dimension und 1933 massenwirksame Zugkraft verlieh, mit der Rede vom »deutschen Volk« und »Volkstum«.[301] Die Biologie und Geschichte verschmelzende, auf den Schöpferwillen Gottes zurückgeführte Größe Volk, welche in der als haltlos relativistisch, individualistisch und materialistisch empfundenen Nachkriegswelt die Alternative »sittlich-religiöser Gesamtintegration«[302] zu bieten schien,[303] gab dem traditionellen »nationalen Luther« ein neues Gepräge. Sie ließ aus ihm den mit »seinen Deutschen« biologisch-rassisch verbundenen und ihnen auf dieser Grundlage spezifisch dienenden Luther werden. Damit verkörperte er die volksmissionarische Gelegenheit, die der Aufbruch von 1933 zu bieten schien. Denn er stand für ein Christentum, das den sich nun neu auf ihr Volkstum besinnenden Deutschen nicht fremd war, sondern ihrer biologisch-geschichtlichen Art entsprach.[304] Umgekehrt hatte das den Deutschen so wie-

---

[300] Man vergleiche etwa die Predigt des Torgauer Superintendenten Karl Barbe auf der Eislebener Lutherfestwoche, die BRÄUER, Lutherfestwoche (s. Anm. 252), 433, anführt. Überhaupt würde eine Untersuchung der Jubiläumspredigten von 1933 wohl noch viel Anlaß zu Differenzierungen geben.

[301] Zum Vordringen der Kategorie des »Volkes« in der deutschen evangelischen Theologie der 1920 Jahre, für das Paul Althaus' Königsberger Kirchentagsrede von 1927 eine Schlüsselrolle zukam, vgl. SCHOLDER (s. Anm. 260), 124–144. Speziell zu dieser Rede: GOTTHARD JASPER, Paul Althaus (1888–1966). Professor, Prediger und Patriot in seine Zeit, Göttingen 2013, 177–187.

[302] KLAUS TANNER, Die fromme Verstaatlichung des Gewissens. Zur Auseinandersetzung um die Legitimität der Weimarer Reichsverfassung in Staatsrechtswissenschaft und Theologie der zwanziger Jahre, Göttingen 1989, 247.

[303] Vgl. den Vortrag von DIBELIUS, Das Wiedererwachen des Glaubens in der Gegenwart (s. Anm. 261), der den Drang seiner Zeit weg von rationalistischen und utilitaristischen Formen politischer Gemeinschaft, die für den kurmärkischen Generalsuperintendenten vor allem im »Internationalismus« des Sozialismus gegeben sind, in einer auf der »Verbundenheit durch Blut und Geschichte« beruhenden Gemeinschaft verwirklicht sieht (40). So entsteht nach Dibelius ein »neue[s], starke[s], zukunftskräftige[s] Volkstum[]«, das »aus Gefühl, aus Instinkt, aus Regungen des Blutes [stammt]«, Gegebenheiten, die »schöpfungsmäßig bestimmt« sind und darum den Blick unvermeidlich auf den Schöpfer lenken (41) – mag sich die Bewegung hin zum Volkstum in ihren vielen, von Dibelius durchaus kritisch gesehenen (42) – politischen Konkretionen, »Stahlhelm und Nationalsozialisten, Tatkreis und Widerstandskreis und wie die kleineren Gemeinschaften alle heißen« (40f.), vorderhand auch noch so unterschiedlich darstellen. Der Vortrag, der noch vor der »Machtergreifung« gehalten wurde (vgl. die Rezension von MARTIN SCHIAN: ThLZ 59, 1934, 23), spiegelt die Faszination der Volkstumsidee ebenso wie die Unübersichtlichkeit der politischen Lage jener Zeit.

[304] Vgl. EMANUEL HIRSCH, Freiheit der Kirche, Reinheit des Evangeliums. Ein Wort zur kirchlichen Lage (erschienen in: Das Evangelische Deutschland 10, 1933, 245f.; dann abgedruckt in: EMANUEL HIRSCH, Das kirchliche Wollen der Deutschen Christen, Berlin 1933, 27f., hiernach zitiert), 28: »Das deutsche Volk erlebt im Augenblick eine starke innere Verwandlung seines Charakters und seiner Gestalt. [...] Will die evangelische Kirche in wirklicher innerer Verbundenheit mit dem deutschen Volke, wie es jetzt wird, das Evangelium verkündigen, so hat sie sich in den Schicksalsring der nationalsozialistischen Bewegung als

der nahekommende Christentum das Potential, ihr Volkstum zu der Bestimmung zu bringen, die ihm vom Schöpfer zugedacht war,[305] nämlich »ein frommes, deutsches Volk« zu sein.[306] Die Komplementarität des vom Volksgedanken her verstandenen Luther des Jubiläums von 1933 und der neuen politischen Situation war darin offenkundig, daß in dem Programm, welches das im selben Jahr an die Macht kommende neue Regime verfocht, derselbe Begriff im Zentrum stand: »Volk«. Ging es doch hier um die Verwirklichung der deutschen »Volksgemeinschaft«, jener Sozialgestalt, welche die den Deutschen wesensfremde politische Form der Weimarer Republik beseitigen und ihr spezifisches Volkstum zur Geltung bringen würde. Wie beides ineinandergriff, der schon länger gepriesene, doch nun in neuer Weise gedeutete »deutsche Luther« und die jüngst erlebte Wiedergeburt der Deutschen als »Volk«, brachte das *Sächsische Kirchenblatt* in seinem Leitartikel zum Jubiläum auf den Begriff: »Es ist uns kein Zweifel, wo er [sc. Martin Luther] heute stehen würde mit jubelnder Seele«. Er wäre »Bannerträger deutschen Volkstums« im »Dienst des völkischen Wiederaufbaus«.[307] Damit bildete Luther den Fixpunkt einer Volksgemeinschaft, die nicht nur deutsch, sondern in einem damit auch christlich, protestantisch war.

Das war der Ton, der die meisten Jubiläumsbotschaften beherrschte, von den Lutherfestwochen des Sommers und Frühherbstes 1933 über die Vorbe-

---

ihren natürlichen Boden hineinzustellen. Tut sie das nicht, so wird sie etwas Fremdes und andres, und die natürliche Voraussetzung für das Reden und Hören des Evangeliums in der Verkündigung geht verloren.«

[305] Diese wechselseitige Bedeutung von Volkstum und Christentum – und damit von Nationalsozialismus und Christentum – füreinander wird besonders deutlich hervorgehoben von dem Bonner Theologen Emil Pfennigsdorf: »Der nationale Aufbruch hat für unsere Kirche eine neue Lage geschaffen. Es ist für beide Teile, die nationale Bewegung und die Kirche, von größter Bedeutung, daß sie diese Lage und die sich aus ihr ergebenden Aufgaben klar erkennen.« Es sind »beide aufeinander angewiesen. Die deutsche Freiheitsbewegung wird ohne den Dienst der evangelischen Kirche verkümmern. Die evangelische Kirche aber kann diesen Dienst nur leisten, wenn sie das Berechtigte und Notwendige dieser Bewegung zunächst einmal anerkennt und dann versucht, ihr mit dem Worte Gottes zu dienen.« »[D]ie Seele unseres Volkes [feierte] ein Wiedererstehen [...]. Die Kirche [...] hat [...] die Aufgabe, in diese Bewegung Gottes Wort so hineinzusprechen, daß *sein* Wille als die Quelle alles Lebens, *sein* Reich als das letzte Ziel alles nationalen Wollens erkannt wird.« Das kann sie aber nur tun, »indem sie in das Leben des Volkes eingeht, den Geist des Volkes in sich aufnimmt, seine Not, seine Geschichte und sein tiefstes Streben miterlebt, indem sie [...] zur Volkskirche wird« (Emil Pfennigsdorf, Der nationale Aufbruch und die Kirche, in: Der Geisteskampf der Gegenwart 69, 1933, 161–166, hier: 161.163.164.163). Dieselbe Komplementarität bei dem Dresdner Pfarrer Johannes Roch: Das dritte Reich solle »das Antlitz des Reiches Gottes tragen, denn lebendiges Christentum und sittlich erstarkendes Volk und Vaterland gehören zusammen wie Gott und Seele« (zitiert bei Bräuer, Dresdner Schülerinnen [s. Anm. 279], 160). Oder ganz naiv in der deutschchristlichen Kirchenzeitung: Evangelium im Dritten Reich 2, Nr. 51 (17.12.1933), 3: »Der Nationalsozialismus wird ewig leben, wenn er seine Wurzeln im Christentum sucht.«

[306] Zitat aus den *Pastoralblättern* von 1934, angeführt von Hermle (s. Anm. 259), 316.

[307] So der Herausgeber Hans Stamm in seinem Jubiläumsartikel *Martin Luther getreu!* (Sächsisches Kirchenblatt 83, Nr. 45, 10. Nov. 1933, 665f.), zitiert nach Bräuer, Luthertag (s. Anm. 254), 423.

reitung des »Luthertages« bis hin zu dessen eingeschränkter Verwirklichung. Auch da gab es allerdings unterschiedliche Akzente, je nach dem, wie stark und alle anderen Gesichtspunkte bestimmend der Gedanke der Rasse zur Geltung gebracht wurde. Bei der ersten und wichtigsten Festwoche, der am Ort des Jubiläumsgeschehens, Eisleben (20.–27. August), zogen etliche Redner die Linien vor allem in einer Richtung aus: vom »Bannerträger des völkischen Wiederaufbaus« zu dem, der diesen Wiederaufbau leistete, Adolf Hitler. »Luther und Hitler«, auf diese Paarung liefen die Festbotschaften der politischen und nicht weniger kirchlicher Redner hinaus; der eine wurde zum »Vorläufer und typologisch zu verstehende[n] Vorentwurf« des anderen.[308] Der Zusammenklang des Horst-Wessel-Liedes und des Lutherliedes *Ein feste Burg*, das hier wie auf allen anderen Jubiläumsveranstaltungen aus tausend

---

[308] Bräuer, Lutherfestwoche (s. Anm. 252), 449. Daß diese Parallele die Eislebener Festwoche beherrschte, zeigt Bräuer an vielen Beispielen. Es verwundert nicht, daß sie von der Berichterstattung durch die parteipolitische Presse besonders unterstrichen wurde (siehe den Artikel *Martin Luther und Hitler* im *Völkischen Beobachter* vom 25.8.1933: EZA 1/2921). Das heißt freilich nicht, daß diese Parallele nur in Eisleben gezogen wurde. Das taten auch Stimmen an anderen Orten, so etwa der Erlanger Theologe Hans Preuß mit seiner einschlägig betitelten Studie *Luther und Hitler* (siehe unten Anm. 366) oder der Jenaer Theologieprofessor Erich Fascher in seiner Jubiläumsrede (Bräuer, »Martin Luther« [s. Anm. 251], 84). – Der frühere sächsische Superintendent und bekannte Lutherbiograph Georg Buchwald bettete aus Anlaß der Vierthundertjahrfeier der Fertigstellung von Luthers Bibelübersetzung 1934 die Parallele in eine Jubiläumsgeschichtsschau von religiös-politischem Abstieg und Rettung des deutschen Volkes ein: »In der Zeit des großen Aufstiegs unseres deutschen Vaterlandes feierten wir einst Luthers 400. Geburtstag [1883]. In den trübsten Tagen, die uns jemals kamen, begingen wir das Gedächtnis der 95 Streitsätze Luthers und des Aufrufs zur Befreiung Deutschlands aus dem jahrhundertelang getragenen römischen Joch – und draußen auf den Schlachtfeldern des Weltkriegs in heißem Ringen um Deutschlands Freiheit verbluteten viele Hunderttausende deutscher Männer und Jünglinge und konnten doch die Freiheit nicht retten [1917]. Wir feierten den Tag, da Luther unerschrocken zu Worms stand vor Kaiser und Reich, allein an Gottes Wort und sein Gewissen sich bindend – und immer mehr verhallte bei uns das sieghafte Dennoch des Gottvertrauens und Gewissen [1921]. Wir feierten Luthers ›Neu Testament deutsch‹, das Gesangbuch, die Katechismen – und Millionen unseres Volkes [...] warfen ihren Glauben weg, wandten sich ab von Gottes Wort, verließen ihre Kirche und folgten dem Banner gottloser Toren: ›Es ist kein Gott!‹ Aus den Schulen wurden Katechismus und Religionsunterricht, Gebet und frommes Lied verbannt. [...] Wir gedachten des Tages, da Luther einst seiner Käthe die Hand zum Lebensbunde reichte und dem Ehestand seine göttliche Ehre und dem Hause seine Weihe und seinen gottgegebenen Beruf wiederschenkte – und [...] dieses Haus [drohte] zusammenzubrechen. [...] Tiefer und tiefer sank die Zahl der Geburten. Wir feierten den Tag, da einst zu Augsburg die Väter das Bekenntnis evangelischen Glaubens ablegten – und rings umher Spott und Hohn über Glaube und Bekenntnis und immer wachsende Gottentfremdung und Gottlosigkeit. So geht es näher und näher zum gähnenden Abgrund! Wird er unseres Volkes Grab werden? Aber siehe, welch ein Wunder vollzieht sich! [...] in der letzten Stunde ersteht uns ein Führer, von Gott geschenkt: *Adolf Hitler* [...] [E]in jugendliches Volk [...] besinnt sich auf seinen Gott: ›Ein' feste Burg ist unser Gott!‹ [...] [Es schart sich] um die ruhmreiche Fahne der alten deutschen Farben: ›Das Reich muß uns doch bleiben!‹ [...] Ein Frühling ist gekommen wie einst in Luthers Tagen. Möge er zu einem deutschen Pfingsten werden!« (Georg Buchwald, 400 Jahre deutsche Lutherbibel. Hg. zum Gedenkjahr der Bibelübersetzung D. Martin Luthers [1534–1934] vom Ausschuß der deutschen Bibelgesellschaften, Stuttgart 1934, 1f.).

Abb. 8
Curt Mücke: Postkarte zum Luthertag am 10. November 1933

Kehlen gesungen wurde, brachte diese angebliche Zusammengehörigkeit zum musikalischen Ausdruck.[309] Keine hervorgehobene Rolle spielte hingegen die germanisch-rassische Dimension des Volkstumsgedankens, wie sie vom radikalen Flügel der DC vertreten wurde und in deren ursprünglichen, freilich offiziell durch eine gemäßigte Fassung ersetzten Richtlinien von 1932 programmatisch zur Geltung gebracht worden war: daß die Pflege des deutschen Volkstums den Ausschluß der Juden und die Ablehnung des jüdischen Alten Testaments erfordere.[310] Selbst Joachim Hossenfelder, Reichsleiter der DC, Vertreter von deren radikalem Flügel und Urheber jener Richtlinien, der in Eisleben sprach, rief seine Hörer zwar dazu auf, »Gott als Deutsche zu suchen, [...] in der Art des deutschen Volkes zu glauben«, doch die Konsequenz, die Abkehr vom »jüdischen« Alten Testament, zog er nicht, sondern beteuerte, das »deutsche Glauben« bedeute keine Preisgabe von »Luthers Bibel«.[311] So waren in den Eislebener Festreden denn auch keine antisemitischen Töne zu hören.[312]

Das galt ebenfalls für die Wittenberger Festwoche (9.–13. September), obwohl ihr am selben Ort die Tagung der Generalsynode der Altpreußischen Union (»Braune Synode«) vorausgegangen war, auf der man die Einführung des Arierparagraphen in der Kirche beschlossen hatte, und an antisemitischen Äußerungen kirchlicher Vertreter zu jener Zeit kein Mangel war.[313] Offensichtlich führte Rücksicht auf das Ausland dazu, daß man das Thema auf der

[309] Zur politischen Funktionalisierung dieses Liedes seit dem frühen 19. Jahrhundert in der nationalen Bewegung, die insbesondere in der Umdeutung des »Reiches«, das »uns doch bleiben« muß, vom biblischen Reich Gottes zum Reich der Deutschen lag (siehe die vorige Anm.), aber auch zu Funktionalisierungen durch die politische Linke: vgl. Michael Fischer, Religion, Nation, Krieg. Der Lutherchoral *Ein feste Burg ist unser Gott* zwischen Befreiungskriegen und Erstem Weltkrieg, Münster 2014.

[310] Die Richtlinien der DC vom 26.5./6.6.1932 s. in KJ 60–71, 1933–1944 (2. Aufl.), 14–17.

[311] Bräuer, Lutherfestwoche (s. Anm. 253), 430.

[312] A.a.O. 446. Das gilt auch für die von Hermann Etzrodt und Kurt Kronenberg herausgegebene Festschrift *Das Eislebener Lutherbuch 1933* (Eisleben 1933), die zur Lutherfestwoche erschien. Von den Juden ist in keinem ihrer Beiträge die Rede, auch nicht bei der Schilderung von Luthers letzter Reise nach Eisleben (21–24), auf der er sich bekanntlich noch einmal scharf gegen diese wandte. Dasselbe gilt übrigens von dem Heft *Martin Luther, deutscher Kämpfer* von Otto Lerche (s. Anm. 271), das der Reichslutherausschuß als Pflichtlektüre für die Schulen herausbrachte. So sehr es auf den Ton gestimmt ist, daß Luther »seine Sendung vornehmlich als einen Dienst an seinem deutschen Volke« verstand, »dem er durch Blut und Boden angehörte«, wodurch sich »zum erstenmal in der deutschen Geschichte [...] der Zusammenklang von Volkstum und Evangelium [ergab], der in unseren Tagen auf's neue seine zauberhafte Sprache redet« (13), so wenig wird doch an irgendeiner Stelle von den Juden gesprochen. In diesem Zusammenhang sei angemerkt, daß Martin Luthers antijüdische Schriften in der Eislebener Lutherwoche wie überhaupt bei den verschiedenen Feiern des Lutherjubiläums mit einer Ausnahme, nämlich der Coburger Festwoche (s. oben S. 153f.), keine Rolle spielten – übrigens auch nicht bei der dezidiert antijüdischen Sportpalastversammlung, so sehr man hier beanspruchte, auf dem Weg zur »Vollendung der Reformation Martin Luthers« zu sein (siehe unten). Vgl. auch unten S. 162–165.

[313] Vgl. Ronny Kabus, Juden der Lutherstadt Wittenberg im III. Reich, Norderstedt [3]2012, Kap. 2.

Festwoche buchstäblich »aussparte«.[314] Denn wenn auch die Jubiläumsveranstaltungen des Jahres 1933 im Unterschied zu denen von 1929 und 1930, die breite internationale Beteiligung verzeichnen konnten, rein deutsche Festlichkeiten zu Ehren des »deutschen Luther« waren, so kam nach Wittenberg mit dem schwedischen Erzbischof Eidem immerhin ein prominenter ausländischer Gast. Ihn durch antisemitische Töne vor den Kopf zu stoßen und damit den ausländischen Kirchen bei einer Jubiläumsfeier das Bild einer judenfeindlichen Veranstaltung und Kirche zu bieten, war nicht opportun.[315]

Auf der dritten Festwoche, die vom 29. Oktober bis zum 2. November in Coburg stattfand, gab hingegen einer der Redner deutliche antijüdische Töne zu hören. Treibende Kraft der Coburger Veranstaltung war der Martin-Luther-Bund, der die Lutherwoche mit der 50-Jahr-Feier seines eigenen Bestehens verband.[316] Als Institution zur Unterstützung der auslandsdeutschen lutherischen Kirchen hatte der Bund auch Vertreter dieser Kirchen zur Feier geladen.[317] Der bayrische Landesbischof Hans Meiser, einer der wenigen nicht deutschchristlichen Bischöfe des Reiches, unterließ es nicht, die Bedeutung Luthers, des »Deutschesten der Deutschen«, für das nun die »nationale Erhebung« erlebende deutsche Volk anzusprechen. Doch fuhr er fort, nicht Luthers Rolle als Nationalheld sei entscheidend, sondern seine Rolle als Begründer der evangelisch-lutherischen Kirche.[318] Das Luthertum sei denn auch keineswegs eine »deutsche Religion«, sondern eine weltweite Größe. Gleichwohl diene es den Deutschen in spezifischer Weise, indem es deren Verbindung als Volk in der Zusammengehörigkeit als Kirche ein tieferes Fundament gebe. Zugleich versage sich die deutsche lutherische Kirche nicht, diesem Volk und seinem Führer in der gegenwärtigen Lage von Not und Gefahr beizustehen.[319] Eine solche Botschaft genügte dem bayrischen Gauleiter Hans Schemm, der in Coburg auftrat, offensichtlich nicht. Was er in seiner Rede *Luther und der Staat*[320] vom deutschen Volk zu sagen hatte, kreiste um die

[314] So Bräuer, Der urdeutsche Luther (s. Anm. 253), 559.

[315] Vgl. a.a.O. 559–562. Bräuer zeigt, daß neben Eidem, der ausdrücklich zu Gesprächen über die sog. Judenfrage nach Deutschland gekommen war mit dem Ziel, die Einführung des Arierparagraphen zu verhindern, noch ein weiterer prominenter Besucher vorgesehen war und Rücksicht bei der Planung erforderte: Adolf Keller, Sekretär des Schweizerischen Kirchenbundes und Generalsekretär der Bewegung für Praktisches Christentum (Life and Work), Leiter des ökumenischen sozialwissenschaftlichen Instituts in Genf und Generalsekretär der Europäischen Zentralstelle für kirchliche Hilfsaktionen (vgl. oben Anm. 135 und 169).

[316] Küllmer (s. Anm. 256), 60.

[317] Nach dem Bericht der *Coburger Nachrichten* (Nr. 256, 1. Nov. 1933, Art. *Coburger Luthertage*) waren Vertreter aus Böhmen, Mähren, Österreich, der Schweiz, dem Elsaß, Jugoslawien, Siebenbürgen, Polen, Italien und Schweden anwesend.

[318] Vgl. Anm. 433.

[319] Coburger Nachrichten (s. Anm. 317); Küllmer (s. Anm. 257), 85–87. Das hieß nach Meiser in der Situation jener Tage, den Aufruf zu einem positiven Votum bei der Volksabstimmung über den Austritt aus Völkerbund und Abrüstungskonferenz zu unterstützen.

[320] So das Programm der Coburger Feierlichkeiten (EZA 1/704, Nr. 55).

Begriffe »Blut« und »Rasse«; der den Deutschen von Luther eröffnete Glaube sollte ein solcher sein, der Gott »durch den Spiegel und durch das Brennglas unseres Blutes und unserer Rasse« schaue. Um das zu verdeutlichen, führte Schemm nun auch, wohl als einziger Redner bei den Lutherwochen,[321] Luthers Judenfeindschaft an, seine »kristallklare ablehnende Einstellung zum jüdischen, materialistischen, liberalistischen, alles zersetzenden, alles zerteilen wollenden Geist«. Nur wenn man das mitbedenke, werde das Lutherjubiläum angemessen begangen.[322]

Völkische und antijüdische Töne spielten bei der schließlich in Angriff genommenen Planung einer reichsweiten Feier, des »Deutschen Luthertags«, keine Rolle, diese folgte eher einem gemäßigten Leitbild des »deutschen Volkstumsluther«. Hatten die hier ursprünglich tätigen DC in Gestalt radikaler Vertreter dieser Bewegung versucht, das Fest in den Dienst ihrer Sicht zu stellen,[323] konnten sie sich gegen die Repräsentanten der evangelischen Verbände im Arbeitsausschuß für die Vorbereitung des Luthertages nicht durchsetzen. Daß die besondere Sendung Luthers zum deutschen Volk gefeiert werden sollte, stand nicht in Zweifel – der »große[] Volksmissionstag«, den man vorbereitete,[324] sollte die »evangelischen Deutschen [...] zu den Quellen ihres religiösen Lebens und zu den Grundlagen des deutschen Volkes« zurückbringen.[325] Doch auf ein radikal-völkisches Programm wollte man sich und den geplanten Festtag nicht festlegen lassen. Freilich waren die Grenzen angesichts der Inanspruchnahme des Volkstumsgedankens auch bei den meisten anderen Gruppen und ihren Vertretern im Ausschuß fließend.[326]

---

[321] Nicht ausgeschlossen ist, daß Luthers Judenfeindschaft auch in dem – nicht erhaltenen – Vortrag *Martin Luther, der Bekenner* zur Sprache kam, den der Erlanger Kirchenhistoriker Hans Preuß hielt (Programm [ibd.] und Art. *Coburger Luthertage* in den *Coburger Nachrichten* [s. Anm. 317]). Denn in diesem Vortrag über den nach Körperbau und Charakter ganz und gar deutschen Bekenner Luther sprach Preuß auch über Zusammengehörigkeit zwischen dem Reformator und Hitler, eine These, der er bereits eine – dann zu einer kleinen Schrift zusammengefaßte – einschlägige Artikelfolge gewidmet hatte (siehe unten Anm. 366). In den Artikeln bzw. in der Schrift wird unter den Parallelen zwischen beiden auch ihre Judenfeindschaft genannt, so daß man annehmen könnte, Preuß habe sie auch in seinem Coburger Vortrag angesprochen. Andererseits wird dieser Punkt in der ausführlichen Zusammenfassung des Vortrags in den *Coburger Nachrichten* nicht erwähnt, während Schemms Hinweis auf Luthers Judenfeindschaft im Referat seiner Rede durchaus zur Sprache kommt.

[322] Küllmer (s. Anm. 256), 93–95, Zitat dort 95.

[323] Das galt insbesondere für den Reichskulturwart der DC, Alfred Bierschwale, von dem die DC-Initiative für die reichsweite Lutherfeier ausgegangen war, der aber von den dazukommenden Repräsentanten des Evangelischen Bundes und anderer Organisationen mehr und mehr an den Rand gedrängt wurde. Vgl. Bräuer, Luthertag (s. Anm. 254), 426, und Küllmer (s. Anm. 256), 67–77.

[324] S.o. zu Anm. 269.

[325] Drittes Rundschreiben der Reichsgeschäftsstelle für die Vorbereitung des Luthertags, zitiert bei Bräuer, Luthertag (s. Anm. 254), 426.

[326] Vgl. insbesondere die Ausführungen des Ausschußvorsitzenden Wilhelm Fahrenhorst vom Evangelischen Bund mit ihrer Doppelgesichtigkeit von massiver Beanspruchung des Volkstumsgedankens einerseits und Ablehnung eines »falsch verstandenen ›Germanen-

Dem unklaren Ineinander wurde ein Ende gemacht und ein Entweder-Oder unausweichlich durch die – im Blick auf ihre Wirkung – wichtigste Jubiläumsveranstaltung im Herbst 1933, die Versammlung der Berliner DC im Sportpalast der Hauptstadt (13. November). Hier wurde gefordert, endlich das »kostbarste Vermächtnis« Luthers zu erfüllen, »die Vollendung der deutschen Reformation aus dem Geist des Nationalsozialismus« in einer »deutschen Volkskirche« mit »artgemäßem Christentum«, zu der die Befreiung »von allem Undeutschen in Gottesdienst und Bekenntnis«, besonders vom Alten Testament, und die Einführung des Arierparagraphen in der Kirche gehöre. In der Botschaft aus dem Sportpalast, die im Wesentlichen mit Alfred Rosenbergs »völkischer Religion« übereinstimmte, erlebte der radikale Flügel der DC seinen großen Triumph. Es war freilich ein Pyrrhussieg. Angesichts dieses Programms traten Mitglieder der »Glaubensbewegung«, die sich unter der bisherigen vieldeutigen Losung eines deutschen Luther hatten wiederfinden können, in Massen aus, darunter fast die gesamte theologische Prominenz.[327] Die – kurze – Blütezeit der Deutschen Christen als große volkskirchliche Bewegung war vorbei. Daran konnte auch die panische Distanzierung des Reichsbischofs von Botschaft und führenden Akteuren der Sportpalastveranstaltung nichts mehr ändern. Das Lutherjubiläum, das zur großen Feier der Einheit des deutschen Protestantismus im Rahmen und im Geist des Nationalsozialismus hätte werden sollen, bewirkte dessen Zerfall.

So war die Feier des »deutschen Luthertags« sechs Tage später denn auch nur noch eine scheinhafte Nachblüte. Trotz Verschiebung und Behinderung wurde er quer durch das Reich begangen. Besonders spektakulär in der Reichshauptstadt, wo man in drei Akten feierte: Zunächst fand ein großer Gottesdienst im Berliner Dom[328] unter Beteiligung des Reichspräsidenten, mehrerer Minister und der Spitzen des Heeres statt, bei dem einer der Domprediger predigte[329] und Reichsbischof Müller eine Ansprache hielt, worin er der Gemeinde mitteilte, daß Luther durch die Wiederentdeckung des Evangeliums »zum Erneuerer des Deutschtums, zum Inbegriff des deutschen Menschen geworden« sei.[330] Es folgte eine Großkundgebung im Lustgarten,

tums‹«, was unverkennbar auf die DC zielte (Bräuer, Lutherfestwoche [s. Anm. 252], 434), sowie der Distanzierung von den DC im Namen einer eigenständigen Kirche »außerhalb jedes staatlichen und parteilichen Zugriffs« andererseits (Küllmer [s. Anm. 256], 74f.). Daß der Volkstumsgedanke selbst und seine Verbindung mit Luther im Evangelischen Bund offene Türen einrannte, zeigt die emphatische Rede vom »deutschen Volk« beim Wormser Jubiläum von 1921 (vgl. unten S. 263–265).

[327] Vgl. zu diesen Vorgängen Scholder (s. Anm. 260), zu der gesamten Entwicklung 701–727.

[328] Die gedruckte Gottesdienstordnung findet sich im DomABerlin 1/3154.

[329] Und zwar Domprediger Richter, kein Deutscher Christ, sondern nach Konstitution der Bekennenden Kirche zu dieser gehörig. Leider ist im Archiv des Berliner Domes seine Predigt nicht vorhanden – vorbehaltlich eines möglichen späteren Fundes in diesem noch nicht vollständig gehobenen Schatz.

[330] Berliner Morgenpost vom 21.11.1933. Der Text der Ansprache selbst ist ebensowenig wie Dompredigers Richters Predigt erhalten.

zu der Berliner Protestanten nach ihren Gottesdiensten aus allen Gemeinden herbeiströmten; hier sprachen deutschchristliche Bischöfe und der Reichswissenschaftsminister.[331] Den Schluß bildete ein Festakt mit führenden Repräsentanten aus Politik, Kultur und Kirche – allerdings wie bei all diesen Gelegenheiten nicht mit dem Reichskanzler[332] – in der Philharmonie, bei der der Berliner Kirchenhistoriker Erich Seeberg die Festrede hielt[333] und Reichsbischof Müller den Primat der »Einheit im Glauben an das Evangelium« vor allem äußeren Umbau der Kirche betonte und zugleich das Ausland mahnte, den Geburtstag Luthers als »Weckruf« zu verstehen, daß nicht nur im Leben des Einzelnen, sondern auch der Völker die Wahrheit zur Herrschaft kommen müsse[334] – ein Hinweise auf den Austritt des Reiches aus dem Völkerbund, der mit Verleumdung und Ausgrenzung Deutschlands durch die Welt begründet worden war. Doch nicht nur in Berlin, auch im übrigen Reich fanden Jubiläumsfeiern statt. Meist waren es »lokalgesellschaftliche Großereignisse«,[335] die wie die Lutherfestwochen einige Monate zuvor Kirchengemeinden und kirchliche Verbände, Deutsche Christen und nicht zu ihnen gehörige Protestanten, Vertreter der Lokalpolitik sowie der NSDAP, der HJ, der SA und anderer nationalsozialistischer Formationen unter Glockengeläut und den Flaggen von Kirche und Reich, oft zudem noch der Hakenkreuzfahne vereinigten – die Abgrenzungsstrategie der Parteispitze war noch nicht nach unten durchgeschlagen.[336] Der Volksgemeinschaft, die damit inszeniert wurde, konnten sich hier und dort auch römisch-katholische Mitbürger nicht entziehen.[337] Wie scheinhaft aber diese Blüte war, zeigte sich daran, daß am Jubiläumstag, demselben 19. November von Tausenden evangelischer Kanzeln das Gegenprogramm verlesen wurde, die Botschaft des Pfarrernotbundes, daß das Festhalten an der Heiligen Schrift und am reformatorischen Bekenntnis für die Kirche unverzichtbar ist.[338] Damit wurde auch an der kirchlichen Basis unübersehbar, daß die inszenierte kirchlich-politische Volksge-

[331] Siehe dazu die *Bekanntmachung zum 19.11., dem Geburtstag Martin Luthers* in der Kirchenzeitung *Evangelium im Dritten Reich* 2, Nr. 46 (12.11.1933), S. 1: Nach den Jubiläumsgottesdiensten, die in allen Berliner Gemeinden stattzufinden hätten, »marschiert das evangelische Berlin zu einer *Riesenkundgebung zum Lustgarten*« (Hervorhebung im Original).

[332] Zum Gottesdienst im Dom war er höflichst eingeladen worden, sagte aber ab (DomABerlin 1/3157, Bl. 22 und 111). Vgl. oben S. 139 und Anm. 285.

[333] Siehe unten S. 159.

[334] Zitate nach dem Referat in: Das Evangelische Deutschland 10, 1933, 439.

[335] Küllmer (s. Anm. 256), 103.

[336] A.a.O. 103–105; Hansjörg Buss, Der große Luthertag (in: KZG 26, 2013, 272–288), 284–287. Beide Autoren stützen sich stark auf Berichte der zeitgenössischen Presse, die ein Interesse an dem Bild kirchlich-politischer Einheit hatte; wie weit dieses Bild den Tatsachen entspricht, würde erst eine großflächige Berücksichtigung von Primärquellen wie Predigten, Reden etc. zeigen, die bislang nicht geleistet ist.

[337] Küllmer (s. Anm. 256), 106–109.

[338] Scholder (s. Anm. 260), 709f.; statt am Sonntag, dem 19. November, konnte die Abkündigung auch am folgenden Buß- und Bettag verlesen werden.

meinschaft nicht bestand und daß der Jubiläumsrekurs auf die Reformation und auf Martin Luther kein Medium der Integration, sondern selber strittig war.

2.3. Die Beiträge der akademischen Theologie

Was die Gemeinden hier erlebten, hatten aufmerksame Beobachter und Leser freilich schon früher bemerken können, nicht allein an Entstehung und erstem Auftreten des Pfarrernotbundes, der sich bei dem Jubiläum mit seiner Kanzelbotschaft so kräftig bemerkbar machte, bereits einige Wochen zuvor,[339] sondern auch an den höchst unterschiedlichen, zum Teil explizit gegensätzlichen Jubiläumsbeiträgen der akademischen Theologie. In ihnen schlugen sich die divergierenden theologischen Positionen, die die theologische Landschaft des Jahres 1933 prägten, nun in divergierenden Einschätzungen Martin Luthers nieder. Landauf, landab als Jubiläumsredner und -schriftsteller gefragt waren naturgemäß besonders Kirchenhistoriker. Für sie galt durchweg, was Karl Heussi, selbst Kirchenhistoriker, in seinem schon zitierten Festvortrag *Luthers deutsche Sendung* sagte: Es müsse bei diesem Jubiläum »von irgendeinem Punkte her« um das »Verhältnis zwischen dem Religiösen und dem Nationalen« gehen.[340] So trugen ihre Beiträge auch fast durchweg Titel, die »Luther« und »deutsch« in irgendeiner Form verbanden. Damit machten sie in festlich hervorgehobener Form vor großem Publikum geltend, was der Kirchengeschichtswissenschaft überhaupt in diesem bewegten Jahr aufgegeben schien: die Bedeutung des Protestantismus für den neuen Staat, die die Theologie grundsätzlich darlege und die Kirche aktuell erweise,[341] auch historisch plausibel zu machen.[342] Kein Gegenstand schien dazu besser geeignet als der deutsche Reformator Martin Luther.[343]

---

[339] Vgl. Soden (s. Anm. 251), 3.

[340] Siehe oben S. 145.

[341] Vgl. oben S. 149 mit Anm. 305.

[342] Vgl. Thomas Kaufmann, Einleitung. II. Anmerkungen zu generationsspezifischen Bedingungen und Dispositionen (in: Evangelische Kirchenhistoriker im »Dritten Reich«, hg. v. dems. u. Harry Oelke, Gütersloh 2002, 32–54), 45: »Der produktive Beitrag, den der deutsche Protestantismus für den Aufbau des neuen Staates zu leisten vermochte, sollte auch durch den historischen Nachweis der Synthesefähigkeit von Deutschtum und Christentum erbracht werden« – genauer: von Deutschtum und protestantischem Christentum. Zu entsprechenden Versuchen römisch-katholischer Kirchengeschichtsschreibung, die allerdings ungleich seltener waren, vgl. Scholder (s. Anm. 260), 539–545.

[343] Nur nebenbei sei darauf hingewiesen, daß auch Nichttheologen Beiträge zum Jubiläum leisteten, sei es in schriftlicher Form, sei es mit akademischen Festreden. Bei nicht wenigen fällt auf, daß sie das Spezifische Luthers auch im Jahr des begrüßten und durchaus mit ihm verbundenen politischen Umschwungs doch unpolitisch zu bestimmen suchten. Der Freiburger Historiker Gerhard Ritter, der im Jubiläumsjahr seine berühmte Lutherbiographie *Luther. Gestalt und Symbol* (München 1925, überarbeitet 1928, ab 1944, wiederum und tiefergreifend überarbeitet, mit dem neuen Titel *Luther. Gestalt und Tat*) als Volksausgabe unter dem Titel *Luther der Deutsche* herausbrachte (München 1933 – entspricht der Ausgabe von 1928 –, nochmals aufgelegt 1935) und einen Jubiläumsartikel für die *Illustrirte* [!] *Zeitung* (Sonderheft *450 Jahre Luther*, August 1933, hg. v. Oskar Thulin, 154, vgl. dazu

Die Durchführung sah gleichwohl sehr unterschiedlich aus, auch hier gilt, daß die »Konturen für das Lutherbild« nicht »fest umrissen« waren.[344] Derselbe Karl Heussi, der seine Jubiläumsrede *Luthers deutsche Sendung* betitelt und sie emphatisch in dem Jahr zur Geltung bringen will, »in dem die deutsche Nation sich wiedergefunden hat, in dem eine ungeheure Revolution das ganze Volk neu erfaßt hat und von innen her neugestaltet, in dem durch den ehernen Willen eines gewaltigen Führers ein neuer deutscher Staat in riesenhaften Umrissen sich erhebt«,[345] ordnet doch dessen »nationale« seiner »prophetischen Sendung« unter, die er mit den Worten konkretisiert, sie sei die Sendung des »Predigers des Evangeliums«: »Luther der Deutsche dient seinem Volke als Verkündiger des Evangeliums und nicht anders.«[346] Ähnlich stellt der Göttinger Kirchenhistoriker Hermann Dörries in seiner Rede *Luther und Deutschland* bei der Jubiläumsfeier der Göttinger Universität zwar fest, Luther sei »der deutscheste Deutsche« gewesen und als »Prophet der Deutschen« auch ihr »nationale[r] Held« geworden.[347] Doch dieser Prophet

BRÄUER, Der urdeutsche Luther [s. Anm. 253], 547–556) mit demselben Titel schrieb, wo er Luthers »Deutschsein« jeweils nach vielen Richtungen entfaltete, unterstrich gleichwohl, daß die Reformation »weit über das Nationale hinaus[reiche]« und daß Luther als Deutscher zu feiern sei – »nicht, weil er ein Prophet politisch-nationaler Gesinnung gewesen wäre«, sondern weil er »die tiefsten Kräfte deutschen Geistes ans Licht gebracht« habe; im Übrigen ließen »die allgemeinen geistigen Voraussetzungen seines Werkes sich ebenso wenig aus nationalen Quellen allein ableiten, wie seine Wirkung sich auf Deutschland beschränkt« (Luther [1928] / Luther der Deutsche, Einleitung, 15). Und der Anatom Hermann Stieve, Rektor der im Rahmen des Jubiläums nach Martin Luther benannten Hallenser Universität, begann zwar die akademische Jubiläumsrede, die in Halle nach jährlichem Brauch der Rektor zu halten hatte und die in seinem Fall den Titel *Luthers Einfluß auf die Entwicklung naturwissenschaftliche Erkenntnis* trug, mit dem Lobpreis für die Einigung des deutschen Volkes durch den Reichskanzler; er konzentrierte sich dann aber darauf herauszustellen, daß das Entscheidende, Feierwürdige an Luthers Wirken der grundlegende Beitrag zur Befreiung der Wissenschaft aus religiöser Bevormundung sei, den der Reformator, wenn auch selbst noch nicht frei von Resten mittelalterlichen Aberglaubens, durch die Berufung auf Bibel und Gewissen als letzte Instanzen geleistet habe, zunächst in Deutschland, dann von hier aus für die Menschheit (zitiert und paraphrasiert von BRÄUER, Universitäten [s. Anm. 265], 648f.; vgl. auch SILVIO REICHELT, SEBASTIAN KRANICH, Martin Luther als evangelischer Schutzheiliger. Die Reformationsfeiern an der Universität Halle-Wittenberg 1927–1941, in: TANNER, ULRICH, Spurenlese [s. Anm. 262], 146–169, Teil 1: Die Feiern [Reichelt], und 170–193, Teil 2: Redner und Reden [Kranich], hier zu Stieve: 181–183]). Hier hielten sich ältere Deutungsmuster durch, die dem deutsch-nationalen Lutherbild des 19. Jahrhunderts verpflichtet waren. Besonders eklatant zeigt sich die Beharrungskraft des alten Bildes an der Jubiläumsrede des Leipziger Historikers Erich Brandenburg, der, wie Bräuer nachweist, 1933 »im wesentlichen seine Rede vom Reformationsfest 1917« wiederholt hat. Er war offensichtlich nicht der Meinung, sein – nationales – Lutherbild im Geist der neuen Zeit überarbeiten zu müssen, so wie sich der alte Nationalliberale auch politisch nicht der NSDAP anschloß (BRÄUER, Universitäten [s. Anm. 265], 654f.).

[344] Siehe oben Anm. 294.

[345] HEUSSI (s. Anm. 286), 4.

[346] A.a.O. 6.

[347] HERMANN DÖRRIES, Luther und Deutschland, Tübingen 1934, 1.16. Zu Dörries, der die politische Wende von 1933 bejahte und Mitglied der NSDAP wurde, aber die Deutschen Christen ablehnte und sich der Bekennenden Kirche anschloß, vgl. KAUFMANN, Einleitung II (s. Anm. 342), 46f.

sei den Deutschen »als Prediger des Evangeliums« entgegengetreten,[348] und sein Amt habe darin bestanden, den Führern seiner Zeit ins Angesicht die Überordnung der Nation über das Wort Gottes zurückzuweisen.[349]

Stehen bei den Genannten[350] der – mehr oder weniger enthusiastische – Lobpreis für den »deutschen Luther«, das deutsche Volk und seine gegenwärtige Stunde unverbunden neben dem, was sie als Entscheidendes an Martin Luther hervorheben und was unverkennbar auch ihr eigenes Anliegen ist, bringt der Berliner Kirchenhistoriker Erich Seeberg in seinen beiden Jubiläumsreden, die eine mit dem schlichten Titel *Martin Luther* gehalten bei der Feier seiner Universität in deren Senatssaal,[351] die andere unter der Frage *Warum sind wir Protestanten?* vorgetragen beim Staatsakt mit Teilnehmern aus Politik, Kirche und Kultur in der Philharmonie,[352] beides unmittelbar zusammen: Die Bedeutung Luthers liegt in seinem Wert für das im Nationalsozialismus zu sich selbst kommende deutsche Volk. Er ist »der ›ewige Deutsche‹, der das Bewußtsein unsers Volkes zum erstenmal ganz in sich verkörpert hat«.[353] Das tat er, indem er als der »deutscheste[] Theologe«[354] dem Christentum seine »germanische Ausprägung« gab.[355] Doch es blieb nicht bei dem

[348] DÖRRIES (s. Anm. 347), 6.

[349] A.a.O. 16. An dieser Stelle, wo es um die Bedeutung von Luthers Widerspruch gegen den Kaiser in Worms geht, stellt Dörries die rhetorische Frage »Hat dort der freie deutsche Mann die Fesseln einer nicht artgemäßen Religion zerbrochen?«, die er nicht direkt beantwortet, doch indirekt verneint, indem er feststellt, Luther habe, »gebunden allein an Gottes Wort und sein Gewissen«, der Forderung, die Interessen der Nation allem anderen überzuordnen, sein »Nein« entgegengesetzt.

[350] Neben ihnen könnte man z.B. auch noch GEORG MERZ nennen in: Illustrirte Zeitung, Sonderheft Luther (s. Anm. 342), 16.

[351] ERICH SEEBERG, Martin Luther. Gedächtnisrede zu seinem 450. Geburtstag bei der Gedenkfeier [, gehalten in der Aula] der Friedrich-Wilhelms[Wilhelm] Universität zu Berlin [am 19.XI.1933], Berlin 1933 (Nachdruck in: ZKG 52, 1933, 525–544; die Angaben in eckigen Klammern im Titel des Nachdrucks in der ZKG).

[352] ERICH SEEBERG, Warum sind wir Protestanten? (s. Anm. 251). Beide am selben Tag (19.11.) gehaltenen Vorträge sind weitgehend, bis in einzelne Formulierungen hinein, identisch.

[353] SEEBERG, Luther (s. Anm. 351), 6 / 527. Wie THOMAS KAUFMANN, »Anpassung« als historiographisches Konzept und als theologiepolitisches Programm. Der Kirchenhistoriker Erich Seeberg in der Zeit der Weimarer Republik und des »Dritten Reiches« (in: KAUFMANN, OELKE, Kirchenhistoriker [s. Anm. 342], 122–272), 217, zeigt, spielte das »Deutsche« in Seebergs Lutherdeutung vor 1933 keinerlei Rolle, worin »eine Fernwirkung Holls zu sehen sei[], der zwar ›deutsche Wesenszüge‹ bei Luther ausmachte, aber in einer primär nationalen Inanspruchnahme Luthers ›Selbstüberhebung‹ sah«. Vgl. Seebergs Satz: »Luther gehört der Welt; aber mit Stolz fühlen wir es, er ist ein Deutscher« (SEEBERG, Luther [s. Anm. 351], 23 / 543) – ein Gegenstück zu Holls Feststellung: »Luther gehört nicht nur uns, er gehört der Menschheit an« (HOLL, Religion [s. Anm. 48], 110). Vgl. auch Holls – im Kontext des Jubiläums von 1917 erhobenen – Protest gegen die »Begeisterung für Luther [...] als den echt deutschen Mann« (in der Anzeige von Emanuel Hirschs *Luther-Brevier* [DE 8, 1917, 224], zitiert oben S. 70).

[354] SEEBERG, Luther (s. Anm. 351), 24 / 543.

[355] A.a.O. 16 / 537. »[D]as Paulinische Christentum [ist] in Luther durch den deutschen Menschen hindurchgegangen und so produktiv umgebildet worden.« Ein entscheidendes Zwischenglied ist die deutsche Mystik, die Luther allerdings in spezifischer Weise aufnimmt (ibd.).

erneuerten Glauben und Lehren, sondern Luther schritt weiter zur geschichtsverändernden Tat; wenn Seeberg hinzufügt, daß der Wittenberger Reformator damit alles andere gewesen sei als ein »räsonnierender Professor, der immer zu spät kommt, weil die Geschichte getan ist, wenn sie begriffen wird«,[356] dann verrät er damit etwas von dem Motiv, das ihn und viele Kollegen in ihrem Engagement für den »Aufbruch« des Jahres 1933 bewegt: selbst tätige Teilhaber der Geschichte zu sein, während sie geschieht. Luther jedenfalls war das für die deutsche, ja die europäische Geschichte in singulärer Weise gewesen. Deshalb muß von ihm gesagt werden: Er ist »[*d*]*er Führer*.«[357] Und so ist er in der Stunde gegenwärtig, in der das deutsche Volk auch jetzt »von einem großen Führer [wachgerüttelt]« wird, in der es sich aus den »Verstrickungen« löst, die »sein Wesen gefangen« halten, wie einst durch Luther »echte Urelemente unserer Religion« freigelegt wurden.[358] So werden »die Kraft seines [Luthers] Glaubens, die Tiefe seines Denkens und die freie Macht seiner Persönlichkeit [...] so lange unsere Herzen ergreifen und unsern Geist aufwühlen, als der deutsche Geist der Kraft seines eigenen Wesens und der Tiefe des Christentums fähig bleibt«.[359]

Weit weniger geschlossen sind die Gedankengänge, die Otto Scheel, früher Kirchenhistoriker und als Lutherbiograph hervorgetreten und nun Landeshistoriker in Kiel, aber durchaus noch in seinem einstigen Gebiet an prominenter Stelle tätig,[360] beim Jubiläumsfestakt seiner Universität präsentiert.[361] Doch auch ihm geht es darum, Luther, im »nationalsozialistischen Reich« nun »[z]um ersten Mal in unserer Geschichte« in einer »Reichs-Lutherfeier« geehrt,[362] als »Genius« darzustellen, der, »bluthaft[] [...] mit seinen lieben Deutschen« verbunden[363] und von Gott »auf die Höhe seines Volkes und der Geschichte« geführt,[364] diesem Volk zum »Schicksal« geworden sei. Dessen »Schicksal« habe sich daran entschieden, wie es mit dem aus ihm hervorgegangenen Genius umgegangen sei – so wie das Volk in der Geschichte immer »vor die Entscheidung gestellt [sei], [... einen ihm geborenen Genius] anzunehmen oder abzulehnen.«[365] Ohne daß es ausformuliert zu werden brauchte, mußte den Hörern klar sein, daß der Redner hier auf einen anderen in seiner Mitte aufgestiegenen »Genius« anspielte, an dessen Annahme oder Ablehnung sich aktuell ihr »Schicksal« entscheide.[366]

---

[356] A.a.O. 7 / 528; fast wortgleich: ERICH SEEBERG, Warum sind wir Protestanten? (s. Anm. 251), 218.

[357] A.a.O. 214 (Hervorhebung im Original).

[358] SEEBERG, Luther (s. Anm. 351), 23f. / 543 (543: »seinem großen Führer«).

[359] A.a.O. 24 / 544.

[360] Er war von 1931 bis 1946 Vorsitzender des Vereins für Reformationsgeschichte.

[361] OTTO SCHEEL, Evangelium, Volk und Kirche bei Martin Luther, Leipzig 1934. Hier liegt allerdings eine stark erweiterte Fassung vor, so daß sich die Fassung des Jubiläumsvortrages im einzelnen nicht mehr rekonstruieren läßt.

[362] A.a.O. 1.

[363] A.a.O. 26.

[364] A.a.O. 70.

[365] A.a.O. 73.

Auch dem Gießener Kirchenhistoriker Heinrich Bornkamm, der bei der Jubiläumsfeier seiner Universität den Festvortrag *Luther und der deutsche Geist*[367] hält, steht fest, daß Luther in der Tiefe »mit dem deutschen Geist naturhaft und geschichtlich verwachsen« sei.[368] Das werde durch den »gewaltigen Geschichtsunterricht, den wir in der letzten Monaten empfangen haben«, deutlich, weil der die Zeitgenossen lehre, gegenüber vielfältigen kulturellen Zerstreuungen wieder die »wahrhaft geschichtskräftigen Augenblicke im Volksleben« wahrzunehmen.[369] Von der »naturhaften« Verbindung zwischen Luther und dem deutschen Volk spricht Bornkamm im Folgenden nicht mehr, sondern konzentriert sich auf die »Geschichtskräftigkeit«. Recht verstanden, seien die »geschichtskräftige Augenblicke« der Völker religiöser Natur, sie lägen in einem »einheitliche[n] Gotteserlebnis«, das von »bindende[r] Kraft« sei und einem Volk für alle Zukunft die »Grundrichtung« gebe.[370] Eben das sei für die Deutschen durch Luther geschehen; er habe ihnen ein »neues *Gottesverhältnis*« eröffnet, das nichts Geringeres gewesen sei als »ein der urchristlichen Botschaft im Innersten gleichförmiges Erleben«,[371] welches dann die weitere Geschichte des deutschen Volkes mit allen Errungenschaften bestimmt habe,[372] die kulturellen und philosophischen[373] nicht weniger als die politischen, wie sich an der Politik Bismarcks und nun Adolf Hitlers zeige.[374] Weil jenes bindende Gotterleben sich eben durch Luther, den »Prophet[en] und Evangelist[en] Deutschlands«,[375] ereignet habe, komme diesem »stellver-

---

[366] Von dem Erlanger Kirchenhistoriker Hans Preuß wurde diese Parallele 1933, allerdings nicht als Beitrag zum Jubiläum, in einem unendlich peinlichen kleinen Text *Luther und Hitler* Punkt für Punkt von beider Funktion, »Retter« ihres Volkes zu sein, über die Kinder- und Tierliebe, den progressiven Mediengebrauch, den Kampf gegen das Judentum, das Schicksal, Plagiatsopfer geworden zu sein, u.a. bis hin zu der »lieblichsten Parallele zwischen Martin Luther und Adolf Hitler« durchbuchstabiert, die darin gelegen habe, daß das deutsche Volk – neben Karl dem Großen und Friedrich dem Großen – beide geliebt habe bzw. liebe (Hans Preuss, Luther und Hitler, in: AELKZ 66, 1933, 970–973.994–999; auch separat mit einer Beigabe: Luther und die Frauen, Erlangen 1933, das Zitat auf S. 999 bzw. 14).

[367] Heinrich Bornkamm, Luther und der deutsche Geist, Tübingen 1934. Zum Kontext vgl. Kurt Nowak, Zeiterfahrung und Kirchengeschichtsschreibung. Heinrich Bornkamm im Dritten Reich (ZKG 103, 1992, 46–80).

[368] Bornkamm (s. Anm. 367), 20.

[369] A.a.O. 6.

[370] A.a.O. 4.

[371] A.a.O. 6 (Hervorhebung im Original). In dieser in Luther geschehenen und durch ihn seinem Volk eröffneten Begegnung der »deutschen Seele« mit der »lautere[n] urchristlichen Botschaft«, »fast als ob 1500 Jahre nicht gewesen wären«, kam der »deutsche[] Mensch[]« nach langem, die mittelalterliche Frömmigkeit bewegendem Suchen zum Ziel (a.a.O. 6f.).

[372] A.a.O. 9–19.

[373] Das faltet Bornkamm in seinem Buch *Luther im Spiegel der Geistesgeschichte* (Heidelberg 1955, erweitert Göttingen 1979) aus. Auffällig ist, daß er in seinem Vortrag einerseits feststellt, jene Errungenschaften seien nicht das Eigentliche am Wirken Luthers (9), dann aber nicht etwa von einer theologischen Botschaft, sondern vom rechten Verständnis des Staates, des Krieges, des »Natürlichen« – in dessen angemessener, »volksbiologischer« Würdigung der Nationalsozialismus sich als Erbe der Reformation erweise (13) – und schließlich doch wieder von kulturellen Gütern spricht.

[374] A.a.O. 12.

[375] A.a.O. 19.

tretende[] Bedeutung [...] für das Wesen des Deutschen« zu.[376] So sei er für das deutsche Volk nicht abständige Vergangenheit, sondern begegne ihm in seiner Geschichte immer wieder »mit einer erschreckenden Unmittelbarkeit«.[377]

Was im Rückblick – aber offensichtlich nicht in der Perspektive der Zeitgenossen, sieht man von der braunen Parteipresse ab[378] – auffällt, ist der Befund, daß ein Thema in den Jubiläumsbeiträgen keine Rolle spielt: das Verhältnis zum Judentum und Luthers einschlägige Stellungnahmen. Es gibt eine Ausnahme, den Jubiläumsartikel *Luther als deutscher Christ*, den der Berliner Kirchenhistoriker Hans Lietzmann, patristischer Kollege des schon genannten Erich Seeberg, schrieb.[379] Der Titel wurde von dem erklärten Gegner der

---

[376] A.a.O. 9.

[377] A.a.O. 20. Bornkamm kommt in seinem Jubiläumsvortrag nicht auf das Thema »deutsches Volk und Judentum« zu sprechen. Darauf eingegangen war er einige Monate früher in dem Vortrag *Volk und Rasse bei Martin Luther*, den er im Rahmen eines »Lehrgangs« seiner Fakultät zu dem aktuellen Thema »Volk« in der Sicht der verschiedenen theologischen Disziplinen hielt (gedruckt in: Volk, Staat, Kirche. Ein Lehrgang der Theologischen Fakultät Gießen, Gießen 1933, 5–19), womit er nach Kurt Nowak (s. Anm. 367, 58), zum einzigen Mal »seine geistigen Kräfte zu diesem unwissenschaftlichen Zweck [sc. der historischen Legitimation der NS-Revolution] anspannte«. Bornkamm will zeigen, daß Luther, durch den, wie hier stärker als im Jubiläumsvortrag mit biologischen Kategorien betont wird, »das Christentum am reinsten in die uns blutsverbundene Art eingebrochen« sei (5), zwar den Begriff »Rasse« nicht gekannt und den Begriff »Volk« in anderem Sinne gebraucht habe als die Gegenwart (5), doch von der damit gemeinten Sache »etwas [gewußt haben] muß[]« (5). Luthers Wissen vom und Liebe zum deutschen Volk sei verbunden gewesen mit klarer, durchaus »so etwas wie einen rassischen Gegensatz« zum Ausdruck bringender Abgrenzung von »fremden Volkstümern«, nämlich von Wenden, »Welschen«, Türken und Juden, wobei im letzten Fall das Empfinden der »Fremdheit« »[a]m stärksten und konkretesten« gewesen sei (12). Bornkamm stellt dazu fest, daß »Luther [...] zu verschiedenen Zeiten verschieden über die Juden geurteilt« habe (12), und skizziert, in der Darstellung deutlich abhängig von Reinhold Lewin, kurz diese Entwicklung, wobei er *Daß Jesus Christ ein geborener Jude sei* (1523) und *Wider die Juden und ihre Lügen* (1543) paraphrasiert und zitiert, aus letzterer Schrift auch den gesamten Katalog angeratener judenfeindlicher Maßnahmen (12–14). Er betont, daß diese »flammenden Kampfrufe gegen das Judentum nicht aus dem Rassegegensatz abzuleiten«, sondern religiös begründet seien, so daß ein bekehrter Jude »als Bruder aufzunehmen« sei (16). Da in dem ganzen Vortrag Volkstum und »Rasse« als fraglos normative Kategorien behandelt werden, hat diese Kautele eingeschränktes Gewicht. Und das kommentarlose Referat und Zitat der antijüdischen »Ratschläge« Luthers konnte im Kontext des Jahres 1933 nur als Aktualisierung für die eigene Zeit erscheinen (Johannes Brosseder, Luthers Stellung zu den Juden im Spiegel seiner Interpreten, München 1972, 130). Beim Wiederabdruck des Vortrags in seinem Aufsatzband *Luthers geistige Welt* (Lüneburg 1947, mehrere Auflagen), nun unter dem kürzeren und unverfänglicheren Titel *Das Volk*, wurden die Rede von »Rasse« und anderes kommentarlos gestrichen (Brosseder 129, Anm. 5). Ebenso kommentarlos modifizierte Bornkamm seinen hier gleichfalls, doch unter dem alten Titel abgedruckten Jubiläumsvortrag (vgl. Hartmut Lehmann, Heinrich Bornkamm im Spiegel seiner Lutherstudien von 1933 und 1947, in: Kaufmann, Oelke, Kirchenhistoriker [s. Anm. 342], 298–312).

[378] Siehe unten.

[379] Hans Lietzmann, Luther als deutscher Christ. Zum 450. Geburtstag des Reformators (in: Velhagen und Klasings Monatshefte 48, 1933/34, Heft 3: Nov. 1933, 309–312). In einem anderen Jubiläumsartikel, geschrieben für die *Deutsche Allgemeine Zeitung* (Luther, 10.11. 1933, Nr. 498, siehe oben Anm. 251) schlägt Lietzmann die Brücke vom Jubiläum Luthers,

Deutschen Christen und späteren Mitglied der Bekennenden Kirche offensichtlich in polemischer Absicht gewählt. Gleichwohl macht sich der Artikel eine Grundfrage zueigen, die von völkischer und deutschchristlicher Seite mit steigender Intensität gestellt wurde, und nimmt dabei die Kategorie »Volk« und »Rasse« auf: »Seit die Idee von der beherrschenden Bedeutung der Rasse und von der gestaltbildenden Bedeutung des Volkstums das geistige Leben Deutschlands aufzuwühlen begann, ist auch die Frage [...] in unser Leben getreten, ob die seit über einem Jahrtausend traditionelle Religion unseres Volkes seiner rassischen Veranlagung entspreche oder ein artfremder Eindringling sei, der wertvolle Kräfte des Germanentums ertötet oder doch wenigstens lahmgelegt habe.«[380] Die Frage müsse mit den Mitteln der historischen Wissenschaft beantwortet werden. Das aber könne nur so geschehen, daß überall die »großen Träger des Christentums innerhalb des betreffenden Volkes« in ihrem Licht befragt würden.[381] Lietzmanns Beitrag zum Jubiläum besteht darin, Martin Luther als Paradegegenstand für diese Untersuchung im Blick auf das deutsche Volk germanischer Rasse vorzustellen. Er tut das, indem er »eine brennende Gegenwartsfrage« aufnimmt und die Antwort des Reformators darauf betrachtet: die Frage nach dem Verhältnis zum Judentum.[382] Luthers Antwort findet Lietzmann in der Schrift *Von den Juden und ihren Lügen*, und er zieht das Fazit, daß deren Autor »in der Beurteilung ihres [der Juden] schädlichen Einflusses auf Deutschland völlig mit der völ-

---

des »Deutschesten der Deutschen«, im Jahre 1883, als das deutsche Volk auf der Höhe des Kaiserreiches gestanden habe, über den Verlust der Kaiserkrone »im Sumpf der roten Revolution« und die folgenden 14 Jahre »Not und Schande« bis zum Jahr des jetzigen Jubiläums, in dem »eine starke Hand [...] entschlossen [sei], jedes taugliche Mittel zur Besserung rückhaltlos anzuwenden«; er rühmt Luthers Leistungen für Deutschland, stellt dann aber mit Nachdruck fest, Luther sei »vor allem Christ [gewesen], und nur von da aus ist sein Wesen zu begreifen«, weshalb den Deutschen in Wirklichkeit allein von Gott her und im Glauben zu helfen sei. Wie dieses nationale Lutherbild von seiten derer beurteilt wurde, die den Reformator der nationalsozialistischen Vision einpassen wollten, zeigt die Randbemerkung des zur Reichsleitung der DC gehörigen Siegfried Nobiling, der Lietzmanns Rede von der »starken Hand« mit der verächtlichen Bemerkung kommentierte: »das ist typisch deutsch-national. Man bekommt es nicht einmal fertig, den Namen Adolf Hitler zu sagen und zu schreiben! Da begnügt man sich mit – ›einer‹ starken Hand. Gegen diese Verkalkung ist aber nichts zu machen« (EZA 7/3079 – für diesen Hinweis danke ich meinem Kollegen Siegfried Bräuer). Es zeigt sich erneut, welch große Spannbreite in der nationalen Vereinnahmung Luthers bestand.

[380] Lietzmann, Luther als deutscher Christ (s. Anm. 379), 309. Im Licht dieser Frage beteiligte sich Lietzmann als Historiker an der breiten Debatte über das Christentum der sog. germanischen Arianer. Vgl. dazu Hanns Christoph Brennecke, Der sog. germanische Arianismus (in: Kaufmann, Oelke, Kirchenhistoriker [s. Anm. 342], 310–329).

[381] Lietzmann, Luther als deutscher Christ (s. Anm. 379), 309. Siehe auch 309f.: »[U]ns Germanen« sei die Aufgabe gestellt, »den weltlichen und geistlichen Heldensaal unserer Geschichte unter dem hier bezeichneten Gesichtspunkt zu durchmustern und von den mächtigen Gestalten einer ehrwürdigen Vergangenheit zu lernen, ob es ein echtes Christentum in germanischer Seele gibt oder ob beide Wesenheiten unvereinbar sind.«

[382] Daneben und kürzer blickt er auch auf das Verhältnis Luthers zum Pazifismus, ein Feld, auf dem seine Aussagen ebenfalls »in der Gegenwart noch ihr volles Gewicht [behielten]« (a.a.O. 311).

kischen Auffassung unserer Tage übereinstimm[e]«.[383] Scheint es demnach so zu sein, als wolle Lietzmann Luthers antijüdische Schriften als Beleg für die Übereinstimmung der Sicht dieses großen germanischen »Trägers des Christentums« mit der rassistischen Sicht der Nationalsozialisten einstufen, so betont der Berliner Kirchenhistoriker andererseits, daß die Gründe für Luthers Judenfeindschaft nicht rassischer, sondern religiöser Art gewesen seien.[384] Deshalb, so die Kritik an völkischen und radikal-deutschchristlichen Positionen, sei das Alte Testament für ihn kein »artfremdes Buch« gewesen; als »deutscher Kämpfer in Christi Dienst« habe er sich mit »echte[r] christliche[r] und germanische[r] Freude« für die »Helden des Alten Testaments« begeistern können, die in seinen Augen »nicht rassefremde Juden« gewesen seien.[385] Doch gerade wegen seines religiösen Maßstabes habe er »das Judenproblem in seiner Totalität [...] als das Verhängnis eines ganzen Volkes [begriffen]«.[386] So oder so kommt der schillernde Artikel zu der Antwort auf die Ausgangsfrage, daß jedenfalls in der Ablehnung des Judentums zwischen Germanentum und Christentum kein Dissens bestehe.

Der mit seiner Aufnahme der Judenfrage im allgemeinen und der antijüdischen Aussagen Luthers im Besonderen im Kontext des Jubiläums singuläre Charakter von Lietzmanns Beitrag[387] spiegelt sich in dem Artikel des nationalsozialistischen Blattes *Der Stürmer* zum 450. Geburtstag Luthers.[388] Dort

---

[383] A.a.O. 310. Lietzmann zitiert eine Reihe »drastischer« Passagen und stellt dazu fest, daß sich ihre Schärfe »auch von einem modernen Antisemiten kaum überbieten« lasse – ein Urteil, das offensichtlich nicht kritisch gemeint ist (ibd.).

[384] A.a.O. 311. Er habe nämlich »praktische[] Erfahrungen, die er mit den Juden gemacht« hatte, religiös gedeutet.

[385] A.a.O. 312.

[386] A.a.O. 311.

[387] Es ist unerfindlich, wie Ludwig Feuchtwanger in seinem Beitrag zum Jubiläum, der unter dem Titel *Luthers Kampf gegen die Juden* in der *Bayerischen Israelitischen Gemeindezeitung* erschien (Jg. 9, Nr. 23, 1.12.1933, 371–373; aufgenommen von Christian Wiese, »Auch uns sei sein Andenken heilig!« Idealisierung, Symbolisierung und Kritik in der jüdischen Lutherdeutungen von der Aufklärung bis zur Schoa, in: Luther zwischen den Kulturen: Zeitgenossenschaft – Weltwirkung, hg. v. Hans Medick u. Peer Schmidt, Göttingen 2004, 215–259, hier: 255f.), schreiben kann, man habe im Jubiläumsmonat erlebt, »daß zahlreiche bedeutende Vertreter der protestantischen Kirche und Lehre sich diese Stellung Luthers [zu den Juden] ausdrücklich zu eigen machen, ihm Wort für Wort nachsprechen und seine Judenschriften eindringlich zitieren und empfehlen« (371). Von den Titeln aus dem Jahr 1933, die er nennt, führen nur zwei Luthers Judenschriften von 1543 an, Lietzmann und Vogelsang (s. Anm. 389). Es mag sein, daß es daneben noch den einen oder anderen Artikel gibt, den ich übersehen habe. Doch von »zahlreichen« Beiträgen kann keine Rede sein. Daß das erst recht für die Jubiläumsveranstaltungen gilt, wurde schon gesagt (oben S. 152–154). Das Einfallstor, durch das der antijüdische Luther in den nächsten Jahren auf breiterer Front ins Spiel kommt, sind nicht seine einschlägigen Schriften, sondern es ist das Bild des »deutschen Luther«. In dem Maße, in dem die Entgegensetzung von deutschem und jüdischem »Volkstum« allbeherrschend wird, nimmt man an verschiedenen Stellen den »deutschen Luther« auch an dieser Front in Anspruch und dafür seine judenfeindlichen Schriften auf. Dieses Gefälle skizziert auch Wiese (a.a.O. 255) – aber die »Zwangsläufigkeit« des Prozesses, die er behauptet, wird im Jahr 1933 nicht belegt.

[388] C. (oder G.) Malitius, Luther und die Juden, in: *Stürmer* vom Nov. 1933 (11. Jg., Nr.

heißt es, unter den vielen aus Anlaß des Jubiläums erschienenen neuen Büchern und Schriften über das Werk des Reformators sei »auch jetzt eine Seite seines Kampfes wieder ganz unberücksichtigt gelassen«, nämlich sein Kampf gegen die Juden;[389] offenbar werde dieser wie in der Vergangenheit »auch jetzt verschwiegen« – ein Vorwurf, der der evangelischen Kirche und Theologie gilt und den das Blatt bis weit in den Krieg hinein (1943) mehrfach wiederholt.[390] Um dieses Versäumnis zum Jubiläum auszugleichen, müsse nun der vorliegende Artikel auf Luthers Leistung hinweisen. Damit die einschlägigen Aussagen des Reformators endlich von weiteren Kreisen zur Kenntnis genommen würden, gab der völkische *Bund für Deutsche Kirche* zum Jubiläum eine kleine Volksausgabe der Schrift *Von den Juden und ihren Lügen* heraus.[391]

Alle bisher angeführten Stimmen zum Lutherjubiläum von 1933, auch die, die den volkstumsbezogenen Deutungen Luthers distanziert gegenüberstehen, sehen Grund, das Jubiläum doch in ein positives Verhältnis zu der neuen Situation des deutschen Volkes zu setzen. Es gibt aber auch Beiträge, die fordern, gerade das nicht zu tun, sondern sich ganz auf die theologisch-kirchliche Bedeutung Luthers und der Reformation zu konzentrieren. Dazu gehört der Marburger Kirchenhistoriker und Neutestamentler Hans von Soden. Auch von Soden unterläßt es in seinem Jubiläumsvortrag *Luthers Gottesbotschaft an das deutsche Volk* zwar nicht, Luther nach »Wesen und Wollen ein[en] Mann unseres deutschen Volkes, ein[en] Held[en] deutscher Kämpfe«

---

46). Auffällig ist im Vergleich mit dem *Stürmer*, daß Luthers judenfeindliche Schriften in den Artikeln des *Völkischen Beobachters*, sei es zum Reformationstag, sei es zum Lutherjubiläum 1933, mit keinem Wort erwähnt, sondern Züge wie das angebliche Führertum Luthers oder seine Bedeutung für die deutsche Sprache hervorgehoben werden. Wenn es zugleich heißt, daß ohnehin nur der »junge Luther« noch von Interesse sei, können jene Schriften auch gar nicht in den Blick kommen. Die judenfeindlichen Schriften des Reformators zu übergehen, entspricht der Linie des Chefredakteurs Alfred Rosenberg, insofern der Verfasser des *Mythus des 20. Jahrhunderts* Luther vor allem die »Verjudung« des deutschen Volkes durch seine die Deutschen zutiefst beeindruckende Übersetzung des Alten Testaments vorwarf, der gegenüber seine späte Absage an die Juden nicht mehr ins Gewicht falle. Zu den Jubiläumsartikeln in *Stürmer* und *Völkischem Beobachter*, vgl. Brosseder (s. Anm. 377), 184f.193–195.

[389] Neben den Ausführungen von Lietzmann, die der Autor des *Stürmer*-Artikels wohl nicht wahrgenommen hatte, hätte er eine in seinen Augen rühmliche Ausnahme in der Studie von Erich Vogelsang, Luthers Kampf gegen die Juden, Tübingen 1933, sehen können, doch handelt es sich hier nicht um einen Beitrag zum Jubiläum.

[390] Vgl. zu diesem Komplex Dorothea Wendebourg, Die Bekanntheit von Luthers Judenschriften im 19. und frühen 20. Jahrhundert (in: Protestantismus, Antijudaismus, Antisemitismus. Konvergenzen und Konfrontationen in ihren Kontexten, hg. v. ders., Andreas Stegmann u. Martin Ohst, Tübingen 2017, 147–179).

[391] Joachim Noack, Luther und die Juden. Dargestellt nach der Schrift »Von den Juden und ihren Lügen« von 1543, Berlin 1933. Noack sieht sich zu dieser – sechzehnseitigen – Kurzausgabe veranlaßt, weil »es den meisten so gut wie unbekannt [sei], daß Luther ein ausgesprochener Gegner des Judentums gewesen ist. [...] Diese Unkenntnis zu beheben, soll die vorliegende kleine Schrift dienen«. Deshalb bringe der Bund für Deutsche Kirche sie zum Jubiläum heraus (5).

zu nennen, der am Anfang der großen, alle, nicht nur die evangelischen Deutschen betreffenden »nationalgeschichtlichen Wirkungen der deutschen Reformation« stehe.[392] Doch sieht er keinen Grund, die Geschehnisse des Jahres 1933 als große nationalgeschichtliche Ereignisse, geschweige denn als Wirkung der Reformation zu rühmen. Vielmehr erscheint ihm das Jahr 1933 als eine Zeit, die Anlaß zu »schwerer Sorge um Staat und Kirche« gebe und »höchste Verantwortung für die über sie zu treffende Entscheidung« fordere; unter diesem Gesichtspunkt sei das »Gedächtnis an Luthers Tage« zu bedenken.[393] Das geschehe nur dann angemessen, wenn man genau hinsehe, was Luther denn vor allem für sein Volk sei, nämlich »der Theologe der Deutschen«.[394] Als solcher habe er ihnen gerade nichts Spezifisches, sondern schlicht die Botschaft von Sünde, Gnade und Glauben verkündigt – und er, von Soden, wisse auch »unserem deutschen Volk von heute keine andere Theologie«.[395]

Ähnlich, aber konkreter auf die aktuelle Situation bezogen, sprechen die Jubiläumsbeiträge der liberalen Zeitschrift *Christliche Welt*. Der Herausgeber Heinrich Mulert[396] will den 10. November mit Freude und Dankbarkeit feiern, aber auch nicht ohne »etwas von der Stimmung des Bußtags«, die dem Protestanten ohnehin zustehe, weil er wisse, wie weit er hinter den ihm gesteckten Zielen noch zurückbleibe.[397] Dazu gehöre die Warnung, Luther nicht

---

[392] Soden (s. Anm. 251), 4f. (die Charakterisierung Luthers im Original hervorgehoben).

[393] Zitat oben in Anm. 252.

[394] A.a.O. 19.

[395] A.a.O. 16. Unpolemisch, aber deutlich stellt von Soden fest, daß der Gott, von dem Luther rede, »dir deine Sünde zeigt [...] in deinem Blut, in deinem Geist, in deinem Dichten und Trachten [...] und sie dir dann vergibt«. Und der Schöpfungsglaube, der dem entspreche, heiße, »daß man Gott in allen Formen und Ordnungen der Schöpfung ehrt und ihm dient, nicht aber, daß man das, was ist und wie es ist, und das, was und wie man selbst ist, für die Erfüllung von Gottes Willen hält und damit für unser Recht ausgibt; denn es ist immer auch die Gestalt unserer Sünde gegen Gottes Willen und ermangelt der Gerechtigkeit, die wir vor ihm haben sollen« (15).

[396] Hermann Mulert, Jubiläen (in: ChW 47, 1933, 969f.). Programmatisch wurde in derselben Nummer der *Christlichen Welt* auch ein Artikel von Paul Drews wiederabgedruckt, der betont, daß im Zentrum der Botschaft Luthers die »Rechfertigung aus Glauben« gestanden habe (ChW 47, 1933, 1009–1011).

[397] Die Notwendigkeit der Buße schärft in der *Christlichen Welt* auch der Gründerherausgeber Martin Rade ein, der es zunächst einmal begrüßt, daß vor dem 10. November der 31. Oktober stehe, weil dadurch klar werde, daß es bei dem Jubiläum nicht um eine Person gehe, »sondern [um] das Werk, das Gott durch sie getan hat«. Rade stellt fest, das Reformationsgedenken 1933 falle in eine Zeit, in der man »redlich geschüttelt« worden sei, mit der Notwendigkeit so vieler Gewissensentscheidungen konfrontiert wie nie zuvor. Doch gerade diese Situation, in der viel Selbstverständliches fragwürdig geworden sei, stelle einen besonderen »Kairos, Gottes Stunde[,]« dar. Denn sie nötige und ermögliche, ganz neu darüber nachzudenken, was denn die die Forderung nach Buße meine, von der die erste der Lutherschen 95 Thesen spreche, und die »Erneuerung«, die mit dem Wort »Reformation« gemeint sei (Martin Rade, Reformation, in: ChW 47, 1933, 913–915). Im Blick auf das Lutherjubiläum von 1933 selbst (Ders., Erinnerung an Luther, in: ChW 47, 1933, 971–977) zeigt sich Rade enttäuscht, daß es nicht dieselbe Begeisterung für die genuine Sache der Reformation gebe, wie er und seine Freunde sie 1883 erlebt hätten – als »Lutherenthusias-

für die falschen Güter zu feiern. Ihn »nur als Nationalhelden und Kulturbringer [zu] ehren«, gehe daran vorbei, daß – bei all seiner Bedeutung für »Deutschtum und Kultur« – sein eigentliches Verdienst »auf dem Gebiet des Glaubens, der christlichen Frömmigkeit« liege. Vor allem aber, fährt Mulert mit eindeutiger Adresse an Staat und Kirche fort, müsse in der aktuellen Lage hervorgehoben werden, daß »Luther mit seiner selbständigen Gewissenhaftigkeit [...] der gewaltigste Erzieher zur Ehrlichkeit gewesen [ist], den unser Volk gehabt hat«. Deshalb solle, »[w]er [...] es für erlaubt hält, auf Gewissen und Gesinnungen Anderer einen Druck auszuüben, wer mitverantwortlich dafür ist, daß Andre in innerer Unselbständigkeit und geistiger Unmündigkeit bleiben, [...] wenigstens nicht noch die Dreistigkeit hinzu[fügen], daß er Luthers Gedächtnis mitfeiern will«.

Noch klarer wurden Roß und Reiter benannt von dem als Mitgründer der der Theologie Karl Barths verpflichteten Kirchlich-Theologischen Sozietät bekanntgewordenen württembergischen Pfarrer Paul Schempp, der zum Jubiläum[398] feststellte: »Wer aus dem Kampf Luthers um die Reinheit der Verkündigung einen Kampf um eine deutsche Kirche und um ein deutsches Christentum macht, der begeht nicht nur eine Geschichtsfälschung, sondern Abfall vom Evangelium. [...] [R]echtes Deutschtum trägt schlechterdings nichts bei zum rechten Christentum.«[399] Die hinter diesem Urteil stehende grundsätzliche Sicht des Wittenberger Reformators skizzierte Barth selbst in

ten« (974) »auf dem Boden« der Theologie Albrecht Ritschls (972). Die »gelehrte Verarbeitung Luthers [...] [habe] zwar inzwischen große Fortschritte gemacht«. »[A]ber ich glaube nicht, daß Luther in dem heutigen Geschlecht so lebt wie damals in uns« (972). Nur die »unverbrauchten Lutherstudien *Karl Holls*« will er noch als »zünftig-gelehrten Niederschlag« der Lutherbegeisterung jener Tage gelten lassen (972), die Erzeugnisse der folgenden Generation, die nun zu großen Teilen das Jubiläum von 1933 begleitet und trägt, aber offensichtlich nicht. Rade schließt mit dem Jubiläumsbekenntnis: »Von keinem Menschen, nicht von Propheten und Aposteln, auch nicht von Vater und Mutter habe ich so viel für meinen *bewußten* Christenstand empfangen wie von ihm [Martin Luther]« (977, Hervorhebung im Original).

398 In dem Artikel: PAUL SCHEMPP, Die Kirche in Familie und Volk (in: Blätter zur kirchlichen Lage, 1, 1933, Heft 2). Ein in unserem Zusammenhang entscheidender Auszug ist unter der Überschrift *War Martin Luther deutscher Christ?* abgedruckt in: Junge Kirche 1, 1933, 411 (hiernach zitiert). Zu Schempp: SCHOLDER (s. Anm. 260), 60f.

399 Weiter heißt es dort: Luther sei kein »Deutscher Christ« gewesen, was es gar nicht gebe, »sondern ein christlicher Deutscher, so wie Paulus ein christlicher Jude und kein jüdischer Christ war«. »[K]eine Rasse, kein Volk [...] hat diesem Wort gegenüber angeborene Vorzüge, bestimmte Affinität«, und es gebe auch »keine besondere[n] ›Auffangformen‹ für Gottes Wort« außer der Sünde. Dementsprechend könne »[a]rtgeprägter Glaube [...] nun einmal nie und nimmer christlicher Glaube [sein]«, denn dieser sei einzig und allein »gottgeprägt«. Kurz: »Germanisierung des Christentums [...] ist und bleibt Ketzerei«. – Mit anderen Worten schärfen dasselbe Dietrich Bonhoeffer, Martin Niemöller und andere im Betheler Bekenntnis ein, das auch zum Jubiläum erschien: »Martin Luther ist für die Kirche ein treuer Zeuge der Gnade Jesu Christi«, »[sein] Dienst ist nicht auf das deutsche Volk beschränkt« (Bekenntnisse und grundsätzliche Äußerungen zur Kirchenfrage des Jahres 1933, hg. v. Kurt Dietrich Schmidt, Göttingen 1934, 107f.; Bonhoeffers leicht anders formulierter Entwurf in: Dietrich Bonhoeffer, Berlin 1932–1933, Dietrich Bonhoeffer Werke 12, Gütersloh 1997, 369).

zwei Zeitungsartikeln – *Luther* und *Luthers Wissenschaft* – zum Jubiläum, die umgehend in einem *Lutherfeier 1933* betitelten Heft der Zeitschrift *Theologische Existenz heute*[400] zusammengetragen wurden. Ihnen an der Seite steht der am Vorabend des Reformationstages 1933 in Berlin gehaltene Vortrag *Reformation als Entscheidung*.[401] Wie Schempp diagnostiziert Barth, daß die Lutherfeiern von 1933 ganz überwiegend ihren Gegenstand verfehlten,[402] zeichnet diese Fehldeutung aber in eine lange Reihe weiterer ein, die schon Jahrhunderte alt sei und sich auf den Gesamtnenner bringen lasse, »neuprotestantisch« zu sein.[403] Hier habe man durchweg Luther und die Reformation überhaupt für Beiträge gepriesen, die sie zugunsten anderer, fraglos vorausgesetzter Größen und Werte erbracht hätten – der Moral, Humanität, Kultur, des Volkstums,[404] die damit unversehens selbst vergöttlicht worden seien.[405] Unter solchen Umständen würden »Lutherfeiern [...] dann ja wohl besser unterlassen werden«.[406] Denn was Luther bestimmt habe, sei etwas ganz anderes gewesen als der Drang, zu jenen Gütern beizutragen. Es sei seine »unerhörte Sammlung«, seine bewundernswerte »Geschlossenheit« gewesen, eine »exzentrische Geschlossenheit«, die Geschlossenheit eines »angestrengt hörenden Menschen«, genauer, eines auf das Evangelium hörenden Menschen.[407] Deshalb könne man ihn auch »schwerlich anders feiern [...] als indem man ihn hört. Oder vielmehr: indem man das hört, was er selber gehört und darum zu sagen hat«.[408] Die richtige Kategorie, ihn zu bezeichnen, sei deshalb nicht

---

[400] KARL BARTH, Lutherfeier 1933 (Theologische Existenz heute 4), München 1933. Dazu kommen zwei im Umkreis des Jubiläums entstandene Beiträge zur Auseinandersetzung mit den DC. In der Einleitung des Heftes skizziert Barth den grundsätzlichen Gegensatz, in dem er sich nicht nur zu den DC, sondern auch zu dem gegen diese protestierenden Pfarrernotbund sah und der bei der Diskussion über die angemessene Reaktion auf den Sportpalastskandal mit aller Macht aufbrach (vgl. SCHOLDER [s. Anm. 260], 706–708). Dieselbe grundsätzliche Linie verficht Ernst Wolf in seinem Jubiläumsvortrag (Martin Luther, das Evangelium und die Religion, Theologische Existenz heute 6, München 1934), der feststellt, die reformatorische Botschaft Luthers sei nichts anderes als seine Lehre von der Rechtfertigung allein aus dem Glauben, d.h. vom Evangelium als Krisis aller Religion (21.26.28), was nicht nur gegen frühere Deutungen der Reformation, die sie von ihren kulturellen Wirkungen her bestimmt hätten, zu betonen sei, sondern mit besonderer Schärfe gegen die gegenwärtige Theologie, nach der »Volkes Stimme Gottes Stimme sei« (27).

[401] Abgedruckt in: KARL BARTH, Reformation als Entscheidung (Theologische Existenz heute 3), München 1933. Gehalten wurde er in der Singakademie nach Barths Ablehnung eines Sitzes in der Theologischen Kammer der neuen Reichskirchenregierung.

[402] »Die Warnung ist am Platze, daß man ihn [Luther] mit der symbolischen Gestalt, die jetzt in den Kirchen und auf dem Markt festlich sichtbar werden wird, nicht verwechseln soll. Ein ernstes Luthergedächtnis würde sich wohl vor allem an dem Luther der meisten Lutherfeiern vorbei freie Bahn brechen müssen« (BARTH, Luther, in: DERS., Lutherfeier [s. Anm. 400, 8–12, hier: 8).

[403] BARTH, Entscheidung (s. Anm. 401), 23.

[404] A.a.O. 19.

[405] A.a.O. 21.

[406] A.a.O. 23.

[407] BARTH, Luther (s. Anm. 402), 8.

[408] A.a.O. 11.

»religiöse Persönlichkeit«, »großer Deutscher« und dergleichen mehr, sondern schlicht »Evangelist«[409], »Lehrer der christlichen Kirche«[410], »Prophet« – nicht »deutscher Prophet«, wie von den volkstumsbegeisterten Kollegen gern gesagt,[411] sondern Prophet im biblischen Sinn des Gehorsams gegen Gottes Wort – oder auch, ein im Fall Calvins gebrauchter Titel, »Apostel«.[412] Denn beide Reformatoren hätten die prophetisch-apostolische Lehre der Bibel wieder in einer Reinheit zu Gehör gebracht und alles in der Kirche so daran ausgerichtet, daß hier »die Kirche gerade von der Häresie zu sich selber zurück[kehrte]«, daß »Wiederherstellung der einen wahren christlichen Kirche [geschah]«,[413] daß »*Kirche* begründet, in der Kirche selbst neu begründet wurde«.[414] Dieses Geschehen, das mit Calvin nur als Gottes eigenes Werk einzustufen sei,[415] mache den »Gehalt« und die »Anziehungskraft« aus, kraft deren die Reformation ihre, »wie es scheint, notwendige allgemeine Bedeutung in unserer evangelischen Kirche« hat. Hier liege die Ursache, deretwegen die Kirche es in ihrer Geschichte »zu keiner Zeit [hat] gänzlich unterlassen können, der Reformation des 16. Jahrhunderts zu gedenken, ihr geschichtliches Bild aufs neue hervorzurufen [...], ihre eigene sachliche Verbundenheit mit ihr zu betonen und zu pflegen, sich selbst als Kirche eben jener Reformation verstehen zu wollen«.[416] Mit diesen Ausführungen schlug Barth einen großen Bogen, zurück zur Sicht der ursprünglichen Reformationsjubiläen. Denn sie hatten eben daran erinnert und das gefeiert: die reformatorische Rückkehr der Kirche zu ihrem eigenen Grund.[417]

3. Die Reformationsjubiläen zwischen Zweitem Weltkrieg und Friedlicher Revolution

Die Reformationsjubiläen zwischen 1945 und 1989 in Deutschland waren Feiern, die in einem geteilten Land stattfanden, geteilt zunächst in Besatzungszonen und dann in zwei Staaten. Das wirkte sich unmittelbar auf diese Feiern selber aus, noch nicht bei dem 400. Todestag Martin Luthers, der,

[409] A.a.O. 12.

[410] BARTH, Luthers Wissenschaft (in: DERS., Lutherfeier [s. Anm. 400], 13–16), 13.16.

[411] Vgl. besonders HANS PREUSS, Luther der Prophet (s. Anm. 292), 258: Luther ist »der Deutschen Prophet [...] gewesen [...] und [wird es] immer wieder sein«. So ist es folgerichtig, daß Preuß sogleich das nächste Buch ankündigt – es wird *Martin Luther, der Deutsche* betitelt sein (Gütersloh 1934). Zur Verwendung des Prophetentitels für Luther siehe auch oben S. 158f.

[412] BARTH, Entscheidung (s. Anm. 401), 9f.

[413] A.a.O. 10.

[414] A.a.O. 5 (Hervorhebung im Original).

[415] A.a.O. 24. Siehe auch WOLF (s. Anm. 400), 8: Die Reformation sei das Geschehen, in dem »in einzigartiger Weise wieder einmal ubi et quando visum est deo, wo und wann es Gott gefallen hat, [die kritische Kraft des Evangeliums] geschichtsmächtig wurde«.

[416] BARTH, Entscheidung (s. Anm. 401), 5.

[417] Vgl. oben S. 16–18.

kaum ein Dreivierteljahr nach Kriegsende (18. Februar 1946), in eine Lage erst rudimentärer getrennter Staatlichkeit fiel, doch bei allen weiteren Jubiläen. Ja, es bildeten sich Linien unterschiedlicher, wenn nicht gegensätzlicher und konkurrierender Jubiläumsfeiern auf beiden Seiten der innerdeutschen Grenze aus. Dabei fällt auf, daß – mit einer Ausnahme, dem Jubiläum der *Confessio Augustana* 1980 – die größere Feierintensität in dem ostdeutschen Staat, der DDR, zu verzeichnen ist. Hier wurden mehr Jubiläen begangen als im Westen, und hier wurde ihnen mehr Gewicht gegeben, wurden sie mit größerem Nachdruck und Aufwand betrieben. Das hat mehrere Gründe. Zum einen lagen fast alle wichtigen deutschen Reformationsorte auf dem Boden der DDR – so war es unvermeidbar, war aber auch die Gelegenheit geboten, gerade hier Reformationsjubiläen zu feiern. Zum anderen entwickelte die DDR mit den Feiern für Thomas Müntzer eine eigene, im Westen nicht vorhandene Jubiläumstradition, ohne deshalb die traditionellen Jubiläumsanlässe beiseitezulassen – so gab es mehr zu feiern. Und schließlich waren in der DDR die Reformationsjubiläen Mittel des Staates, seinen Anspruch auf normative Deutung der Geschichte und seiner selbst in ihr zur Geltung zu bringen und nicht zuletzt im Gegenüber zur Bundesrepublik zu betonen – so trieb die DDR einen enormen organisatorischen, propagandistischen und auch finanziellen Aufwand für »ihre« Jubiläen. Kehrseite des staatlichen Anspruchs war freilich, daß man hier neben der, wenn nicht gegen die evangelische Kirche feierte, die darauf bestand, die Jubiläen in eigener Regie und nach eigenen Kriterien zu begehen. D.h., man plante und feierte in einer doppelten, zum westdeutschen Staat und zur Kirche im eigenen Staat gegebenen, Konkurrenz. In Westdeutschland lag die Priorität durchweg bei der Kirche. Wenn auch der Staat feierte, was bei dem Lutherjubiläum von 1983 der Fall war, dann mit der Devise, nur teilnehmen zu können an dem, was im eigentlichen Sinne Sache der Kirche sei. Die folgende Darstellung zieht, außer im Blick auf 1946, aus dem »Feiervorrang« im östlichen deutschen Staat die Konsequenz, daß die Feiern in der DDR jeweils den Anfang machen, bevor sich der Blick nach Westen wendet. Ja, mit den Müntzerjubiläen wird die uranfängliche Jubiläumstradition der DDR, die nur dieser Staat, ohne Pendant im Westen, pflegte, die ihn von Beginn bis Ende begleitete und bei der ihm am wohlsten war, den anderen Reformations- und Reformatorenjubiläen vorgeschaltet, obwohl die zeitliche Reihenfolge das nicht nahelegt. Allen voran aber geht das Jubiläum von 1946, das noch nicht vom west-östlichen Gegensatz bestimmt war, wenn er sich auch am Rande schon andeutete.

3.1. Das Lutherjubiläum von 1946

»Der erste große Gedenktag, den wir in der Zeit nach dem Zusammenbruch in ganz Deutschland feiern, ist Luthers 400. Todestag.«[418] Mit diesem Satz

[418] Karl Heim, Zu Luthers 400. Todestag (in: Neubau. Blätter für neues Leben aus Wort und Geist 1, 1946, 69–78), 69.

beginnt der emeritierte Tübinger Systematische Theologe Karl Heim seinen Beitrag zu jenem Jubiläum, das auf den 18.2.1946 fiel. Veröffentlicht ist der Artikel in der neugegründeten Zeitschrift *Neubau. Blätter für neues Leben aus Wort und Geist*, die nach der Katastrophe Deutschlands zu einem Neuanfang des geistigen Lebens nicht mehr »auf menschliche[m] Grund«, sondern allein mit Jesus Christus rief und dazu Theologen ebenso wie Akademiker anderer Gebiete und Dichter als Autoren gewann.[419] Heim sieht keine Fügung in jenem kalendarischen Faktum, wie man das Datum des letzten Lutherjubiläums weithin gedeutet hatte, aber doch »für uns alle eine Stärkung«. Denn Luther sei im Unterschied zu allen anderen Größen der deutschen Vergangenheit, die mit dem Zusammenbruch Deutschlands selbst untergegangen seien, als einziger von diesem Schicksal nicht betroffen. Was er »war, und was er uns gab, ist völlig unabhängig vom Wechsel der politischen Schicksale, vom Aufstieg oder Niedergang des alten deutschen Reiches.« Gelte doch seine Botschaft »der Gemeinde Christi«, die es lange vor dem deutschen Reich gegeben habe und die es noch geben werde, »wenn alle Reiche dieser Welt untergegangen sein werden«.[420] Das heißt für Heim, daß das Jubiläumswürdige, jetzt den Menschen ins Gedächtnis zu Rufende an Luther nicht seine früher oft gefeierten Beiträge zum kulturellen und politischen Leben Deutschlands sind,[421] sondern allein seine Rolle als Verkündiger der biblischen Botschaft und als Vorbild im Glauben (Hebr 13,7). In diesem Verzicht auf alles andere als das Evangelium und den Glauben bestätigt sich nach Heim – ein Gedanke, der sich naheliegenderweise in vielen Jubiläumsbeiträgen findet – die Einsicht, die Luther auf seinen letzten Zettel schrieb: »Wir sind Bettler, das ist wahr!«[422]

Was Heim hier schrieb, war der Ruf weg vom Feiern kultureller, politischer und anderer gesellschaftlicher Wirkungen Luthers und der Reformation hin zu ihrer kirchlich-theologischen Botschaft,[423] wie ihn Karl Barth und an-

[419] Siehe das Vorwort *Was wir wollen* des Gründers und Herausgebers Friso Melzer (a.a.O. 1) und das Inhaltsverzeichnis.

[420] A.a.O. 69.

[421] »Wenn wir hier in der Gemeinde Luthers gedenken, [...] so feiern wir Luther nicht als einen deutschen Nationalhelden, auch nicht als den Sprachschöpfer [...], auch nicht als den großen Musikmeister« (ibd.).

[422] A.a.O. 77f.

[423] Der Erlanger Kirchenhistoriker Walter von Loewenich stellt in seinem Vorwort zu der unten Anm. 427 genannten Jubiläumsfestgabe *Luthers evangelische Botschaft* dieselbe Forderung wie Heim mit den Worten auf, wenn man in einer Lage, die eigentlich nicht zum »Feiern« einlade, dennoch dieses Jubiläum begehe, dann sei das nur so möglich, »daß wir den Kern von Luthers Botschaft erfassen und uns nicht mit der Schale begnügen«, wie es frühere Zeiten mit ihrer Orientierung an den Wirkungen der Reformation getan hatten (zu den anderen Tönen, die derselbe von Loewenich in der Schrift selbst hören ließ, siehe unten Anm. 433). Der frühere, vom NS-Regime abgesetzte Marburger Kirchenhistoriker, seit 1945 Münchner Honorarprofessor Heinrich Hermelink erklärt es in seinem Jubiläumsvortrag für legitim, daß sich jede Zeit ihr Lutherbild »aus den Schatzkammern der Geschichte herausgeholt« habe, insofern jede Zeit in Kirche und Kultur »unmittelbar zu Luther« stehe, betont

dere bereits 1933 hatten ausgehen lassen. Und diese kirchlich-theologische Orientierung kennzeichnet auch die meisten anderen Beiträge zu dem Jubiläum von 1946,[424] das inmitten aller Zerstörung gleichwohl vielerorts mit Gottesdiensten und Festakten,[425] in Gemeinden und Universitäten, ja sogar in Gefangenenlagern[426] begangen wurde.[427] Der Reformator, der das Evangelium von Jesus Christus verkündigt, die Rechtfertigung allein aus Glauben gepredigt hatte, war angesichts der gerade erlebten Katastrophe umso kräftiger und unverfälschter zur Geltung zu bringen. Er war mit seiner Botschaft inmitten allen Untergangs ringsum »der Lebendige«, heißt es in dem Jubiläumsvortrag des Erfurter Propstes Gerhard Gloege, einstigen Mitglieds der radikalen Bekennenden Kirche Schlesiens.[428] Von der bleibenden Lebendigkeit Luthers

---

aber, daß in der Gegenwart, in der die Deutschen die »ärgste Notzeit ihrer Geschichte« erlebten, mit nie dagewesener Dringlichkeit »die Frage nach dem zentralen ›Hauptstück‹ der Lutherschen Frömmigkeit und der theologischen Mitte seiner [...] Gedankenwelt gestellt« werde, von der er, Hermelink, nun handeln wolle (Was hat Luther uns heute noch zu sagen?, in: Zeitwende 18, 1946/47, 43–56, hier: 48).

[424] Programmatisch Rudolf Hermann, Luthers geschichtliche und theologische Bedeutung als Gegenwartsproblem. Festrede vor der Ernst-Moritz-Arndt-Universität 1946 (abgedruckt in: Ders., Gesammelte Studien zur Theologie Luthers und der Reformation, Göttingen 1960, 330–341, bes. 337–341); Ders., Luthers Rechtfertigungslehre und ihre Bedeutung für unsere Zeit [auf der zweitägigen Jubiläumsfeier in Eisleben vorgetragen, siehe folgende Anm.], a.a.O. 367–383; Julius Schniewind, Predigt für den Gedächtnisgottesdienst in der Kirche St. Andreas zu Eisleben am 18. Februar 1946 (in: Ders., Nachgelassene Reden und Aufsätze, hg. v. Ernst Kähler, Berlin 1952, 155–162); Ders., Luthergedenken 1946. Die Schmalkaldischen Artikel, ihre biblische Grundlage und ihre Gegenwartsbedeutung (a.a.O. 140–155); Hermelink (s. Anm. 423); Gerhard Gloege, Der lebendige Luther [Vortrag, der zum Jubiläum von 1946 auf der Wartburg gehalten wurde], Berlin 1949. In den akademischen Festreden wurden, dem Publikum entsprechend, auch Überlegungen zur historischen Bedeutung der Reformation jenseits der kirchlich-theologischen angestellt. Doch wurde betont, daß sie eine zweite, sekundäre Dimension darstelle (z.B. Hermann, Luthers Bedeutung, 337).

[425] In Eisleben, nicht nur der Geburts-, sondern auch der Sterbestadt des Reformators, das sich am Jubiläumstag nach dem 1938 vorangegangenen Vorbild Wittenbergs offiziell den Namenszusatz »Lutherstadt« gab, veranstaltete man sogar eine zweitägige Feier in Luthers Taufkirche unter dem ihm besonders lieben Psalmwort »Non moriar, sed vivam« (Ps. 118,17). Vgl. Hermann, Luthers Rechtfertigungslehre (s. Anm. 424), Anm. 1.

[426] So ein Bericht aus dem Lager Moosburg vom 18.2.1946: »14.00 Uhr: Mitwirkung des Block-Chors in Lutherfeier anläßlich seines 400-jährigen Todestages. Wir singen: Erhalt uns Herr bei Deinem Wort Jesus Christus [...] [Der Pfarrer] hat schon viel besser gesprochen. Sehr ausdruckvoll sind dagegen die vorgetragenen Luther-Worte. Man muß sie lesen« (zitiert nach: Johannes Schilling, Luther 1946, in: Reformation und Bauernkrieg. Erinnerungskultur und Geschichtspolitik im geteilten Deutschland, hg. v. Jan Scheunemann, Leipzig 2010, 183–195, hier: 183; dort Hinweis auf den Internet-Fundort http://www.moosburg.org/info/stalag/behrens.html).

[427] Die bayerische Kirchenleitung veranlaßte die Herausgabe einer »Festgabe für das Luthergedenkjahr 1946«: Walter von Loewenich, Luthers evangelische Botschaft, München 1946. Dasselbe geschah in Thüringen, wo der Landeskirchenrat der Thüringischen evangelischen Kirche zum Jubiläum eine kleine Schrift herausgab: Martin Luther 1546 1946, Jena 1946.

[428] Gloege (s. Anm. 424), 23: In der Gegenwart »lebendig« sei er nicht in sich, sondern allein durch sein Zeugnis von Jesus Christus, »so eindeutig und so klar, wie es weder vor ihm noch nach ihm einem Menschen deutscher Zunge geschenkt wurde«. Ähnlich Loe-

sprachen auch andere, so der Erlanger Theologe Paul Althaus bei der Gedächtnisfeier seiner Fakultät, einer Lebendigkeit, die darin liege, daß die Stimme des Reformators »uns heute in *unserer* Lage [...] als ein klärendes und helfendes Wort treffe[]«.[429] Und selbst Heinrich Vogel, einst zur radikalen, dahlemitischen Fraktion der Bekennenden Kirche gehörig und Dozent an ihrer illegalen Berliner Kirchlichen Hochschule, der die Rede vom »lebendigen Luther« nicht verwendete, sondern lieber vom »größten Toten unserer Geschichte« sprach,[430] unterstrich doch in seinem Jubiläumsvortrag, der programmatisch *Luthers Vermächtnis für heute* überschrieben war, daß dieser ein bleibendes »Vermächtnis« hinterlassen habe, welches gerade in der Gegenwart aktuell sei, die Botschaft von der »Rechtfertigung des Gottlosen«.[431] Demgegenüber seien alle früheren Formen der Luthererinnerung, die Berufung auf die Kulturbedeutung des Reformators und ähnliches mehr, unwiederbringlich dahin.[432]

Was an etlichen der Jubiläumsbeiträge auffällt, ist nun freilich, wie sie die Abkehr von dem früheren, insbesondere im Dritten Reich betriebenen[433] Lu-

WENICH (s. Anm. 427), 6: Er sei nach wie vor »lebendig« als Zeuge des Evangeliums. Siehe auch HERMELINK (s. Anm. 423), 56.

[429] PAUL ALTHAUS, Luther und das öffentliche Leben. Zum 400sten Todestag des Reformators (in: Zeitwende 18, 1946/47, 129–142), 129 (hier in Form der Frage, die aber rhetorischen Charakter hat; Hervorhebung im Oiginal).

[430] HEINRICH VOGEL, Luthers Vermächtnis an uns heute (in: DERS., Gottes Gnade und die deutsche Schuld, Berlin 1946, 16–30), 17. Auch Gloege betont, daß von einem »lebendigen Luther« nur im Bewußtsein des großen Abstands zwischen seiner Zeit und der Moderne mit ihren unterschiedlichen »Verständnismöglichkeiten« zu sprechen sei (GLOEGE [s. Anm. 424], 5). Tatsächlich präsentiert aber auch er den damaligen Luther übergangslos als den aktuellen Luther.

[431] VOGEL (s. Anm. 430), 20 (dort hervorgehoben).

[432] A.a.O. 18f. Einen eigenen Akzent setzte der bayrische Landesbischof HANS MEISER, nach dessen Jubiläumsaufruf an die Gemeinden der Gedenktag dazu beitragen sollte, daß Ordnung und Verfassung der deutschen lutherischen Kirche endlich bekenntnisgemäß gestaltet würden (zitiert bei SCHILLING [s. Anm. 426], 187) – ein Echo der Bemühungen um die Institutionalisierung des deutschen Luthertums auf dem Weg zur VELKD. Hierzu vgl. DOROTHEA WENDEBOURG, Der lange Schatten des Landesherrlichen Kirchenregiments. Aporien der kirchlichen Neuordnung im deutschen Protestantismus nach 1945 (in: ZThK 100, 2003, 420–465), 430–443.

[433] Fortgeführt wird diese Art des Luthergedenkens von dem Kieler Kirchenhistoriker und langjährigen NSDAP-Mitglied Peter Meinhold. Meinhold preist in seiner akademischen Jubiläumsrede unverdrossen Luther nicht nur weiterhin als den »Deutscheste[n] der Deutschen, in dem wir uns selbst anschauen können«, sondern auch als den Mann, in dem »die Aneignung des Christentums [...] durch den deutschen Geist und durch die deutsche Seele zur Vollendung und zu umfassenden Ausdruck« gekommen sei (PETER MEINHOLD, Martin Luther, der Mann und das Werk. Rede zum vierhundertjährigen Todestag Martin Luthers, gehalten bei der Gedächtnisfeier der Universität Kiel am 18. Februar 1946, Hamburg 1946, 10). Und derselbe Walter von Loewenich, der im Vorwort der bayerischen »Festgabe« die oben zitierte Konzentration auf den »Kern« der Botschaft Luthers, die Verkündigung der Rechtfertigung im Glauben durch Christus, gefordert hat, feiert in derselben Schrift Luther als Helden »des Kampfes für geistige Freiheit« sowie als »Inbegriff echten Deutschtums«, als »Rufer zu eigener Tiefe« »in einer Zeit, in der deutsches Wesen sich selbst zu verlieren drohte und weithin sich selbst verloren hat«, nicht ohne allerdings hinzuzufügen, das sei

thergedenken zugunsten der Berufung auf den nach wie vor aktuellen Luther vollziehen: im Rückzug auf die Geschichte. Die Aversion gegen die ideologische Aktualisierung vergangener Zeiten[434] führt vielfach zur reinen Beschreibung des vor 400 Jahren Geschehenen; den Hörern des Jahres 1946 wird schlicht präsentiert, wie Luther damals gelebt hat und gestorben ist.[435] Gerade so soll er ihnen als gläubigen Protestanten jetzt zur Orientierung dienen – das ist der implizite, ansatzweise auch ausdrücklich gemachte[436] Sinn dieser Präsentation. Doch auch, wo allein die Rechtfertigungsbotschaft als das Bleibende, Aktuelle vorgetragen wird, erscheint sie als reine Skizze von Luthers Gedanken in ihrer ursprünglichen Gestalt[437] – so unbeirrt wie der tägliche Horengesang der Mönche in Maria Laach.[438] Die meisten dieser Beiträge hätten auch zu jeder anderen Zeit geschrieben und vorgetragen werden können. Daß man sich im Winter nach dem Ende des Krieges und des Dritten Reiches mit seinen spezifischen Herausforderungen befand, wird kaum einmal deutlich.

Kaum einmal, gelegentlich aber doch. Dann und wann ist von der gegenwärtigen »Not«[439] die Rede, von »Katastrophe«[440] und »Untergang«, »Schutthaufen und Trümmerfeldern«,[441] worin die reformatorische Botschaft tröstend, orientierend, zum »Neuaufbau Deutschlands« beitragend[442] wirksam werden solle. So beschrieben, handelt es sich um eine Lage, die die Adressaten

---

nicht »der Kern seiner Erscheinung«, welcher im Zeugnis vom Evangelium bestanden habe (Luthers evangelische Botschaft [s. Anm. 427], 6).

[434] So ausdrücklich Gloege gegen den treitschkeschen »teutschen« Luther und gegen den bürgerlichen Familienluther des 19. Jahrhunderts (Gloege [s. Anm. 424], 18).

[435] So Heinrich Bornkamm in seiner in der Leipziger Thomaskirche gehaltenen Jubiläumsrede vom 17. Februar 1946 *Luthers Tod und Vermächtnis*, aufgenommen in: Ders., Luthers geistige Welt, Gütersloh [3]1959, 289–304; Gloege (s. Anm. 424).

[436] Gloege (s. Anm. 424), 22f.; Bornkamm, der das Beschriebene in die Feststellung ausmünden läßt, hierin liege jeweils Luthers Vermächtnis an die politische Welt, an die Welt des Geistes und an die Christenheit (Bornkamm, Luthers Tod [s. Anm. 435], 294.298.304).

[437] So bei Schniewind, Luthergedenken (s. Anm. 424); Heinrich Bornkamm, Luthers Glaube (in: Landeskirchenrat, Martin Luther 1546 1946 [s. Anm. 427], 14–22; abgedruckt in: Bornkamm, Luthers geistige Welt [s. Anm. 435], 76–91). Hermann spricht das Problem in einem seiner Jubiläumsbeiträge an, indem er feststellt, »[i]rgendwie [müsse] sich [...] in zugleich lutherischer und doch allgemeiner Weise von der Sache reden lassen«, da Luther »auf die Fragen seiner Zeit eine übergeschichtliche Antwort gegeben [habe], die alle Zeiten in gleicher Weise angeht«. Deshalb sei »es geboten, daß das *Sola fides* sowohl seine alte Gestalt beibehält wie auch stets neu im Ringen um seinen Ausdruck begriffen bleibt« (Luthers Bedeutung [s. Anm. 424], 337).

[438] So Karl Barths bekanntes Dictum gegen die kirchenpolitischen Aktivitäten der Jungreformatorischen Bewegung gegen die Deutschen Christen (Theologische Existenz heute! Zwischen den Zeiten, Beiheft 2, 3).

[439] So Schniewind in seiner Predigt (s. Anm. 424, 155).

[440] Althaus, Öffentliches Leben (s. Anm. 429), 129.

[441] Heim (s. Anm. 418), 69.73. Siehe auch: Friedrich Langenfass, Der neue Anfang (in: Zeitwende 18, 1946/47, 1–7), 1.

[442] Langenfass (s. Anm. 441), 6. Die Rede vom »Neubau«, die im Rückgriff auf Luther vollzogen werden solle, auch in der Gedächtnisrede von Althaus, Öffentliches Leben (s. Anm. 429), 129.

erleiden, deren Opfer sie sind. Der Akzent kann aber auch anders gesetzt sein; dann erscheint die erlebte Katastrophe als Folge deutscher Schuld, und dann tritt der Luther, dessen Gedächtnis begangen wird, den Feiernden als Bußprediger entgegen, und zwar gerade als Bußprediger der Deutschen[443] – eine neue Form, die das Motiv des »deutschen Luther« jetzt vielfach annimmt, mit drastischen Zitaten des an seinen Landsleuten verzweifelnden und ihnen Gottes Gericht ansagenden Reformators belegt.[444] Die über Deutschland gekommene Katastrophe kann geradezu als Erfüllung dessen angesehen werden, was Luther seinen Landsleuten für den Fall, daß sie nicht Buße täten, vorausgesagt hat.[445]

Wo von Buße die Rede ist, muß auch von der Schuld die Rede sein, die der Büßende auf sich geladen hat. Auffällig ist, wie abstrakt und allgemein die Jubiläumsreden von dieser Schuld sprechen. Da hört man von der »grenzenlosen Überspannung des Menschlichen und seines vermeintlichen Kräftebereichs in der Vergangenheit, mit der zugehörigen Krankengeschichte der Menschenwürde,«[446] davon, daß »[d]ie Lehre von der Erbsünde in den hinter uns liegenden Jahren der am meisten gehaßte Artikel unseres Christusglaubens [war]«,[447] von »Gottlosigkeit und Gewissenlosigkeit«,[448] von Verachtung des Gotteswortes und Lästerung des Gottesnamens,[449] von dem Versuch, »den Himmel zu stürmen und den Thron der Götter einzunehmen«.[450] Mit anderen Worten, es werden die existentiellen Triebkräfte und religiösen Verirrungen benannt, die im schuldhaften Handeln während des untergegangen Reiches wirksam waren, aber nicht dieses selbst. Oder es heißt zwar etwas konkreter, »Staat und öffentliches Leben [hätten] das hohe Gesetz, an das alles Leben, auch alles öffentliche Leben, Staat und Politik gebunden sind, verachtet und übertreten«;[451] doch die Subjekte dieses Tuns bleiben anonym, der Redner wie die Adressaten der Rede sind nicht eingeschlossen.[452]

---

[443] Bornkamm, Luthers Tod (s. Anm. 435), 296; Gloege (s. Anm. 424), 22; Vogel (s. Anm. 430), 19.

[444] Zum Beispiel bei Gloege (s. Anm. 428), 22, und bei Bornkamm, Luthers Tod (s. Anm. 435), 296.

[445] Bornkamm, a.a.O. 296: »Es gibt keine Prophezeiungen, die grausiger an unserem Volke in Erfüllung gegangen sind als die Klagerufe Luthers«. Das habe sich nun »[f]urchtbarer als je in einer Unglücksperiode der deutschen Geschichte« gezeigt. Theodor Knolle, Hirtenbrief zum Todestag Luthers »An die evangelische Christenheit in Deutschland«: »Nur zu furchtbar hat sich die Prophezeiung Luthers erfüllt. Unser Volk *hat* Gottes Wort verachtet und ist nun heimgesucht von Jammer und Trübsal. Es *hat* den Namen Gottes gelästert und leidet nun die Pein der göttlichen Strafe« (Manuskript im Archiv der Luthergesellschaft, deren Zweiter Präsident der Hamburger Hauptpastor lange war, zitiert nach Schilling [wie Anm. 426], 187; Hervorhebungen im Original). Siehe auch Gloege (s. Anm. 424), 22.

[446] Hermann, Luthers Bedeutung (s. Anm. 424), 341.

[447] Schniewind, Luthergedenken (s. Anm. 424), 144 – ein Irrtum, der freilich »nicht von 1933 [stammt]« und »seit 1945 nicht verschwunden« ist (a.a.O. 145).

[448] Bornkamm, Luthers Tod (s. Anm. 435), 296.

[449] Knolle (s. Anm. 445).

[450] Langenfass (s. Anm. 441), 5.

[451] Althaus, Öffentliches Leben (s. Anm. 429), 129.

Anders Heinrich Vogel. Sein Beitrag zum 400. Todestag Luthers ist durch und durch konkret. Er ist konkret in der Beschreibung der Lage, in der sich seine Hörer befinden, spricht ausdrücklich an, daß als Folge des Krieges »ein ganzer Teil des Volkskörpers von seinem Leib abgetrennt erscheint« – der Verlust des östlichen Viertels Deutschlands, dessen Tragweite für die lutherische Kirche noch gar nicht abzusehen sei –[453], daß »eine scheidende Grenze noch mitten durch den verbleibenden Rest hindurchläuft« und die staatliche Selbstständigkeit »bis auf weiteres [...] eingebüßt« sei, daß ringsum Hunger und Flüchtligselend und die Ungewißheit über das Schicksal der Vermißten herrschten.[454] Er ist konkret in der Beschreibung der Schuld, die all das verursacht hat. Wohl stellt auch Vogel ihre religiöse Dimension heraus, die sie wahrhaft als Schuld der »Gottlosen« erweise. Aber er nennt zugleich das schuldhafte Handeln selbst mit Namen, spricht von »den ungeheuerlichen Dingen in den Konzentrationslagern«,[455] benennt – als einziger – »die dämonischen Unmenschlichkeiten an den Juden« und namentlich »die Gaskammern von Auschwitz«,[456] zeigt auf den Krieg, »als die kleinen Völker eins nach dem andern niedergetreten wurden«.[457] Und er weist all das konkret als Schuld des »deutschen Menschen« aus, was bedeute: »das sind wir [...]: *du und ich*!«[458] Erst wenn ohne jeden Versuch der Selbstrechtfertigung so von der eigenen Schuld gesprochen, wenn der Satz auf Luthers letztem Zettel »Wir sind Bettler, das ist wahr!« also ernsthaft nachgesprochen werde,[459] könne auch von der göttlichen Zusage die Rede sein, die Luther zugleich eingeschärft habe: daß der Gottlose von Gott »gerechtfertigt« werde,[460] daß, mit dem Traktat *Von der Freiheit eines Christenmenschen* gesprochen, an die Stelle des Sünders in »Tausch und tröstlich[m] Wechsel« Christus selber trete.[461]

In all diesen Beiträgen ist die Rolle des Jubiläumsgegenstandes Martin Luther offensichtlich: Der Wittenberger Reformator wird im aktualisierenden Gedenken als derjenige ins Feld geführt, von dem in der besonderen Lage des Jahres 1946 das entscheidende Wort zu hören ist – einerseits das Wort des Gerichtes über das deutsche Volk mit dem Aufruf zur Buße und andererseits das Wort der göttlichen Gnade, das dieses Volk wieder aufrichten und den

---

[452] Dagegen LANGENFASS (s. Anm. 441), 2: »Seit dem Zusammenbruch ist viel von Schuld und Buße die Rede. Es hat aber wenig Sinn und zeitigt ganz gewiß kein fruchtbares Ergebnis, wenn dabei nicht von Sünde ganz ernstlich gesprochen wird. [...] Wer von Sünde redet, muß sagen: ich.«

[453] VOGEL (s. Anm. 430), 17.19.

[454] A.a.O. 17f.

[455] A.a.O. 25, Original im Nominativ.

[456] A.a.O. 25.22

[457] A.a.O. 25.

[458] A.a.O. 17 (Hervorhebung im Original).

[459] A.a.O. 20 u. 16 (dort hervorgehoben).

[460] VOGEL belegt das mit der vielzitierten Vorrede von Luthers Römerbriefvorlesung (a.a.O. 27f.).

[461] A.a.O. 24.

Neuanfang möglich machen soll. Nun ließ sich aber nicht übersehen, daß derselbe Reformator im Dritten Reich für eben das Programm in Anspruch genommen worden war, von dem man sich nun in Buße abwenden sollte. Das letzte Lutherjubiläum, zu dessen vielfältigen Botschaften die Parallele *Luther und Hitler* gehört hatte, bejubelt nicht nur von Politikern, sondern auch von Kirchenmännern und Theologen, lag noch keine 13 Jahre zurück. Es ist erstaunlich, daß die überwiegende Zahl der Jubiläumsbeiträge Luther mit der größten Selbstverständlichkeit als positive Instanz auch in der neuen Lage nach der Niederlage in Anspruch nimmt, ohne die Spannung zu dem »deutschen Luther«, wie er in den vergangenen Jahren proklamiert und gebraucht worden war, im Geringsten, und sei es in Form der Abgrenzung, anzusprechen. Restlos war die Sprachlosigkeit allerdings nicht. Paul Althaus packte den Stier bei den Hörnern, indem er in seiner Jubiläumsrede die – von ihm dann negativ beschiedene – Frage stellte, ob »in dem Gerichte, das von Gott her über uns Deutsche jetzt ergeht, auch Luther irgendwie mit-gerichtet« werde? Althaus stellt diese Frage angesichts dessen, daß »gegen Luther *Anklagen* erhoben« worden seien, nämlich vor allem der Vorwurf, »die nationalsozialistische Entartung von Staat und Politik und was ihr vorgearbeitet habe, weise mit einer wesentlichen Wurzel auf Luther selbst zurück«, namentlich auf seine Zweireichelehre. Insbesondere von Stimmen in der Schweiz und in England werde dieser Vorwurf erhoben[462] – denen freilich umgehend in Skandinavien und ebenfalls in England widersprochen worden sei. Damit erübrige sich aber nicht, daß die deutschen Lutheraner selbst sich jener Frage stellten.[463]

Es ist die Lutherkritik Karl Barths, die Althaus hier im Auge hat – im Grunde werden anläßlich des Jubiläums noch einmal die Argumente ausgetauscht, die während des Kirchenkampfes zwischen dem Erlanger Dogmatiker und ihm nahestehenden Theologen einerseits und den Vertretern der Dialektischen Theologie andererseits gegeneinander gestanden hatten. Barth, zum Lutherjubiläum von 1933 Luther als »Evangelisten«, »Lehrer der Kirche« und »Propheten« würdigend, auf den sich die evangelischen Kirchen immer wieder zu beziehen hätten,[464] hatte 1938 festgestellt, daß Luther – ebenso wie Calvin – in der Bestimmung des Verhältnisses der Christen zum Staat »etwas schuldig geblieben« sei,[465] wobei er die von Luther – und Calvin – vertretene

[462] Vgl. dazu Hartmut Lehmann, Katastrophe und Kontinuität. Die Diskussion über Martin Luthers historische Bedeutung in den ersten Jahren nach dem Zweiten Weltkrieg (in: Ders., Luthergedächtnis 1817 bis 2017. Göttingen 2012, 189–212), bes. 191.200.

[463] Althaus, Öffentliches Leben (s. Anm. 429), 130. Kurz wendet sich auch Hermelink (s. Anm. 423), 55f. »[g]*egen die Linie von Luther zu Hitler*, die von kurzsichtigen Toren gezogen« werde und gegen die bereits die bekennenden Kirchen – die lutherischen, reformierten und unierten gleichermaßen – protestiert hätten. Der »Geist Luthers« habe vielmehr »hinter dem Kirchenkampf« gestanden (Hervorhebung im Original).

[464] Siehe oben S. 169.

[465] Karl Barth, Rechtfertigung und Recht (in: Ders., Eine Schweizer Stimme 1938–1945. Zürich 1945, 13–57), 14.

Abb. 9
Durch Luftangriffe zerstörtes Lutherdenkmal in Dresden

Lehre von den Zwei Regimenten Gottes im Auge hatte. Ein Jahr später wurde diese Diagnose im Blick auf Luther noch verschärft und dessen – nach Barth falsche – Bestimmung des Verhältnisses der beiden Regimente zum Ausgangspunkt einer Linie erklärt, die in den »Hitlerismus« geführt habe.[466] Differenzierter äußerte sich Barths in Göttingen lehrender Gefolgsmann Ernst Wolf in dem Vortrag *Luthers Erbe?*, den er bei der Jubiläumsfeier seiner Universität hielt.[467] Als den »angemessenen Gegenstand [der] Rückbesinnung« an Luthers 400. Todestag angesichts eines »noch kaum vorstellbaren Zusammenbruchs Deutschlands«[468] bestimmt Wolf »*die kritische Frage nach der rechten Wahrnehmung des mit Luthers Namen verbundenen Erbes*«, die jeder Inanspruchnahme des Reformators in der Gegenwart vorausgehen müsse.[469] Dazu ist in seinen Augen zweierlei unverzichtbar: erstens die richtige Bestimmung dessen, was denn das Erbe sei,[470] und zweitens die Mühe, »Luther und das Luthertum oder die Luthertümer von einander [!] richtig zu unterscheiden.«[471] Als Zentrum und doppelten »Prüfestein für die Echtheit der Übernahme von Luthers Erbe« stellt der Göttinger Theologe zum einen in den Spuren der Dialektischen Theologie die Wahrnehmung des »*Evangeliums als* [*der*] *Krisis aller Religion*« heraus, die in Luthers Rechtfertigungslehre gegeben sei,[472] zum anderen die richtige Wahrnehmung der Stellung des »*Christen in der Welt*«,[473] wie sie sich in Luthers eigener Tätigkeit »als christlicher Untertan und Diener am Wort Gottes« bis zum Ende seines Lebens niedergeschlagen habe.[474] An diesen beiden »Prüfesteinen« mißt Wolf die theologische Lutherrezeption der vergangenen 400 Jahre[475] ebenso wie die sich auf ihn berufende »politische Ethik«, vornehmlich bei Theologen in der Zeit des Dritten Reiches.[476] In beiden Durchgängen diagnostiziert er unüberbrückbare sachliche Distanz zu Luther[477] und kommt zu dem Schluß, »Luther selbst

---

[466] Karl Barth, Ein Brief nach Frankreich (1939) (in: Ders., Eine Schweizer Stimme [s. Anm. 465], 108–117), 113.

[467] Veröffentlicht in: Evangelische Theologie 6, 1946/47, 82–114. Der Vortrag liegt hier in einer um Anmerkungen und Exkurse erweiterten Fassung vor, in denen sich Wolf mit den wichtigsten von ihm kritisierten theologischen Positionen auseinandersetzt, insbesondere Vertretern der sog. Lutherrenaissance, auch wenn er feststellt, eine »eigentliche Auseinandersetzung« mit dieser nicht leisten zu wollen (82, unnummerierte erste Fußnote).

[468] A.a.O. 88, hier im Nominativ.

[469] A.a.O. 89 (Hervorhebung im Original).

[470] Das gelinge nur, wenn man die unterschiedlichen Schichten dieses Erbes unterscheide, d.h. die theologischen Zentralaussagen, deren Umsetzung und die aus diesen hervorgegangenen Folgen (a.a.O. 87).

[471] A.a.O. 89.

[472] A.a.O. 85 (Hervorhebung im Original).

[473] A.a.O. 86, im Original im Nominativ (Hervorhebung im Original).

[474] Ibd., Zitat im Original im Dativ.

[475] A.a.O. 89–99.

[476] A.a.O. 100–114.

[477] Z.B. 109 zu der sich auf Luther berufenden Staatsauffassung, die im NS-Staat die Verwirklichung seiner Ideen sah: »Mit Luther hat dies alles nicht mehr viel zu tun.« Oder 110f.: Die »Ideologie des ›reinen Untertanen‹ und seiner ›Vergöttlichung‹ des Fürsten« sei

[stehe] immer wieder als das große Hindernis denen im Wege, die in seinem Namen aus seinem Erbe *mehr* machen wollen und anderes als es erlaubt.«[478] Und Wolf fügt hinzu, es handle sich bei diesem Erbe ohnehin nicht um ein Gut, das kritiklos angetreten werden wolle. Anders als die Verfechter eines »lutheromanen Enthusiasmus« meinten, habe der Reformator selbst gewollt, daß es »›andere nach [ihm] besser machen‹« sollten; seine Unterweisung der Gewissen habe darauf gezielt, daß seine Erben ihm gegenüber frei sein sollten »auf dem Grund einer selbst zu vollziehenden Entscheidung vor und an der gemeinsamen Sache, dem Evangelium Gottes in Christus.« Das schließe die Feststellung ein, »daß und wo er uns in seiner Lehre etwas schuldig geblieben ist«, und die Aufgabe, »in einem echten und kritischen Mit- und Weiterdenken« Lücken zu schließen und Ansätze weiterzuführen.[479] Dann würden »die tragenden Kräfte seines Werkes neu [begriffen]« und werde »die entscheidende Frucht seines Erbes gerade heute sich kräftig erweisen«, nämlich sein »Glaube [...], der Gott alles zutraut, [...] und sein Handeln in der Welt als dienender Gehorsam aus Glauben ohne Rücksicht auf das eigene Ich in letzter Verantwortung.«[480]

Wenn Paul Althaus die Frage beantworten will, ob im Gericht über die Deutschen »auch Luther irgendwie mit-gerichtet« werde, sieht er diese Frage namentlich im Blick auf die politische Ethik, auf eine mögliche Verbindung zwischen der nationalsozialistischen Politik und eben der Zweireiche-Konzeption Luthers gestellt. Deshalb wählt er als Thema für seinen Jubiläumsvortrag *Luther und das öffentliche Leben*.[481] Und er entfaltet darin Luthers politische Ethik als Konkretisierung seiner Ethik der lebensdienlichen Liebe, betont, daß die Rede von zwei Regimenten die politische Ordnung »entsakralisiere«, aber nicht »säkularisiere«,[482] weshalb diese auf ihrem lebensdienlichen Auftrag zu behaften, auch von der Kirche zu behaften sei.[483] Daraus ergibt sich das Fazit: Die Autonomie der modernen, »aus den religiösen und sittlichen Bindungen gelösten Politik«, »deren Folgen furchtbar vor unseren Augen liegen«, hat mit Luther nichts zu tun.[484] Eine musterhafte Darlegung von Luthers Gedanken zur politischen Ethik mit durchaus angebrachten Korrekturen gegenüber Karl Barth, die aber, da Althaus, anders als Henrich Vogel, kein Wort über die Beteiligung so vieler sich auf Luther berufender Christen an der kritisierten Politik verliert, abstrakt und apologetisch wirkt.

ein Erzeugnis des späteren Luthertums. 111: Die verbreitete Rede von »Schöpfungsordnung« sei ein »ausgearteter, überwucherter Begriff der Lutherrenaissance«.

[478] A.a.O. 112, Hervorhebung im Original.

[479] Ibd.

[480] A.a.O. 112.

[481] Siehe Anm. 430.

[482] Althaus, Öffentliches Leben (s. Anm. 429), 140.

[483] A.a.O. 137.

[484] A.a.O. 141.

Mit seiner Zurückweisung einer Linie von Luthers politischer Ethik zum nationalsozialistischen Staat stand Althaus bei dem Jubiläum nicht allein. Auch der renommierte, nicht zuletzt als Lutherbiograph hervorgetretene Historiker Gerhard Ritter,[485] einst zur Bekennenden Kirche gehörig und als Mitglied eines Widerstandskreises in Haft, unterstrich in einem Jubiläumsbeitrag,[486] daß der autonome und säkulare, aus übergeordneten religiösen und sittlichen Bindungen gelöste Staat eine Luther fremde Vorstellung sei.[487] Viel bewegender als dieses Problem aber sei für die Menschen des Jahres 1946 angesichts dessen, was sie erlebt hätten und erlebten, eine ganz andere Frage, nämlich die, »was [Luther] uns zu sagen hat über die Dämonie des politischen Ehrgeizes und Machtstrebens, über die sittliche Verantwortung des Staatsmannes vor Gott, vor allem über die dunklen Rätsel des Weltlaufs, die uns heute mehr als je die Seele bedrängen: über Sinn oder Wahnsinn der Weltgeschichte und über Gottes letzte Absichten mit dem unseligen Menschengeschlecht.«[488] Die besondere Aktualität Luthers liege hier in seiner radikalen Lehre von der Erbsünde und in seinen Ausführungen über die Verborgenheit Gottes.[489] Auch wenn es Punkte gebe, an denen Anfragen an Luther gerichtet oder Korrekturen vorgenommen werden müßten,[490] seien das Entscheidende, gerade auch in der gegenwärtigen Situation Entscheidende seine Aussagen über Gott und den Menschen, das heißt, über den unerforschlichen und dennoch liebenden Gott und über den Menschen, der »der harten Einsicht in die Unerforschbarkeit des göttlichen Geheimnisses« das »unerschütterliche Vertrauen« auf Gottes Liebe entgegensetze.[491]

---

[485] S. Anm. 344.

[486] Gerhard Ritter, Luthertum, katholisches und humanistisches Weltbild (in: Zeitwende 18, 1946/47, 65–84).

[487] A.a.O. 65f. So könne auch keine Rede von »stumpfem Untertanengehorsam« bei Luther und in seiner Predigt sein; in Wahrheit habe er den Machthabern seiner Zeit mit »rücksichtlosem Freimut, ja mit geradezu revolutionär klingenden Wendungen ins Gewissen geredet« und sie »an ihre Verantwortung vor Gott gemahnt« (a.a.O. 82). In einem Artikel *Luther und die politische Erziehung der Deutschen*, den Ritter in demselben Jahr schrieb und in demselben Heft veröffentlichte (in: Zeitwende 18, 1946/47, 592–607), weist er die Vorwürfe, Luther habe einen bindungslosen Staat verfochten, und er sei Repräsentant eines stumpfen Untertanengehorsams, mit denselben Argumenten zurück, stellt dann aber fest, die »Epigonen Luthers« hätten seine selbständige und kritische Haltung der Obrigkeit gegenüber nicht bewahrt, so daß in der Folge tatsächlich Untertanengeist und politische Passivität im Luthertum Einzug gehalten hätten (a.a.O. 604–606) – eine Passivität, aus der es Hitler allerdings »gründlich aufgerüttelt« habe, was sich in der bewußten Mitwirkung an der gerade beginnenden staatlichen Neuordnung nach dem Kriege zeige (a.a.O. 606).

[488] Ritter, Luthertum (s. Anm. 486), 67f.

[489] A.a.O. 73–75. Kürzer auch bei Hermelink (s. Anm. 423), 52–54.

[490] So seien Luthers Gedanken über den verborgenen Gott für schwächere Gemüter »gefährlich«, wie es auch anderes »Gefährliches« bei Luther gebe, die Maßlosigkeit seines Temperaments oder bestimmte »Einseitigkeiten seiner Theologie«, insbesondere in der Bestimmung des Verhältnisses von Kirche und Staat, aber auch im Bibelverständnis; das sei zu überwinden und lasse sich in einer Kirche, die kein unfehlbares Lehramt kenne, auch durchaus überwinden (Ritter, Luthertum [s. Anm. 486], 77).

[491] Ibd.

3.2. Die Müntzerjubiläen der DDR

Die genannten Jubiläumsbeiträge des Jahres 1946 bewegten sich, bei Differenzen und Gegensätzen im einzelnen, sämtlich im Rahmen überlieferter theologischer und historischer Diskurse. Anders verhielt es sich mit einem Artikel, den die an diesen Diskursen Beteiligten kaum wahrgenommen haben werden, der aber anzeigte, daß sich eine Sicht Luthers und der Reformation Bahn brach, die in den nächsten Jahrzehnten die Debatte über beide wesentlich mitbestimmen und auch die künftigen Jubiläen beider prägen sollte. Es war der Artikel *Martin Luther. Zu seinem 400. Todestage*, der am 19. Februar 1946 in der kurzlebigen[492] *Deutschen Volkszeitung* der Kommunistischen Partei Deutschlands in der Sowjetischen Besatzungszone erschien.[493] Hier wird zwar zugestanden, daß Luther mit seiner Bibelübersetzung ein »Revolutionär« gewesen sei, »der dem Volke eine neue Waffe in die Hand gab«, auch wenn er sich im Bauernkrieg mit den Feinden des Volkes verbündet habe.[494] Skopus des Artikels aber ist die Antwort auf die Frage »Wann begann die deutsche Misere?«, jene Misere, die in Drittem Reich und Zweitem Weltkrieg ihren Höhepunkt erreicht habe. Die Antwort lautet, daß sie die gesamte deutsche Geschichte durchziehe. Denn die Misere bestehe darin, daß »zwischen den ideellen Forderungen und ihrer Verwirklichung« in Deutschland immer ein »furchtbare[r] Zwiespalt« bestanden habe, daß die Proklamation der »Freiheit eines Christenmenschen« mit der Ablehnung der Forderung nach politisch-sozialer Freiheit verbunden gewesen sei. Mit anderen Worten, »die fortschrittlichen Kräfte« und die »geistigen Führer[]« seien nie Hand in Hand gegangen, ja, letztere hätten meist gegen erstere gestanden. Das habe es zwar auch in anderen Ländern gegeben, in Deutschland aber habe dieser Sachverhalt »das Schicksal des [...] Volkes in seiner Gesamtheit« bestimmt.[495] Und wesentliche Verantwortung dafür trage Martin Luther.

---

[492] Nur vom Juni 1945 bis zum April 1946 erschienen, war sie die Vorläuferin des *Neuen Deutschland*, das nach der Vereinigung von SPD und KPD zur SED im April 1946 entstand.

[493] Der Verfasser war J. M. Lange. Abgedruckt in: Kurt Aland, Apologie der Apologetik. Zur Haltung und Aufgabe evangelischen Christentums in den Auseinandersetzungen der Gegenwart (Hilfe für's Amt 15), Berlin 1948, 103f. Die Zeitungen der SPD und der Roten Armee, *Das Volk* und die *Tägliche Rundschau*, brachten dagegen zum Jubiläum Artikel, die Luther positiv würdigten, auch wenn, wie es in letzterer heißt, der Reformator »ein Kind seiner Zeit mit seinen positiven und negativen Seiten« gewesen sei und nicht wie einige wenige, so Thomas Müntzer, »die Zeichen der Zeit« erkannt und für die Freiheit der Unterdrückten votiert habe (a.a.O. 104f.). In Wittenberg durfte mit Erlaubnis der Sowjetischen Besatzungsmacht am 18. Februar 1946 die Lutherhalle wiedereröffnet werden, verbunden mit einer Sonderausstellung zum Jubiläum (Martin Treu, Die Lutherhalle Wittenberg, Leipzig 1991, 116).

[494] Im Blick auf seine Bibelübersetzung werden noch mehr Verdienste des Reformators genannt: Er sei durch die damit geleistete »Schöpfung einer einheitlichen deutschen Sprache [...] der eigentliche Schöpfer einer nationalen Einheit« gewesen, und er habe allen geistigen Größen Deutschlands von den Barockdichtern bis hin zum Verfasser des Kommunistischen Manifests die Sprache für ihre geistigen Kämpfe gegeben (Aland [s. Anm. 493], 104).

[495] Vgl. die ähnliche Kritik, die auf dem Hintergrund einer anderen, bürgerlichen politischen Option Thomas Mann ein Dreivierteljahr früher übte: Bei Luther seien innerliche, religiös-geistige und äußere, politische Freiheit auseinandergefallen, wodurch er entschei-

Mit dem Stichwort »Misere« knüpfte der Jubiläumsartikel an Friedrich Engels an, der die deutsche Geschichte bereits als »eine einzige fortlaufende Misere« bezeichnet und der Reformation darin eine fatale Rolle zugewiesen hatte.[496] Durch das einflußreiche Buch *Der Irrweg einer Nation* des kommunistischen Journalisten und späteren Kulturministers der DDR Alexander Abusch,[497] das, während des Krieges im Exil entstanden, im Jahr des Jubiläums, wenngleich ohne Bezug zu ihm in Deutschland erschien, wurde diese Sicht prägend für die Einschätzung der Reformation in der Sowjetischen Besatzungszone (SBZ) und der aus dieser hervorgegangenen DDR in ihrer frühen Zeit.[498] In Abuschs auf Engels' Studie *Der deutsche Bauernkrieg* (1850) gestützter Darstellung war die Reformation, die als revolutionärer Aufbruch begonnen hatte, durch die Niederschlagung der Bauern 1525 zur Gegenrevolution geworden und Martin Luther »zur größten geistigen Figur der deutschen Gegenrevolution für Jahrhunderte«.[499] Das positive Gegenbild stellte Thomas Müntzer dar, der im Kampf auf Seiten der Bauern gestanden und damit den revolutionären Charakter der Reformation bis in den heroischen Untergang durchgehalten hatte,[500] wodurch er zum »Stammvater der revolutionären Tradition des deutschen Volkes« geworden war.[501]

So wie schon Marx und Engels im Bauernkrieg und Müntzers Beteiligung daran nicht nur ein Ereignis des 16. Jahrhunderts gesehen hatten, sondern sie, spiegelbildlich zur Berufung auf Luther im bürgerlichen Lager, auf die Umwälzungen der eigenen Zeit bezogen,[502] schuf sich der sozialistische deutsche Staat in dem Aufstand von 1524/25 einen eigenen, ihn von der Bundesrepublik abhebenden Ursprungsmythos[503] und in Müntzer seine eigene reforma-

---

dende Mitverantwortung für den Weg der deutschen Geschichte in die Katastrophe trage (THOMAS MANN, Deutschland und die Deutschen, Berlin 1947, 14f.).

[496] Vgl. SIEGFRIED BRÄUER, Martin Luther in marxistischer Sicht von 1945 bis zum Beginn der achtziger Jahre, Berlin 1983, 7. Der Beitrag wurde nachgedruckt in: Dialog über Luther und Müntzer. Zwanzig Expertengespräche zwischen kirchlichen und marxistischen Reformationshistorikern der DDR (1981–1990), hg. v. Joachim Heise u. Christa Stache, Berlin 2011, 307–357.

[497] ALEXANDER ABUSCH, Der Irrweg einer Nation. Ein Beitrag zum Verständnis deutscher Geschichte. Berlin 1946 (viele weitere, überarbeitete Auflagen).

[498] BRÄUER, Luther in marxistischer Sicht (s. Anm. 496), 5. Vgl. auch HORST BARTEL, Das Lutherbild der revolutionären deutschen Arbeiterbewegung (in: Martin Luther. Kolloquium der Akademie der Wissenschaften der DDR. Gesellschaftswissenschaften Jg. 1983, 11G., hg. im Auftrag des Präsidenten der Akademie der Wissenschaften der DDR, Berlin 1983, 7–19).

[499] ABUSCH (s. Anm. 497), 23.

[500] A.a.O. 21–24.

[501] SIEGFRIED BRÄUER, »Die Gewalt soll gegeben werden dem gemeinen Volk«. Die Thomas-Müntzer-Ehrung der DDR 1989 (in: ThLZ 137, 2012, 1023–1040), 1025.

[502] »Wir können es nicht leugnen, daß die bürgerliche Gesellschaft zum 2ten mal [!] ihr 16tes Jahrhundert erlebt, ein 16tes Jahrhundert, von dem ich hoffe, daß es sie ebenso zu Grabe läutet, wie das erste sie ins Leben poussierte« (MARX an Engels am 8. Oktober 1854, zitiert bei BARTEL [wie Anm. 498], 8). Siehe auch GERHARD BRENDLER, Luther im Traditionskonflikt der DDR (in: Luther und die DDR. Der Reformator und das DDR-Fernsehen 1983, hg. v. Horst Dähn u. Joachim Heise, Berlin 1996, 21–52), 25–28.

torische Identifikationsfigur. Dessen »zentrale Forderung« habe sich »[m]it der Errichtung der Arbeiter-und-Bauernmacht in der DDR [erfüllt].«[504] So wurde Müntzer nicht nur zum unverzichtbaren Element der staatlich geplanten, am Historischen Materialismus orientierten Geschichtswissenschaft[505] und zum bis ans Ende unverzichtbaren politischen Referenzpunkt. Sondern es entwickelte sich um ihn auch eine reiche eigene Gedächtniskultur, die von wissenschaftlicher Beschäftigung über Propaganda, Namensgebung für Straßen, Plätze, Schulen und weitere Institutionen, Gedenkstätten, Statuen und andere künstlerische Darstellungen bis hin zur Abbildung auf Münzen, Medaillen, Briefmarken und einem Geldschein reichte und die auch das Feiern von Jubiläen umfaßte.[506]

Auch in diesem letzten Punkt konnte man an eine ältere Linie anknüpfen: Bereits 1925 wurde das 400jährige Jubiläum des Bauernkrieges festlich begangen.[507] Genauer, es wurde mehrmals begangen und spiegelte damit die Konkurrenz und die ideologisch-politischen Kämpfe innerhalb der deutschen Linken. Am 15. März veranstaltete die regionale KPD in Gera, Meiningen und Mühlhausen, nach intensiver Vorbereitung durch Propagandaeinsätze, Zeitungsartikel und Einrichtung von Festkomitees, großangelegte Jubiläums-

---

[503] Vgl. RAINA ZIMMERING, Mythen in der Politik der DDR. Opladen 2000, Kap. III, 1–4 (= 169–217); HERFRIED MÜNKLER, Die Deutschen und ihre Mythen, Bonn 2010, 441–448; dieser Mythos verband sich mit dem des antifaschistischen Widerstandes als Ausgangspunkt der DDR und wurde schließlich flankiert von dem Mythos Preußen (ZIMMERING, Kap. II und IV).

[504] Der deutsche Bauernkrieg – zum 450. Jahrestag. Material zur Vorbereitung, hg. v. Komitee beim Ministerrat der DDR zur Vorbereitung des 450. Jahrestages des deutschen Bauernkrieges, Berlin 1973, 8. Weitere Belege für diesen Anspruch bei BRÄUER, Müntzer-Ehrung (s. Anm. 501), 1025f.

[505] Vgl. LAURENZ MÜLLER, Diktatur und Revolution. Reformation und Bauernkrieg in der Geschichtsschreibung des »Dritten Reiches« und der DDR. Stuttgart 2004, 182–184.282.

[506] Hierzu: Sichtungen und Einblicke. Zur künstlerischen Rezeption von Reformation und Bauernkrieg im geteilten Deutschland, hg. v. Rolf Luhn, Thomas Müller u. Jürgen Winter, Petersberg 2011 (Begleitband zur Ausstellung im Bauernkriegsmuseum in Mühlhausen und Böblingen 2011 und 2012); JAN SCHEUNEMANN, Reformation und Bauernkrieg im Museum. Zur Musealisierung der »frühbürgerlichen Revolution« in den 1950er Jahren (in: DERS., Reformation und Bauernkrieg [s. Anm. 426], 65–86); DERS., Luther und Müntzer im Museum. Deutsch-deutsche Rezeptionsgeschichten, Leipzig 2015, Kap. 2 und 6; JOHANNA SÄNGER, Geduldet und geehrt. Martin Luther und Thomas Müntzer in Straßen- und Ehrennamen der DDR (in: SCHEUNEMANN, Erinnerungskultur [s. Anm. 426], 87–100); ALEXANDER FLEISCHAUER, Die Einrichtung der Zentralen Gedenkstätte Deutscher Bauernkrieg in der Mühlhäuser Kornmarktkirche 1975 (a.a.O. 231–240); MONIKA LÜCKE, WILFRIED MATZDORF, Der geprägte Reformator. Thomas Müntzer auf Münzen und Medaillen. Katalog mit Verzeichnung der numismatischen Spezialsammlungen der Mühlhauser Museen, Mühlhausen 2012.

[507] Auch hierzugab es einen Vorläufer, die 1921 mit einem Massenaufgebot von 1800 Mitwirkenden inszenierte Aufführung eines Stücks mit dem Namen *Der arme Konrad* bei Gewerkschaftsfestpielen in Leipzig (1525. Dramen zum deutschen Bauernkrieg, Berlin 1975, 664). Dieses Stück, von dem kein Text erhalten scheint, ist nicht zu verwechseln mit dem 1923 geschriebenen Bauernkriegsdrama *Der arme Konrad* von Friedrich Wolf (abgedruckt a.a.O. 253–303), das nicht bloß politisch ausgerichtet, sondern zugleich literarisch ambitioniert war und auf großen Bühnen der Weimarer Republik gespielt wurde.

Abb. 10
5-Mark-Schein der DDR, 1975

feiern unter dem Namen »Müntzertage«.[508] Es gab die üblichen Feierelemente[509] historische Umzüge, Gesänge und Chöre, Reden und Theatervorführungen[510] sowie eine Fahnenweihe für die kommunistische Jugend. Das Fest hatte ein klares Feindbild: die Mehrheit der SPD mit ihren Führern Friedrich Ebert, Philipp Scheidemann und Gustav Noske; sie sah man denn auch in Luthers Haltung repräsentiert, während Müntzer für den – gerade als Bewerber um das Reichspräsidentenamt kandidierenden – Kommunisten Ernst Thälmann stand.[511] Dasselbe Feindbild prägte die »Roten Müntzertage«, die die KPD des Mansfelder Landes, unterstützt von Abgeordneten der Reichstagsfraktion dieser Partei und Organisationen wie dem Roten Frontkämpferbund, der Roten Hilfe, dem Linken Gewerkschaftskartell, dem Spartakusbund und den Freidenkern an Pfingsten vom 30.5. bis zum 1.6.1925 in Eisleben veranstaltete, wiederum mit Umzügen, Chören, Theater und Fahnenweihe, dazu mit einem Feuerwerk.[512] Am 16./17. Mai 1925, also in jener Woche, in der sich die

---

[508] Rolf Luhn, Bauernkriegstradition und Bündnispolitik mit den werktätigen Bauern im KPD-Bezirk Großthüringen 1524/25 (in: Mühlhäuser Beiträge 7, 1984, 13–23), 41–43; Rolf Kiessling, Der Bauernkrieg (in: Deutsche Erinnerungsorte, Bd. 2, hg. v. Etienne François u. Hagen Schulze, München 2009, 137–153.693f.), 144; Márta Fata, War György Dózsa der ungarische Thomas Müntzer? Erinnerungskultur und Geschichtspolitik in der Volksrepublik Ungarn und in der DDR im Vergleich (in: Armed Memory. Agency and Peasant Revolts in Central and Southern Europe [1450–1700], Göttingen 2016, 323–351), 334; zur ideologischen Unterfütterung in der kommunistischen Presse vgl. Edda Profeld, Die Müntzer-Tradition in der KPD, dargelegt am Beispiel der lokalen Presse anläßlich des 400. Jahrestages des deutschen Bauernkrieges 1925 (in: Wissenschaftliche Zeitschrift der Friedrich-Schiller-Universität Jena, Gesellschaftswissenschaftliche Reihe, 38, 1989, Jena 1989, 627–641).

[509] Zu den Feiern in Gera und Mühlhausen, die mit dem »Bauernkriegsführer Müntzer« zugleich die Thüringer Opfer des gerade laufenden Kappputsches ehren sollte, vgl. das Programm in: Dokumente und Materialien zur Geschichte der Bezirksparteiorganisation der KPD Großthüringen 1925–1929, ausgewählt u. bearbeitet v. Gottfried Börnert u.a., Erfurt 1981, 11.

[510] In Gera wurden ein lebendes Bild »Sowjetrußland. Unser Hort« und eine »dramatische Szene« »Am Grabe Lenins« gegeben (ibd.).

[511] Siehe Zimmering (s. Anm. 503), 186f. Die Parallelisierung der Mehrheitssozialisten mit Luther findet sich schon bei Clara Zetkin, die freilich zugleich Luther als »Erwecker« der revolutionären Bauern würdigte und feststellte, daß den Mehrheitssozialisten »die geschichtlichen Kostüme bedenklich zu weit« seien (wiedergegeben bei Bartel, Lutherbild [s. Anm. 498], 11f.). Der Kampf für und gegen Müntzer als eigenen Ahnherrn beschäftigte bereits die SPD des Kaiserreichs (Luhn, Müntzer- und Bauernkriegsfeiern [s. Anm. 513], 40f.).

[512] Siehe dazu die Veröffentlichung anläßlich des Bauernkriegsjubiläums 1975 in der DDR, das an das KPD-Fest von Eisleben anknüpfte: Bodo Nickel, Peter Welker, 50. Jahrestag der Roten Müntzer-Tage in Eisleben, hg. von der Kreisleitung der SED, Kommission zur Erforschung der Geschichte der örtlichen Arbeiterbewegung, Eisleben o.J. [1975]. Das Theaterstück, das hier zur Aufführung kam, war das für die Müntzer-Tage im Auftrag der KPD geschriebene, »[d]em deutschen Proletariat von 1925« gewidmete Drama *Thomas Müntzer. Dramatisches Gemälde des deutschen Bauernkriegs von 1525* der der Partei angehörigen Schriftstellerin Berta Lask (1878–1967) (abgedruckt in: 1525. Dramen [s. Anm. 508], 309–358, Hinweis auf den Anlaß a.a.O. 664). Vgl. hierzu Marion Dammaschke, Thomas Müntzer in der Belletristik. Ein Blick in die Müntzer-Bibliographie (1519–2012) (in: Thomas Müntzer in Roman und Erzählung. Günter Vogler zum 80. Geburtstag, hg. v. Hans-Jürgen

Niederlagen der Bauern selbst zum 400. Mal jährten, hielt hingegen die für die Weimarer Republik einstehende SPD, namentlich das Reichsbanner Schwarz-Rot-Gold, in Frankenhausen und Mühlhausen eine eigene Jubiläumsfeier ab.[513] Auf dieser auch mit Ansprache, Theateraufführung[514] und Fackelzug begangenen Feier wurde der »Geist des gemordeten Freiheitskämpfers Thomas Müntzer« aufgeboten, aber nun gegen die »Reaktionäre«, die die Weimarer Demokratie bedrohten.[515] An die KPD-Feiern von 1925 knüpften zwanzig Jahre später, kurz nach dem Krieg und der Etablierung der SBZ, die »Müntzertage« an, die Müntzers Geburtsstadt Stolberg im Harz erlebte. In ihrem Rahmen wurde einem Bauern vom Vertreter der KPD symbolisch Land »zurückgegeben«, das seinen Vorfahren im 16. Jahrhundert »geraubt« worden sei[516] – auch die sog. Bodenreform ließ sich als Revision des Bauernkrieges und Vollstreckung von Müntzers Vermächtnis deuten.[517]

Goertz u. Thomas T. Müller, Mühlhausen 2013, 154–173), 162. Das Programm der Eislebener Müntzertage wurde in der vom Komitee zur Vorbereitung des Jubiläums von 1975 herausgegebenen Materialbroschüre (s. Anm. 504) noch einmal abgedruckt (S. 9).

[513] Siehe hierzu Rolf Luhn, Müntzer- und Bauernkriegsfeiern fortschrittlicher Sozialdemokraten in Thüringen 1925 (in: Mühlhauser Beiträge 12, 1989, 39–44). Es handelt sich um denselben Autor, den Mitarbeiter (1984) und dann Stellvertretenden Direktor (1989) der Zentralen Gedenkstätte *Deutscher Bauernkrieg* in Mühlhausen, der fünf Jahre vorher über die von den Kommunisten veranstalteten Jubiläumsfeier geschrieben hatte (s. Anm. 508). Auffälligerweise erwähnt er 1984, in Zeiten fragloser Existenz der DDR, die sozialdemokratische Feier mit keinem Wort. 1989, im Jahr des Unterganges der DDR, nennt er umgekehrt die von der KPD veranstaltete nur en passant ohne Kommentar (42). Nun liegt ihm nur daran festzustellen, daß es innerhalb der SPD mehr und weniger fortschrittliche Kräfte gegeben habe und daß die Jubiläumsfeier auf das Konto der ersteren gegangen sei.

[514] Aufgeführt wurde das Drama *Thomas Müntzer* des in den zwanziger Jahren erfolgreichen Berliner Schriftstellers Paul Gurk (1880–1953) (a.a.O. 43).

[515] Kiessling (s. Anm. 508), 144, weist darauf hin, daß »der Bauernkrieg [...] auch ideologische Rezeptionen auf der extremen Rechten erlebte«. Das zeigte sich an den Florian-Geyer-Festspielen in Giebelstadt mit dem Drama *Florian Geyer – Bauernkrieg 1525* des fränkischen Dichters Nikolaus Fey (1881–1956), das, seit dem Jubiläumsjahr alljährlich aufgeführt, im Dritten Reich zur Darstellung eines »Adolf Hitler des Mittelalters« wurde. Zur – im Ganzen zurückhaltenden – Anknüpfung an den Bauernkrieg im Dritten Reich vgl. Müller, Diktatur (s. Anm. 505), 93–132. Auf den Luthergegner Thomas Müntzer als Chiffre für eine umfassende Beseitigung der Kirchen berief man sich in der freireligiösen, kirchenfeindlichen Deutschen Glaubensbewegung: Noch hätten die Kirchen eine Schonfrist, doch der »kommende Thomas Müntzer des Dritten Reiches« werde ihnen ein Ende machen (Das evangelische Deutschland 10, 1933, 413).

[516] Manfred Wille, Die Verabschiedung der Verordnung über die Bodenreform in der Provinz Sachsen (in: »Junkerland in Bauernhand«? Durchführung, Auswirkungen und Stellenwert der Bodenreform in der Sowjetischen Besatzungszone, hg. v. Arnd Bauerkämper, Stuttgart 1996, 87–102), 102.

[517] So verwies der Präsident der DDR Wilhelm Pieck in seiner Rede zur Einleitung der Bodenreform am 2. September 1945 auf den Bauernkrieg, in dem der sich nun verwirklichende Traum der Bauern und Landarbeiter, das »Junkerland« in die eigenen Hände zu nehmen, erstmals, doch noch vergeblich lautgeworden sei (Müller, Diktatur [s. Anm. 505], 172). Denselben Bogen schlagen die Autoren des anläßlich des Jubiläums von 1975 publizierten Heftes *Die roten Müntzertage* (s. Anm. 512): Im deutschen Arbeiter-und-Bauern-Staat sei, anders als »[i]n einem großen Teil der Kerngebiete des Bauernkrieges« auf der anderen Seite der innerdeutschen Grenze, verwirklicht, wofür Müntzer und die Bauern einst

Daß das 450. Jubiläum von Bauernkrieg und Thomas Müntzers Tod im Jahr 1975 vom Staat mit Nachdruck begangen wurde, versteht sich auf diesem Hintergrund von selbst. Ja, mittlerweile war ein neues Motiv neben die überkommene revolutionäre Müntzertradition getreten, die Beanspruchung des radikalen Reformators als nationales Erbe. Die nationale Karte hatte die DDR schon in den 50er und 60er Jahren gespielt, indem sie behauptete, Träger aller guten, fortschrittlichen Traditionen der deutschen Nation zu sein.[518] Doch damals hatte sie diesen Anspruch im Blick auf das gesamte Deutschland erhoben, dessen Vorhut sie sei.[519] Von der gesamtdeutschen Vision nahm die DDR in den 70er Jahren, durch die Mauer jetzt unübersehbar vom Rest des Landes getrennt, schließlich Abschied. 1971 erklärte der neue starke Mann der herrschenden Partei, Erich Honecker, die DDR zu einer eigenen Nation. Die nun ganz auf sie bezogene Beanspruchung aller positiven Traditionen des deutschen Volkes ging nach außen mit verschärfter Abgrenzung von der Bundesrepublik einher und diente nach innen dem Aufbau eines DDR-eigenen Patriotismus.[520] Die Berufung auf Thomas Müntzer und den Bauernkrieg, der der westliche deutsche Staat, obwohl auch auf seinem Territorium Bauernaufstände stattgefunden hatten, nichts entgegensetzte, war der Inbegriff der DDR-eigenen und nur DDR-eigenen positiven deutschen Tradition. Auch andere große Figuren der deutschen Geschichte beanspruchte man als Ahnen der eigenen Nation, so Albrecht Dürer und Lucas Cranach, deren Jubiläen 1971 und 1972 im Geist der neuen nationalen Losung aufwendig gefeiert wurden.[521] Doch sie ehrte man auch im Westen. Müntzer, der Revolutionär, hingegen war ganz Eigentum der DDR.

Welchen geschichtspolitischen Rang man dem Jubiläum von 1975 beimaß, wurde darin deutlich, daß der Ministerrat der DDR selbst ein »Komitee zur Vorbereitung des 450. Jahrestages des deutschen Bauernkrieges« berief, welches die für die Feiern maßgeblichen Linien auszuarbeiten hatte. Denn, wie es zur Einsetzung dieses Gremiums hieß, »[d]er deutsche Bauernkrieg bildet einen zentralen Ausgangspunkt der revolutionären Traditionslinie in unserer Geschichte. [...] Es ist deshalb erforderlich, den Jahrestag des deutschen Bauerkrieges unter Betonung der Einheit von revolutionärer Tradition und politischer Praxis in der DDR als einen Höhepunkt der politisch-ideologischen Arbeit der Jahre 1974/75 vorzubereiten und durchzuführen.«[522] Mittlerweile

---

gekämpft hätten und was die KPD 1925 gefordert habe (3). Vgl. auch Zimmering (s. Anm. 503), 207–209.

[518] Siehe unten S. 197.200.

[519] Zimmering (s. Anm. 503), 206f.223. Siehe auch unten S. 200.

[520] A.a.O. 230f.

[521] Brendler, Traditionskonflikt (s. Anm. 502), 47.

[522] Protokoll der Arbeitsbesprechung im Ministerium für Kultur am 3.5.1973 zum Beschluß der Bildung des Komitees, zitiert bei Alexander Fleischauer, Die Enkel fechten's besser aus. Thomas Müntzer und die Frühbürgerliche Revolution – Geschichtspolitik und Erinnerungskultur in der DDR, Münster 2010, 177.

hatte sich zwar die »Frühbürgerliche Revolution« als verbindliches historiographisches Paradigma durchgesetzt,[523] ja in dem Reformationsjubiläum von 1967 seine propagandistische und gedächtnispolitische Krönung erfahren.[524] Darin waren die Reformation und Martin Luther aufgewertet, mit dem Bauernkrieg und Thomas Müntzer zu »dialektischer Einheit« verbunden worden.[525] Doch 1975, bei seinem Jubiläum, stand Müntzer unangefochten im Mittelpunkt, machte der aufgewertete Luther sozusagen »Pause«.[526] So konnte sich die DDR ohne hemmende Rücksicht auf historische Differenzierungen ganz ihrem ursprünglichen Helden widmen: »Thomas Müntzer war der ›Spartakus‹ seiner Zeit,« so der Titel eines Artikels im *Neuen Deutschland*, der Zeitung der SED.[527] Und sie konnte sich in ihm spiegeln: »Heute, 450 Jahre nach der ersten großen revolutionären Massenerhebung der deutschen Geschichte, begehen wir den Jahrestag als Sieger der Geschichte, die die Ausbeuterklassen ein für alle mal [!] besiegt haben,« wie es in der offiziellen Broschüre hieß, die zur Vorbereitung der Feiern im ganzen Land verteilt wurde.[528] Dabei zeichneten sich bereits Spannungen zur historischen Wissenschaft in der DDR ab, die mittlerweile begonnen hatte, Müntzer differenzierter zu betrachten, was sich auf einem anläßlich des Jubiläums abgehaltenen Kongreß zum Bauernkrieg zeigte.[529] Erst recht wich vom offiziellen Bild die Einordnung Müntzers durch die kirchengeschichtliche Forschung ab; zwar hatte sich diese unter dem Einfluß des staatlichen Interesses an dem radikalen Luthergegner selbst gerade im Vorfeld des Jubiläums mit bislang ungewohnter Intensität Müntzer gewidmet und alte Stereotype hinter sich gelassen, ja, auch in der Kirche Aufmerksamkeit für den radikalen Reformator geweckt, doch bestand sie darauf, daß Müntzer in erster Linie als Theologe zu betrachten sei.[530] Beide Spannungen behinderten die Feiern nach den vorgegebenen

---

[523] Siehe unten S. 194.

[524] Siehe unten S. 198–206.

[525] Siehe unten S. 190.199.

[526] BRÄUER, Martin Luther in marxistischer Sicht (s. Anm. 498), 21.

[527] So Günter Vogler im ND vom 19. Oktober 1974, zitiert bei FLEISCHHAUER, Enkel (s. Anm. 522), 182.

[528] Der deutsche Bauernkrieg – zum 450. Jahrestag (Material zur Vorbereitung), hg. v. Komitee beim Ministerrat der DDR zur Vorbereitung des 450. Jahrestages des deutschen Bauernkrieges, Berlin 1973. Hier wurden die Konzeption der *Frühbürgerlichen Revolution*, der die Feiern 1975 zu folgen hatten, eine 16 Seiten füllende minutiöse, bis in einzelne Tage reichende Zeittafel der in idesem Zusammenhang relevanten geschichtlichen Ereignisse, mehrere historische Abbildungen, eine lange Liste empfohlener Literatur sowie die Liste der Mitglieder des Vorbereitungskomitees geboten. Das Zitat S. 11.

[529] Die Konferenz, die am 3.–7. Februar 1975 an der Universität Leipzig abgehalten wurde, stand unter dem Titel *Der deutsche Bauernkrieg – seine Stellung in der deutschen und europäischen Geschichte. Probleme. Wirkungen. Verpflichtungen*. Die Referate finden sich in dem Band: Der deutsche Bauernkrieg und Thomas Müntzer, hg. v. Max Steinmetz, Leipzig 1976. Daß die Dinge in Bewegung waren, zeigt sich an der Tatsache, daß an der Konferenz erstmals zwei Kirchenhistoriker teilnahmen, deren Beiträge sich auch im Tagungsband finden (Helmar Junghans und Siegfried Bräuer).

[530] Vgl. das Heft: Thomas Müntzer. Anfragen an Theologie und Kirche, hg. v. Christoph

Linien nicht. Deren spektakulären Höhepunkt bildete das Müntzerfest am 14. März 1975 in Mühlhausen, dem bei dieser Gelegenheit der Name »Thomas-Müntzer-Stadt« verliehen wurde, mit historischem Umzug und Aufmarsch der *Freien Deutschen Jugend* (FDJ), Festakt und politischen Reden.[531] Während der Feier wurde die mit erheblichem finanziellen Aufwand eingerichtete ehemalige Kornmarktkirche als *Zentrale Gedenkstätte Deutscher Bauernkrieg* eingeweiht; sie sollte den Bauernkrieg und die Botschaft Thomas Müntzers nun auch anschaulich als revolutionären Ausgangspunkt jenes Weges zeigen, der in der Gegenwart der DDR sein Ziel erreicht hatte.[532] Über die hier präsentierte Sicht der Geschichte ging schließlich die Zeit hinweg. Von dauerhafter Eindrücklichkeit sollte hingegen ein Denkmal sein, dessen Errichtung vom Politbüro der SED im Vorfeld des Jubiläums von 1975 beschlossen worden war,[533] das aber erst zum nächsten Müntzerzentenar, dem fünfhundertsten Geburtstag des revolutionären Ahnen 1989, fertig wurde,[534] das riesige Bauerkriegspanorama auf dem Schlachtberg bei Frankenhausen von Werner Tübke. In der Spätzeit der DDR entstanden, hatte es sich so weit von deren ideologischen Vorgaben entfernt, daß es den Rang eines Kunstwerks mit eigener Aussage gewann.[535]

An Müntzer als geschichtspolitischem Referenzpunkt hielten Staat und Partei allerdings bis zum Ende fest. Auch wenn der revolutionäre Ahnherr zugunsten des mehr und mehr aufgewerteten Martin Luther[536] zurücktrat, wurde er wurde er doch nicht fallengelassen. Bei dem Reformationsjubiläum von 1967 erfuhr er als mit Luther in »dialektischer Einheit« zusammengehöriger zweiter Träger der »frühbürgerlichen Revolution« nachdrückliche Würdigung.[537] Bei dem großen Lutherjubiläum von 1983[538] war das zwar nicht mehr ohne Weiteres möglich. Zum einen machte es die Berücksichtigung von Glaube und Theologie als der bestimmenden Dimensionen im Le-

---

Demke, Berlin 1977. Um in der Breite der Kirche eine neue Wahrnehmung Müntzers zu erreichen, wurden Pfarrerstudienseminare durchgeführt und Informationsmaterialien verteilt, und das hieß: »Zum ersten Mal in ihrer Geschichte reagierte zum Thema Bauernkrieg und Müntzer die Kirche als Institution« (Siegfried Bräuer, Informelle Kontakte zwischen marxistischen und nichtmarxistischen Reformationshistorikern. Die Frühphase zwischen 1969 und 1979, in: Scheunemann [Hg.], Erinnerungskultur [s. Anm. 426], 115–130, hier: 120, zur Beschäftigung mit Müntzer in der Kirche auf den verschiedensten Ebenen: 120–122).

[531] Vgl. Fleischauer, Einrichtung (s. Anm. 506), 232; Lücke, Matzdorf (s. Anm. 506), 172f.

[532] Scheunemann, Luther und Müntzer (s. Anm. 506), 251–275.

[533] Vgl. Zimmering (s. Anm. 503), 233–243.

[534] Zur Einweihung siehe unten S. 192f.

[535] Vgl. Zimmering (s. Anm. 503), 243–251.

[536] Siehe unten S. 199f.221–226.

[537] Siehe unten S. 199. Auffällig ist aber, so sehr man sich 1967 bemühte, Müntzer nicht neben Luther zu kurz kommen zu lassen, daß der zum Jubiläum geprägte Münzensatz neben elf Luther gewidmeten Münzen nur eine mit dem Bild Müntzers umfaßte (Lücke, Matzdorf [s. Anm. 506], 31f.).

[538] Siehe dazu unten S. 211–232.

ben Müntzers, zu der sich die – mittlerweile in ständigem Austausch mit der kirchenhistorischen Forschung stehende – marxistische Müntzerforschung zunehmend genötigt sah,[539] immer schwieriger, am Müntzerbild Engels' festzuhalten und dem radikalen Reformator die geschichtspolitische Rolle zuzuweisen, die er früher gespielt und die das Jubiläum von 1975 getragen hatte.[540] Zum anderen hatte Martin Luther mittlerweile eine Bedeutung als Identifikationsfigur der DDR gewonnen, die kaum noch Raum für Müntzer zu lassen schien, zumal auch der Luther der Jahre nach dem Bauernkrieg nun gewürdigt wurde[541] – eine Entwicklung, die in regimetreuen Kreisen zu Verunsicherung führte und auch auf Unmut stieß.[542] Kurz, wie in den zum Jubiläum 1989 veröffentlichten, von der SED abgesegneten *Thesen zu Thomas Müntzer* ausdrücklich festgestellt wurde, das Lutherjubiläum von 1983 mit dem dort zelebrierten Lutherbild hatte »Konsequenzen für das Müntzer-Bild«.[543] Daß aber nach der Feier des fünften Zentenars von Luthers Geburtstag 1983[544] auch der 500. Geburtstag Thomas Müntzers im Jubiläumsjahr 1989 von der DDR mit einer großen, staatlich geförderten und gelenkten[545] Feier zu begehen war, stand gleichwohl, ja, angesichts der kritischen Stimmung in Teilen der Basis erst recht außer Frage.[546] Und so »dominierte« denn

---

[539] So insbesondere die beiden zum Jubiläum erschienenen Müntzerbiographien: Gerhard Brendler, Thomas Müntzer, Geist und Faust, Berlin 1989; Günter Vogler, Thomas Müntzer, Berlin 1989. Zu ihnen: Müller (s. Anm. 505), 279–281.

[540] Diese Entwicklung der marxistischen Müntzerforschung zeichnet Bräuer, Müntzer-Ehrung (s. Anm. 501), nach. Da im Westen zu derselben Zeit gegenläufig zu dieser Entwicklung in der Erforschung der Reformation immer stärker sozialgeschichtliche Fragen erörtert wurden, näherten sich die früher antagonistischen Reformations- und Müntzerdeutungen einander in hohem Maße an. Vgl. Thomas Kaufmann, Geschichte der Reformation in Deutschland, Berlin 2016, 765–770.

[541] Siehe unten S. 222.223f.

[542] Siehe das Zitat in der Anm. 546.

[543] Thesen über Thomas Müntzer (in: Einheit 43, 1988, 36–58; auch veröffentlicht in ZfG 36, 1988, 99–121); das Zitat in These XIV.

[544] Immerhin wurde auch 1983 eine Müntzermünze geprägt (Lücke, Matzdorf [s. Anm. 506], 81).

[545] 1986 wurde vom Ministerium für Hoch- und Fachschulwesen ein »Maßnahmenplan zur Vorbereitung und Durchführung der Thomas-Müntzer-Ehrung der DDR aus Anlaß seines 500. Geburtstages veröffentlicht (Bräuer, Müntzer-Ehrung [s. Anm. 501], 1029), 1988 kamen die genannten *Thesen* heraus, die die Leitlinien des Jubiläums bilden sollten, danach konstitutierte sich im selben Jahr ein staatliches Komitee für die Vorbereitung des Jubiläums unter Vorsitz Erich Honeckers (Fleischauer, Enkel [s. Anm. 522], 282f.), und es wurden – sogar zwei – Müntzerbiographien erarbeitet (s. Anm. 539). Mit alledem wurde die Feier von 1989 deutlich nach dem Muster des Lutherjubiläums von 1983 gestaltet (vgl. unten S. 214). Das galt auch für andere Aspekte. So lehnte man sich 1989 in Publikationen an solche von 1983 an, bis hin zur Beibehaltung das Layouts, oft wurde nur der Name »Luther« gegen »Müntzer« ausgetauscht. Die touristische Werbung für »Reisen zu Müntzer« empfahl wie 1983 den Besuch der Lutherstätten (Fleischauer, Enkel [s. Anm. 522], 273). Und auch in diesem Fall wurde ein Film über die Jubiläumsfigur gedreht (a.a.O. 312f.).

[546] Wie ein Vertreter der mittlerweile erreichten differenzierteren Sicht der marxistischen Müntzerforschung gestand, gab es »[s]eit dem Lutherjubiläum breite Verunsicherung. Der ›Verräter‹ Luther ist hochgejubelt worden, deshalb muß jetzt mit beim Müntzerjubiläum ein

auch, während die Jubiläumsveranstaltungen der Wissenschaft[547] und der Kirche[548] andere Töne anschlugen, bei den Müntzerehrungen landauf, landab »weiterhin das Müntzerbild der Geschichtspropaganda«.[549] Noch einmal wurden neue Müntzerdenkmäler eingeweiht,[550] erhielt eine Stadt den Titel »Thomas-Müntzer-Stadt«.[551] Vor allem wurde in einem großen, von führenden Vertretern der SED getragenen Festakt am 14. September »das größte und teuerste Kulturprojekt der DDR«,[552] das Bauernkriegspanorama von Tübke, »in die Hände des Volkes übergeben.«[553] Das geschah bewußt drei Wochen vor dem 40. Jahrestag der DDR (7. Oktober), der in dasselbe Jahr wie das Müntzerjubiläum fiel, und der Festredner ließ es sich nicht nehmen, einmal mehr den zweiten deutschen Staat als Erfüllung der Vision Thomas Müntzers und der kämpfenden Bauern darzustellen.[554] All diese Feieraktivitäten wurden

---

Gegengewicht geschaffen werden. Es besteht eine große Erwartungshaltung« (zitiert bei Bräuer, Müntzer-Ehrung [s. Anm. 501], 1029).

[547] Insbesondere die Zentrale wissenschaftliche Konferenz der Akademie der Wissenschaften und des Ministerium für Hoch- und Fachschulwesen, die vom 29. August bis zum 1. September 1989 an der Universität Halle unter dem Titel *Thomas Müntzer – Geschichte und Wirkung* stattfand und an der auch Kirchenhistoriker und westdeutsche Historiker beteiligt waren, bemühte sich, »ein historisch vertretbares Müntzerbild anstelle des traditionellen«, ideologischen Bildes zu vermitteln (a.a.O. 1032; siehe auch Fleischauer, Enkel [s. Anm. 522], 278–280). Dazu gehörte die Wahrnehmung Müntzers als Theologen, wie sie sich besonders in den Biographien von Vogler und Brendler niederschlug (s. Anm. 538). Vgl. zur allmählichen Annäherung zwischen marxistischen und christlichen Müntzerforschern die Einleitung der gemeinsam von je einem Repräsentanten der einen und der anderen Gruppe verfaßten Müntzerbiographie, welche selbst Ergebnis dieses Prozesses ist: Siegfried Bräuer, Günter Vogler, Thomas Müntzer. Neu Ordnung machen in der Welt. Eine Biographie, Gütersloh 2016, 11–16.

[548] Auch die evangelische Kirche, die auf eine aktive Mitarbeit im staatlichen Müntzerkomitee verzichtete, ließ Müntzers 500. Geburtstag nicht stillschweigend vorübergehen. Vor allem veranstaltete der Bund der Evangelischen Kirchen (BEK) einen Kongreß, der vom 8.–10. Juni 1989 in Mühlhausen stattfand (Fleischauer, Enkel [s. Anm. 522], 305 f.; Bräuer, Müntzer-Ehrung [s. Anm. 501], 1035.1038). Sein Titel »Unsere Gegenwart und Gottes Zukunft. Müntzers Herausforderung als Anfrage an Kirche und Gesellschaft« zeigt an, daß es nicht in erster Linie um historische Aufarbeitung, sondern um eine Reflexion für die Gegenwart gehen sollte, wodurch sich die Möglichkeit ergab, auch auf die politische Lage jener Monate kurz vor dem Ende der DDR einzugehen. Bräuer spricht dem kirchlichen Kongreß, an dem auch Vertreter des Staates und marxistische Historiker teilnahmen, »eine gewisse stellvertretende Funktion in dieser Hinsicht« zu (a.a.O. 1035).

[549] Bräuer, Müntzer-Ehrung (s. Anm. 501), 1032. Das galt für die Veranstaltungen der hier für besonders zuständig erachteten Blockpartei *Deutsche Bauernpartei Deutschlands* (DBD) ebenso wie für die Veranstaltungen an der politischen Basis (Fleischauer, Enkel [s. Anm. 522], 306–311; Bräuer, Müntzer-Ehrung [s. Anm. 501], 1032.1036). Bräuer (a.a.O. 1032, Anm. 53) weist auf das »skurrile Ausschreiben« eines Schönheitswettbewerbes zur Wahl einer »Miss Thomas Müntzer« durch die LPG Thomas Müntzer in Mühlhausen hin, aus der dann auf Druck höherer Stellen eine »Miss Thuringia« wurde.

[550] Fleischauer, Enkel (s. Anm. 522), 288.

[551] Nämlich Müntzers Geburtsstadt Stolberg im Harz (a.a.O. 288).

[552] A.a.O. 299 (hier Genitiv).

[553] A.a.O. 297 (im Original kursiv). Zu diesem mit einer Massenkundgebung verbundenen Festakt und seiner Vorbereitung a.a.O. 291–299.

[554] Ibd. Der Festredner war, in Vertretung des erkrankten Honecker, der Chefideologe der Partei, Kurt Hager.

nach Plan abgespult, während auf den Straßen der DDR die staatskritischen Demonstrationen von Woche zu Woche anschwollen, mehr und mehr Bürger das Land verließen und dann, drei Tage vor Einweihung des Panoramas, Ungarn seine Grenzen öffnete. Und so fiel schließlich ausgerechnet jene Veranstaltung der »Agonie« des Staates[555] zum Opfer, die als Höhepunkt des Jubiläumsjahres geplant worden war, der Staatsakt am 20. Dezember, Müntzers vermutetem Geburtstag. Die Veranstaltung fand statt, doch ohne die führenden Größen der bisherigen Republik, denn sie waren nicht mehr im Amt. In einem kleinen Saal der Staatsoper durchgeführt, glich der Festakt einer »Geisterveranstaltung«,[556] von der auch in der Öffentlichkeit niemand mehr Kenntnis nahm.[557] Wie die DDR selbst im Jahre ihres Staatsjubiläums zerfiel, so »wurde das Müntzerjubiläum zum letzten Akt im Konstruktionsdrama einer gescheiterten Geschichtsinterpretation.«[558]

3.3. Das Melanchthonjubiläum von 1960

Bei Engels war Luther die Rolle des »Verräters« an den Interessen der aufständischen Bauern und »Plebejer«,[559] bei Abusch die Rolle des »Totengräbers«,[560] des Ausgangspunktes der deutschen Misere zugekommen. Eine bloß negative Sicht Luthers fand sich bei den tonangebenden Stimmen in der DDR gleichwohl selten und wurde auch von den Historikern im allgemeinen nicht geteilt.[561] Nicht nur wußte man Luthers Beitrag zur Auslösung der Reformation oder seine Verdienste um Sprache, Bildung u.a. zu würdigen. Sondern es galt angesichts der Bedeutung des Reformators auch als nicht opportun,

---

555 A.a.O. 271 und passim.

556 A.a.O. 299. Die Festrede hielt der Kulturminister der Übergangsregierung Modrow, Dietmar Keller, der Müntzer in die neue Situation der »Wende« hineinstellte. Müntzer repräsentiere nach wie vor die Hoffnung auf eine »gerechte Welt« – doch Luther stehe für deren Verwirklichung ohne Gewalt. Beides sei in der gegenwärtigen Lage gleich wichtig, und wenn man beides beachte, dann sei – worauf Keller noch hoffte – eine »Neugeburt der Deutschen Demokratischen Republik und Wiedergeburt der unvergänglichen Ideen des Sozialismus durch die Aktion der Massen« möglich (zitiert a.a.O. 302). Mit anderen Worten, das Volk, das nun tatsächlich von dem im Namen Müntzers gepriesenen revolutionären Geist gepackt war, wurde im Namen jenes Theologen zur Ordnung gerufen, der die Revolution als Mittel der Politik abgelehnt hatte.

557 Das galt auch für die vom 8. Dezember 1989 bis zum 28. Februar 1990 gezeigte Jubiläums-Ausstellung im Museum für Deutsche Geschichte, die schon mit ihrem theologischen Titel *Ich Thomas Müntzer, eyn knecht gottes* einen bemerkenswerten Akzent setzte (Bräuer, Müntzer-Ehrung [s. Anm. 501], 1034).

558 Fleischauer, Enkel (s. Anm. 522), 274.

559 MEW Bd. 7, 329. Zum Kontext vgl. Martin Roy, Luther in der DDR. Zum Wandel des Lutherbildes in der DDR-Geschichtsschreibung, Bochum 2000, 73–81; Brendler, Traditionskonflikt (s. Anm. 502), 28–30 weist darauf hin, daß diese Sicht, die Engels' Bauernkriegsdarstellung beherrscht, beim älteren Engels einer in der DDR lange unbekannten anderen, günstigeren Einschätzung der Reformation wich – die anzuführen wiederum der späteren DDR-Geschichtsschreibung Freiräume eröffnete.

560 Abusch (s. Anm. 497), 23.

561 Bräuer, Luther in marxistischer Sicht (s. Anm. 496), 7; Bartel, Lutherbild (s. Anm. 498), 13f.; Roy (s. Anm. 559), 90; Zimmering (s. Anm. 503), 186, Anm. 331.

dieses geschichtspolitische Potential brachliegen oder den Gegnern zu überlassen, wie schon 1953 im Zentralkomitee (ZK) der SED festgestellt wurde: »Luther ist bei uns eine Vorstellung, die wir benutzen müssen im Kampf gegen die Reaktion. Luther ist nicht eine Fahne, die wir der Reaktion überlassen.«[562] Das historiographische Paradigma, in dessen Rahmen die Aneignung Luthers schließlich systematisch geleistet wurde, war die »Frühbürgerliche Revolution«, ein Paradigma, das Reformation und Bauernkrieg als einen einzigen revolutionären Prozeß darstellte und erstere so als historisch notwendige und damit positive Etappe einzuschätzen erlaubte: Ohne die – erfolgreiche – bürgerliche Revolution gegen den Feudalismus, die in der Reformation und dem sie auslösenden Wirken Luthers gegeben gewesen sei, wäre die nächste revolutionäre Stufe, wie sie – noch erfolglos – der Bauernkrieg und Müntzer repräsentierten, nicht möglich gewesen. Kurz, mit dem Aufkommen dieses Paradigmas »begann das Tauwetter für das marxistische Lutherbild«.[563]

Das Paradigma *Frühbürgerliche Revolution* stellte mit mancherlei Entwicklungen und Modifikationen im Einzelnen von Beginn der 1960er Jahre bis zum Ende des Staates den Grundkonsens in der marxistischen Geschichtswissenschaft der DDR dar.[564] Seinen öffentlichkeitswirksamen Höhepunkt erlebte es im Reformationsjubiläum von 1967, dessen staatliche Feiern man geradezu als Zelebration der »Frühbürgerlichen Revolution« bezeichnen könnte. Zuvor wurde es allerdings präludiumsartig bereits bei einem anderen Jubiläums zur Geltung gebracht, das eine Gestalt der Wittenberger Reformation würdigte, bei dem 400. Todestag Philipp Melanchthons im Jahre 1960. Dessen 450. Geburtstag war 1947 noch in kleinem Rahmen rein lokal begangen worden, staatlicherseits mit einer Kranzniederlegung des Wittenberger Bürgermeisters und kirchlicherseits mit einem Festvortag, dazu mit einer Sonderausstellung in der Lutherhalle[565] und immerhin auch mit einer Würdigung in der wichtigsten Zeitung der SED, dem *Neuen Deutschland*.[566] 1960 sollte größer und zentral gefeiert werden. Das wollte schließlich der Staat der DDR ebenso wie die – gesamtdeutsche – evangelische Kirche der Union

[562] Paul Wandel, ZK-Sekretär für Kultur und Erziehung am 6.7.1953, zitiert bei Fleischauer, Enkel (s. Anm. 522), 68. Zur damals in der SED herrschenden Vision eines deutschen Nationalstaats unter sozialistischem Vorzeichen, für die Luther als nationalgeschichtliche Referenzfigur in den Spuren des alten »deutschen Luther« wichtig war, vgl. Bräuer, Luther in marxistischer Sicht (s. Anm. 497), 8–11; Müller (s. Anm. 505), 184–187.

[563] Brendler, Traditionskonflikt (s. Anm. 502), 36.

[564] Zur »Frühbürgerliche Revolution«, der Begriffsprägung durch Alfred Meusel und der konzeptionellen Ausgestaltung vor allem durch Max Steinmetz in den 60er Jahren vgl. Brendler, Traditionskonflikt (s. Anm. 502), 34–39, der auch auf die Einflüsse der sowjetischen Geschichtswissenschaft aufmerksam macht; Müller (s. Anm. 505), 186.217–223; Bräuer, Luther in marxistischer Sicht (s. Anm. 496), 12–17.

[565] Pasternack (s. Anm. 7), 40; Treu, Lutherhalle (s. Anm. 493), 116.

[566] Näheres bei Siegfried Bräuer, Das Melanchthonjubiläum 1960 in Wittenberg und Halle (in: LuJ 64, 1997, 87–126), 89f.

(EKU). Ausgangspunkt waren auf staatlicher Seite Bemühungen des marxistischen Historikers Leo Stern, die durch Nachrichten, die EKU wolle in Wittenberg eine Melanchthonfeier abhalten, an Gewicht gewannen, so daß es schließlich am 11. Dezember 1959 zur Konstitution eines staatlichen Komitees für die Vorbereitung des Jubiläums kam.[567] Auf kirchlicher Seite hatte man zunächst, abgesehen von einem Festakt der badischen Kirche in Melanchthons Geburtsstadt Bretten,[568] nur eine Feier in Wittenberg vorgesehen, die durch die provinzsächsische Kirche zusammen mit der Lutherhalle zu verantworten sei; doch führten hier Informationen über die staatlichen Aktivitäten zum Umdenken und zur Planung einer mehrtägigen Feier in Wittenberg im Namen der gesamten EKU unter Beteiligung aller Mitgliedkirchen, die so, wie es in der Einladung vom 17. Dezember 1959 hieß, »die Verbundenheit zwischen Ost und West zum Ausdruck bringen sollten« – die Jubiläumskonkurrenz stand in Staat wie Kirche sozusagen überkreuz bei der Festlegung des Formats der Feier Pate.[569] Dabei bemühte sich die staatliche Seite, die Kirche an ihrer Feier zu beteiligen, freilich nicht die gesamtdeutsche EKU, sondern nur die unierte Kirche der Provinz Sachsen. Die Kirche lehnte ab, sie wollte in Planung und Durchführung Herrin eigener Feiern sein und ihre eigene Sicht Melanchthons zur Geltung bringen.[570] Doch wurde vereinbart, die Veranstaltungen beider Seiten zeitlich so zu planen, daß wechselseitige Teilnahme möglich sei, zu der man einander auch einlud.[571]

Die kirchlichen Veranstaltungen, die alle in Wittenberg stattfanden, umfaßten die Tage von 19. bis zum 24. April und gliederten sich in vier Teile mit unterschiedlichen Adressaten.[572] Am ersten Tag begann man mit einem mu-

[567] Zur Ausgabe einer Melanchthonbriefmarke konnte man sich aber nicht durchringen, während in der Bundesrepublik eine solche erschien.

[568] Dazu waren alle Mitgliedskirchen der EKD eingeladen (Bräuer, Melanchthonjubiläum [s. Anm. 566], 95, Anm. 23). Auch andere Landeskirchen legten eigene Aktivitäten zum Jubiläum an den Tag. So präsentierte etwa die Hamburgische eine kleine Jubiläumsschrift: *Zum Gedenken an Philipp Melanchthon 1497–1560*, hg. i. A. des Kirchenrates der ev.-luth. Landeskirche im Hamburgischen Staat v. Hans Heesch, Hamburg 1960.

[569] Vgl. zu diesen Vorgängen Bräuer, Melanchthonjubiläum (s. Anm. 566), 89–95; Roy (s. Anm. 559), 108.

[570] Bräuer, Melanchthonjubiläum (s. Anm. 566), 102f.109.112. Auch eine gemeinsame Kranzniederlegung wurde zurückgewiesen – mit der lapidaren Antwort: »Die Kirche[n] werden keine Kränze niederlegen« (zitiert a.a.O. 107).

[571] A.a.O. 107. Allerdings gab es in dieser Hinsicht Spannungen, weil die Präsenz von Kirchenvertretern bei den staatlichen Veranstaltungen in den Augen der Partei zu wünschen übrig ließ (a.a.O. 112).

[572] Predigt, Vorträge und Referate dieser Veranstaltungen mit Ausnahme des letzten Tages abgedruckt in: Philipp Melanchthon. Forschungsbeiträge zur vierhundertsten Wiederkehr seines Todestages dargeboten in Wittenberg 1960, hg. v. Walter Elliger, Göttingen 1961. Zur sonstigen literarischen Ausbeute des Jubiläumjahres vgl. Wilhelm Hammer, Die Melanchthonforschung im Wandel der Jahrhunderte, Bd. 2: 1800–1965, Gütersloh 1968, Nr. 3769–4007 passim; Bd. 3: Nachträge und Berichtigungen 1519–1970, Gütersloh 1981, Nr. A 3770a-A 3918a; Pierre Fraenkel, Melanchthoniana Jubilaria I, Bibliothèque d'Humanisme et Renaissance. Travaux et Monuments 24, Nr. 2, 1962, 443–478. Zusammenfassend Robert

sikalisch reich ausgestalteten Gottesdienst in der Schloßkirche, bevor in der Stadtkirche ein von Präses Scharf eröffneter Festakt mit Festvortrag des Hallenser Professors für Systematischen Theologie Erdmann Schott und am Abend ein weiterer Vortrag des Anhaltinischen Kirchenpräsidenten folgten. Die nächsten beiden Tage waren einem theologischen Fortbildungskurs für die Pfarrer der provinzsächsischen und der anhaltinischen Landeskirche gewidmet, den Theologen aus der DDR und aus Westdeutschland bestritten. Die Fortsetzung bildete am 22. und 23. April eine Melanchthontagung der Sektion Kirchen in der DDR des Nordisch-Deutschen Konvents, auf der nicht nur Kirchenhistoriker aus beiden deutschen Staaten, sondern auch aus der Schweiz und aus Skandinavien auftraten. Den Schluß machte ein Propsteikirchentag für die Gemeinden der Region mit Gottesdiensten und einer Kundgebung in der Stadtkirche, beides unter starker Beteiligung skandinavischer Kirchenvertreter. Die Präsenz von westdeutschen und ausländischen Theologen konnte freilich nicht darüber hinwegtäuschen, daß die Einreisegenehmigung von seiten des Staates selektiv gewährt und – mehr als ein Jahr vor dem Mauerbau – nicht wenigen Westdeutschen und Ausländern versagt wurde.[573]

Die staatliche Melanchthonehrung fiel kürzer aus, sie umfaßte die Tage vom 19. bis zum 21. April und fand in zwei Städten statt, am ersten Tag in Wittenberg, dann in Halle.[574] Sie begann am 19. mit einer Festversammlung im Wittenberger *Haus der Schaffenden*, die mit Nationalhymne und dem ersten Satz aus der *Eroica* sowie Grußworten eingeleitet wurde und dann ihren Höhepunkt in einem Vortrag von Max Steinmetz, einem der Väter des Paradigmas der *Frühbürgerlichen Revolution*, hatte. Anschließend wurden Kränze an Denkmal und Grab Melanchthons niedergelegt. Am Abend gaben der Wittenberger Stadtrat und das staatliche Melanchtonkomitee einen Empfang. Die Veranstaltungen in Halle begannen am 20. mit einem Festakt in der Aula der Universität, in dessen Mittelpunkt der Festvortrag von Leo Stern stand, nach Eröffnung einer Melanchthonausstellung und einem Empfang des Kultusministers folgte am nächsten Tag, parallel zu einer Jubiläumsveranstaltung der Hallenser Theologischen Fakultät, ein mehrstündiges historisches Symposion über Melanchthon, bei dem auch osteuropäische Historiker, darunter Kirchenhistoriker, referierten und an dessen Diskussion sich ost- und westdeutsche Kirchenhistoriker beteiligten – eine einzigartige und für viele Jahre die einzige Diskussion dieser Art.[575]

Stupperich, Das Melanchthon-Gedenkjahr und sein wissenschaftlicher Ertrag (in: ThLZ 87, 1962, 241–254).

[573] Bräuer, Melanchthonjubiläum (s. Anm. 566), 102.

[574] Siehe dazu Helmut Meier, Gerd Voigt, Die Melanchthon-Ehrung der Deutschen Demokratischen Republik (19. April–21. April 1960) (in: ZfG 8, 1960, 1167–1172).

[575] Bräuer, Melanchthonjubiläum (s. Anm. 566), 121f.126; Roy (s. Anm. 559), 108f.; Meier, Voigt (s. Anm. 574), 1171f.

Die unterschiedlichen inhaltlichen Perspektiven zeigten sich schon an den Motti, denen das staatliche und das kirchliche Jubiläum folgten. Das staatliche war überschrieben »Melanchthon – Humanist, Reformator, Praeceptor Germaniae«, das kirchliche »Melanchthon – Theologe, Humanist, Pädagoge«. Der letzteren Sicht entsprachen die Vorträge am ersten Tag der kirchlichen Veranstaltungen, die »Melanchthon als evangelische[n] Theologe[n]« und »Melanchthon als evangelische[n] Christ[en]«[576] zum Thema hatten, auch die Pfarrerfortbildungstagung konzentrierte sich, ihrer Zielgruppe gemäß, vor allem auf die theologischen Dimensionen von Melanchthons Wirken, der für die Christen der Region ausgerichtete Propsteikirchentag zog mit der programmatischen Schlußkundgebung »Lasset uns halten an dem Bekenntnis!« die Linien bis in die kirchlich-gesellschaftliche Gegenwart aus – klangen doch in dieser Aufforderung unüberhörbar die Schwierigkeiten an, mit denen christliches Leben in der DDR konfrontiert war. Im engeren Sinne wissenschaftlich ausgerichtet war die Sektionstagung des Nordisch-Deutschen Konvents, der sich den Stand der Melanchthonforschung zu präsentieren bemühte.[577]

Die staatliche Feier hingegen zeichnete den Wittenberger Humanisten in ihr eigenes, auf den eigenen Staat hinführendes Geschichtsbild ein. Damit »begann die SED, Ergebnisse der DDR-Reformationsgeschichtsschreibung für die Staatspropaganda zu nutzen.«[578] Und sie rückte dabei erstmals die Reformation in jene Perspektive, die die DDR seit Beginn der 1960er Jahre und vollends seit dem Mauerbau mehr und mehr als zweite Grundlage ihrer Identität neben dem Marxismus betonte, die Perspektive des richtigen, von ihr vertretenen deutschen Nationalismus, gestützt auf den Anspruch, daß in ihr alle positiven Traditionen des – noch gesamtdeutsch verstandenen – deutschen Volkes aufgehoben seien.[579] Demgemäß hatte das Jubiläum, wie bei der Vorbereitung festgelegt wurde, eine doppelte wissenschaftlich-politische Aufgabe zu erfüllen: Zum einen müsse Melanchthon der »einseitig kirchlichen Betrachtungsweise [entrissen]« und auf der Grundlage des historischen Materialismus interpretiert werden, zum anderen sei er »im Rahmen der Pflege des nationalen Kulturerbes« zu würdigen, und dabei sei zu zeigen, »daß die DDR die Hüterin aller progressiven Traditionen der deutschen Nation ist.«[580] So führte Stern in seinem Jubiläumsvortrag »Melanchthon – Humanist, Reformator, Praeceptor«[581] aus, daß Melanchthon ungeachtet seiner zeit-, interes-

[576] Der erstgenannte war der von Erdmann Schott, abgedruckt in ELLIGER (s. Anm. 572), 151–160, der zweite der des anhaltinischen Kirchenpräsidenten Waldemar Schröter, abgedruckt a.a.O. 161–170.

[577] BRÄUER, Melanchthonjubiläum (s. Anm. 566), 114–118.

[578] ROY (s. Anm. 559), 124.

[579] Vgl. dazu das *Nationale Dokument* über die »Die geschichtliche Aufgabe der Deutschen Demokratischen Republik und die Zukunft Deutschlands« von 1962, in dem eben dieser Anspruch festgeschrieben wurde.

[580] BRÄUER, Melanchthonjubiläum (s. Anm. 566), 108. Vgl. ROY (s. Anm. 559), 108f.

sen- und klassengebundenen Beschränkung »weit über Luther« anzusetzen sei, denn er habe dank seiner besonderen »Eigenschaften, Fähigkeiten und Leistungen«[582] der »bürgerlich-evangelischen Richtung« ihre vollendete Form«[583] gegeben, deren überbietende Vollendung in der DDR gegeben sei.[584] Während das neue Paradigma der »Frühbürgerlichen Revolution« bei Stern nur am Rande eine Rolle spielt, wird Steinmetz' Wittenberger Festvortrag von ihm beherrscht; Melanchthon erscheint hier ganz in diesen Rahmen gestellt. Nach Steinmetz hat der zweite Wittenberger Reformator die von Luther eingeleitete bürgerliche Revolution auf die Reform der Bildung reduziert und so das sozialrevolutionäre Potential dieser Umwälzung vollends preisgegeben. Doch obwohl damit ganz Repräsentant der »ob ihrer Halbheiten und Feigheiten geschlagenen Klasse« des höheren Stadtbürgertums, habe Melanchthon in seinem humanistisch-rationalen Denken ein Erbe hinterlassen, das zu schätzen sei und das in der veränderten politischen und sozialen Welt der Gegenwart, d.h. in der DDR, schließlich seine umfassende Verwirklichung erlangt habe.[585]

3.4. Das Reformationsjubiläum von 1967

Die beiden Melodien, die beim staatlichen Melanchthonjubiläum noch vorsichtig angestimmt wurden, sollten beim Jubiläum sieben Jahre später die ganze Partitur bestimmen, das Paradigma »Frühbürgerliche Revolution« und der Anspruch auf das nationale Erbe. Die Reformation und Luther zu feiern, war nur zu rechtfertigen, war aber deshalb auch wirklich zu rechtfertigen, weil die Reformation und das Auftreten des Wittenberger Reformators die erste Stufe der Frühbürgerlichen Revolution bildete und damit der Bedeutung Müntzers und des Bauernkrieges nicht widersprachen, sondern dialektisch mit ihnen verbunden waren[586] – so die Perspektive, die das staatliche Jubiläum

---

[581] Die ausführliche Fassung des Vortrags ist zusammen mit den anderen Beiträgen der Hallenser Jubiläumstagung und weiteren Aufsätzen abgedruckt in der Jubiläumsfestschrift des Melanchthon-Komitees der DDR, Bd. 1 (Bd. 2 erschien nie): Philipp Melanchthon – Humanist, Reformator, Praeceptor Germaniae, Berlin 1963, 1–72 (auch als separate Melanchthon-Festgabe mit demselben Titel erschienen: Halle 1960). Zitate im Folgenden nach dem Festschriftartikel.

[582] A.a.O. 12.

[583] A.a.O. 25.

[584] A.a.O. 60.72. Auffällig ist, daß Stern in seiner Polemik gegen die »bürgerliche« Geschichtsschreibung und Kirchengeschichtsschreibung mit Nachdruck gegen das im Westen angeblich grassierende Bild des »katholischen Luther« wettert, ein Bild, das mit der theologischen Kapitulation des Protestantismus vor dem Katholizismus die politische Kapitulation in der BRD verbinde. Dem stehe mit dem reformatorischen Luther und dem Humanisten Melanchthon die Tradition der mehrheitlich protestantischen, humanistischen DDR gegenüber (a.a.O. 61–72; vgl. Roy [s. Anm. 559], 109f., dort auch die weitere Entwicklung dieses historisch-politischen Arguments bei Stern und im Folgenden [111] die Nähe zu der theologischen Konzeption der linksbarthianischen Berliner Theologin Rosemarie Müller-Streisand).

[585] Zitate dieser ungedruckten Rede bei Bräuer, Melanchthonjubiläum (s. Anm. 566), 111.

beherrschen und die durch das Jubiläum endgültig etabliert werden sollte.[587] Die Rede von Luther dem »Volksverräter« war überholt,[588] der Reformator war nun, bei all seinen bürgerlichen Grenzen, ein »Großer«, wie die pünktlich zum Jubiläum erschienene erste Lutherbiographie aus der Feder eines marxistischen Historikers, *Martin Luther. Größe und Grenze* von Gerhard Zschäbitz, schon im Titel deutlich machte.[589] Das bedeutete freilich, wie unzweideutig festgelegt wurde, daß Luther und die Reformation ganz unter ökonomisch-politischen Gesichtspunkten zu betrachten und zu würdigen waren, daß die religiös-theologische Seite keine eigenständige Rolle zu spielen hatte.[590] Daß sich die Kirche auf diese Sicht nicht einzulassen vermochte und

---

[586] »Wir feiern im Jubiläumsjahr 1967 den Thesenanschlag nicht nur als Beginn einer kirchlichen Erneuerungsbewegung [...], sondern wir gedenken der Reformation als einer revolutionären Bewegung, als des ersten Aktes der frühbürgerlichen Revolution in Deutschland, als des Beginns der gewaltigsten Massenbewegung unserer älteren Nationalgeschichte, die im Bauernkrieg gipfelte und in der dialektischen Einheit von Luther und Müntzer, von Reformation und Bauernkrieg einen der großartigsten Versuche der demokratischen Kräfte zur Umgestaltung nicht nur der Kirche, sondern auch der sozialen und politischen Verhältnisse in unsrem Vaterlande darstellte« (MAX STEINMETZ, Die nationale Bedeutung der Reformation, in: 450 Jahre [s. Anm. 613], 44–57, hier: 47f.). »Müntzer und der Bauernkrieg zeigten nur, welche Möglichkeiten Luther und die Reformation für die Gesellschaft eröffnet hatten; und zwar [...] als notwendige Auslöser eines Prozesses, der sie mit Resultaten rechtfertigte, die sie politisch-moralisch verwarfen. Luther und Müntzer, Reformation und Bauernkrieg gehören als notwendige, einander bedingende Glieder eines einheitlichen, dialektisch strukturierten revolutionären Prozesses objektiv zusammen. [...] Mögen sich Luther und Müntzer theologisch und politisch bekämpft haben – historisch gehören sie zusammen. Hier waltet keine triviale Freund-Feind-Relation, sondern echte geschichtliche Dialektik. Wer den einen bejaht, braucht den anderen nicht zu verdammen. Hier gilt es nicht, nachträglich über die Geschichte zu richten, sondern das Geschehene in seiner Gesetzmäßigkeit zu erfassen und ihm gerade dadurch Gerechtigkeit widerfahren zu lassen« (GERHARD BRENDLER, Reformation und Fortschritt, in: 450 Jahre [s. Anm. 613], 58–69, hier: 66f.). Von dieser Maxime aus kann der Autor des letzten Zitates sogar zu der Feststellung kommen: »Die Reformation war frühbürgerliche Revolution. Aber sie war nicht nur dies. In ihren subjektiven Intentionen wie auch in den tatsächlichen Resultaten wahrte sie ein gewisses Eigengewicht. Luther ging es um das Evangelium! Man sollte ihm dies glauben, ohne zugleich seine Illusionen zu teilen. Die relative Selbständigkeit ideologischer Phänomene wirkte sich hier aus. Sie erklärt zu einem guten Teil Luthers Verhalten beim weiteren Voranschreiten der revolutionären Bewegung« (a.a.O. 65f.). Das sind Töne, wie man sie auch in der aus demselben Jahr stammenden Lutherbiographie von Zschäbitz (s. Anm. 589) vernehmen konnte und wie sie dann insbesondere in Brendlers eigener Lutherbiographie von 1983 zu hören sein sollten (siehe unten).

[587] So insbesondere die Jubiläumsstrategie von Steinmetz, ROY (s. Anm. 559), 162–167.

[588] So wurde von politischer Seite die Weisung gegeben, daß »der späte Luther und auch der Luther des Bauernkrieges in den Hintergrund [zu] treten« habe (MÜLLER [s. Anm. 505], 225).

[589] Teil 1: 1483–1526, Berlin 1967. Ein zweiter Teil erschien nicht. Zu den bemerkenswerten Zügen und den Grenzen von Zschäbitz' Werk: BRÄUER, Luther in marxistischer Sicht (s. Anm. 496), 18–20, ROY (s. Anm. 559), 155–161 und MÜLLER (s. Anm. 505), 233f.

[590] Vgl. den SED-internen »Entwurf einer politisch-ideologischen Konzeption zur Vorbereitung und Durchführung des 450. Jahrestages der Reformation«, der bei ROY (s. Anm. 559, 311–316, Dok. 1) ediert ist. Dort heißt es, daß eine »Theologisierung« der Reformation, wie man sie bei den »reaktionären westdeutschen Ideologen und Meinungsmachern« finde, auf jeden Fall vermieden werden müsse (312) und Luthers theologische Kritik vielmehr als

bei ihrer eigenen Jubiläumsfeier eine andere zur Geltung bringen würde, war selbstverständlich.[591]

In dieser Weise angemessen eingeordnet, konnte die Reformation aber nun eben als Teil des fortschrittlichen nationalen Erbes gewürdigt werden, das die DDR für sich reklamierte. Ja, der 450. Jahrestag der Reformation sollte nach parteiamtlichem Willen als eines, das wichtigste, von drei nationalen Jubiläen begangen werden, zusammen mit dem 900. Jubiläum der Wartburg und dem 150. des Wartburgfestes von 1817.[592] Just in dem Jahr gefeiert, in dem die DDR eine eigene Staatsbürgerschaft einführte, würde das dreifache nationale Fest gerade diesen Staat als Erben aller positiven deutschen Traditionen und so als Vorhut zu deren einstiger Einlösung für alle Deutschen erweisen – in scharfem Gegensatz gegen den westdeutschen Staat, der mit seinen »antikommunistischen und antidemokratischen Ideen vom ›gemeinsamen Europa‹, von der Verteidigung des Abendlandes« und seinem »klerikal-militaristischen System« die schlechten Traditionen der deutschen Geschichte repräsentiere und das durch seinen – unsachgemäßen – Rückgriff auf die Reformation absichere.[593] Ja, das Jubiläum der »Frühbürgerlichen Revolution« würde noch einen besonderen Akzent setzen, der besonders gut zu der Tatsache paßte,

---

Attacke auf die Kirche »als das ideologische Zentrum des Feudalismus« zur Geltung gebracht werden müsse (313, dort im Genitiv). Freilich schloß diese Maßgabe nicht aus, daß einzelne marxistische Historiker einen relativen Eigenwert des Theologischen einräumten, wie an den oben Anm. 586 zitierten Sätzen Brendlers und in der Lutherbiographie von Zschäbitz zu sehen ist. Diese Lockerung innerhalb des als Rahmen festgehaltenen Paradigmas der *Frühbürgerliche Revolution* setzte sich vor allem in den 1980er Jahren fort und erlaubte zunehmend auch, Müntzer als Theologen zu sehen.

[591] Es wurde von staatlicher Seite versucht, Kirchenvertreter in das eigene Vorbereitungskomitee einzubinden, worauf sich schließlich auch der Magdeburger Bischof Jänicke einließ – nur um unter Protest wieder auszusteigen, als von staatlicher Seite das marxistische Bild der Reformation als allgemeines verbreitet und der kirchlichen Sicht kein Platz in den Medien eingeräumt wurde (Wolfgang Flügel, Konkurrenz um Reformation und Luther. Die Konfessionsjubiläen der Kirchen und der SED in den Jahren 1967 und 1983, in: Tanner, Ulrich, Spurenlese [s. Anm. 263], 239–285, hier: 255; siehe auch Horst Dohle, Die Luther-Ehrung und die Kirchenpolitik der DDR, in: Dähn, Heise [s. Anm. 502], 53–98, hier: 55). Um den Staat, für dessen ohnehin nicht sonderlich erfolgreiche Einbindungsstrategie der Austritt Jänickes ein schwerer Schlag war, nicht zusätzlich zu reizen, wurde dieser Schritt des Bischofs damals nicht öffentlich bekanntgemacht (Roy [s. Anm. 559], 167, Anm. 809).

[592] Brendler, Traditionskonflikt (s. Anm. 502), 44. Das Wartburgjubiläum beging auch die thüringische Landeskirche mit einem dreitätigen Fest (4.–7. Mai 1967), in dessen Mittelpunkt die Erinnerung an Luthers auf dieser Burg entstandene Übersetzung des Neuen Testamentes stand (Erwin Wilkens, Die Kirchen in der Deutschen Demokratischen Republik, in: KJ 94, 1967, 178–319, hier: 189).

[593] So Steinmetz brieflich im Vorfeld des Jubiläums, zitiert bei Müller (s. Anm. 505), 227. Vgl. auch Gerhard Brendler, Argumentation. Warum feiert die Deutsche Demokratische Republik 450 Jahre Reformation?, hg. v. der SED-Kreisleitung Wittenberg, erarbeitet v. Gerhard Brendler, Wittenberg 1967, 30f.: Gegenüber der »antinationalen« Politik der Bundesrepublik und der dort gegebenen »Überfremdung der deutschen Kultur« durch amerikanische Einflüsse und Schund sei es »ein Glück für das deutsche Volk«, daß die DDR existiere, die die »Errungenschaften der deutschen Nationalgeschichte« bewahre und verteidige.

daß im selben Jahr 1967 auch der 50. Jahrestag der Russischen Revolution gefeiert wurde: Es würde zeigen, daß das deutsche Erbe weit über den nationalen Horizont hinaus zum Ausgangspunkt der neuzeitlichen Revolutionsgeschichte überhaupt geworden sei. Anstoß auch für zwei weitere Etappen im Kampf gegen den Feudalismus, den das Bürgertum kämpfte, die Englische und die Französische Revolution, und letztlich die Voraussetzung für das ultimative revolutionäre Ereignis, eben die russische Oktoberrevolution, war in dieser Sicht die deutsche Revolution des 16. Jahrhunderts die Mutter des gesamteuropäischen, ja des weltweiten sozialen und politischen Fortschritts[594] – so die deutsch-marxistische Variante des Paradigmas von der Reformation als Ursprung der Neuzeit. Sie erlaubte es, den Anspruch auf das nationale Erbe mit dem Anspruch auf weltweite Bedeutung zu verbinden. Das wissenschaftliche Symposion, das für das Jubiläum geplant wurde, sollte schließlich auch unter dem Titel »Weltwirkung der Reformation« stehen.[595]

Daß die DDR das Reformationsjubiläum von 1967 mit einer großen, zentralen Feier beging, dazu gab den Anstoß wie 1960 wohl erneut die Feierkonkurrenz mit der Kirche. Zunächst hatten die führenden Historiker vor, anläßlich des Jubiläums eine wissenschaftliche Würdigung der Reformation nach Art des Melanchthonsymposions von 1960 zu veranstalten. Doch stießen sie bei der Führung der SED, der sie ihre Vorstellungen 1964 unterbreiteten, auf Ablehnung; so weit war die neue Bewertung der Reformation noch nicht durchgedrungen.[596] Das änderte sich im folgenden Jahr; offenbar hatte man erfahren, daß die Kirche eine große Veranstaltung plane, und sah sich unter Zugzwang. Nun sollte es nicht nur eine akademische Veranstaltung sein, sondern ein »nationales« Großereignis unter staatlicher Ägide, für das 1966 das Politbüro Inhalte und Inszenierungsformen vorgab und die Einsetzung verschiedener Gremien für die Planung sowie eines »Komitees der Deutschen Demokratischen Republik für die zentralen Veranstaltungen anläßlich des 450. Jahrestages der Reformation« beschloß.[597] Zu dessen Leiter

[594] Bei der *Frühbürgerlichen Revolution* in Deutschland handele es sich »um den Beginn einer langen Kette von Klassenkämpfen mit Niederlagen und Erfolgen, als deren Höhepunkt die sozialistische Revolution zu betrachten ist, die seit dem Sieg der Großen Sozialistischen Oktoberrevolution vor nunmehr 50 Jahren das Antlitz dieser Erde erneuert« (STEINMETZ, Nationale Bedeutung [wie Anm. 586], 49f.). MÜLLER (s. Anm. 505), 228f., sieht im Lobpreis der in Deutschland abgelaufenen *Frühbürgerlichen Revolution* als Ausgangspunkt der gesamten europäischen revolutionären Entwicklung die ideologische Begleitmusik zu den »Selbständigkeitsbestrebungen gegenüber der Sowjetunion«, die die Politik der DDR in jenen Jahren aufwies.

[595] Weltwirkung der Reformation. Internationales Symposion der 450-Jahr-Feier der Reformation in Wittenberg vom 24. bis 26. Oktober 1967. Referate und Diskussionen, hg. v. Max Steinmetz u. Gerhard Brendler, zwei Bände, Berlin 1969. Mit der Rede von den »Weltwirkungen«, die auf Steinmetz zurückging, kehrte der marxistische Historiker, der einst Schüler von Gerhard Ritter gewesen war, zu einem Thema seines Lehrers zurück, wenn nun auch unter ganz anderem historiographischem Vorzeichen.

[596] FLÜGEL, Konkurrenz (s. Anm. 591), 247.

[597] A.a.O. 247f.; vgl. ROY (s. Anm. 559), 149.

ernannte man den Vorsitzenden der Blockpartei CDU, Gerald Götting, den man gern für kirchenbezügliche Aufgaben verwendete, um die SED im Hintergrund zu halten. Eine gewisse Ironie lag in der Tatsache, daß der 31. Oktober als staatlicher Feiertag abgeschafft wurde und ausgerechnet 1967 zum ersten Mal ein Arbeitstag sein sollte.[598]

Unterdessen gewannen auch die kirchlichen Planungen Gestalt. Den Anfang machten 1965 die östlichen Gliedkirchen der EKU, die sogleich die östlichen Kirchen der Vereinigten Evangelisch-Lutherischen Kirche Deutschlands (VELKD) mit ins Boot holten und mit ihnen einen gemeinsamen Vorbereitungsausschuß bildeten. Man handelte in Abstimmung mit den westlichen Gliedkirchen der beiden Bünde, die keine eigenen zentralen Veranstaltungen planten, denn die Feiern in der DDR sollten die der ganzen EKD sein, die damals noch eine gesamtdeutsche Institution war[599] – eine Institution freilich, die gerade in jenen Jahren von seiten der DDR unter immer stärkeren Druck geriet,[600] was man gerade bei dem Jubiläum schmerzlich erfahren würde. Außerdem sollten die internationalen konfessionellen und ökumenischen Institutionen Lutherischer Weltbund (LWB), Reformierter Weltbund (RWB) und Weltrat der Kirchen (WRK) beteiligt werden. Eine große Zahl von Einladungen zu den kirchlichen Jubiläumsfeiern gingen an Vertreter verschiedener Kirchen in aller Welt. Geplant waren ein zentraler kirchlicher Festakt in Wittenberg am Jubiläumstag 31. Oktober selbst und zwei vorgeschaltete Veranstaltungen, ein zentraler Gemeindetag der Christen der DDR in Leipzig am 28. und 29. sowie ein Ökumenischer Tag am 30. Oktober.[601]

Doch machte der Staat der Kirche mehrere Striche durch die Rechnung. Zwar gelang es ihm nicht, sie in seine Planung einzubinden und seine Sicht der Reformation auf Kosten der kirchlichen als die allgemeine zu präsentieren.[602] Doch setzte er seine Machtmittel erfolgreich ein, um Jubiläumsveranstaltungen der Kirche zu stören oder ganz zu unterbinden und um Zahl und Zusammensetzung der auswärtigen Teilnehmer zu bestimmen. So wurde der Leipziger Gemeindetag, für den mit 20 bis 25000 Teilnehmern zu rechnen

---

[598] Wilkens (s. Anm. 592), 205.

[599] A.a.O. 190: »Die Organe der EKD haben sich bei der Vorbereitung und Durchführung der Feiern von vorneherein größte Zurückhaltung auferlegt [...]. Wollte die EKD auch hier ihre Ost-West-Gemeinschaft bewähren, dann mußte sie den Kirchen in der DDR die Ausrichtung der zentralen Veranstaltungen an den dort gelegenen Stätten der Reformation überlassen und auf eigene Ersatzveranstaltungen verzichten.« Es waren in Westdeutschland nur regionale Jubiläumsveranstaltungen vorgesehen, mit der ausdrücklichen Maßgabe, den 31.10. als Tag der zentralen Feier in Wittenberg freizuhalten (Flügel, Konkurrenz [s. Anm. 591], 250, Anm. 48). Vgl. dazu Claudia Lepp, Erinnerungsgemeinschaft? Die innerdeutschen Kirchenbeziehungen am Beispiel der Reformationsfeierlichkeiten 1967 und des Lutherjubiläums 1983 (in: Scheunemann, Reformation und Bauernkrieg [s. Anm. 426], 133–148), 135f.

[600] Vgl. dazu Rudolf Mau, Der Protestantismus im Osten Deutschlands (1945–1990), Leipzig 2005, 92–101 (Kap. 3C).

[601] Vgl. Flügel, Konkurrenz (s. Anm. 591), 249.

[602] Vgl. Anm. 591.

war, als öffentliche Selbstdarstellung des Gesamtprotestantismus verboten, durften nur dezentrale Gemeindetage abgehalten werden.[603] Andere kirchliche Veranstaltungen wurden durch auf dieselbe Zeit gelegte staatliche Akte verdrängt.[604] Vor allem aber schloß der Staat durch Einreiseverbote eine große Zahl der von der Kirche Geladenen von der Teilnahme aus. Statt der 800 Gäste, die vorgesehen waren, konnten schließlich weniger als 200 einreisen, kein Vertreter der EKD,[605] nur solche einzelner westdeutscher Landeskirchen, und auch aus dem Ausland nur eine geringe Zahl.[606] Strikte Aufenthaltsbeschränkungen machten überdies Kontakte mit den einheimischen Christen und eine Teilnahme an den lokalen Kirchentagen unmöglich.

Im Blick auf den äußeren Ablauf konnte der Staat sich als Sieger in der Jubiläumskonkurrenz sehen. Stolz spiegelte er sich in einer Feier, welche nach acht früheren Jahrhundert- und Halbjahrhundertfesten der Reformation die erste sei, die »den Mißbrauch des Reformationsgedankens [verhindere]«, weil sie – »wenn auch nur in diesem Teil des durch den Imperialismus gespaltenen Deutschland« – »im Geist des Friedens und der Völkerfreundschaft [...] und bar jedes Revanchismus und Nationalismus« vorbereitet worden sei und durchgeführt werde.[607] Die Sicht der deutschen Geschichte, die hinter diesem Anspruch stand, wurde in der klassischen Jubiläumsform des historischen Festzuges inszeniert: 54 zu 14 thematischen Komplexen geordnete Festwagen wurden am 31. Oktober von Pferden durch Wittenberg gezogen und präsentierten vor – wie es hieß – 70000 Zuschauern einen Bilderreigen, der von der Unterdrückung des Volkes durch »weltliche und geistliche Feudalgewalten« im Mittelalter über Reformation und Bauernkrieg bis zum »neuen Leben« in »Frieden, Demokratie und Sozialismus« reichte.[608] Hans-Sachs-Spiele und ein

---

[603] Roy (s. Anm. 561), 166, Anm. 805. Wie Flügel, Konkurrenz (s. Anm. 591), 258f. zeigt, war ein wesentlicher Grund für dieses Verbot die Angst, die kurz darauf geplanten Veranstaltungen zum 50. Jahrestag der Oktoberrevolution könnten durch geringere öffentliche Beteiligung blamiert werden.

[604] A.a.O. 257. Um die Priorität der staatlichen Feiern sicherzustellen, wurde auch alles darangesetzt, daß sie vor den kirchlichen begannen (Roy [s. Anm. 559], 165).

[605] Um das trotz aller Restriktionen gewollte Fest nicht zu gefährden, erklärte der Vorbereitungsausschuß, er plane nicht im Auftrag der EKD. Zu diesem und anderen Zugeständnissen der Kirche gegenüber dem Staat der DDR, die auch zu Kritik innerhalb der westdeutschen kirchlichen Presse führten, vgl. Lepp (s. Anm. 599), 138f.

[606] Einzelheiten zu den Einreisebeschränkungen in Wilkens (s. Anm. 593), 190f.205f. und bei Flügel, Konkurrenz (s. Anm. 591), 259–261. Die Kirche reagierte mit der Drohung großer Jubiläumsfeierlichkeiten in Westdeutschland, die dann die internationale Aufmerksamkeit und Beteiligung von den Feiern in der DDR abziehen würden, ja mit der gesteigerten Drohung, die Wittenberger Jubiläumsfeier überhaupt abzusagen. Doch erreiche sie nur geringe Zugeständnisse. Zu den Mitteln, mit denen die Gästezahl reduziert wurde, a.a.O. 260f.

[607] So die Begrüßung der Teilnehmer an dem Jubiläumssymposion »Weltwirkung der Reformation« durch den Staatssekretär Horst Brasch (in: Weltwirkung [s. Anm. 595], Bd. 1, 1–3), 2f.

[608] Flügel, Konkurrenz (s. Anm. 591), 256, Anm. 74. Zeugen berichteten, daß die Wagen zu geschichtlichen Ereignissen der Vergangenheit auf großes Interesse gestoßen seien, bei

am Spieß gebratener Ochse auf dem Marktplatz[609] sollten ebenso wie ein Feuerwerk[610] die Begeisterung noch steigern. Ein Empfang, den Götting gab und mit einer Rede über »Reformation und Revolution« einleitete, unterstrich den Anspruch des Staates auf das Jubiläum und auf die Deutung der Reformation.[611] Die wissenschaftliche Variante dieser Deutung war einige Tage zuvor (24.–26. Oktober) im großen Hörsaal der alten Wittenberger Universität geboten worden, auf dem plangemäß abgehaltenen Symposion über die »Weltwirkung der Reformation«; dabei konnte man auch eine gewisse – freilich fast[612] ausschließlich den Ostblock repräsentierende – internationale Beteiligung verzeichnen. Schon im Vorfeld war eine Festschrift unter dem Titel *450 Jahre Reformation* erschienen,[613] der später die zweibändige Tagungsdokumentation an die Seite trat. Die Tagung war, ebenso wie die Festschrift, keineswegs lutherzentriert; gemäß der Maxime, »[i]m Mittelpunkt unseres Gedenkens steht kein verzweifelter Gottessucher, sondern das kämpfende Volk«,[614] wurde vielmehr plangemäß die Konzeption der »Frühbürgerlichen Revolution« als die angemessene Deutung der Reformation in Deutschland präsentiert[615] und in das Panorama der internationalen Reformations- und Revolutionsgeschichte gestellt sowie als Referenzpunkt des sozialistischen deutschen Staates zur Geltung gebracht. »Luther und Müntzer, Erasmus und Melanchthon, Butzer und Karlstadt, Dürer und Grünewald, Seb. Franck und Hans Sachs, Seb. Münster und Georg Agricola – sie alle« hätten nicht nur »die Welt- und Nationalkultur bereichert, sondern auch und vor allem am Beginn der Neuzeit das Tor aufgerissen zu einer Entwicklung, als deren legitimer Erbe und Vollender die sozialistische Deutsche Demokratische Republik und mit ihr alle sozialistischen Staaten die 450Jahrfeiern der Reformation würdig begehen.«[616]

---

jenen aber, die die fortschrittliche Gegenwart präsentierten, seien die Leute weggegangen oder hätten kritische Kommentare von sich gegeben (KJ 94, 1967, 210).

[609] A.a.O. 205.

[610] Anneliese Vahl, Reformation nach 450 Jahren. Ein Rückblick auf die zentralen kirchlichen Veranstaltungen in Wittenberg (in: Lutherische Rundschau 18, 1968, 173–180), 177.

[611] Ibd. Die Rede ist abgedruckt in KJ 94, 1967, 192–204.

[612] Es gab auch einen Teilnehmer aus den USA (in: Weltwirkung [s. Anm. 595], Bd. 1, 4), der sogar auf Englisch referierte (Claude Forster über Johannes Bünderlin, a.a.O. 263–270).

[613] 450 Jahre Reformation, hg. v. Leo Stern u. Max Steinmetz, Berlin 1967.

[614] So die Begrüßung durch den Wittenberger Bürgermeister Siegfried Merker (in: Weltwirkung [s. Anm. 595], Bd. 1, 4–6), 5.

[615] Zu den gleichwohl bestehenden Differenzen unter den DDR-Historikern vgl. Roy (s. Anm. 559), 163–165.175.

[616] So der Schluß des Eingangsvortrags von Max Steinmetz, Weltwirkung der Reformation (s. Anm. 595, 7–56), 46. Fast wörtlich gleich der Schluß seines Beitrages zur Jubiläumsfestschrift: Die nationale Bedeutung der Reformation (s. Anm. 586), 57. Wie dieser Beitrag, so konzentriert sich die ganze Festschrift auf die nationale Perspektive der »Frühbürgerlichen Reformation«, die unter vielen, auch kulturellen Gesichtspunkten betrachtet wird. Damit spiegelt die Festschrift, deren Beiträge vor 1967 verfaßt wurden, noch den

Auch wenn die kirchlichen Feiern[617] in mancher Hinsicht schmerzlich beschnitten worden waren, ließen sich deren Akteure nicht daran hindern, das, was möglich war, auszureizen. Auch die stark beschränkte Gästeschar war noch in einem Maße international, wie es die Teilnehmerschaft bei den staatlichen Veranstaltungen nicht zu sein vermochte, vereinigte Europäer mit Nord- und Lateinamerikanern, Asiaten und Afrikanern. Und auch wenn die verhängten Aufenthaltsbeschränkungen es unmöglich machten, daß diese Gäste an den Jubiläumsveranstaltungen überall im Lande teilnahmen und in Kontakt mit den einheimischen Christen dort kamen, führte die lange Reihe der Amtsträger in ihrer unterschiedlichen Gestalt und ihren unterschiedlichen Gewändern, die durch das kleine Wittenberg zu den Gottesdiensten zogen, der Umwelt die Weite der Christenheit handgreiflich vor Augen. Dabei war die Gästeschar nicht nur international, sie war auch ökumenisch; neben Repräsentanten verschiedener protestantischer Kirchen waren Vertreter der anglikanischen und der orthodoxen Kirche, ja auch Katholiken anwesend[618] – ein Niederschlag des zwei Jahre zuvor zuende gegangenen Zweiten Vatikanischen Konzils und seiner Aufbruchsstimmung auch im Verhältnis zu den anderen Kirchen.[619] Höhepunkt des Jubiläums waren die Festgottesdienste am 31. Oktober in den Wittenberger Kirchen; angesichts des Andrangs, den die Kirchen nicht fassen konnten, genehmigte der Staat die Übertragung eines Gottesdienstes auf den Marktplatz. Vorausgegangen war am 28. Oktober ein Gemeindejugendtag unter dem Motto »Reformation konkret und konsequent«, der 1600 junge Leute aus den Landeskirchen, den Freikirchen und auch aus der römisch-katholischen Kirche versammelte und in einen großen Abendmahlsgottesdienst mündete. Auf einen Empfang für die in- und ausländischen Gäste[620] am nächsten Abend folgte am 30. Oktober ein Ökumenischer Studientag, dessen Referate von skandinavischen Theologen bestritten

---

Zugang zu dem Jubiläum vor der Hinwendung zur »Weltwirkung« (vgl. dazu Brendler, Traditionskonflikt [s. Anm. 502], 44). Weniger ideologisch festgelegt als die Tagung, enthält sie auch den Beitrag eines Theologen (Erdmann Schott, Die theologische Bedeutung der 95 Thesen).

[617] Zu ihnen: Vahl (s. Anm. 610). Die folgenden Ausführungen stützen sich, wo nicht anders vermerkt, auf diesen Artikel.

[618] Wilkens (s. Anm. 592), 206.

[619] So schickte Augustin Kardinal Bea, der Präfekt des römischen Einheitssekretariats, dem Lutherischen Weltbund anläßlich des Jubiläums eine Grußbotschaft (Vahl [s. Anm. 610], 175).

[620] Dank der Präsenz der internationalen, speziell der skandinavischen Gäste wurde die Jubiläumsfeier zum Ausgangspunkt für die Entstehung des später durch wichtige reformationsgeschichtliche Editionen und Studien hervorgetretenen TARF (Theologischer Arbeitskreis für reformationsgeschichtliche Forschung) der EKU: Er geht auf einen internationalen ökumenischen Arbeitskreis zurück, der sich am Rande des Jubiläums – wie es hieß, »spontan« – zum Schutz der Wittenberger Lutherhalle vor drohender Vereinnahmung durch den Staat und ideologischer Umgestaltung in ein Museum für Frühbürgerliche Revolution zusammenfand (Siegfried Bräuer, Der TARF. Von seiner »spontanen Entstehung« bis zum Anfang der siebziger Jahre, in: HerChr 34/35, 2010/2011, 231–255).

wurden. Ein Gemeindetag in der Stadtkirche richtete sich an die Christen am Ort. Das galt auch für den Gemeindestudientag, der vom 1.–3. November abgehalten wurde – eine der lokalen Veranstaltungen, die an die Stelle des eigentlich geplanten, aber untersagten großen Gemeindetags in Leipzig traten. Die Vorträge, die hier von ost- und westdeutschen und von ausländischen Theologen gehalten wurden,[621] waren von systematischen Fragen bestimmt, es ging um die Relevanz der Reformation für die Gegenwart und weniger um einen Rückblick auf das 16. Jahrhundert.[622] Der Studientag war so stark besucht, daß er in die Stadtkirche verlegt werden mußte. Am meisten Zulauf fanden allerdings die Auslegungen biblischer Texte, die alle Tage durchzogen, worin der Herausgeber des Tagungsbandes die angemessenste Form sah, das Reformationsjubiläum zu begehen.[623]

3.5. Das Jubiläum der Confessio Augustana 1980

Das Jubiläum zum 450. Jahrestag der Verlesung der *Confessio Augustana* auf dem Augsburger Reichstag vor Kaiser und Reichsständen im Jahr 1530 ist das einzige der großen Jubiläen in der Zeit der deutschen Teilung, bei dem der Westen den Ton angab, ja, an dem der Osten praktisch keinen Anteil nahm.[624] Und es ist das einzige, das rein kirchlich begangen wurde und bei dem die Politik keine Rolle spielte. Ersteres hängt zum einen damit zusammen, daß hier ausnahmsweise der Ort des gefeierten Geschehens, Augsburg, auf dem Territorium der Bundesrepublik lag. Zum anderen waren die evangelischen Kirchen der DDR und ihr 1969 gebildeter Bund durchaus auf Luther bezogen, wie alle dort begangenen Jubiläen zeigten und zumal das Jubiläum von 1983 noch zeigen sollte; doch ihre Gemeinschaft, die überwiegend von unierten Kirchen gebildet war und in der unierte Kirchen besonderes Gewicht hatten, war weniger an der spezifisch lutherischen Bekenntnistradition

---

[621] Sie sind, zusammen mit den Referaten des Ökumenischen Studientages abgedruckt in: Reformation 1517–1967. Wittenberger Vorträge, hg. v. Ernst Kähler, Berlin 1968.

[622] Der Herausgeber des Tagungsbandes Kähler spricht vom »Vorrang [der] systematische[n] Fragen« (a.a.O. 7).

[623] A.a.O. 8.

[624] Es gab nur eine *Erklärung des Bundes der Evangelischen Kirchen, der Evangelischen Kirche der Union und der Vereinigten Evangelisch-Lutherischen Kirche in der DDR zum 450. Jubiläum des Augsburgischen Bekenntnisses* vom 22. Juni 1980 (in: Kundgebungen. Worte, Erklärungen und Dokumente des Bundes der Evangelischen Kirchen in der DDR, Bd. 1: 1969–1980, hg. v. Manfred Falkenau, Hannover 1995, 346–349). Diese ist zu einem Großteil, nämlich in Punkt 6–8, identisch mit dem *Wort der Bischofskonferenz der Vereinigten evangelisch-Lutherischen Kirche Deutschlands zum Augsburger Bekenntnis* vom 21. Juni 1980 (s. Anm. 643). Sprechend sind die Differenzen: Den ersten Teil, in dem die VELKD die Bedeutung der CA für die lutherischen Kirchen in aller Welt, namentlich die im lutherischen Weltbund versammelten, betont, ersetzt der Text aus der DDR durch Ausführungen über die Bedeutung des Bekennens in der Gegenwart, nicht zuletzt gegenüber Nicht-Christen (Punkt 1–5). Und die letzten Sätze, in denen die VELKD Pastoren, Theologieprofessoren und Gemeinden zur intensiven Beschäftigung mit der CA auffordert (9–11), sind schlicht weggelassen.

orientiert als die EKD,[625] die zwar ebenfalls Kirchen unterschiedlichen Bekenntnisses verband, dabei aber unter Führung der lutherischen Landeskirchen jedenfalls nach außen hin meist die lutherische Bekenntnistradition besonders betonte. Auch einen Ansporn durch konkurrierendes Jubiläumsinteresse des Staates gab es für die Kirche der DDR diesmal nicht. Der zweite Punkt, die Politikferne des Jubiläums, erklärt sich aus seinem Gegenstand; ein Bekenntnis lädt im Allgemeinen mehr zum Bedenken kirchlicher Lehre und kirchlichen Lebens als außerkirchlicher Wirkungen ein.[626] So war auch das Augustana-Jubiläum von 1930 ein rein kirchliches[627] und das von 1830 ein deutlich »verkirchlichtes« gewesen.[628]

Angesichts der Bedeutung der CA für die EKD hätte man denken können, daß sie auch Trägerin des Jubiläums gewesen wäre, so wie 1930 der DEKB das Zentenar ausgerichtet und bei der Gelegenheit auch die lutherischen Bekenntnisschriften neu herausgegeben hatte. Doch das war nicht der Fall, Feierakteurin war die Vereinigte Evangelisch-Lutherische Kirche in Deutschland (VELKD) – und »die EKD [kam] dabei praktisch nicht vor[]«.[629] Grund war die Fixierung auf die römisch-katholische Kirche. Mit ihr standen die Lutheraner im Dialog. Und da sie die CA historisch wie ökumenisch allein in ihrer Relevanz für das Verhältnis zum Katholizismus betrachteten, sahen sie und nur sie sich als die Mandatare dieses Dokuments und seiner Feier, was darin zum Ausdruck kam, daß die Generalsynode der VELKD in der Jubiläumswoche in Augsburg tagte. Zwar war im Vorfeld beteuert worden, die Feier solle »kein exklusives lutherisches Unternehmen sein.«[630] Doch genau das wurde es, »[a]n Unierten und Reformierten ging das Ganze vorbei.«[631] An eine Einbeziehung der – angesichts massiver Verwerfungen in der CA jedenfalls z.T. von diesem Bekenntnis direkt betroffen – evangelischen Freikirchen war erst recht nicht gedacht.

---

[625] Das belegen die in der vorigen Anm. genannten Auslassungen von Teilen der Erklärung der VELKD.

[626] Vgl. allerdings die Rede Hegels zum Augustana-Jubiläum von 1830, in der der Philosoph die Übergabe des Augsburger Bekenntnisses durch die – nichtklerikalen – evangelischen Stände als Fundamentaldatum in der Ausbildung der religiösen Mündigkeit und damit der bürgerlichen Freiheit überhaupt pries (siehe oben S. 60).

[627] Siehe oben S. 122–137.

[628] Siehe oben S. 59.

[629] So Wolf-Dieter Hauschild, Kirchliche und theologische Grundsatzfragen (in: KJ 107, 1980, 15–80), 21. So sah die Synode der EKD des Jahres 1983 auch keinen Anlaß, auf die CA einzugehen (a.a.O. 35).

[630] Günther Gassmann, Vorzeichen eines Festes. Akzente zum CA-Jubiläum (in: Lutherische Monatshefte 19, 1980, 5–7), 6.

[631] Hauschild, Grundsatzfragen (s. Anm. 629), 21. Es wurde nur in der *Entschliessung der Generalsynode der VELKD zur Confessio Augustana* vom 25. Juni 1980 gesagt, daß »das Bemühen um kirchliche Gemeinschaft mit den aus der Reformation hervorgegangenen Kirchen, das in der Leuenberger Konkordie eine Grundlage gefunden hat, den ökumenischen Intentionen der Confessio Augustana folgend fortgesetzt werden« solle (in: KJ 107, 1980, 154).

Man hatte das Jubiläum auf verschiedenen Ebenen vorbereitet. Um das *Augsburger Bekenntnis* in der Breite der Kirche bekannter zu machen, gab die VELKD den Text in modernem Deutsch heraus,[632] dazu auch Teile des *Kleinen Katechismus*, und setzte als Kommentar einschlägige Passagen aus dem Erwachsenen- und dem Gemeindekatechismus daneben.[633] Eine von der VELKD beauftragte Gruppe evangelischer und römisch-katholischer Theologen präsentierte einen gemeinsam erarbeiteten Kommentar zur CA, in dem dargelegt wurde, worin man sich theologisch nähergekommen sei.[634] Und die von Lutherischem Weltbund und römischem Einheitssekretariat eingesetzte Gemeinsame Römisch-katholische/Evangelisch-lutherische Kommission veröffentlichte eine Stellungnahme zur CA unter dem Titel *Alle unter einem Christus*.[635] Darin wurde die Perspektive gesetzt, die das Jubiläum in hohem Maß bestimmte: Das *Augsburgische Bekenntnis*, »das Basis und Bezugspunkt der anderen lutherischen Bekenntnisschriften [sei], spiegel[e] wie kein anderes in Inhalt und Struktur den ökumenischen Willen und die katholische Intention der Reformation.«[636] Wichtig sei, und für den ökumenischen Dialog entscheidend, daß es in den lutherischen Kirchen nach wie vor verbindliche Lehrgrundlage sei. Denn mit Bezug auf die CA hätten Lutheraner und Katholiken bereits »ein gemeinsames Verständnis in grundlegenden Glaubenswahrheiten«, kurz, einen »Grundkonsens« erarbeitet.[637] Es bestehe die »begründete Hoffnung«, von diesem »Grundkonsens« aus auch Antworten »auf die noch offenen Fragen und Probleme« zu finden.[638]

Das Jubiläum selbst war dann, nicht allzu »publikumswirksam«,[639] wesentlich eine Kumulation von Verlautbarungen und Reden verschiedener Art, die auf das Stichdatum hin, an ihm selbst oder um es herum dargeboten wurden. Eingeleitet wurde es am 22. Juni mit einem großen Fernsehgottesdienst aus der Jubiläumsstadt, dann in Gestalt der stark auf die *Confessio Augustana* hin ausgerichteten Sitzung der Generalsynode der VELKD ebendort fortgesetzt und schließlich an den Tagen 27.–29. Juni von der VELKD zusammen mit der gastgebenden Bayerischen Landeskirche mit Gottesdiensten, Musik, Vorträ-

---

[632] Das Augsburger Bekenntnis Deutsch 1530–1980. Revidierter Text, hg. v. Günther Gaßmann u.a., Göttingen u. Mainz 1978.

[633] glauben – lehren – bekennen. Augsburger Bekenntnis, Kleiner Katechismus, Evangelischer Gemeindekatechismus 1530–1980, hg. v. Manfred Kießig, Gütersloh 1980.

[634] Confessio Augustana – Bekenntnis des einen Glaubens, hg. v. Harding Meyer u. Heinz Schütte, Paderborn u. Frankfurt 1980. Auf römisch-katholischer Seite wurde zum Jubiläum eine neue Edition der *Confutatio* vorgelegt: Die Confutatio der Confessio Augustana vom 3. August 1530, hg. v. Heribert Immenkötter, Münster 1979.

[635] Alle unter einem Christus. Stellungnahme der Gemeinsamen Römisch-katholischen / Evangelisch-lutherischen Kommission zum Augsburgischen Bekenntnis (in: Dokumente wachsender Übereinstimmung, Bd. 1, Paderborn u. Frankfurt Main 1983, 323–328).

[636] A.a.O. 324, Punkt 7.

[637] A.a.O. 326, Punkt 17f.

[638] A.a.O. 328, Punkt 25.

[639] Siehe unten zu Anm. 650.

gen und einer Großkundgebung, dazu auch einem ökumenischen Jugendtreffen, festlich begangen.[640] Bei der Großkundgebung sprach am letzten Tag der für ökumenische Angelegenheiten zuständige Präsident des römischen Einheitssekretariats Kardinal Willebrands ein Grußwort, und Bundespräsident Karl Carstens hielt eine Ansprache, womit er signalisierte, daß das Augsburger Bekenntnis und sein Schicksal in seinen Augen auch eine Angelegenheit von allgemeingesellschaftlicher Relevanz sei. Carstens begrüßte das hohe Maß an Gemeinschaft zwischen den beiden großen Kirchen in Deutschland, das sich nun auch im gemeinsamen Feiern niederschlage, betonte die Relevanz der Reformation und der Bikonfessionalität für die deutsche Geschichte, strich die Bedeutung der Bekenntnisschriften für die Herausbildung der Toleranz heraus und äußerte die Hoffnung auf die Vertiefung von Gemeinsamkeit und Toleranz und auf »mehr Rückbesinnung auf die Grundlagen des christlichen Glaubens«, mit dem der Staat sich nicht identifiziere – der Staat, der selbst »das Heil«, »den Sinn des Lebens« und die »Zuversicht« aber auch nicht geben könne, die mit dem Glauben verbunden seien.[641]

Unter den vielen Verlautbarungen zum, am und um den Jubiläumstag machte den Anfang am 1. Juni ein »Wort« des Rates der EKD, in dem er die CA als Ausdruck des »gemeinsamen Glaubens aller Christen« würdigte. Anders als in *Alle unter einem Christus*, wo das nur ganz am Rand geschieht, wird neben der Verbindlichkeit des »Bekenntnisses der Väter« aber auch betont, daß bloßes Wiederholen nicht genüge, sondern gegenwärtiges Bekennen nötig sei. Es gelte beides: »Ohne aktuelles Bekennen ist das Bekenntnis stumm, alles Bekennen aber ohne das überkommene Bekenntnis bleib leer.«[642] Die Lutherische Bischofskonferenz veröffentlichte am 21. Juni ebenfalls ein »Wort«.[643] Sie unterstrich die Verbindlichkeit des *Augsburger Bekenntnisses* und stellte dessen weltweite Dimension heraus, doch bestimmte auch sie diese Verbindlichkeit vorsichtiger als das ökumenische Dokument und nannte die CA eine »bleibende Hilfe« für Verkündigung und theologische Arbeit der Kirche. »Indem [die CA] sich als Anleitung zur Auslegung der Heiligen Schrift erweist, steht sie in unseren Kirchen verbindlich in Geltung.«[644] Mit einem Zitat aus *Alle unter einem Christus* bejahten die Bischöfe, daß Lutheranern und Katholiken das, was sie »im Augsburger Bekenntnis an gemeinsamem Glauben wiedererkannt« hätten, zum aktuellen gemeinsamen Bekennen des Glaubens helfen könne.[645] Gleichwohl blieben »trennende Unter-

---

[640] Einen Großteil der Redebeiträge ist abgedruckt in: Confessio Augustana – Den Glauben bekennen. 450-Jahr-Feier des Ausburger Bekenntnisses: Berichte – Referate – Aussprachen, hg. v. Richard Kolb, Gütersloh 1980.

[641] KJ 107, 1980, 21f. (Karl Carstens, Ansprache *Gemeinsamkeit und Toleranz*).

[642] *Wort des Rats der EKD. Anläßlich der 450. Wiederkehr der Übergabe des Augsburger Bekenntnisses am 25. Juni 1980* (a.a.O. 29–31, Zitate 30).

[643] *Wort der Bischofskonferenz der Vereinigten Evangelisch-Lutherischen Kirche Deutschlands zum Augsburger Bekenntnis* (a.a.O. 31–33).

[644] A.a.O. 31.

[645] A.a.O. 32.

schiede« zwischen beiden Kirchen bestehen, um deren Überwindung man sich weiter bemühen müsse. Zugleich wird in diesem Text der Blick auch zur anderen Seite des ökumenischen Spektrums, auf die »sogenannten ›Wiedertäufer‹« gelenkt, deren Verwerfung in der CA »zu pauschal« und »auch von politischen Motiven mitbestimmt« gewesen sei und überprüft werden müsse; es wird die Bereitschaft zum Gespräch darüber erklärt.[646] Eine »Entschließung«, mit der die Generalsynode der VELKD das »Wort« der Bischofskonferenz »dankbar begrüßte«, unterstrich den letzten Gesichtspunkt,[647] nachdem die Synode in einer anderen »Entschließung« am Vortag die Fortschritte im Dialog mit der römisch-katholischen Kirche begrüßt, es aber als beschwerlich bezeichnet hatte, daß diese Fortschritte im Leben in den Gemeinden weitgehend wirkungslos seien.[648]

In einer »Entschließung« zum *Augsburger Bekenntnis* selbst unter dem Titel *Bekennen heute* faßte die Synode zusammen, was ihr an der CA besonders wichtig für die Gegenwart war: das Zeugnis von der Rechtfertigung und die dauerhafte Verpflichtung zu aktuellem Bekennen und zur Kirchenerneuerung. So dankte sie Gott »für die Gabe des freisprechenden Evangeliums von Jesus Christus, das von den Reformatoren neu und klar bezeugt wurde«, und unterstrich die Verpflichtung gegenüber »dem Erbe der Reformation«, das Bekenntnis in der Gegenwart und die Erneuerung der Kirche als bleibende Aufgabe ernstzunehmen. Sie gestand zugleich ein, dahinter immer wieder zurückzubleiben, und sah diese Verfehlung vor allem in mangelnder Verwirklichung des »Priestertums aller getauften Gläubigen«, sei es innerhalb der Kirche, sei es im »Leben und Handeln in dieser Welt«. Und sie ermutigte dazu, in einer »Welt der Leistungszwänge« den Gott zu bezeugen, der »den Menschen von der Notwendigkeit der Selbstrechtfertigung befreit und ihn zu einem verantwortlichen Umgang mit sich selbst und seiner Welt befreit.«[649]

Allgegenwärtig bei dem Jubiläum war jemand, der gar nicht da war, Papst Johannes Paul II. Mitten in die Jubiläumswoche hinein informierte die römisch-katholische Deutsche Bischofskonferenz die Öffentlichkeit, daß sie ihn nach Deutschland eingeladen habe – eine Ankündigung, die »von den ohnehin nicht sehr publikumswirksamen CA-Feierlichkeiten abzulenken vermocht[e].«[650] Während dieser selbst war der Papst präsent durch eine Ansprache, die er am Jubiläumstag bei einer Generalaudienz in Rom zum Thema

[646] A.a.O. 33.

[647] Entschließung der Generalsynode der Vereinigten Evangelisch-Lutherischen Kirche Deutschlands zur Confessio Augustana (25.6.1980), a.a.O. 34/154.

[648] *Entschließung der Generalsynode der Vereinigten Evangelisch-Lutherischen Kirche Deutschlands zur Frage des Verhältnisses zur römisch-katholischen Kirche* (24.6.1980), a.a.O. 155.

[649] *Entschließung der Generalsynode der Vereinigten Evangelisch-Lutherischen Kirche Deutschlands: »Bekennen heute«* (24.6.1980), a.a.O. 34f.

[650] Joachim Lell, Innerdeutsche Ökumene: Katholizismus – Protestantismus – Orthodoxie (in: KJ 107, 1980, 147–180), 159.

Augsburger Bekenntnis hielt und in der er die in Augsburg Versammelten und alle, die sonst das Jubiläum feierten, ausdrücklich grüßte.[651] Er betonte die Ausrichtung der CA auf die »eine, heilige, katholische und apostolische Kirche«, bedauerte, daß es trotzdem zur »sichtbaren Trennung« gekommen sei, begrüßte die Annäherungen der jüngeren Zeit und ermunterte zur verstärkten Bemühung, »in Treue zur ›alten Kirche‹«, zu Kirchenvätern und Konzilien »das uns mit den Brüdern und Schwestern Verbindende des apostolischen Erbes zu suchen und das gemeinsame Glaubensgut wieder zu entdecken« in einer Welt, die nach Christus dürste.[652] Kardinal Willebrands nahm in seinem kurzen Grußwort am letzten Tag der Jubiläumsfeiern diese Gedanken noch einmal auf.[653]

3.6. Das Lutherjubiläum von 1983

Das größte Reformationsjubiläum der Jahrzehnte zwischen Zweitem Weltkrieg und Friedlicher Revolution war aufgrund seiner besonderen runden Zahl das größte des gesamten 20. Jahrhunderts, der 500. Geburtstag Martin Luthers 1983. Wie das Jubiläum von 1967 wurde es von Kirche und Politik gefeiert, doch im Unterschied zu diesem von Kirche und Politik in Ost- und Westdeutschland. Voran ging freilich auch diesmal der Osten. Hier begann man früher mit der Planung, und hier spielten sich trotz aufwendiger eigener Feiern im Westen wegen des Gewichts und der Fülle der östlich der Elbe gelegenen reformationsgeschichtlichen Stätten natürlicherweise die Höhepunkte des Jubiläums ab, was die westdeutschen Kirchen auch anerkannten und berücksichtigten.

Die Kirchen in der DDR nahmen gleich nach dem Müntzerjubiläum 1975 jenes große Datum in den Blick. Eine umgehend gebildete Arbeitsgruppe unterbreitete Anfang 1976 den Kirchenleitungen Empfehlungen inhaltlicher und organisatorischer Art, und diese griffen sie alsbald auf.[654] 1978 wurde als kirchliches Repräsentativorgan das »Lutherkomitee der Evangelischen Kir-

---

[651] A.a.O. 155. Erstaunen und Enttäuschung weckte, daß die Rede in einer Version vorgetragen und verbreitet wurde, die von einer bereits vorab bekanntgewordenen Fassung abwich und Passagen nicht mehr enthielt, die als ökumenefreundlicher empfunden worden waren, darunter eine lange bekräftigende Paraphrase von Artikeln der CA, das dem Zweiten Vatikanischen Konzil entsprechende Eingeständnis, daß die römisch-katholische Kirche nicht in Fülle katholisch sei, solange »authentische Elemente des Katholischen außerhalb ihrer sichtbaren Grenzen« existierten, und die Ermutigung, auf der Basis des als gemeinsam Entdeckten die noch ungelösten oder nicht ganz gelösten ökumenischen Fragen anzugehen. Eine Gegenüberstellung der beiden Fassungen in: MdKI 31, 1980, 62 (Kommentar dazu S. 61 [Rüdiger Bieber]).

[652] A.a.O. 156.

[653] A.a.O. 157.

[654] Siehe Rudolf Mau, Luthers 500. Geburtstag: Feiern ohne zu rühmen? Beobachtungen zum Lutherjubiläum 1983 in der DDR (in: ThLZ 138, 2013, 1045–1058), 1047; Siegfried Bräuer, Das Luther-Gedenkjahr 1983 und die Kirche in der DDR (in: Das Luther-Erbe in Deutschland. Vermittlung zwischen Wissenschaft und Öffentlichkeit, hg. v. Hans Süssmuth, Düsseldorf 1985, 41–66), 48.

chen in der DDR« unter Vorsitz des thüringischen Landesbischofs Werner Leich gebildet.[655] Daß man so früh zu planen begann, hatte nicht nur mit dem Rang des bevorstehenden Zentenars zu tun, sondern auch mit den leidvollen Erfahrungen des Jubiläums von 1967. Man wollte mit den kirchlichen Vorbereitungen auf jeden Fall die Initiative haben und dem Staat gegenüber organisatorisch besser gewappnet und durch breitere Öffentlichkeit abgesichert sein. Zu dieser Öffentlichkeit sollte nicht nur das eigene Land gehören, sondern auch die internationale wissenschaftliche community, die man in Gestalt des 1983 bevorstehenden »Internationalen Kongresses für Lutherforschung« in die DDR holen wollte. Dazu bedurfte es freilich der Zusage ungehinderter Einreise der Teilnehmer und eines störungsfreien Ablaufs der Tagung von seiten des Staates. Sie wurde dem Repräsentanten der Kongreßorganisation, dem dänischen Kirchenhistoriker Leif Grane, 1977 ausdrücklich gegeben,[656] wobei die Drohung, man sei darauf vorbereitet, andernfalls den Kongreß kurzerhand nach Straßburg zu verlegen, wohl auch ihre Wirkung tat.[657]

Allerdings war der Staat ohnehin zu einer stärker kooperativen Haltung der Kirche gegenüber geneigt. 1969 hatten sich die Landeskirchen der DDR aus dem gesamtdeutschen Verbund der EKD gelöst und den *Bund der evangelischen Kirchen in der DDR* (BEK) gebildet.[658] Damit war zwei Jahre nach dem Jubiläum von 1967 ein Zustand beseitigt, der in den Augen des ostdeutschen Staates ein unerträgliches Ärgernis und einen Hauptgrund für die Schikanen bei jenem Fest gebildet hatte. Hatte sich das Verhältnis zwischen Kirche und Staat jedenfalls auf der höheren institutionellen Ebene deshalb ein Stück weit entspannt, erwartete die Kirche von Gesprächen zwischen der Staatsführung und der Leitung des Kirchenbundes konkrete Verbesserungen. Bei dem dritten und wichtigsten dieser Gespräche, das am 6. März 1978 stattfand, wurden schließlich eine Reihe solcher Verbesserungen zugestanden.[659] Unter den Themen, die hier erörtert wurden, war das Jubiläum von 1983. Die Kirche trug vor, was sie plante. Ihr Gegenüber, niemand geringeres als der Staatsratsvorsitzende Honecker, teilte mit, daß auch der Staat das Jubiläum

[655] Helmut Zeddies, Das Lutherjahr in der DDR (in: KJ 110, 1983, 194–214), 194f., hier auch zur Zusammensetzung des Komitees.

[656] Mau, Luthers 500. Geburtstag (s. Anm. 654), 1048. Der Gedanke, den Lutherkongreß des Jahres 1983 in der DDR abzuhalten, war auf einem früheren Kongreß, dem in St. Louis 1971, aufgekommen und von ostdeutschen Teilnehmern der eigenen Kirche überbracht worden (a.a.O. Anm. 14).

[657] Dieselbe Drohung, von der Kirche des eigenen Staates ausgesprochen, hatte 1967 kaum Wirkung gehabt (s. Anm. 606).

[658] Vgl. zu diesen Vorgängen Johannes Wallmann, Kirchengeschichte Deutschlands seit der Reformation. Tübingen [7]2012, 303–305, und Mau, Protestantismus (s. Anm. 600), 97–101.

[659] A.a.O. 132–134; Wallmann, Kirchengeschichte (wie Anm. 658), 308f.

Abb. 11
Lutherdenkmal mit Honecker-Plakat

begehen werde. Dafür werde es ein staatliches Lutherkomitee geben. Außerdem wolle der Staat die wichtigsten Lutherstätten in der DDR restaurieren.[660]

Den Anstoß zu diesem Vorhaben bildeten die Planungen auf kirchlicher Seite. In den Jahren zuvor hatte es Überlegungen unter marxistischen Historikern über mögliche wissenschaftliche Vorhaben anläßlich des 500. Geburtstages Martin Luthers gegeben.[661] Doch daß es zum Beschluß eines vom Staat selbst geplanten und durchgeführten Jubiläums kam, dazu bedurfte es offenbar erneut der Jubiläumskonkurrenz. Auf informellem Wege hatten staatliche Stellen bereits früh von den kirchlichen Plänen erfahren[662] und sich eine eigene Meinung bilden können, was schließlich zu der im Gespräch mit der Kirchenleitung mitgeteilten Entscheidung führte. Wenige Tage nach diesem Gespräch erhielt das Ministerium für Kultur den Auftrag, eine Konzeption für das Jubiläum zu erarbeiten.[663] Mehrere Vorbereitungsgremien wurden gebildet,[664] und 1980 konstituierte sich das *Martin-Luther-Komitee der DDR* unter Vorsitz Erich Honeckers selbst.[665] Im Jahr darauf erschienen in der vom ZK der SED herausgegebenen Zeitschrift *Einheit* in der Akademie der Wissenschaften ausgearbeitete 15 *Thesen über Martin Luther*[666], Richtlinien, welche die geplante Lutherehrung gegen Widerspruch aus den eigenen Reihen rechtfertigen und ihre Planung und Durchführung normieren sollten. Einmal in Fahrt gekommen, hätte man am liebsten die Kirche mit ins Boot genommen. Zwei Kirchenvertreter, möglichst Bischöfe, sollten Mitglieder im staatlichen Lutherkomitee werden. Honecker lag daran, »ein Bild der Harmonie« zu präsentieren,[667] das heißt nach innen das Bild eines – selbstverständlich unter Führung seiner Partei stehenden – Konsenses in grundlegenden Fragen unter den verschiedenen gesellschaftlichen Gruppen[668] und nach außen, zur Steigerung seines internationales Renommees, ein Bild der neuen Qualität, die seit der Unterredung am 6. März 1978 zwischen Staat und Kirche erreicht worden sei.[669] Die Kirche zögerte. Die Erfahrungen von 1967 hatten sie miß-

---

[660] Roy (s. Anm. 559), 180; Dohle (s. Anm. 591), 54.

[661] Roy (s. Anm. 559), 177.

[662] Diese informellen Wege waren einerseits der Austausch zwischen marxistischen und Kirchenhistorikern (Bräuer, Kontakte [s. Anm. 530], 124f.) und andererseits inoffizielle Erörterungen der Jubiläumsfrage zwischen Vertretern der Kirche und des Staates im Vorfeld des Gesprächs am 6.3.1978 (Roy [s. Anm. 559], 177–179).

[663] Vgl. Flügel, Konkurrenz (s. Anm. 591), 267.

[664] Zu diesen Gremien, ihrer Arbeit und den parteiinternen Widerständen vgl. Roy (s. Anm. 559), 182–189.

[665] Als Zugeständnis gegenüber der Kirche wählte man diese Benennung anstelle von »Staatliches Lutherkomitee« (Dohle [s. Anm. 591], 58).

[666] Thesen über Martin Luther. Zum 500. Geburtstag (in: Einheit 36, 1981, 890–903; abgedruckt auch in: ZfG 29, 1981, 879–893).

[667] So der Staatssekretär für Kirchenfragen Seigewasser gegenüber Bischof Leich, zitiert bei Peter Maser, »Mit Luther alles in Butter?« Das Lutherjahr 1983 im Spiegel ausgewählter Akten. Berlin 2013, 113f.88.

[668] Roy (s. Anm. 559), 179.

[669] Dohle (s. Anm. 591), 55. Vgl. die Aktennotiz aus einem Gespräch eines Kirchenver-

trauisch gemacht, auch in der Gegenwart war an Spannungen mit dem Staat kein Mangel;[670] vor allem aber wollte sie in aller Freiheit Luthers so gedenken und das Jubiläum so begehen, wie sie es für angemessen hielt, und ihre Perspektive nicht in die des Staates integrieren lassen.[671] Am Ende des nachdrücklichen Werbens stand der Kompromiß, daß Kirchenvertreter als Gäste an den Sitzungen des staatlichen Komitees teilnahmen und zwischen beiden Lutherkomitees regelmäßig Informationen ausgetauscht wurden.[672] Auch diese begrenzte Kooperation der Kirche mit dem Staat sorgte allerdings an der kirchlichen Basis für Kritik. Die von der Partei wirkungsvoll in Szene gesetzten Bilder des Staatsratsvorsitzenden im Gespräch mit evangelischen Bischöfen bildeten für viele Gemeindeglieder einen zu starken Kontrast zu ihren alltäglichen Erfahrungen mit dem Regime.[673]

Der Kompromiß bezüglich der Zusammenarbeit im Vorfeld des Jubiläums hatte eine ideelle Implikation und eine jubiläumsorganisatorische Konsequenz. Die ideelle Implikation war das Zugeständnis, daß es legitimerweise unterschiedliche Sichten auf Martin Luther und die Reformation gebe. In den Augen der Kirche hatte das schon 1967 gegolten, jetzt bekräftigte Bischof Leich es in seiner Rede als kirchlicher Gast bei der Konstituierung des staatlichen Luther-Komitees: Die Evangelische Kirche halte »die Würdigung [Luthers] auch unter außerkirchlichen Gesichtspunkten für sachentsprechend«, was bedeutete, daß sie nichts gegen eine staatliche Jubiläumsfeier einzuwenden hatte; doch zugleich habe »nie ein Zweifel daran bestanden, daß das Interesse und die Verpflichtung unserer Kirchen gegenüber Martin Luther auf

treters mit einem Repräsentanten des Staates, daß der Staat »›im Blick auf die internationale Öffentlichkeit‹ Wert auf den Eindruck ›eines nicht beziehungslosen Nebeneinanders von Staat und Kirche‹« lege (zitiert bei Mau, Luthers 500. Geburtstag [s. Anm. 654], 1049, Anm. 22).

[670] So wurde etwa kurz nach dem Gespräch am 6. März 1978 Wehrkundeunterricht als obligatorisches Schulfach eingeführt und Protest der Kirche dagegen als illegitime Einmischung in staatliche Belange zurückgewiesen (Dohle [s. Anm. 591], 55). Von 1980 an kamen dann neuralgische Punkte wie die Friedensdekaden, die Losung »Schwerter zu Pflugscharen«, Bluesmessen, die Forderung nach sozialem Friedensdienst und die kirchliche Deckung für oppositionelle Gruppen hinzu (a.a.O. 79; Mau, Luthers 500. Geburtstag [s. Anm. 654], 1052).

[671] Bischof Leich, der Vorsitzende des kirchlichen Komitees, an den Staatssekretär für Kirchenfragen, Klaus Gysi, am 13.11.1979: Die Mitgliedschaft eines Kirchenvertreters im DDR-Komitee sei »ausgeschlossen, weil eine ›nicht beabsichtigte Nötigung der Kirchen‹ eintreten könne, eine von der kirchlichen Meinung abweichende, ›andersartige Auffassung von der Würdigung Luthers‹ mit verantworten zu müssen« (Zitat im Zitat bei Dohle [s. Anm. 591], 60). Siehe auch Mau, Luthers 500. Geburtstag (s. Anm. 654), 1050; Zeddies, Lutherjahr (s. Anm. 655), 201f.

[672] A.a.O. 201f.; Mau, Luthers 500. Geburtstag (s. Anm. 654), 1049f.; Dohle (s. Anm. 591), 55–68, dort die einzelnen Stationen des staatlichen Werbens und die Reaktionen der Kirche; a.a.O. 73–76 zu den auch nach Erreichen und Umsetzung des Kompromisses keineswegs immer problemlosen Kontakten.

[673] So wurde in einer Sitzung des kirchlichen Lutherkomitees mitgeteilt, an der Gemeindebasis gebe es Kritik an den »freundliche[n] Begegnungen auf oberster Ebene, während unten die Schwierigkeiten zunehmen«, zitiert bei Flügel, Konkurrenz (s. Anm. 591), 275f.

einer anderen Ebene liegen.«[674] Für den Staat und seine führende Partei hingegen war es neu zuzugestehen, daß es »legitim« sei, »verschiedene Standpunkte« bei der Betrachtung des Jubiläumsgegenstandes zu vertreten.[675] Das war nichts weniger als der Verzicht auf ein offizielles Lutherbild und in dieser Hinsicht auf das sonst von der SED beanspruchte »Deutungsmonopol« für die Geschichte.[676]

Die jubiläumsorganisatorische Konsequenz des Kompromisses, auf den man sich bei der Vorbereitung geeinigt hatte, waren Parallelaktionen in rücksichtsvollem Nebeneinander der kirchlichen und staatlichen Veranstaltungen einschließlich partieller wechselseitiger Teilnahme. Die Kirche begann das Jubiläumsjahr, das genaugenommen ein Halbjahr war, mit dem in Thüringen traditionell gottesdienstlich begangenen 4. Mai, dem Tag der Ankunft Luthers auf die Wartburg. Im Palas der Burg eröffnete der Vorsitzende des kirchlichen Lutherkomitees, Bischof Leich, vor Abgesandten vieler Kirchen, aber auch einem Vertreter des staatlichen Komitees, der ein Grußwort sprach, das Lutherjubiläum, es folgte ein dem genius loci angemessener Vortrag über Luther als Ausleger der Bibel, bevor in den mehr Raum bietenden Burghöfen ein Abendmahlsgottesdienst mit vielen Gemeindegliedern, ökumenischen Gästen und dem – amerikanischen – Generalsekretär des Lutherischen Weltbundes (LWB) Carl Mau als Prediger gehalten wurde. Dank der – erstmals in der Geschichte der DDR einem kirchlichen Ereignis zugestandenen – Übertragung im Fernsehen konnten Festakt und Gottesdienst von vielen Menschen in Ost und West miterlebt werden.[677] Auf das Monatsende zuvor hatte allerdings der Staat eine eigene Festivität am selben Ort gelegt: Am 21. April zelebrierte Honecker, mit großer politischer Entourage, aber auch in Anwesenheit von Kirchenvertretern, die Wiedereröffnung der Wartburg, die aufwendig renoviert worden war.[678]

Der Sommer brachte dann Parallelaktionen anderer Art, Ausstellungen und Konferenzen. Der Staat präsentierte – neben einer großen Zahl regionaler und städtischer Schauen[679] – zwei Ausstellungen in Berlin: eine kleinere zum

[674] Werner Leich, In der Suche nach dem Sinn des Lebens uns allen verbunden (in: Martin Luther und seine Zeit. Konstituierung des Martin-Luther-Komitees der DDR am 13. Juni 1980 in Berlin, Berlin 1980, 19–29), 27f. Ähnlich Helmut Zeddies, der Vorsitzende des Geschäftsführenden Ausschusses des kirchlichen Luther-Komitees, als Gast bei der zweiten Sitzung des Luther-Komitees der DDR: Es sei offensichtlich, »daß die Bürger der DDR im einzelnen ein durchaus unterschiedliches Verhältnis zu Martin Luther haben, [...] Für viele wird er das nicht sein, was er für uns ist [...] Gerade die Vielfalt von Luthers Wirken bringt es mit sich, daß er von verschiedenen Ansatzpunkten her gewürdigt werden kann« (Zeddies, Lutherjahr [s. Anm. 655], 202).

[675] Dohle (s. Anm. 591), 56.

[676] A.a.O. 60.

[677] Mau, Luthers 500. Geburtstag (s. Anm. 654), 1051.

[678] Maser, Akten (s. Anm. 667), 281–292.

[679] Eine Liste a.a.O. 140f., wo es zusammenfassend heißt, daß die DDR »[m]it der Fülle dieser [...] Ausstellungen [...] das Angebot in der Bundesrepublik quantitativ und qualitativ bei weitem [übertraf]« (141).

Thema *Martin Luther und seine Zeit* im Museum für deutsche Geschichte, und eine große, sehr ambitionierte zur *Kunst der Reformationszeit* im Alten Museum – diese mit klarem Konkurrenzblick auf die im selben Sommer gezeigte Jubiläumsausstellung des Germanischen Nationalmuseums Nürnberg.[680] Die Kirche zeigte ihre eigene, weit begrenztere Ausstellung *Martin Luther: Leben und Werk* im Erfurter Predigerkloster.[681] Auch an Tagungen ließ es der Staat nicht fehlen:[682] Im März veranstaltete die Akademie der Wissenschaften eine Tagung über *Luthers Sprachschaffen. Gesellschaftliche Grundlagen, geschichtliche Wirkungen*[683] und im Juni ein Lutherkolloquium.[684] Im Oktober folgte die wichtigste der wissenschaftlichen Veranstaltungen auf staatlicher Seite, die Konferenz *Martin Luther. Geschichtliche Stellung und historisches Erbe*, abgehalten an der Universität Halle.[685] Der Status der Hallenser Konferenz, an der auch Kirchenhistoriker und ausländische Wissenschaftler beteiligt waren, wurde durch ein Referat des stellvertretenden Vorsitzenden des »Lutherkomitees der DDR«, Götting, ebenso wie durch den offiziellen Empfang unterstrichen, den dieser in Halle gab.[686]

Die Kirche veranstaltete im Januar eine Tagung über *Aspekte der Wirkungsgeschichte Martin Luthers.*[687] Vor allem aber fand auf ihre Einladung und von ihr betreut im August in Erfurt das bedeutendste wissenschaftliche Ereignis des Jubiläumsjahres statt, der VI. Internationale Kongreß für Lutherforschung. Lutherfachleute aus der ganzen Welt und aus verschiedenen kirchlichen Traditionen, aber auch marxistische Historiker waren hier eine Woche lang (14.–20.8.) zu Plenumsvorträgen und -debatten sowie zu zwanzig simultan gehaltenen Seminaren versammelt[688] – die größte und freieste, auch am stärksten internationale Konferenz in der Geschichte der DDR. Bemerkenswert war sie freilich nicht allein wegen dieser Züge, sondern auch aus inhaltlichen Gründen. Angestoßen durch den Theologischer Arbeitskreis für

---

[680] Zur Nürnberger Ausstellung unter dem Gesichtspunkt der Konkurrenz: a.a.O. 148–152 (zur Ausstellung selbst siehe unten S. 235).

[681] A.a.O. 140–145.

[682] Schon vor dem Jubiläumsjahr hatte es mehrere vorbereitende Tagungen gegeben, a.a.O. 154–162.

[683] Träger war das Zentralinstitut für Sprachwissenschaften, siehe dazu a.a.O. 162f.

[684] Träger war hier die Klasse Gesellschaftswissenschaften II. Die Beiträge sind veröffentlicht in: Martin Luther. Kolloquium anläßlich der 500. Wiederkehr seines Geburtstages (20. November 1483). Sitzungsberichte der Akademie der Wissenschaften der DDR / Gesellschaftswissenschaften 1983, 11/G.

[685] Ein Teil der dort gehaltenen Vorträge in: Martin Luther. Leistung und Erbe, hg. v. Horst Bartel u Gerhard Brendler u.a., Berlin 1986.

[686] Maser, Akten (s. Anm. 667), 169–173.

[687] Träger war die Evangelische Forschungsakademie der EKU-DDR (Rudolf Mau, Der wissenschaftliche Ertrag des Lutherjahres in: KJ 110, 1983, 163–178, hier: 176).

[688] Die Beiträge und Zusammenfassungen der Seminare sind abgedruckt in: Martin Luther 1483–1983. Werk und Wirkung / Work and Impact. Referate und Berichte des Sechsten Internationalen Kongresses für Lutherforschung Erfurt, DDR 14.–20. August 1983. Göttingen 1985 (= Lutherjahrbuch 52, 1985).

reformationsgeschichtliche Forschung (TARF) der DDR,[689] der als »Festgabe zu [Luthers] 500. Geburtstag« einen Sammelband hatte erarbeiten lassen, welcher den seit Generationen stiefmütterlich behandelten älteren Luther zum Thema hatte,[690] berücksichtigte auch der Kongreß diesen älteren Luther in damals ungewohntem Maße. Das sollte vor allem an einem Punkt Langzeitwirkung haben: im Blick auf das Thema »Luther und die Juden«. Während das Thema bei dem Jubiläum selbst noch wenig präsent war,[691] gingen doch von hier Impulse aus,[692] die sich in den folgenden Jahrzehnten in einer breiten Debatte darüber niederschlagen sollten.[693]

Die zweite Novemberwoche, die Zeit um den Geburtstag Luthers, sah den Höhepunkt des Jubiläumsjahrs. Bevor am 10. November selbst die Kirche feierte, fand am Vortag der Zentrale Festakt der DDR in der Staatsoper Unter den Linden statt. Vor Honecker und dem Politbüro, die in der Ehrenloge der Oper saßen, und in Anwesenheit einiger Botschafter sowie einheimischer und internationaler Kirchenvertreter, unter ersteren Mitglieder des kirchlichen Lutherkomitees, unter letzteren immerhin der Erzbischof von Canterbury und die Generalsekretäre von Lutherischem Weltbund (LWB) und Ökumenischem Rat (ÖRK), hielt Götting, zwischen Nationalhymne und Mendelssohns Reformationssymphonie, die Festansprache. Dann empfing der Staatsratsvorsitzende die Kirchenvertreter, bevor zum Abschluß Beethovens Neunte Symphonie erklang.[694] Am nächsten Tag begann in Eisleben, Luthers Ge-

[689] Vgl. zu diesem Anm. 620.

[690] Leben und Werk Martin Luthers von 1526–1546. Festgabe zu seinem 500. Geburtstag, hg. i. A. des TARF von Helmar Junghans, zwei Bände, Berlin 1983.

[691] Allerdings wurde es in den beiden programmatischen kirchlichen Texten, der »Erklärung« des kirchlichen Luther-Komitees zum Jubiläumsjahr sowie dem darauf beruhenden liturgischen Formular und im »Wort« der EKD zum Jubiläum, angesprochen (siehe unten S. 230 und S. 240).

[692] Wesentlich ist hier Heiko Augustinus Oberman. Er war gebeten worden, zu dem in Anm. 690 genannten Jubiläumswerk einen Beitrag über Luther und die Juden mit dem Schwerpunkt auf den Jahren nach 1526 zu schreiben, wodurch Luthers judenfeindliche Schriften von 1543 in den Mittelpunkt der Untersuchung rückten. Aus dieser Anregung wurde nicht nur, neben dem Beitrag für den Jubiläumsband, Obermans bekanntes und wirkungsreiches Buch *Wurzeln des Antisemitismus. Christenangst und Judenplage im Zeitalter von Humanismus und Reformation* (Berlin 1981), sondern Oberman veranstaltete auch auf dem Erfurter Lutherkongreß ein Forschungsseminar zum Thema (*Luther und die Juden: Antijudaismus – Antisemitismus?*, in: Leben und Werk [s. Anm. 690], 256–260), in dem wesentliche Anstöße für die Weiterarbeit gegeben wurden, nicht zuletzt in Hinsicht auf die Rezeptionsgeschichte. So gibt Gerhard Ebeling seinem Jubiläumsbeitrag *Befreiung Luthers aus seiner Wirkungsgeschichte* (NZZ 5./6. Nov. 1983, Nr. 259, Beilage *Literatur und Kunst*, 65f.; abgedruckt in Ders., Lutherstudien, Bd. 3, Tübingen 1985, 395–404, hiernach zitiert), wo er von Luthers »- gewiß zum Teil gräßlichen, nicht zu beschönigenden – späten polemischen Schriften gegen die Juden« schreibt, von denen er Luthers frühere Schrift von 1523 absetzt, ausdrücklich den Hinweis auf Obermans Buch bei (400).

[693] Harry Oelke, »Luther und die Juden« in der kirchengeschichtlichen Forschung nach 1945 (in: Martin Luthers »Judenschriften«. Die Rezeption im 19. und 20. Jahrhundert, hg. v. dems. u.a., Göttingen 2016, 215–233), 224f.

[694] Maser, Akten (s. Anm. 667), 309f.

Abb. 12
DDR-Briefmarke anläßlich des 500. Geburtstages Luthers, 1983

burts- und Sterbestadt, der dreitägige kirchliche Feierhöhepunkt, die »Ökumenischen Begegnungstage«.[695] Hier kam eine ungleich buntere internationale Gemeinde zusammen, Abgesandte aus 36 Ländern und 78 Kirchen, darunter allen größeren und vielen kleineren Konfessionen, die zusammen mit den Vertretern der EKD die Hälfte aller Anwesenden ausmachten; die andere Hälfte waren Delegierte der evangelischen Kirchen und Institutionen der DDR, auch der Theologischen Fakultäten. Mit dieser Feier knüpfte der BEK an eine Eislebener Tradition an, insofern hier jedes Jahr am Martinstag Luthers Geburtstag begangen wird. Man begann mit Festgottesdiensten in den Kirchen der Stadt, dann kam man auf dem Marktplatz zusammen, wo das Leitwort des Jubiläumsjahres »Gott über alle Dinge fürchten, lieben und vertrauen« von verschiedenen ökumenischen Gästen ausgelegt wurde. Am Lutherdenkmal wurden Kränze der evangelischen und der römisch-katholischen Gemeinde niedergelegt, auch dies eine Eislebener Tradition. Ein Empfang des kirchlichen Lutherkomitees, bei dem wiederum internationale Gäste, dazu auch ein Vertreter des staatlichen Lutherkomitees sprachen, beendete den Tag. Wie der Auftakt auf der Wartburg, so wurde auch der Eislebener Festtag vom Fernsehen übertragen. Doch war man noch nicht am Ende, es schlossen sich zwei weitere Tage an, allerdings nicht in Eisleben, wo die etwa 500 Teilnehmer nicht untergebracht werden konnten, sondern in Leipzig. Begegnungen der auswärtigen Gäste mit Gemeinden und kirchlichen Institutionen am Ort standen auf dem Programm, Vorträge und ein Abend mit dem Thema *Martin Luther 1983 im Gespräch der Kirchen*, an dem Vertreter der Ökumene vortrugen, was Luther für ihre Kirchen bedeute, darunter der Erzbischof von Canterbury, Runcie, der Exarch des Moskauer Patriarchen in Westeuropa, Philaret, und der Präsident des Vatikanischen Einheitssekretariats, Willebrands, der von »Bruder Martin« sprach. Den Abschluß bildete ein Festkonzert des Thomanerchors.

Lassen sich alle aufgezählten Aktivitäten in engerem oder weiterem Sinne als parallele Aktivitäten der Kirche und des Staates betrachten, so war ohne jede Entsprechung auf staatlicher Seite jenes Feierelement, das am stärksten in die Breite der ostdeutschen Kirche hineinwirkte: die Serie von sieben regionalen Jubiläumskirchentagen, die, mit der Weitergabe einer Kirchentagsstafette symbolisch verbundenen, nacheinander quer durch die DDR stattfanden. Anders als 1967 hatte man von vorneherein diese dezentrale Form gewählt, nicht nur, um staatlichen Widerstand gegen ein gesamtkirchliches Massenereignis zu umgehen, sondern auch, weil sie sich als günstiger für die Einbeziehung der Gemeinden erwiesen hatte.[696] Tatsächlich war eine große Zahl

[695] Hierzu den Überblick bei Zeddies, Lutherjahr (s. Anm. 655), 207–211 (daraus die folgenden Angaben).

[696] Zu den einzelnen Kirchentagen – in Thüringen aufgeteilt auf mehrere Städten, dann in Rostock, Eisleben, Frankfurt (Oder), Magdeburg, Dresden und Wittenberg – vgl. den Bericht des damaligen Vorsitzenden der Konferenz der Landesausschüsse in der DDR: Otto

von Teilnehmern, im Ganzen etwa 200000, zu verzeichnen,[697] zur Schlußveranstaltung in Dresden allein 100000.[698] Bei den Abendmahlsgottesdiensten, liturgischen Nächten und Friedensgebeten, Bibelarbeiten, Diskussionen und Kundgebungen besonders stark vertreten war die Jugend. Ökumenische Gäste aus verschiedenen Ländern, die diesmal dabeisein durften und auch als Prediger und Referenten auftraten, sorgten für gesamtchristlichen Austausch, und das umso mehr, als sie in Privatquartieren untergebracht waren.[699]

Wofür stand das ausladende Doppelfest? Zunächst einmal, warum legten sich der Staat und seine führende Partei derart für das Lutherjubiläum ins Zeug? Die Frage stellt sich umso mehr, als die Inszenierung, die hier ins Werk gesetzt wurde, jene bei weitem übertraf, die acht Jahre zuvor das dem sozialistischen Staat eigentlich eher am ideologischen Herzen liegende Bauernkriegs- und Müntzerjubiläum erfahren hatte. Das Festkomitee war mit Honecker als Vorsitzendem spektakulär höher eingestuft, in die große Kunstausstellung und die Renovierungen auf der Wartburg, in Eisleben, Wittenberg und Erfurt wurde sehr viel investiert, es gab Kino- und Fernsehfilme und zahllose weitere Fernsehsendungen über Luther, die Nachrichtensendung »Aktuelle Kamera« brachte 24 Beiträge zum Thema[700] – auch das alles ungleich mehr, als 1975 aufgeboten worden war. Dieser ganze Aufwand galt der Person Martin Luther, und das war neu. Denn der Reformator hatte sich zwar seit den 1960er Jahren im historisch-ideologischen Ansehen nach oben gearbeitet, doch war er nur in seiner Funktion für die *Frühbürgerliche Revolution* in den Blick gekommen, und dies immer sorfältig ausbalanciert gegen Thomas Müntzer. Um ihn als Person hatte man bei den früheren Jubiläen, so auch beim Reformationsjubiläum von 1967, einen »Bogen gemacht«.[701] Jetzt hingegen war er selber von Interesse. Das wurde mit einem Paukenschlag in der Rede des Staatsratsvorsitzenden Honecker bei der Konstitutierung des staatlichen Luther-Komitees 1980 deutlich, wo es hieß, bei dem zu planenden Jubiläum gehe es darum, die »Persönlichkeit« Luthers und seine »historische Leistung« zu würdigen.[702] Dieser Mann sei »einer der größten Söhne des deutschen Volkes«.[703] Er habe »die Leitideen des 16. Jahrhun-

---

Schröder, Martin Luther fünfhundert Jahre jung – die Kirchentage im Lutherjahr (in: Vertrauen wagen. Evangelischer Kirchentag in der DDR, hg. v. Otto Schröder u. Hans-Detlef Peter, Berlin 1993, 75–109); kurz Irmgart Lent, Kirchentage in der DDR im Lutherjahr 1983 (in: KJ 119, 1983, 179–193); Maser, Akten (s. Anm. 667), 338–381 (Kap. XIX).

697 Lent (s. Anm. 696), 191.

698 Mau, Luthers 500. Geburtstag (s. Anm. 654), 1054.

699 Lent (s. Anm. 696), 192.

700 Zimmering (s. Anm. 503), 169f., Anm. 278. Speziell zu den Filmen siehe die Aufzählung in Dähn, Heise (s. Anm. 502), 290–299, sowie Rotraut Simons, Das DDR-Fernsehen und die Luther-Ehrung (a.a.O. 99–185).

701 So Gerhard Brendler 1979, zitiert bei Bräuer, Luther in marxistischer Sicht (s. Anm. 496), 26.

702 Erich Honecker, Unsere Zeit verlangt Parteinahme für Fortschritt, Vernunft und Menschlichkeit (in: Martin Luther und seine Zeit [s. Anm. 674], 10–18, hier: 11).

703 Ibd.

derts in entscheidendem Masse [geprägt]«, ja, habe »noch heute, an der Schwelle zum 21. Jahrhundert«, unverkennbaren Einfluß.[704] Unvergessen sei seine »Standhaftigkeit«.[705] »Tragischerweise« habe er die »gesellschaftliche Gesetzmäßigkeit« der Geschichte seiner Zeit nicht erkannt, doch nach der »grausamen Niederschlagung« der Bauern habe er sich für die Fortführung der Reformation eingesetzt,[706] habe die Ausbeuter seiner Zeit scharf kritisiert, das Kirchen-, Schul- und Armenwesen fortschrittlich umgestaltet, dazu auch bereits »Teilenteignung« betrieben und mit dem allen eine »tiefe Volksverbundenheit« verratende Sozialethik zur Geltung gebracht.[707] Auch der früher immer abgewertete ältere Luther, der nach dem revolutionären Geschehen darin gewonnene Errungenschaften in institutioneller Kontinuität sicherte, war also nun aller Ehren wert.[708]

Mit der Rede in seiner neuen Funktion als Vorsitzender des Lutherkomitees der DDR trug Honecker der Öffentlichkeit eine Sicht Martin Luthers vor, die nichts weniger als eine »ganz neue[] Geschichte« war,[709] eine Geschichte, in der Luther und die Reformation eine andere Rolle spielten als in der Darstellung zuvor. Aus dem Auslöser der *Frühbürgerlichen Revolution* und Zerstörer ihrer eigentlichen Dynamik wird Luther zu ihrer Hauptfigur, die bis zum Ende für wesentliche fortschrittliche Errungenschaften steht, während Müntzer an den Rand rückt; die Reformation wird zum entscheidenden revolutionären Geschehen innerhalb der *Frühbürgerlichen Revolution*, dem gegenüber der Bauernkrieg nur eine Episode ist.

In wissenschaftlicher Form wurde der Öffentlichkeit diese Sicht im folgenden Jahr in den schon genannten 15 *Thesen über Martin Luther* geboten,[710] der bündigen Präsentation eines »wissenschaftlichen Lutherbildes«,

---

704 A.a.O. 13.

705 Ibd.

706 A.a.O. 14.

707 A.a.O. 14f. Mit »Teilenteignung« ist die von Kirchen- und Klosterbesitz gemeint.

708 Dahinter steht eine Auffassung von der Revolution, nach der diese nicht einfach ein »gewaltiger Schlag, der mit einem Mal [...] die ganze alte Gesellschaft hinwegfegen und den Weg für eine neue Gesellschaftsordnung freigeben sollte«, sondern ein längerer Prozeß mit verschiedenen Phasen war – entsprechend der Erfahrung, die die DDR selbst machte, daß sie sich nämlich »auf eine Langzeitperspektive für die volle Herausprozessierung des Sozialismus« einrichten mußte. So erschien der die wichtigen Errungenschaften der Revolution im Zusammenspiel mit Städten und Fürsten sichernde Luther statt als Renegat seiner früheren Einsichten nun als Vollstrecker einer »gesetzmäßigen[n] Erscheinung im Phasenverlauf der frühbürgerlichen Revolution« (Brendler, Traditionskonflikt [s. Anm. 502], 50f.). In diesen Zusammenhang gehört, daß die Regierenden der DDR nun die Zwei-Regimenten-Konzeption zu würdigen begannen und das von Luther vertretene Arbeitsethos würdigten – beides für die realexistierende DDR nützlich erscheinende Ressourcen, sei es, um ihre Verteidigungsbereitschaft ideell abzusichern, sei es, um die allgemeine Arbeitsmoral zu heben (Flügel, Konkurrenz [s. Anm. 591], 272; Zimmering [s. Anm. 503], 273). Die Würdigung des älteren Luther in der Staatsideologie koinzidiert in auffälliger Weise mit der verstärkten Berücksichtigung dieses Themas in der kirchenhistorischen Forschung (siehe unten S. 218).

709 Zimmering (s. Anm. 503), 266. Zimmering spricht hier geradezu von einer »mythenpolitische[n] Wende« (263).

wie es erst unter den Bedingungen der DDR und der in ihr verwirklichten gesellschaftlichen Realität möglich geworden sei.[711] Auch in den *Thesen* erscheint Luther als die zentrale Gestalt der Frühbürgerlichen Revolution. Seine revolutionäre Rolle habe er aber – so wird betont – als Theologe gespielt; infolge der »gesellschaftlichen Bedingungen« in jener Zeit habe seine Theologie »revolutionäre Wirkung erlangt«. Wegen dieser Wirkung müsse von der Reformation gesagt werden: Sie »bedeutete nicht nur eine Reform der Kirche, sondern eine mehr oder weniger weitgehende Veränderung der Gesellschaft.« Die »persönliche Leistung Martin Luthers für die Entfaltung der frühbürgerlichen Revolution« liege darin, deren »Fundament«, », also die theologischen Grundlagen der revolutionären Veränderung, »zäh und unbeirrt verteidigt zu haben«;[712] in diesen Zusammenhang gehört für die *Thesen* Luthers »ruhmvollste Tat«, sein Auftritt in Worms, womit »er einen moralischen Sieg für die Reformation [errang], der die Gesamtbewegung der frühbürgerlichen Revolution vorantrieb«.[713] Was die aus seiner Theologie entspringenden gesellschaftlichen Wirkungen betrifft, hat Luther nach den *Thesen* auch selbst einige angestrebt und durchgesetzt,[714] freilich aufgrund seiner Bindung an die bürgerliche Klasse die konsequenteren Folgerungen und radikaleren, auch Gewalt umfassenden Aktionsformen der sich geschichtsnotwendig neben der bürgerlichen Reformation herausbildendenden »Volksreformation« bäuerlicher und anderer Gruppen schließlich bekämpft[715] – was für seine Popularität ungünstig, aber für den Ausgang der Auseinandersetzungen letztlich unerheblich, im Übrigen »tragisch« gewesen sei, wie es nun auch in den *Thesen* heißt, die damit weit entfernt sind von dem einstigen Bild des Fürstenknechtes und Bauernschlächters.[716] Gleichwohl habe Luther sich, wie nun auch hier

[710] Siehe oben S. 214. Vorbereitet war beides, Honeckers Rede wie die *Thesen*, durch Beiträge marxistischer Historiker in den Jahren zuvor, besonders von Gerhard Brendler auf der *Zentralen wissenschaftlichen Konferenz der Historiker der DDR anläßlich des 30. Jahrestages zur Staatsgründung der DDR* (Berlin 16.–17. Mai 1979), wo er einen Vortrag über *Martin Luther – Erbe und Tradition* hielt (Historiker-Gesellschaft der DDR, Wissenschaftliche Mitteilungen 1979/II, 29–40). Hierzu: Bräuer, Luther in marxistischer Sicht (s. Anm. 496), 26f. Wichtig für die neue Sicht der Reformation war der Rückgriff auf den späten Engels. Zum Verständnis der *Thesen* vgl. die im Auftrag des kirchlichen Lutherkomitees verbreitete Analyse von Rudolf Mau (in: Zeichen der Zeit 37, 1983, 178–182 / BThZ.Theologia Viatorum NF 1, 1984, 27–44).

[711] These XV.

[712] These II.

[713] These IV.

[714] Vgl. Thesen II und III.

[715] Vgl. Thesen V und VI.

[716] Zum Bauerkrieg heißt es: »Der Höhepunkt der antifeudalen revolutionären Volksbewegung, der deutsche Bauernkrieg, ging weit über die von Luther vertretenen Ziele hinaus. In ihm manifestierte sich die Volksreformation, die in Thomas Müntzer ihren führenden Ideologen fand. [...] Luther hielt viele der Forderungen für berechtigt. Deshalb klagte er die Fürsten an, sie seien schuld an dem Aufruhr [...]. Die Bauern jedoch beschwor er, ihre Forderungen friedlich zu vertreten und vom Aufstand abzulassen, denn dieser sei ein verderbliches Werk des Teufels. Dieser Appell entsprach der Haltung der Mehrheit des Bür-

mit einem würdigenden Blick auf den älteren Reformator gesagt wird, auch nach dem Bauernkrieg um die weitere Verwirklichung seines reformatorischen Programms bemüht, die ihm »trotz der verschlechterten Klassenkampfbedingungen in beträchtlichem Maße [gelang]«.[717] Die *Thesen* fassen dann »den bürgerliche[n] Revolutionszyklus« vom späten 16. Jahrhundert bis zur Amerikanischen und Französischen Revolution als Ereigniskette ins Auge, die »auf den Ergebnissen der Reformation aufbauen [konnte]«.[718] Und sie heben in einem Durchgang durch die wechselhafte Lutherrezeption vom konfessionellen Luthertum bis zum »Nationalkomitee Freies Deutschland«[719] besonders den Rekurs von Marx und Engels auf den Reformator hervor, den sie im Rahmen ihrer wissenschaftlichen Darlegung der »gesetzmäßigen Entwicklungsprozesse[] beim Übergang vom Feudalismus zum Kapitalismus« »als historische Persönlichkeit« begriffen hätten, welche im begrenzten Rahmen »ihrer Zeit und ihrer Klasse wesentlich dazu beitrug, den Fortschritt durchzusetzen«. Darauf aufbauend habe die revolutionäre deutsche Arbeiterbewegung »zwischen der epochalen historischen Leistung Martin Luthers, seiner klassenmäßigen Begrenztheit und dem reaktionären Mißbrauch seines Erbes unterschieden«,[720] was laut den *Thesen* nun auch die DDR tat und im bevorstehenden Jubiläum öffentlichkeitswirksam tun würde.[721]

Die *Thesen über Martin Luther* standen nicht allein, sie wurden flankiert von Beiträgen marxistischer Historiker, die derselben Tendenz folgten. Aufsehenerregend war vor allem eine zum Jubiläum erscheinende neue Lutherbiographie, die der schon für die Erstfassung der *Thesen* verantwortliche[722] Gerhard Brendler vorlegte: *Martin Luther. Theologie und Revolution*.[723] Wie

---

gertums [...]. Als sein Appell ungehört verhallte und der Aufstand kursächsisches Territorium erfaßte, verstieg sich Luther zu der Abfassung der Schrift ›Wider die räuberischen und mörderischen Rotten der Bauern‹, in der er dazu aufrief, den Aufstand mit allen Mitteln niederzuschlagen. Für den Ausgang des Kampfes war diese Schrift zwar schon nicht mehr entscheidend, dennoch schadete sie der bäuerlichen Sache sehr und tat Luthers Popularität schweren Abbruch. Die Tragik Luthers bestand darin, daß er in den Widerspruch geriet zwischen seiner Rolle als Initiator einer breiten, alle oppositionellen Klassen und Schichten einbeziehenden revolutionären Bewegung und seiner eigenen begrenzten Zielstellung, die letztlich in seiner bürgerlich-gemäßigten, auf das Landesfürstentum orientierten Klassenposition begründet war.« (These VI).

[717] These VII.

[718] These VIII.

[719] Thesen X-XIV.

[720] These XII.

[721] Vgl. These XV. Für die Lutherwürdigung in der DDR wird hier nicht nur auf die Anknüpfung an Engels hingewiesen und auf Zschäbitz' Lutherbuch angespielt (»Größe und Grenze«, siehe oben S. 199), sondern es werden auch Schriftsteller und Dichter angeführt, darunter Johannes R. Becher, der »- nach eigenen Worten – Luther bewundern [lernte]« und »eine biographische Darstellung des Reformators aus einer ›sicheren historisch-materialistischen Sicht‹ für eine wichtige Aufgabe [hielt]« (ibd.).

[722] S. dazu Roy (s. Anm. 559), 190–197.

[723] Gerhard Brendler, Martin Luther. Theologie und Revolution, Köln 1983. Vgl. dazu die Besprechung von Rudolf Mau (in: KJ 110, 1983, 170–173).

der Titel zeigt, macht Brendler vor allem einen Zug stark, der auch in den *Thesen* eine große Rolle spielt: daß Luther Theologe gewesen und seine revolutionäre Wirkung von hier ausgegangen sei.[724] Ja, in seinem Buch wird Luthers theologische Entwicklung über so viele Seiten und so detailliert rekonstruiert,[725] daß ein unübersehbarer Überschuß gegenüber der Ableitung revolutionärer Wirkungen entsteht.[726]

Hervorgerufen war die neue Berücksichtigung der Theologie für Luther und die *Frühbürgerliche Revolution*, ob so großen Raum einnehmend wie in Brendlers Biographie oder knapper zur Geltung gebracht wie in den *Thesen*, durch den Eigensinn der Quellen, den man mehr und mehr zur Kenntnis nahm.[727] Das erklärt freilich nicht, warum Luther nun überhaupt so überbordend gefeiert und seine Feier mit solchem argumentativen Aufwand legitimiert wurde. Doch Honeckers Rede und die *Thesen* lassen über die Motive keinen Zweifel: Es ging um die »nationale Identität« der DDR.[728] Zwar war die Berufung auf und die Bemühung um sie nichts Neues, schon das Reformationsjubiläum von 1967 hatte in diesem Zeichen gestanden, ja bereits beim Melanchthonjubiläum von 1960 waren solche Töne zu hören gewesen, wenn damals auch noch auf das ganze Deutschland bezogen. Und auch das, worin man 1983 die »nationale Identität« der DDR begründet sah, war schon früher hervorgehoben worden, nämlich der Besitz alles dessen, »was in der deutschen Geschichte an Progressivem hervorgebracht wurde«, weshalb dies alles und damit »alle, die es bewirkt haben«, zu den »unverzichtbaren [...]

[724] Gleich im Vorwort (S. 7f.) macht Brendler klar, daß er, nachdem die bisherige marxistische Geschichtsschreibung sich auf das »gesellschaftliche Umfeld« Luthers konzentriert habe, nun dessen »Persönlichkeit« behandeln wolle. Für diese sei vor allem eines entscheidend: Luther »dachte als Theologe.« Er tat das unter ganz bestimmten gesellschaftlichen Bedingungen, in einer bestimmten Zeit, aber er war nicht nur deren Echo, sondern »trat ihr mit eigener Stimme entgegen und brachte sie eben dadurch voran.« »Wenn wir ihn verstehen wollen, dann sollten wir ihm glauben, daß er die Probleme hatte, von denen er sprach, und daß er es so meinte, wie er es sagte.« Das Vorwort schließt mit dem Satz: »Wer [Luther] befragt, sollte seine Antworten auch als Fragen an sich selbst und das eigene Verständnis vom Menschsein in der Geschichte gelten lassen.« – Vgl. zu Brendlers Buch ROY (s. Anm. 559), 202–219 und MAU, Ertrag (s. Anm. 687), 170–173. Ebenfalls einen starken theologischen Akzent trägt die auch zum Jubiläum erschienene, doch nicht aus der Kernmannschaft der DDR-Historikerzunft stammende Biographie von GERT WENDELBORN, Martin Luther. Leben und reformatorisches Werk, Berlin 1983, die sich in den Geleisen der heftig gegen die neue offizielle Bewertung Luthers wetternden Ostberliner Kirchenhistorikerin Rosemarie Müller-Streisand kritisch gegen Brendler wendet (MAU, Ertrag [s. Anm. 687], 168–170, und ROY [s. Anm. 559], 224–226).

[725] Zu dieser Rekonstruktion und der Literatur, auf die Brendler sich dabei stützt, vgl. ROY (s. Anm. 559), 202–219.

[726] Vgl. Brendlers Fazit, daß Luthers Anteil an der Frühbürgerlichen Revolution »bedeutend, aber begrenzt« gewesen sei (BRENDLER, Luther [s. Anm. 723], 443).

[727] Dies wiederum nicht zuletzt durch den immer reger werdenden Austausch mit Kirchenhistorikern (vgl. BRÄUER, Kontakte [s. Anm. 530]; MAU, Luthers 500. Geburtstag [s. Anm. 654], 1051) und die Lektüre nichtmarxistischer Literatur (vgl. ROY [s. Anm. 559], 214–219).

[728] Thesen über Martin Luther (s. Anm. 666), Einleitung.

Traditionen« des ostdeutschen Staates gehörten.[729] Neu aber war, daß Martin Luther in diesen Reigen gehörte.[730] Von ihm, der nun »als einer der größten Söhne des deutschen Volkes« gewürdigt[731] und dessen Wirken unter die »progressiven Traditionen« gezählt wurde, konnte jetzt gesagt werden, »daß unser Vaterland, die Deutsche Demokratische Republik, dieses kostbare Erbe in sich aufgenommen hat.«[732]

Wenn man nach so vielen Jahren einer durchaus nicht nur negativen, doch immer zugleich »fremdelnden« Einschätzung Luthers zu solch vollmundiger Aneignung überging, war das ein Eingeständnis, daß die bisherigen Medien einer »nationalen Identität«, die Berufung auf die antifaschistische Tradition, auf den Marxismus, auch auf den Bauernkrieg nicht zum Ziel geführt hatten.[733] Denn sie hatten offensichtlich nicht »alle Klassen und Schichten« des Volkes erreicht.[734] Wenn das gelingen sollte, schien die Integration Martin Luthers in den Kanon der Traditionsträger der DDR unverzichtbar. Ein »Staats- und Heimatbewußtsein«[735] im Verhältnis zur DDR zu entwickeln, dazu bedurfte es einer »eigene[n] Ikonographie aus dem eigenen Staatsterritorium heraus«, der Anknüpfung an Gestalten und Traditionen, die schon länger mit dem Land verbunden waren, in dem man lebte. Zu ihnen aber gehörte in dem Gebiet, in dem Wittenberg, Eisleben, die Wartburg und Erfurt liegen, in der ersten Reihe Martin Luther mit der von ihm ausgegangenen Reformation.[736]

---

[729] Ibd.

[730] Vgl. Zimmering (s. Anm. 503), 258.

[731] Siehe oben S. 221.

[732] Honecker (s. Anm. 702), 11.

[733] Zu diesen politischen »Mythen« der DDR im einzelnen siehe das Buch von Zimmering (s. Anm. 503).

[734] Vgl. Erich Selbmann, den damaligen Leiter des Bereiches dramatische Kunst des DDR-Fernsehens: Es kommt darauf an, »der Figur Luthers die richtige geschichtliche Bewertung zu geben und sie in die Vorgeschichte der DDR einzuordnen, weil wir nur so erreichen, daß sich alle Klassen und Schichten unseres Volkes unter der Führung der Arbeiterklasse, mit unserem Staat [...] identifizieren« (zitiert bei Zimmering [s. Anm. 503], 258).

[735] So lautete nach dem Gutachten des Staatssekretärs für Kirchenfragen, Gysi, zum Drehbuch zu dem Film *Martin Luther* das Ziel, das durch die Lutherehrung nun endlich erreicht werden sollte (zitiert a.a.O. 259).

[736] So Gerhard Brendler, der selbst an führender Stelle an der Entwicklung der eigenen »Ikonographie« beteiligt war und der im Rückblick auf das Jubiläum von 1983 darin den Versuch sieht, den der DDR innewohnenden »Traditionskonflikt« zu lösen: »Das herkömmliche und in den Klassenkampfinstinkten der Kommunisten verwurzelte Traditionsbild hatte nicht die Integrationskraft, die proklamierte sozialistische Menschengemeinschaft oder auch die sich vermeintlich abzeichnende sozialistische Nation zusammenzuführen und ein umfassendes Identitätsgefühl zu stiften oder zumindest zu bedienen. [...] Auf dem Gebiet, das sich nunmehr als Staatsgebiet der DDR präsentierte, war schon Jahrhunderte vor Marx und Engels und dem ZK der SED Geschichte geschehen, gemacht, erlebt, erlitten und überlebt worden. Wenn sich die DDR allmählich auf eigene Beine stellen wollte, dann konnten dies nur die Beine der dort geborenen und seit Generationen in dieser Landschaft verwurzelten Menschen sein. Wenn die DDR zur eigenen Staatsnation werden und sich für lange Fristen in Europa einrichten wollte, dann mußte sie ihre eigene Ikonographie aus dem eigenen Staats-

Die Integration Martin Luthers in den eigenen Traditionshaushalt schien zudem mit der Aussicht verbunden, auch die – überwiegend protestantischen – Christen des Landes für die proklamierte »Nation« zu gewinnen – weshalb es nicht nur taktischem Kalkül, sondern der Logik des Jubiläum selbst entsprach, wenn Honecker mit aller Macht versuchte, in das staatliche Lutherkomitee evangelische Bischöfe aufzunehmen.[737] In die sozialistische Gemeinschaft einbezogen, würde die Kirche sich dann auch in die »Friedensarbeit« einbinden lassen, die die DDR in den frühen 1980er Jahren propagierte.[738] Und schließlich würde ein Jubiläum, in dem die DDR sich in Einklang mit der Kirche als Erbin einer für die »Weltgeschichte« so bedeutenden[739] und folglich international gewürdigten Gestalt wie Martin Luther präsentierte, diesen Staat in seinem bislang nur eingeschränkt gestillten Verlangen nach internationaler Reputation fördern.[740]

Allerdings waren nicht alle Bürger des Staates von dem neuen gedächtnispolitischen Kurs Honeckers begeistert. In der SED gab es Kritik, die der Auf-

---

territorium heraus entwickeln. Alles andere war Tünche, Leihgabe und fremdes Alphabet. Vielleicht waren dann sogar Marx und Engels nur Trier und Wuppertal – also Westen; Luther hingegen Wittenberg, Friedrich II. Potsdam und Bismarck die Altmark – also unser Land. Der Kern der neuen Führung war Ende April 1945 aus Moskau eingeflogen worden, jetzt griff das Land nach deren Nachfolgern und diese selber umwarben das Land. Dies war der historische Sinn der Luther-Ehrung 1983 und die sich anbahnende Lösung des Traditionskonfliktes« (Brendler, Traditionskonflikt [s. Anm. 502], 51f.).

[737] Zimmering (s. Anm. 503), 280, spricht vom »Versuch der mythenpolitischen Annäherung des Staates an die Kirche über die Person Luthers«. Zur Honeckerschen innergesellschaftlichen »Bündnispolitik« vgl. Roy (s. Anm. 559), 179.

[738] So heißt es gegen Ende der *Thesen* (s. Anm. 666) ausdrücklich: »Im Kampf um die Lösung der Lebensfrage der Menschheit in der Gegenwart, die Erhaltung des Friedens, engagieren sich angesichts der komplizierter gewordenen Weltlage alle Bürger der DDR, einschließlich der Christen [...]. Die Würdigung Luthers und seines Werkes schließt auch die Bemühungen und den Kampf jener Kräfte ein, die heute unter Berufung auf Lehre, Vorbild und Leistung Martin Luthers für soziale Gerechtigkeit, Fortschritt und Frieden in der Welt kämpfen. ›Mögen die Ehrungen zu seinem 500. Geburtstag, wie es der weltweiten Wirkung des Reformators entspricht, auch weltweit dem Ringen um die Bewahrung des Friedens, um das friedliche Zusammenleben der Völker und Staaten zugute kommen‹ (Erich Honecker)« (These XV; das Honeckerzitat aus Honeckers Rede zur Eröffnung des staatlichen Lutherkommitees [s. Anm. 702], 18). Hintergrund ist die Ablehnung der Stationierung von Mittelstreckenraketen in Deutschland. Zur Aufrüstung in Ost und West als politischem Hintergrund des Jubiläums vgl. Horst Dähn, Das Lutherjubiläum im Schnittpunkt der Innen- und Außenpolitik der DDR (in: Dähn, Heise [s. Anm. 502], 9–20). Vgl. auch KJ 110, 1983, 317–324: Zur Friedensdiskussion in der DDR.

[739] Thesen über Martin Luther (s. Anm. 666), These XV.

[740] Honecker hoffte, anläßlich des Jubiläums möglichst viele europäische Staatsoberhäupter, darunter die Monarchen der lutherischen Königreiche, in der DDR zu empfangen; doch diese Hoffnung ging nicht in Erfüllung, die internationale politische Präsenz insbesondere bei dem zentralen Staatsakt am 9. November war mager (vgl. Dohle [s. Anm. 591], 79; Maser, Akten [s. Anm. 667], 310–313; Zimmering [s. Anm. 503], 260). Auch die Einladung an Präsidenten und Kanzler der Bundesrepublik war nicht angenommen worden (Scheunemann, Luther und Müntzer [s. Anm. 506], 347). Zum Streben nach internationaler Reputation als Jubiläumsmotiv vgl. a.a.O. 260; Müller (s. Anm. 505), 268; Roy (s. Anm. 559), 189; Mau, Luthers 500. Geburtstag (s. Anm. 654), 1049, Anm. 22.

Abb. 13
Joker 83, Deutsches Blatt, 1983

wertung Luthers ebenso wie dem davon befürchteten Öffentlichkeitsgewinn der Kirche galt, und Obstruktionen an der Basis.[741] Von der Akademie der Wissenschaften veranstaltete Vortragstourneen im ganzen Land sollten die Akzeptanz des neuen Kurses in den kritischen Kreisen steigern. Um ihnen entgegenzukommen, stellte die Partei heraus, daß 1983 ja auch die 1883 gestorbene kommunistische Vaterfigur Karl Marx ihr Jubiläum habe, dieses Jahr wurde sogar offiziell als »Marx-Jahr« – und niemals als »Lutherjahr« – betitelt,[742] was seinen Niederschlag in dem Kuriosum von Plakaten mit der Aufschrift »Luther-Ehrung im Karl-Marx-Jahr« fand.[743] Außerhalb der SED aber war das Echo des Marxjubiläums gering[744] – eine Bestätigung des Bemühens um Verbreiterung der gedächtnispolitischen Fundus, das hinter dem staatlichen Lutherjubiläum stand.

Vergleicht man das – bewußt eigenständig gestaltete – kirchliche Lutherjubiläum in der DDR mit dem staatlichen, so fällt zunächst einmal auf, daß es sehr viel weniger personzentriert war. Das hatte seinen Grund in der Sache des Jubiläums selbst, wie man sie hier verstand. Während den Staat, wie schon frühere Staaten, vor allem die »Wirkungen« der »historischen Persönlichkeit« Luther interessierten, war der kirchliche Zugang zu Luther und der Reformation auf »Begegnung, Hören und Vernehmen« gerichtet.[745] Dieser Kontrast wurde sogleich in der »Thematischen Orientierung« deutlich, die das Kirchliche Lutherkomitee zur Vorbereitung des Jubiläums an die Gemeinden schickte. Statt bei dem Jubiläum viel über Luther und seine »Bedeutung« zu sprechen, wolle man vor allem »Luther selbst ausreden [...] lassen«, »in seinen Schriften, Briefen, Predigten [...] lesen« und sehen, wieweit sie, die in ihre Zeit hineingesprochen hätten, »gegenwärtiges kirchliches Leben und unsere Zeit betreffen«.[746] Ihn selbst reden zu lassen, bedeute aber, das zur Sprache zu

---

[741] Dohle (s. Anm. 591), 69–71; Flügel, Konkurrenz (s. Anm. 591), 257f. Ein Leser der *Thesen über Martin Luther* nannte sie in einem Brief schlicht »unmarxistisch«; Müntzer sei der wahre Revolutionär, Luthers Leistung sei und bleibe der »Verrat« an der Revolution (Müller [s. Anm. 505], 264). Im Laufe des Jubiläumsjahres sollten die kritischen Geister in der Partei, die Honecker wahrend der Vorbereitung in Schach halten konnte, sich noch mit Maßnahmen gegen die kirchlichen Feiern Geltung verschaffen (siehe unten S. 232).

[742] Maser, Akten (s. Anm. 667), 270–278 – dort aus DDR-internen Akten vielfältige Zeugnisse von den ideologischen Nöten, die das Zusammentreffen der beiden Jubiläen in ein und demselben Jahr der SED bereitete; Roy (s. Anm. 559), 187. Ein Festkomitee für die Marxehrung wie für das Lutherjubiläum gab es nicht. In aller Eile wurde noch eine internationale wissenschaftliche Konferenz zu Marx organisiert, deren Gastgeber der Vorsitzende des Luther-Komitees war.

[743] A.a.O. 187, Anm. 911.

[744] Flügel, Konkurrenz (s. Anm. 591), 278. Vgl. den verbreiteten Slogan »Martin Luther feiert seinen 500. Geburtstag, und Karl Marx ist 100 Jahre tot!« (Mau, Protestantismus [s. Anm. 600], 159).

[745] So bei der Vorbereitung des kirchlichen Jubiläums der Sekretär des kirchlichen Lutherkomitees Christoph Demke in seinem Referat *Luther-Ehrung in der DDR. Hintergründe und Herausforderungen* (in: Themen Luthers als Fragen der Kirche heute. Beiträge zur gegenwärtigen Lutherforschung, hg. v. Joachim Rogge u. Gottfried Schille, Berlin 1982, 171–177), 175.

bringen, was ihm selbst am wichtigsten war und wohinter er persönlich ganz zurücktrat, Gott. Diese gotteszentrierte Ausrichtung fand man besonders gut in einer Wendung aus Luthers Auslegung des Ersten Gebots aus dem *Kleinen Katechismus* wiedergegeben, die deshalb zum Leitthema des kirchlichen Jubiläums wurde: »Gott über alle Dinge fürchten, lieben und vertrauen«. D.h., bei dem Jubiläum sollte es darum gehen und sollte dazu ermutigt werden, »Gott so zur Sprache zu bringen, wie nur Christen das können, die Gottes Zuwendung so unmittelbar erfahren haben, wie Luther dies beispielhaft bezeugt hat.«[747]

Damit war Luthers ihm selber wichtigste Tätigkeit im Blick, der dauernde Umgang mit der Heiligen Schrift und deren Auslegung, wodurch er erst zum Reformator der Kirche wurde. Als zentrale Botschaft der Schrift habe sich ihm die Botschaft von der Rechtfertigung des Sünders erschlossen. Gerade in deren Licht verbiete sich aber jede Verehrung des Reformators als »Held«; vielmehr sei, wie das kirchliche Lutherkomitee feststellte, Luther selbst »nicht frei von Irrtümern und Fehlentscheidungen gewesen«, besonders in seinen Urteilen über andere Gruppen der Christenheit, Bauern und Juden, und er bedürfe »der Gnade nicht weniger als wir alle«[748] – ein Eingeständnis, das auch in einem liturgischen Text für die Jubiläumsgottesdienste zum Ausdruck kam.[749] Und schließlich sollte das Leitthema »die Bedingungslosigkeit, mit der Luther im Vertrauen auf Christi Sterben und Auferstehen sich Gott ausgeliefert hat, zur ständigen Anfrage an die Christen und ihre Kirche heute« werden lassen.[750] Das hieß, so Bischof Leich pointiert in Honeckers Gegenwart: »Gerade die Kirchen im Mutterland der Reformation müssen sich fragen lassen, wo sie heute der Ruf zur Umkehr, zur Korrektur und Reform aus dem Lebenswerk Martin Luthers trifft.«[751]

Die Devise, Luther zu lesen mit der Frage nach der Aktualität seiner Worte, war das eine Charakteristikum der kirchlichen Jubiläumsfeiern. Das andere war die ökumenische Ausrichtung. Das kirchliche Lutherkomitee erklärte von vorneherein, daß Luther nicht den evangelischen Christen allein gehöre, sondern daß diese sich »in einer größer werdenden Gemeinschaft von Miterben eines noch unausgeschöpften Reichtums [entdeckten]«. So fragten mittlerweile auch »Katholiken [...] nach Luther und [erkännten], daß er auch

---

[746] Thematische Orientierung für die kirchliche Arbeit im Lutherjahr 1983 »Gott über alle Dinge fürchten, lieben und vertrauen« (in: Gott über alle Dinge. Begegnungen mit Martin Luther 1983, hg. v. Helmut Zeddies u. Rolf-Dieter Günther, Berlin 1984, 12–15), 12.

[747] Zeddies, Lutherjahr (s. Anm. 655), 198f.

[748] Erklärung des Lutherkomitees der Evangelischen Kirche in der DDR zum Lutherjahr 1983 (in: Zeddies, Günther [s. Anm. 747], 26–28), 27.

[749] A.a.O. 29–31. Der Text wurde bei den zentralen Gottesdiensten auf der Wartburg und in Eisleben gebraucht und an die Gemeinden für ihre eigenen Festgottesdienste verschickt.

[750] Zeddies, Lutherjahr (s. Anm. 655), 199.

[751] Ansprache bei der Konstituierung des Martin-Lutherkomitees der DDR (in: Zeddies, Günther [s. Anm. 747], 15–21), 18.

ihnen gehört.«[752] In der Tat schrieb die römisch-katholische Berliner Bischofskonferenz zu Beginn des Jubiläumsjahres an ihre Gemeinden, sie sehe in den evangelischerseits geplanten Veranstaltungen »nicht Zeichen der Trennung, sondern eine Möglichkeit, der Einheit zu dienen«, besonders durch das gemeinsame Gebet.[753] Die breitgestreuten Einladungen an Kirchen unterschiedlichen Bekenntnisses und aus anderen Ländern ebenso wie an die internationalen und ökumenischen kirchlichen Zusammenschlüsse und die Beteiligung ökumenischer Gäste aus aller Welt an den Feiern[754] waren Ausdruck jener Proklamation einer »Erbengemeinschaft«.

Die beiden Kennzeichen des kirchlichen Jubiläums, Aktualisierung der Botschaft der Reformation und ökumenische Offenheit, kennzeichneten auch die für die Basis der Kirche wichtigsten Veranstaltungen, die regionalen Kirchentage. Für sie wandelte man das Jubiläumsmotto ab, indem man es verkürzte und dadurch in die gesellschaftspolitische Horizontale öffnete. Es lautete hier: »Vertrauen wagen«. Als Felder, auf denen ganz aktuell Vertrauen zu wagen, auf Sicherheit und Abgrenzung zugunsten von Offenheit und Gemeinschaft zu verzichten sei, wurden die Friedenspolitik und die Umweltpolitik identifiziert, beides spielte in vielen Veranstaltungen eine zentrale Rolle. Spektakulär war die Aktion, für die der Wittenberger Schloßkirchenprediger Friedrich Schorlemmer am 24. September den dortigen Kirchentag nutze: Im Hof des Lutherhauses ließ er vor 300 Personen und laufenden Fernsehkameras die in der DDR illegale Losung der Friedensbewegung *Schwerter zu Pflugscharen* (Micha 4,3) in die Tat umsetzen und ein Schwert zu einer Pflugschar umschmieden.[755] Diese Symbolhandlung wurde zu einem Fanal für die nichtgelenkte Friedensbewegung der DDR.

Wenig angetan war man in SED und Staat. Der Unmut, den es hier im Blick auf das Lutherjubiläum gab, schien durch die Kirchentage vollends bestätigt. Hatten viele Parteigenossen schon die gedächtnispolitische Umorientierung bei der staatlichen Lutherehrung unwillig zur Kenntnis genommen, so war ihnen der Gewinn an Öffentlichkeit, der der Kirche für ihren Feierlichkeiten zugestanden wurde, erst recht ein Dorn im Auge. Mit dem größten Mißtrauen aber wurden die Kirchentage betrachtet, weil sie sich mit ihrer hohen Zahl beteiligter DDR-Bürger und der Vielfalt ihrer Veranstaltungen, an denen zudem noch viele Westdeutsche und Ausländer teilnahmen, am wenigsten kontrollieren ließen.[756] Zwar hielt sich der Staat an die Zusage, bei

---

[752] Erklärung des kirchlichen Lutherkomitees (s. Anm. 748), 28.

[753] ZEDDIES, Lutherjahr (s. Anm. 655), 200.

[754] Siehe oben S. 212.216.220f.

[755] MAU, Luthers 500. Geburtstag (s. Anm. 654), 1054; MASER, Akten (s. Anm. 667), 365f. Anwesend war auch Richard von Weizsäcker, Berliner Regierender Bürgermeister, designierter Bundespräsident und Mitglied des Präsidiums des westdeutschen Kirchentages.

[756] DOHLE (s. Anm. 591), 77–79.83. Vgl. die besorgten Überlegungen und Reaktionen, die Maser den Akten der verschiedenen Partei- und Staatsorganen entnimmt (MASER, Akten [s. Anm. 667], 342–376). Im Blick auf den Kirchentag zu Wittenberg, auf dem die Schwerter-

Transport, Berichterstattung in den DDR-Medien und Unterbringung der vielen Besucher Unterstützung zu leisten.[757] Doch die Angst war groß, daß die Kirchentage für »feindliche Aktivitäten« und »menschliche Kontakte« zu Westdeutschen genutzt, daß hier eine »Oppositionshaltung zum Staat« erzeugt oder verstärkt und die kirchliche »unabhängige Friedensbewegung« gekräftigt werde.[758] So gab es allerlei Schikanen. Anträge christlicher Eltern auf Unterrichtsbefreiung für ihre Kinder, damit sie einen Kirchentag besuchen konnten, waren nach staatlicher Anweisung konsequent abschlägig zu bescheiden.[759] Die Lautsprecherübertragung der wichtigsten Veranstaltung bei den das Jubiläum abschließenden ökumenischen Studientagen in Leipzig wurde verweigert.[760] Ja, es wurde sogar das Singen von Kirchenliedern durch Reisegruppen, die die Lutherstätten besuchten, auf öffentlichen Plätzen verboten.[761] Kurz, noch vor Ende der Feierlichkeiten zeichnete sich auf Seiten des Staates eine Verhärtung ab, die deutlich machte, daß die Kooperation im Blick auf das Jubiläum eine Ausnahme war, nicht, wie die Kirche erhoffte,[762] ein Modell für ein künftiges besseres Verhältnis von Kirche und Staat.[763] Gleichwohl ging die Kirche aus dem Jubiläum, das ihr eine vorher nie gekannte Öffentlichkeit beschert hatte,[764] gestärkt hervor. Daß nur sechs Jahre später die Beziehung von Staat und Kirche überhaupt neu geregelt werden würde, konnte damals niemand ahnen.

---

zu-Pflugscharen-Aktion stattgefunden hatte, stellte Staatssekretär Gysi empört fest, das sei »der schlimmste Kirchentag von allen« gewesen (a.a.O. 363f.).

[757] Dohle (s. Anm. 591), 87.

[758] So die Befürchtungen des Ministeriums für Staatssicherheit, zitiert bei Flügel, Konkurrenz (s. Anm. 591), 259, und Dohle (s. Anm. 591), 77.

[759] Anweisung des Staatssekretariats für Kirchenfragen nach Absprache mit dem Volksbildungsministerium, a.a.O. 82.

[760] A.a.O. 92.

[761] Mau, Luthers 500. Geburtstag (s. Anm. 654), 1052, Anm. 36.

[762] Z.B. im Rückblick des kirchlichen Lutherkomitees auf das Jubiläum (zitiert bei Dohle [s. Anm. 591], 94).

[763] A.a.O. 95: »Es fällt [...] auf, daß in den offiziellen kirchlichen Resümees immer wieder Begriffe wie ›neue Maßstäbe‹, ›Modelle‹, ›modellhaft‹, ›beispielhaft‹ auftauchen. Aber in keinem kirchenpolitischen Text aus dem ZK der SED der Jahre 1983 und 1984 wird man diese Begrifflichkeit finden.« Daß die Hoffnung auf eine Veränderung der Haltung des Staates zur Kirche illusorisch war, ließ sich schon während des Jubiläums erkennen, als im September 1983 auf der Synode des BEK der sächsische Bischof Johannes Hempel eigenständige Vorschläge der Kirche zur Friedensfrage verteidigte und über die wachsende Erbitterung vieler Bürger der DDR und nicht zuletzt der Jugend über die Politik des Staates klagte, was nicht nur die Absage Honeckers für die kirchliche Festveranstaltung am 10. November nach sich zog, sondern auch grundsätzlich als illegitimer Einmischungsversuch der Kirche in politische Belange zurückgewiesen und mit der Forderung rigoroser Beschränkung der Kirche auf ihre religiöse Rolle beantwortet wurde (Rudolf Mau, Eingebunden in den Realsozialismus? Die evangelische Kirche als Problem der SED, Göttingen 1994, 164f.; Maser, Akten [s. Anm. 667], 318–320; Dohle [s. Anm. 591], 90).

[764] Zeddies, Lutherjahr (s. Anm. 655), 212f.

Abb. 14
Uwe Pfeiffer: *Tischgespräch mit Luther*, 1983

Auch auf der anderen Seite des Eisernen Vorhangs wurde das Lutherjubiläum von 1983 begangen. Dabei wurden die Weichen von vorneherein anders als in der DDR gestellt. Der Staat erhob keinen Anspruch, eigene Feiern auszurichten, sondern betrachtete das Jubiläum als eine »originär« kirchliche Angelegenheit, an der man nur »beteiligt sein« werde.[765] Und ebenso wenig, wie er es im Blick auf die Geschichte im Ganzen als seine Aufgabe ansah, ein geschlossenes Bild vorzugeben, tat er das hinsichtlich der Reformation. Damit fielen Spannungen und Reibungspunkte, wie man sie in der DDR erlebte, fort. Dieser Gewinn war allerdings nicht ohne Kosten. Zum einen erübrigte sich für die evangelische Kirche des Westens die für den BEK so mühevolle, aber auch herausfordernde Notwendigkeit, sich dazu in Beziehung zu setzen, daß es auch andere Zugänge zu Luther und zur Reformation gab als die kirchlichen, für die sie stand und die sie mit unangefochtener Selbstverständlichkeit vertrat.[766] Zum anderen war es schwierig, einen Rahmen zu finden, in dem die staatlich verfaßte Gesellschaft einem Gesichtspunkt Rechnung tragen konnte, den sie denn doch wichtig fand und gefeiert sehen wollte: daß Luther und die Reformation bis in die Gegenwart reichende Wirkungen auch jenseits des kirchlichen Raumes gehabt hätten. Man löste dieses Problem so, daß Repräsentanten des Staates sich mit eigenen Reden am kirchlichen Festakte »beteiligten« – was von Kritikern als »Verfilzung« von Staat und Kirche[767] und als »Relikt aus wilhelminischen Zeiten« kritisiert wurde: »Staat und Kirche vereint.«[768] Gleichwohl genügte diese Rolle den Politikern nicht. Die massive Beanspruchung Luthers durch die DDR für eine eigene nationale Identität löste auf Seiten der Bundesrepublik die Sorge aus, kulturpolitisch leer auszugehen.[769] Zwar führte das nicht dazu, daß man nun ein eigenes Luther-Komitee gründete und doch noch eine eigene Jubiläumsplanung ins Werk setzte. Doch man hielt es »[w]egen der Bedeutung Martin Luthers für die politische Geschichte und die Kulturgeschichte [... für] geboten [...], die rein kirchlichen Veranstaltungen durch andere Aktivitäten zu ergänzen.«[770] Als

[765] Leitlinie der Bonner Regierung war: Die »staatliche Seite [werde] nicht originärer Veranstalter oder Träger des Luther-Gedenkens«, sondern nur »beteiligt« sein (zitiert bei MASER, Akten [s. Anm. 667], 148).

[766] Da mancher in der EKD dieses Defizit empfand, hielt sie zusammen mit der Evangelischen Akademie Tutzing im Vorfeld ein wissenschaftliches Kolloquium zu außerkirchlichen Wirkungen der Reformation ab, zu der auch zwei marxistische Historiker (Gerhard Brendler und Adolf Laube) eingeladen waren. Die Beiträge liegen vor in: (Hgg.), Luther und die Folgen. Beiträge zur sozialgeschichtlichen Bedeutung der lutherischen Reformation, hg. v. Hartmut Löwe u. Claus-Jürgen Röpke, München 1983.

[767] So ein Mitglied der Kirchendelegation aus der DDR, zitiert bei LEPP (s. Anm. 599), 145.

[768] So HELMUT GOLLWITZER, zitiert teils bei HARTMUT LÖWE, Das Jahr, das sich nach Luther nannte. Eine kirchliche Bilanz der Gelegenheiten und Verlegenheiten (in: KJ 110, 1983, 79–92), 86, teils bei LEPP (s. Anm. 599), 145.

[769] LÖWE (s. Anm. 768), 85, schreibt gar, »die außergewöhnlichen Anstrengungen der DDR-Regierung [hätten] einen seiner Geschichte gegenüber unsicheren Staat [sc. die Bundesrepublik] zunächst eifersüchtig werden lassen.«

geeigneter Rahmen erwies sich schließlich die – ursprünglich im Verein für Reformationsgeschichte geplante[771] – Ausstellung *Martin Luther und die Reformation in Deutschland* im Germanischen Nationalmuseum Nürnberg, die nicht nur unter die Schirmherrschaft des Bundespräsidenten gestellt und von der Regierung finanziell unterstützt wurde, sondern deren Eröffnung den Spitzen des Staates und des Bundeslandes Bayern auch die Bühne für ihre eigene Würdigung Luthers bot.[772] Wohl traten hier auch zwei Bischöfe auf,[773] und ein Kirchenhistoriker sprach über »Martin Luther und die Reformation in Deutschland«;[774] doch der Schwerpunkt waren die Reden des Bundespräsidenten, des Bundeskanzlers und des bayerischen Ministerpräsidenten.

Mit der Nürnberger Veranstaltung, die in der Lorenzkirche stattfand, kam der große Auftritt der Politiker sogar dem kirchlichen Festakt zuvor, er lag vier Monate früher (24. Juni) als die kirchliche Feier (30. Oktober). Bundespräsident Karl Carstens fragte in seiner Ansprache,[775] wie es zu erklären sei, daß »[s]eit dem Ende des Zweiten Weltkrieges [...] kein Ereignis in Deutschland so gefeiert worden [sei] wie der 500. Geburtstag Martin Luthers.«[776] Er stellte fest, daß Luther »aufgehört [habe], ein Symbol der Spaltung zu sein«, ja »in gewisser Weise in dem heutigen geteilten Deutschland zu einem Symbol der Einheit geworden« sei, da ihn Protestanten und Katholiken in beiden deutschen Staaten gemeinsam würdigten. Er skizzierte Luthers Auffassung von der Funktion und den Grenzen des Staates als wegweisende Leitlinie. Dann aber kam er zu dem in seinen Augen Wichtigsten, zu »den Eigenschaften Luthers, die [ihn, Carstens,] am tiefsten [berührten]«, Luthers Frömmigkeit und Gottvertrauen. Weniger als Präsident denn als protestantischer Christ, der das allgemeine Priestertum in Anspruch nahm, hielt Carstens beinahe predigthaft seinen Hörern vor Augen, daß die Antworten Luthers auf die Probleme, die ihn damals bedrückten, auch die Antworten auf die Probleme der Gegenwart seien – und so könne der Reformator, recht verstanden,

---

[770] Interner Vermerk der Bundesregierung, zitiert bei MASER, Akten (s. Anm. 667), 149. Zu den Aktivitäten, die die Bundesregierung jetzt entwickelte, vgl. SCHEUNEMANN, Luther und Müntzer (s. Anm. 506), 334–336.342f. Auch das Auswärtige Amt, das Bundespresseamt, das Finanz- und das Postministerium griffen das Thema »Luther« auf, das Verteidigungsministerium prüfte dergleichen für seinen Bereich, und das Verkehrsministerium erwog, einen IC-Zug »Martin Luther« zu nennen (a.a.O. 337).

[771] Siehe BERND MOELLER, Die Ausstellung »Martin Luther und die Reformation in Deutschland«. Nürnberg 1983. Ein persönlicher Bericht (in: SCHEUNEMANN, Bauernkrieg [s. Anm. 426], 103–113).

[772] MASER, Akten (s. Anm. 667), 149; hier 149–152 auch zu den innerdeutschen Auseinandersetzungen um Leihgaben.

[773] Der Ratsvorsitzende der EKD, EDUARD LOHSE (Zur Lutherausstellung [in: KJ 110, 1983, 36f.]) und der für Nürnberg zuständige Würzburger Bischof PAUL-WERNER SCHEELE (Ein Gottbegeisterter Mensch [a.a.O. 37–39]).

[774] Nämlich der Göttinger Bernd Moeller, Vorsitzender des wissenschaftlichen Komitees, das für die Konzeption der Ausstellung verantwortlich war.

[775] KJ 110, 1983, 27–29.

[776] A.a.O. 27.

»uns noch heute nach 500 Jahren Trost und Kraft, Hoffnung und Halt geben.«[777] Einen ähnlichen Ton schlug der Bundespräsident auch in seiner Ansprache bei dem Festakt der EKD (30. Oktober)[778] an, würzte ihn aber hier, deren leitende Männer und Frauen vor sich aufgereiht, mit einem Schuß Kirchenkritik: »Als evangelischer Christ wende ich mich an meine Kirche und bitte meine Glaubensbrüder, das Gedenken an Martin Luther auch zum Anlaß einer Selbstprüfung zu nehmen.«[779]

Ein Prediger war der Bundeskanzler, Helmut Kohl, nicht. In seiner Nürnberger Ansprache[780] bot er einen Potpourri aus biographischen Bemerkungen und wirkungsgeschichtlichen Beobachtungen zu Luther, nicht ohne zu betonen, daß der Fehler der Vereinnahmung des Reformators, den frühere Zeiten immer wieder begangen hätten, bei diesem Jubiläum vermieden werden müsse – auch der Fehler der Politik, »die christliche Lehre [...] als unentbehrliche und doch faktisch unverbindliche Quelle für Sinn [zu] verkleinern«.[781] Bei dem Festakt der Kirche wurde der Kanzler hingegen politisch.[782] Zunächst rühmte er die gesamtdeutsche Dimension des Jubiläums, das die Bürger diesseits und jenseits des Eisernen Vorgangs im gemeinsamen Gedenken geeint und zu vielerlei Begegnungen geführt habe. Weit ausführlicher aber wies er dann auf die von Luther ausgehenden, wenn auch nur zum Teil von ihm beabsichtigten Beiträge zur politischen und bildungspolitischen Entwicklung der Neuzeit – Mündigkeit, Schulwesen, Gewissensfreiheit – hin, um zugleich denen, die mit Hinweis auf ihr Gewissen beanspruchten, »das Mehrheitsprinzip der demokratischen Friedensordnung grundsätzlich in Frage [...] stellen«, das Recht der Berufung auf Luther zu bestreiten[783] – eine Anspielung auf die Auseinandersetzungen über die Rüstungsfrage und die darin aktive außerparlamentarische Opposition. Lautstarke Basisgruppen, die vor dem Saal der Festversammlung protestierten und mitunter auch störten, unterstrichen die Aktualität seiner Worte.

Am unbekümmertsten war die Ansprache, die der bayerische Ministerpräsident Franz-Josef Strauß in Nürnberg hielt.[784] Strauß forderte das »Bewußtsein einer unmittelbaren und selbstverständlichen in der Geschichte gegründeten nationalen Identifikation«, die nicht unkritisch sein müsse, aber auch »Stolz und Bewunderung für die große Tat und die große Persönlichkeit« umfasse.[785] Zu den Gestalten, die in den Augen des Ministerpräsidenten Stolz und Bewunderung verdienten, gehörte Luther, so daß er, als bayerischer

[777] A.a.O. 28ff.
[778] A.a.O. 48–53.
[779] A.a.O. 50.
[780] A.a.O. 30–33.
[781] A.a.O. 33.
[782] A.a.O. 55f.
[783] A.a.O. 56.
[784] A.a.O. 33–36.
[785] A.a.O. 33.

Katholik, bekannte: »Auch ich stehe als Deutscher auf dem von Martin Luther, dem genialen Sprachschöpfer und deutschen Patrioten, bereiteten Boden.«[786] Zu den wertvollen Einsichten Luthers, die Strauß dann am ausführlichsten darlegte, gehörte die Unterscheidung der beiden Regimente. Sie sei, wie er nach Jahrzehnten praktischer Politik sagen müsse, ein »überzeitliches Ordnungsmodell«, das angesichts des »sich ausbreitenden politischen und religiösen Schwärmertums« wieder nachdrücklich zur Geltung gebracht werden sollte.[787] Eine selbstverständliche Beanspruchung Luthers für die nationale Identität verbunden mit einer unbefangen selektiven Aneignung von Gedanken des Reformators, wie sie ähnlich Erich Honecker in seinen Ausführungen zum Jubiläum jenseits der innerdeutschen Grenze auf anderer weltanschaulicher Basis vollzog.

Träger und Organisator der zentralen Jubiläumsfeier des deutschen Protestantismus, die es 1983 anders als 1967 in der Bundesrepublik geben sollte, war die EKD – nicht wie 1980 die lutherische VELKD, da »Luther nicht nur den organisierten Lutheranern gehör[e]«.[788] Gemessen an dem, was der BEK in der DDR jahrelang geplant hatte und im Jubiläumsjahr über Monate hin auf die Beine stellte, war das Programm der EKD allerdings bescheiden: ein einziger Festakt am 30. Oktober. Es wurde gar der Argwohn laut, daß man im Westen nur feiere, weil im Osten und zumal vom Staat DDR das Jubiläum so ausladend begangen werde.[789] Die Zurückhaltung war einerseits Ausdruck dessen, daß es in manchen Kreisen eine Jubiläumsunlust gab[790] und daß andere Themen für dringlicher gehalten wurden – so lehnten es die Veranstalter des mitten im Jubiläumsjahr liegenden Kirchentages zu Hannover ab, ihn mit dem Luthergedächtnis zu verbinden, und widmeten ihn stattdessen der in West und Ost dringlichen Friedensfrage.[791] Daß das Programm der EKD kleiner war als das des BEK, hatte aber durchaus auch mit den Plänen im Osten zu tun. Denn so sehr man diesmal das Jubiläum auch selber begehen wollte, sollte doch der Osten den Vortritt und namentlich am eigentlichen Jubiläumstag, dem 10. November, die Bühne ganz für sich haben. Das ergab sich aus der Tatsache, daß die Jubiläumsstadt Eisleben in der DDR lag und die Gästeschar aus aller Welt sich dort versammeln würde. Dazu kam ein kirchenpolitischer Grund: Im Zurücktreten der EKD schlug sich die »besondere

[786] A.a.O. 34.

[787] A.a.O. 36.

[788] Wolf-Dieter Hauschild, Lutherfeier 1983 I: Evangelische Kirche und deutsche Öffentlichkeit (in: KJ 110, 1983, 9–78), 9.

[789] Löwe (s. Anm. 768), 89. Vgl. auch Löwes Zwischenüberschrift (ibd.): »Wettstreit aus Eifer(sucht): Doppelungen in Ost und West, die zu Chancen wurden«. Dazu auch Hauschild, Lutherfeier (s. Anm. 788), 41.

[790] Gottfried Maron, 1883 – 1917 – 1933 – 1933 – 1983: Jubiläen eines Jahrhunderts (in: Ders., Die ganze Christenheit auf Erden. Martin Luther und seine ökumenische Bedeutung, Göttingen 1993, 188–208), 201.

[791] Löwe (s. Anm. 768), 24.89.

Gemeinschaft mit der ganzen evangelischen Christenheit in Deutschland« nieder, an der der BEK zum Unmut der DDR-Regierung trotz der Trennung von der EKD programmatisch festgehalten hatte[792] und die man auf westdeutscher Seite nach Kräften förderte.[793] Das Jubiläum sollte in gewisser Weise über den Eisernen Vorgang hinweg eine gemeinsame Feier des gesamten deutschen Protestantismus sein. So tauschte man sich über die Planungen hüben und drüben aus, ein Vertreter der EKD nahm als Gast an den Sitzungen des kirchlichen Lutherkomitees teil.[794] Die EKD übernahm das Jubiläumsleitwort »Gott über alle Dinge fürchten, lieben und vertrauen«.[795] BEK und EKD kündigten auf einer gemeinsamen Pressekonferenz an, daß das Jubiläumsjahr zu vermehrten innerdeutschen Gemeindebegegnungen führen solle.[796] Eine gemeinsame Verlautbarung zur Eröffnung des Jubiläumsjahres kam zwar nicht zustande.[797] Doch Repräsentanten von BEK und EKD waren bei den Festakten der anderen Seite präsent, was die der EKD dazu nutzten, in ihren Grußworten die besondere Gemeinschaft der deutschen Protestanten hervorzuheben.[798] Und, vielleicht das in dieser Hinsicht Wirkungsvollste, durch die live-Übertragung der Eröffnung des Lutherjahrs auf der Wartburg am 4. Mai schufen DDR-Fernsehen und westdeutsche ARD für einige Stunden eine gemeinsame virtuelle Gemeinde.[799]

Für den Festakt, den die EKD gleichwohl selbst veranstaltete, wurde die prominenteste Lutherstätte im Westen, Worms, gewählt. Worms hatte Erfahrung mit Lutherfesten. 1868 hatte man dort unter großer und prominenter Anteilnahme das berühmte Lutherdenkmal eingeweiht,[800] 1921 das vierte Zentenar von Luthers Auftritt auf dem Wormser Reichstag begangen[801] und erst 1975 mit überregionaler Beteiligung dessen 450. Jahrestag gefeiert.[802] Daß

[792] Vgl. dazu Wallmann (s. Anm. 658), 303–305, und Mau, Protestantismus (s. Anm. 600), 99–101.

[793] Die Förderung hatte nicht zuletzt materielle Gestalt – auch bei dem Jubiläum, zu dessen Ausrichtung die westdeutschen den ostdeutschen Kirchen finanzielle Unterstützung zusicherten (vgl. Lepp [s. Anm. 599], 141).

[794] Ibd.

[795] Löwe (s. Anm. 768), 90.

[796] Vgl. Lepp (s. Anm. 599), 142, dort auch zum Unmut des Ministeriums für Staatssicherheit (MfS) über diese Bestrebungen.

[797] Ob das nur auf »dumme Mißverständnisse« zurückging oder gewollt war, wurde und wird unterschiedlich eingeschätzt (vgl. Löwe [s. Anm. 768], 90 und Lepp [s. Anm. 599], 142).

[798] Ansprachen von Kirchenpräsident Held und Bischof von Keler am 5.5. auf der Wartburg (in: Zeddies, Günther [s. Anm. 747], 131f.) und von Synodalpräses von Heyl am 10.11. in Eisleben (a.a.O. 141f.).

[799] Jürgen Jeziorowski, Das Lutherjahr 1983 in Fernsehen und Hörfunk (in: KJ 110, 1983, 129–141), 136.

[800] Siehe oben S. 34f.

[801] Siehe oben S. 100–104 und unten S. 245–265.

[802] Träger des einwöchigen festlichen Ereignisses war ein Kuratorium, in dem Vertreter von zehn evangelischen Landeskirchen, des Bundeslandes Rheinland-Pfalz, der Bundesregierung und des Bistums Mainz saßen (Otto Kammer, Die Jubiläumsfeiern in der »Lutherstadt« Worms [in: KJ 110, 1983, 93–106], 93).

man so schnell wieder zur Jubiläumsstadt wurde, ist einmal mehr auf die vorauslaufenden Planungen im Osten zurückzuführen. Der Propst von Wittenberg erzählte 1980 bei einem Besuch in Worms von den großen Jubiläumsvorbereitungen in der DDR, auch von den regionalen Kirchentagen. Daraufhin beschloß man in Worms, man wolle auch feiern und ebenfalls einen regionalen Kirchentag veranstalten. Wenige Monate später meldete die Synode der EKD den Wunsch an, 1983 ihre jährliche Sitzung in Worms abzuhalten. Zugleich fragten Fernsehen und Rundfunk, ob es einen repräsentativen Jubiläumsfestakt geben werde.[803] Da die Spitze der EKD mittlerweile, nicht zuletzt angesichts der Planungen im Osten, selbst einen solchen Akt ins Auge faßte, kam schließlich alles in Worms zusammen.

Alles, das hieß, als erstes fand in Worms ein dreitägiger regionaler Kirchentag mit mehreren Tausend Teilnehmern statt, im September (16.–18.9.) zeitnah zum Wittenberger Vorbild und mit wechselseitigem Besuch.[804] Am 30. Oktober hielt die EKD ihre zentrale Feier, die aus einem Gottesdienst, einem Festakt und einem Vortrag bestand, bevor die Synode (31.10.–4.11.) begann.[805] Zum 10. November reisten Vertreter der EKD nach Eisleben, nachdem Repräsentanten des BEK an der Wormser Feier teilgenommen und dort auch das Wort ergriffen hatten. Wie die EKD das Jubiläum verstanden und gesehen wissen wollte, hatte ihr Rat in einem »Wort« *Martin Luthers Gegenwart* zu Beginn des Lutherjahres deutlich gemacht.[806] Darin wird Luthers »mit Vollmacht, Klarheit und Wärme« gesprochene Rede »von dem Gott [...], der in Jesus Christus der Welt nahe gekommen ist und in der Kraft des Heiligen Geistes ›die ganze Christenheit auf Erden beruft, sammelt, erleuchtet, heiligt und bei Jesus Christus erhält im rechten einigen Glauben‹ [Kleiner Katechismus]«, auf die weltweite Kirche und das von ihm einst »den Menschen einer neuen Zeit gedolmetschte« Evangelium auf die Ängste der Ge-

[803] A.a.O. 94.

[804] Programm a.a.O. 100f. Einer derer, die nach Wittenberg fuhren, schrieb, die Wormser hätten »[m]it einigem Neid« darauf gesehen, wieviel besser der Wittenberger Kirchentag vorbereitet und finanziell unterstützt worden sei (a.a.O. 101f.) – in der DDR war ein regionaler Kirchentag im Unterschied zum Westen ein schon eingespieltes Format.

[805] Auch die Synode, die unter dem Thema »Reformation und Einheit der Kirche« stand, kam um ein Wort zum Jubiläum nicht ganz herum. So verabschiedete sie, nachdem sie sich mit der im Jahr zuvor veröffentlichten ökumenischen »Lima-Erklärung« »Taufe, Eucharistie und Amt« befaßt hatte, eine Kundgebung, die den ökumenischen Dialog als Verwirklichung des ökumenischen Impulses der Reformation pries (in: KJ 110, 1983, 70f.). Vom Hauptthema der Synode, der Friedensfrage, wurde keine Brücke zur Reformation geschlagen (a.a.O. 65), anders im Synodalvortrag des Berliner Bischofs Kruse auf der Synodaltagung der Regionalen Synode der Evangelischen Kirche in Berlin-Brandenburg (Berlin-West) (abgedruckt a.a.O. 23f.).

[806] Martin Luthers Gegenwart 1983. Wort des Rates der EKD (abgedruckt a.a.O. 10–12), hier 10f. Auch die Bischofskonferenz der VELKD veröffentlichte ein kurzes Wort zum Jubiläum, *Vertrauen auf Gott* (a.a.O. 74), und mit dem Lutherischen Kirchenamt einen längeren Text *Martin Luther – Zeuge des Glaubens* zur Bedeutung der Theologie Luthers (Texte aus der VELKD 22/1983).

genwart bezogen.[807] Es wird auf die Schattenseiten seines Wirkens hingewiesen, darunter auf seine antijüdischen Schriften: »So wichtig Luthers frühe Schrift über die Juden auch noch heute ist, so verhängnisvoll wurden die Äußerungen des alten Luther. Niemand kann sie heute gutheißen.« Zugleich wird das Positive unterstrichen, »eine[] durch Martin Luther bewirkte[] umfassende[] Erneuerung des christlichen Lebens«.[808] »Wie da ein Einzelner aus der Mitte seiner Gotteserfahrung eine zerrissene Welt aushält und trotz einer miteinander im Streit liegenden Christenheit dem Evangelium glaubt«, das sei eine Ermutigung auch in der Gegenwart und ihren widrigen Erfahrungen in der Welt und in der Kirche. Was letztere betreffe, so feiere man das Jubiläum mit dem Blick über die eigene Kirche hinaus, überzeugt, daß Luther »einen Beruf zu erfüllen [habe] an der ganzen Christenheit«; die von ihm vertretene Konzentration des Evangeliums auf die Frage der Rechtfertigung widerspreche »kirchliche[r] Vielfalt« nicht, sondern dieser Konzentration korrespondiere »eine große Weite religiöser und kultureller Formen, in denen sich solcher Glaube aussprechen und Gestalt finden kann.«[809] Abschließend hebt der Rat vier Punkte hervor, die beim Jubiläum besonders zu bedenken seien: daß zum Glauben Glaubenszeugen gehörten, daß Luthers theologische Fragen auch für die Gegenwart fruchtbar zu machen seien, daß die von Luther übersetzte Bibel nach Bibellesern rufe und daß die reformatorischen Kirchen ihre »Weltverantwortung« ebenso wie die Sorge um die Einheit der Kirche ernstnähmen – letzteres allerdings in dem Bewußtsein, daß »[d]er Sorge für die Einheit [...] heute wie einst die Verantwortung für die Wahrheit vorgeordnet« sei.[810]

Mit diesen Worten war die ökumenische Perspektive als eine wesentliche Dimension des Jubiläums auch im Westen angesprochen – freilich wie meist mit marginaler Berücksichtigung der evangelischen Freikirchen;[811] aufgrund der stärkeren Präsenz des Katholizismus spielte die – auf ihn bezogene – Ökumene hier sogar noch eine größere Rolle als bei den Feiern in der DDR. Daß insbesondere die Annäherung in der Haltung zu Martin Luther zwischen Lutheranern und Katholiken eine Signatur der Feiern sein würde, zeigte der kleine Text *Martin Luther – Zeuge Jesu Christi*,[812] den die *Gemeinsame Römisch-katholische/Evangelisch-lutherische Kommission* 1983 herausbrachte – ein Text, der auf den Annäherungen des CA-Jubiläums von 1980 aufbaut. Papst Johannes Paul II. drückte in einem der EKD übermittelten Schreiben an den für die Ökumene zuständigen Kardinal Willebrands die neugewonnene

---

[807] KJ 110, 1983, 10.

[808] A.a.O. 11 (im Original Genitiv: einer Erneuerung).

[809] Ibd.

[810] A.a.O. 11f.

[811] Löwe (s. Anm. 768), 83, räumt ein, daß das Gespräch mit ihnen »wohl [...] zu kurz gekommen« sei.

[812] Dokumente wachsender Übereinstimmung, Bd. 2: 1982–1990, Paderborn u. Frankfurt 1992, 444–450.

Hochschätzung Luthers durch seine Kirche aus, betonte aber zugleich, daß sich »der Bruch der Kircheneinheit« weder einfach auf Unverständnis der römisch-katholischen Seite noch auf mangelndes Verständnis des Katholizismus auf seiten Luthers allein zurückführen lasse.[813] Der Vorsitzende der römisch-katholischen Deutschen Bischofskonferenz Kardinal Höffner, der bei dem Festakt in Worms sprach, überging die Schwierigkeiten, die zwischen den Kirchen bestanden, ebensowenig, stellte aber in den Mittelpunkt seiner Worte das Viele, das »wir als katholische Christen [...] von Luther lernen können.«[814] Der Generalsekretär des Ökumenischen Rates der Kirchen (ÖRK) Philip Potter unterstrich demgegenüber die Bedeutung des rechtfertigenden Glaubens für alle Kirchen und für den Dienst der Kirchen »in einer zerbrochenen Welt« – damit unpolemisch, aber klar auf die Spannungen anspielend, die zwischen EKD und ÖRK in politischen Fragen bestanden.[815]

Noch stärker und konkreter in die politische Richtung ging der Vorsitzende der Kirchenleitungen des BEK, der sächsische Landesbischof Johannes Hempel – sein Auftritt war das aufsehenerregendste Ereignis des Wormser Festaktes. Denn Hempel verband das Lutherwort »Gott über alle Dinge fürchten, lieben und vertrauen« samt seiner Kurzversion »Vertrauen wagen« mit der Erinnerung an die herausfordernden, Luther und die Reformation zu einem spannenden Gegenstand machenden Debatten mit seinem Staat und den marxistischen Deutungen, denen die westlichen Zuhörer mit ihren eher binnenkirchlichen Diskursen keine vergleichbaren Erfahrungen entgegenzusetzen hatten. Vor allem aber zog er von Luther die Linien zur Friedensfrage: Wie Luther in Worms »allein mit der Bibel in der Hand vor Karl V. das Zeugnis seines Glaubens gab und zumindest sein eigenes Leben riskierte«, wie er seiner Zeit zugerufen habe: »Suche du [...] Frieden. Leide und tue, was du kannst. Du mußt dir selbst wehetun, mußt ihm [sc. dem Frieden] folgen und nachlaufen«, so meine die Kirche in der DDR, »daß angesichts des gegenwärtigen Maßes vorhandener Bewaffnung nur noch die harte Arbeit risikofähiger Verhandlungen [...] dem Bewahren des Friedens dient.«[816] Nicht nur der anwesende Kanzler, sondern auch Vertreter der EKD waren von diesen Worte, die sie als unzulässige Einmischung in die innenpolitischen Auseinandersetzungen der Bundesrepublik über Nachrüstung und Abrüstung empfanden, nicht erbaut.[817] Mehr Zustimmung fand der Vortrag *Gott ins Herz und den Leuten auf Maul sehen*, den Hempels ehemaliger Magdeburger Amtsbruder Werner Krusche hielt.[818] Krusche unternahm es hier, ethische

---

[813] Brief von Papst Johannes Paul II. an Kardinal Willebrands zum Lutherjubiläum (in: KJ 110, 1983, 69f.), 69. Im Jahr darauf (7.2.1984) antwortete der Ratsvorsitzende der EKD Eduard Lohse, der für die ermutigenden Worte dankte, zugleich aber schrieb: »Manche haben mehr erhofft« (Brief a.a.O. 71–73, hier 73).

[814] Ansprache a.a.O. 53f., hier 54.

[815] Ansprache a.a.O. 57f., hier 58.

[816] Ansprache a.a.O. 58–60, hier 60.

[817] Lepp (s. Anm. 599), 146.

[818] KJ 110, 1983, 60–64.

Auskünfte Luthers auf die Gegenwart zu beziehen. Luther sei einst zu allen möglichen Fragen um Rat gebeten worden, »[n]icht, weil er ein Mann mit Welterfahrung, sondern ein Mann mit Kreuzeserfahrung war. Nicht, weil er sich in allen Problemen auskannte, sondern weil er sich im Worte Gottes auskannte.« Deshalb lohne es sich, seine Antworten erneut zu bedenken. Vor »illusionäre[r] Gleichzeitigkeit« sei allerdings zu warnen. »Wir können Luthers Antworten nicht wiederholen, aber wir können uns sehr wohl an ihnen orientieren und mit ihnen weiterdenken.«[819]

Daß die EKD sich auf den einen Festakt in Worms beschränkte, darf nicht den Eindruck erwecken, als habe das Jubiläum in Westdeutschland in diesem halben Tag zu Worms bestanden – im Gegenteil. Es gab lokale und regionale kirchliche Veranstaltungen über Monate im ganzen Land – Jubiläumsgottesdienste, -konzerte, -tagungen, -vorträge, -podien und andere Diskussionen ohne Zahl,[820] alles in allem ein geradezu »gigantische[s] Unternehmen«.[821] Neben kirchlichen Veranstaltungen standen solche von Kommunen und nichtkirchlichen Kulturträgern wie Museen und Bibliotheken. Es gab, wie im Osten, eine Fülle von Fernsehsendungen zum Thema samt einem Lutherfilm.[822] Und es gab eine Flut von Zeitungsartikeln, Büchern und Aufsätzen zu Luther und der Reformation, Wissenschaftliches[823] und Triviales, mit der Insel-Ausgabe auch eine Edition zentraler Lutherschriften in einem für Nichtfachleute gut lesbaren Deutsch und in handlichem Format.[824] Kehrseite dieser Masse war, daß das, was man da lesen und sehen konnte, sich auf keinen gemeinsamen inhaltlichen Nenner bringen läßt. Ein geschlossenes, ja, auch nur ein vorherrschendes Bild Luthers und der Reformation ist jenseits der amtskirchlichen Verlautbarungen nicht zu erkennen. Ja, man kann sagen: Im Unterschied zu dem Befund in der DDR ist das Jubiläum von 1983 im Westen die Fülle der – teils alten, teils neuen – Bilder: der heldenhafte Feuerkopf und

[819] A.a.O. 61. Ohne solches Aufsehen wie Hempel zu erregen, ging auch Krusche auf die Friedensfrage ein und plädierte von Luthers politischer Ethik her für Abrüstung (62), und er führte Luthers Wirtschaftsethik gegen den Umgang der Ersten mit der Dritten Welt ins Feld (63). Die Zwei-Regimenten-Konzeption führte er an, um die Pflicht des Predigtamtes zu unterstreichen, die Regierenden zu mahnen, wenn sie ihrer gottgegebenen Aufgabe nicht nachkämen und ihre Macht mißbrauchten (63).

[820] Der Kalender der EKD für regionale Veranstaltungen umfaßte etwa 100, für das Bundesland Niedersachsen, um nur ein Beispiel zu nennen, wurden um die 320 Gedenkveranstaltungen registriert, wobei diese Zahl nur ein Drittel der tatsächlich durchgeführten Vorhaben spiegelte (a.a.O. 88).

[821] Hauschild, Lutherfeier (s. Anm. 788), 9.

[822] Vgl. Jeziorowski (s. Anm. 799) und Hans Süssmuth, Luther im Zugriff des Fernsehens (in: Ders. [s. Anm. 654], 337–361).

[823] Zum Wissenschaftlichen vgl. Maron, 1883 (s. Anm. 790), 201–203, sowie Mau, Ertrag (s. Anm. 687) sowie Bernhard Lohse, Literaturbericht zum Lutherjahr (in: KJ 110, 1983, 141–161).

[824] Martin Luther Ausgewählte Schriften, hg. v. Karin Bornkamm u. Gerhard Ebeling, sechs Bände, Frankfurt a. M. 1982. Damit entspricht die Inselausgabe dem, was in der DDR die ebenfalls zum Jubiläum erschienene Luther-Taschenausgabe ist, die von Horst Beintker, Helmar Junghans u. Hubert Kirschner herausgegeben wurde (fünf Bände, Berlin 1983).

der Fürstendiener, der Spalter der Kirche und der auch von Katholiken verehrte »Vater im Glauben«, der Herold der Moderne und das Kind des Spätmittelalters, der Urahn deutschen Untertanengeistes und der Türöffner der Freiheit, der für das ganze Volk stehende deutsche Luther und der Vertreter universaler Freiheitsrechte, das Sprachgenie und der Grobian ...[825] Und in dieser Fülle viel Kritik, auch und gerade von evangelischer Seite – »wohl noch bei keinem Lutherjubiläum ist an dem Reformator soviel Kritik aus evangelischem Munde vorgetragen worden.«[826] Es war vor allem seine Einstellung gegenüber der Obrigkeit, die angeprangert wurde.[827] Und mit der Kritik an Einzelpunkten verband sich die generelle, der antiautoritären Gesamtstimmung der Zeit entsprechende Zurückweisung des Reformators als irgendwie gearteter Autorität, nicht selten laut und schrill.[828]

Seit der Wiedervereinigung hat der westdeutsche Jubiläumspluralismus sich auf ganz Deutschland ausweitet. Die Fülle der Vorstellungen, um deretwillen die Reformation und Martin Luther gepriesen oder verdammt werden, ist nun überall unübersehbar, wie die Halbtausendjahrfeier der Reformation 2017, die in der überlangen Vorbereitung zum erneuten Lutherjubiläum und damit zur Dublette des Zentenars von 1983 geworden ist, handgreiflich zeigt. Aber es sind auch Verschiebungen festzustellen. Zwar gibt der Staat keine offizielle eigene, der kirchlichen entgegengesetzte Reformationsdeutung vor, wie es in der DDR der Fall gewesen war. Doch lautet die Devise der Politik auch nicht mehr wie 1983 in der Bundesrepublik, das Jubiläum nur als »Teilnehmer« an kirchlichen Festivitäten mitzubegehen. Sondern was sich bei dem westdeutschen Jubiläum 1983 faktisch ergeben hatte, daß nämlich Vertreter des Staates als solche über die Kirche hinausgehende, gesamtgesellschaftlich wichtige »Wirkungen« der Reformation feierten, das ist 2017 ausdrückliches Programm, verkörpert in eigenen Gremien und Veranstaltungen. Doch während die staatliche Jubiläumskonkurrenz in der DDR die dortige Kirche veranlaßt hatte, einerseits zuzugestehen, daß es legitimerweise eine andere Sicht der Reformation gebe als die ihre, und andererseits ihr eigenes Feierprofil zu

---

[825] Vgl. die Durchgänge durch Presse und Literatur von DIETER RIESENBERGER, Die Luther-Rezeption in der westdeutschen Medienpresse (in: SÜSSMUTH [s. Anm. 654], 275–284), KLAUS MÄDING, Westdeutsche Tageszeitungen zum Luther-Jubiläum 1983 (a.a.O. 285–300) und JOHANNES BROSSEDER, Luther-Bilder in der Buchliteratur zum Jubiläumsjahr 1983 (a.a.O. 252–274).

[826] MARON, 1883 (s. Anm. 790), 203.

[827] Seine Haltung zu den Juden, deren Beleuchtung durch das Jubiläum angestoßen wurde, spielte in der öffentlichen Debatte 1983 noch kaum eine Rolle. RIESENBERGER (s. Anm. 826), 279, vermerkt in seinem großflächigen Durchgang durch die deutsche Presse zu Jubiläumsbeiträgen »nur einen Artikel, der sich mit Luthers Antijudaismus [befaßt]« (vgl. OELKE [s. Anm. 693], 225, zur weitgehenden Absenz des Themas 1983).

[828] Vgl. den auf große Empörung gestoßenen und mit scharfen Disziplinarmaßnahmen beantworteten »Schwank« evangelischer Pfarrer *»Wie auf Erden so im Himmel«. Ein Schwank zum Lutherjahr* (Sonderausgabe *Gegen den Strom*, Juni 1983, Halstenbek), von dem die deutsche Presse landauf, landab berichtete.

schärfen, scheint die »weiche«, vom Druck einer konkurrierenden Weltanschauung freie Hinwendung des Staates zur Reformation 2017 die gegenteilige Wirkung zu haben. Die evangelische Kirche tut sich schwer zu sagen, was ihre spezifischen Gründe sind, der Reformation hier und heute feiernd zu gedenken. Vielmehr weicht sie aus in theologiegeschichtliche Repetitionen einerseits und den Lobpreis allgemeinchristlicher Güter andererseits, für die es die Reformation nicht hätte geben müssen und den Protestantismus nicht braucht. Ganz mit sich im Reinen ist ihr Jubiläumsjubel hingegen, wenn sie darauf hinweisen kann, wie freudig der Staat und die Zivilgesellschaft die Reformation zu preisen wissen. So ist die evangelische Kirche am Ende wieder bei den außerkirchlichen »Wirkungen« angelangt, die ihr, zu Recht oder Unrecht, von anderen bescheinigt werden. Der Gewinn, der aus der Jubiläumsgeschichte der vergangenen beiden Jahrhunderte zu ziehen wäre, scheint verspielt.

Das Reformationsjubiläum von 1921

Wer im April 1921 eine deutsche Tageszeitung las, der wurde in Schlagzeilen, Berichten, Leitartikeln und anderen Beiträgen immer wieder auf ein spektakuläres kirchliches Ereignis gestoßen, das heute völlig unbekannt ist: das Jubiläum von Luthers Auftritt auf dem Reichstag zu Worms am 18. April 1521, gefeiert in einem dreitägigen Fest in derselben Stadt. Nicht daß es im April 1921 sonst nichts zu berichten gegeben hätte. Auseinandersetzungen um den Versailler Vertrag, Reparationen, französische Besatzung im linksrheinischen Reichsgebiet, oberschlesische Frage, Wiederanschlußbegehren Österreichs, Regierungskrisen und Putschversuche – die Liste dramatischer Ereignisse und aufrührender Probleme ließe sich verlängern. Doch mitten im medialen Spiegel einer Zeit extremer politisch-wirtschaftlicher Anspannung erschien immer wieder »die Wormser Feier«.[1] Sie fiel, wie ein Festredner es formulierte, in »ein lautes, ein stürmisches Jahr«, so wie auch das Jahr des Wormser Reichstages 1521 stürmisch und laut gewesen sei.[2]

Das erste Reformationsjubiläum des 20. Jahrhunderts[3] war ursprünglich für andere Zeitläufte geplant worden. Als die 400Jahrfeier des Jahres 1917, die zum internationalen, gesamtprotestantischen Fest hätte werden sollen, angesichts des Weltkrieges auf deutsche Dimensionen beschränkt werden mußte, tröstete man sich mit dem Gedanken, das große Fest nach dem – siegreich

---

[1] Vgl. z.B. Frankfurter Zeitung 1921, Nr. 281–299, 17.–23.4.1921. Hier erschien am Vortag des eigentlichen Datums, dem 17.4. (Nr. 281), der Artikel *Das Wort von Worms* (Karl August Junge), am 20.4. (Nr. 288) der Artikel *Luther in Worms* (Karl August Meißinger) und am 22.4. (Nr. 294) *Luthertage in Worms*, ein mit H.H. gezeichneter zusammenfassender und kommentierender Bericht, daneben am 17.4. und am 18.4. Nachrichten vom Programm und den beiden ersten Tagen der Feier. Drei dieser fünf Artikel waren prominent auf der ersten Seite plaziert. Man könnte aber – um nur überregionale Zeitungen zu nennen – ebenso auf die *Vossische Zeitung*, die *Tägliche Rundschau*, den *Reichsboten*, die *Germania* und die *Kölnische Volkszeitung* (siehe unten) hinweisen. Keine Erwähnung fand die Feier im sozialdemokratischen *Vorwärts*, während die *Freiheit*, die Zeitung der USPD, darauf einging (siehe unten). Auf etliche dieser Artikel weist bereits Hartmann Grisar hin, der selbst in der *Kölnischen Volkszeitung* schrieb (siehe unten S. 281).

[2] So der Festredner Martin Schian (siehe unten S. 259) in seiner Rede am Reformationsdenkmal bei der Jubiläumsfeier zu Worms am 17.4.1921 (Bericht über die Wormser Lutherfeier am 17. bis 19. April 1921 zum Gedächtnis der 400jährigen Wiederkehr des Tages, an dem Luther in Worms vor dem Reichstag stand. Beschreibung der Gedenkfeier mit ausführlicher Wiedergabe der Reden und Kundgebungen, einer geschichtlichen Einleitung und bildlichen Darstellungen, Worms 1921, 28).

[3] Gemeint ist das »kurze 20. Jahrhundert« zwischen dem Ende des Ersten Weltkrieges 1918 und dem des Kalten Krieges 1989, das dem »langen 19.« folgte (vgl. oben S. 38, Anm. 30).

beendeten – Krieg nachzuholen[4] und dies am Jahrestag von Martin Luthers Auftritt vor dem Wormser Reichstag zu tun.[5] Alles kam anders, das Ende des Krieges hieß nicht Sieg, sondern Niederlage, brachte Ächtung, territoriale Verluste, regionale Besatzung, wirtschaftliche Bedrückung und ein neues politisches System samt neuer Stellung der Kirchen und, für die evangelischen, an der Spitze veränderter Kirchenorganisation. An ein Fest im geplanten großen Rahmen war nicht zu denken, und das umso mehr, als die Jubiläumsstadt Worms im linksrheinischen Besatzungsgebiet lag. Daß gefeiert werden mußte, stand weiten Kreisen gleichwohl außer Frage. Das Reichstagsjubiläum sollte nichts weniger als »der eigentliche Jubeltag des Reformationsgedächtnisses für unsere Generation« sein.[6] Ja, neben dem »Tag von Worms« waren noch zwei weitere Jubiläen zu begehen, der vor allem in Wittenberg, aber auch sonst hier und da gefeierte 400. Jahrestag der Verbrennung von Bannandrohungsbulle und Kanonischem Recht vor dem Wittenberger Elstertor am 10. und 11. Dezember 1920, der ohnehin einem für die Reformation ungleich wichtigeren Ereignis gelte als das Gedenken des Thesenanschlags drei Jahre zuvor,[7] und der Jahrestag von Luthers Ankunft auf der Wartburg am 4. und 5. Mai 1921,[8] beide ebenfalls mit Widerhall in der überregionalen Presse.[9]

Kirchenamtliche Initiativen gab es allerdings nur im Fall des Reichstagsjubiläums. Die Feier am 10. und 11. Dezember 1520[10] verdankte sich hingegen

---

[4] So der Deutsche Evangelische Kirchenausschuß (in: KJ 1918, 297; vgl. oben S. 45, Anm. 59).

[5] Kontinentale Missionskonferenz und Luthergesellschaft bei der Luther-Gedenkfeier in Eisenach am 4. Mai 1921, hg. v. der Luthergesellschaft, Wittenberg 1921, 3. Vgl. CW 35, 1921, 258.

[6] So der Marburger Kirchenhistoriker Heinrich Hermelink in seinem Festartikel »Luther in Worms« in der Christlichen Welt vom 14.4.1921 (CW 35, 1921, 258–262), 258.

[7] Vgl. den *Reichsboten* vom 10.12.1920, Nr. 556: Die neuere Forschung habe gezeigt, daß nicht der Thesenanschlag, sondern jene Verbrennung als »der Ausgangspunkt der Reformation« anzusehen sei. Vergleichbare Äußerungen, etwa von Schleiermacher, gab es schon im 19. Jahrhundert (siehe oben S. 56).

[8] Vgl. Kontinentale Missionskonferenz (s. Anm. 5). Mit einer mehrtätigen Festveranstaltung unter internationaler Beteiligung – an der Spitze der schwedische Erzbischof Söderblom und der finnische Bischof Gummerus – wurde im folgenden Jahr (4.–6. März 1922) unter Federführung der Luthergesellschaft in Wittenberg auch die Rückkehr Luthers von der Wartburg gefeiert. Den Festvortrag hielt Karl Holl über »Luther und die Schwärmer« (in: KJ 49, 436–438; die Druckfassung von Holls Vortrag in: KARL HOLL, Gesammelte Ausätze zur Kirchengeschichte, Bd. 1: Luther, Tübingen ^{6}1932, 420–467).

[9] Zu ersterem Jubiläum, dessen Widerhall größer war, siehe z.B. Frankfurter Zeitung 12.12.1920 (Nr. 921); Vossische Zeitung 11.12.1920 (Nr. 604); Reichsbote 9.12. (Unterhaltungsblatt Nr. 140), 10.12. (Nr. 556), 11.12. (Nr. 557) und 14.12.1920 (Nr. 561); Kölner Volkszeitung 5.12.1920 (Nr. 950); Neue Preußische Zeitung (Kreuzzeitung) 10.12.1920 (Nr. 580); Tägliche Rundschau 10.12.1920 (Nr. 564); zur zweiten Feier s. Reichsbote 5.5.1921 (Nr. 207); Neue Preußische Zeitung (Kreuzzeitung) 3.5.1921 (Nr. 204) und 5.5. (Beilage zu Nr. 207); Tägliche Rundschau 5.5.1921 (1. Beilage zu Nr. 207).

[10] Zu den Einzelheiten vgl. die Berichte in der Frankfurter Zeitung vom 12.12.1920 (Nr. 921), in der Vossischen Zeitung vom 11.12. (Nr. 604), im Reichsboten vom 10. und 11.12. (Nr. 556 und 557) und in der Neuen Preußischen Zeitung vom 10.12. (Nr. 580), kurz KJ 48, 1921, 353.

einem Anstoß, der einerseits vom Wittenberger Magistrat,[11] andererseits von der kurz zuvor (1918) gegründeten Luthergesellschaft ausgegangen war, die aus Anlaß des Jubiläums eine Tagung abhielt. Es gab einen Festgottesdienst und Vorträge[12], Bürger der Stadt führten ein Lutherschauspiel auf[13], man zog unter Blasmusik von den Kirchtürmen und Liedgesang zur Eiche vor dem Elstertor. Professoren und Studenten mitteldeutscher Universitäten, insbesondere der von Halle, waren gekommen, auch der zuständige Generalsuperintendent und Vertreter des Berliner Oberkirchenrats wie des Deutschen Evangelischen Kirchenausschusses (DEKA), der höchsten gesamtprotestantischen Instanz des Reiches, hatte sich eingestellt,[14] außerdem Repräsentanten des niederländischen Protestantismus sowie der schwedische Bischof Grundgreen und der Botschafter seines Landes mit großem schwedischen Pressetroß. Grundgreen, als offizieller Abgesandter seiner Kirche und als Vertreter des Landes von König Gustav Adolf begrüßt, nahm auch das Wort, nachdem sein Erzbischof Nathan Söderblom sich schon im Vorfeld zu dem Jubiläum vom 10. Dezember öffentlich geäußert und festgestellt hatte: »Solange die Geistesfreiheit und die Freiheit des Evangeliums von finstern Mächten rechts und links beschädigt und bedroht wird, bleibt Luthers Tat ein Symbol, zu dem wir uns herzlich bekennen.«[15]

Auch die Feier des 400. Jahrestages der Ankunft Luthers auf der Wartburg am 4. und 5. Mai 1921 verdankte sich dem Anstoß einer Stadt, nämlich Eisenachs, und eines kirchlichen Verbandes, des Evangelischen Bundes; der Bund, zu dessen programmatischen Anliegen von je her die Propagierung und Ausrichtung von Lutherfeiern gehörte,[16] nutzte den Gedenktag, um seine erste Generalversammlung nach dem Krieg abzuhalten und ein neues, erstmals völkische Töne anschlagendes »Arbeitsprogramm« zu verkünden: »[I]n dem Evangelium das höchste ewige« und »in dem deutschen Volkstum das höchste zeitliche Gut [sehend]«, halte der Bund »fest an dem in Luthers Person und Werk vollzogenen Bund zwischen Evangelium und deutschem Geist.«[17] Hin-

[11] Treibende Kraft war der Oberbürgermeister gewesen, der die Mehrheit des Magistrats hinter sich hatte, während sich eine beträchtliche, aus der sozialistischen Fraktion gespeiste Minderheit dagegen ausgesprochen hatte.

[12] Nämlich von Heinrich Boehmer, Julius Jordan und Johannes Ficker.

[13] Es war das 1906 veröffentlichte und 1916 in Weimar uraufgeführte Schauspiel *Luther auf der Wartburg* von Friedrich Lienhard.

[14] Siehe den Auszug des Protokolls der Sitzung des DEKA vom 8.–10.2.1921 (EZA 1/711 [s. Anm. 21]).

[15] Reichsbote vom 7.12.1920, Nr. 550.

[16] Das galt für die jährlichen, aber erst recht für die »runden« Gedenktage, deren ebenso volkstümliche wie feierliche, alle verfügbaren Medien der Zeit einsetzende Gestaltung der Vertiefung des evangelischen Bewußtseins und der Stärkung des Gemeinschaftsgefühls im deutschen Protestantismus dienen sollte (vgl. ARMIN MÜLLER-DREIER, Konfession in Politik und Kultur des Kaiserreichs. Der Evangelische Bund 1886–1914, Gütersloh 1998, 213–231).

[17] So die Präambel des *Wartburgprogramms* (abgedruckt in: KJ 49, 1922, 300–303). Vgl. dazu JOCHEN CHRISTOPH KAISER, Der Evangelische Bund und die Politik 1918 bis 1933 (in:

zu kamen Teilnehmer eines internationalen Treffens der Kontinentalen Missionskonferenz, das gerade in Bremen stattgefunden hatte. Die Veranstalter des Wartburgjubiläums betrachteten diese Feier als Ergänzung des Wormser Festes zweieinhalb Wochen zuvor, von dem noch ausführlich die Rede sein wird. Ergänzung des Wormser Festes sollte sie einmal im internationalen Sinne sein, weil die Teilnehmer der Missionskonferenz für eine größere Fülle außerdeutscher Kirchen standen,[18] zum anderen im nationalen Sinn, insofern sich der gesamtdeutsche Protestantismus in Eisenach ungehinderter einfinden konnte als im besetzten Worms. Repräsentanten der Thüringer Kirche wie des DEKA,[19] Vertreter von Landes- und Reichsministerien, von Städten und Universitäten, der Lutherstätten, des Evangelischen Pfarrervereins und des Deutschen Evangelischen Frauenbundes, der Evangelischen Preßverbände und andere mehr kamen zusammen, eine Heerschau des evangelischen Deutschlands, wie sie nur der Evangelische Bund als protestantische Massenorganisation auf die Beine zu stellen vermochte. Nach einem Festgottesdienst in Eisenach bewegte man sich in großem Zug auf die Wartburg hinauf, es wurden Vorträge, Theateraufführungen und touristische Attraktionen wie Sonderstempel, Sonderpostkarten und eine Jubiläumsmünze aus Meißener Porzellan geboten, sogar das damals ausgegebene Eisenacher Papiernotgeld stellte Luthers Ankunft auf der Wartburg dar.[20]

1. Der Weg nach Worms

Aber das eigentlich zu feiernde Ereignis sollte Martin Luthers Auftritt auf dem Wormser Reichstag von 1521 sein. So stand es seit 1917 fest, und so war es nun umzusetzen. Feiern von kirchenoffiziellem Rang in die Wege zu leiten oblag den neuerdings ohne landesherrliche Stütze dastehenden Kirchenleitungen. Für ein den gesamten deutschen Protestantismus beteiligendes und repräsentierendes Jubiläum war der DEKA zuständig. Doch die Nachkriegsjahre vergingen, ohne daß dieses Gremium irgend etwas unternahm – zurückgehalten durch die allgemeine Ungunst der Zeit, aber auch durch den besonderen Umstand, daß Worms eben im linksrheinischen Besatzungsgebiet lag.

Evangelisch und Ökumenisch. Beiträge zum 100jährigen Bestehen des Evangelischen Bundes, hg. v. Gottfried Maron, Göttingen 1986, 174–191), 179; Walter Fleischmann-Bisten, Der Evangelische Bund in der Weimarer Republik und im sogenannten Dritten Reich, Frankfurt a. M. u.a. 1989, 132f.

[18] Vertreten waren das neutrale Ausland mit Dänemark, Finnland, Norwegen, Schweden, den Niederlanden und der Schweiz, ferner Ungarn, Rumänien (Siebenbürgen), Österreich und die Vereinigten Staaten, dazu die Missionsgesellschaften (Kontinentale Missionskonferenz [s. Anm. 5]).

[19] Auszug aus dem Protokoll der Sitzung des DEKA vom 30.6.–3.7. (EZA 1/711 [s. Anm. 22]).

[20] Deutsch-Evangelische Korrespondenz 5.5.1921 (Nr. 17); Tägliche Rundschau 5.5.1921 (Nr. 207, 1.Beilage).

Da wurde die höchste protestantische Institution unversehens durch eine Initiative von anderer Seite überrascht und zur Reaktion gezwungen: Ende März 1920 ging ein Schreiben des in Darmstadt ansässigen Hessischen Oberkonsistoriums ein, die evangelische Gemeinde Worms habe beschlossen, den 400. Jahrestag von Luthers Auftritt vor dem Reichstag zu Worms im April 1921 »zu einer möglichst kraftvollen Kundgebung des gesamten Deutschen Protestantismus auszugestalten.« Einladung und Vorbereitung müßten der Wormser Gemeinde überlassen bleiben, doch man bitte den DEKA, »einen Meinungsaustausch der Deutschen Kirchenregierungen in der Richtung herbeizuführen, daß die Wormser Feier zu einer einheitlichen und ausdruckvollen Kundgebung des gesamten Deutschen Protestantismus gestaltet werden möge.« Zwar seien die Umstände, was Beförderungsmöglichkeiten, Ernährung und mit der französischen Besatzung einhergehende Erschwernisse angehe, nicht günstig. Aber man hoffe, diese Schwierigkeiten zu überwinden.[21]

Der DEKA stand unter Zugzwang. Das Thema hatte ihn eingeholt, es sollte ihn anderthalb Jahre lang beschäftigen und Material für eine eigene dicke Akte gebären.[22] Ihrer verfassungsmäßigen Stellung nach konnte die Berliner Kirchenbehörde nicht von sich aus, sondern nur in Abstimmung mit den Landeskirchen tätig werden. Diese hatten bereits begonnen, Initiativen für die Feier des Jubiläums im eigenen Rahmen zu entwickeln, so insbesondere die größte Landeskirche, die von Preußen.[23] Die Frage war, ob es darüber hinaus eine gesamtprotestantische Veranstaltung geben sollte. Am 29. April 1920 bat der DEKA in einem Schreiben an alle Kirchenregierungen, das ihnen den Inhalt des Briefes aus Darmstadt mitteilte, um Stellungnahme. Da die im Laufe der nächsten Wochen eintreffenden Antworten weit auseinandergingen,[24] meldete der DEKA dem hessischen Oberkonsistorium, er sei zu einer

[21] Schreiben des Hessischen Oberkonsistoriums Darmstadt vom 25.3.1920, in: EZA 1/711 (s. folgende Anm.). Die Autoren räumten ein, daß es sich am Ende doch als unmöglich herausstellen könne, »in Worms eine Feier in großem Stile abzuhalten«, so daß man sich auf lokale Feiern beschränken müsse. Doch erst einmal wollten sie den Versuch unternommen sehen.

[22] Die im Evangelischen Zentralarchiv Berlin (EZA) liegende »Akte Kirchenbundesamt. Acta betreffend die Feier der 400jährigen Wiederkehr des Tages von Worms. Vom März 1920«, EZA 1/711 (ohne durchlaufende Nummerierung der Einzelstücke). Die folgenden Ausführungen stützen sich, wo nicht anders vermerkt, auf diese Akte.

[23] Die preußische Generalsynode verabschiedete im Frühjahr 1920 eine Entschließung, wonach die Gemeinden der Landeskirche am 18. April 1921 oder dem folgenden Sonntag das Jubiläum des Wormser Reichstages feierlich begehen sollten (Schreiben des DEKA an die Kirchenregierungen vom 19.4.1920).

[24] Etliche Kirchenregierungen bejahten die Wünschbarkeit einer gesamtprotestantischen Feier in Worms, angesichts der dortigen Besatzung hielten sie aber nur wenige für möglich. Mit größtem Nachdruck sprachen sich für eine gemeinsame Wormser Feier neben der hessischen die Kirchen der linkrheinischen Pfalz und Badens aus, also zwei, die ganz oder z.T. unter Besatzung standen, und eine unmittelbar an das Besatzungsgebiet grenzende. Das pfälzische Votum nennt den Grund: Die Protestanten dieser Gegend hätten die mit einer großen Feier gegeben Ermutigung besonders nötig (Schreiben der Konsistoriums Speyer an den DEKA vom 18.5.1920). Allerdings beschränkte sich die Begeisterung für die Idee einer

Entscheidung noch nicht in der Lage.[25] Als sich im Herbst immer noch nichts bewegte,[26] taten die Darmstädter auf eigene Faust den nächsten Schritt und ließen bei der französischen Besatzungsmacht anfragen, ob es Bedenken gegen eine Jubiläumsfeier in Worms gebe. Der zuständige französische General, der in Mainz residierte, hatte keine Bedenken. Um der Feier »den Schutz gewähren [zu können], den er immer den religiösen Festen aller Religionen gewährt habe«, verlangte er allerdings, daß ihm einen Monat vorher das Programm samt einer Liste sämtlicher deutschen und ausländischen Gruppen übergeben werde, die an dem Jubiläum teilzunehmen gedächten.[27] Das Oberkonsistorium berichtete dem DEKA am 22. Oktober 1920 von dieser Entwicklung. Da es selbst ebenso wie die Wormser Gemeinde erreichen wolle, daß die Feier, deren Abhaltung nun nichts mehr im Wege stehe, eine Veranstaltung des ganzen deutschen Protestantismus werde, hätten beide vor, eine Einladung an die »gesamte deutsche evangelische Christenheit« auszusprechen und dem DEKA zu schicken. Der möge diese Einladung an die Landeskirchen, ihre Synoden, Predigerseminare und andere wichtige kirchliche Institutionen weiterreichen. Sollte er sich nicht beteiligen wollen, würden hessische Kirche und Wormser Gemeinde allein tätig werden, notfalls würde nur Worms einladen.[28] Jetzt konnte der DEKA nicht mehr ausweichen. Noch einmal wurden alle Landeskirchen um Stellungnahme gebeten, diesmal votierten fast alle eindeutig negativ, woraufhin die Berliner Behörde am 4. Dezember 1920 eine Absage nach Darmstadt schickte.[29] Auch eine nochmalige Frage der

zentralen Wormser Feier nicht auf diese Kirchen, auch in Schaumburg-Lippe, Weimar und Eutin war man ganz dafür. Preußen, um nur noch die größte Landeskirche zu nennen, hielt sich alle Optionen offen mit der Antwort, man bejahe eine Feier in Worms für den Fall, daß sich die Schwierigkeiten überwinden ließen. Vereinzelt wurde die Anregung geäußert, eine solche gemeinsame Feier abzuhalten, aber nicht in Worms, sondern in Eisenach oder Wittenberg. Ein großer Teil der Voten stellte dezidiert fest, es solle nur Feiern in den Gemeinden geben. Einige nannten als Grund für diese Beschränkung die wenig erfreuliche Lage des Landes und der Kirche, so am nachdrücklichsten die württembergische Kirchenleitung: Abgesehen davon, daß an eine Veranstaltung im »vom Feind besetzten Worms« gar nicht zu denken sei, müßten angesichts »der Gesamtlage unseres Volks« Feiern und Kundgebungen »größeren Stils« und »in gehobener Stimmung« auf absehbare Zeit ohnehin als völlig unpassend betrachtet werden. »Was unserem deutschen Volk, auch unserem evangelischen Kirchenvolk nottut, ist Gesundung und Aufrichtung seiner weithin erkrankten oder doch stark erschütterten Seele«. Dazu aber helfe nur die »stille, treue Arbeit in den Gemeinden.« Daß diesen der Wormser Reichstag von 1521 »in seiner welt- und kirchenhistorischen Bedeutung« vor Augen gestellt werden solle, sei gleichwohl selbstverständlich (Schreiben des Konsistoriums Stuttgart an den DEKA vom 25.5.1920).

[25] Auszug aus dem Protokoll der Sitzung des DEKA vom 23.–25.5.1920.

[26] Das hessische Oberkonsistorium hatte in einem Schreiben vom 7.8.1920 gedrängt, es brauche endlich ein klares Votum, aber ohne Erfolg.

[27] Schreiben des hessischen Oberkonsistoriums Darmstadt an den DEKA vom 22.10. 1920. Vgl. Deutsche Evangelische Korrespondenz 2.11.1920 (Nr. 46); Die Reformation. Deutsche Evangelische Kirchenzeitung für die Gemeinde 20, 1921, 5.

[28] Schreiben des hessischen Oberkonsistoriums Darmstadt an den DEKA vom 22.10. 1920.

[29] Schreiben des DEKA an das hessische Oberkonsistorium vom 4.12.1920. Als Grund

hartnäckigen Hessen, »ob die für die Zeit vom 17.–19. April für Worms geplante Feier *die* allgemeine Feier des gesamten Evangelischen Deutschlands sein wird, oder nur eine Feier, zu der von der Hessischen Evangelischen Landeskirche und der Evangelischen Gemeinde Worms nach Worms eingeladen werden wird«,[30] führte nicht zu der erhofften Antwort.[31]

Die am 10. Februar 1921 verschickte Einladung zur Wormser Feier war dann tatsächlich nur vom hessischen Oberkonsistorium und der evangelischen Gemeinde zu Worms unterzeichnet, enthielt aber die programmatische Aussage, das geplante Fest solle »eine eindrucksvolle und bedeutsame Kundgebung des deutschen Protestantismus werden und der deutschen evangelischen Christenheit Segen bringen«.[32] Der Präsident des DEKA, Reinhard Moeller, nahm die Einladung als Repräsentant seiner Behörde an, machte in der Formulierung seiner Antwort allerdings zugleich klar, wie er die Feier einstufte: Er richtete seinen Brief an die lokale Instanz »Gesamtkirchenvorstand Worms«, und er bekräftigte nur den Wunsch, daß die Feier sich »dem deutschen Protestantismus als segenbringend erweisen« möge – von einer »Kundgebung« des deutschen Protestantismus war keine Rede.[33] Gleichwohl, der Präsident des DEKA war zur Teilnahme bereit, viele andere kirchenleitende Männer ebenfalls, wer nicht zu erscheinen gedachte, bat Moeller, ihn zu vertreten.[34] Daß am Ende auch er sich durch seinen Stellvertreter im DEKA,

---

wurde neben den Voten aus den Landeskirchen genannt, daß das Programm der Feier offenbar bereits feststehe und der DEKA keine Einflußmöglichkeiten mehr habe. Da die endgültige Entscheidung auf einer Plenarsitzung des DEKA im Januar fallen sollte, machten die Hessen noch einen Versuch und beteuerten, man sei selbstverständlich davon ausgegangen, daß dem DEKA ein Mitspracherecht bei der Gestaltung des Jubiläums und »mindestens« der Vorsitz und die Eröffnungsrede bei der Hauptfeier zukämen. So hofften sie immer noch auf einen Sinneswandel in Berlin (Schreiben des hessischen Oberkonsistoriums Darmstadt an den DEKA vom 21.12.1920). Für alle Fälle schoben sie im Blick auf die bevorstehende Plenarsitzung am 11. Januar 1921 noch ein weiteres Schreiben an den DEKA nach (s. nächste Anm.).

[30] Schreiben des hessischen Oberkonsistoriums Darmstadt an den DEKA vom 11.1.1921 (Hervorhebung im Original).

[31] Das Darmstädter Oberkonsistorium hatte in seinem Brief vom 11.1. um sofortige telegraphische Benachrichtigung über den Beschluß der Plenarsitzung gebeten, weil die Zeit, drei Monate vor dem Jubiläum, nun dränge. Jene Sitzung wurde aber auf den Februar verschoben (handschriftliche Notiz des Vorsitzenden Moeller über entsprechende Benachrichtigung an das hessische Oberkonsistorium unter dem Darmstädter Schreiben vom 11.1.). Daraufhin schritt man am 10.2. in Darmstadt und Worms zur Tat (s.o.).

[32] Maschinenschriftliches Schreiben des hessischen Oberkonsistoriums Darmstadt an den DEKA vom 10.2.1921 mit geplantem Programm, ebenso an die anderen Kirchenleitungen und weitere Institutionen geschickt. Abgedruckt in: Bericht über die Wormser Lutherfeier (s. Anm. 2), 16.21f.

[33] Brief Moellers an das hessische Oberkonsistorium vom 22.2.1921.

[34] Diese Möglichkeit hatte Moeller selbst in einem Schreiben an die Kirchenregierungen angeboten (Schreiben vom 22.3.1921). Wie ernst man es nahm, daß die Landeskirchen trotz allem auf diese oder jene Weise in Worms vertreten sein sollten, zeigen nicht nur die in der Akte EZA 1/711 abgehefteten Vertretungsbitten, sondern das zeigt auch eine penible Liste, die für die Reaktionen der Kirchen angelegt wurde (Sammelbogen vom 22. März 1921, betreffend Reformations-Gedächtnisfeier).

den bayrische Kirchenpräsidenten Friedrich Veit, vertreten lassen mußte, weil er selbst in seiner Eigenschaft als Präsident des Preußischen Oberkirchenrats an der Beerdigung der letzten deutschen Kaiserin in Potsdam mitzuwirken hatte, war noch nicht abzusehen.

Die Beschäftigung mit der Wormser und Darmstädter Initiative war aber nicht alles, was die oberste Kirchenbehörde des deutschen Protestantismus im Blick auf das Reichstagsjubiläum tat. Daß man die Entscheidung getroffen hatte, der Wormser Feier nicht das Siegel des offiziellen gesamtprotestantischen Festaktes zu verleihen, führte auf der anderen Seite zu dem Schluß, daß es einen solchen Akt gleichwohl geben müsse. Als besonders geeignet schälte sich ein Termin heraus, der ohnehin von gesamtprotestantischer Bedeutung sein und Vertretungen aller Landeskirchen zusammenführen würde: der nächste Kirchentag, auf dem der große Schritt der Gründung des Deutschen Evangelischen Kirchenbundes beschlossen werden sollte.[35] Dieser Kirchentag wurde für den September 1921 in Stuttgart angesetzt, und im unmittelbaren Anschluß daran, so entschied man nun, sollte eine offizielle, vom DEKA selbst veranstaltete gesamtprotestantische Feier des Reichstagsjubiläums stattfinden. Ganz ohne kirchenamtliche Begleitung wollte man den eigentlichen Jubiläumstermin 18. April allerdings auch nicht lassen. Vielmehr veröffentlichte der DEKA kurz zuvor eine »Ansprache des Deutschen Evangelischen Kirchenausschusses an die Gemeinden zur Feier des Tages zu Worms«.[36] Der Text war am Sonntag, dem 17. April in allen evangelischen Kirchen Deutschlands im Rahmen festlicher Jubiläumsgottesdienste zu verlesen,[37] die Kollekten dieser Gottesdienste sollten der unter den Folgen des Krieges besonders leidenden Auslandsdiaspora zugutekommen.[38] Der Preußische Oberkirchenrat fügte für seinen Zuständigkeitsbereich hinzu, daß, wo immer möglich, auch Gemeindeabende zum Thema durchzuführen seien.[39] Beides, Jubilä-

---

[35] Erstmals von Moeller in seiner Eigenschaft als Präsident des Preußischen Oberkirchenrats ins Spiel gebracht am 30.11.1920 (Antwort des Preußischen Oberkirchenrats an den DEKA auf dessen zweite Frage an die Landeskirchen hinsichtlich der Möglichkeit einer gesamtprotestantischen Feier in Worms), nachdem das Konsistorium Waldeck in seiner Antwort auf die erste Umfrage, in der es sich für die Wormser Feier aussprach, umgekehrt vorgeschlagen hatte, das Jubiläum durch die Gründung des Kirchenbundes zu krönen (Antwort an den DEKA vom 1.7.1920).

[36] Abgedruckt in: Allgemeines Kirchenblatt für das evangelische Deutschland 70, 1921, 313f. Datiert »Vom April 1921«; Auszug in KJ 48, 1921, 354. Maschinenschriftliche Vorlage mit handschriftlicher Vorarbeit Moellers in EZA 1/711.

[37] Allerdings stellt das Begleitschreiben des DEKA an die Kirchenleitungen fest: Die Ansprache sei »unter Voraussetzungen gedacht ..., die eine allgemeine Kanzelverlesung ohne Bedenken möglich erscheinen ließen«. Falls politische Veränderungen dazu nötigen sollten, die Verlesung zu unterlassen oder den Text zu verändern, sollten die Kirchenleitungen oder die Pfarrer das tun (Schreiben vom 9.3.1921). Diese Passage zielt offensichtlich auf die Kritik an der zeitgenössischen Gesellschaft, die im Mittelpunkt der Ansprache steht (siehe unten S. 255f.).

[38] Ibd. Mitgeteilt auch im »Erlaß des Evang. Oberkirchenrats, betr. die Feier der 400jährigen Wiederkehr des Tages von Worms. Vom 12. Januar 1921«, abgedruckt in: Allgemeines Kirchenblatt für das evangelische Deutschland 70, 1921, 243.

[39] Ibd.

umsgottesdienste wie Jubiläumsabende, fand landauf, landab und nicht nur in der preußischen Kirche tatsächlich statt.[40] Anschließend versammelte man sich gern zu öffentlichen Festakten an den Lutherdenkmälern.[41] Auch in vielen Schulen wurde Luthers Auftritt in Worms gefeiert.[42] Theologische Fakultäten verliehen am Jubiläumstag Ehrendoktorwürden.[43]

2. Das Wormser Fest

So viele Feiern es landauf, landab auch gab – am meisten Aufsehen erregte und die größte mediale Aufmerksamkeit fand das Fest in Worms. Die Besatzungssituation ließ es nicht zu, so prächtig zu feiern, wie man es gern getan hätte, es gab keine Hausdekorationen und keine Fahnen auf Straßen und Plätzen, und abgesehen von mehreren Kundgebungen am Lutherdenkmal und der Aufführung eines Lutheroratoriums in der städtischen Festhalle spielte sich alles in Kirchen und kirchlichen Räumen ab. Auch kamen die Teilnehmer überwiegend aus Südwestdeutschland. Aber es kamen so viele, daß Sonderzüge eingesetzt werden mußten, und die Menge ließ es sich nicht nehmen, zu Glocken- und Posaunenklang denn doch wenigstens mit Kirchenfahnen durch die Stadt zu ziehen.[44] Bei den Festgottesdiensten platzten die Kirchen der Stadt aus allen Nähten,[45] für etliche Programmpunkte mußten wegen der Besuchermassen ad hoc Parallel- und Zweitveranstaltungen angesetzt werden.[46]

---

[40] Vgl. die entsprechenden Ankündigungen und Nachrichten in der Tagespresse. Kurz auch KJ 1921, 355.

[41] Z.B. in Berlin auf dem Neuen Markt am Lutherdenkmal neben der Marienkirche, vgl. Reichsbote vom 16.4.1921 (Nr. 175), wo auf verschiedene Festgottesdienste in Berliner Kirchen hingewiesen und die Feier am Neuen Markt angekündigt wird.

[42] So gab etwa für Preußen der Preußische Minister für Wissenschaft, Kunst und Volksbildung am 21.2.1921 einen Erlaß heraus, daß am 18.4. alle Schüler an Festgottesdiensten zum Jubiläum des Wormser Reichstages teilnehmen dürften. Wo die Schulen keine eigenen Festveranstaltungen durchführten, müßten die Schüler auf Antrag ihrer Eltern vom Unterricht freigestellt werden. Das Berliner Oberkonsistorium teilte dies den Konsistorien mit und trug ihnen auf, sich für sorgfältig gestaltete, jugendtaugliche Jubiläumsgottesdienste einzusetzen (Schreiben an die Konsistorien am 17.3.1921). Wie die Tägliche Rundschau, 20. April 1921 (Nr. 181, Beilage) anläßlich des Jubiläums berichtet, durften sogar in der Tschechoslowakei laut Erlaß des dortigen Kultusministeriums evangelische Schüler an den Wormsfeiern ihrer Kirche teilnehmen.

[43] Aufgezählt in CW 35, 310. Die Gießener Fakultät verlieh diesen Titel auf der Wormser Feier selbst (Bericht über die Wormser Lutherfeier [s. Anm. 2], 65). – Nur am Rande sei darauf hingewiesen, daß es auch außerhalb Deutschlands Feiern des Wormser Jubiläums gab. Zur Schweiz vgl. u. Anm. 141, zur Tschechoslowakei die vorige Anm. In den Vereinigten Staaten von Amerika schickte Präsident Harding anläßlich der Wormser Feier ein Schreiben an das National Lutheran Council in New York (CW 35, 1921, 382).

[44] Zu all diesen Einzelheiten vgl. Bericht über die Wormser Lutherfeier (s. Anm. 2).

[45] A.a.O. 43.

[46] Siehe unten Anm. 49 und 54.

Der eigentliche Jubiläums- und Hauptfesttag, der 18. April, fiel auf einen Montag. Doch schon am Vortag wurde gefeiert.[47] Am Morgen fanden in allen evangelischen Kirchen der Stadt Festgottesdienste statt. Der Nachmittag sah den ersten Höhepunkt, eine Großkundgebung am Wormser Lutherdenkmal, dem prächtigsten aller Reformationsmonumente des 19. Jahrhunderts, vor. Der gefeierte »Kanzelredner« Martin Schian, Professor für Praktische Theologie in Gießen und in Universität wie Kirche gleichermaßen gefragter Mann der Vermittlung zwischen den theologischen Lagern,[48] sprach zu einer unübersehbaren, nicht nur den Platz ringsum füllenden, sondern auch an Fenstern und auf Dächern sich drängenden Menge,[49] bevor aus Tausenden von Mündern das Lied »Ein feste Burg« erklang. Wer in der städtischen Festhalle einen Platz ergattert hatte, hörte anschließend das Oratorium *Luther in Worms* von Ludwig Meinardus.[50] Den letzten Tagesordnungspunkt bildete eine »Begrüßungsfeier« mit Vertretern der Landeskirchen und der Theologischen Fakultäten, auf der u.a. Kirchenpräsident Veit[51] im Namen des DEKA sein Grußwort sprach, aber auch ein Repräsentant der hessischen Regierung auftrat sowie der Wormser Oberbürgermeister, der als Oberhaupt der besetzten Stadt nachdrücklich darum bat, die »*deutsche* Lutherstadt am Rhein« nicht zu vergessen.[52] Vertreter ausländischer Kirchen – Norwegens, Finnlands, der Niederlande, Jugoslawiens, Ungarns und der Vereinigten Staaten – waren ebenfalls anwesend, doch inoffiziell und ohne Rederecht. Der Höhepunkt des nächsten Tages[53] war, nach Gottesdiensten in allen Kirchen und einer weiteren Aufführung des Lutheroratoriums, zugleich die Klimax und der Abschluß des offiziellen Jubiläums: die Hauptfeier in der Dreifaltigkeitskirche am späten Nachmittag.[54] Hier trat der andere prominente Redner auf, den man für das Fest gewonnen hatte, der Münsteraner Praktische Theologe

---

[47] Zu diesem Tag vgl. den Bericht über die Wormser Lutherfeier (s. Anm. 2), 23–42.

[48] Zu ihm vgl. Jan Hermelink, Organisation der volkskirchlichen Gemeinde: Martin Schian (in: Geschichte der praktischen Theologie. Dargestellt anhand ihrer Klassiker, hg. v. Christian Grethlein u. Michael Meyer-Blanck, Leipzig 1999, 279–330).

[49] Angesichts der andrängenden Menge gab es am nächsten Tag noch eine zweite Feier am Denkmal (Bericht über die Wormser Lutherfeier [s. Anm. 2], 67–69). Am letzten Tag veranstaltete der Evangelische Bund dort einen weiteren Festakt (a.a.O. 93–98).

[50] Meinardus (1827–1896), Schüler von Franz Liszt, hatte das Oratorium 1874 geschrieben, die Uraufführung hatte anläßlich des Lutherjubiläums von 1883 stattgefunden.

[51] Zu ihm vgl. Wolfgang Sommer, Friedrich Veit, Kirchenleitung zwischen Kaiserreich und Nationalsozialismus, Nürnberg 2011.

[52] Bericht über die Wormser Lutherfeier (s. Anm. 2), 38 (Hervorhebung entsprechend dem Original). Hintergrund dieser emphatischen Formulierung waren die – von den Franzosen geförderten – separatistischen Strömungen im Besatzungsgebiet (Markus Würz, Kampfzeit unter französischen Bajonetten. Die NSDAP in Rheinhessen in der Weimarer Republik, Stuttgart 2012, 56–63; Gerold Bönnen, Von der Blüte zum Abgrund: Worms vom Ersten bis zum Zweiten Weltkrieg (in: Geschichte der Stadt Worms, hg. i. A. der Stadt Worms von Gerold Bönnen, Stuttgart 2005, 545–606), 555.

[53] Zu ihm vgl. Bericht über die Wormser Lutherfeier (s. Anm. 2) 43–84.

[54] Auch hier war der Ansturm so groß, daß man mehrere Parallelveranstaltungen anberaumen mußte (a.a.O. 71).

Julius Smend, renommierter Liturgiker und auf öffentlichen Podien vielbeschäftigter Vertreter des Kulturprotestantismus.[55] Smend hielt den Festvortrag, der in ein von allen bekräftigtes Gelöbnis der Treue zum Erbe der Reformation mündete,[56] bevor nach dem Schlußwort eines Wormser Pfarrers auch hier »Ein feste Burg« gesungen wurde. Der dritte Tag lag ganz in den Händen des Evangelischen Bundes, der ihn für eine Versammlung, mannigfache Sitzungen und eine Schlußfeier am Lutherdenkmal nutzte.[57]

Was war der Inhalt des Festes am und um den 18. April 1921, wofür feierte man das Gedächtnis des Wormser Reichstages? Martin Rade, der selbst nicht an der Wormser Feier teilgenommen, aber die Berichte darüber studiert hatte, bemerkte in der »Christlichen Welt«, der politisch erzwungene kleine Rahmen habe dem Fest wohl eher gutgetan. Er habe nicht gehindert, daß es »unter ganz außerordentlicher Teilnahme verlaufen« sei, habe aber zu »größere[r] Schlichtheit« geführt und die Feier, wie Rade einem Bericht entnahm, zu einem »›echte[n] Volksfest‹« gemacht. Denn so habe sich »die Stimmung der Gemüter« »[u]m so elementarer« Bahn brechen können. Man habe »fast den Eindruck, als sei das Verlangen des Volks über das hinausgegangen, was die Kirche bot«.[58] Doch was bot die Kirche, und was verlangte das Volk?

Eine Antwort auf die erste Frage gibt zunächst einmal die zur Kanzelverlesung verschickte Ansprache des DEKA.[59] Der DEKA will das Gedächtnis »der heldenhaften Bekenntnistat«, bei der Luther »bei Gefahr seines Leibes und Lebens« »die ihm geschenkte Glaubenserkenntnis« vor einer feindlichen Welt vertreten habe, hochgehalten sehen, weil hier »in hellen klaren Tönen von dem in Gottes Wort gebundenen Gewissen [...] als dem ehernen Grund aller Gewißheit für Zeit und Ewigkeit« gesprochen worden sei. Dieses Bekenntnis müsse man umso ernster nehmen, als in der gegenwärtigen Situation nichts so notwendig sei wie »Gewissensschärfung« und »Gewissensstär-

---

[55] Eigentlich hatte man den Philosophen und Gründer der Luthergesellschaft Rudolph Eucken für diesen Vortrag gewinnen wollen (Schreiben des hessischen Oberkonsistoriums Darmstadt an den DEKA vom 11.1.1921 [s. Anm. 30] und ursprüngliches, von derselben Behörde maschinenschriftlich versandtes Festprogramm [s. Anm. 32]). Offenbar sagte Eucken ab, und man wandte sich an Smend. Zu ihm vgl. Rüdiger Siemoneit, Julius Smend. Der evangelische Gottesdienst als lockende Macht, Frankfurt a. M. 1999.

[56] Siehe unten S. 262f.

[57] Zu diesem Tag, dem 19. April, siehe den Bericht über die Wormser Lutherfeier (s. Anm. 2), 85–98. Der evangelische Bund hatte bei der Planung der gesamten Feier seine Hand mit im Spiel gehabt, insofern der Darmstädter Pfarrer Hans Waitz, der hessischer Bundesvorsitzender war, entscheidenden Einfluß auf die Organisation des Ganzen ausgeübt hatte (vgl. den Briefwechsel zwischen dem DEKA und dem hessischen Oberkonsistorium am 4. und 21.12.1920, EZA 1/711). Der Bund hatte auch selbst eine programmatische Botschaft zum Jubiläum von Luthers Auftritt vor dem Wormser Reichstag veröffentlicht (Deutsch-Evangelische Korrespondenz 20, Nr. 13, 13.4.1921). Der Bericht von der Wormser Feier in der Perspektive des Bundes a.a.O. Nr. 14, 2.4.1921.

[58] CW 35, 101, 311. Als Quelle des Zitats im Zitat nennt Rade einen Bericht über das Fest in Worms von Heinrich Hermelink in der Hessischen Zeitung.

[59] S. Anm. 36.

kung«[60], das eine gegenüber »Leichtsinn« und »Genußsucht, die uns zu Boden ziehen und allem sicheren Leben entfremden«, das andere gegenüber »der Lüge, dem Scheinwesen, der zügellosen Zweifelsucht, die Treu und Glauben untergraben und den Wahrheitssinn unseres Volkes ertöten«. Um gegen dies alles bestehen zu können, müsse das Gewissen sich »mit Gottes lauterem Wort als der nie versiegenden Quelle der Wahrheit [verbünden]«. Denn nicht vergängliche menschliche Meinung, »[s]ondern *was das Wort Gottes sagt*, soll unser einiger Halt im Leben und im Sterben sein«, schärft der DEKA, Lutherjubiläum und reformierte Tradition klug verbindend, mit Worten des Heidelberger Katechismus ein.

Luthers Bekenntnis vor Kaiser und Reich als Heilmittel gegen die alles ins Wanken bringende moderne Zeit; das im Wort Gottes gebundene Gewissen als letzte und unbedingt gewisse existentielle Instanz, die standhält gegen das »Trauerspiel der Zersetzung«, die »Spaltung der Kultur ins Uneindeutige und Fragmentarische«[61], wie sie keineswegs erst in der Gegenwart eingetreten war, sich aber nach dem Umbruch von 1918 nicht mehr übersehen und von den um ihre alte institutionelle Stellung gebrachten Christen nicht mehr verdrängen ließ – das war für den DEKA die Aktualisierung, die zur Feier des »Tages von Worms« berechtigte, ja, nötigte. In welcher Weise die von Luther beschworene Bindung des Gewissens an das Wort Gottes Eindeutigkeit und Ganzheit wiederherstellen sollte, sagt die Ansprache nicht; aber daß die Heilung auf diesem Weg zu finden sei, dessen sind die Autoren der Ansprache gewiß und sollen die Gemeinden vergewissert werden.

Insbesondere die Gemeinden »unseres Volkes«. So sehr das Erbe Luthers »der ganzen Christenheit zugute gekommen« sei, wie der DEKA feststellt, soll es doch besonders dem deutschen Volk von Nutzen sein, so wie dem Reformator in besonderer Weise »›seine lieben Deutschen‹ am Herzen« gelegen hätten. An dem »großen deutschen Glaubenshelden«, der »[a]uch nach der Zertrümmerung des Vaterlandes [...] als Herold des deutschen Volkes prophetisch unter uns [fortlebt]«, könne sich dies Volk in der gegenwärtigen »Erniedrigung« »aufrichten«. »Wir sind nicht verloren, wenn wir sein Erbe hochhalten.«

Der in besonderer Weise mit dem deutschen Volk verbundene Luther, von dem dieses Volk nun auch in besonderer Weise Hilfe aus seiner gegenwärtigen Not erwartet – das ist auch der vorherrschende Ton auf der dreitägigen Feier in Worms. Der Hinweis auf die übernationale, gesamtchristliche, ja weltweite Dimension von Luthers Wormser Auftritt – der Wittenberger Reformator habe das allen Menschen geltende Evangelium bezeugt,[62] mit dem Kampf für

[60] Beide Worte im Text hervorgehoben.

[61] So die Kennzeichnung der Stimmung nach 1918 bei Kurt Nowak, Geschichte des Christentums in Deutschland. Religion, Politik und Gesellschaft vom Ende der Aufklärung bis zur Mitte des 20. Jahrhunderts, München 1995, 233f.

[62] Z.B. Bericht von der Wormser Feier (s. Anm. 2), 33.

die Freiheit des Gewissens den Grund der allgemeinen Religionsfreiheit und aller daraus fließenden Menschenrechte gelegt,[63] eine neue Epoche der Weltgeschichte angestoßen[64] – fehlt zwar in den Festreden nicht. Doch während hundert Jahre zuvor, bei den Jubiläen der ersten Hälfte des 19. Jahrhunderts, diese universale Dimension die Feiern beherrscht hatte,[65] tritt sie 1921, wie schon 1917, ja noch mehr zurück. Es ist vor allem das deutsche Volk, und zwar das nach dem verlorenen Krieg am Boden liegende deutsche Volk, das seinen Helden feiert. Und es feiert nicht einen Heros längst verflossener Vergangenheit, sondern einen, der in seiner Mitte gegenwärtig ist.[66] So wie die, die einst in Worms um sein Leben fürchteten, die beruhigende Nachricht vernahmen, daß er lebe, »so rufen freudig wir heute: Luther lebt.«[67] Ja, mehr als das, er »redet zu uns.«[68] Und wie er einst in seine stürmische Zeit hineingesprochen hat, erklingt sein Wort nun in die nicht minder stürmische Gegenwart hinein.[69] In eine Gegenwart, für die seine Stimme nichts weniger als überlebensnotwendig ist. Denn schlimmer noch als das durch die Niederlage hervorgerufene äußere Elend ist die seelische Not. Das Land hallt wider von dem »Schrei nach einem Etwas, das uns bleibt, wenn alles andere uns zerbricht, nach einer letzten Gewißheit, die uns trägt durch alle Wirrsale und Stürme der Zeit.«[70] Dieser Schrei, der sich geradezu als *»die moderne Reformationsfrage«* bezeichnen läßt,[71] kann nur bei einem Mann Antwort finden, der selbst jene letzte Gewißheit gefunden und in größter Gefahr und Anfechtung bewährt hat wie Martin Luther zu Worms. So »ist es der Schrei nach der geistigen Führung, [der] uns zu Luther hintreibt.«[72] Und der, auf den solch große Hoffnung gesetzt wird, enttäuscht die Feiernden nicht. Zu ihm »hingetrieben«, begegnen sie Luther so, wie man Gegenwärtigem begegnet: unmittelbar. »Wir haben Luther erlebt«, faßt ein Wormser Pfarrer zusammen,

---

[63] A.a.O. 56f.

[64] A.a.O. 45: Luther gehörte nicht nur in seine Epoche, sondern ist einer jener »Zentralmenschen, die Jahrhunderte überragen und Jahrhunderte in sich zusammenfassen« (Kirchenrat Konrad Velte). Sein Auftritt zu Worms hatte »weltgeschichtliche Bedeutung« (72, Julius Smend, siehe unten). Er ist der Heros nicht nur der Deutschen, auch nicht nur der Evangelischen, sondern aller Menschen, denn er »hob die Welt des Mittelalters aus den Angeln und legte den Grundstein zu einer neuen Zeit« (68, Pfarrer Bernbeck). Über den Raum des eigenen Volkes hinaus geht, wenngleich in anderer Richtung, auch der Wunsch, das von Luther verkündigte Evangelium von Christus möge »das internationale Band werden, das die Völker der Erde im Glauben und in der Liebe zusammenschmiedet, damit auf das Völkersterben ein Völkererwachen kommt« (a.a.O. 69, ders.).

[65] Vgl. oben S. 51–63.

[66] A.a.O. 45: »Luther in Worms, d.h., Luther mitten unter uns, das ist ein Klang, der Gegenwartsleben, Gegenwartsgeist in sich schließt« (Kirchenrat Velte).

[67] A.a.O. 34 (Prälat Euler).

[68] A.a.O. 30 (Schian).

[69] So in der oben Anm. 2 angeführten Satz der Jubiläumsrede Martin Schians (Bericht über die Wormser Lutherfeier 28).

[70] A.a.O. 47 (Velte).

[71] Ibd. (Zitat im Original hervorgehoben).

[72] A.a.O. 31 (Pfarrer Pabst). Relativpronomen im Original verdruckt, statt »der« »die«.

was in den Jubiläumstagen geschehen ist.[73] Die Rede vom »Erlebnis« ist die Kategorie, die vor allem charakterisierte, worauf das »Verlangen des Volkes« ging[74] und was es nach dem Urteil vieler Teilnehmer und Kommentatoren in Worms auch fand.[75] Sie steht für eine keiner weiteren Reflexion bedürftige und durch keine Reflexion zu gefährdende unmittelbare Evidenz, für eine im tiefsten Gefühl verankerte existentielle Sicherheit, für unbedingte Gewißheit: »Erleben heißt: zur Gewißheit kommen.«[76] Zur Gewißheit Gottes,[77] zur Gewißheit Christi.[78] Diese Gewißheit, in der der Schrei der Zeit zur Ruhe kommt, repräsentiert der Luther von Worms, der sich allein auf sein in Gott gegründetes Gewissen beruft, der Luther, dessen »Persönlichkeit«,[79] dessen »Ich« ganz mit Christus verbunden ist. Deshalb gewinnt, wer sich ihm zuwendet, an seiner in Worms bewährten Gewißheit teil, an der Gewißheit, daß »Christus lebt!«[80]

Im Einzelnen wurde das, was die Lutherfeier den Suchenden zu »erleben« geben sollte, allerdings unterschiedlich beschrieben. Das galt insbesondere für die Verbindung mit den politischen Empfindungen und Erwartungen der Zeit. Denn auch wenn sämtliche Festredner und Prediger davon sprachen, daß das deutsche Volk das Jubiläum in schwieriger Lage und auf der Suche nach Ermutigung und Orientierung feiere, war die lösende Botschaft, die sie in Gestalt des Wormser Luther präsentierten, keineswegs durchweg politisch-national bestimmt. Auffällig ist, daß dies gerade in den Hauptreden der zentralen Veranstaltungen nicht oder nur in zweiter Linie der Fall war – womit

[73] A.a.O. 79 (Pfarrer Walter). Von der Hauptfeier in der Dreifaltigkeitskirche schreibt der Herausgeber des *Berichts über die Wormser Lutherfeier*, sie habe die Teilnehmer »auf die Höhe religiösen Erlebens [geführt]« (71).

[74] Vgl. die Feststellung Martin Rades o. zu Anm. 58.

[75] Zu dieser Kategorie, die in den ersten Jahrzehnten des 20. Jahrhunderts, mit besonderer Evidenz versehen durch das »Kriegserlebnis« im Ersten Weltkrieg, innerhalb und außerhalb von Kirche und Theologie allenthalben gegenwärtig war, vgl. Georg Pfleiderer, Zum Lebensbegriff in der protestantischen Theologie um den Ersten Weltkrieg (in: Das Leben. Historisch-systematische Studien zur Geschichte eines Begriffs, hg. v. Stephan Schaede, Gerald Hartung u. Tom Kleffmann, Tübingen 2012, 185–219).

[76] A.a.O. 80 (ders.).

[77] A.a.O. 101 (Herausgeber des Berichts über die Wormser Lutherfeier [wie Anm. 2).

[78] A.a.O. 80 (Walter, s. übernächste Anm.).

[79] A.a.O. 91: »die Persönlichkeit, die ihres Gottes ganz gewiß ist« (Pfarrer Berck); vgl. a. 46: Luther als »*religiöse* Persönlichkeit«; darin, nicht in den diversen anderen Zügen, die sonst vielfach an ihm herausgestellt würden – Luther der Kirchenmann, der Freiheitsapostel, der Neuerer, der Theologen, der Prophet, der »deutsche Volksmann«, der Nationalheld –, liege das Entscheidende und wirklich Feierwürdige an ihm (Velte).

[80] »Erleben heißt: zur Gewißheit kommen. So denke ich, haben wir auch etwas von dem Wormser Luther erlebt. Luther, und daneben stand ein anderer: Christus. Durch manche Rede klang es hindurch: Christus vivit. Es ist uns in dieser Stunde auf die Höhe begrifflicher Klarheit gehoben worden: das ›Ich‹ Luthers in Verbindung mit dem lebendigen Christus. Christus lebt!« (a.a.O. 80 [Walter]). Vgl. auch a.a.O. 47 (Velte): Die Frage nach einer letzten Gewißheit, die die »moderne Reformationsfrage« ist, findet, wiewohl »[a]ndersartig als in Luthers Seele«, ihre Antwort in demselben Erlebnis, bei demselben »Einen, bei dem Luther sie gefunden: Christus ist hie!«

sie unübersehbar von der Perspektive der DEKA-Ansprache abwichen. Selbst der Vertreter des DEKA Veit[81] wies in Worms nur darauf hin, daß die Kirche die große Erwartung nicht enttäuschen dürfe, die an sie gerichtet werde: »Heimat« zu bieten »in einer Welt, die so wenig Heimat zu bieten vermag.« Dazu ist die evangelische Kirche in den Augen des bayrischen Kirchenpräsidenten jetzt, nach dem Ende des Landesherrlichen Kirchenregiments, besser in der Lage als früher, weil sie ihre Aufgabe nun »reiner« vor Augen habe, als reine Sorge um »evangelischen Glauben, evangelische Sitte in unserem Volk« und »nicht mehr vermischt mit allerlei anderem Werk«. Die damit gegebenen neuen Aufgaben und Möglichkeiten müsse die Kirche nun aber, gegründet allein auf Gottes Wort, auch unerschrocken ergreifen. Darin gleiche ihre Lage der Luthers in Worms, der, nachdem er alle Brücken abgebrochen und sich ganz auf Gott geworfen habe, entschlossen seinen Weg gegangen sei.[82] Ihm nachzueifern, soll das Jubiläum segensreicher Ansporn sein.[83]

Vorhanden, aber ohne tragende Rolle ist das nationale Motiv in der Ansprache Martin Schians vor der Menschenmasse am Wormser Lutherdenkmal.[84] Auf den ersten Blick scheint sie zwar ganz auf deutsch-nationalen Ton gestimmt: Rhetorisch effektvoll wird dem »Mann [...], der hier in Erz vor uns abgebildet ist«,[85] ein dreifacher Ruf an das von Sorgen »durchzitterte« und von vielen Stimmen umworbene deutsche Volk in den Mund gelegt: *»Deutsches Volk, vergiß* [...] *nicht!« – »vergiß deine Geschichte«*, *»vergiß deine Seele«*, *»vergiß das Evangelium nicht!«*, mahnt der eherne Reformator die Festgemeinde. Liest man Schians Sätze genau, so sind die drei Güter, deren Gedächtnis er den Hörern hier einschärft, aber gar nicht spezifisch national bestimmt. Wenn das deutsche Volk seiner Geschichte eingedenk bleiben und nicht in den Problemen der Gegenwart ersticken soll – eine Forderung, die Schian, ohne sie zu konkretisieren, wohl auf das Gedächtnis der Reformation bezieht –, wird gleich darauf als Diagnose von genereller Gültigkeit hinzugesetzt: »Ein Volk, das seine Geschichte vergißt, ist ein wurzellockeres Volk« und hat »keinen Bestand.« Wenn das deutsche Volk zweitens nicht vergessen soll, daß es eine Seele hat und sein Leben in den nun so drängenden Fragen der äußeren Existenz nicht aufgeht, heißt es zwar, nur so bewahre es »deutsche Art«. Sogleich tritt aber wieder die Verallgemeinerung hinzu, daß das für jedes Volk gelte: »Ein Volk, das keine Seele mehr hat, ist ein verlorenes Volk.« Und schließlich der Höhepunkt, die am Ausführlichsten entfaltete Forderung, an dem Evangelium, für das Luther vor Kaiser und Reich gestanden

[81] Seine kurze Ansprache in Worms a.a.O. 34–36 (vgl. oben S. 252 und 254).

[82] »Sein Weg ging zu neuen Aufgaben, zu neuen Möglichkeiten. *Begreift die Stunde!* ruft die evangelische Kirche. *Achtet auf die Zeit!* Vorwärts zu neuen Aufgaben, zu neuem Wirken!« (a.a.O. 35, Hervorhebung entsprechend dem Original).

[83] A.a.O. 35.

[84] A.a.O. 28–30.

[85] A.a.O. 28.

habe, treu und zuversichtlich festzuhalten. Das Evangelium wird zwar dem deutschen Volk besonders ans Herz gelegt, weil es ihm durch Luther wiedergebracht worden und nun keinesfalls zu verspielen sei. Doch auch hier heißt es dann generell: »Wehe dem Volk, das das Evangelium besessen hat und das es preisgeben wollte.«[86] Und so ist es nach Schian »*des Evangeliums Zukunft und Sieg*«, woran das deutsche Volk in seinen Nöten glauben soll und das »der Held von Worms« meint, wenn er sagt »*Das Reich muß uns doch bleiben.*«[87]

Auch die Festrede Julius Smends[88] betont die besondere Bedeutung der Feier »in heillos schwerer Zeit«. Angesichts der allgemeinen äußeren wie inneren Not gelte es, durch das Gedächtnis des »Helden von Worms« und seiner Tat von »weltgeschichtlicher Bedeutung«[89] das »zu werden und zu sein, wozu uns [seine] Lebenstat verpflichtet.« Das heiße allerdings, daß die Feiernden sich nicht eines Menschen zu rühmen, sondern »dem die Ehre zu geben [hätten], der ihn uns gab.« Geschehen soll das in »dankbarem Bekenntnis und einem festen, brüderlichen Zusammenschluß«.[90] Daß es nicht um den Menschen Luther gehe, zeigt sich nach Smend an dessen »Heldentum« selbst, das ganz von ihm fortweise: Es sei nichts anderes als die restlose Bindung seines Gewissens an die Bibel, seines Ichs an Christus – ein »beispiellos persönliches Verhältnis«, wie es den »religiösen Übermenschen« kennzeichne, der sich um sich selber gar nicht kümmert.[91] Daß jeder Glaubende ein solches persönliches Christusverhältnis gewinne, darum geht es nach Smend im einst zu Worms begründeten Protestantismus, nicht um Lutherapologie und auch nicht um Gefolgschaft für Luthers Lehren – vieles von dem, was der Reformator als »Kind einer Übergangszeit« an sich gehabt habe, müßten spätere Generationen vielmehr »unverbindlich« und »unannehmbar« finden und in »evangelischer Freiheit« ablehnen.[92] »[F]ür alle Zukunft [uns] maßgebend« sei allein der »Luther von Worms« mit seinem unbeugsamen Gewissen, seinem an Christus gebundenen »Ich«.[93]

Sein »Ich« eingesetzt und für die Freiheit persönlicher Christusbeziehung gefochten habe der Reformator in Worms aber nicht allein für sich, sondern

---

86 Alle Zitate seit der letzten Anmerkungsziffer a.a.O. 29 (Hervorhebung entsprechend dem Original).

87 A.a.O. 30 (Hervorhebung entsprechend dem Original).

88 A.a.O. 71–79.

89 A.a.O. 72. Siehe auch 76.

90 A.a.O. 71 (letztes Zitat im Nom.).

91 A.a.O. 76.

92 Das gelte insbesondere für den späteren Luther: »[W]ir schwören nicht auf seine Worte [...], wir verpflichten uns nicht auf seine Lehrmeinungen [...], wir machen uns nicht haftbar für alles, was er getan oder unterlassen hat, wozu uns nur seine Feinde nötigen wollen« (a.a.O. 77).

93 Ibd. Sein Auftritt in Worms sei also »grundlegend und bahnbrechend«, doch nicht »abschließend« gewesen, es bedürfe des »Mut[es] zu entschlossenem Weiterschreiten und tapferem Folgerungenziehen« (ibd.).

»[f]ür sein Volk, für uns alle, die wir zu ihm gehören.« Und an dieses mit Christus verbundene Ich Luthers hätten sich »Millionen und aber Millionen, Große und Kleine angeklammert«.[94] Das soll auch weiterhin geschehen und nicht zuletzt durch die Jubiläumsfeier befördert werden. Freilich muß Smend zeigen, daß ein solches »Anklammern« nicht gerade dem Ideal von Worms widerspricht. Und das umso mehr, als die tatsächlichen Erfahrungen, die der zeitgenössische Protestantismus machen muß, diesen Widerspruch handgreiflich zu belegen scheinen: Haben doch die religiösen Sehnsüchte im Gefolge der Nachkriegsnot, die Suche nach einer Instanz, an der man sich »anklammern« kann, nicht wenige Menschen »an Recht und Segen der Reformation irre werden« lassen und eher zum römischen Katholizismus geführt.[95] So muß der Redner seinen Hörern zeigen, wie jene Suche nach Halt zum Ziel kommt, ohne daß das Erbe von Worms verspielt wird: Das »Anklammern« dürfe nicht im »Kollektiv«, in der »Masse«, in der Auslieferung des eigenen Ich an Autoritäten, sondern müsse »in persönlichem Christentum und selbständigem Glauben« geschehen, worin »etwas von Luthers ›Ich‹ [...] als Ausdruck eigener Erfahrung und Gewißheit« wiederkehrt.[96] Denn wie für Luther in Worms, so sei auch heute die Alternative »Massengeist und Genius«, »geistliche Leitung und Bevormundung oder Freiheit der Seele«, »Gewohnheit oder Wahrheit«, »die Kirche oder Gott«.[97] Smend gesteht zu, daß mit dem Ziel »eigenwüchsigen Glaubens« an jeden Einzelnen die »denkbar höchsten Anforderungen gestellt« seien und viele sich darum nicht kümmerten – diese Leute seien »so zu sagen, in der falschen Kirche geboren«.[98] Er spricht zu denen, die auf dem in Worms eingeschlagenen Weg bleiben wollen. Freilich müßten sie das in einer Weise tun, die weitverbreitete und in der Gegenwart besonders beschwerliche Mißverständnisse und Mißbräuche vermeide: Luthers weltgeschichtliche Erhebung des Ichs gegen Hierarchie, Kollektiv, Überlieferung usf. dürfe nicht als bloßes Nein erscheinen, sondern als ein Nein, das um eines Positiven willen gesprochen wurde, eben des – an Gott gebundenen – Gewissens.[99] Und sie dürfe nicht als Ausdruck eines gemein-

[94] A.a.O. 76.

[95] Vgl. a.a.O. 77f.: Unter denen, die nicht überhaupt Religion und religiöse Gemeinschaft ablehnten, sage sich mancher, dann solle es wenigstens eine Gemeinschaft sein, »in der für Ordnung und Disziplin, Autorität, straffe Formen und stramme Zucht gesorgt ist. Dafür nimmt man zur Not schon vieles in Kauf« – ein Befund, der Smend zu der Frage führt: »Wollt ihr auch weggehen?« Auch bei Schian scheinen diese Erfahrungen vielfältiger Attraktivität des Katholizismus im Nachkriegsdeutschland durchzuklingen, wenn er sagt: »Sie suchen dir [Volk] allerhand Weisheit nahe zu bringen und so auszuschmücken, als sei es mehr, denn die schlichte evangelische Frömmigkeit« (a.a.O. 29), und feststellt: »Stürmisches Jahr nicht nur für das deutsche Volk, sondern insbesondere für die evangelische Kirche« (a.a.O. 30).

[96] A.a.O. 75f.

[97] A.a.O. 75.

[98] A.a.O. 76. Voll verwirklicht werde die »Erhebung des Ichs« im Sinne von Worms auch im Protestantismus nur von einer »Auslese«, während die anderen, Schwächeren, sich an diesen Starken aufrichteten (ibd.) – was durch die Jubiläumsfeier selber geschieht.

[99] A.a.O. 74f.

schaftsunfähigen Individualismus verstanden werden, vielmehr fänden die, die so wie Luther »ich« sagen könnten, sich auch zusammen zum »Wir«. Einem Wir der Brüderlichkeit, das nicht auf Autorität und Disziplin beruhe, sondern aus der inneren Bewegung des freien Ichs selbst hervorgehe.[100]

Diese Wormser Losung hat auch politische Konsequenzen: Es sei die Verantwortung des Protestantismus, in der Gesellschaft für das Fortleben der von Luther erkämpften Gewissensfreiheit zu sorgen. Der nüchterne Beobachter Smend will, obwohl Martin Luther »der Größte aller Deutschen«[101] und in seiner Größe wie in seinen Grenzen typisch für dies Volk[102] gewesen sei, »nicht so töricht und vermessen« sein, Deutschland und Reformation als »sich schlechthin deckende Begriffe« zu betrachten; ja, er meint, »[v]ielleicht werden wir zu solcher Übertreibung in Zukunft noch weniger Ursache finden als heute.«[103] Doch fordert er »ein entscheidendes Mitbestimmungsrecht des reformatorischen Geistes am künftigen Geschick unsers Volks und aller Welt.«[104] Voraussetzung für solche Mitbestimmung aber ist der innere Zusammenhalt der Protestanten über alle Richtungen hinweg, wie der Festredner seine Hörer beschwört.[105] Deshalb will er es nicht beim Appell bewenden lassen. Sondern die Wormser Feier soll selbst den notwendigen »festen, brüderlichen Zusammenschluß« befördern.[106] Wie das geschehen kann, weiß der versierte Liturgiker Smend: in ritueller Form. Und so fordert er seine Zuhörer, »Freunde, evangelische, Frauen und Männer!«, zu einem Gelöbnis auf,

---

[100] A.a.O. 77.

[101] A.a.O. 73, hier im Akk.

[102] Eben darin »urdeutsch« (a.a.O. 74).

[103] Ibd.

[104] A.a.O. 78. Man müsse aber eben zur Kenntnis nehmen, daß Luther »mit nichten des ganzen Landes Hort und Held« gewesen sei und nur einen »Teilerfolg« errungen, nicht ganz Deutschland gewonnen habe, was zu den tragischen, aus der notorischen Uneinigkeit der Deutschen herrührenden Zügen der deutschen Geschichte bis in die jüngste Vergangenheit des Weltkrieges hinein gehöre. Die Befreiung »von dem Banne spanisch-habsburgischer Kultur und von der Alleinherrschaft Roms, unter die uns Bonifatius gebracht«, habe nicht für alle Deutschen gegolten, ja, man könne noch heute feststellen, »wie fest, wie zähe, wie treu und innig [...] Millionen deutscher Herzen an dem Rom hangen, das niemals deutsche Art verstand. Millionen deutscher Katholiken die doch auch von dem Wittenberger Mönch reichen Segen empfangen haben«, wie von katholischer Seite selbst zugegeben werde (73). So seien schon unter denen, die sich ihm zu seiner Zeit nicht anschlossen, keineswegs »bloß bösartige, auch gutartige Mächte« gewesen, »fromme, innerlich gebundene« Herzen, was Luther in seiner ganz auf die Wahrheit gerichteten Sicht verborgenen geblieben sei und ihn jeden Kompromiß habe ablehnen lassen – eine »großartige Einseitigkeit«, wie der moderne Protestantismus bereitwillig eingestehe (ibd.). Doch ohne die Festigkeit des Reformators hätte Deutschland das Beste gefehlt, »die Macht der Wahrheit, das Evangelium selbst, ja der durch Luther entzündete unbändige Drang zum Licht« (ibd.). Das sozusagen Zweitbeste, aber mit dem Besten Verbundene, was ohne die Reformation gefehlt hätte, ist, daß es »weder Lessing noch Kant, weder Herder noch Schiller noch Goethe, weder Calvin noch Schleiermacher, weder Händel noch Bach« gegeben hätte, ja, »Luthers Bibel und Luthers Lied samt allem, was aus ihnen geboren ward« (a.a.O. 72).

[105] A.a.O. 78.

[106] Siehe oben zu Anm. 90.

dem Gelöbnis, als Kinder der Reformation das Erbe Luthers hochzuhalten und – sursum corda et manus! – auf diesem Grund »*ein einig Volk von Brüdern*« zu sein. »Ruft es einmal zu dieser Stunde mit mir laut aus: Wir wollen! *Wir wollen*! Noch einmal, und hebt die Herzen himmelan: *Wir wollen*! Und himmelan die Hände: *Wir wollen*!«[107] So der dreimalige luther-schillersche Rütlischwur,[108] in den die Festgemeinde jubelnd einstimmt.[109] Die Wormser Feier, das Luthergedenken wird zum Erlebnis nicht nur der Christusgegegenwart, sondern auch der Einheit des deutschen Protestantismus.

Das »einig Volk von Brüdern«, das zu sein Smend seine Hörer beschwört, ist die protestantische Geistesbruderschaft. Die Zukunft und das »bleibende Reich«, worauf zu setzen Schian die Feiernden auffordert, ist die Herrschaft des Evangeliums. Der nationale Gedanke spielt bei dem Münsteraner Theologen nur die zweite, bei dem Gießener nur eine Nebenrolle.[110] Ganz anders als bei den prominenten Hauptrednern verhält es sich bei der Mehrzahl der beteiligten Pfarrer. Die in Luther wirksame »Kraft evangelisch-deutschen Wesens« preisend[111], von der »Vermählung« deutschen und evangelischen Geistes in ihm schwärmend[112], »deutsch-evangelische Glaubensart« verkündigend[113], sind ihre Jubiläumsbotschaften ganz auf den Leitton des Doppeladjektivs »evangelisch-deutsch« oder »deutsch-evangelisch« gestimmt. Vollends entfesselt erklingt dieser Ton bei den Veranstaltungen des Evangelischen Bundes.[114] Hier wird lautstark »Für Evangelium und Deutschtum!« getrommelt.[115] Und hier wird der Reformator beschworen: »Martin Luther! Steig herab von deinem Postament, du Fleisch und Blut gewordenes christlich

---

[107] Bericht über die Wormser Lutherfeier (s. Anm. 2) 79. Die Hervorhebung steht für die Antwort der Menge.

[108] Mit dem Schillerzitat löst Smend rhetorisch selbst eine Forderung ein, die er an einer Stelle seiner Rede aufstellt und in der das Deutschtum denn doch »übertreibend« (s.o.) an den Protestantismus gebunden wird: Der Protestantismus müsse neben der Gemeinschaft über die internen Richtungsgegensätze hinweg auch erreichen, daß sich Evangelium und »Idealismus«, »Wittenberg und Weimar« verbänden. Sonst drohe für die Zukunft große Gefahr – nicht für das Evangelium, das unvergänglich sei, auch nicht für den Protestantismus, der unsterblich sei, aber für das deutsche Volk (a.a.O. 78).

[109] A.a.O. 79. Der Redner ist gewiß, daß Gott das Gelöbnis gehört hat. Er schließt mit den Worten: »Die Form mag zerfallen. Was hats denn für Not? Ein Geist lebt in uns allen, und uns're Burg ist Gott! Amen« (ibd.).

[110] Das gilt auch für den wichtigsten Redner der einladenden hessischen Landeskirche, Velte, wie Anm. 78 zeigt.

[111] A.a.O. 31 (Pfarrer Pabst). 92 (Pfarrer Berck).

[112] A.a.O. 67 (hier verbal: »vermählt«) (Pfarrer Bernbeck).

[113] A.a.O. 36 (Pfarrer Walter).

[114] Zu dieser Entfesselung gehören auch ans Blasphemische streifende christologische Überhöhungen Luthers, z.B. die Anrufung: »Luther, bleibe bei uns mit Deinem Geist und Gaben [...] Luther, komme auch wieder zu denen, die sich von Dir sich abwandten und doch nicht von Dir loskommen können.« (a.a.O. 94), oder der Anklang an das Christus geltende Lied »Ein feste Burg« in der Passage: »Hier [sc. in Luther] ist der, der dir helfen kann« (a.a.O. 91). Wenn der Redner fortfährt: »Wir treiben nicht Heiligenkult mit ihm«, wird die Entgleisung vollends offenbar.

[115] A.a.O. 95 (hervorgehoben) (Pfarrer Waitz).

deutsches Gewissen!«[116] Der so Angerufene soll »alle Evangelischen deutscher Nation« zum »Sieg des deutsch-evangelischen Glaubens« führen.[117] Das aber heißt nichts anderes, als daß er das deutsche Volk in die verlorene Vorkriegsherrlichkeit zurückbringen und den monarchischen Aufbau[118] ebenso wie die protestantische Prägung des Reiches wiederherstellen soll.[119] Denn die Not, die es erleidet, hat ihren Grund in gewissenlosem Parlamentarismus und »schwammigem Völkerverbrüderungsgefühl«,[120] in Kulturverlust und Mangel an Anstand[121] – letztlich aber in der Untreue gegen den Helden von Worms.[122]

---

[116] A.a.O. 92. In der für den Evangelischen Bund bezeichnenden Verbindung von nationalem Pathos und Antikatholizismus fährt der Ruf fort: »Führe du uns, des Herrgotts Paladin! Trag uns des Heilands Fahne voran, daß wir des Heilands demütige Kinder und trotzige Helden werden! Nicht Romfahrer (das werden wir nie, das schwören wir am Ehrentag des deutschen Gewissens), Wormsfahrer heute, Wormsfahrer morgen, Wormsfahrer allezeit, ein großer, gottgewisser, gottgetroster Evangelischer Bund!« Siehe auch den vom *genius loci* angeregten Verweis auf den Wormser Nibelungenhelden Siegfried, sei es, daß man eine Linie von ihm zu dem zweiten Wormser Helden Luther zieht (a.a.O. 37. 83), sei es, daß man den getöteten Siegfried, von Kriemhild betrauert, mit dem daniederliegenden Deutschland vergleicht, das die Zeitgenossen beweinen, dem aber die Hinwendung zu Luther abhelfen wird (a.a.O. 83f.). Zur Rolle des Nibelungenliedes nicht allein für die nationale Selbstvergewisserung Deutschlands überhaupt, sondern auch speziell des besetzen Worms vgl. Otfrid-Reinald Ehrismann, Worms und das »Nibelungenlied« (in: Geschichte der Stadt Worms [s. Anm. 52], 824–849).

[117] Bericht über die Wormser Lutherfeier (s. Anm. 2), 92. Geschehen soll das im Rahmen des Evangelischen Bundes.

[118] Nicht umsonst wird bei den Feiern des Evangelischen Bundes mit Inbrunst der verstorbenen und in diesen Tagen zu Grabe getragenen letzten Kaiserin gedacht (a.a.O. 88). Vgl. den Bericht eines Teilnehmers, der an dem Jubiläum vor allem den letzten, vom Evangelischen Bund ausgerichteten Festtag hervorhebt und ihn folgendermaßen beschreibt: Die Feier, die »unter dem tyrannischen Druck der Franzosen« gestanden habe und dadurch eingeschränkt worden sei, bekam schon dadurch »ob man wollte oder nicht, [...] eine nationale Färbung. Dazu der Tod der Kaiserin! Es war ergreifend, wie das in der Schlußversammlung in der Dreifaltigkeitskirche zum Ausdruck kam, wie viele tausend Menschen sich erhoben und einige Augenblicke stillen Gedenkens der edlen Toten widmeten. Ergreifend auch, wie die Abgeordneten aus dem Elsaß, ›die verwaisten Söhne des deutschen Vaterlandes‹, einen Kranz zu Füßen ihres Vaters niederlegten. [...]. Was also unter andern Verhältnissen vielleicht als eine Verflachung gelten könnte, diese Nationalisierung Luthers und der Wormser Feier – das kam einfach mit unwiderstehlicher Gewalt über alle. Da sich aber die Bewegung in religiösen Formen ausdrückte (Ps. 118), konnten die Franzosen keine Handhabe finden, [!] einzugreifen« (KJ 1921, 355).

[119] Zum Kampf der Konfessionen um die »Führung« im Weimarer Staat, die von römisch-katholischer Seite mit gleichem Nachdruck beansprucht und besonders in der Zentrumszeitung »Germania« gefordert wurde, vgl. KJ 1920, 475f. Auch hier hatte man ein Jubiläum, an dem man diese Forderung in Szene setzte, das Bonifatiuszentenar von 1919.

[120] Bericht über die Wormser Lutherfeier (s. Anm. 2), 83 (Pfarrer Cremers).

[121] So auf dem Familienabend des Evangelischen Bundes, a.a.O. 82–84. Besonders drastisch neben dem einflußreichen, später als Bundesvorsitzender amtierenden Hermann Cremers (s. vorige Anm., zu ihm vgl. Fleischmann-Bisten [s. Anm. 17], 67–70) der Bad Emser Pfarrer Kopfermann, der, »unsere heutige Zeit« charakterisierend, »Wucher, Schieber, Theaterskandal, Skandalfilme, Dielen, Bars und die an Neger- und Indianertänze erinnernden modernen Tanzarten in das rechte Licht [stellte]. Er erzielte mit seinen Ausführungen tiefen Widerhall bei den Versammelten« (84).

[122] A.a.O. 89 (Bundesdirektor und Reichstagsabgeordneter Otto Everling, zu ihm vgl. Fleischmann-Bisten [s. Anm. 17], 93–95): »Das ist, deutsches Volk, deine tiefste Schuld

Was suchen also letztlich die leidenden Zeitgenossen, »[w]arum sind sie gekommen? Was trieb sie nach Worms?« Antwort: »Unser Volk sucht mit sehnsuchtsvoller Seele einen Mann, einen Führer«, der es aus dem Elend der Gegenwart befreit.[123] Das kann nur einer sein: Der Mann von Worms ist »dein Held, der dich führen muß in dieser argen Zeit, deutsches Volk.«[124] Das hat das Erlebnis der Jubiläumsfeier beruhigend und begeisternd deutlich gemacht: »Wir haben es gespürt: Es ist der größte Mann, mit dem Gott unser Volk begnadet hat. Solange ein deutsches Volk lebt und deutsche Sprache erklingt, wird Luther leben und erklingen.«[125]

3. Die Stuttgarter Feier

War die Wormser Jubiläumsveranstaltung ein kirchliches Volksfest gewesen, verhielt es sich mit der Stuttgarter Feier des DEKA im September 1921 anders. Vom höchsten Gremium des deutschen Protestantismus organisiert, an den Kirchentag,[126] die Versammlung von Repräsentanten der Landeskirchen und anderer protestantischer Institutionen, angebunden, erhob sie »den Anspruch darauf [...], als jene Gesamtfeier des evangelischen Deutschlands angesehen zu werden, die bisher nicht möglich war«,[127] als Gesamtfeier der verfaßten evangelischen Kirchen. So waren alle Landeskirchen durch ihre obersten Repräsentanten vertreten, dazu kam eine Fülle von Abgesandten ausländischer Kirchen, die, anders als in Worms, nun auch das Wort erheben durften, darunter an der Spitze einer großen Delegation der schwedischen Kirche Nathan Söderblom, Erzbischof von Uppsala und einer der Väter der ökumenischen Bewegung, der zu den Festrednern gehörte. Die Zusammensetzung der Teilnehmerschaft spiegelte sich in der Art der Feier: Das Fest fand ausschließlich

---

und Ursache deiner tiefsten Not, daß du die Nachfolgerschaft des Mannes von Worms versäumt, daß du im verflachenden Wirtschafts- und Kulturgetriebe nicht das Volk des Gewissens geblieben und geworden bist, daß du dich selbst – die Erneuerungsmacht in deiner Geschichte, die reformatorische Glaubenskraft, verlassen hast.« Ähnlich schon auf der Feier der Verbrennung von Bannandrohungsbulle und Kanonischem Recht im Dezember 1920, wo einer der Redner feststellte: »Wenn wir trauern, daß wir keine Führer haben, so liegt's daran, daß wir uns von Luthers Bekennermut nicht tragen lassen. Nur der volle Ernst lutherischer Lebensenergie kann unsere haltlose, heillose, herrscherlose Zeit wieder emporführen« (KJ 1921, 353).

[123] Bericht über die Wormser Lutherfeier (s. Anm. 2), 82 (Pfarrer Klingenschmidt).

[124] A.a.O. 91 (Pfarrer Berck). Die Suche nach Führung kann auch anders ausgedrückt werden, wenn der Herausgeber des Berichtes über die Wormser Feier mit dem Wunsch schließt, die Erinnerung an diese Feier möge immer wieder »zur unmittelbaren Berührung mit dem lebendigen Gotteswort führen«, und »aus ihm [möge uns] das Führergeschlecht erstehen, das erfüllt ist vom Geist der Wahrheit und des Lichts« (a.a.O. 101).

[125] A.a.O. 82. Auch der Kommentar, der die Edition des Berichtes von der Wormser Lutherfeier (s. Anm. 2) begleitet, ist überwiegend auf den deutsch-nationalen Ton gestimmt.

[126] Zum Stuttgarter Kirchentag vgl.: Verhandlungen des 2. Deutschen Evangelischen Kirchentages 1921. Stuttgart, 11.–15.IX.1921, hg. v. DEKA, Berlin o.J. [1922].

[127] So Pechmann (Wormser Erinnerungsfeier Stuttgart, Heft 1 [s. folgende Anm.], 7).

in geschlossenen Räumen statt und bestand fast nur aus Vorträgen und anderen Reden. Die Einbeziehung von Straße und Platz, wie man sie zu Worms in der Tradition früherer Reformationsjubiläen vorgesehen und dann trotz aller Einschränkungen wenigstens punktuell auch verwirklicht hatte, war von vorneherein gar nicht geplant. Auch das gemeinsame Singen, das die ganze Feier im April durchzogen hatte, spielte keine große Rolle, es sangen vor allem Chöre. Man könnte die Stuttgarter Veranstaltung eher als Festakt denn als Fest bezeichnen, feierlich und intellektuell, ohne die großen Emotionen, die in Worms geweckt wurden.

Dieser Festakt umfaßte zwei Teile:[128] Zunächst gab es am Abend des 15. September nach dem Ende des Kirchentages zwei parallele »Vorfeiern« in der Liederhalle und in der Hospitalkirche, die erste eingeleitet von dem Präsidenten des Kirchentages, Wilhelm von Pechmann, fortgesetzt mit Grüßen ausländischer Gäste und auf den Höhepunkt geführt von dem Tübinger Kirchenhistoriker Otto Scheel mit einem Vortrag über »Die Stellung der Kirchen der deutschen Reformation im Protestantismus der Gegenwart«, die zweite nach Begrüßung anderer ausländischer Gäste und deren Gegengrüßen mit einem Referat von Martin Schian über »Martin Luther und der Protestantismus der Gegenwart«.[129] Am nächsten Tag fand die eigentliche »Gedenkfeier« in der Stuttgarter Markuskirche statt, in der nach Gebet und Schriftlesungen zunächst der Präsident des DEKA und des Preußischen Oberkirchenrates, Reinhard Moeller, ein Referat mit dem Titel »Der Bund der deutschen Reformationskirchen, ein Dank für Luthers Tat in Worms« hielt, dann Nathan Söderblom über *Martin Luthers universale Bedeutung* und schließlich Julius Smend über *Die religiösen Kräfte der Reformation in ihrer Bedeutung für die Gegenwart* sprach.

Der Kontext, in dem die Stuttgarter Jubiläumsfeier stand, ihre Veranstalter und ihre Teilnehmer verliehen ihr auch ihre spezifische inhaltliche Prägung. Nur noch in einer der Reden, immerhin dem abschließenden Festvortrag Julius Smends, ging es wie in Worms um die Reformation als Antwort auf die Frage nach Gewißheit und Orientierung in Deutschlands krisenhafter Zeit.[130]

---

[128] Alle Beiträge sind gedruckt in: Wormser Erinnerungsfeier Stuttgart 1921. Im Anschluß an den Zweiten Deutschen Evangelischen Kirchentag veranstaltet vom Deutschen Evangelischen Kirchenausschuß, Heft 1: Vorfeier in der Liederhalle und Hospitalkirche Donnerstag, 15. September 1921, Wittenberg 1921, Heft 2: Gedenkfeier in der Markuskirche Freitag, den 16. September 1921, Wittenberg 1921.

[129] Dazu kam jeweils ein Grußwort aus der jungen Luthergesellschaft (a.a.O. Heft 1, 24f. 69–72).

[130] A.a.O. Heft 2, 21–36. Was der Münsteraner Professor hier über »Die religiösen Kräfte der Reformation in ihrer Bedeutung für die Gegenwart« sagte, war inhaltlich im Wesentlichen identisch mit dem, was er in Worms vorgebracht hatte, allerdings stärker kirchlich gehalten. Wieder sprach er von dem in der bedrückenden Gegenwart besonders drängenden Bedürfnis nach »Gewißheit«, »Glaube«, »religiöser Befriedigung« (29). Wieder stellte er fest, daß viele Zeitgenossen den geistigen Zusammenbruch, den man allenthalben erlebe, als Scheitern der Reformation betrachteten und mancher die römische Alternative verlockend

Martin Schian,[131] der andere Redner, der auch schon in Worms gesprochen hatte, hielt seinen Hörern vor, daß Luther, bei aller Zeitbedingtheit seines Lebens und theologischen Denkens, in den »Tiefen« seiner »Tat«, für die der Tag von Worms stehe, »überzeitlich war« und wir von ihm »zehren müssen, solange wir leben.«[132] Denn sein Glaube, »die Zuversicht auf den durch Christus gnädigen Gott«, »muß auch unser Glauben sein«, da wir wie die Menschen »damals Sünder [sind], die die Gnade Gottes in Christus brauchen.«[133] Ansonsten aber stand im Mittelpunkt der Feier jenes Thema, das schon den Kirchentag beherrscht und zu dem dieser mit der Gründung des Kirchenbundes einen institutionellen Beitrag geleistet hatte: die Einheit des Protestantismus.[134]

---

finde (26). Und wieder beteuerte er, daß dort, wo jenes existentielle Bedürfnis in »Wahrhaftigkeit und Innerlichkeit« (23.33.34), in einer »freien, persönlichen Entscheidung für Christus« (33) erfüllt werden solle, das allein in den Spuren der Reformation geschehen könne, anknüpfend an die einzigartige Verkörperung solcher Wahrhaftigkeit und Innerlichkeit im religiösen »Erlebnis« Martin Luthers, das nicht wiederholbar, aber durch die Zeiten immer neu schöpferisch wirksam sei (22–24). Wirksam einerseits »personbildend«, insofern es den Einzelnen zu persönlicher Christusbeziehung, zu eigenem »Erlebnis«, eigenem »Erfahrungsbesitz« führe (32), und andererseits »gemeinschaftsbildend«, insofern es, einst Ausgangspunkt für die Neugestaltung der Kirche als Gemeinschaft um Wort und Sakrament, die Gläubigen in die so konstituierte »Gemeinschaft des Geistes« führe, ohne die »kein Leben im Geist« sei (24.32f.). Daß »Luthers Religion« auch weiterhin, »sich von Geschlecht zu Geschlecht [...] erneuern[d] und verjüngen[d]«, wirksam bleibe, das sei »die Schicksalsfrage für Deutschland und die evangelische Welt« (30), hier gehe es um nichts Geringeres als um einen »Kampf auf Leben und Tod« (35). Daran müsse sich jeder Protestant mit ganzer Kraft beteiligen (31) – unbeschadet aller Meinungsverschiedenheiten über »Grundlagen und Erscheinungsformen« der Kirche (34) oder auch darüber, wo in »Luthers Religion« und in seiner Theologie jenseits der drei unveräußerlichen Punkte *solus Christus*, Glaube als freie, personale Entscheidung und Zusammengehörigkeit von Christusglauben und Kirche die Grenzlinie zwischen Unvergänglichem und Zeitbedingtem, Vergänglichem zu ziehen sei (31). Über alle innerprotestantischen Differenzen hinweg gemeinsam Teil der Bewegung der Erneuerung und Verjüngung von »Luthers Religion« zu sein und so in schwierigen Zeiten deren gewißmachende, orientierende Potentiale zur Wirkung zu bringen, dazu will Smend im Gedächtnis an den »Mann von Worms« seine Hörer ermutigen: »Und hier ergeht an jeden einzelnen von uns der Ruf: Tua res agitur! Es geht um deine Sache; du bist mithaftbar für die Zukunft des Evangeliums in Volk und Welt! Sei doch tapfer und verlasse die Fahne nicht!« (31).

[131] Sein Vortrag a.a.O. Heft 1, 72–78.

[132] A.a.O. Heft 1, 74. Mit diesen Sätzen wendet sich Schian nicht nur gegen die Infragestellung der bleibenden Bedeutung der Reformation durch die historische Wissenschaft, sondern auch gegen die Distanzierung von Teilen des reformierten Protestantismus von Luther und auf die römisch-katholische Polemik gegen ihn, wie sie bei Denifle und Grisar zu finden ist (73f.).

[133] A.a.O. Heft 1, 76. Die bleibende Bedeutung Luthers zeigt Schian auch für die Themen Staat, Kirche und Volk auf – in allen drei Fällen denke die Gegenwart, in der es Demokratie und säkularen Staat gebe, der Protestantismus sich mit Sorgfalt um die Gestalt der Kirche in der neuen Zeit bemühe und die »Frage des deutschen Christentums« die Menschen bewege, sehr anders als Luther. Dennoch könne er, »der Mann des 16. Jahrhunderts«, dazu nach wie vor Gültiges sagen (74–76).

[134] Wenn Hartmann Grisar schreibt, bereits die Wormser Feier sei vom Anliegen der Einheit des Protestantismus beherrscht gewesen, nämlich derart, daß die Berufung auf Luther als Mittel für die Einigung des zerstrittenen Protestantismus habe dienen sollen (siehe

Das zeigte sich gleich in der Eröffnungsansprache des Kirchentagspräsidenten von Pechmann, der die Brücke vom Kirchentag zum Festakt schlug. Stolz stellte von Pechmann fest, daß auf dem gerade beendeten Kirchentag ein großartiger Schritt geschehen sei: Der deutsche Protestantismus, der noch nie ein gemeinsames »verfassungsmäßiges Band« besessen habe, was in vielen Hinsichten, insbesondere aber im Gegenüber zu der straff organisierten römisch-katholischen Kirche von Übel sei, habe sich nun ein solches Band gegeben. Das sei »die neue Form«. Doch »[d]en Geist, der die Form erfüllen soll, suchen wir in Wittenberg und Worms.« Deshalb feiere man jetzt nach Abschluß der Einigungsverhandlungen, nachdem man leider nicht nach Worms selbst habe gehen können, »in der Hauptstadt des lieben Württemberger Landes« das Jubiläum von Luthers Auftritt in der Stadt am Rhein.[135] Umgekehrt verleihe erst der gerade vollzogene Schritt zum Zusammenschluß der Landeskirchen dem Jubiläum einen Wert, der über die bloße Feier vergangener Großtaten hinausgehe: Mit diesem Schritt hatte nach von Pechmann der deutsche Protestantismus die Grundlagen dafür gelegt, daß die Kräfte, die die Reformation, »insbesondere ihre[] größte[] Tat, [die] Tat von Worms«, »vollbracht haben, für die Gegenwart wieder lebendig werden und für die Zukunft wirksam.«[136] Dieselbe Brücke schlug auch der Präsident des DEKA, Moeller,[137] der den Kirchenbund als notwendige »Neueinstellung« der evangelischen Kirchen im neuen, nun religiös neutralen Staat bezeichnete, dann aber hinzufügte, »fruchtbar« könne die neue Institution nur sein »durch Gottes Gnade«, weshalb es notwendig sei, sich auf die Grundlagen zurückzubesinnen, und das heiße, auf Luthers Auftritt vor dem Reichstag zu Worms. Denn hier, wo der Wittenberger »der Herrschaft der Kirche über das Gewissen« »die Herrschaft seines Gottes über das Gewissen« entgegengesetzt habe, sei die mittelalterliche Welt ans Ende gekommen und die evangelische

---

unten S. 284), dann verschiebt er die Akzente, denn der Einheitsgedanke war zwar auch in Worms präsent (vgl. oben S. 262f.), stand aber deutlich hinter dem »Schrei nach Gewißheit« zurück.

[135] Wormser Erinnerungsfeier Stuttgart, Heft 1 (s. Anm. 129), 6–8. Pechmanns stark national getönte Ansprache bedauert mit leidenschaftlichen Worten, daß nach der verhinderten großen Reformationsfeier 1917 nun auch die erstrebte gesamtprotestantische Feier in Worms nicht habe stattfinden können: »Wie gerne wären wir schon vor vier Jahren nach Wittenberg gegangen! Aber das deutsche Volk in Waffen stand draußen. [...] Und das waffenlose Volk daheim stand im Kampfe gegen die mörderische Hungerblockade. [...] Es war keine Zeit, Reformationsfest zu feiern. [...] Wie gerne wären wir im April dieses Jahres nach Worms gegangen! Aber das uralte, urdeutsche Worms ist von dem Feinde besetzt [...], so war Worms nicht der Ort, wo das ganze evangelische Deutschland sein Reformationsfest begehen konnte; nur Worms selbst und Hessen konnten in die Lücke treten. [...] Ganz anders nun aber heute und hier: in der Hauptstadt des lieben alten Württemberger Landes; am Schlusse der denkwürdigen Verhandlungen des Zweiten Deutschen Evangelischen Kirchentages« (a.a.O. 6). Zu von Pechmann vgl. Wolfgang Sommer, Wilhelm Freiherr von Pechmann. Ein konservativer Lutheraner, Göttingen 2010.

[136] Wormser Erinnerungsfeier Stuttgart (s. Anm. 128), Heft 1, 11.

[137] Seine Ansprache a.a.O., Heft 2, 7–13.

Kirche ins Leben getreten. Keineswegs nur die evangelische Kirche Deutschlands, wie Moeller betont, sondern die der ganzen Welt – es gelte einzutreten in den »Gedankenkreis [...] der Ökumenizität des evangelischen Christentums.«[138] Luther »[gehöre] der Welt an«, wie auch die Anwesenheit der vielen ausländischen Gäste zeige, nicht zuletzt die Präsenz von Erzbischof Söderblom, der für diese übernationale Perspektive stehe, weil er aus dem Lande Gustav Adolfs komme, des Retters des deutschen Protestantismus und »Märtyrer[s] [...] für unseren gemeinsamen Glauben«, und weil er wie kein anderer Träger des ökumenischen Gedankens in der Gegenwart sei.[139]

Wenn die Stuttgarter Jubiläumsfeier um das Thema »Einheit des Protestantismus« kreiste, dann tat sie das also nicht nur im Blick auf Deutschland, sondern der hier gelungene Schritt zu stärkerer institutioneller Gemeinschaft wurde begleitet von dem Blick in die internationale protestantische Welt. Den Hintergrund bildeten die Anfänge der modernen Ökumenischen Bewegung, Söderbloms und anderer Vision eines Weltkirchenrats und die vorerst noch bescheidenen Umsetzungen in den internationalen Tagungen auf dem Weg zu den ersten Weltkirchenkonferenzen für Praktisches Christentum (Life and Work) (1925) und für Glauben und Kirchenverfassung (Faith and Order) (1927). Der DEKA hatte bislang eine Teilnahme abgelehnt, weil die federführenden Kirchen nicht bereit seien, die Knebelung Deutschlands durch den Versailler Vertrag zu kritisieren, und weil die französische und die belgische Kirche die Anerkennung der »Kriegsschuldlüge« forderten.[140] Gleichwohl bewegte die ökumenische Frage, vorerst im Blick auf den internationalen Protestantismus, die Gemüter und auch die Redner auf der Stuttgarter Jubiläumsfeier. Beglückend erfahren wurde die internationale Gemeinschaft in den vielen ausländischen Gästen, die allerdings sämtlich aus befreundeten oder neutralen Staaten kamen und meist lutherisch waren, mit einer Delegation aus der Schweiz aber immerhin auch den »Tag von Worms« preisende Reformierte[141] umfaßten und mit Vertretern der Evangelischen Allianz Spa-

[138] A.a.O., Heft 2, 10.

[139] A.a.O., Heft 2, 11.

[140] KJ 48, 1921, 357–359. Vgl. Kurt Nowak, Evangelische Kirche und Weimarer Republik. Zum politischen Weg des deutschen Protestantismus zwischen 1918 und 1932, Weimar ²1988, Kap. III 5b: Die Kriegsschuldfrage vor der Ökumene; Reinhard Frieling, Die Bewegung für Glauben und Kirchenverfassung 1920–1937 unter besonderer Berücksichtigung des Beitrages der deutschen evangelischen Theologie und der evangelischen Kirchen in Deutschland, Göttingen 1970, 34–36.

[141] Wormser Erinnerungsfeier Stuttgart (s. Anm. 128), Heft 1, 16f.: So hatte die Zürcher Kirche selbst im April das Jubiläum des Wormser Reichstages gefeiert. Nun ließ sie die Stuttgarter Festversammlung grüßen, denn man wisse in Zürich, »was wir an unserem Zwingli haben; wir wissen aber auch, was auch wir an Luther haben.« Zugleich ließ der Schweizerische Kirchenbund grüßen, der sich wie das deutsche Pendant jüngst gebildet habe. Denn beide Kirchen, die reformierte wie die lutherische, lebten von den »gleichen geistigen Gütern«, Gütern, »die wir der Reformation verdanken, welche das Evangelium Jesu Christi wieder auf den Leuchter erhoben hat: Freiheit des Geistes, Bewährung der Religion im täglichen Leben, [...] Glaube, der in der Liebe tätig ist.«

niens auch Angehörige diverser protestantischer Denominationen, die den auf dem Wormser Reichstag errungenen »Sieg der Gewissensfreiheit« rühmten.[142] Ihnen allen, die durchaus unterschiedliche Kirchen repräsentierten und auch unterschiedliche »Führer und Helden des Glaubens« verehrten, aber gleichwohl alle in ihrem »inneren Leben durch Luther gestaltet« seien, wurde zugerufen: Man wolle zusammen in der »evangelischen Wahrheit und protestantischen Freiheit« bleiben, die »großen geschichtlichen Persönlichkeiten und Erinnerungen [hochhalten], die uns gemeinsam sind«, »um immer tiefere Verbindung derer, die Christus lieben, ringen« und »beten, daß das Reich Gottes komme.«[143]

Ausdrückliches Thema war das Verhältnis der deutschen Kirchen zur internationalen protestantischen Ökumene in Otto Scheels Vortrag »Die Stellung der Kirchen der deutschen Reformation im Protestantismus der Gegenwart«.[144] So wie Moeller vom Eintreten der Festversammlung in den »Gedankenkreis [...] der Ökumenizität des evangelischen Christentums« sprach, stellte der Tübinger Reformationshistoriker fest, mit dem Blick der Stuttgarter Wormsfeier in die Weite des internationalen Protestantismus ereigne sich der Eintritt »in das neue Jahrhundert unserer protestantischen Geschichte«.[145] Freilich war diesem Schritt nach Scheel eine große Enttäuschung vorausgegangen: die gerade erlebte »Kündigung« der protestantischen Ökumene, der in der Reformation begründeten religiös-kulturellen Gemeinschaft von Deutschland, Skandinavien und England samt den früher englischen Vereinigten Staaten.[146] Die »Kündigung« hatte sich im Ersten Weltkrieg und mehr noch in seinen Nachwehen vollzogen, konkret, in dem Verhalten, das die protestantischen Führungsmächte England und USA hier gegenüber Deutschland an den Tag gelegt hätten. Von ihnen und ihren Kirchen sei – anders als von schwedischer Seite – kein Wort und keine Tat der Solidarität mit dem Unterdrückung und Not leidenden Deutschland zu erleben gewesen.[147] Und als Gipfel der Aufkündigung protestantischer Gemeinsamkeit habe England, unter beredtem Schweigen seiner Kirche, den deutschen Protestantismus aus der Welt ausgeschlossen, indem es, die Verbreitung des Evangeliums seinem Imperialismus unterordnend, im Versailler Vertrag die Vertreibung deutsch-evangelischer Missionare aus den eingezogenen deutschen Kolonien stipuliert habe[148] – nach Scheel eine empörende »Morgengabe« zum Jubiläum des »Ta-

---

[142] Wormser Erinnerungsfeier Stuttgart (s. Anm. 128), Heft 1, 22f.67f.

[143] So Prälat Schöll von der gastgebenden Württembergischen Kirche, a.a.O., Heft 1, 62.

[144] A.a.O., Heft 1, 25–56.

[145] A.a.O., Heft 1, 62.

[146] Das sei bei dem Jubiläum von 1817 noch ganz anders gewesen, in einer Zeit, da die »beiden protestantischen Hauptmächte, England und Preußen, [...] einander die Hände gereicht« hätten (26f.). Zu dem Schock, den die politische und militärische Gegnerschaft des angeblich religiös-kulturell mit Deutschland zusammengehörigen Englands im protestantischen Deutschland auslöste, vgl. Nowak, Geschichte des Christentums (s. Anm. 61), 198f.

[147] Wormser Erinnerungsfeier Stuttgart (s. Anm. 128), Heft 1, 28f.

ges von Worms«: »Wittenberg schenkte der ganzen Welt des Protestantismus die geistigen Güter, deren sie sich heute noch erfreut. Den Kirchen Wittenbergs wird aber untersagt, diese übernationalen Güter in freier gemeinsamer Arbeit mit den übrigen Kirchen des Protestantismus den Völkern anzubieten.«[149] So könnten lutherische Kirchen, wenn sie zur Jubiläumsfeier zusammenkämen, »wohl dankbar zu jenem Bekenner emporblicken, dessen Gewissensernst und Glaubensgehorsam die Grundlage für die Geltung des Protestantismus in der Welt schufen; doch zugleich müssen sie feststellen, daß ein gemeinsames protestantisches Gewissen heute nicht mehr besteht.«[150] Der Weltprotestantismus habe sich von Worms gelöst, er habe seine »Verbindung [...] mit der Reformation [gekündigt]«.[151]

Gleichwohl – bei aller bitteren Enttäuschung kann nach Scheel der deutsche Protestantismus nicht daran vorbeigehen, daß es die ökumenische Bewegung gibt. Abseits zu bleiben würde nur bedeuten, auf diese Bewegung keinen Einfluß nehmen zu können.[152] Dabei werde der deutsche Protestantismus gerade in dem Maß, in dem er selbst zu institutionalisierter Gemeinschaft gelange, in der Lage sein, am ökumenischen Prozeß tatkräftig mitzuwirken. Solche Mitwirkung muß in den Augen des Festredners eine der Früchte des Jubiläums sein. In einer immer internationaler werdenden Welt, in der »trotz allem leidenschaftlichem Chauvinismus und trotz allem Völkerhaß, den Deutschland bis zur Neige auskosten muß, eine neue politische Welt vor uns auf[steigt]« – offensichtlich eine Anspielung auf die Gründung des Völkerbundes –, muß auch der Weltprotestantismus sich verbinden,[153] sich auf den Weg machen zu einem »freien Kirchenbund, wie er jetzt beim Eintritt der Reformation in ihr fünftes Jahrhundert Gestalt zu gewinnen scheint.«[154] Ziel dieser Verbindung ist nichts Geringeres als die Bewahrung des Erbes von Wittenberg und Worms. Allerdings ist Scheel diese Formel zu abstrakt, sie muß für die Gegenwart konkretisiert werden. Und diese Konkretion hat für den Tübinger Kirchenhistoriker, ökumenisch gesehen, vor allem ein Bewährungsfeld, die Kriegsschuldfrage.[155] Denn das Erbe von Wittenberg und

---

[148] A.a.O., Heft 1, 37.55. Genau genommen sah der Versailler Vertrag (§ 438) vor, daß das Eigentum der deutschen Missionen von den Siegermächten – derselben Konfession angehörigen – treuhänderischen Verwaltungsräten unterstellt wurde (in: Reichs-Gesetzblatt 1919, Nr. 140, 1325).

[149] Wormser Erinnerungsfeier Stuttgart (s. Anm. 128), Heft 1, 37.

[150] A.a.O., Heft 1, 38.

[151] A.a.O., Heft 1, 28.

[152] A.a.O., Heft 1, 51. Dabei bekräftigt Scheel, es sei richtig gewesen, daß man 1920 noch jede Mitwirkung abgelehnt habe (41), doch jetzt habe die Lage sich verändert, die deutschen Kirchen würden besser behandelt (41.47); die rote Linie müsse allerdings die Verweigerung jedes einseitigen Schuldbekenntnisses im Sinne des Versailler Vertrages bleiben (46f.).

[153] A.a.O., Heft 1, 44f. Darüber hinauszugehen sei zumindest vorderhand illusorisch, Rom habe sich ja auch schon ablehnend geäußert (42f.).

[154] A.a.O., Heft 1, 54. Dabei könnte man, ohne Rom zu kopieren, doch »von Roms Willen zu geistlicher, übernationaler Einheit lernen und besser denn bisher ihn zu verwirklichen trachten« (54f.).

Worms sei die Gewissensschärfung für die rechte Unterscheidung zwischen göttlicher und menschlicher Gerechtigkeit und damit, für die Gegenwart, die Absage an jeden Versuch, die Rachemaßnahmen der Siegermächte als Vollzug von Gottes Willen auszugeben.[156] »Hier innerhalb einer Weltverbindung des Protestantismus für das Gewissen der Reformation sich einzusetzen, wäre eine des deutschen Protestantismus würdige Aufgabe.«[157] Bislang ist dergleichen nicht in Sicht, die Zeit, in der das große Fest des »Tages von Worms« gefeiert wird, ist dunkel, der deutsche Protestantismus hat nichts als das Vertrauen auf Gott und gleicht darin dem »Helden von Worms«. Doch in dieser Not hat er den Schritt zu größerer Gemeinschaft im eigenen Lande getan, blickt er voller Hoffnung auf die Gemeinschaft weltweit – und so ist das Jubiläum, das sein viertes Jahrhundert abschließt, trotz allem der »Eintritt in das neue Jahrhundert unserer protestantischen Geschichte.«[158]

Wird der ökumenische Gedanke von Scheel Deutschland und seinen Bedürfnissen dienstbar gemacht, legt der Ehrengast bei dem Stuttgarter Festakt, Erzbischof Söderblom, dar, was Ökumene im Zeichen von »Worms« für die weltweite Christenheit bedeute. So lautet der programmatische Titel seines Vortrags: »Martin Luthers universale Bedeutung«.[159] Die universale Bedeutung des Wittenbergers sah Söderblom darin, daß die Welt in Luther nichts Geringeres vor sich habe als einen Teil des »Ärgernis[ses], das Gottes Offenbarung dem natürlichen Menschen gibt.«[160] Denn Luther behaupte das »Recht der Freiheit und des geistigen Prinzips gegen jede Art von Gesetzesreligion«, womit der Wittenberger Reformator gleichermaßen gegen Rom wie gegen das Schwärmertum gestanden habe.[161] Nach dem Heiland habe »niemand die Geschichte des Abendlandes so tief, weit und dauerhaft beeinflußt« wie Luther, in dem der Geist »gewaltiger wirkte« als in den anderen großen Zeugen und Lehrern vor ihm, was in dem lebenslangen Kampf zwischen

---

[155] Damit bestätigt sich bei Scheel, was NOWAK, Evangelische Kirche [s. Anm. 140], 193f.), grundsätzlich feststellt, daß nämlich den deutschen evangelischen Kirchen – ebenso wie der Gegenseite – »die Klärung der Kriegsschuldfrage ... als das Maß [erschien], an dem der Wille zur ... Ökumenizität der Kirchen gemessen werden sollte«. Dem liegt zugrunde, daß sie »die politischen und wirtschaftlichen Fragen, die mit dem Versailler Friedensvertrag verbunden waren, primär sittlich und religiös [auffaßten]« (118.193).

[156] Wormser Erinnerungsfeier Stuttgart, Heft 1 (s. Anm. 128), 47.

[157] A.a.O., Heft 1, 48. Daneben wäre die Mitwirkung des deutschen Protestantismus gut, damit der die protestantische Ökumene derzeit führende Anglikanismus mit den ihm innewohnenden hochkirchlichen Tendenzen ein theologisches Korrektiv erhalte. Denn die Deutschen würden, zusammen mit den Schweden, immer darauf dringen, das Erbe der Reformation zu wahren (48–53).

[158] A.a.O., Heft 1, 55f. Tatsächlich beschloß der DEKA unmittelbar nach der gemäß dem Stuttgarter Kirchentag im folgenden Frühjahr vollzogenen Konstituierung des Kirchenbundes die Mitarbeit jedenfalls in der Bewegung für Praktisches Christentum (NOWAK, Evangelische Kirche [wie Anm. 140] 195).

[159] Wormser Erinnerungsfeier Stuttgart (s. Anm. 128), Heft 2, 14–20.

[160] A.a.O., Heft 2, 14.

[161] A.a.O., Heft 2, 16.

Sünde, Tod, Teufel und Christus begründet gewesen sei, den er in seinem Inneren auszufechten hatte.[162] Die Universalität von Luthers »religiöser Sendung«, die der Tag von Worms in besonderer Weise »symbolisiere«,[163] will der Ökumeniker und Religionswissenschaftler Söderblom an den internationalen Wirkungen und Potentialen von Luthers Einsichten zeigen, beispielsweise daran, daß sein größter Schüler, Calvin, Franzose war, daß die Bekehrung des Engländers John Wesley durch Lutherlektüre ausgelöst wurde oder daß die Einsicht in die Erlösung *sola fide* alle Aussicht habe, von den Anhängern der ihr nahestehenden Bhaktifrömmigkeit aufgenommen zu werden.[164] Der schwedische Erzbischof beglückwünschte die deutschen Kirchen, daß bei ihnen in Stuttgart Großes geschehen sei: Mit dem Kirchenbund, den sie, infolge der politischen Umwälzungen ihrer äußeren Stützen beraubt, aber von Gottes in den Schwachen mächtiger Kraft getragen, gerade geschlossen hätten, sei »[d]ie größte, festgefügte Gemeinschaft der evangelischen Welt [...] begründet« worden. Und Söderblom zeigte sich überzeugt, daß auch diese unter schwersten Bedingungen errungene Erneuerung von universaler, ökumenischer Bedeutung sei: Wenn Gott der Weltchristenheit »neue Erweckung und Geisteskraft« schenken wolle, dann werde sie aus der leidenden Christenheit Deutschlands erwachsen, die Luthers Spuren folge. Und hier seien die besten Voraussetzungen dafür gegeben, daß es dereinst auch zu einer Vereinigung aller Kirchen kommen werde, wie Söderblom sie sich wünschte: einer Vereinigung, die nicht auf der Macht einer Kirche über andere beruhen und die nicht auf Kosten ihrer geistlichen Schätze gehen werde.[165]

4. Kritik

So groß der Jubel der Beteiligten war – es stimmten nicht alle ein. Manchem paßte die Art der Feiern nicht, anderen paßte nicht, daß überhaupt gefeiert wurde. Der Jubiläumsaufruf des Protestantenvereins,[166] der mittlerweile stumpf gewordenen Speerspitze des liberalen Protestantismus, wandte sich zwischen den Zeilen gegen eine kirchliche Vereinnahmung des Wormser Luther. Gelte es doch, das evangelische Christentum in seinem ursprünglichen

[162] A.a.O., Heft 2, 15.

[163] A.a.O., Heft 2, 18. Deshalb hätte Söderblom gern »in Gemeinschaft der ganzen durch Luther belehrten Christenheit« in der Stadt Worms gefeiert (19).

[164] A.a.O., Heft 2, 16–18. Zu Söderbloms Auffassung einer nicht nur christentums-, sondern auch religionsgeschichtlichen Zentralstellung Martin Luthers, die hinter diesen Sätzen steht, vgl. etwa seine Gifford Lectures »The Living God" (1931, deutsch: Der lebendige Gott im Zeugnis der Religionsgeschichte, hg. v. Friedrich Heiler, München ^{2}1966.

[165] Wormser Erinnerungsfeier Stuttgart (s. Anm. 128), Heft 2, 19f. Dabei steht für Söderblom außer Frage, daß, wenn solche umfassende Gemeinschaft auch mit nichtprotestantischen Christen zustandekommen soll, das »nur durch immer erneute Treue gegen die uns geoffenbarte, evangelische Wahrheit« geschehen kann (20).

[166] Abgedruckt in: Tägliche Rundschau 20.4.1921 (Nr. 181, Beilage).

Charakter als »Religion des Geistes und der Freiheit« nicht nur gegen das moderne, sich materialistisch oder ästhetisch gebende Heidentum, sondern auch gegen den modernen »Klerikalismus« zu verteidigen, dem die evangelische Kirche Deutschlands nach der Trennung vom Staat mehr und mehr zu verfallen scheine. Gerade der Wormser Luther sei als »plastisch eindrucksvolle Verkörperung des protestantischen Geistes« eine »dauernde Kraftquelle des Protestantismus« für diesen Kampf. Als Mann, der sich auf die »›Zeugnisse der Heiligen Schrift und die klaren und hellen Gründe der Vernunft‹« berufen habe, ermutige er zu der Gewißheit, daß »nicht der geschmeidigen Anpassungsfähigkeit an die fortwährend sich wandelnden Zeiterscheinungen, sondern lediglich der charaktervollen Vertretung dessen, was in freier und gewissenhafter Geistesarbeit als Wahrheit erkannt wird, die Zukunft gehört.« Die Stuttgarter Feier mußte in dieser Perspektive als Inbegriff eines Klerikalismus erscheinen, der den im Wormser Luther verkörperten Geist verfehlte. Manchen Beitrag des Festes in Worms hätten die Träger des Aufrufs hingegen mit Beifall bedenken können.[167]

Vor Anpassung an die fortwährend sich wandelnden Zeiterscheinungen warnte auch die »Allgemeine Evangelisch-Lutherische Konferenz«, doch sie tat es aus entgegengesetzten Gründen und fällte von dort her ein vernichtendes Urteil über die Feierlichkeiten von Worms. Das deutet sich schon in ihrer Jubiläumsbotschaft an, deren Titel in einer Frage besteht: »Was hat uns der Tag von Worms zu sagen?«[168] Es ist eine Frage, die in den Augen der Konferenz nicht nur für die »Kirche der Reformation« entscheidende Bedeutung hat, sondern auch für alle »über den Erdkreis zerstreuten Kinder Gottes und Kirchengemeinschaften«, und nicht nur für das eigene Volk, sondern auch für die »verirrte und verwirrte Völkerwelt«. Denn, so die Diagnose auch der konfessionellen Lutheraner, überall sind die Menschen in dieser »harte[n], schwere[n] Zeit« von einem tiefen »Verlangen« bewegt, das letztlich das Verlangen nach Gott, nach Christus ist. Doch was die Kirche diesem Verlangen zu »bieten« hat,[169] wird in eigener Weise bestimmt: Es ist nicht das Angebot zum Einstimmen in die »Tat« des Bekennens, wie sie Luther in Worms vollbracht habe, sondern die Verkündigung des Evangeliums in Übereinstimmung mit dem Bekenntnis der lutherischen Kirche. Als »Kirche des reinen Wortes und lauteren Sakraments« (vgl. CA VII) hat sie allein das Evangelium zu verkünden »von dem, der für unsere Sünde starb und auferstand.« Das »furchtlose Bekenntnis« zu diesem Evangelium sei gefragt, nicht die Versöh-

[167] Siehe insbesondere den oben S. 260–263 referierten Festvortrag von Julius Smend. Stark von diesem Geist geprägt waren, wenn man den Zeitungsberichten glauben kann, manche lokalen Feiern, die GRISAR (siehe unten) anführt.

[168] 15.4.1921, AELKZ 54, Nr. 15, Sp. 225f. Verfasser ist der Vorsitzende der Konferenz, der Leipziger Systematische Theologe Ludwig Ihmels.

[169] Vgl. oben zu Anm. 58 die Formulierung von Martin Rade und die entsprechenden Passagen der Beobachter der Wormser Feier.

nung »des alten Evangelium[s] mit dem modernen Zeitgeist« und die Verhandlung »mit den gottfeindlichen Mächten der Gegenwart«; in diesem Sinne bedürfe es »Männer und Frauen, die nicht anders können, gleich wie Luther nicht anders gekonnt hat.« Kurz, das Jubiläum des Wormser Reichstages soll »die Kirche der Reformation« im Zeugnis von dem Kreuz bestärken, das dazu »in der Geschichte steht, daß sich die zerstreuten Kinder Gottes unter ihm zusammenfinden,« und von der Gemeinde, die, »über dem offenen Grab erbaut« ist.

Dieses Zeugnis hatte die Feier in Worms nach Ansicht der »Konferenz« gründlich verfehlt. Ihre Kritik brachten die konfessionellen Lutheraner zum Ausdruck, indem sie in ihrem Presseorgan »Allgemeine Evangelisch-Lutherische Kirchenzeitung« (AELKZ) einen Leserbrief abdruckten, den ein norwegischer Teilnehmer an ein heimisches Kirchenblatt gerichtet hatte.[170] Da heißt es, daß die in Worms betriebene »Lutherhuldigung« mit Luther wenig zu tun gehabt habe und »wenig evangelisch« gewesen sei. Zum einen, insofern das Entscheidende an Luther, das »Ergriffensein im tiefsten Inneren von dem Worte ›Sünde und Gnade‹« dort keine Rolle gespielt habe,[171] von »Buße« nirgends die Rede gewesen sei – ob Luther nicht gerade in der gegenwärtigen Lage sein Volk zuerst einmal zur Buße aufgefordert haben würde?[172] Zum anderen, insofern das ganze Fest von einem »nationalen Feuer« »durchflammt« gewesen und niemals »Luthers Weltbedeutung«[173] hervorgehoben worden sei, während doch das »Reformationsevangelium das große Evangelium der Bruderschaft für bußfertige Sünder in allen Völkern« sei.[174] Kurz, von den Trägern dieser Feier war in den Augen des norwegischen Beobachters für die religiöse Erneuerung Deutschlands nichts zu erwarten. Vielmehr fragte er am Ende, ob es »nicht andere Kreise innerhalb des deutschen Volkes [gebe], von woher neue Zeiten und neue Ziele erwartet werden« könnten. »Danach suche ich.«[175] Als Organisation dieser »anderen Kreise« sah sich die

[170] AELKZ 1921, Nr. 20, Sp.319f.

[171] »Ich vermißte [...] bei all diesen Huldigungen für den großen Deutschen, dessen Mut und Trotz man sich dort wünschte, den Geist Luthers selbst, das Ergriffensein im tiefsten Inneren von dem Worte ›Sünde und Gnade‹« (ibd.).

[172] »Ich dachte bei mir selbst: würde Luther seinem lieben Volk und der Welt in diesem schweren Zeit gesagt haben: vergiß nicht deine Geschichte, deine Seele, dein Evangelium [eine Anspielung auf die Rede Schians am Wormser Luthermonument, siehe oben S. 259] – und nicht vielmehr auch: vergiß nicht deine Sünde?« (ibd.).

[173] Sie zeigt sich unter anderem daran, daß das von Luther verkündigte Evangelium »sein klarstes Verständnis« vielleicht gar nicht in Deutschland, sondern »im Norden gefunden« hat (ibd.).

[174] So sei »der schönste Augenblick der Feier« der gewesen, »als wir Luthers ›Aus tiefer Not‹ sangen. Da war Luthergeist, da war Nahrung für die Seele« (ibd.).

[175] Die AELKZ (54, 1921, Sp. 345f.) druckt auch die Erwiderung eines anderen Teilnehmers an der Wormser Feier, der sich offenbar schon während des Festes mit dem Norweger über dieselben Punkte ausgetauscht hatte und nun das Gespräch schriftlich fortsetzte. Er weist die Kritik des nordischen Gastes zurück und sieht ihre Ursache darin, daß dieser »als Angehöriger eines fremden Volkes von vorneherein nicht so innerlich eingestellt [gewesen

Lutherische Konferenz. Und so beging sie ihr eigenes Reichstagsjubiläum. In ihre 17. Haupttagung eingebettet, die vom 1. bis zum 4. August 1921 in Greiz abgehalten wurde,[176] bestand es schlicht und knapp aus einem Gottesdienst mit Festpredigt und Festvortrag. Die Predigt über Mt. 10,32f.,[177] die anlaßgemäß von Luthers Bekenntnis vor Kaiser und Reich als Vermächtnis des »Tages zu Worms« sprach, schärfte den Hörern ein, daß es hier um das Bekenntnis zu »dem ganzen Christus, seinem ganzen Leben, seinem Sterben, Auferstehen, zum Himmel fahren [!]« und seiner ganzen Lehre gehe.[178] Dieses Bekenntnis müsse die gegenwärtige Kirche im Angesicht einer zunehmend kirchenfeindlichen Welt, aber auch der innerkirchlichen Versuchung, sich im Interesse der Volkskirche und des gesellschaftlichen Konsenses um das klare Bekenntnis zu drücken, ablegen.[179] Der Festvortrag nahm den Titel der Jubiläumsverlautbarung der lutherischen Konferenz auf, indem er sich nochmals der Frage widmete: »Was hat uns der Tag von Worms heute zu sagen?«[180] Seine Antwort: Luthers Auftritt in Worms werde nur der gerecht, der davon in Gestalt des »Bekenntnisses zum Luthertum« spreche.[181] Grundsätzlich stellte der Referent fest, daß man sich zu Luthers Wormser Bekenntnis überhaupt nur angemessen verhalten könne, indem man selbst dazu Stellung nehme. Damit nehme man zugleich Stellung zu dem Akt, durch den das deutsche Volk »in Konfessionen auseinandergegangen« ist, und stelle sich selbst, bejahend oder ablehnend, auf die eine oder andere Seite. So oder so trete man

---

sei], wie wir deutschen Festteilnehmer.« Die in der Tat mangelnde Berücksichtigung der »Weltbedeutung« Luthers auf dem Fest habe keine prinzipiellen Gründe, sondern erkläre sich schlicht »aus dem besonderen seelischen Zustande [...], in dem wir Deutschen uns jetzt [befinden]«; man habe so viel mit sich selbst zu tun, mit der Frage, »Was kann jetzt Luther unserem deutschen Volke sein, wie kann er ihm helfen, aus seiner Tiefe wieder emporzusteigen?«, daß eine Berücksichtigung der übernationalen Bedeutung Luthers nicht zu erwarten gewesen sei. Und was den Vorwurf mangelnder Bußbereitschaft betreffe, so habe diese in Worms keineswegs gefehlt, aber in der Lage, in der sich die Deutschen befänden, sei es vor allem nötig gewesen, »getröstet, gestärkt, ermutigt und dessen von neuem gewiß gemacht zu werden, daß Gott unser zertretenes, verhaßtes, verachtetes, verelendetes Volk doch nicht aufgeben, sondern es weiter mit ihm versuchen wolle«. Der Verfasser vergißt nicht hinzuzufügen, daß die Bußbereitschaft, an der es den Deutschen durchaus nicht mangele, auf keinen Fall im Sinne des von den Feinden geforderten Kriegsschuldbekenntnisses zu verstehen sei – es gehe um Buße im Sinne Luthers, nicht »in dem der Entente«.

[176] Programm: AELKZ 54, Sp. 449–452: Bericht, a.a.O. Sp. 536–539.551–553; einige der Vorträge und Predigten verteilt auf die nächsten Nummern. Greiz war zum Tagungs- und Jubiläumsort gewählt worden, weil dort besonders heftige links-revolutionäre Umtriebe getobt hatten und weil es das Zentrum der reußischen Kirche (Reuß, ältere Linie) war, die sich aus Bekenntnisgründen nicht der neuen Thüringer Landeskirche angeschlossen hatte (536f.).

[177] A.a.O. Sp. 481–483.497f.513–515. Prediger war der Leipziger Pfarrer Laible.

[178] A.a.O. Sp. 498, Zitat im Original im Nominativ.

[179] »Christus spricht: Bekennen! Die Schlange zischt: Nicht Bekennen! Fordert nicht Bekenntnis, sonst zerbrecht ihr die Volkskirche. Redet nicht vom Bekenntnis, sonst kränkt ihr Andersdenkende. Seid duldsam, duldsam« (a.a.O. Sp. 514).

[180] A.a.O. Sp. 578–580.594–597.609–613. Gehalten wurde der Vortrag vom Rektor des Diakonissenhauses Neuendettelsau Lauerer.

[181] A.a.O. Sp. 578, hier hervorgehoben.

ein in eine Geschichte, die der Wormser Reichstag als Beginn der Bikonfessionalität Deutschlands »vom Mittelalter in die neue Zeit« geführt habe und in der wie in keinem anderen Land »der *religiösen und kirchlichen Frage*« »die erste Stelle vor allen anderen Fragen« angewiesen worden sei. Erklärt diese Analyse zur Eigentümlichkeit des deutschen Volkes in der Neuzeit, daß es mehrere Konfessionen umfasse, steht daneben wenig konsequent die entgegengesetzte Behauptung: In Worms habe sich gezeigt, daß »Luthers Sache Deutschlands Sache« sei, und die hier begonnene Geschichte habe »Luthertum und Deutschtum« in besonderer Weise verbunden, weshalb das Luthertum sich bewußt bleiben solle, was es dem deutschen Volk schulde, und dieses Volk umgekehrt sich bewußt sein solle, was es dem Luthertum schulde – nicht zuletzt sich zu »hüten vor aller Unionsmacherei«.[182] Damit schwenkt der Redner, lutherisch-konfessionell zugespitzt, in jene Deutschlandzentrierung des Reformationsgedenkens ein, die die AELKZ an der Wormser Jubiläumsfeier vom April kritisiert hatte. Immerhin mahnt er sich und seine Zuhörer, Luthers Auftritt auf dem Reichstag kategorial von der Offenbarung zu unterscheiden, die für alle Welt, »auch für uns Deutsche«, grundlegend und die »nicht ein Ereignis unserer eigenen Geschichte« sei, sondern die Erscheinung Gottes in Jesus Christus[183] und die Eröffnung des »Gottesgnadentum[s] des gerechtfertigten Sünders«.[184] Um diese Offenbarung sei es dem Wormser Luther gegangen, sie habe er als Zentrum der Heiligen Schrift wieder freigelegt, daran sein Gewissen gebunden gesehen.[185] Deshalb habe der »Tag von Worms« der Gegenwart vor allem eines zu sagen: daß die Heilige Schrift, die von Jesus Christus spreche, wieder unter »das deutsch-evangelische Kirchenvolk« zu bringen sei, das »nicht mehr in der Bibel [lebt], und das ist sein Jammer«.[186] Oder noch allgemeiner: Dieser Tag solle ein »*Ruf zu Recht und Pflicht des Glaubens werden*, des evangelisch-lutherischen Glaubens, der dem Menschen nichts zutraut, Gott aber alles zutraut.«[187]

So scharf die konfessionellen Lutheraner die Wormser Feierlichkeiten kritisierten, noch schärfer und grundsätzlicher war die Kritik des Religiösen Sozialisten Georg Wünsch auf der anderen Seite des kirchlichen Spektrums. Dabei teilte Wünsch mit den Rednern des Wormser Festes die Diagnose, daß die Gegenwartsrelevanz Luthers in seiner »religiösen Persönlichkeit« liege,[188]

---

[182] A.a.O. Sp. 579f. (»religiöse und kirchliche Frage« im Zitat im Nominativ und hervorgehoben).

[183] A.a.O. Sp. 579.

[184] A.a.O. Sp. 597. Der Redner will dies besonders betonen, weil »dem Ton vom Gottesgnadentum des gerechtfertigten Sünders, diesem Grundton Luthers, und auch des Wormser Luther manches bei den Wormser Feiern in deutschen Landen fehlt. Man faßt Luthers natürliche Stärke zu sehr ins Auge und redet dann von deutschen Eichen und anderen poetischen Dingen und beachtet zu wenig seine Kräftigung durch die Gnade Gottes in Christo Jesu« (ibd.).

[185] A.a.O. Sp. 596.

[186] A.a.O. Sp.610.

[187] A.a.O. 613 (Hervorhebung entsprechend dem Original).

[188] Wünsch spricht von religiösem »Genius«, siehe unten zu Anm. 195.

bekräftigte er die Feststellung Smends, daß ansonsten im Verhältnis zu dem Reformator eine große historische Distanz bestehe.[189] Ja, der Schüler Ernst Troeltschs hob diese Distanz noch weit schärfer hervor.[190] Doch er zog aus seiner Diagnose die entgegengesetzte Folgerung: daß es nämlich nichts zu feiern gebe. Dabei stand in seinen Ausführungen ein anderer, ebenfalls den Einfluß Troeltschs verratender Gesichtpunkt im Vordergrund, die Sozialethik. Beides, den Gegenstand seines Interesses wie den Grund für seine Ablehnung jeder Feierfreude, zeigt der Titel seines Jubiläumsbeitrags an: »Der Zusammenbruch des Luthertums als Sozialgestaltung«.[191]

»Das Jahr 1921 ist wieder ein Lutherjahr.«[192] Mit diesem Satz setzt das Büchlein ein. Doch statt das Jubiläum zu begrüßen, stellt der Autor fest, die bevorstehenden Feiern würden »eindruckslos an der evangelischen Volksmasse vorübergehen.«[193] Gäbe es noch die alte Monarchie, wäre das anders, würden glänzende Feiern unter Beteiligung des Kaisers stattfinden und ein breites Echo in der Öffentlichkeit finden – allerdings um des Kaisers, nicht um Luthers willen. Denn Luther sei, was gerade die Feierlichkeiten zeigten, kein »Volksmann« mehr; das sei er einst gewesen, aber das sei unwiederbringlich vorbei.[194] Und darüber könne man sich auch nicht wundern. Denn »das evangelische Volk [habe] Luther nie in seiner wahren Größe«, nie seinen »Genius« kennengelernt,[195] sondern vom nachfolgenden Luthertum immer nur ein spießiges Cliché geboten bekommen.[196]

Davon, daß Martin Luther »groß« gewesen sei, geht auch Wünsch aus. Ja, der Reformator sei »einer der größten Deutschen, einer der größten Menschen überhaupt« gewesen.[197] Und auch die »Wormser Luthertat« sei von welthistorischer Bedeutung, habe Luther damals doch »als Erster vor aller Welt sich in Glaubensdingen auf sein Gewissen berufen.«[198] Wenn dieser Appell an das Gewissen auch noch nicht im Sinne der modernen allgemeinen Toleranzforderung zu verstehen und in der Folgezeit auch bei den Protestan-

---

[189] Siehe oben S. 260.

[190] Im Ganzen ist Wünschs Lutherbild allerdings positiver als das von Troeltsch, weist er die problematischen Entwicklungen insbesondere in der Sozialethik eher dem auf Luther folgenden Luthertum zu. Vgl. etwa unten zu Anm. 205.

[191] Georg Wünsch, Der Zusammenbruch des Luthertums als Sozialgestaltung, Tübingen 1921.

[192] A.a.O. 5.

[193] A.a.O. 6. Das sei schon 1917 so gewesen.

[194] Ibd.: »Gerade angesichts von Lutherfeiern tritt es deutlich an den Tag: Luther *war* ein Volksmann, aber er *ist* keiner mehr und kann auch mit aller Anstrengung nicht mehr dazu gemacht werden« (Hervorhebung entsprechend dem Original).

[195] A.a.O. 6f.

[196] A.a.O. 7: »Man führte ihn dem Volke vor als den gemütlichen Hausvater in Schlafrock und Pantoffeln, der gelegentlich auch poltern kann. Sein Familienleben wird auf allen Lutherfesten buchstäblich zu Tode gehetzt samt seiner Käthe. Das kleinliche Patriarchentum wird an ihm gepriesen und allein gekannt [...]«.

[197] Ibd.

[198] A.a.O. 5.

ten keineswegs konsequent danach verfahren worden sei,[199] lasse sich die Gewissensfreiheit doch nicht mehr aus der Kultur der Gegenwart wegdenken.[200] Und kein moderner Mensch bestreite mehr, was Luther damals »aufzuzeigen begonnen« habe, daß nämlich religiöse Wahrheit allein auf dem »Weg der Herzenserfahrung und individuellen Selbstentscheidung« gefunden und behauptet werden könne. Hier liege ein »gewaltiges Verdienst Luthers für die moderne Zeit«, ein »gemeinsamer Impuls, der sowohl den Luther von Worms als auch das moderne Geistesleben beseelt.«[201] Gleichwohl ist Luther nach Wünsch »kein Gegenwarts-, kein Volksmann mehr«. Nicht allein, weil das Volk ihn nie verstanden hat. Sondern auch weil die, die ihn verstehen und in seiner Größe zu würdigen wissen, das nur noch auf dem Wege historischer Rekonstruktion tun können, und das heißt, auf dem Weg der Abstraktion von ihrer eigenen Zeit. Mit dem Lebens- und Weltgefühl des modernen Menschen, auch des christlich religiösen, hat das nichts mehr zu tun.[202] Trotz der geistigen »Fäden« zwischen Luther und der Gegenwart, trotz der grundlegenden Bedeutung seiner »Wormser Tat« ist sein Lebenswerk der Gegenwart in entscheidender Hinsicht ganz und gar fremd: »nämlich da, wo sein Welt- und Lebensgefühl und die davon abhängende Sozialgestaltung zutage tritt«.[203] Zu ihrer Zeit »ein hervorragendes Werk«,[204] hat diese »Gestaltung« unter Luthers Epigonen eine zunehmende Verknöcherung durchgemacht, ist sie immer mehr für »Klassenvorteile« mißbraucht worden, »bis sie im Weltkrieg endgültig zusammenbrach.«[205] Alles kommt nun darauf an, daß die evangelischen Kirchen Deutschlands verstehen, was die Stunde geschlagen hat, und eine »soziologische Neueinstellung« im Verbund mit den »neuaufgekommenen Mächten der Gegenwart« – gedacht ist an den Sozialismus[206] – herbei-

[199] Ibd.; dafür sei Luther selbst durch sein faktisches Verhalten in späteren Zeiten mitverantwortlich gewesen.

[200] Ibd.

[201] A.a.O. 6.

[202] A.a.O. 7: »auch dem gläubigsten Lutheraner ist Luther unendlich fern – das sollten unsere Universitätsprofessoren und Pfarrer endlich begreifen!« Nicht ganz schlüssig heißt es weiter: »die eigentlichen Lutheraner, welche das Lebens- und Weltgefühl mit Luther teilen, sind nur mehr ein kleines Häuflein, herüberragend aus einer vergangenen, fernen Zeit.«

[203] A.a.O. 8 (Zitat im Original hervorgehoben).

[204] A.a.O. 8. Siehe auch 21.70. Im Hintergrund von Wünschs Ausführungen über Luthers sozialethische Vorstellungen steht seine im Jahr zuvor erschienene Studie »Die Bergpredigt bei Luther. Eine Studie zum Verhältnis von Christentum und Welt«, Tübingen 1920. Zu seinen sozialethischen Ansichten insgesamt vgl. Ahti Hakamies, Georg Wünschs evangelische Sozialethik im Licht seiner werttheoretischen Gesamtauffassung, Marburg 1975.

[205] Der Zusammenbruch (s. Anm. 191), 8; dieselbe Diagnose des Versagens und der Untauglichkeit für die moderne Welt stellt Wünsch, der sich in seinem Büchlein auf die »deutsch-lutherischen Erfahrungen« konzentrieren will, den »Sozialgestaltungen« des Calvinismus und des römischen Katholizismus (a.a.O. 35, Anm. 1).

[206] A.a.O. 62. Die neue Sozialgestaltung wäre so auf den Weg zu bringen, daß der Protestantismus sich mit dem Sozialismus verbände, dessen politisch-soziales Programm aufnähme und ihn verchristlichte, wodurch der Sozialismus seinerseits erst wirklich zum Ziel käme (62–68).

führen. Damit würden sie »dem Willen und dem Wege Gottes in der Geschichte«[207] entsprechen, und damit würden sie »mehr von dem Geiste Luthers sein als durch eigensinniges Festhalten an einem veralteten Lebensgefühl, das heute schon tot ist.«[208] Und so lautet Wünschs Jubiläumswunsch: Die evangelischen Kirchen möchten »die Ruinen des Luthertums verlassen«. Dann würden sie »erst in Wahrheit der großen Prophetengestalt Luthers dienen, der stets ein waches Auge für den Gang des Reiches Gottes hatte.«[209]

Der Religiöse Sozialist Wünsch propagierte die Umgestaltung der Gesellschaft im Namen des Christentums, den Abschied vom überlebten Luthertum im Namen Luthers. Für die politischen Sozialisten dagegen hieß Umgestaltung der Gesellschaft Absage an das Christentum und Abschied von Luther. Das war denn auch ihre Botschaft zum Zentenar des Wormser Reichstags, vorgetragen in dem Jubiläumsartikel »Zu Luthers Gedächtnis« der von der USPD herausgegebenen Zeitung »Freiheit«.[210] Den Anlaß des Artikels bildeten die Lutherfeiern in den Schulen Berlins,[211] die die stärkste Entrüstung des Verfassers hervorriefen, werde doch hier die endlich errungene weltliche Schule unter der Hand wieder »auf die Seite der Kirche« gebracht. »Die Verherrlichung L.s ist ein typisches Beispiel für die ideologische Geschichtsauffassung, wie sie selbst in den Schulen der Republik noch immer gelehrt wird.« Was dabei herauskomme, sei nichts anderes als »Autoritätsglauben« und »knechtseliger Untertanengeist.« Daß nach Meinung der »Freiheit« mit Luthers Auftreten keineswegs, wie auf den Jubiläumsfesten gefeiert, eine neue Zeit anbrach, macht der Autor klar, indem er von den »Bewegungen des Mittelalters« spricht, »die man unter dem Namen ›Reformation‹ zusammenzufassen pflegt«. Diese seien wie alle kirchlich-theologischen Entwicklungen und die Geschichte überhaupt ohnehin nur auf ökonomische Gründe zurückzuführen.[212] Speziell für Luther aber gelte: »Abgesehen davon, daß die sozialistische Anschauung der bürgerlichen Geschichtsauffassung von dem Wirken der einzelnen ›großen Männer‹ widerspricht, ist gerade unter den großen Männern Luther der letzte, dem wir irgendeine Verehrung schuldig wären.« In der Kritik an der Kirche seien ihm andere vorausgegangen.[213] Seine eigene wenig glorreiche Rolle hingegen zeige sich daran, wie er die Bauern »an die Fürsten verriet«. In welcher Weise fortschrittliche Mitbürger zu reagieren haben, ergibt sich aus diesem Urteil von selbst: Die Jubiläumsfeiern sind strikt als Angelegenheit der Kirche zu betrachten. D.h., Eltern, deren Kinder

[207] Im Original hervorgehoben.

[208] A.a.O. 8.

[209] A.a.O. 70.

[210] 17.April 1921 (Nr. 176, 2.Beilage). Der Artikel ist ungezeichnet.

[211] Vgl. oben S. 253.

[212] Das reiche Deutschland habe seine Reichtümer nicht mehr an das ausbeuterische Rom abführen wollen.

[213] So etwa Johann von Wesel, der, wie die Zeitung genüßlich zitiert, den Papst einen »bepurpurten Affen« genannt habe.

vom Religionsunterricht befreit sind, müssen scharf darüber wachen, daß diese nicht an den Jubiläumsfeiern teilnehmen.[214] Die übrigen Eltern aber sollen erkennen, unter welchen Einfluß ihre Kinder hier geraten, und sie sollen aus der Erkenntnis die Konsequenz ziehen: »*Heraus mit den Kindern aus dem Religionsunterricht!*«[215] Das wäre die beste Frucht, die das Jubiläum zeitigen kann.

Daß »Luther der letzte ist, dem wir irgendeine Verehrung schuldig wären«, findet man auch auf römisch-katholischer Seite, und so wenig man hier sonst mit der extremen Linken gemein haben will, wird dieser Satz der »Freiheit« doch mit Genugtuung angeführt.[216] Römisch-katholische Zeitungen gehen heftig mit den Jubiläumsfeiern ins Gericht.[217] Bemerkenswert ist, daß in der *Kölnischen Volkszeitung* der Jesuit und kritische Lutherbiograph Hartmann Grisar zur Feder greift. Grisar schreibt bereits gegen die Wittenberger Feier zum Gedenken an die Verbrennung von Bannandrohungsbulle und Kanonischem Recht im Dezember 1920,[218] dann aber vor allem, im Vorfeld und in der Rückschau, gegen die Wormser Feier im April 1921.[219] Er spricht dieser Feier jede Berechtigung ab, und das mit zwei Argumenten: Erstens seien die Protestanten sich gar nicht einig darin, was sie an Luther und seinem Auftritt

---

[214] In der Tat waren Kinder, die nicht am Religionsunterricht teilnahmen, nicht zur Beteiligung an den Jubiläumsfeierlichkeiten verpflichtet. Allerdings berichtet die Zeitung von der Mitteilung eines Lesers, wonach an einer Schule alle Kinder, auch die vom Religionsunterricht befreiten, zur Teilnahme aufgefordert wurden. Als eine Schülerin erklärt habe, sie werde nicht kommen, habe sie eine Entschuldigung der Eltern mitbringen sollen. Das sei »gemütlicher Schulterror«, mit dem sich die städtische Schulddeputation beschäftigen müsse.

[215] Im Original Hervorhebung.

[216] Nämlich von GRISAR, Luther zu Worms (s. Anm. 220), 72.

[217] Neben der *Kölnischen Volkszeitung* äußert sich vor allem das Zentrumsblatt *Germania*. Den behaupteten Heldenmut Luthers in Worms habe es nie gegeben, denn der Mönch habe sich als Fürstengünstling auf den Schutz seines Landesherrn verlassen können. Und statt eine positive Entwicklung einzuleiten, habe der *Tag von Worms* am Beginn jenes unglückseligen Wegs des Umsturzes gestanden, der schließlich in die Kommunistische Revolution eingemündet sei (Germania 17.4.1921, Nr. 190; vgl. unten Anm. 232). Voller Empörung hält der *Reichsbote* dagegen, die einzige Räterepublik auf deutschem Boden sei bekanntlich im römisch-katholischen Bayern entstanden. Wie wenig die Reformation mit Umsturz zu tun habe, zeige demgegenüber Luthers Haltung im Bauernkrieg (23.4.1921, Nr. 188. Siehe auch Dt.-Ev. Korr. 22.4.1921, Nr. 14).

[218] Am 5.12.1920 (Nr. 950). Der Reichsbote ereifert sich am 14.12.1920 (Nr. 561) darüber in einem Artikel *Eine Epistel des Jesuiten Grisar über Luther zum 10. Dezember*: Grisar, der »natürlich nichts vom ›Heldengeist‹ Luthers wissen« wolle und sich nicht getraue, den Katholiken »das wirklich Lutherische« mitzuteilen, vielmehr nur an Latrinenmärchen über ihn interessiert sei, stelle den Reformator als einen Mann dar, der bloß Gefallen an Zoten gehabt habe – kein Wunder bei einem Jesuiten. Aber »der Gegenstand ist zu groß, und die Person steht zu hoch, gegen die er angeht.«

[219] Am 6. März 1921 (Nr. 176 B) prominent als erster Artikel auf Seite 1: *Luther auf dem Reichstage zu Worms. Zum vierhundertjährigen Gedächtnis der Apriltage von 1521*; dann am 3.4. (Nr. 246), wieder auf der ersten Seite: *Luther zu Worms ein Kämpfer für die Geistesfreiheit?*, ferner am 7.4. (Nr. 260): *Lutherfabeln vom Wormser Reichstag*, und schließlich am 18.4. (Nr. 289): *Nochmals Wormser Lutherfabeln*.

feierten, so daß das Jubiläum nur ihre Zerspaltenheit zeige, die letztlich in der zu Worms eingeleiteten Kirchenspaltung ihre Wurzel habe. Und zweitens stütze das Jubiläum sich auf eine Darstellung der Geschichte, die eher als Ansammlung von Fabeln, wenn nicht gar von Fälschungen zu betrachten denn historisch zu nennen sei.

Was Grisar in der Zeitung kurz vor einem breiten Publikum präsentiert, legt er noch im selben Jahr ausführlicher und mit wissenschaftlichem Apparat als Buch vor: *Luther zu Worms und die drei jüngsten Jahrhundertfeste der Reformation*[220] – gemeint sind die Feiern vom Dezember 1920 in Wittenberg, vom April 1921 in Worms und vom Mai 1921 in Eisenach. Grisar stützt sich dabei auf die ausführliche Berichterstattung in der Presse, und zwar nicht nur die der überregionalen, sondern auch vieler lokaler Zeitungen. Das erlaubt ihm reiche Einblicke in die große Zahl und Vielfalt der Feiern quer durch das Reich. Zugleich wird seine Wahrnehmung durch die Beschränkung auf dieses Material mit seinen Tendenzen und Akzentsetzungen ohne Berücksichtigung von Quellen eingeschränkt und verzerrt.[221] Verzerrend wirkt sich auch aus, daß Grisar nur die Festlichkeiten jener drei Monate berücksichtigt und die Feiern des Sommers und Herbstes 1921 nicht einbezieht, die anders ausgerichtet waren, insbesondere der Festakt des DEKA in Stuttgart, der als einziger kirchenoffiziellen Charakter trug.[222]

Zunächst einmal attestiert Grisar den Jubiläumsfeiern, keinen antikatholischen Charakter getragen zu haben.[223] Doch das ändert nichts an der ablehnenden Haltung, die der Reformation als solcher wie ihrer Feier gilt – schon weil der Katholik sich frage, ob tatsächlich so viele Jubiläen gefeiert werden und die »peinlichen Gegensätze« zum Bewußtsein gebracht werden müßten »zu einer Zeit, da das Vaterland nach Frieden und nach gemeinsamer Arbeit seufzt?«[224] Seine eigentliche Kritik ist aber inhaltlicher Art. Die wichtigsten

---

[220] HARTMANN GRISAR, Luther zu Worms und die drei jüngsten Jahrhundertfeste der Reformation, Freiburg i. Br. 1921.

[221] So attestiert er etwa den in Worms gehaltenen Reden durchweg das deutsch-nationale Programm, wie es die Äußerungen des Evangelischen Bundes kennzeichnet. Das entspricht einem Großteil der Berichterstattung in der Presse, die ihrerseits vielfach in dieser Richtung engagiert ist und dementsprechend gerade diesen Zug herausstellt, es trifft aber auf die – von ihm nicht herangezogenen – Reden selbst keineswegs durchweg zu.

[222] Daß der jesuitische Kritiker bezüglich jener Veranstaltungen, von denen er handelt, scharfsichtig fragwürdige Züge herausstellt, ist gleichwohl nicht zu bestreiten. Vgl. Würdigung und Kritik der Ausführungen Grisars bei GOTTFRIED MARON, Luther 1917. Beobachtungen zur Literatur des 400. Reformationsjubiläums (in: ZKG 93, 1982, 177–221), 210–212.

[223] Luther zu Worms (s. Anm. 220), 67: »Zu Worms [...] scheint allerdings ein gewisser Takt die Redenden von den Ausfällen wider den Katholizismus, wie sie bei solcher Gelegenheit sonst allzu häufig sind, mehr oder weniger bewahrt zu haben. Auch die andere offiziellen Jahrhundertfeiern des Protestantismus beobachteten so ziemlich noch die gute Sitte heutigen Zusammenlebens.« GRISAR führt das auf die Mahnung zur Zurückhaltung zurück, die bei dem Jubiläum von 1917 angesichts der Kriegssituation von der Regierung erteilt worden sei. Bei den lokalen Feiern in Städten und auf dem Land habe man hingegen vielfach kräftig gegen die Katholiken vom Leder gezogen (ibd.) – eine Feststellung, die sich allerdings auch nur auf Presseberichte stützt (s.u.).

kritischen Argumente des Buches lassen sich in drei Gruppen zusammenfassen. Der Kirchenhistoriker konfrontiert, ganz der Linie seiner Lutherbiographie folgend, den auf jenen Jubiläen gefeierten Glaubenshelden und seine »Tat« mit den Quellen, in denen sich ein ganz anderer, kläglicher und verhängnisvoller Luther und ein ganz anderer Ablauf der Ereignisse zeige. Der römisch-katholische Theologe hält den Aussagen Luthers die Lehre seiner Kirche entgegen. Und der zwischen Empörung und Genugtuung schwankende Beobachter verweist auf das Neben-, ja Gegeneinander der verschiedenen feiernden Gruppen,[225] das nicht nur die Uneinigkeit der Erben Luthers zeige, sondern auch deutlich mache, daß ein Großteil der Feiernden, obwohl er sich auf den Wittenberger berufe, von dessen Überzeugungen längst Abschied genommen und auch das über Bord geworfen habe, was bei dem Apostaten an rechter Lehre noch bewahrt geblieben sei.[226] Luthers »Christusglauben«, seine Lehre von der Rechtfertigung des Sünders und der Unfreiheit des Willens oder seine antischwärmerische Sakramentenlehre sei bei den Feiern kaum erwähnt worden,[227] wie nicht zuletzt die lutherisch-konfessionelle Kritik beklage.[228] Die Vorherrschaft der Liberalen, der »ungläubigen Richtung im Protestantismus«, habe vielmehr dazu geführt, daß die Feiern eine »Schaustellung des Abfalls von Luther« in die »Dogmenlosigkeit«, ein Schauspiel der »Lutherflucht« gewesen sei[229]: »der wirkliche Luther, wenigstens der theologische – und das war er doch nach seinem Schwerpunkte – fehlte sozusagen ganz.«[230] Geblieben sei allein die dauernde Hervorhebung der Gewissensfreiheit, die nur auf die Freiheit zum Irrtum,[231] auf Radikalismus und Revolution[232] hinauslaufe, sowie der Lobpreis des angeblich untrennbar mit Luther verbundenen deutschen Volkes.[233] Warum man unter diesen Umständen trotzdem

[224] A.a.O. 57. Grisar fügt, eine schicksalsträchtige Verknüpfung suggerierend, hinzu. »Merkwürdigerweise war dazu das Festdatum des 5. Mai für die Bergung Luthers auf der Wartburg zugleich das unselige Datum des an Deutschland gestellten Ultimatums mit Androhung der Besetzung von lebensnotwendigen Landesteilen wie des Ruhrgebiets« (ibd.).

[225] Dabei stellt er die Jubiläumsbotschaften des Protestantenvereins, der Allgemeinen Evangelisch Lutherischen Konferenz, des Deutschen Evangelischen Kirchenausschusses und des Evangelischen Bundes nebeneinander (a.a.O. 16f., s.a. 29).

[226] A.a.O.

[227] A.a.O. 75.78; siehe auch 4.

[228] A.a.O. 76.79.

[229] A.a.O. 76f.78f. Siehe auch 80: »Also Abfall vom Christentum, auch vom Christentum Luthers, liest man über der Gesamtheit der Lutherfeste am Ende des 4. Jahrhunderts der Reformation geschrieben.«

[230] A.a.O. 75. Männer wie Kant, Goethe und Lessing seien mehr gefeiert worden als der Reformator (a.a.O. 78).

[231] A.a.O. 32.

[232] A.a.O. 33: »Heute, in der traurigen Ära der Revolutionen, feiert man also eine geistige Umwälzung. Nur gibt man ihr statt des Namens Revolution andere Bezeichnungen: Freimachung der Individualität, Eroberung des Rechtes des Einzelnen zum Widerspruch gegen das Ganze, Loslösung vom Geistesbanne des Mittelalters und dergleichen. Man bedenkt leider nicht bei solchen täuschenden Worten, wie sehr man sich dem Radikalismus, ohne es zu wollen, annähert.«

[233] A.a.O. 65–67.

mit solcher Verve am Namen Luthers festhalte? Nach Ansicht des kritischen Jesuiten gibt es dafür nur einen Grund: Die Berufung auf den Reformator sei der einzige Kitt, der den zerklüfteten Protestantismus noch zusammenhalte, zumal gegenüber »der geschlossenen Macht des Katholizismus«. Lange werde dieser Kitt aber nicht mehr halten – ob noch »bis zu einer neuen, fünften Jahrhundertfeier? Wer will dieses behaupten?«[234] Und wenn nicht, »[w]ohin wird man sich wenden?« Die Antwort kann dem Autor nicht zweifelhaft sein: Der allenthalben vernehmbare Schrei nach Gewißheit und Orientierung wird befriedigende Antwort allein im »Wiederanschluß« an die römisch-katholische Kirche finden, »die von Christus hinterlassene, von Gott bestellte Hüterin des Glaubens und Vermittlerin des von ihm erschlossenen Heils!«[235]

5. Fazit

Das Reformationsjubiläum des Jahres 1921 ist, wie die Reformationsjubiläen des vorangegangenen Jahrhunderts, ein vielstimmiges Ereignis. Auch in ihm spiegeln sich die verschiedensten gesellschaftlichen und kirchlichen wie theologischen Strömungen mit ihren eigenen Luther- und Reformationsbildern, dem Aufklärungsluther, dem nationalen Luther, dem Bekenntnisluther, bereichert durch den auf dem Hintergrund der sich formierenden kirchlichen Einigungsbestrebungen neuerdings proklamierten ökumenischen Luther. Massenwirksame Konjunktur aber hatte, wie die Feier in Worms zeigte, ein anderes Bild – man könnte es »Luther, der Retter« nennen: der Reformator als Projektion der Verzweiflung, der Sehnsucht nach Halt, die gestillt werden sollte durch das gewißheitschaffende »Erleben« seiner »Persönlichkeit«. Die-

[234] A.a.O. 81: Es »stellt sich immer als der Hauptgrund der gemeinsamen Verehrung [Luthers] das Bedürfnis heraus, einen die Protestanten vereinigenden Kitt zu besitzen. Der Kitt soll Luther sein und bleiben. Es ist freilich ein nur notdürftiger Kitt, den eine Persönlichkeit, von der man im großen und wesentlichen [!] abgefallen ist, gewähren kann. Aber das Gefühl der Gemeinsamkeit und ihr Ausdruck durch den einmal berühmt gewordenen Namen erscheint doch immer vielen als ein Wert, namentlich gegenüber der geschlossenen Macht des Katholizismus. So mache man sich denn darauf gefaßt, daß auch der durchlöcherte Schild Luthers bei der großen Partei, die nun einmal von der Mutterkirche getrennt ist, einstweilen seine Dienste weiter tun wird. Ob aber bis zu einer neuen, fünften Jahrhundertfeier? Wer will dieses behaupten?« Zu dieser Charakterisierung der Wormser Feier vgl. oben Anm. 134.

[235] A.a.O. 81. Als positives Gegenstück der Wormser und Eisenacher Feiern stellt GRISAR denn auch das »in bemerkenswerter Verkettung« auf einen Tag kurz danach (8. Mai) gefallene vierte Zentenar der Geburt des Petrus Canisius heraus. Nicht nur, daß die Katholiken dieses Jubiläum, »nachdem die protestantischen Jubelfeste verklungen, in viel stillerer und anspruchsloserer Feier« begangen hätten, unter innigen zum Himmel gesandten »Wünschen [...] nach endlicher Aufhebung der Scheidung unter den deutschen Brüdern«; sondern sie hätten damit auch einen »Helden« der wahren Kirche und wirklichen, »von der Kirche auf die Altäre erhobenen katholischen Reformator« gefeiert, einen solchen zudem, der sich mit »inniger Liebe für die im Glauben getrennten deutschen Mitbrüder« unermüdlich um die »Belehrung und Zurückführung der Abgeirrten« bemüht habe (82).

se Projektion konnte mit den anderen Lutherbildern verschwimmen, insbesondere mit dem nationalen Luther. Doch die Sehnsüchte, die sich in ihr niederschlugen, waren umfassender und unbestimmter, in einem undefinierten Sinn religiöser – nicht zufällig geht die Rede der Teilnehmer vom »Erleben« Luthers bruchlos über in die vom Erleben der Gegenwart Gottes oder Christi. Was mit diesen Worten gemeint ist, bleibt vage, womit die Wormser Feier von 1921 eine Entwicklung fortführt, die bereits an den Jubiläen des 19. Jahrhunderts festzustellen war: die inhaltliche Entleerung dessen, wofür der gefeierte Luther oder die gefeierte Reformation stand; die »Taten« des Reformators von 1517, 1520 oder 1521 interessierten schon damals mehr als seine Schriften, seine Auftritte mehr als seine Theologie.[236] Vollends auf seine vor dem Wormser Reichstag offenbar gewordene »Persönlichkeit« reduziert, zog Luther 1921 aber gerade so die Massen an, erlaubte er, daß das »Verlangen des Volkes« (Martin Rade) in ihm den Retter sah. Wenn es seine Sehnsucht auf ihn projizierte, zeigt das die ungeheuere Popularität, die der Wittenberger Reformator in weiten Kreisen nach wie vor genoß.[237] Daß der Gefeierte aber kaum noch eigene, kaum noch theologische Konturen hatte, mußte ihn bei Gelegenheit zum Träger noch ganz anderer Projektionen – oder den Bezug auf ihn schlicht überflüssig machen.

---

[236] Insofern trifft die Kritik der konfessionellen Lutheraner und Grisars zu, auch wenn sie damit nicht allen in Worms gehaltenen Reden gerecht werden und mit der Beschränkung auf die Wormser Feier nur einen Ausschnitt aus den Jubiläumsfestlichkeiten von 1921 in den Blick nehmen.

[237] So zeigt das Wormser Fest, aber auch die Fülle der gutbesuchten Jubiläumsfeiern in anderen Städten des Reichs, daß die Einschätzung Wünschs, Luther sei kein »Volksmann« mehr (siehe oben S. 279), der Realität von 1921 nicht entsprach.

Erstveröffentlichungsnachweise

Vergangene Reformationsjubiläen. Ein Rückblick im Vorfeld von 2017, erstmals erschienen in: Der Reformator Martin Luther 2017. Eine wissenschaftliche und gedenkpolitische Bestandsaufnahme, hg. v. Heinz Schilling, Berlin u. München 2014, 261–281

Die Reformationsjubiläen des 19. Jahrhunderts, erstmals erschienen in: Zeitschrift für Theologie und Kirche 108, 2011, 270–335

Die Reformationsjubiläen des 20. Jahrhunderts, unveröffentlicht

Das Reformationsjubiläum von 1921, erstmals erschienen in: Zeitschrift für Theologie und Kirche 110, 2013, 316–361

Abbildungen

Personenverzeichnis